巴蜀文化通史

百〇四岁叟 马识途

《巴蜀文化通史》学术委员会

章玉钧　隗瀛涛　李绍明　林　向　胡昭曦　贾大泉
谭继和　万本根　陈玉屏　罗　鸣　沈伯俊　彭邦本

主　编
章玉钧　谭继和

副主编
罗　鸣　彭邦本

编辑部
主　任　侯水平　向宝云
副主任　万本根　李　庆

"十二五"国家重点图书出版规划项目
四川建设西部文化强省重点项目

章玉钧　谭继和　主编

巴蜀文化通史
民俗文化 卷

徐学书　喇明英　况红玲等　著

四川人民出版社

编者的话

巴蜀文化通史

编者的话

《巴蜀文化通史》编撰工程是中共四川省委批准、省委宣传部直接组织和领导,由四川省繁荣发展哲学社会科学协调小组立项、四川省社会科学院牵头的四川省西部文化强省建设重点支持项目,也是"十二五"国家重点图书出版物出版专项规划及国家出版基金(2016年度)资助项目。一直关心四川文化传承创新的省老领导杨超、杨析综、何郝炬、冯元蔚、廖伯康、聂荣贵、李永寿等同志率先向省委、省政府倡议启动编撰工作。在编撰研究过程中,得到了陶武先、柯尊平、王少雄、甘霖等历届省领导的大力支持和亲切指导,我们谨致衷心的敬意和感谢。

本书编撰委员会于2006年设立,编撰工作由此启动,至2020年全面完稿,历时十五年。编撰委员会名誉主任陶武先,主任王少雄、柯尊平,副主任殷建中、贾松青、侯水平、隗瀛涛、李绍明;顾问蔡美彪、李学勤、张海鹏;编委会成员有章玉钧、林向、胡昭曦、贾大泉、谭继和、万本根、陈玉屏、罗鸣、沈伯俊、彭邦本、向宝云、王素、舒大刚、邓经武、赵振铎、龙晦、龙显昭、刘平斋、吴野、钱来忠、曹顺庆、陈德述、任新建、李明泉、张忠仁、王毅、王庭科、冉光荣、杜肯堂、李学明、孙锦泉、陈廷湘、刘复生、佘正松、李健、李刚、李诚、江玉祥、江章华、蒋维明、季富政、高大伦、段志洪、侯德础、谢元鲁、甘绍成、张明富、张凤琦等。编委中,有些作为学术委员会成员,自始至终参与本书研讨和审定;有的承担了分卷的撰著;有的在本书酝酿和编撰的相关会议上提供了不少宝贵意见;有的应邀对有关书稿审阅并提出有益的建议。总而言之,编委们都为本书编撰出版做出了各自的贡献。另还专门请宗性(中国佛学院)审读了《宗教文化卷》。

编撰工作具体依托四川省社会科学院进行,院历届领导贾松青、侯水平、李后强、向宝云、高中伟等都给予大力支持、督促和帮助,多次召开院党委或院办公会议,听取编辑部汇报,决定有关事项并检查落实。编辑部成员张彦、彭东焕、印国玲在具体组织协调、制订规范规则、联系作者、学术讨论记录(含录音)、编写简报等方面做了大量工作。

《巴蜀文化通史》是集思聚智的学术成果,撰著参与者及分工情况详见于各卷后记。以下谨按卷次列出主要撰著者名单,共同见证这部著作的出版:

《通论卷》	谭继和著
《农业与水利文化卷》	彭邦本编著
《工商文化卷》	张学君著
《城市文化卷》	何一民等著
《建筑文化卷》	庄裕光著
《交通文化卷》	蓝勇等著
《民族文化卷》	赵心愚、杨铭等著
《宗族与会社卷》	张力著
《移民文化卷》	陈世松著
《方言卷》	李国太、黄尚军、袁雪梅、曾为志著
《民俗文化卷》	徐学书、喇明英、况红玲等著
《哲学思想卷》	蔡方鹿、刘俊哲、金生杨著
《史学卷》	粟品孝、周鼎、李晓宇著
《宗教文化卷》	李远国、向世山等著
《教育卷》	徐辉、徐仲林等著
《文学卷》	邓经武著
《艺术卷》	苏宁、沈博、幸晓峰著
《科技文化卷》	查有梁、王迎川、周世祥等著

《传播文化卷》	赵志立著
《文献要览卷》	舒大刚、李冬梅等著
《巴蜀文化大事记》	张彦、陈德言、王林、彭东焕编著
《巴蜀文化研究论著索引》	李敬洵编

由于多领域的地域文化通史尚属首创，不同门类各有其文脉演变、内在逻辑与历史进程，故未对各卷涉及本领域涵盖的时间起止及个别体例做统一的要求。编著者虽务求如清人顾炎武所说"庶几采山之铜"，而力避"买旧钱""废铜以充铸"，但因见闻学识所限，书中疏漏不足之处，尚祈望读者正之。

最后要说的是，全书从编撰到出版来之不易，还得益于四川人民出版社历任社长罗韵希、解伟、黄立新，副社长骆晓平，总编辑刘周远的关心和支持。特别是谢雪编审从中协调、统筹以及众多编辑"为他人作嫁衣裳"的辛勤付出。巴蜀文化界学术界的领军人物、尊敬的马识途先生在2018年一百零四岁时为本通史题写书名。在此，我们表示深深的谢意。

章玉钧　谭继和　罗鸣　彭邦本
2021年11月

总 序

◎ 章玉钧

呈献在读者面前的这部多卷本《巴蜀文化通史》，是国家重点图书出版物出版专项规划项目、国家出版基金资助项目和四川省西部文化强省建设重点支持项目的学术成果。这个项目由中共四川省委宣传部直接组织和领导，四川省社会科学院牵头，川渝合作，组织和邀约四川省、重庆市七十多位巴蜀文化研究专家参加，得到四川省委、重庆市委和国家有关部门的重视和支持，获得国家和省文化产业经费的资助。全书二十二卷二十八册，约一千六百万字。编撰出版工作历时十五年终告完成。参加本书编修的专家学者们团结协同、切磋琢磨、集思聚智、甘苦备尝，贡献了创造性的劳动。四川人民出版社和各卷责任编辑认真敬业，严谨审慎，做出了辛勤奉献。在此，谨就编撰《巴蜀文化通史》的缘起与旨归、定位与特色、架构与方法、集成与出新，作一概括的介绍，以助读者对全书先有个总体的了解。

缘起与旨归

编修《巴蜀文化通史》之议，酝酿已久。20世纪80年代至90年代，巴蜀文化和蜀学研究在四川逐步升温，在选编出版徐中舒、蒙文通、顾颉刚、任乃强、邓少琴、冯汉骥等大师关于巴蜀文化的论著[①]后,陆续编写出版了《巴蜀文化图典》[②]《巴蜀文化研究丛书》[③]《巴蜀文化系列丛书》[④]。大家既为"地域文化热"的兴起而振奋,又在同地域文化研究先行地区的比较中,看到我们的差距,深感传承、整合和弘扬巴蜀文化,要抓牵头的东西,抓具有基础性、全局性和带动性的项目。2001年,一直关注文化的四川省老领导杨超、杨析综率先提出编撰《巴蜀文化通史》的倡议,杨超还构想系统整理自古以来的巴蜀文献,编成《巴蜀全书》。他们登高一呼,高屋建瓴,对学界有很大的启发和鼓舞。经过反复酝酿,省里八位老同志[⑤]于2005年10月联名致信四川省委、省政府,建议启动《巴蜀文化通史》的编撰工程。在组织四川高校和研究机构数十位专家学者进行论证,并征得重庆市有关领导和专家学者的赞同后,省委批准立项,审定了全书的框架设计。2006年7月,《巴蜀文化通史》多卷本编撰工程正式开展。

大家渴望编撰《巴蜀文化通史》并积极付诸行动,是基于这样的共识:民族文化是一个民族的根、脉、魂,是民族精神的载体,是支撑民族生存和发展的脊梁。全球文明古国各具优长,唯有中华文明几千年来一脉贯通地连续发展至今,重要原因是有由甲骨文、金文发展而来的形、音、义相结合的汉字为重要载体和文化纽带,用其写成的文史典籍代代承传,从未间断,起到全民族凝心聚力的巨大作用,激励中华民族历经磨难而不衰,直至迎来民族走向伟大复兴的盛世。巴蜀文化是多源汇成一脉、多元聚为一体的中华文

---

① 徐中舒《论巴蜀文化》、蒙文通《巴蜀古史论述》、顾颉刚《论巴蜀与中原的关系》、任乃强《四川上古史新探》、邓少琴《巴蜀史迹探索》,均由四川巴蜀史研究会编辑,由四川人民出版社于20世纪80年代出版。此后还有《冯汉骥考古学论文集》1985年由文物出版社出版,另有《缪钺全集》2004年由河北教育出版社出版。
② 该图典由川渝合作编成,刘茂才、滕久明任编委会主任,万本根、俞荣根任主编,四川人民出版社1999年出版。
③ 该丛书由杨超、杨析综任编委会主任,首批六册。李绍明《巴蜀民族史论集》、隗瀛涛《巴蜀近代史论集》、林向《巴蜀考古论集》、胡昭曦《宋代蜀学论集》、谭继和《巴蜀文化辨思集》、徐南洲《古巴蜀与〈山海经〉》,均由四川人民出版社2004年出版。
④ 该丛书由杨超、杨析综任编委会主任,谭洛非、邓星盈、万本根任主编,共十册,四川人民出版社2001年出版。
⑤ 八位老同志是杨超、杨析综、何郝炬、冯元蔚、廖伯康、聂荣贵、李永寿、章玉钧。

化中一个重要的区域文化,是博大精深的中华文明的一枝奇葩,在中华民族文化谱系中占有独特的地位。她绚丽多彩、大器包容,在与兄弟地域文化交流互益、吞吐融会中发展繁荣,形成并展示出独特的神韵和魅力,使哺育她的中华文化更添灿烂辉光。对于川渝地区各族同胞而言,巴蜀文化就是我们世代生存之根、承传之脉、发展之魂。

巴蜀大地钟灵毓秀、文脉悠长,堪称多种人类遗产荟萃的聚宝盆。巴蜀文化有许多独具的特色和亮点,足以令我们为先辈的创造感恩并自豪。茂县营盘山、成都平原从宝墩到三星堆、金沙以及长江三峡、宣汉罗家坝等处文化遗址的多次惊世发现,结合古文献资料,无可辩驳地证实了巴蜀作为长江上游的上古文明中心,丰富了中华文明的基因,显示出古蜀古巴文化永恒的魅力。周秦以来,中华思想文化素以儒学、道学为主干;佛学西来后,更以儒释道交融互补为特色。蜀地仙道发源很早,成为天师道的创教地;儒学从西汉起就在此代代传承,文翁石室、周公礼殿、孟蜀石经彪炳千秋;在佛教中国化的进程中,巴蜀出了许多大德高僧,尤其是禅学大师,成为中国禅学中心之一。作为中国重要地域学术文化的蜀学,富有哲思传统和文史之长,"易学在蜀""史学莫隆于蜀""文宗自古出巴蜀""自古诗人例到蜀"等赞语,无不彰显历代巴蜀学术文化的璀璨夺目,成就非凡。巴蜀的音乐、舞蹈、碑刻、石窟、书法、绘画、诗词歌赋、戏剧、织锦、酿酒、制茶、肴馔等享有盛誉,非物质文化遗存丰赡多彩。巴蜀悠久的农耕文化与繁盛的工商文化相得益彰,并曾在水利开发、天然气开采、钻井术、天文、数学、医药等科技领域独占鳌头,纸币"交子"首发领先全球。巴蜀是中国历史上一个典型的移民区域,又长期是汉族和许多少数民族相聚和融合的地区,开拓了对外交往的条条蜀道,形成了连通中亚、南亚的南方丝绸之路和藏羌彝民族走廊。移民文化与原生文化、汉文化与少数民族文化、本土文化与外来文化在这里交融互动,使巴蜀文化具有很强的开放性、包容性、创新性和辐射性,这些特性被学者喻为"水库效应"。巴蜀儿女自古敢为天下先,尤其是百余年来向现代化转型时期,巴蜀文化哺育和造就了众多的杰出人物和文化精英，红色文化光耀史册，三线建设举国之重，"改革之乡"①闻名遐迩。在2008年"5·12"汶川特大地震等自然灾害的救援和重建过程中，四川人民表现出的英勇、睿智、大爱、感恩，也都凝聚着巴蜀文化浴火重生的精神。

当今中国正处于世界百年未有之大变局，建设社会主义文化强国，着力提升文化软实力，关系到"两个一百年"奋斗目标和中华民族伟大复兴中国梦的实现。身为当代学人，要在马克思主义指导下，树立高度的文化自觉和自信，十分珍视本土优秀的传统文化，处理好传统文化与现代化、本土文化与外来文化的关系，立大志愿，开大视野，用大手笔来发掘和系统梳理传统文化资源，传承、整合、弘扬巴蜀文化，致力于培根铸魂、固本延脉，使我们优秀的文化基因永续传承，与当代社会相协调，让富有恒久魅力、具有当代价值的巴蜀文化在提高全民精神素质，推进文化强省强国，铸牢中华民族共同体意识和助推构建人类命运共同体的进程中发挥应有的作用。

编撰多卷本的《巴蜀文化通史》，具有深远宏大的文化价值、学术价值和应用价值。一是对巴蜀文化几千年的发展轨迹及其创造、积累的宝贵文化财富，作出系统梳理和规律性总结，可以回应巴蜀民众了解"我是谁""我从哪里来"的文化寻根需求，丰富人们的精神世界，尤其是在道德规范和价值取向上得到涵养和化育。二是可以较全面地展示巴蜀文化的神韵和亮点，系统阐扬蜀史、蜀学、蜀文、蜀艺，构筑宽阔的学术研究平台，为巴蜀人文社会科学走向繁荣，促进传统文化的创造性转化和创新性发展，发挥立其大本、凝聚人心、导向助推的作用。三是同兄弟地域文化的研究成果相互呼应、相得益彰，有助于深入了解中华文化，传承中华文脉，为我们的母亲文化增光添彩，一起来展示她的独特魅力，进而与世界多元文化中不同民族文化平等交流互鉴，为建设新时代中国特色社会主义文化，增强我国的文化竞争力和软实力添砖垒瓦。四是更进一步促进川渝文化合作，可以为繁荣、丰富当代巴蜀先进文化建设，尤其是推进文化创意产业和康乐旅游产业，发掘深层次的文化内涵，提供坚实的学术依据，从而开启思路、激发灵感，以文塑旅，以旅彰文，把潜在文化资源（包括物质文化遗产和非物质文化遗产）

---

① 邓小平1982年对家乡四川的深情赞语。

转化为现实的生产力和文化软实力。五是有助于改变四川高校和研究机构在巴蜀文化和蜀学研究上各自为政、力量分散的状况,使之汇聚并形成有较高水平的老中青结合的研究队伍。与《巴蜀文化通史》珠联璧合的《巴蜀全书》,作为四川有史以来最大规模的古籍文献整理工程,经由四川大学古籍整理研究所提出并担纲,在四川省社会科学院和兄弟高等院校协力下,2012年以来,已出版阶段性成果两百余种,就是蜀学研究正在形成合力的又一明证。

定位与特色

为了实现前述宗旨,参与编撰的同仁都力求使《巴蜀文化通史》既是文化集成,又是学术创新,努力做到观点有一定创新性,知识含量丰富,资料翔实,文笔流畅,总体上进入巴蜀文化研究的学术前沿,在科学性、系统性、创新性、前瞻性、可读性等方面力争成为当代巴蜀学人可以"预流"——预于时代学术潮流的成果,成为在巴蜀文化研究上服务于现实并可继往开来的学术著作。但我们悬鹄虽高而未必力所能逮,故难免"取法乎上,仅得乎中"之憾。

这部书的研究对象是巴蜀文化,性质是通中寓专、通专结合的文化通史,角度是把地域史学与文化学及相关学科契合起来,贯穿全书的编撰理念是"三通",即纵通、横通与会通。这里就分别说一说本书的"文化"本位、"巴蜀"立位和"三通"定位。

(一)"文化"本位

世界上对"文化"的定义已经有好几百种。我们以唯物史观为指导,本着天人合一、以人为本的中华人文精神[①]来解读文化。"惟天地万物父母,

---

① 天人合一、以人为本,打破天道与性命的隔阂,既避免把天人合一引向神学化,也避免陷入人类中心主义,而把敬畏、顺应自然与发挥人的主体能动性相统一,蕴含天人相依相待、互动互益的张力。

惟人万物之灵。"①人作为自然演化的产儿，受惠于天地万物，在群体劳动实践中成为地球上的万物灵长，既能创制工具，又能用语言交流，进而创制文字，由此有了文化及其积累、传承，于是便创造了"人化的自然界"。同时，在法天、法地、法万物的进程中，人也改变和提升着自身。汉字的"文"，原意是文身、文饰、纹理，以文来显示，以文来变化，讲规矩、礼貌，与禽兽区别开来。这是外在的，更是内在的。文的外化于行与内化于心，开物成务与锻塑成人，乃是人类与自然进行精神与物质相互变换中联袂互动的双重效应。自然力所为乃造化，人类心力所创是文化。文化从何而来？由人化文；文化落脚何方？以文化人。荀子讲"化性起伪"，"伪"就是人为的东西。要改变自身才能更好地改变世界。文化就是这样"人化"与"化人"（或曰"人为"与"为人"、人性的外化与内化）相统一，在双向建构中螺旋式上升，推动着人居世界的演进。人，既是创造文化的能动主体，又是文化所创造的价值主体。这与古语"人文化成"②的解读可以相通，也跟西方"文化"一词兼容"耕作、栽培"（外化）和"养育、教化"（内化）的语义相衔接。《中庸》讲至诚尽性，内外交修："惟天下至诚，为能尽其性。能尽其性，则能尽人之性；能尽人之性，则能尽物之性；能尽物之性，则可以赞天地之化育；可以赞天地之化育，则可以与天地参矣。"③这段话，恰可理解作为内化与外化相统一的文化的功能。

这样的广义文化，它对外与天地万物相成相济，内结构则包含着精神文化、语文符号、规范体系（行为习俗和法律）、社会制度和社会组织、物质产品等要素。④这些文化要素，大体可划分为相互联结、相互渗透的三个层面：外层是作为基础的物态文化，即经过人的劳动形成的"人化"自然或器物层面，体现人与自然的互动关系及其物质成果；中层是语文符号、制度文化和行为习俗文化等，可称为"交往文化"，体现出人与人的互动关系即社会关系，也是精神文化的外在表现；内层则是以价值观为核心的精神文化，

---

① 《尚书·周书·泰誓上》，《十三经注疏》上册，中华书局1979年影印本，第180页。
② 《易·贲卦·彖辞》："观乎天文以察时变，观乎人文以化成天下。"
③ 《礼记·中庸》，《十三经注疏》下册，中华书局1979年影印本，第1632页。
④ 《中国大百科全书·社会学卷》，中国大百科全书出版社1991年版，第409页。

体现出人的心灵世界在真、善、美、圣（科学、道德、艺术、哲学、宗教）诸多领域与境界的创造。清代龚自珍说过："圣人之道，本天人之际，胪幽明之序，始乎饮食，中乎制作，终乎闻性与天道。"① 文化的上述三个层面，既如血脉相通，总体上联动互进，在变迁时序上又往往呈现有速有缓、或前或后的不平衡发展状态。这种总体性与异步性的统一，是在研究和描述文化史时需要仔细琢磨和体现的。

综上所述，文化是在天人相合相分、互动互益进程中人的生命存在及其取得的全部成果，或简单地说，文化就是人类独有的生存方式。人们总是生活在世代传承而又不断积累、不断丰富的文化之中。这文化如水，滋润万物；若风，吹拂人间；又好比血液，灌注循环于特定民族或地区人群的心灵深处，产生凝聚力和认同感，积淀、凝结为人们稳定的生存方式。因此，人类的文化既有共通性，又有民族性、地域性和时代性，是多元的、多样的，而不是单一的、无差别的。不同民族、不同地域、不同时代产生的文化模式，形成的文化精神各有不同。伴随着时代的风云变幻，当不同文化相遇、相会时，从价值观念、思维方式、生活样态到社会习俗，就会产生交流、交融、交锋，出现文化选择和互融，进而导致文化的转型。通观世界历史，文化转型曾有过各种不同的类式。中华文化的现代转型是守正创新，把马克思主义基本原理同中华优秀传统文化相结合的自主式；而不是聚合多种移民文化、喧宾夺主的复合式；更不是那种特定场合下原有文化解体，被另一文化取代的断崖式。

"文化"和"文明"是两个意义相近又有区别的概念。文化侧重于文的功能，文明侧重于文的成就。人猿揖别，就出现文化；到告别蒙昧、野蛮，才进入文明时代。文明是个褒义词，囊括人类创造的积极成果之总和，用以指称人类社会的进步程度和开化状态。② 当今多以文化标示民族性差异和地域性特色，而以文明标示人类的普遍行为和多元成就。文明因交流而互鉴，因互鉴而发展。在经济和科技全球化进程中，许多物态文化和一部分行为习

---

① 《五经大义终始论》，《龚自珍全集》，上海人民出版社1975年版，第41页。
② 《易·乾·文言》："见龙在田，天下文明。"《尚书·舜典》："睿哲文明。"孔疏：'经天纬地曰文，照临四方曰明。'

俗文化在逐步趋于同质化，而具有不同基因的制度文化、语言文字，特别是精神文化，则终会呈现和保持多样化。这一部地域文化通史，本着文化的多元性和相通性来立论，各卷都力图写出浓郁的地域文化味，体现出"人化"与"化人"的统一。

（二）"巴蜀"立位

广袤的中华大地因地壳碰撞形成了自西向东、由高到低三个落差很大的阶梯，巴蜀处于高阶到中阶的内陆腹地，连通祖国的南北西东。巴蜀西部为青藏高原东南缘及横断山区北段，东部为群山环抱的四川盆地，总体地势西高东低，地形地貌独特丰富，集雄、奇、险、秀于一体，自然禀赋得天独厚，是万物生灵的洞天福地。巴和蜀是上古以来巴人、蜀人及其他族群先民活动的地域，二者相连乃至交错，文化复合共生，自成一个地域文化区系。在中华文明满天星斗式的起源中，这里是相对独立肇兴的长江上游文明起源中心，有巫山人、资阳人为代表的文化根系，有万年以上的文明起步，上古巴蜀地域文明形成和发展中的不少谜团还有待地下发掘来破解。三千多年前巴蜀文明就与中原文明血脉交融，与吴越、荆楚等文明紧密互动，也与南亚、中亚文明交流互鉴。公元前316年，秦并巴蜀后则更紧密全面地融入中华文明共同体，成为它重要的组成部分之一，东汉时即享有"天府之国"的美誉。巴与蜀同源同围，文化具有同质性和内聚力，而自然人文环境又同中有异，形成了刚柔相济的复合型文化共同体。蜀人慕文好乐，精敏健雄，浪漫诙谐；巴人质直尚勇，豁达豪爽，吃苦耐劳。所谓"巴出将、蜀入相"，大致道出了两者文化性格的差异。巴蜀的地域范围历代有涨有缩，行政区划迭有变迁（包括1997年以后川渝分治），而长期历史形成的巴蜀文化区虽没有截然划定的边界，却是相对稳定的整体，并未因行政区划变动而忽合忽分。巴蜀文化区的范围是涵盖今四川省和重庆市地域，兼及周边风俗略同地区的民族文化共同体。它以史源悠久、流传有绪的巴文化、蜀文化为主轴，既包括四川盆地以汉族为主体、辐射四周的文化，也包括盆地周边各以藏、彝、羌、苗和土家等世居少数民族为主体、各民族和谐共融的文化，是这一地区从古至今多民族地域文化的总汇。这部书论述的地域以今四川省和重庆市为主，对不同历史时期曾纳入巴蜀行政区划或与其文化关联密切的地域也有涉及。

巴蜀虽地处祖国内陆，不靠边、不濒海，却衔接南北，连通西东。在编撰这部书时，我们力求处理好巴蜀文化与其母文化——中华文化的关系，重视巴蜀文化与兄弟地域文化之间的交集和互动，着眼于巴蜀文化的特性、个性，寓共性于个性之中，寓统一性于多样性之中。我们也重视巴蜀文化与域外文化之间的交集和互动，注意巴蜀文化在中外文化交流中所起的作用。在巴蜀文化内部，我们力求处理好蜀文化与巴文化相互之间的关系，巴蜀汉民族文化与各世居少数民族文化的关系，尽可能都给以充分的关注，反映它们之间的共性与个性、互联与互动，力避顾此失彼，详略失当。为涵盖并展示少数民族文化多姿多彩的众多领域和方面，这部书除单独设置《民族文化卷》外，各有关专题卷都力图把相关领域的少数民族特色文化摆在重要位置进行阐述和概括。

（三）"三通"定位

"三通"是贯穿全书的重要编撰理念。史著价值在于信，通史灵气在于通。司马迁"究天人之际，通古今之变，成一家之言"①是我们心向往之、孜孜以求的目标。史学前辈范文澜等曾提出"三通"（"直通""旁通""会通"），我们根据编撰《巴蜀文化通史》的要求，把历时态的"纵通"、共时态的"横通"与跨文化、跨学科的"会通"，合在一起作一些新的阐释。世界是通的，大历史是通的，大文化是通的。文化史的发展，本来就涵盖着纵向的全过程、横向的多层面、跨文化的多领域。通向历史本真，揭示历史本体，是"三通"追求的目标。尤其是作为通中寓专、通专结合的多卷本地域文化通史，无论承担通论或专题卷的学者，都力求在"三通"上下功夫。

一曰纵通，指历时态全过程的贯通。"观水有术，必观其澜。"这部书贯穿古今，上溯于远古巴蜀先民之蒙昧初开，下迄21世纪初年川渝之文明新

---

① 《史记》卷一三〇《太史公自序》。

貌，原始察终，系统梳理这个既有内在连续性，又呈现不同时代阶段性的曲折过程中巴蜀文化层积而兴的脉络，由此分析其在各个历史时期的盛衰流变，此起彼伏的高峰低谷，展示巴蜀文化的特色和贡献，进而探究其发展的逻辑进程，尤其是传统巴蜀文化向现代化转型的路径，论证巴蜀文化的当代价值和意义，揭示巴蜀文化的发展趋势和前景，做到鉴古察今、述往知来。这是全书贯穿始终的主线。这条主线还可以从实践与认识的角度一分为二：一是巴蜀文化的实践史、发展史；二是在实践基础上对巴蜀文化的认识史、研究史。二者结合方能从实践与认识的循环往复中，深入把握"外化与内化相统一"的文化真髓。

二曰横通，指共时态全方位的互通。"事不孤起，必有其邻。"从全书立卷到各卷章节的设置，都力图以时间为经，以反映文化的不同层面及专题为纬，纵横交织，立体成像。历史运动是有结构的，它是过程与结构的统一，广义文化中各层面的共生、交叉、互动就体现着这种结构性。这部文化通史不仅要剖析巴蜀文化发展的过程，同时要展现巴蜀文化的层次与结构。本书多数专题卷，虽然在物态文化、交往文化、精神文化几个层面中各有其侧重点，但都是从有血有肉的文化肌体中抽出来的，不能孤立求索和描述。研究时不仅不能把经济基础与其上层建筑割裂开来，还要努力展示文化各层面的横通，展示各专题内部各个相关领域的横通。这样做是为了尽量体现地域文化生成的内在机理，使读者把握到神完气足、血肉丰满、生机勃勃的整个巴蜀文化。

三曰会通，着重指跨文化、跨学科的多元共融，全景式打通。《易·系辞上》说："圣人有以见天下之动，而观其会通。"① 南宋郑樵《通志》特别强调"会通"。② 要从天下事物阴阳变动不居的状况，观察领悟其会合变通的卯窍。人类文化从来是多元并存，在相互比较、碰撞、渗透、融合中发展的。研究地域文化，必须有开放式的大视野，具备跨文化、跨学科的眼界

---

① 李鼎祚《周易集解》注文中引用汉代干宝："观日月而要其会通，观文明而化成天下。"
② 郑樵《通志·总序》："百川异趋，必会于海，然后九州无浸淫之患。万国殊途，必通诸夏，然后八荒无壅滞之忧。会通之义，大矣哉！"又其《夹漈遗稿》卷三《上宰相书》："天下之理，不可以不会，古今之道，不可以不通，会通之义，大矣哉！"

和通识，能够在充分尊重和了解各种文化事象的前提下，不停留于对现象的描述，而要触类旁通、探赜索隐、择精合妙、汇聚通宜，真正实现圆融贯通。纵通为经，横通为纬，须擅会通，方呈现三维立体的全息图景，做到究始终、观全体、明是非得失之故。就是说，文化史研究要通过分析和综合，具备文化反思和阐释张力，会归通衢，由"方以智"进到"圆而神"，抵达藏往知来之境。

我们时时提醒自己：研究巴蜀文化不仅要钻得进去，还要跳得出来，站到更高处，具有开放的胸襟和跨文化比较的视野，把巴蜀文化放到多元一体的中华文化和全球多元文化的大背景下加以审视，察异观同，和合会通。巴蜀文化从来不是与世隔绝、孤立自足地成长起来的，而是在同周围的兄弟地域文化相互影响下发育繁衍，并在同远近的异质文化间接或直接的交流互动中汲取营养的。我们正处在不同文化交流空前深入、碰撞空前激烈的时代，为了追寻全球文化的多元和谐，助推构建人类命运共同体，一定要本着"各美其美，美人之美，美美与共，天下大同"的文化会通观，祛除近代以来因受西方强势文化轻视、压抑而形成的文化自卑和盲从心态，提高对中华文化地位、作用的认识，坚定文化自信，珍爱并拓展、弘扬本土文化的精华。要在马克思主义指导下，具备通识通才，对中外文化精神析同辨异，折冲樽俎，在会通中实现对优秀传统文化的继承和超越，对外来文化精华的吸纳和转化，促进新时代中国特色社会主义文化繁荣发展，不断开拓文化巴蜀、文化中国转型复兴之路。

架构与方法

20世纪初叶，随着新史学的兴起，文化史在历史学中的地位得到重视和加强。刘师培曾计划研究文化专门史，含十六种，以西方学术的科目，析先秦诸学学术思想之长短得失。①胡适设想，中国文化史要包括民族史、语言文字史、经济史、政治史、国际交通史、思想学术史、宗教史、文艺史、风俗史、制度史等科目。②梁启超专就文化史的做法讲课，认为需要对政教典章、社会生活、学术文化等方面，做分门别类的文化专史。最好是把人生的活动事项纵剖，依其性质，分类叙述。在狭义的文化专史中，他举出语言史、文字史、神话史、民俗史、宗教史、道术史（哲学史）、史学史、自然科学史、社会科学史、文学史、美术史等。③不过，20世纪30年代初问世的几部中国文化史（如杨东莼1931年、柳诒徵1932年、陈登原1935年），仍多系综合体裁，对各文化门类往往语焉不详。

在前辈学者探索的启发下，我们反复思量，决定突破所见的国内现有地域文化史侧重综合、纵通的体裁，而按"纵述史实，横排门类"的编撰原则，采用"通论+专题卷+大事记"这样一种体现纵通、横通、会通的创新结构，几经斟酌，全书共二十二卷，排序如下：置全书之首的《通论卷》，阐释了巴蜀文化的基本概念与学术体系，生态环境背景，巴蜀文化的研究史和认识史，由古及今的文化发展轨迹、基本性质及基本特征，在多元一体、博大精深的中华文化中的定位及其特殊贡献，薪火传承与现代化转型创新及前景趋势，力求起到提纲挈领、纲举目张的作用。其后大体按文化的不同层次，分别为巴蜀文化具有特色的领域、学科列专题卷。先是侧重物态文化并由此探及相关交往文化、精神文化层面的，有《农业与水利文化卷》《工商文化卷》《城市文化卷》《建筑文化卷》《交通文化卷》；接下来的《民族文化卷》从中华民族共同体的多民族视角强调综合性；《宗族与会社卷》《移民文化卷》《方言卷》《民俗文化卷》大体属于制度文化、语言文字、行为交往文化层面（鉴于政制、职官、法律等制度，全国大体统一，故不设专卷）。继后精神文化层面的部分，卷数较多，设有《哲学思想卷》《史学卷》《宗教文化卷》《教育卷》《文学卷》《艺术卷》《科技文化卷》《传

---

① 刘师培：《周末学术史序》，1905年作，《刘师培儒学论集》，四川大学出版社2010年版，第36～78页。
② 胡适：《〈国学季刊〉发刊宣言》，《胡适文存》二集，黄山书社1996年版。
③ 梁启超：《中国历史研究法（补编）》，《中国历史研究法》（外二种），河北教育出版社2000年版。

播文化卷》。为便于了解巴蜀历史文献,尤其是蜀学文献,特设有文献目录学专题《文献要览卷》。专题卷之后的《巴蜀文化大事记》,对先秦至当代巴蜀文化重大事件以编年方式扼要记载,便于读者对巴蜀文化全程有鸟瞰式、综合性的把握;《巴蜀文化研究论著索引》,则供研究者作为检索工具使用。以上就是全书的架构。

各专题卷均前置导言,未设结语。其篇章框架则因事制宜而有所不同。有的是以时期分章,大体按不同门类分节,在纵通中含横通(如《教育卷》);有的主要按专题并结合时序来分章节,在横通中含纵通(如《科技文化卷》);有的先理出历史线索,再突出一些重点专题,先纵后横,纵横结合(如《城市文化卷》);还有的卷内分两编,分述相关内容(如《农业与水利文化卷》)。

《巴蜀文化通史》作为多卷本的学术著作,主要供大专以上程度的读者阅读,以及文化馆、图书馆等购备。它既不是曲高和寡的"阳春白雪",也不是能够直接普惠民间的通俗普及读本。为了让巴蜀文化走进千家万户,还有待开发科普读物和图文,使之逐步大众化,在应用和传播上做创新文章。

编撰《巴蜀文化通史》,涉及学科门类甚广,涵盖时间很长,创新要求颇高,总字数超过千万。这样的文化工程,绝非率尔操觚、短促突击所能成功。近人刘承幹[①]《明史例案》提出过八条准则,就是"搜采欲博,考证欲精,职任欲分,义例欲一,秉笔欲直,持论欲平,岁月欲宽,卷帙欲简"。我们在编撰过程中借作参照,同时根据在新时代撰写地域文化通史的新要求,不断从实践中探索,大体形成了以下一些做法:

(一)多学科的专家学者分工合作,协同攻关

梁启超主张,广义的文化专史,涉及面特别广,在专史中最为重要,也最为困难。这不单是史学家的责任,更是研究某种专门学问的人对于该种学问的责任,要尽量用内行的专门家去做。若能以终身力量做出一种文化专史

---

① 刘承幹(1881~1963):著名藏书家、刻书家、史学家。

来，于史学界便有不朽的价值。①本书的编撰设置了编撰委员会、学术委员会及编辑部，确定由正副主编主持编撰，编辑部依托省社科院开展编务工作。各专题卷的著者采取定向邀标办法聘请，多为对该学科领域研究有素的专门家，分别采取由个人承担，或二三人合著，或一人主撰、团队协力完成等方式进行。为保证学术质量，使全书有机统一，在实行主编负责制的同时，由资深专家组成学术委员会，全程参与从项目规划到成书的学术攻关和学术把关。

2006年以来，先后开了四次分卷著者会议，八十多次书稿审读会议。第一阶段，先由学术委员会同分卷著者反复讨论各卷著者拟出的由粗到细的提纲，并明确全书编纂理念②，统一规范体例，然后与分卷著者签订编撰合同，落实工作责任。第二阶段，学术委员会同分卷著者研讨各卷写出的一两章样稿，这是"摸着石头过河"的试错与磨合过程。有些卷的思路和写法曾有大的调整和改变。第三阶段，各卷著者潜心研究，奋力写作。初稿先后写出后，大都经过学术委员会仔细研读，写出审读意见，同著者一起讨论，从结构、体例到观点、材料都认真交换意见，对著者遇到的各种史料、概念及话语体系、文脉梳理、文化基因挖掘等问题，出点子，提思路。待著者修订后又进行讨论，有的书稿研讨了四个回合。当某一分卷初稿趋于成熟时，即请出版社责任编辑提前介入审编，参加讨论，以便撰写工作与第四阶段的编辑出版工作紧凑衔接，不出空当。因各卷皆分头撰写，结构和文字风格有所不同，对同一文化事象的见识裁断有别也在所难免。在统改书稿过程中，既充分尊重分卷著者的学术个性和创见，同时为了各卷在总体上规范统一，基本观点相互协调而不相抵牾，尊重主编的统改权，而在个案判断上各卷则有自由度。注意把握各卷边界，相互照应避让，以免大的重复，做到详略互见，各得其宜。

在这部文化通史编撰期间，本书学术委员会大多数成员在辛勤共事中度过了古稀以至耄耋之年。我至今还清楚地记得在每次研讨会、审稿会上专家

---

① 梁启超：《中国历史研究法（补编）》，《中国历史研究法》（外二种），河北教育出版社2000年版。
② 章玉钧：《关于编纂〈巴蜀文化通史〉的思考》，《中华文化论坛》2007年第4期，第5~10页。

们无私地贡献个人的真知灼见，自由发表不同见解乃至相反的主张，体现出的那种学术为公的争鸣探索精神。尤其令我们刻骨铭心的是：隗瀛涛、李绍明、贾大泉、沈伯俊、万本根、胡昭曦、林向七位先生为学术工作长期呕心沥血，先后因病辞世。对诸位先生的高见卓识、学者风范尤其是为编撰本书所做的贡献，我们将永志不忘。

（二）采取多重证据法和综合研究法，在搜集和鉴别史料上下大功夫

古人所称"文献"，原本指书面文字记载与贤人口头传闻[①]，徐中舒先生拓展他的老师王国维的古史二重证据法为多重证据法，注重传世文献、出土文物和现代民族学、民俗学的活态文献等结合互证，将区域文化史研究提高到崭新的学术境地。本书编撰中，继承和弘扬王、徐等前贤视野广阔的史料观，搜罗史料力求竭泽而渔，鉴别史料着意披沙拣金，通过综合比勘，相互参证，追根溯源，从而正误辨伪，务寻真史。各专题卷著者都是先汇辑基本史料并掌握学界已有研究状况，汲取前人取得的成果，才进入写作阶段。有好几卷的著者更是"读万卷书、行万里路"，带领研究生经年累月搞田野考察，获得不少真知灼见，从而在学术上有了新的拓展。

（三）坚持文化学的视角，采取多学科交叉和比较文化学的研究方法，力求写足文化味

文化既然是人的生存方式，归结为"人化"和"化人"，每卷文化史就要见物更见人，既写出"由人化文"的胜境，更揭示"以文化人"的妙谛。有关精神文化的各专题卷，既系统梳理巴蜀精神文化尤其是蜀学发展繁荣的脉络，突出展示巴风蜀韵孕育出的文宗巨子和文化精英的成就，也记载众多无名工匠、艺人等留下的民族民间文化、市井文化的瑰宝。侧重物质文化的各专题卷，不停留在物态层面的描绘，而尽力深入到制度层面、精神层面。如《农业与水利文化卷》《科技文化卷》等，对举世无双、造福人类

[①] 朱熹："文，典籍也；献，贤也。"引自《四书章句·论语集注》卷二《八佾第三》，中华书局2012年版，第63页。

二千二百七十多年的都江堰水利工程，就不仅从物质、科技、生态层面介绍其巧夺天工、可持续发展的奥秘，而且从制度文化层面总结其堰官、岁修、劳役、配水、轮灌、收费等管理制度，更深入精神文化层面阐释其"上善若水"的哲理和人文精华。

（四）掌握焦点，抓住重点，发挥特点，突破难点

饶宗颐先生在揭橥华学趋向时，曾提出"三条"："一是纵的时间方面，探讨历史上重要的突出事件，寻求它的产生、衔接的先后层次，加以疏通整理。二是横的空间方面，注意不同地区的文化单元，考察其交流、传播、互相挹注的历史事实。三是在事物的交叉错综方面，找寻出它们的条理——因果关系。"又说："我一向采用的史学方法，是重视'三点'，即掌握焦点，抓紧重点，发挥特点，尤其要特别用力于关联性一层。"[①]我们体会，"三通"的理念与上述"三条""三点"是一致的，而方法上特别重视关联性，就要纵通找焦点，横通抓重点，会通求特点。编撰中，我们注意咀嚼梁启超的卓见：文化的发展史，各个时代、各个领域是不平衡的，重要性是不一样的，要分主系、闰系和旁系。不要平讲直叙，分不出浓淡高低。须用鸟瞰的眼光，看出哪个时代最主要，发达到最高潮，便用全力赴之。[②] 各书大都采用了这种大处着眼、抓住重点、突破难点、提炼观点、不平均使用力量的方法。

集成与出新

前面提到，编撰这部书时，我们力求做到既是文化集成，更是学术创新。无论文化发展、学术探索，都是慧命相续、推故致新的过程，需要不断传承积累，继往开来，久久为功。"譬如积薪，后来居上。"用冯友兰先生

[①] 饶宗颐：《〈华学〉发刊词》（1995年），《选堂序跋集》，中华书局2006年版。
[②] 梁启超：《中国历史研究法（补编）》，《中国历史研究法》（外二种），河北教育出版社2000年版。

的话，这是从"照着讲"到"接着讲"的进程。每门文化史的研究，都需要对已有的各种史料，广搜博采，集纳钩沉；对前贤成果循波讨源，含英咀华；只有在对文化遗产守正传承的基础上，才有可能站到前人肩膀上，回应新的时代需求，匠心独运，开拓新境；才有可能焕然出彩，奉献出在某些方面超越前贤的成果。朱熹诗云："旧学商量加邃密，新知培养转深沉。"①集成是出新必需的基础和前提，出新则是集成企求的目标和价值增值的成就。二者同体异面，缺一不可，是衡量学术成果质量相互关联的两个维度。

（一）从集成的维度看

首先，《巴蜀文化通史》可以说是"巴蜀文化"概念提出八十多年来首次大的学术集成。"西蜀文化"（郭沫若1934年）、"巴蜀文化"（卫聚贤1941年）提出之初，主要是就巴蜀考古文化而言，后来渐次扩大到广义的巴蜀文化，有关论著已上千册，有关文章达数万篇（《巴蜀文化研究论著索引》多有著录），形成了分别以史学文献考据、文物考古、民族民俗田野调查为主的三种研究方向，近年又发展出综合诸家的会通型研究方向。各条路径的学者在不同领域、从不同角度艰辛探索，均取得了丰硕的成果。本书各卷编修中，都努力加以搜集、消化和吸取，并以借鉴、发挥这些观念、方法为前提，力求形成对巴蜀文化研究具总汇性的成果。如《通论卷》从总体上就巴蜀文化生态背景、内涵性质、发展历程及基本规律、特征等问题，会通诸说，取精用宏，做了言之成理的统体性总述，成为具有集成性的一家之说。《民族文化卷》不仅就民族理论的疑难问题深入研究，还在搜集分析历史文献材料、文物考古材料，特别是对国家组织的多次民族调查材料下了很大功夫，从而描绘出巴蜀世居各少数民族立体生动的文化图景。

其次，古往今来的巴蜀文化长河浩荡壮丽，魅力无穷。《巴蜀文化通史》对清点总结长时段、宽领域、多层面的巴蜀文化来讲也是一次学术集成。巴蜀的历史文化名人，如大禹、李冰、落下闳、文翁、司马相如、扬

---

① 《鹅湖寺和陆子寿》，（宋）朱熹著，郭齐、尹波点校：《朱熹集》卷一，四川教育出版社1996年版，第185页。

雄、诸葛亮、陈寿、常璩、陈子昂、武则天、李白、杜甫、薛涛、苏轼、格萨尔、张栻、秦九韶、杨慎、李调元等，都在相关卷帙中重点推介，娓娓道来；巴蜀历史上突出的物质文化成就和非物质文化成就，蜀学、蜀文、蜀艺、蜀籍的精华也都提要钩玄，荟萃于此。如《文献要览卷》就搜选论列了近五百种巴蜀文化重要典籍，可一览巴蜀文献精华，为学者指点津梁。又如智慧幽默的四川方言是巴蜀历史文化凝结的珠宝，《方言卷》挖掘、串起一颗颗珍珠，并生动剖析其蕴含的丰富文化信息，令人齿颊留香。

再者，不少专题卷的著者既具文化通识，又对该学术领域长期耕耘，研究有素，此次写作起到了阶段性总结的学术集成作用。例如：《城市文化卷》著者三十多年来由跟从名师到带领团队，一直深耕于近现代中国城市与城市文化研究领域；《移民文化卷》著者是国内知名的移民文化、客家文化研究专家；《交通文化卷》著者多年致力于西南历史地理尤其是交通文化的调研；《哲学思想卷》和《史学卷》著者长期潜心研究巴蜀哲学、巴蜀史学；《建筑文化卷》著者是卓有成就的古建筑研究专家、高级建筑师。他们都在各自领域完成了多项国家课题，此次承担专题卷，更是辛勤研讨，旁搜远绍，厚积薄发，突出亮点，倾力奉献了后出转精之作。

（二）从出新的维度看

本书围绕前述长时段、宽领域、多层次的巴蜀文化来创新体例结构，成为首部纵横贯通、覆盖面广、体量超大的巴蜀文化史，在全国已出的各种区域文化通史中，当属编撰体例新、时间跨度长、内容浩繁的一部。学术体系上的集成性，本身就是从文化观念、编撰理念到架构体例的出新，在地域文化通史领域作了开创性的探索。这是其一。

本书各卷着眼于发展新时代文化，明道求真，以史经世，着力写出巴蜀文化的特色和韵味，在内容上有较多突破和出新。过去关于农业与水利、工商、交通、建筑、城市等的论著，容易停留于物态层面，罕有从文化学角度和宏观视野对其全过程深入探讨之作；这次研究标明以"农业与水利文化""工商文化""交通文化""建筑文化""城市文化"为对象，注重深入文化层面进行阐释，且着意探讨长时段历史中这些物质文化变动与制度文化、精神文化演进的关系及产生的影响，这些往往是以前研究论著较少触及的。有关巴蜀学术文化的几卷，着力显示蜀学长于思辨、多元会通、创新超迈、沟通理欲、注重事功等特色，有助于发扬当今的时代精神。有关交往文化的几卷，注重聚焦于民间大众，关注各色人等的日常生活，运用了许多文化人类学、社会学、民族学的方法，见解新颖，地域文化味很浓。这是其二。

更值得珍视的是，各卷在编撰中深汲传统的源头活水，发现其烛照现实和未来的原创亮点，尤其是优越秀冠的巴蜀文化在传承创新中焕发异彩之所在。许多卷发掘出大量翔实的资料，匠心独运，以史鉴今，提炼出有创新性的学术观点，或举出有新颖性的论据，活用巴蜀首创的学术话语，采用别出心裁的叙事方式，力争获得创新、独见、卓识的学术成果。具体的创新点如同"诗眼""文眼"分布闪烁在卷帙之中，细心披阅，当会时有"山阴道上，应接不暇"之乐，这里无法一一细析。

鉴于多卷本地域文化通史尚属初创，不同文化门类各有其学理脉络、发展轨迹和演进特色，编撰难度往往超出预期，主编和各卷著者虽迎难而上，勉力为之，但仍难免有纰漏丛脞之处。尤其是古蜀文明还有不少千古待解之谜，我们受限于已获的资料和研究水平，多只能守阙存疑。对成稿后的许多惊世发现，巴蜀文化日新月异的面貌和新的研究成果亦未能更多纳入。当把多卷本《巴蜀文化通史》奉献到读者面前时，我们既同大家分享喜悦，又有颇为忐忑的心情。这部书，以至其中每一卷，究竟应获怎样的评价，最终还要接受时间的检验。衷心期望巴蜀文化研究慧命相续，薪火相传，探索和构建起自身完整的学科体系、学术体系和话语体系。但愿此番的初创能为后续俊彦们开拓新境起到抛砖引玉的作用。

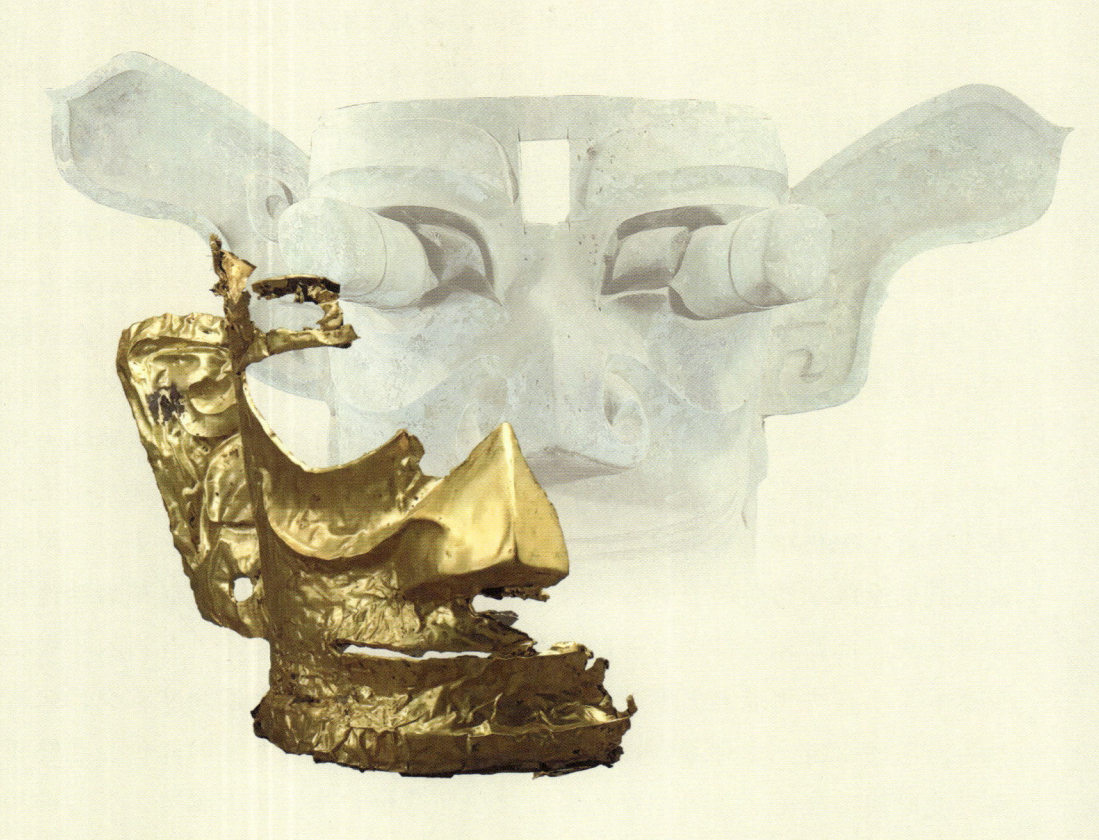

目 录

导 言 / 1

    一、巴蜀民俗的概念、范畴与内涵 / 2
    二、巴蜀民俗文化的发展脉络 / 4
    三、巴蜀民俗文化的主要特征 / 9

上编　先秦至清代的巴蜀民俗

第一章　先秦时期的巴蜀民俗 / 15

  第一节　生产习俗 / 17
    一、农业生产农牧渔猎兼营 / 17
    二、手工业生产形式多样 / 20
    三、商品贸易以物易物 / 24

  第二节　生活习俗 / 25
    一、衣着辫发左衽 / 25
    二、饮食好宴饮 / 26
    三、居住多木骨泥墙房与石砌碉房 / 27
    四、喜歌舞好宴乐 / 29
    五、蜀人出行喜乘舟 / 29

  第三节　丧葬习俗 / 30
    一、土葬习俗 / 30
    二、船棺葬习俗 / 30

三、石棺葬习俗 / 31

四、崖葬习俗 / 33

第四节　信仰习俗 / 33

一、神化的祖先信仰习俗 / 33

二、蜀人崇神仙巴人尚巫鬼 / 33

三、万物有灵的自然崇拜 / 35

四、在葬具底部开凿灵魂通道 / 38

第二章　秦汉魏晋南北朝时期的巴蜀民俗 / 41

第一节　生产习俗 / 44

一、平原与高原的农牧业生产习俗 / 44

二、业态丰富的手工业生产习俗 / 48

三、兴盛的商贸习俗 / 57

第二节　生活习俗 / 58

一、衣着发式习俗 / 58

二、好辛香喜滋味的饮食习俗 / 61

三、形态多样的居住习俗 / 63

四、喜宴游好歌舞习俗 / 66

五、以栈道笮桥和舟船为特色的行旅习俗 / 68

六、精敏悍勇的性格习俗 / 70

七、温泉浴习俗 / 70

第三节　婚丧习俗 / 71

一、婚姻习俗 / 71

二、形式多样的丧葬习俗 / 71

第四节　信仰习俗 / 75

一、祖先及英雄崇拜习俗 / 75

二、浓厚的神仙信仰习俗 / 76

三、尚龟神、好鬼妖的巫术信仰习俗 / 78

四、崇尚天地的自然崇拜习俗 / 80

五、灵魂信仰习俗 / 83

六、崖墓中反映的早期佛教信仰 / 83

第三章 唐宋时期的巴蜀民俗 / 85

第一节 生产习俗 / 88
一、民勤耕作的农牧业习俗 / 88
二、盛名天下的手工业生产习俗 / 93

第二节 生活习俗 / 101
一、居住习俗 / 101
二、饮食习俗 / 103
三、衣着习俗 / 105
四、宴游习俗 / 108
五、商贸习俗 / 115
六、交通习俗 / 119
七、行旅习俗 / 121
八、尚武习俗 / 126
九、收养义子 / 126
十、凿齿习俗 / 126

第三节 婚丧礼仪习俗 / 127
一、婚姻习俗 / 127
二、丧葬习俗 / 128

第四节 信仰习俗 / 131
一、神仙信仰 / 131
二、俗神信仰 / 131
三、笃信祥瑞 / 132
四、尊崇佛道 / 133
五、崇尚巫鬼 / 133
六、班春祈丰收 / 134

第四章 元明清时期的巴蜀民俗 / 135

第一节 生产习俗 / 138
一、农牧副业生产习俗 / 138
二、手工业生产习俗 / 144
三、商贾与集市贸易 / 154

第二节 生活习俗 / 158
一、由尚节俭向竞奢侈演变 / 158
二、盆地区衣着随朝代变换、高原区衣着丰富多彩 / 159
三、各具区域特色的饮食习俗 / 163
四、盆地区与高原区因地制宜的居住习俗 / 169
五、喜歌舞好游娱 / 171
六、各具特色的节令习俗 / 173
七、行旅习俗 / 180

第三节 礼仪习俗 / 182
一、生辰与冠笄 / 182
二、婚姻习俗 / 183
三、丧葬习俗 / 186
四、祭祀习俗 / 189

第四节 信仰习俗 / 190
一、祖先信仰习俗 / 190
二、巫鬼信仰习俗 / 190
三、俗神信仰习俗 / 191
四、自然神灵信仰习俗 / 195

下编 近百年来的巴蜀民俗

第五章 生产习俗 / 199

第一节 农业习俗 / 201
一、农事习俗 / 201

二、节气与农事安排 / 207
　　三、耕耘方式不断改进 / 209
　　四、传统生产工具向机械化转变 / 210
第二节　林牧渔副业习俗 / 211
　　一、家养野放的畜牧习俗 / 211
　　二、成都农人好种花 / 214
　　三、多种多样的捕鱼养鱼习俗 / 215
　　四、山区农民的林业习俗 / 216
第三节　手工业习俗 / 217
　　一、传统匠作习俗 / 217
　　二、传统酿造习俗 / 226
　　三、家家户户务女工 / 227
　　四、拜师学艺授徒弟 / 230
第四节　商贸交通习俗 / 231
　　一、秉承传统的商贸习俗 / 231
　　二、交通运输习俗 / 236

第六章　居住习俗 / 239

第一节　居住 / 241
　　一、因地制宜的居住习俗 / 241
　　二、注重风水的建房习俗 / 248
　　三、镇宅辟邪习俗 / 251
第二节　器用 / 251
　　一、家具与陈设 / 251
　　二、餐厨器具 / 254

第七章　饮食习俗 / 257

第一节　主食与副食 / 259
　　一、主食 / 259

二、菜肴 / 261
　　三、小吃 / 263
　　四、火锅 / 264
第二节　食俗 / 265
　　一、日常食俗 / 265
　　二、家宴习俗 / 267
　　三、餐馆用餐与筵宴习俗 / 271
　　四、节日食俗 / 273
第三节　饮酒 / 275
　　一、卖酒和饮酒场所 / 275
　　二、饮酒方式 / 276
　　三、饮酒种类 / 277
第四节　饮茶 / 278
　　一、饮茶风俗 / 278
　　二、饮茶品种 / 281
第五节　汤、乳酪、果汁饮俗 / 282
　　一、吃汤菜 / 282
　　二、饮乳品 / 283
　　三、喝饮料 / 283
第六节　糖及调味品食俗 / 283
　　一、喜吃糖食种类多 / 283
　　二、川菜俗重调味品 / 284
第七节　吸烟 / 285
　　一、吸烟成时尚，散烟表礼仪 / 285
　　二、烟枪改滤嘴，叶烟变纸烟 / 286

第八章　衣着习俗 / 287

第一节　衣着 / 289
　　一、服装各具民族特色 / 289
　　二、鞋袜踏出时代变迁的足迹 / 292

　　　　三、帽子头帕千姿百态 / 294
　　　　四、附件及小装饰品 / 295
　　第二节　头饰与化妆 / 297
　　　　一、发型及发饰 / 297
　　　　二、首饰及佩饰 / 299
　　　　三、美容 / 300

第九章　人生礼俗 / 303

　　第一节　生养习俗 / 305
　　　　一、生育观念与求子 / 305
　　　　二、怀孕 / 307
　　　　三、保育 / 308
　　　　四、分娩 / 308
　　　　五、育婴 / 309
　　　　六、认干亲祈福习俗 / 314
　　　　七、为婴儿命名 / 316
　　　　八、成长 / 317
　　　　九、成人礼仪 / 317
　　　　十、尊老养老重贺寿 / 319
　　第二节　交际习俗 / 321
　　　　一、见面礼俗 / 321
　　　　二、串门 / 323
　　　　三、待客 / 324
　　　　四、汉族交友与结拜 / 326
　　　　五、人际交往与馈赠 / 327

第十章　婚丧习俗 / 329

　　第一节　婚姻 / 331
　　　　一、婚姻形态 / 331

二、恋爱习俗 / 333

三、婚仪 / 335

四、退婚、离婚 / 341

五、再婚 / 342

六、特殊旧婚俗 / 342

第二节　丧葬 / 344

一、备丧 / 344

二、初丧礼 / 344

三、祭奠 / 346

四、形形色色的各族葬礼 / 349

五、汉族的守孝民俗 / 353

第十一章　信仰习俗 / 355

第一节　自然崇拜与祖先崇拜 / 357

一、自然崇拜 / 357

二、各族盛行祖先崇拜 / 360

三、各民族的家神与鬼魂崇拜 / 362

四、行会祖师崇拜 / 364

第二节　禁忌 / 366

一、饮食禁忌 / 366

二、婚姻禁忌 / 369

三、生育禁忌 / 370

四、居住禁忌 / 371

五、时令禁忌 / 373

六、生产劳动禁忌 / 374

七、生活与交往禁忌 / 375

八、语言禁忌 / 377

九、丧葬禁忌 / 379

第三节　巫风俗信 / 380

一、辟邪祛秽 / 380

二、驱鬼禳灾 / 381

三、烧袱子 / 381

四、下阴 / 382

五、化符水 / 382

六、送花盘 / 382

七、喊魂 / 383

八、打保符 / 383

九、神判 / 384

十、诅咒 / 384

十一、问卜 / 384

十二、卜卦 / 385

十三、算命 / 386

十四、看相 / 386

十五、看风水 / 387

十六、解梦 / 387

第十二章　行旅习俗 / 389

第一节　出行礼俗 / 391
一、卜行择吉 / 391

二、行路 / 391

第二节　行旅方式 / 393
一、步行 / 393

二、过渡 / 393

三、住店 / 394

四、乘坐工具 / 395

第三节　行旅风尚 / 398
一、出游风尚 / 398

二、赶早风尚 / 399

第十三章 节会习俗 / 401

第一节 年节习俗 / 403
一、元旦 / 403
二、过年 / 403
三、端午 / 412
四、中秋 / 412
五、重阳 / 413

第二节 节令习俗 / 414
一、迎春 / 414
二、清明 / 415
三、立夏与夏至 / 416
四、立秋 / 416
五、冬至 / 416
六、腊八 / 417
七、藏族迎夏、送夏节令 / 418

第三节 游乐节日 / 418
一、花朝节 / 418
二、赛马节 / 419
三、锅庄节 / 420
四、火把节 / 421

第四节 民俗信仰节会 / 422
一、庙会 / 422
二、转山会 / 426

第十四章 游娱习俗 / 429

第一节 歌舞娱乐 / 431
一、唱山歌 / 431
二、劳动号子 / 432
三、酒歌 / 433

四、舞灯 / 434

　第二节　游乐与竞技 / 439

　　一、灯会兴盛甲四方 / 439

　　二、郊游游园娱乐忙 / 440

　　三、棋牌麻将遍城乡 / 441

　　四、传统游戏乐趣多 / 442

　　五、少数民族游戏与竞技项目丰富多样 / 443

结　语 / 445

附　录 / 447

主要参考文献 / 452

后　记 / 459

导　言

关于"民俗",中外学术界对其概念和范畴有着众多的解释,至今尚无统一定义。我国现代著名民俗学家钟敬文先生认为:"民俗,即民间风俗,指一个国家或民族中广大民众所创造、享用和传承的生活文化。"[①]综观近年流行的主要观点,我们将"民俗"定义为"人们在社会化的生产、生活中创造并获得普遍认同和传承的民间性群体生活方式",将"民俗文化"表述为"反映民间群体性生活方式的文化"。民俗文化包括物质和精神两个层面的文化内涵,具有普遍性、传承性和变迁性三大属性。民俗文化的产生源于人类社会群体生活的需要,并与一定的人类群体、时代、地域相联系,从而形成具有不同特征的民俗文化,并随着群体、时代、地域的变化而不断传播、演变。一种民俗文化形成后,作为一种世代传承的群体生活方式,在服务于人们日常生活的同时,也成为人们共同遵循的思想行为规范及传承文化的重要方式,是形成社会群体文化认同、凝聚民族精神和塑造民族品格的核心要素。

民俗文化的产生,受到人们所处自然环境和社会环境的强烈影响,故《汉书·王吉传》称"百里不同风,千里不同俗",我国汉族民间有"十里不同风,百里不同俗""一方水土养一方人"的俗语。《汉书·地理志》称"凡民函五常之性,而其刚柔缓急音声不同,系水土之风气,故谓之风;好恶取舍动静亡常,随君上之情欲,故谓之俗"[②]。刘勰《刘子新论·风俗》称"风者,气也;俗者,习也。土地水泉,气有缓急,声有高下,谓之风焉;人居此地,

---

[①] 钟敬文:《民俗学概论》,上海文艺出版社2004年版,第1页。
[②] 《汉书》卷二八《地理志》。

习以成性，谓之俗焉"①。虽然班固和刘勰的解释略有不同，但皆将自然环境和社会环境作为影响民俗形成的重要因素。同时，民俗文化又反过来对自然环境和社会环境发生重要影响，因而在历史上往往被统治者认为是影响国家政治的重要因素。战国荀子称"移风易俗，天下皆宁，美善相乐"②，西汉贾山指出"风行俗成，万世之基定"③，东汉应劭亦认为"为政之要，辨风正俗，最其上也"④，皆将移风易俗看成是治国的重要内容。民俗文化是传统文化中最古老、积淀深厚的重要文化基础，是民族文化的重要组成部分和文化资源宝库，对于当代经济社会和文化建设具有重要价值。整理、挖掘、研究巴蜀民俗文化，对于了解和认识巴蜀文化的发展历程与文化面貌，促进当代巴蜀地区经济、社会和文化发展具有重要作用。

一、巴蜀民俗的概念、范畴与内涵

（一）巴蜀民俗的概念与范畴

巴蜀民俗是指反映古今巴蜀地区民间群体性的生活方式的习俗。巴蜀民俗文化是巴蜀文化的重要组成部分，是古今巴蜀地区各民族创造的民俗文化总和。在空间范畴上，既包括世居巴蜀地区的各民族的民俗文化，也包括巴蜀地区历史上已消失的古代民族的民俗文化。在时间范畴上，包括自先秦时代至现当代的巴蜀民俗文化。巴蜀地区在新石器时代已形成众多的地域文化类型，表明在那时已经形成了各具特色的地域性民俗文化。商周至战国时期，考古资料和文献记载逐渐增多，尤其是唐宋以后随着文献记载的日益丰富，使我们得以对巴蜀历史上的民俗文化有更多了解。由于民俗的发展演变并不因朝代的更迭而急剧变化，其文化传承在较长时期内往往具有相对稳定性，通常只是由于大规模的移民活动伴随的文化传播与融合、剧烈的社会变迁，才导致民俗文化的快速演变。本卷为了便于反映巴蜀民俗文化变迁与社会发展的关系，将巴蜀民俗文化划分为先秦、秦汉魏晋南北朝、唐宋、元明清、近百年五大文化传承阶段。

---

① 《刘子新论》卷九《风俗》，《汉魏丛书》，吉林大学出版社1992年版。
② 《荀子》卷一四《乐论》，上海古籍出版社1996年版。
③ 《汉书》卷五一《贾山传》。
④ （东汉）应劭：《风俗通义》，《四部备要·子部》，中华书局1934年版。

巴蜀地区历史悠久、地域辽阔、民族众多，巴蜀民俗文化具有鲜明的地域性、民族性、多样性和复杂性。影响巴蜀民俗形成和演变的因素是多种多样的，因而巴蜀民俗文化现象呈现出丰富多姿的面貌。不同民族、部族，不同历史时期，不同地区、文化传统有别的居民群体，其民俗文化面貌亦不尽相同，各有特点、变化众多。地理环境对民俗文化的形成和发展具有极为重要的影响作用，因而古今巴蜀地区的民俗文化在盆地内和盆周高原山地区域具有较强的地域性。同时，受民族乃至居民群体来源的影响，巴蜀民俗文化还具有较强的民族性和居民群体性。尤其是古今巴蜀地区一直处于民族不断迁移、融合的变迁之中，古今的巴蜀民俗文化随着历史变迁、民族和居民群体构成的变化，民俗文化在传承过程中也在不断发生演变，从而形成了巴蜀民俗文化的复杂性和多样性。但是，民俗的形成和演变又是有规律可循的，在相同或相似地区、在有着共源关系的民族或居民群体中、在有着相同或近似文化传统的人群中，其民俗文化往往呈现出大同小异的现象。因此，尽管巴蜀民俗文化在时空范畴上呈现出较强的地域性、民族性和群体性、复杂性、多样性等文化现象，我们仍然可以对其加以分类研究，探索其形成和发展演变的一般规律与文化特征。

（二）巴蜀民俗文化的内涵

民俗文化涉及社会生产与生活的方方面面，既表现在物质生产与生活方面，也反映在人们的精神生活方面。两个方面的民俗是一个不可分割的统一体，相互影响、相互促进，随着时代的发展而不断变化。

物质方面的民俗是人们在创造和消费物质财富的过程中，反复进行模式化生产与消费，产生的相同或相近的行为方式。主要包括生产民俗及生活民俗中衣食住行方面的民俗。

精神方面的民俗是人们在生产、生活及社会交往过程中，形成的意识观念、心理感受、交往习俗及其制度，并作为集体遵守和传承的行为方式。主要包括民间的宗教信仰、伦理观念、音乐歌舞、文学艺术、民俗语言和民间社会化的组织习俗、礼仪习俗（礼俗）、岁时节令习俗、游娱习俗及其制度等方面的民俗。

巴蜀地区的古代民族在历史上一直处于不断迁徙、融合或分化的变化过程之中，巴蜀地区的经济社会和文化环境也在不断变化发展之中，因而巴蜀民俗文化也随之处于不断涵化、丰富和创新发展的过程中，民俗文化的地域性差异受当地民族变化、社会历史发展、外来文化等因素的影响而呈现出较强的时代性。对古代巴蜀民俗文化进行研究的目的，主要在于了解其发展规律和特征，因而本卷对巴蜀古代民俗文化采用按时代结合文化特征进行分类阐述。对近百年来的现代巴蜀民俗文化进行研究的目的，主要在于保护和利用好优秀特色民俗文化资源，促进当代和未来的文化传承与发展，因而本卷对近百年来的巴蜀民俗文化采取突出特色进行分类阐述。鉴于川西高原地区少数民族文化中，藏、羌、彝民族文化极具特色和代表性，本卷对少数民族民俗文化的阐述，重点突出藏、羌、彝三个民族的特色民俗。

由于反映古代巴蜀民俗的文献记载较少、文物资料又难以反映民俗文化全貌，而现代民俗文献资料丰富，可以进行实地考察，且许多现代民俗为传承古代民俗而来，结合巴蜀文化保护、传承、利用、发展的需要，本卷在体例上分为上、下两编编写。上编为"先秦至清代的巴蜀民俗"，按照历史发展时期分类简述；下编为"近百年来的巴蜀民俗"，按照文化现象分类阐述，重点介绍特色民俗，所称"民国时期"指1911～1949年中华民国在大陆统治时期，"50年代""90年代"等直接叙述某某年代的时间段皆指20世纪的所述年代时间段，"近年"指进入21世纪以来的2001～2005年。由于民俗文化内容涉及面宽，为避免与其他有关分卷内容的重复，对有关分卷已详述的民俗，本卷从略。同时，历史上曾经存在但已经废弃的一些陋俗，因对当代及未来的文化建设无益，亦予省略。

二、巴蜀民俗文化的发展脉络

（一）古代巴蜀民俗文化的传承与变迁

根据考古发现，旧石器时代晚期在四川盆地内及盆周山地、川西高原皆有人类活动，人们过着狩猎和采集、使用柴火取暖及烧烤食物、缝制兽皮作为衣服的生活。至新石器时代，在巴蜀大地上几乎所有的地区皆已有了先民的足迹，形成了多种各具地域文化特征的新石器时代文化，各地域文化皆具有一定分布范围和传承时期，具有一些共同的生产劳动、居住习惯、丧葬习惯、审美观念和信仰等，反映出此时期已经产生了一些为当地人们集体所遵守的生产生活习俗及精神习俗。商周以后，四川盆地与川西高原地区在民俗文化演进过程中，盆地内及盆周山地区域的民俗文化面貌逐渐向农耕兼事渔猎、居土屋、行土葬、崇水神方向发展，川西高原地区的民俗文化面貌逐渐向农牧兼营采集和狩猎、住石屋、葬石棺、敬神山方向发展，逐渐形成与地理环境相适应的盆地区与高原区两大区域文化系统，呈现出同源异流的相对独立发展但又互相影响的变迁轨迹。

1. 四川盆地区：商周至战国时期已经形成具有许多文化共性的区域文化"巴蜀文化"，其生产、生活、礼仪、信仰等方面习俗皆具有自身特色，同时受到中原文化的较强影响。此时期的巴蜀民俗文化，作为一种文化传统对后世产生了巨大而深远的影响。

秦灭巴蜀后至统一战争过程中，秦国多次向巴蜀地区大规模移民，四川盆地内的巴蜀民俗文化受到了中原文化的巨大影响。同时，秦并天下以巴蜀为战略基地，对巴蜀移民颇为优待，巴蜀传统文化因之得以大量保留。秦汉王朝对巴人和川南僰人实行民族自治政策，先秦时期巴蜀文化的许多传统在巴人和僰人中得以继续传承。两汉时期，成都平原经济文化高度繁荣，为世所公认的"天府之国"。在此背景下，西蜀地区宴游之风盛行。文翁兴学掀起学习中原文化热潮，喜好文学逐渐成为西蜀民俗风尚。经过秦汉时期的文化交融，传统巴蜀文化与中原文化逐步融合。

三国魏晋南北朝时期，大量移民入川并对盆地内原有民俗文化造成巨大冲击。尤其是西晋末年以氐人和巴人后裔等为主体的数十万流民入蜀并最终建立成汉政权，蜀地原有土著居民大批逃亡，成汉招引大量僚人入川并散居各地，原有的民俗文化传统发生巨大改变。东晋灭成汉后，逃亡到大巴山区的原蜀郡、巴东郡等地的大量巴蜀土著汉人势力逐渐崛起，散居在大巴山以南的僚人在与汉人的密切接触中首先汉化。随着逃亡汉人的后裔等逐渐返回蜀地，分布在蜀地的僚人也逐步与汉人融合。由于长期战乱的影响，汉代好宴游的民俗受到冲击，避世饮酒之风盛行。

隋末战乱，四川盆地幸免于难。至唐代，四川盆地成为国家经济的支柱地区，东、西两川"财利贡赋率天下三之一"，西蜀之地更因其经济文化的高度繁荣而成为全国最富庶的地区，成都与扬州并称为代表"天下繁侈"的两大繁华都市。五代时期，大江南北再遭涂炭，前、后蜀成为公认的"天下富国"。两宋时期，成都成为"繁盛与京师同"的繁华大都市。得益于经济的持续高度繁荣，蜀中商贸、宴游之风盛甲天下。而分布于四川盆地内的僚人，唐宋时期逐渐与当地汉人融合，民俗日益趋同。盆地周边区域各族群，在保持原有民俗文化的同时，受到了汉人民俗文化的较大影响。唐末宋初以后，原居贵州的部分苗人陆续进入川南地区与僚、彝、汉等民族杂居。北宋中期，川南地区的乌蛮（彝族主要先民）势力崛起，成为该区域最强盛的部族。随着川南地区民族的迁徙及其势力消长，对当地民俗文化产生了重要影响。

宋末元初、元末明初、明末清初，四川经长时间战乱，经济遭受重创、人口损失巨大。伴随着大量移民将其原乡民俗带入巴蜀地区，四川盆地及周边山地区域的传统民俗文化随着大批移民的到来而发生巨大改变，但唐宋以来的一些传统民俗依然被传承下来。清朝前期持续近百年的"湖广填四川"大移民，将众多的全国各地民俗带入四川盆地及盆周山地区域，逐渐形成了影响至今的巴蜀地区以移民为主体的移民民俗文化。先后迁入四川盆地及盆周山地的大批蒙古族人、回族人、满族人，在与汉人的密切交往中，受汉人民俗文化影响巨大。民国时期，满人与汉人民俗已基本相同，回族人也吸收融合了大量汉人民俗。四川盆地东南部的巴人后裔土家人，随着清代"改土归流"制度的推行及与汉人交往的日益密切，民俗逐渐与汉人趋同。盆地南部的僚人和僰人，经明朝万历年间朝廷军队的围剿重创，残余民众分别隐匿并融入汉、苗等民族中，僚人和僰人民俗文化随之消亡。唐宋时期迁入川南的苗人，至清代乾隆年间"改土归流"以后，在与汉人的密切交往中，民俗文化逐渐同于汉人。

2. 川西高原区：秦汉时期主要为从事农业和游牧的氐羌系统众多部落，即《史记》所称"西南夷"中的"西夷"。考古发现表明，该区域各部落居住石砌碉房或逐水草游牧。其中，岷江上游的冉駹氏羌部落过着兼事农业、畜牧、采集的生活，盛行石棺葬葬俗，受到了汉文化的明显影响。大渡河上游至雅砻江中上游地区的白狼、槃木、唐菆等百余羌夷部落，分别从事农业、农牧兼营和游牧，也盛行石棺葬葬俗。大渡河中游的牦牛羌部落以游牧为主兼事农业和采集，其中一些部落后来南下至雅砻江中下游，他们与当地笮都夷融合称为越巂羌或牦牛夷、越巂夷。在青衣江上游，东汉时期为南下羌人与土著徙人融合形成的青衣羌人聚居地，其文化亦深受汉文化影响。

唐宋时期，整个川西高原遍布众多的大小羌人部落。这些羌人部落大多先归附于唐朝，唐朝中晚期为吐蕃征服，苯教随之在吐蕃统治下的羌人地区传播开来并对羌人民俗产生了重要影响。唐末，吐蕃王朝瓦解，川西高原各羌人部落再度分散。宋朝与川西高原的羌人部落开展大规模茶马互市，对羌人的饮食习俗产生了重要影响。随着藏传佛教在今川西高原的传播，羌人民俗文化受到藏传佛教的巨大影响。分布在川西南雅砻江中下游地区的众多部落，唐人以地理方位大体将之称为"东蛮"（居民多为彝族先民"乌蛮"部落）、"西蛮"（居民以纳西族及纳人先民"摩西蛮"为主体，亦称"白蛮"）。北宋时期，宋朝对"东蛮"、"西蛮"各部实行羁縻统治，并与各部落开展茶马互市，对当地的生产生活民俗产生了一定影响。

元明清三代对川西高原的众多羌人和"番人"部落实行土司制，藏传佛教也在统治者扶持下获得空前发展，对川西高原的民俗文化影响日益深厚。从内地不断迁入川西高原的部分汉人，在与当地藏、羌、彝等各族先民杂居过程中，逐渐融入当地民众，加上统治者的倡导示范，汉民俗文化和礼仪文化对这些地区的各族民俗产生了不同程度的影响。其中，岷江上游地区汉人移民与当地羌人的大规模融合，使大量汉人民俗在羌人中得到传承。

综观古代巴蜀民俗文化的发展历程，先秦时期四川盆地内及盆周山地区域的民俗文化在传承、融合的基础上逐渐形成具有巴蜀区域文化特征的民俗文化体系，川西高原的民俗文化开始呈现与盆地内的巴蜀民俗文化向着不同方向发展的趋势；秦汉至魏晋南北朝时期，巴蜀地区的民俗文化受到中原汉文化及周边地区多种文化的强烈影响，伴随着移民和经济文化交流，汉文化与氐羌、僚僰等民族的民俗文化相互影响与融合加快；到唐宋时期，四川盆地内的汉人与僚人民俗文化逐渐趋同，川西高原羌、"蛮"部落的民俗文化则呈现出缤纷多姿的面貌；至元明清时期，四川盆地内形成具有浓厚移民文化特征的新民俗文化传统，川西高原形成具有明显地域特色和汉文化影响的丰富多姿的民俗文化，总体上呈现出多元文化不断交融和同源文化不断分化变迁、在传承与发展中不断前行的发展脉络。

（二）百年来巴蜀民俗文化的传承与变迁

1911年中华民国成立，随着"新文化运动"在中国大地上蓬勃开展，兴起了以放裹足、剪发辫、禁鸦片、变婚俗等为代表的"移风易俗"风潮。20世纪30~40年代推行"新生活运动"，西方现代文化因素大量涌入，西方传教士的身影及教堂、教会学校也遍布四川各地，对巴蜀传统民俗文化产生了强烈冲击。在此背景下，四川盆地内及盆周山地以汉人聚居区为主的地区，逐渐出现以中西文化结合为时尚的趋势，乃至蔚然成风。官商、士绅、军阀、地主的宅院建筑风貌及其装饰图案和用品用具往往采用中西合璧形式，民间的发型、服装及日常生活用具、用品皆发生重大改变。抗日战争时期，大量移民将许多新文化因素带入四川，西方文化因素的影响遍及城乡经济生产、社会活动与文化生活中，移风易俗成为时代潮流，人们的思想观念和行为习俗因之发生重大改变。在川西高原区域，由于藏羌彝各民族原有的生产生活方式、宗教信仰等根深蒂固，西方文化对当地文化的影响有限，当地民俗文化传统未发生重大改变。

中华人民共和国成立后，广泛开展破除封建迷信、革除封建陋俗的运动，积极倡导革命新风尚，许多长期流传下来的封建陋俗逐渐改变或基本消除，但同时也有不少非陋俗的传统民俗被盲目地作为封建文化对待而未能得到广泛传承，以至于部分民俗文化传统逐渐消失或濒临消失。三线建设时期，四川盆地及盆周山地成为国家战略建设后方基地，外省市大批工业企业内迁，众多的外来工业建设移民将他们原有的民俗文化传入，对巴蜀地区以汉族为主体的民俗文化产生了较大影响。"文化大革命"时期，民俗文化受到了巨大冲击，许多传统民俗文化，包括大量的物质文化遗产和非物质文化遗产，都在此期间消失了。

改革开放以后，随着经济的发展和对外交流的扩大、国家对传统民俗文化日益重视，许多传统民俗文化得到逐步恢复。尤其是现代旅游业的发展和国家对保护非物质文化遗产、发展文化产业的重视，许多已经消亡或濒临消亡的传统民俗又迅速复兴。但是，在以单纯追求经济效益为目标的利益驱动下，部分民俗文化发生了较大扭曲和变异，模仿异地民俗导致的民俗文化同质化现象较为普遍，一些原本消失的文化陋习又死灰复燃。同时，现代西方生活方式和思想观念的进入，对传统民俗文化形成强烈冲击。现代生产工具、交通工具、通信工具、家用电器和家具、西方饮食和娱乐方式等在城镇居民、中青年人中的普及，在相当大程度上改变了人们的日常生产生活方式及习俗，传统民俗文化因素主要在现代化发展相对滞后的偏远乡村尚保存较多，旅游城市及其周边区域的传统民俗活动展示多已作为传承和展现非物质文化遗产的载体和平台而存在。在大中城市、在青年人群中，传统民俗文化的影响正在弱化，出现了许多仿效西方生活习俗、语言行为的现象，形成了当代多种多样的中西方生活方式并存、中西方民俗文化强烈碰撞、在部分生产生活领域里中西民俗文化相互融合的民俗文化格局。即使在川西高原的藏羌彝系统各民族中，现代生产生活方式也已普遍进入人们的日常生产生活之中并改变着人们的观念与生活，传统民俗文化也正在经历加速变迁的历程。

伴随着经济形态、文化形态、思想观念、人们兴趣爱好的日益多元化，民俗文化正处于不断向多元化演变的剧烈变化之中，其中交通便利、信息流通的地区民俗文化变化较快，交通、信息相对闭塞的地区民俗文化变化相对较慢。巴蜀民俗文化正在经历一个前所未有的剧变时期，部分适应社会发展变迁的优秀传统民俗文化仍在继续得到传承，部分民俗文化为适应时代发展需要在进行自我调适完善，一些新的民俗在文化交融与社会发展中不断产生，还有一些传统民俗文化因素由于失去了继续存在的社会经济基础而走向消亡，总体趋势呈现伴随社会经济加快发展而快速变迁。

三、巴蜀民俗文化的主要特征

综观巴蜀各地民俗文化面貌，地理环境和社会环境对民俗文化特征的形成具有重要影响。人们为了适应地理环境进行生产与生活，从而使巴蜀民俗文化烙上了深厚的地理环境影响印迹。生产方式、文化传统、思想观念、居民来源、社会变迁等社会环境因素，也对各地民俗文化的形成、变迁具有重要影响。各地民俗文化在多元文化交流与融合过程中，同一文化在传承、传播过程中，往往发生多种多样的变迁并形成诸多文化共性与差异，以至不同地区、不同民族中的许多民俗文化既具有自身地域和民族的特色，相互之间乃至与国内其他一些地方的民俗文化又具有文化共性。这种民俗文化的多元一体与同源异流所形成的不可分割现象，既是巴蜀文化的写照，也是中华文化的缩影。随着现代化背景下文化交融的加速和加深，许多地域性和民族性的民俗文化特征正在快速消失、文化差异逐渐缩小。总结历史上巴蜀地区民俗文化的地域特色，从全国范围比较来看，主要具有以下六大特征：

（一）文化面貌丰富多样

巴蜀民俗文化受复杂多样的地理环境影响很大，同时受居民来源及其文化传统复杂多样性和区域社会环境差异的影响，造就了巴蜀民俗文化面貌丰富多样的特征。从区域文化特征看，大体可分为以汉文化为主体的四川盆地民俗文化区和以藏羌彝系统民族为主体的川西高原民俗文化区。在这两大民俗文化区内，还可大体分为多个二级民俗文化区，如四川盆地内及盆周山区可大体分为川西蜀文化区、川东巴文化区、川南僰僚苗文化区，川西高原区域可大体分为川西北藏羌文化区和川西南彝文化区。每个民俗文化区内的民俗文化面貌既有许多共性又具有自身特色，同一民族的民俗文化面貌亦呈现区域性和人群差异，同一区域相同地理环境条件下不同村寨的民俗文化往往也存在差别，这种民俗文化复杂多样的现象在四川盆地和川西高原皆极为普遍。四川盆地区各地客家人与当地其他移民群体之间，多民族杂居区不同民族之间都有民俗差异。川西高原上"十里不同天，十里不同俗""沟有沟土语，寨有寨方言"，即是这种民俗差异的客观反映。这种民俗文化的丰富多样性，在我国极具代表性。

（二）多元文化和谐并存

受移民社会和天人和谐观念的双重影响，巴蜀民俗文化呈现出明显的多元文化和谐并存特征。四川盆地区自先秦时期就是多元文化交集之地，秦汉以后至于近现代又是由多次大规模移民形成的移民社会，来自不同地方、不同群体的多种文化长期在这里碰撞、交融。川西高原区位于世界上地貌生态环境极具复杂多样性的横断山区中北部，为历史上族群迁徙频繁的藏羌彝民族走廊核心地带，不同区域、不同部落在历史上受外来经济文化和政治影响的情况也各不相同，这种状况造就了该区域民俗文化极具多样性。即使在同一地区，也往往因地貌生态环境的垂直变化（因海拔高度不同呈现地貌、气候、植被环境变化）及居民群体来源差异，民俗文化面貌也呈现垂直变化及多元文化并存的分布特点。两大区域皆受巴蜀地区自先秦以来就盛行的天人和谐思想观念影响巨大，因而无论是平面分布还是垂直分布的多元文化，皆能长期和谐并存，并在交往中互相学习、交融。这种多元文化长期和谐并存的现象，在我国堪称典范。

（三）农牧与商贸并重

巴蜀地区的自然环境和人民的勤奋造就了农牧业文明的繁荣，区域经济差异使得不同区域的人群相互之间必须进行频繁的商品交换，相对封闭的盆地自然环境导致区域经济发展起来之后的盆地区的人们必须奋力开拓外向的商品交换市场，从而形成了巴蜀地区农商并重的民俗特征。四川盆地区历来农业发达，民俗重农事、蚕桑，古蜀王蚕丛、杜宇皆以"教民务农"而被奉为巴蜀农神。同时，商品生产繁荣，民俗重商贸。历史上巴蜀地区长期以农业发达而成为国家经济支柱并被誉为"天府之国"。农业生产及相关信仰、禁忌等民俗繁多；各类生产生活商品丰富，汉唐以来民间商品贸易越来越兴盛，丝绸、漆器、茶、酒等商品久享盛名，民间亦多从事相关商品生产并喜饮茶、酒。川西高原区历来重畜牧，畜产品、皮毛、药材、山珍出产丰富，但日用商品匮乏，因而民俗重商贸交易。正是在此背景下，成都地区成为南、北方"丝绸之路"和"茶马古道"的主要商品输出与集散地，唐宋时期全国民间大型贸易市场"草市"和多种专门市场的发祥地。这种农商并重的民俗，与我国其他许多地方重农轻商或重商轻农的民风形成鲜明对比。

（四）尚滋味好宴饮，喜歌舞重游娱

受湿热气候环境和丰富的物产条件、生存观念与生活方式的影响，巴蜀地区形成了尚滋味好宴游、喜歌舞重游娱的民俗传统。四川盆地区气候冬阴冷、夏湿热，故人们日常饮食喜好辛香、麻辣、多盐的重口味食物以抗寒、除湿、补盐，《华阳国志》即称蜀地"尚滋味""好辛香"，至今仍以美食小吃享誉天下。蜀地物产丰富，民风好宴饮，左思《蜀都赋》记载蜀地"其旧俗：终冬始春，……一醉累月"，至唐宋时期蜀地宴饮之风盛天下，此民俗一直延续至当代。巴蜀民风喜歌舞，《华阳国志》记载武王伐商时巴人军队"前歌后舞"，考古发现和文献记载反映蜀人好以歌舞伴宴饮，至唐宋时期蜀中民间音乐歌舞盛极当世。蜀地自古好游娱，扬雄和左思的《蜀都赋》称西汉邻公渔猎"观者万堤""巷无居人"。唐宋时期成都地区的"遨游"之风更是盛甲天下，宋人记载"成都之俗，以游乐相尚"，苏东坡诗称"蜀人游乐不知还"，至今川渝民间休闲游乐之风仍胜于他方。正是在此民俗传统影响下，成都成为风靡当代的"农家乐"休闲游娱生活方式发祥地。川西高原藏羌彝系统各民族，传统上各家皆常备酒食自饮或待客，远客至必杀牲待客宴饮，农区多饮自酿咂酒，牧区好饮马茶吃酸奶。喜歌舞，《后汉书》记邛都夷"喜讴歌"，《隋书》记载嘉良夷"好歌舞"。盛行古老的跳圆圈舞习俗，今日俗称"跳锅庄"。宴饮时常以歌舞相伴，与蜀地相同。重大祭祀、庆贺、聚会期间皆集体宴饮歌舞，人们每逢春暖花开之际皆到村外露宿游山赏花，藏族聚居地区寺院僧侣亦不例外。综观我国各地民俗，巴蜀地区好宴饮重游娱的民风远胜他省。

（五）精敏好文，质直尚勇

巴蜀地势复杂艰险、相对封闭的地理环境和多元文化的频繁交融，造就了巴蜀民众思维敏锐、求知好文的文化传统，培养了身手矫健、质直尚勇的性格特征。西蜀民风自汉代以来尚文学，故历代多出文宗、才女，民众机敏多智、能言善辩，同时勇武善战。《华阳国志》称蜀地"君子精敏，小人鬼黠""多斑采文章""多悍勇"，《隋书》称蜀人"敏慧轻急，……颇慕文学，时有斐然"，近现代川人亦因机敏过人而被称为"川耗子"。川东、川北巴地民风质朴、率直、勇悍，《华阳国志》称巴人"其民质直好义，土风敦厚""俗素朴"，巴人中的賨人"天性劲勇"，涪陵郡"人多悍勇"，至今重庆和川北民风依然率直好勇。川西高原藏羌彝系统各民族也以质直勇悍著称，《隋书》记载党项羌"俗尚武力"，岷、涪二江上游羌人"人犹劲悍，性多质直"。历史上川军素以骁勇善战而闻名，当代仍有"无川不成军"之谓。巴蜀民风的这种精敏好文、质直尚勇性格，在全国范围颇为突出。

（六）尊崇仙道，虔敬鬼神

巴蜀地区的自然地理环境造就了巴蜀民众崇尚自然、敬畏神明、追求自由、重视长生的观念，形成了尊崇仙道、虔敬鬼神的民俗传统。《隋书·地理志》记载蜀中风俗"好祀鬼神"，《宋史·侯可传》称"巴俗尚鬼，……唯巫言是用"，有关文献记载史不绝书。其中，蜀人尤尚仙道，故重道家养身益寿之术，王乔、彭祖、范长生、李八百皆被奉为蜀中长寿神仙；巴人则崇尚巫鬼，因而巫觋（端公、师娘子）遍地，民间巫术法事盛行；川西高原的藏羌彝系统各民族盛行祖先崇拜和万物有灵的原始宗教，对祖先灵魂、天地诸神（尤其是日月神和山神）、人和动植物鬼魂皆虔诚敬奉，过去各部落、家支乃至许多村寨皆有巫师，生产生活中各种祭祀、巫术活动不断，神山、巫师之多为他省所不及。从历史文献记载看，道教兴起于巴蜀就与巴蜀地区传统的神仙、巫鬼信仰和川西高原藏、羌、彝等民族的原始宗教信仰有关，而道教兴起后又对川西高原少数民族的民间宗教信仰产生了重要影响。巴蜀地区尊崇仙道、虔敬鬼神民风，在历史上曾长期盛行。

巴蜀地区的民俗自汉唐以来深受中原文化影响，明清以来尤其是近现代随着文化交融的加速加剧，多数民俗现象已逐渐与我国中东部大江南北的民俗趋同。上述巴蜀民俗文化地域特征，只是巴蜀地区总体上呈现出的较之全国其他地区显得尤为突出的几个典型方面，从不同文化视角还可总结出更多的民俗文化特征，不同区域的民俗文化也有其自身的一些文化特征，这里不多赘述。

上编

先秦至清代的巴蜀民俗

巴蜀文化通史 | 民俗文化卷

第一章 先秦时期的巴蜀民俗

根据考古发现，新石器时代晚期在巴蜀地区已经出现了一些各具民俗文化传统的地域文化类型。夏商周至春秋战国时期，考古资料及文献记载表明，四川盆地内及盆周山地为以古巴、蜀两国为代表的区域文化分布区，经长期的文化交流与融合，逐步形成了具有共同区域文化特征的古巴蜀文化。原本与四川盆地内的古巴蜀文化有着千丝万缕联系的川西北至川西南高原山地，其区域文化则沿着不同方向发展，逐渐形成与四川盆地内的巴蜀文化既有密切联系又有显著差异的另一种区域文化体系，即被汉代文献称为"西南夷"的文化体系。由于巴蜀民俗文化体系结构与这种二元结构文化体系紧密联系，并一直影响至今，因此先秦时期是巴蜀民俗文化形成的重要时期。

第一节　生产习俗

一、农业生产农牧渔猎兼营

巴蜀地区有着悠久的农业发展历史。根据考古发现，距今约6400～5300年的三峡西部地区大溪文化及继后距今约5000～4600年前的屈家岭文化，居民们主要从事稻作农业并兼事狩猎和采集，渔猎占有较重要的地位，饲养猪、狗、鸡、牛、羊等家畜家禽。今川西北岷江上游距今约5500～5000年前的新石器时代营盘山文化[①]已经开始种植粟类粮食作物。从发现的陶器、石器、玉器和骨器种类看，有专用农业收割工具穿孔石刀等及加工农作物的石杵，证明人们已种植农作物；有专用狩猎工具石球及大型切割器和小型石英片、燧石片等剥皮工具，表明当时人们也从事狩猎或已饲养大型家畜；有石网坠，表明人们已从事捕鱼。距今约4600～4000年的成都平原地区宝墩文化早期及大体同时代的四

[①] 成都市文物考古研究所等：《四川茂县营盘山遗址试掘报告》，《成都考古发现（2000）》，科学出版社2002年版；陈剑等：《营盘山遗址——藏彝走廊史前区域文化中心》，《阿坝师范专科学校学报》2005年第1期。下文有关该文化的资料出处皆同本注。

川盆地北部边堆山文化和峡江地区哨棚嘴文化,居民们过着定居农业兼事渔猎和采集的生活,其中宝墩文化的居民饲养羊作为肉食和纺织原料①。

(一)农牧渔猎习俗

在古史传说记载中,古蜀国的蚕丛、杜宇二代蜀王皆以发展农业而著称。古代蜀地相传蚕丛氏"教民农事""蚕丛氏青衣劝农",以蚕丛为蜀地农业的始祖。《华阳国志》记载蜀王杜宇"教民务农,……巴亦化其教而力农务",因而后世蜀地民间祀杜宇为农神,直至东晋仍然是"巴、蜀民农时先祀杜主君"②。先秦史籍《山海经》记:"西南黑水青水之间有都广之野,后稷葬焉。爰有膏菽、膏稻、膏黍、膏稷。"③"都广之野"又作"广都之野",明代著名学者杨慎考证即成都,表明先秦时期的古蜀国种植菽、黍、稻、稷等粮食作物。

巴蜀多山林野兽,故巴、蜀民皆善射猎,扬雄《蜀王本纪》载蜀王鱼凫"田猎于湔山",战国晚期的《吴越春秋》记载"吴人畏蜀侧竹弓弩",《华阳国志·巴志》记载战国晚期巴人板楯蛮善于"作白竹弩""以射白虎为业",《尚书·禹贡》记载梁州贡物有熊、罴、狐狸的毛皮,成都百花潭战国中期宴乐攻战纹铜壶上嵌错图案的下层图案即表现猎人持矛追杀禽兽主题。同时,巴、蜀民还从事捕鱼,古蜀王鱼凫即以捕鱼水鸟鱼鹰为号,表明鱼凫部落善于从事捕鱼生产。

考古发现表明,以广汉三星堆遗址和成都金沙遗址为代表的古蜀文化时期④,古蜀人在经济生产方面从事农业兼事狩猎、捕鱼和采集,拥有高度发达的农业文明,农业生产已经进入精细化耕作阶段。农业工具在整个先秦时期皆

---

① 成都市文物考古研究所等:《宝墩遗址》,日本阿普有限会社2000年版;陈德安:《古蜀文明与周边各文明的关系》,《中华文化论坛》2007年第4期;王仁湘、叶茂林:《四川盆地北沿新石器时代考古新收获》,《三星堆与巴蜀文化》,巴蜀书社1993年版;中国社会科学院考古研究所四川工作队:《四川绵阳边堆山新石器时代遗址调查简报》,《考古》1990年第4期;孙华:《峡江地区的先秦文化》,《国学研究》,北京大学出版社2009年版。下文中相关考古资料的出处皆同本注。
② (晋)常璩撰,刘琳校注:《华阳国志》卷三《蜀志》,巴蜀书社1984年版。
③ 袁珂:《山海经校注》卷六《海内西经》,上海古籍出版社1980年版。
④ 四川省文物考古研究所:《三星堆祭祀坑》,文物出版社1999年版;成都市文物考古研究所:《金沙考古发现》,四川文艺出版社2006年版;成都金沙遗址博物馆文物陈列。下文中有关这两个遗址的考古资料出处皆同本注。

主要使用石器、木器、骨角器等。在农业种植方面，三星堆文化时期人们主要种植粟米，有少量稻谷；到十二桥文化时期，人们主要种植稻谷，粟米已变得较少①。根据考古发现的古遗址和墓葬资料以及文物图像资料，古巴蜀居民过着定居农业兼事狩猎、渔猎、采集的生活，种植水稻，饲养牛、羊、猪、鸡等家畜和家禽。

农业的发达往往与水利建设相关联，文献记载古蜀人历来重视治水并善于治水。古史传说记载大禹生于西蜀岷山的汶川石纽山，《尚书·禹贡》记载大禹"岷山导江，东别为沱"，近年三峡考古发现的东汉时期"景云碑"表明大禹治水曾在家乡石纽举行会盟誓师大会"汶川之会"。《蜀王本纪》和《华阳国志·蜀志》记载蜀王望帝杜宇任用鳖灵为相治水"决玉垒山以除水害"，至战国末年秦国蜀守李冰又率领蜀人继续治水并完成了修建都江堰伟大水利工程，引水溉田、分洪避害。在考古发现中，成都指挥街遗址春秋晚期地层中曾发现一排打入砂砾层中用于防洪护岸的木桩，在成都方池街遗址春秋战国地层中也曾发现用黄泥和卵石砌筑的数条防洪排水石埂。蜀人对水利工程的重视，有力地促进了农业的发展，故文献记载都江堰建成后使蜀地成为水旱从人的千里沃野，成都平原因之成为膏腴之地、天府之国。蜀地重视兴修水利的传统在先秦时期已经兴起。

岷江上游地区先秦时期属于蚕丛氏古蜀人支系的冉駹人聚居地。根据茂县凤仪镇战国晚期石棺墓出土陶器中曾发现盛有粟类粮食作物（当地俗称"水米子"，属于皮大麦，直至现代当地羌族仍然有少量种植），表明当时岷江上游的冉駹人种植和食用粟类粮食作物。根据考古发现，冉駹人还畜养牛、羊、马、猪等家畜并兼营狩猎和捕鱼，亦采集部分植物果实根茎为食②。考古发现反映先秦时期岷江上游的冉駹人过着定居农业兼事渔猎和采集的生活。

（二）嫘祖兴蚕与蜀中蚕桑民俗的兴起

在古史传说记载中，古蜀人还是蚕桑业的发明者。据文献记载，"蜀"

---

① 据2009年7月21日在"古蜀农耕文化的起源与演进：蚕丛与瞿上学术论坛"会议期间，成都市文物考古研究所副所长、研究员江章华在会上作的专题报告介绍。
② 徐学书：《岷江上游石棺葬文化综述》，《四川大学考古专业创建三十五周年纪念文集》，四川大学出版社1998年版。此外，1986年及1991年，茂县羌族博物馆曾两次对茂县城关2处石棺葬墓地进行发掘清理，在明清茂州城北城墙外侧发现的战国晚期墓中发现有盛装于陶罐内的粟类粮食。

本为野蚕，古岷山多野蚕，因而岷山称"蜀山"，居住在蜀山的古部落也就称"蜀山氏"。蜀山氏驯养野蚕"蜀"成为家蚕，山因多蚕，其部落也就称为蚕丛氏，并以"蜀"作为族称、国号。在商代甲骨文中"蜀"字作蜷曲的蚕形。蚕丛氏发明了养蚕，因而后世蜀中民俗重蚕桑业，有赴蚕丛祠祈蚕桑丰收的民俗，农桑集市亦称为"蚕市"。黄帝元妃嫘祖为出于蚕丛氏（蚕陵氏、西陵氏）叠部落的女性先民（嫘祖的"嫘"字在西周金文中作"嬚"，表明嫘祖本为出于"叠"部落的女子），被后世奉为"先蚕神"。宋代罗泌《路史·后记》载"嫘祖为黄帝元妃，治丝、养蚕、供衣服，后人祀为先蚕"。此外，古代蜀地还广泛流传关于"蚕女"化蚕吐丝的古老传说，明代《蜀中广记》引《仙传拾遗》记述：当高辛氏颛顼之世，广汉一女子为了让被邻人掠去年余的父亲归来，许诺愿嫁给迎得父亲归来者。当其父亲所乘之马迎得其父归来，其父不愿践行其女的诺言而将马杀死。当该女子经过马皮侧，马皮跃起将女子卷裹飞去栖于桑树上，"女化为蚕，食桑叶，吐丝成茧"。后人为纪念蚕女吐丝成茧的功绩，向蚕女祈求蚕桑兴盛，专门为之立祠塑像，宋人戴埴记载："唐《乘异集》载：蜀中寺观多塑女人披马皮，谓之马头娘，以祈蚕事。"[①]此为蜀女兴蚕桑的又一古老传说。

由于蜀地为蚕桑业发祥地，故蜀中民俗重蚕桑业。考古发现的成都百花潭中学十号战国墓，出土的战国中期宴乐攻战纹铜壶嵌错的图案中，有七男八女正在采桑的采桑图[②]。

二、手工业生产形式多样

（一）陶石器生产多样化

考古发现大溪文化居民喜制作彩陶和黑陶器，并有少量精美的白陶圈足盘和薄胎彩陶单耳杯、圈足碗、瓶等及戳印纹陶球。发现的精美磨光石雕猴面像小挂饰，反映出当时已有较高的雕刻艺术水平。至屈家岭文化时期，还出现了鸡、羊等陶塑艺术品和部分刻画符号。岷江上游营盘山文化的人们，喜欢制作彩陶、夹砂陶和泥质陶的平底和小平底陶器及少量矮圈足器。人们在陶胎中

[①] （宋）戴埴：《鼠璞》卷下《蚕马同本》，《四库笔记小说丛书》，上海古籍出版社1992年版。

[②] 四川省博物馆：《成都百花潭中学十号墓发掘记》，《文物》1976年第3期。后文有关该处考古资料出处同本注。

掺和粗片岩、石英粒制作成粗砂陶器，或羼杂细小片岩、页岩和石英粒制作成细砂陶器。陶器装饰纹饰喜用粗细绳纹和附加堆纹，器物口沿多装饰成花边口沿，泥质陶器表多被打磨光亮。人们制作少量黑色彩绘陶器，并制作人面像陶塑。石器喜用切割器、砍砸器、斧、刀、杵、石球（弹丸）、雕刻器、刻划器等打制石器，形体较小的斧、锛、凿、穿孔刀等磨制石器。使用陶纺轮和骨锥等纺织和缝制衣裳。考古发现的斧、锛、凿、穿孔刀等非实用性的玉石礼仪性生产工具，表明该文化已出现礼仪性的生产仪式文化活动习俗。人面像陶塑和雕刻器的存在，表明该文化的人们已经有雕刻艺术品的工艺习俗。

到了宝墩文化早期，人们仍然喜欢制作和使用平底陶器及圈足陶器，陶胎中喜掺和粗或细石英砂。生产工具主要制作使用磨制的小型斧、锛、凿、穿孔刀、穿孔铲、钺、锄等石器，并制作使用部分石质矛、镞等武器。人们用陶纺轮纺织羊毛织物，用陶网坠捕鱼。这种陶石器制作和使用习俗在蜀地一直传承，至古蜀国三星堆—金沙文化时期，人们仍然生产制作大量夹砂褐陶及泥质陶的平底器和少量矮圈足器作为生活用器，同时生产部分制作精美的泥质陶礼器；石质工具主要为小型磨制石器。一直到战国时期，这种陶石器生产传统仍然保持。

川西高原先秦至汉唐长期流行石棺葬俗。图为战国时期的茂县牟托一号石棺墓

岷江上游地区的陶器生产至战国晚期已有较高水平，人们喜欢在陶器表面进行精美的装饰，出现了精美的暗漩涡纹黑皮陶双耳罐和精美的泥质灰陶罐、簋、豆等，人们还常在陶罐及双耳罐口沿、肩、腹部以手指涂朱砂彩进行装饰。在战国中晚期之际的茂县牟托一号石棺葬墓中还发现有漆绘罐，在茂县撮箕山发现一件战国末西汉初的朱砂彩绘北斗七星龙纹陶罐。

（二）纺织品生产求精细

古蜀人发明了蚕桑丝织业，故古蜀国自先秦时期便盛产丝绸。秦灭蜀苴前夕，秦国将军司马错力主伐蜀，称"得其布帛金银，足给军用"[1]，表明当时蜀国以布、丝绸产品为代表的纺织业发达。在公元前4世纪末的古印度文书《政事论》中也记载有源于蜀地"成捆的丝"。三星堆出土大型青铜立人像身上所着长袍呈质地轻薄状，图案精美，表明当时古蜀国的服装纺织和服饰制作技术已相当发达。在巴蜀地区部分春秋战国时期墓葬中，曾多次发现有丝绸痕迹。1991年在岷江上游茂县牟托村发掘的战国中晚期一号石棺葬大墓（墓主人应为当地王侯类高级贵族）中出土文物[2]，发现有覆盖于墓底作为墓主人"尸被"的16层薄如蝉翼的红色、黄色、棕色、黑色丝帛，并发现有每平方厘米经线30根、纬线40根的棕色细麻布。这些丝帛和细麻布应当皆为成都平原蜀国生产，其中的细麻布可能即汉代文献记载中经古印度转销至中亚的"蜀布"同类产品。

（三）漆器生产喜红髹黑绘

春秋战国时期的蜀国盛产漆器，人们在漆器上髹绘朱、红、褐、赭、黑、白等颜色，尤其喜欢生产红髹黑绘图案的漆器，其次为髹黑漆、褐漆的漆器，生产少量内红外黑乃至多色并用的漆器。漆器器形多为壶（为扁壶、圆壶，及鸱鸮形壶）、耳杯、碗、奁、卮、圆盒、双耳长盒、双耳长杯等，并生产匕、剑等漆明器。图案喜用龙、凤、鸟、兽、鱼、花草、云彩、雷纹、几何纹等。制作工艺喜直接在木胎表面髹漆绘彩，仅少量漆器在木胎外表加贴麻布后再髹漆。成都是古蜀国漆器生产中心，在成都战国时期蜀人墓、四川盆地北部的青川战国晚期墓、四川盆地西部的荥经战国晚期墓中，皆发现有大量成都生产的精美漆器。战国时期蜀地盛产丝绸和漆器，为秦汉时期享誉天下的蜀地丝绸和漆器手工业奠定了坚实基础。

考古发现表明，先秦时期岷江上游的冉駹人也从事漆器生产，喜采用红髹黑绘，亦生产少量黄髹红绘漆器。图案喜欢较为简单的几何形、弧形线、点、圈等。

（四）金玉铜器工艺精美、图案写实

《尚书·禹贡》记载梁州贡物有铁、银、镂（雕镂工具）、磬等产品，反映巴、蜀地区手工业占有一定地位。考古发现证明，夏商时期古蜀人已在成都

---

[1] 《华阳国志》卷三《蜀志》。
[2] 茂县羌族博物馆、阿坝藏族羌族自治州文物管理所：《四川茂县牟托一号石棺墓及陪葬坑清理简报》，《文物》1994年第3期。后文有关该处考古发现资料出处均同本注。

平原上建立了以规模宏大的三星堆古城为政治中心的古城群，发现的两座大型祭祀坑表明古蜀人在商末周初（或认为在西周晚期，或认为在春秋时期）已拥有了发达的青铜文明，三星堆遗址发现的专门石器和玉器加工作坊区出土的玉器、石器制作精美。古蜀人喜欢在玉石礼器上雕刻精美的图案，用石材雕刻人物雕像；习用各种多范合铸、分铸、嵌铸、焊铆接技术和金属雕刻工艺生产各种造型的大型神像、人物造像、动物造像、神树、神坛及礼仪容器等青铜器，并生产镶嵌绿松石铜牌饰等青铜饰品；喜欢制作黄金制品，黄金工艺发达，通过雕刻、压印制作图案精美的金皮权杖、敷金青铜人面像、动物造型金箔饰等产品；生产制作部分专用的手工业和生活用骨器。考古发现反映出三星堆—金沙文化时期的古蜀国拥有专门的玉石制作、青铜制作、黄金制作以及制陶和制骨等手工业，有大批技术高超的专业玉石器、青铜器、金器生产手工工匠等长期从事相关手工业生产。玉石器和青铜器、金器生产的兴盛，也反映了古蜀民俗对此三类器物的崇尚和喜爱。

春秋战国时期，巴蜀的手工业生产技艺日趋成熟。根据考古发现，蜀国在手工工具上主要使用斧、锛、凿、斤、曲头斤、手锯、雕刀、削、锥等，已形成了完整、成熟的手工工具系统，并且制作工艺精良。从考古发现的战国时期巴蜀青铜器来看，当时人们使用镂刻、嵌错金银丝、嵌错红铜、嵌绿松石、立体雕、浮雕、平雕等工艺生产精美的青铜礼器、带钩等。春秋战国时期蜀国生产种类众多的各型戈、矛、柳叶形剑、戉、钺、镞、弩机等兵器和防护用的胄，器形具有典型的蜀文化特征，表明古蜀国是按照自己的兵器生产标准进行生产，且许多兵器制作工艺精湛。涪陵小田溪战国晚期墓葬出土的1套14件错金银青铜编钟及考古发现的巴人虎纽錞于、钲、铎等，表明战国时期巴国也铸造自己的青铜器并达到了较高工艺水平。

在岷江上游地区，据茂县撮箕山石棺葬墓地考古发现，在商代已出现青铜制品（有青铜薄片），西周时期青铜小件饰物开始流行，表明商周时期岷江上游的蜀人已经开始制造小件青铜产品。茂县牟托的考古发现则表明，岷江上游在战国时期已经发展起具有较高水平的青铜冶铸业，能铸造多范合铸的鼎、罍、甬钟等礼乐器，掌握了焊接技术。在岷江上游石棺葬文化中，战国晚期人们还大量生产、使用蜀式青铜釜、鍪等炊器。生产、使用各式蜀式青铜兵器（器形较之成都平原发现的蜀式青铜兵器略小），其中部分兵器具有自身特色。同时，战国中晚期之际出现了铜铁合制兵器，至战国末年人们已大量使用铁器。生产的青铜器和陶器图案采用牛、虎、龙、蛇、鸟、鹿、鹳、蜥蜴、蝉及狼、马等写实性动物纹饰为装饰主题；此外，还流行同心圆圈纹、太阳纹、米点纹、锥刺纹、螺旋纹、辫索纹、绳纹、竹篮纹、斜方格纹、玄纹、麦叶纹、人字纹等。出现了扁平茎短剑、螺旋纹柄山字格剑、铜连珠、铜管饰等受北方草原文化影响的青铜器和动物纹牌饰。考古发现表明，春秋战国时期的岷江上游已经拥有较为发达的青铜手工业和较高的工艺水平。

（五）竹木丹青生产兴盛

巴蜀地区盛产竹、木，在考古发现的许多春秋战国遗址和墓葬中皆发现有竹、木器制品，表明巴蜀民间有使用竹、木器的传统习俗。尤其在战国时期，竹木器品种丰富，被广泛用于制作各种生活用具、生产工具、兵器、刑具、雕刻艺术品、礼仪性装饰品等。器型多见笄、簪、梳、篦等梳妆用品，篮、筐、盒、笥等盛储器（发现有每平方厘米用11根细篾丝编制的圆盒），兵器木柲、木弓，以及木车轮、木撬棒等工具，木棒、木杖等刑具，木俑、马俑等雕塑品。

此外，蜀人有喜丹砂（可炼汞制金、入药、作颜料）和空青（颜料）的习俗，因而丹砂和空青生产兴盛，《荀子·王制》和李斯《谏逐客书》中皆讲到蜀地名产丹砂和空青。《史记》载秦朝时巴人寡妇清"其先得丹穴，而擅其利数世"[①]，表明战国时期巴人也已开采丹青。

三、商品贸易以物易物

根据考古发现，三星堆文化中发现有部分来源于南海的海贝，在越南北部青铜时代早期的冯元文化中也发现有属于三星堆文化的玉石牙璋，表明在商周时期的川西平原与越北高原之间已经有贸易存在。在广汉三星堆遗址和成都金沙遗址中还发现有大量象牙，这些象牙应主要来源于今川西南至云南境内，尽管《华阳国志·蜀志》记载蜀王杜宇"以南中为苑囿"，但三星堆遗址和金沙遗址中发现的数量巨大的象牙很难想象全部属于贡品，应有相当一部分象牙属于贸易而来的商品。公元前4世纪末的古印度文书《政事论》中记载有来源于蜀地的"成捆的丝"，表明当时蜀地与印度之间已经有了丝织品等商品贸易。在岷江上游茂县牟托一号石棺墓中发现的16层薄如蝉翼的红、黄、棕、青色丝帛

---

① 《史记》卷一二九《货殖列传》。

及细麻布,显然也应是由成都平原蜀地贸易的商品。成都地区盛产漆器,战国时期巴蜀地区多处发现有精美的漆器,有些漆器上的文字明确显示为成都官市所生产。考古发现表明,先秦时期巴蜀地区已经有了频繁的商品贸易,既有近地贸易也有远端贸易,因而应当产生了相应的商贸民俗。由于迄今尚未发现确切的先秦时期巴蜀地区使用货币的证据,因而先秦时期巴蜀地区的商品贸易习俗在贸易方式上应当为以物易物为主。

第二节 生活习俗

一、衣着辫发左衽

考古发现表明,川西高原地区在距今约10000～8000年前已有佩戴白色石英石管珠项链的习俗[①],距今6000年前的大溪文化居民有手臂上佩戴石镯、象牙镯等饰物的习俗,岷江上游营盘山文化的居民有戴手镯、以兽牙穿孔作为项饰的习俗,继营盘山文化之后的"箭山寨类型"文化有以海贝穿孔作为项饰的习俗。

古代蜀地传说蚕丛王着青衣,故奉为"青衣神",蚕丛活动过的地方因之留下了"青衣江"地名,其后世在汉代有被称为"青衣羌""青氐"(亦写作"青羌")者,反映出古蜀先民崇尚穿青色衣。《尚书·禹贡》记载梁州贡物有"熊罴狐狸织皮",表明古蜀人在生活中亦使用动物皮毛作为服装或衣着等装饰。

扬雄《蜀王本纪》记载蜀人"椎髻左衽"。考古发现表明,土著古蜀人发式以辫发为主,编发辫1～3根垂于脑后,或将发辫盘于头顶;开明氏蜀人绾发髻于头顶并插笄。三星堆遗址的古蜀人大巫师(蜀王)头戴五齿状花冠,其他巫师头戴高花冠,武士头戴正视呈山字形的冠帽,贵族头戴回纹圆形平顶冠,

---

[①] 据阿坝州文物管理所、马尔康县文化馆1983年3月调查资料,在马尔康县草登乡木朗达台地山斗冰川冰碛层中,在相距150米距离分别发现有一具就地掩埋的半石化人骨架和一具刚呈现石化现象的人骨架。其中,半石化人骨架随葬有双面管钻法钻孔的13颗白色石英石磨制圆管珠串成的项链,最大一粒管珠长2.3厘米、直径1.5厘米,最小一粒管珠长1.2厘米、直径0.6厘米。1983年10月,两具人骨经中国科学院古脊椎动物与古人类研究所张振标研究员和四川省博物馆秦学圣研究员鉴定,半石化人骨架距今约10000～8000年,另一具为距今6000年。

平民头戴平顶帽;贵族们穿着图纹装饰华丽的丝质或细麻布左衽长袍、长袍下摆似燕尾服且长度近于足背,普通武士亦穿长袍、下摆至足肚,有右衽短衣、对襟短衣,有穿犊鼻裤者。金沙遗址的大巫师头戴十三芒太阳纹环形冠,辫发3根垂于脑后,身穿长袍,束腰带,腰插有杖头的短杖;三星堆遗址和金沙遗址发现的古蜀人皆双耳垂穿孔戴耳环,手和足皆戴镯或环,戴指环或戒指,赤足,跪坐,使用中原式或特色动物形服饰带钩。出土的多件反缚双手跪坐辫发蜀人石雕像,其发型为头发由头顶向两侧中分,然后于头后编为两根发辫。成都百花潭发现的战国中期宴乐攻战纹铜壶上嵌错的下层图案为猎人持矛追杀禽兽图,图中男子头绾高髻、腰佩短剑、身穿覆足长袍,战斗的武士则头戴侧视呈三角形的武士帽,女乐手头绾向后弯曲的长髻、身穿覆足长裙。在考古发现中,古蜀人还喜欢用玛瑙珠、绿松石珠、玉珠、石珠、烧制的青色或黄色琉璃珠(当即文献记载中开明氏蜀王墓志石笋附近雨后出现的青黄色珠饰)、骨珠等珠饰作为装饰品,还使用来自南海的海贝作为装饰品。

在岷江上游地区,据战国中晚期之际的茂县牟托一号石棺墓中发现的以红、黄、棕、青四色单色丝质绢帛及棕色平纹细麻布"尸被",反映了当地石棺葬人对布帛色彩的喜好。据岷江上游考古发现的战国中晚期墓葬资料,在一些器物上包裹有当地生产的白色和棕色粗麻布,在西汉初年的石棺葬墓中发现有白色粗麻布衣和青色羊毛毡衫,而在岷江上游白、棕、青三色一直是当地羌族麻布衣和羊毛毡衫的基本色,这种衣着习俗应在战国时期已经形成。根据岷江上游石棺葬考古发现,人们喜欢戴耳环及耳坠(多为"S"形或铜条卷成的圆盘状),颈戴玛瑙珠、绿松石珠、琉璃珠(有蓝、黄、白、米黄等色)以及铜皮卷制管珠、石管珠、骨管珠等串成的项饰,手、脚戴铜或铁镯,戴铜戒指(亦有金戒指)或铜指环。发式据牟托一号石棺墓所出漆绘罐上的人头像为辫发3根,这种发式同样见于成都平原的古蜀人发式,表明岷江上游的蜀人支系冉駹人发式为辫发。

二、饮食好宴饮

成都百花潭发现的战国中期宴乐攻战纹铜壶上嵌错的四层图案,生动地反映了战国时期古蜀人的宴饮生活场景:第二层左侧的宴乐舞武图,表现在一座建筑的二楼主人手执酒杯凭几跪坐、后有一名执扇侍者为之打扇、前有两名站立的佩短剑者持觯敬酒、敬酒者身后有两名侍者侍立,底层室内外有多名乐女在击打吹奏乐器、多名佩短剑的男女舞者在手执戈、矛作舞，周边还有一些或站或跪坐的侍者，建筑后檐下各有一名站立、跪坐饮酒者；右侧的弋射图表现天上飞鸟成群，地上有4人在仰射飞鸟，一旁的帐篷内有6名佩剑者侍立守候着宴饮的主人。壶上图景生动地反映了当时生产、生活、军事、礼俗的多个侧面及人们的发式、服装、武器佩戴和使用、乐器使用和歌舞、建筑和战船的造型与使用的情形。根据图中宴饮人物饮酒情形，古蜀人的宴饮方式为跪坐饮食，贵族官吏等富室人家喜在宴饮时倾听观看音乐歌舞。

考古发现古蜀国有大量青铜酒器、陶酒器以及反映宴饮场景的宴饮图，表明古蜀人喜酿酒和饮酒。巴人则善酿清酒，《华阳国志·巴志》记载，板楯蛮曾应秦昭王重募射杀危害很大的白虎而立下大功，与秦国盟誓"秦犯夷，输黄龙一双；夷犯秦，输清酒一钟"①。战国时期的酒大多为浓度低、酒色浑浊的"醴"；而清酒为浓度较高、酒色清亮的优质酒，巴人犯秦"输清酒一钟"，表明巴人善酿清酒，酿酒技术较发达。

成都出土东汉宴乐画像砖

三、居住多木骨泥墙房与石砌碉房

（一）居木骨泥墙房

根据考古发现，大溪文化居民居住圆形半地穴式或平地挖基槽立木栅外涂草拌泥的方形、长方形木（竹）骨泥墙房屋，室内挖有灶坑或用土埂围筑方形火塘，房顶铺排竹片和植物秆茎作为屋架并于其上涂草拌泥，有的房屋有专门的檐廊，还发现有依坡地而建的吊脚楼式的杆栏建筑。继后的屈家岭文化居民，居住平地起建的方形或长方形连排单间木骨泥墙房屋、底层架空的杆栏式房屋。长方形连排单间房屋的出现，结合民族学资料中父系氏族社会为适应婚姻家庭的需要而普遍出现长屋的现象，表明屈家岭文化的居民已经进入父系制社会。岷江上游营盘山文化的人们，在地表修建小型单间方形或椭圆形木骨泥

---

① 《华阳国志》卷一《巴志》。

墙房屋居住。

在成都平原地区，宝墩文化早期的居民通常居住在临河台地或缓坡上的中小型聚落里。人们开始修筑环绕着防御性壕沟的夯土城堡作为居住之所，多为平地起建的木（竹）骨泥墙的房屋，大都先挖基槽再立木（竹）墙柱、外抹草拌泥为墙面，面积通常为10～50平方米。同时，搭设少量十字形布局、平地立柱无墙的棚式建筑，个别遗址中还发现有防潮、防虫蛇野兽的杆栏式建筑。商周至春秋战国时期，人们主要居住平地挖基槽、基槽内立柱、以树枝木棍或竹子为墙骨、外涂草拌泥的方形或长方形茅草顶房屋，屋内挖灶坑；在坡地和低洼潮湿地则搭设底层立木柱架空、上铺木板或搭竹木架、以榫卯加竹篾绑扎的杆栏式茅草顶建筑。

（二）居石碉房

川西北岷江上游地区，先秦时期世居于当地的人们修建石砌房屋居住。西汉扬雄《蜀王本纪》记载古蜀国第一代先王蚕丛"始居岷山石室"，扬雄《蜀都赋》称蚕丛"并石石屛（古犀字，意同栖）"，也就是垒石居住。蚕丛故地在茂县叠溪，汉代置蚕陵县，而"叠"字源于当地为古"叠"部落所在地。"叠"字从字源上分析，上部累加的三个"田"字在《说文解字》中释为三个累加的石头，而下部乃是多层房屋建筑的象形，合起来就是用石头垒砌的多层建筑，与蚕丛"居岷山石室"的记述一致。在岷江上游以西的大渡河上游丹巴县中路乡罕额依遗址发现的石砌碉房遗址，根据碳-14年代测定在距今约5000～4500年前，表明在新石器时代晚期人们已经居住石砌的碉房。《蜀王本纪》记载蜀侯蚕丛"死作石棺石椁"，考古发现表明，岷江上游自新石器时代末至汉代一直盛行石棺葬葬俗，汉代石棺葬墓中有部分用石块修砌墓壁的墓葬明显系仿当时流行的石砌房屋修建，反映岷江上游居住石砌房屋的历史十分悠久。在茂县勒石村石棺葬墓地附近发现的战国时期石棺葬文化居住遗址地层断面，有用片石块修砌的长房式连排单间石砌房屋，也有单独修建的单间石砌房屋，石墙体厚0.5米左右，石墙体修砌方法与当地羌族现代碉房一致，表明当时的人们居住石砌碉房。①《后汉书·南蛮西南夷列传》记载汶山郡冉駹夷"众皆

---

① 四川省文物考古研究所：《丹巴县中路乡罕额依遗址发掘简报》，《四川考古报告集》，文物出版社1998年版；徐学书：《岷江上游石棺葬文化综述》，《四川大学考古专业创建三十五周年纪念文集》，四川大学出版社1998年版。

依山居止，累石为室"，这种垒筑石头房屋居住的传统至今在藏羌民族中仍然保持，俗称碉房。从古史传说记载来看，古蜀先民蚕丛氏在岷山已开始垒砌石头房屋居住。

四、喜歌舞好宴乐

巴蜀地区自古就有喜歌舞的习俗。《尚书·禹贡》记载梁州贡物有"磬"，表明古蜀人善于制磬、以磬为乐器。成都金沙遗址考古发现的半月形巨型石磬，证明了古蜀国使用石磬作为乐器。金沙遗址出土的国宝大玉琮上有阴刻的巫舞者形象，巫者从头至足身贯裘袍、头戴玉琮和玉璋等礼器扮神舞蹈娱神，反映古蜀国有娱神的祭祀巫舞。成都商业街战国船棺葬墓地出土有可系绳悬挂敲击的带纽木胎漆鼓及葫芦笙，反映古蜀国使用鼓和葫芦笙乐器。成都百花潭发现的战国中期宴乐攻战纹铜壶上嵌错的图案，生动地反映了战国时期古蜀人音乐歌舞的场景：第二层左侧的宴乐舞武图，主人跪坐饮酒、侍者侍立于旁，底层室内两名站立乐女在敲击悬挂的四个编钟、两名站立乐女在敲击悬挂的四个V字形编磬、四名跪坐乐女在吹奏笙、箫伴奏，底层建筑前檐廊下两名乐女在击鼓，建筑室外场地上有4名佩短剑的男女舞者在手执戈、矛作舞，表明古蜀人有喜好在宴饮时以音乐歌舞助兴的习俗。编钟、编磬、笙、箫等乐器反映出中原音乐文化的强烈影响。

古巴人亦喜歌舞，《华阳国志·巴志》记载："周武王伐纣，实得巴蜀之师，著乎《尚书》。巴师勇锐，歌舞以凌殷人，前徒倒戈，故世称之曰：武王伐纣，前歌后舞也。"汉高祖刘邦还命宫廷乐人学习巴人乐舞称为"巴渝舞"。考古发现巴人乐器常见錞于、铎、钲等军乐器，反映出巴人歌舞以刚劲的武舞为主。

五、蜀人出行喜乘舟

扬雄《蜀王本纪》记载"蜀王有鹦鹉舟"，成都百花潭发现的战国中期宴乐攻战纹铜壶上嵌错的水陆攻战图战船为排桨独木舟；考古发现的大量春秋战国巴蜀船棺墓葬具所使用的木棺主要为独木棺，并有少量由6块木板拼成的木板棺，研究者通常认为其中一部分应为死者生前使用的木舟。文献记载和考古发现表明，先秦时期的蜀人主要使用小型排桨独木舟及木板舟作为水上交通工具。

在成都百花潭发现的战国中期宴乐攻战纹铜壶上，嵌错的水陆攻战图中有送行场面，表明古蜀人有为出行者送行的习俗。

文献记载与考古发现反映出古蜀人出行喜欢乘坐舟船。

第三节　丧葬习俗

一、土葬习俗

考古发现大溪文化居民主要实行长方形土坑葬，死者多为头向南方的仰身直肢或屈肢单人葬，发现有个别成年女性和儿童的合葬墓、成人合葬墓。流行以随葬品随葬，最多者达30余件，女性墓通常较男性墓随葬品丰富，有以鱼随葬及以狗作为牺牲的习俗。屈家岭文化居民实行长方形土坑葬和儿童瓮棺葬。宝墩文化早期的人们亦采用长方形竖穴土坑葬，葬式大多为直肢葬，少数为屈肢葬；多数墓无随葬品，少数墓有少量石器或陶器随葬，这一现象反映出宝墩文化早期有崇尚薄葬的习俗。

考古发现表明，战国以前古蜀国的墓葬皆为长方形竖穴土坑墓。至开明氏蜀国时期，蜀国王室贵族和武士多使用船棺，而普通平民多使用无葬具的长方形竖穴土坑墓。这种习俗不仅在川西平原古蜀国中心区如此，四川盆地北部的广元昭化、盆地西部的雅安荥经等地的发现亦相同。2008年在成都金沙遗址发现有一座带二层台的战国晚期贵族土坑墓，随葬品多放置在二层台上，与关中战国时期秦国土坑墓葬俗近似，应是受秦文化影响的结果。春秋战国时期的巴人武士、平民多使用无葬具的土坑墓，三峡地区有悬棺葬、幽岩葬、岩穴葬习俗，涪陵小田溪发现的战国末年巴人王族墓地则使用受中原文化影响的土坑木椁墓。

二、船棺葬习俗

考古发现表明，春秋战国时期巴蜀地区盛行船棺葬葬俗。战国时期古蜀国王室贵族使用大型、横断面呈半月形的独木棺，武士多使用船形独木棺墓。同时，开明氏蜀国王室有在墓上立大石为墓志的习俗。《华阳国志》记载开明氏蜀国:"每王薨,辄立大石,长三丈,重千钧,为墓志,今石笋是也。"[①]关于成都的古石笋,文献中多有记载,唐代卢求《成都记》称"石笋之地,雨过必有小珠,青黄如粟,亦有小孔,可以贯丝"[②],表明开明氏蜀王墓葬有以青黄色珠饰随葬的习俗。在春秋战国时期的古蜀人船棺墓中,常见用玛瑙珠、绿松石、琉璃珠、骨珠等珠饰作为随葬品,与文献记载蜀王墓随葬青黄色珠饰的习俗一致。

三、石棺葬习俗

西汉扬雄《蜀王本纪》记载:"有蜀侯蚕丛,其目纵。……死作石棺石椁,国人从之,故俗以石棺椁为纵目人冢也。"[③]根据考古发现,成都平原上的古蜀国并无石棺葬习俗,而在岷江上游岷山山区发现了大量先秦至汉代的石棺葬文化遗存,其文化面貌存在众多与成都平原古蜀文化相同的文化因素。因此,不少研究者认为先秦时期活动于岷江上游的行石棺葬的民族就是"死作石棺石椁"的蜀侯蚕丛之国的文化遗存。又据《山海经·海内南经》记载:"氐人国在建木西。"同书记载"都广之野"有"建木",《淮南子·地形篇》也说:"建木在都广。""都广之野"为今成都平原,"氐人国在建木西"也就是在成都平原之西的岷山山区。《史记·西南夷列传》中记述岷江上游岷山地区原为冉駹氏之地,汉武帝开发西南夷时置为汶山郡。此冉駹在殷商甲骨文中又称"冉羌""尨羌",其首领为商朝"冉侯",因而先秦时期岷江上游的古国由氐羌系统民族建立。学者们通常认为《山海经》中的氐人国、《史记》记载的冉駹氏也就是《蜀王本纪》记载行石棺葬的蜀侯蚕丛之国。考古发现的战国中晚期茂县牟托石棺葬一号大墓及其陪葬坑,出土了大量蜀式兵器、礼乐器等青铜器和与成都平原三星堆、金沙古蜀文化遗址玉石器原材料、造型皆相同的玉石器,彩绘陶罐上辫发3根的人头像也与金沙遗址出土古蜀人造像发型相同,进一步证明岷江上游行石棺葬的民族为古蜀人支系。

据考古发现,新石器时代晚期在岷江上游的茂县城北撮箕山已经出现石棺葬墓,山上石棺葬墓的时代一直延续到东汉晚期。四川省文物考古研究所和阿

---

① 《华阳国志》卷三《蜀志》。
② (清)仇兆鳌:《杜诗详注》卷一○《石笋行》引,中华书局1979年版。
③ (清)严可均:《全汉文》卷五三《蜀王本纪》,商务印书馆1999年版。

坝州文物管理所、茂县文化馆于1984年秋曾对茂县撮箕山中下部的石棺葬墓地进行考古发掘，在两个发掘区发掘石棺葬墓64座，出土大量随葬陶器等器物。该次发掘的墓葬，按墓葬打破叠压关系和出土器物器型演变关系分为九期，年代从夏商延续至战国晚期[1]。在茂县城南部的营盘山台地上，20世纪70年代末考古工作者在当地发掘10座春秋战国石棺墓，2000年至2003年考古工作者发现该台地上分布着数万座叠压在新石器时代文化层上的春秋战国时期的石棺葬墓，并对其中100余座石棺墓进行了发掘清理[2]。而考古工作者在撮箕山以南营盘山以北的茂县县城所在地的凤仪镇大坝，发现存在大量西周至东汉的石棺葬墓群[3]。根据茂县撮箕山石棺葬墓地考古发现，相当于夏商至西周时期的一至四期墓葬随葬品较少，至相当于西周晚期至春秋早期的第五期墓葬随葬品开始明显增多，但直至春秋中晚期的第六期随葬品皆一直以小型非实用的陶明器为主，至春秋末战国初的第七期随葬品中才出现实用性陶器并在以后时期逐渐增多，但小型非实用的陶明器仍然占多数。该墓地是我国迄今发现最早的以陶明器为主要随葬品的墓地，反映出先秦时期岷江上游石棺葬蜀人以陶明器为主要随葬品的丧葬习俗。根据考古发现，岷江上游石棺葬墓的结构主要流行用若干块大石板在掘好的土坑内拼成长方梯形有盖无底的石板棺，葬式以仰身直肢、仰身屈肢、侧身屈肢、俯身屈肢葬为主，有二次葬及仅以人头代替死者的特殊葬俗。

此外，在金沙江上游和雅砻江上游的甘孜州石渠、白玉、巴塘、甘孜、新龙、雅江、炉霍、道孚、康定等县境内，亦发现有大量春秋战国时期的石棺葬文化遗存[4]，表明这些地区同样盛行石棺葬葬俗。从墓葬随葬品反映的与岷江

---

[1] 徐学书：《岷江上游石棺葬文化综述》，《四川大学考古专业创建三十五周年纪念文集》，四川大学出版社1998年版。

[2] 成都市文物考古研究所等：《四川茂县营盘山遗址试掘报告》，《成都考古发现（2000）》，科学出版社2002年版；蒋成、陈剑：《2002年岷江上游的考古收获与探索》，《中华文化论坛》2003年第4期。

[3] 四川省博物馆等：《四川茂汶羌族自治县石棺葬发掘报告》，《文物资料丛刊》第七辑，文物出版社1983年版。

[4] 甘孜考古队：《四川巴塘、雅江的石板墓》，《考古》1981年第3期。李绍明：《康南石板墓族属初探》，《思想战线》1981年第6期；甘孜藏族自治州文化馆等：《四川雅江嘎拉石棺葬清理简报》，《考古与文物》1983年第4期；陈显双：《炉霍发现石棺墓群》，《四川文物》1984年第4期；四川省文物管理委员会：《四川甘孜县吉里龙古墓葬》，《考古》1986年第1期；格勒：《藏族早期历史与文化》，商务印书馆1992年版。

上游石棺葬文化存在明显文化差异，表明这些地区的石棺葬文化在葬俗方面与岷江上游石棺葬文化也应存在差异。

四、崖葬习俗

在重庆东部三峡地区的奉节、巫山县境内，战国时期存在一种独特的崖葬习俗。根据考古调查，崖葬多数为将棺木置于天然洞穴中（包括单棺和数棺重叠放置，以石块、木棒垫底，以盔甲洞为代表）；部分为将棺木一端置在崖壁裂隙中，另一端于棺木下部以横置裂隙两壁凿孔的木杠承载（上下多层叠置，以风箱峡为代表）。棺木以圆木截取凿空而成，棺木两端有的安装有系绳的铜环。随葬品包括铜带钩、巴式柳叶剑及丝织物、漆木器、竹篾席等物。棺木放置采用由山上悬索下吊安放、由山下用绳索系棺上吊安放、沿崖壁搭设栈道至崖隙放置、搭设孟良梯结合绳吊安置等方式①。

第四节　信仰习俗

一、神化的祖先信仰习俗

西汉扬雄《蜀王本纪》称"蚕丛，其目纵"，蚕丛国人称为"纵目人"，而"蜀"字在商代甲骨文中后来演变为大眼人蜷曲着身体怀抱一只虫（蚕），考古发现三星堆遗址祭祀坑中出土的青铜人面凸目兽耳神像将眼球刻意夸张地突出眼眶呈柱状，既反映出古蜀人有崇尚大眼睛的习俗，也反映出古蜀人对祖先神极为崇拜。三星堆遗址还出土有头上长着羽翼的兽耳人兽神面像以及众多的人头像、人面像、人面具等被祭祀对象，皆为古蜀人祖先神崇拜的反映。正是由于对祖先神的崇拜，在古史传说中蚕丛、柏灌、鱼凫、杜宇、开明氏鳖灵历代古蜀先王皆被塑造为神化不死的神人，开明神在《山海经》中还被塑造为立于昆仑山上为天帝镇守天庭的神兽。

二、蜀人崇神仙巴人尚巫鬼

考古发现岷江上游营盘山遗址在聚落广场地面下和居住区附近有多座用于

---

① 林向：《川东峡江地区的崖葬》，《民族学研究》第四辑，民族出版社1982年版。

奠基的人祭坑，反映出当时该文化的居民已有以人牲作为奠基时献给神灵的祭品的人祭习俗。

到古蜀国时期，在古蜀人中产生了神仙信仰。在古蜀国的古史传说中，蚕丛至鱼凫三代蜀王"各数百岁，皆神化不死"、鱼凫王"田（或作猎）于湔山忽得仙道"、杜宇王"从天坠"且在死后化为杜鹃鸟飞升入岷山、荆人鳖灵的尸体浮江而上至于岷山下"复生"。《山海经》等中国古史神话传说记载称：上帝及众神皆居住在"昆仑山"上。著名前辈史学大师蒙文通先生考证认为此昆仑山即岷山，近年有学者进一步考证古史记载的昆仑山分"三成（同层）"即"成山"，成山第三成山顶为上帝的"下都"，即《山海经·大荒北经》记载的"载天"山"成都山"。在传说记载中，此昆仑山上生长着食之能死而复生的"不死药"、食之长寿的"寿木"、食之得大智慧的"圣木"等圣物，登上昆仑山顶即入"天门"，山下的成都平原"都广之野"生长着供上帝及众神上下天地的通天神树"建木"及能使人长寿的"灵寿木"等，反映出古蜀人的圣山、神树崇拜。《山海经·海内西经》记载都广之野"鸾鸟自歌，凤鸟自舞"，表明古蜀人崇尚鸾鸟、凤鸟。传说中"不死药"生长于岷山，故古史传说记载中的历代蜀王皆在岷山"神化不死"或死而"复生"；昆仑山顶为天门，故秦国蜀守李冰称岷山为"天彭门"，汉代纬书《河图括地象》等皆称岷山"上应井络""上为天井"（"天井"即朱雀星，为南天门所在）。在三星堆遗址两座大型祭祀坑中，出土了反映古蜀人关于天庭（以神人及神殿代表）、大地（以上承天庭的高山代表）、人间（以众巫师代表）三界观的青铜神兽座三层方形神坛，与《山海经》等记载的"昆仑山"为"四方而三成（层）"、山顶为上帝与众神所居的天庭的古史神话传说一致。

在文献记载中，古蜀人重视养生长寿及与之有关的仙术修炼。古史传说记载上古三代蜀王皆"神化不死""各数百岁"，鱼凫王"得仙道"、杜宇王"积百余岁"并化为杜鹃鸟"升西山隐焉"、鳖灵尸体浮江而上至岷山下死而复生，即反映了古蜀人追求长寿的习俗与观念。正是在此风尚下，在蜀人中产生了王乔和彭祖两位著名长寿仙人，自春秋战国时期就已被中原人广为传说，在春秋时期屈原的《远游》、孔子的《论语·述而》和战国时期的《淮南子·齐俗训》《庄子·刻意》等文献中皆有记载。在文献传说记载中，王乔和彭祖皆以修炼吐故纳新的行气方法获得了长寿，其中彭祖寿八百余岁。

古史文献记载大禹生于岷江上游汶川县石纽山，大禹既是部落首领又是大巫师，并被道教巫师端公和羌族巫师释比奉为始祖。而与大禹有渊源关系的岷江上游古蜀人支系冉駹人，商代甲骨文记载其巫师在商王朝担任为商王卜筮的重要贞人职务①，表明岷江上游地区的冉駹人盛行巫文化且其巫师享有盛名。

文献记载巴人与古蜀人崇尚神仙的信仰习俗不同，主要崇尚巫鬼。《山海经·海内南经》载夏代夏启大臣孟涂"司神于巴"，即管理巴地诸神。《山海经·大荒西经》记述巫咸、巫即、巫盼、巫彭、巫姑、巫真、巫礼、巫抵、巫谢、巫罗"十巫"皆由灵山升降交游人神，而灵山即巴人之地的巫山，巫山之名当即来源于群巫之山，反映出古巴人崇尚巫鬼。有学者认为，文献记载楚人俗信巫鬼，应是受巴人影响所致。

三星堆遗址和金沙遗址两处前后延续的古蜀国都城遗址，出土的大量青铜器在造型上采用神化、仙化、夸张的表现手法，不仅将充满神秘色彩的神奇古蜀文明展现给世界，而且表现出古蜀人极富想象力和浪漫气质的文化传统，反映出古蜀人浓厚的神仙信仰。这一文化传统，成为后来发祥于岷山南部鹤鸣山—青城山以仙道为主要特征的西蜀道教"岷山仙宗"的重要文化根源。而古巴人尚巫鬼，也影响到后世道教在四川盆地东部形成了以鬼道为其重要特征。古巴蜀民俗的神仙、巫鬼信仰，是古蜀人的一大重要民俗文化特征，为巴蜀道教的发展奠定了重要文化基础。

三、万物有灵的自然崇拜

（一）天地崇拜

在新石器时代晚期，考古发现岷江上游营盘山遗址中有玉璜、玉璧等祭天礼器，表明该文化的人们已有崇拜上天及祭天的礼俗。在先秦时期的古蜀文化中，据文献记载和考古发现，古蜀人盛行万物有灵的原始宗教。在三星堆遗址和金沙遗址中出土有大量玉璋、玉璧、玉琮、石璧等祭祀天地的礼器，在成都城北羊子山发现的约当西周至春秋时期祭祀天地神灵的大型土台遗址，证明了古蜀人崇拜并祭祀天地。出土的青铜大立人像及类似形象的众人像、双手持璋跪坐人像、顶尊跪坐人像和双手扶膝跪坐人像等，展现出古蜀国由群巫之长的王者主持祭祀、群巫参与祭祀、献祭者顶尊向神灵献祭祭酒、有祭祀祈祷者参加祭祀的场景。《华阳国志·蜀志》记载："周赧王十四年，蜀侯恽祭山

---

① 饶宗颐：《甲骨文中的冉与冉駹》，《文物》1998年第6期。

川"，证明古蜀王要主持对山川神的祭祀。青铜神坛以高山上承天庭、玉边璋图案表现的头戴山形高冠的巫师站在插有璋的山顶及头戴平顶冠的贵族站在放置有瑗的山顶，证明古蜀人有圣山崇拜和举行"山陵祭"的习俗。出土的生有九枝长满奇花异果、枝头上各立一只神鸟、一只长翼的神龙沿着树干下到地面人间的神树，与《山海经》等关于上帝在"都广之野"种植的供众神上下于天地间的通天神树"建木"（部分学者认为是"扶桑"或"若木"）的古史神话传说吻合，以青铜神树作为通天"天梯"也反映出古蜀人有神树崇拜。考古发现与古史传说相印证，表明我国古代的昆仑圣山崇拜源于古蜀人信仰。

三星堆遗址出土的大型太阳形器、青铜神坛和神兽耳部的太阳纹、太阳纹挂饰及金沙遗址出土的太阳神鸟金箔，反映出古蜀人盛行太阳崇拜。而三星堆遗址出土的蟾蜍金箔和石蟾蜍则与月亮崇拜有关。茂县牟托一号石棺墓出土青铜纽钟敲击部位的圆饼形枚上，用7芒、8芒、9芒的太阳纹作为装饰，在一件戟上也饰以太阳纹，同样的太阳纹亦大量见于三星堆遗址祭祀坑出土青铜器，如青铜神坛上和神兽耳部的太阳纹、太阳纹挂饰等，反映岷江上游行石棺葬的冉駹人有着与成都平原古蜀人相同的太阳崇拜，且皆认为敲击太阳纹发出的乐声具有某种特殊的意义或作用，这种观念在后来的我国西南地区铜鼓文化上得到了充分展现。

（二）圣山崇拜

根据文献记载，岷山为古蜀人的发祥地圣山和承载上天的天庭圣山，不仅三星堆遗址、金沙遗址等出土的玉石器玉料主要来源于岷山，三星堆遗址两座祭祀坑亦面向古代文献记载中的岷山主峰，岷山主峰无疑是古蜀人祭祀圣山的主要对象。《山海经·中山经》记载岷山"凡十六山、三千五百里。其神状皆马身而龙首"，祈福时祭祀岷山山神"祈，谬冕舞"。著名神话研究大师袁珂先生认为此祭祀礼仪是"穿袍戴帽，手持美玉舞蹈来博得神的欢心"[①]。文献记载玉琮是古人用以祭祀大地的礼器，在金沙遗址出土的大玉琮顶部，阴刻有一位巫师展长袖跳巫舞像。该巫师头顶巨大的兽面冠，冠额中心有琮图案、两侧作外伸的牙璋造型且璋中部各有一个圆形图案代表日月，巫师身体罩在宽大严实的长袖袍内，与《山海经·中山经》记载祭祀岷山山神的祈福舞蹈"谬冕舞"相合，反映出古蜀人在祭祀岷山山神时以巫师扮演山神表演以娱神祈福的

---

① 袁珂：《山海经校注·中山经》，上海古籍出版社1980年版，第161页。

习俗。

在茂县牟托一号石棺墓中，出土有一件青铜纽钟，其上镂刻的振翅飞升翼龙和高山的图案，与三星堆遗址祭祀坑出土的能上天下地的翼龙、高山之顶为天庭所反映的信仰观念一致，应与古蜀人的圣山崇拜有关。

（三）动物神崇拜

古史传说中，上古五代古蜀先王分别名蚕丛、柏灌、鱼凫、杜宇、鳖灵，即以蚕、鹳鸟、鱼鹰、杜鹃鸟和龟鳖为名号，反映古蜀人盛行动物神灵崇拜。三星堆遗址和金沙遗址出土的各种生长着神奇羽翼的杜鹃形和鹰嘴形神鸟、长着羽翼和云雷纹的神蛇、雄壮的神鸡、怪异的翼兽、龙形饰、羊首龙、虎形器、神羊、神牛等青铜造像，虎形金箔、蟾蜍金箔和石蟾蜍、涂朱砂的石虎和石蛇，以及青铜器上的夔、蝉等形象，无不反映出古蜀人盛行对自然界的动物神崇拜。在茂县牟托一号石棺墓中，出土有一件人面和兽面的双面兽身青铜饰及被神化的青铜鸟，表明岷江上游行石棺葬的冉駹人也存在动物崇拜。

（四）水神崇拜

《华阳国志·蜀志》记载秦国蜀郡守李冰在南安治理岷江，"水神怒，冰乃抄刀入水中与神斗"，治理岷江修建都江堰时"作石犀五头以厌水精"，反映蜀人有水神崇拜之习俗。由于岷江水患盛行，蜀人以为是江神发怒，每年皆以女童献祭江神。《水经注》引东汉应劭《风俗通》记载李冰治理岷江时见"江神岁取童女二人为妇"①，因而入水与江神斗并杀死江神。

（五）石崇拜

《华阳国志》记载开明氏蜀国每当蜀王逝去，便于墓前立大石作为墓志，又记载曾娶武都女子为王妃的开明氏蜀三因王妃逝去："蜀王哀念之，乃遣五丁之武都担土为妃作冢，盖地数亩，高七丈，上有石镜，今成都北角五担是也。……其亲埋作冢者，皆立方石以志其墓。成都县内有一方折石，围可六尺，长三丈许。去城北六十里曰毗桥亦有一折石，亦如之。长老传言，五丁士担土担也。"②除了以大石作为墓志外，文献记载中古代成都还有"天涯石""地角石""支矶石"等大石遗迹，以及传为诸葛亮所置练兵用"八阵图"列石遗迹。这些大石遗迹，考古学家和历史学家认为可能皆是古蜀人留

---

① （北魏）郦道元：《水经注》卷三三《江水一》，上海古籍出版社1990年版。
② 《华阳国志·蜀志》。

成都文化公园支矶山保存的先秦时期古蜀人大石崇拜遗存——支矶石

下,反映了古蜀人盛行大石崇拜。

在岷江上游先秦时期的石棺墓中往往发现有随葬白石粒的现象,而在与岷江上游石棺葬人存在渊源关系的川西北藏、羌民族中,长期以来一直盛行以白石英石块(粒)代表自然界各种神灵并加以崇拜的习俗,表明岷江上游石棺葬墓中随葬白石粒的现象应与此种自然崇拜有关。1984年在茂县撮箕山石棺葬墓地考古发掘中,发现在一座春秋末战国初的成年女性墓左侧紧邻的一座小石棺墓内,仅置代表刚出世婴儿的一块不规则卵形石头(石头下有少许骨屑),反映当时人们已有人是由石头蛋中产生出来的观念(在氐羌系统民族后裔的藏族中,亦有关于其古代英雄格萨尔王为从石头蛋中生出来的传说)。

四、在葬具底部开凿灵魂通道

考古发现屈家岭文化中儿童瓮棺底部凿孔的现象,反映出人们有相信灵魂可以从棺底凿孔中出入的信仰观念。

在古蜀文化中,灵魂观念极为盛行。古史传说中上古三代蜀王"神化不死"且其民众亦皆随王"化去"并在杜宇建都郫邑时"往往复出"、杜宇"魂化杜鹃"升入岷山、鳖灵浮尸江上至岷山下复生,皆反映出古蜀人相信人有灵魂且灵魂不灭。《蜀王本纪》记载秦国蜀守李冰称岷山为"天彭门"(天门),"云亡者悉过其中,鬼神精灵数见"[①],也反映出当时蜀人认为人死后有灵魂且灵魂在"天彭门"内不断出现。

在岷江上游茂县牟托一号石棺墓墓底"尸被"覆盖的正下方,放置着一块中部挖出长方形大穿孔、呈"回"字形的木底板,反映出人们认为底板中部的穿孔可使墓室内与地下阴间相通、可供死者灵魂出入的观念。岷江上游发现的

---

① (宋)乐史:《太平寰宇记》卷七二引《蜀王本纪》,文渊阁《四库全书》本,上海古籍出版社1987年版。

石棺墓皆无底，但墓底生土层上皆铺有细黄土层、草木灰层，死者遗体直接置于墓底，也应是这种灵魂观念在葬俗上的反映。在茂县牟托一号墓陪葬坑出土器物中，发现有一些精美的青铜器在入葬时被人为砸破，与三星堆古蜀文化遗址祭祀坑中部分青铜器被事先砸破的现象一致，部分地方的石棺墓随葬陶器被事先打烂或砸出孔洞，皆应是当时人们灵魂信仰观念的反映。

在川西南西昌安宁河岸阶地上，考古发现的大洋堆遗址为一处大型丘状人工堆积的土堆[①]，遗址文化堆积分为六层，自下而上分别为商周、春秋、战国、汉代、明清、现代文化层。考古研究者推测该遗址的形成可能与商周至春秋时期某种祭祀活动有关，认为这里在当时可能是某个民族或氏族部落重要的祭祀活动场所。据考古发现，大洋堆遗址春秋层厚2～3米，发掘出24座坑口朝向丘顶的祭祀坑，坑内置底部凿有穿洞的大罐并用一小陶罐将穿孔的大罐底部套住，呈现出独特奇异的祭祀习俗。参考国内外民族学资料，这种罐底凿孔的习俗可能与灵魂信仰有关。

从巴蜀地区的灵魂信仰现象看，人们认为死者的灵魂由葬具底部出入，因而皆在葬具底部开凿孔洞作为灵魂出入的通道。

---

① 发掘资料现存西昌市文物管理所。

第二章 秦汉魏晋南北朝时期的巴蜀民俗

公元前316年，秦惠王遣张仪、司马错将兵灭巴、蜀二国，于巴、蜀故地设置郡县进行统治，推广秦国文字和政治制度，移秦民入巴蜀，巴蜀的民俗文化从此融入了大量秦文化因素。秦军东向灭六国统一天下，再次将俘虏的大批中原六国宗室豪族、工商大户、手工业者等迁移至巴蜀地区，将先进的生产技术和中原文化带入巴蜀，巴蜀文化自此融入大量中原文化因素。东汉末年，大量中原人口入蜀避难，魏晋时期大量北方流民入川及僚人由今川南北进，对巴蜀地区原有民俗文化传统形成巨大冲击。秦至西汉早期，川西高原至川西南山地的岷江上游至大渡河中上游、雅砻江中下游、安宁河流域地区，为以冉駹、徙、邛、筰、巂、白狼等氐羌系统部落为代表的土著氐人部落聚居地，汉晋文献又称之为"夷"。由于该区域地处我国南北方民族迁徙的大通道上，部落迁徙频繁。随着大批羌人由西北地区南下进入该地区并与当地土著的氐（夷）人融合，该区域的民俗文化在不同区域形成了一些不同的特征。秦汉王朝在该区域设置郡县，汉文化对当地民俗文化的影响亦逐渐加深。部落迁徙及民族融合、汉文化影响等因素，导致该区域文化面貌极为复杂，民俗文化面貌呈现出复杂多样的复合型特征。此外，在雅砻江和金沙江上中游地区、川西北黄河上游草原地区，文献记载分布着众多的羌人部落。这些部落的民俗文化面貌，主要受当地自然地理环境和部落迁徙的影响，受汉文化影响较少，处于相对封闭的发展状态。

根据文献记载和考古发现，秦汉魏晋南北朝时期巴蜀地区的民俗文化得到了巨大发展，不仅部分生产生活习俗逐渐与中原趋同，同时也有部分重要的巴蜀地域民俗文化在此时期形成，对后世巴蜀民风影响巨大而深远的重蚕桑、好文学、尚宴游、喜饮茶的民风即形成于此时期。

第一节 生产习俗

一、平原与高原的农牧业生产习俗

（一）沃野千里的蜀地农业民俗

根据文献记载，早在古蜀国杜宇王治蜀晚期即已在成都平原开始进行都江堰水利灌溉工程建设，发展农业自流灌溉，至秦灭蜀国后李冰任蜀郡守时期终于完成了这一伟大工程。李冰利用都江堰水利系统"灌溉三郡，开稻田，于是蜀沃野千里"，从而"水旱从人，不知饥馑，时无荒年，天下谓之'天府'也"①。自流灌溉水利系统的兴建，极大地促进了蜀地农业的发展，也减轻了农业灌溉劳动的强度。而巴地亦"土植五谷，牲具六畜"②。据文献记载和考古发现的东汉画像砖、陶模型，汉代巴蜀地区男子下地从事农耕生产，使用锄、铲、U字形铁锸翻地，手持短柄弯镰弯腰收割或双手挥舞长柄弯镰收割稻、麦；妇女采桑养蚕，在家用足踏织机（包括织布机和织锦机）纺织，为在田地劳作的男人送饭。人们耕地使用一牛拉犁或二牛抬杠拉犁，耕牛多为水牛，也用黄牛。由于普通自耕农和地主皆拥有大量土地，因而许多家庭皆使用数名奴仆从事生产劳动。西汉王褒的《僮约》明确规定，奴童要从事大量的农副业及家庭手工劳动。根据文献记载和考古发现的东汉画像砖、陶模型，人们养殖牛、马、猪、羊、狗、鸡、鸭、鹅、兔等家畜和家禽，在稻田里间种或专门挖掘塘堰种植莲藕、菱角及养殖鱼、龟、鳖、鳅、蚌、螺等。在田间农作

新都出土东汉画像砖上的舂米场景

上，人们不仅兴修水渠溉田（东汉浅水田模型表明已采用冬水泡田），还采用施肥、耕地耙田、育秧、插秧、薅秧等农作技术，收获的粮食先挂在用树木搭设的晾晒架上晾晒，然后以连枷击打、风

---

① 《华阳国志》卷三《蜀志》。
② 《华阳国志》卷一《巴志》。

车吹选、水磨脱壳舂米加工后堆放入圆形粮囤、房屋粮仓。农作物除种植粮食外，还种植各种水果、蔬菜及调味作物。

据文献记载，西蜀许多县和江州（今重庆）皆有"好稻田"。西汉时期已种植粳稻和糯稻，扬雄《益州牧箴》记载蜀中"有粳有稻"。

东汉画像砖上的播种场景

至晋代，水稻品种进一步增加，分别在六月、七月成熟。晋人郭义恭《广志》记载益州出产水稻："青芋稻，六月熟；累子稻、白汉稻，七月熟。此三稻，大而且长，米半寸，出益州。"①巴地多旱田，多种黍、稷。《华阳国志》记载巴诗称："川崖惟平，其稼多黍。……野为阜丘，彼稷多有。"②

文献记载巴蜀地区物产最为丰富的区域为西蜀，在西汉王褒的《僮约》中规定新购买的奴童要"种姜养羊""种瓜作瓠""别茄披葱""焚槎发芋""园中拔蒜""池中掘荷""收芋""十月收豆禾、麦、窖芋、拾栗、采橘""种植桃、李、梨、柿、柘、桑"。扬雄《蜀都赋》称蜀地有"黄甘诸柘，柿桃杏李枇杷"，以及栗、梨、橙、樱、梅③。左思《蜀都赋》称蜀地"侧生荔枝""户有橘柚之园；其园则有林檎枇杷、橙柿樗楟、榹桃函列、梅李罗生。百果甲宅，异色同荣，朱樱春熟，素柰夏成"④。《华阳国志》称蜀地"园囿瓜果，四节代熟，靡不有焉"⑤。成都平原周边民俗喜种芋，《史记·货殖列传》记载秦灭赵国后迁赵国工商豪族入蜀，卓氏"闻岷山之下沃野，下有蹲鸱，至死不饥"。唐代颜师古注："蹲鸱谓芋也，其根可食，以充粮，故无饥年。"⑥晋人郭义恭《广志》记载："蜀汉既繁芋，民以为资。"⑦芋的种类包括水芋和旱芋，水芋口感好，旱芋产量高，至今在巴蜀地区仍广

---

① （北魏）贾思勰：《齐民要术》卷二《水稻第十一》引《广志》，中华书局2008年版。
② 《华阳国志》卷一《巴志》。
③ （南朝）萧统：《文选》卷四《赋乙》扬雄《蜀都赋》，上海古籍出版社1998年版。下文所引本文同此注所出。
④ 《文选》卷四《赋乙》左思《蜀都赋》，上海古籍出版社1998年版。下文所引本文同此注。
⑤ 《华阳国志》卷三《蜀志》。
⑥ 《史记》卷一二九《货殖列传》，中华书局1982年版。
⑦ 《齐民要术》卷二《种芋第十六》引《广志》。

东汉画像砖上的弋射、收获场景

泛种植。巴蜀各地民间还喜欢种植柑橘，东汉时期在南安、僰道、江州、垫江、鱼复等县皆设置有橘官，负责管理柑橘生产贸易，在南安县还专门设置祠社祭祀以祈丰收。荔枝种植也很盛行，江阳、僰道、江州等县皆以盛产荔枝而闻名。今三台县一带则"出好枣"。巴蜀地区的人们喜欢养鱼，王褒《僮约》中有"结网捕鱼""入水捕龟""垂钓""调治马户"（户指利用沟、溪流水养鱼的水门）①。在巴蜀不少地方皆出现了规模化养鱼的鱼池，《华阳国志·蜀志》记载广都县有"渔田之饶，大豪冯氏有鱼池"，汉安县有"鱼池以百数，家家有焉，一郡丰沃"。今川南地区还以盛产鲟鱼闻名全国，司马相如《上林赋》、曹操《四时食制》、左思《蜀都赋》等皆提及今川南鲟鱼。东汉画像砖中常见人们用鱼叉和渔网、鱼凫（鱼鹰）捕鱼及钓鱼，陶水田模型中也常见养鱼内容。此外，巴蜀地区还种植漆树，养蜂并采集蜂蜜和蜜蜡。如《华阳国志·巴志》记载涪陵郡出产"漆、蜜、蜡（蜜蜡）"，《华阳国志·汉中志》记梓潼郡亦出"漆、药、蜜"。

秦汉时期，巴蜀农业生产已普遍使用铁犁、铁锄、铁锸、铁镰等农业工具，在东汉画像砖中和考古发现的汉代陶俑中常可见到犁耕、手持或挥舞镰刀收割、执锸等农事形象。

除农业外，秦汉时期蜀地民间喜狩猎，王褒《僮约》中有"削治鹿卢""作篾黏雀张乌""微雁弹凫""登山射鹿"等内容，东汉画像砖中还常见人们张弓射雁的场景。《华阳国志》记载今重庆三峡地区的巴人有专门以射白虎为业的猎户，蜀汉时期还曾从涪陵一带移"射猎官"五千家入蜀。在成都等地考古发现的一些古遗址秦汉地层中，往往出土大量兽骨，如虎、豹、黑熊、水鹿、赤鹿、梅花鹿、麂子、狐狸、野猪、野牛、犀牛、猕猴、灵猫獾以及短尾鼠、竹鼠、家鼠的骨头以及多种鸟骨等。

---

① （唐）徐坚：《初学记》卷一九《人部下·奴婢第六》·《汉王褒僮约》，上海古籍出版社1982年版。下文所引本文同此注。

巴蜀农业的发展，促使酿酒业得到巨大发展，文献记载巴蜀地区饮酒风极盛。在汉代画像砖中可见到当时有了专门的酿酒作坊酿酒、专门的酒肆商店卖酒，以及推独轮车运酒或酿酒原料者、肩挑酒罐的挑夫等图案。据文献记载，秦汉三国时期巴蜀地区有甘酒、酴醿酒、清醥酒、郫筒酒、清酒、旨酒等多种酒品种。甘酒为"少曲多米，一宿而熟"的粗酿米酒，在川西地区曾发现多件写有"甘酒"字样的陶酒罐。酴醿酒为西蜀美酒，直至唐宋时期仍然流行。清醥酒亦为西蜀美酒，左思《蜀都赋》有"觞以清醥"句。郫筒酒为郫县特产，用曲发酵酿制、以竹筒盛装，清酒和旨酒皆为巴人所酿美酒。

（二）川西高原的农牧业民俗

在川西北地区，文献记载秦灭蜀后始于岷江上游的冉駹故地设县，汉武帝开发"西南夷"以冉駹故地设置汶山郡。《华阳国志·蜀志》记先秦时期蜀王杜宇"以汶山为畜牧"，直至汉魏时期畜牧业在当地仍占重要地位。《后汉书·南蛮西南夷列传》记载汶山郡"土地刚卤，不生谷、粟、麻、菽，惟以麦为资，而宜畜牧"[①]。《华阳国志·蜀志》亦记载汶山郡"土地刚卤，不宜五谷，惟种麦"。考古发现的岷江上游石棺葬文化表明，秦至西汉中期，当地冉駹人从事农业兼事畜牧，狩猎、捕鱼和采集仍占一定地位。农业主要种植稞类粮食，当地俗称"水米子"，近代仍大量种植，至今部分村寨仍有少量栽种。秦统治蜀至西汉早期，农业生产工具除传统的石器外，已普遍使用斧、镰、锸、锄、铚等铁农具，从考古发现来看较之同时期的成都平原地区铁农具的使用还更为普及。在汶川县发现有东汉晚期至魏晋时期的牛耕图画像花边砖，图案包括一牛犁耕和二牛抬杠耕地，反映出当地氐羌民族农业生产使用牛耕。《华阳国志·蜀志》记载汶山郡出产"牛马"并"种麦"，即此种农牧兼营生产习俗的反映。《后汉书》记载汶山郡"有灵羊，可疗毒。又有食药鹿，鹿麑有胎者，其肠中粪亦疗毒疾。又有五角羊、麝香、轻毛毦鸡牲牲。……特多杂药"[②]，《华阳国志·蜀志》亦记载汶山郡"特多杂药名香"，反映当地的狩猎和采集具有相当规模。同时，在岷江上游考古发现中，秦汉时期当地人们还饲养羊、猪，以陶石网坠结网捕鱼。由于岷江上游地区冬季寒冷不宜农业，当地冉駹人有冬季到成都平原等地打工的民俗。《后汉书》记载汶山郡"土气多

---

① 《后汉书》卷八六《南蛮西南夷列传》。
② 《后汉书》卷八六《南蛮西南夷列传》。

寒，盛夏冰犹不释，故夷人冬则避寒，入蜀为佣，夏则返其邑"①。《华阳国志》亦记载汶山郡"多冰寒，盛夏凝冻不释。故夷人冬则避寒入蜀，庸赁自食，夏则避暑返落，岁以为常"②。

在大渡河中上游、雅砻江流域至安宁河流域，根据考古发现当地的石棺葬、大石墓遗存并结合文献记载，秦汉至魏晋南北朝时期亦为农牧兼营并兼事狩猎和采集，农业以旱地农业为主，安宁河流域有水稻种植，出产牦牛、马、羊。汉代文献记载沈黎郡、越嶲郡皆出牦牛，有牦牛夷（牦牛羌）。越嶲郡出"筰马"，西汉时已成为与内地进行贸易的重要商品，东汉安帝时曾于越嶲郡置长利、高望、始昌三苑饲养马匹，《华阳国志》记载越嶲郡会无县"有天马河，马日千里。……县有天马祠"③。《后汉书》记载越嶲郡的邛都夷"其土地平原，有稻田"，东汉时期太守巴郡安汉县人张翕得"夷人爱慕"，死后夷人"赍牛羊送丧"；分布于沈黎郡徼外雅砻江中游的白狼夷自称"土地硗埆，……食肉衣皮"，其地"不见盐谷"，出产"牦牛"④，以畜牧业为主并兼事狩猎、采集。

在川西北草原地区，秦汉魏晋时期为羌人活动区，羌人以游牧业为主而兼有少量农业种植。《后汉书》记载羌人："所居无常，依随水草。地少五谷，以产牧为业。"⑤《魏书》记载分布于今四川北部至甘肃东南部白水江上游的邓至羌及其以北的宕昌羌："收养牦牛、羊、豕以供其食。"⑥

二、业态丰富的手工业生产习俗

秦汉三国时期，四川盆地手工业业态丰富，丝绸、漆器、盐、铜、铁、竹木等手工业生产兴旺发达，川西高原地区的毛麻纺织、盐、铁、铜、金、陶、漆木器等手工业生产亦具有一定规模和水平。《华阳国志·蜀志》记载秦灭蜀国后在成都"置盐铁市官并长丞，修整里阓，市张列肆，与咸阳同制"⑦。《史

---

① 《后汉书》卷八六《南蛮西南夷列传》。
② 《华阳国志》卷三《蜀志》。
③ 《华阳国志》卷三《蜀志》。
④ 《后汉书》卷八六《南蛮西南夷列传》。
⑤ 《后汉书》卷八七《南蛮西南夷列传》。
⑥ 《魏书》卷一〇一《宕昌传》。
⑦ 《华阳国志》卷三《蜀志》。

记·货殖列传》记载："巴蜀亦沃野，地饶卮姜、丹砂、石、铜、铁、竹、木之器。"①

（一）纺织生产习俗

根据文献记载，汉代巴蜀地区蚕桑丝织业兴盛，人们普遍在房前屋后种植桑树，"环庐树桑"。西汉扬雄父辈居郫县时"世世以农桑为业"。王褒《僮约》要求奴童种植桑树和果树："三丈一树，八尺为行，果类相从，纵横相当。"左思《蜀都赋》称成都"栋宇相望，桑梓接连"。《三国志·蜀书·诸葛亮传》记载，诸葛亮自称在成都的家宅"有桑八百株"。除官营的锦官外，民间普遍在家中纺织缯帛，产品主要包括锦、罗、纱、缟、紬、绢、绫、绨（厚缯）、纨（白缯）、绮（文缯）等。左思《蜀都赋》称成都"伎巧之家，百室离房，机杼相和，贝锦斐成"。正是因民间织锦业发达，朝廷在成都置"锦官"，成都因此被称为"锦城"。流经成都城南部的郫江和检江（大江），因在江水中濯锦锦色鲜艳，所以人们多在二江中濯锦，其中的检江因此得名"锦江"。蜀中生产的织锦品种繁多、图案变化无穷。扬雄《蜀都赋》赞道："若挥锦布绣，望芒兮无幅。尔乃其人，自造奇锦。"山谦《丹阳记》记载魏文帝曹丕喜欢收藏蜀锦，却在一次新得一批蜀锦后感叹道："前后每得蜀锦，殊不相似。"

东汉画像砖上的织布、织锦场景

除了丝织业外，麻织业在巴蜀地区也很兴盛，尤其以蜀郡的织布享有盛名。西汉桓宽《盐铁论·本议篇》将"蜀郡之布"与"齐阿之缣"并举，代表当时全国最精美的麻纺织品。根据文献记载，蜀郡以牡麻丝纺织的黄润细布，精巧细薄，扬雄《蜀都赋》称赞其布："阿丽纤靡，避晏与阴。蜘蛛作丝，不可见风。"其价格昂贵，"筒中黄润，一端数金"。汉武帝时张骞出使西域，在大夏见到的"蜀布"，研究者多认为应即此种精美的黄润细布。同时，蜀地还有一

---

① 《史记》卷一二九《货殖列传》。

种称为"缞"的细布也在全国享有盛名。广汉郡生产的2尺2寸幅宽640根麻经的机织粗布八稯布也行销西北边塞,《居延汉简》记载有:"广汉八稯布十九匹八寸大半寸,直四千三百廿。"①蜀地纺织业发达,成为全国最主要的纺织基地,《后汉书·公孙述列传》称蜀地"女工之业,覆衣天下"②。

秦汉时期,巴地麻纺织业较为落后,巴地板楯人所生产的稯布(又称賨布,板楯人因而又称賨人),为幅面仅有80根麻经的窄幅粗布。魏晋时期,巴地民间的纺织业有了较大进步,《华阳国志·巴志》记载巴地出桑、蚕、麻、苎、黄润。随着魏晋时期大批僚人北上进入巴蜀地区,原产于永昌郡的橦华布和阑干布传入巴蜀地区并成为巴蜀民间重要的纺织品种。橦华布又称桐华布,《华阳国志·南中志》记载南中地区"有梧桐木,其华柔如丝,民织以为布,幅广五尺以还,洁白不受污,俗名曰桐华布"③。左思《蜀都赋》也说蜀地"布有橦华"。阑干布为僚人生产的一种细麻布,因而又称僚布,以苎麻为原料,汉晋时期主要产于巴东、涪陵二郡,《华阳国志·南中志》记载此种布"织成文如绫锦",《魏书·獠传》记载僚人"能为细布,色至鲜艳"。除丝麻纺织外,人们还常用草、毛、皮条、动物筋等生产编织品,包括毛腰带、毛包、毛裤、毛衣、毛帽、毛绳、草鞋、草席、皮绳,等等。王褒《僮约》中有"绵亭买席",并要求奴童年老后必须织席。江州因出产水草蒲草,人们取其皮编织的蔺席十分柔软,闻名巴蜀。

川西高原地区畜牧业发达,人们取牛羊毛皮制作纺织品和其他生活用品。据《华阳国志·蜀志》和《后汉书·南蛮西南夷列传》记载,岷江上游的汶山郡出产"旄毡、班罽、青顿"等毛纺织品,考古发现当地战国晚期至东汉时期石棺葬墓的妇女墓中往往随葬有陶纺轮。其中,旄毡为以牦牛毛碾压而成的无纺布,班罽为以牛羊毛编织的花纹毛布,青顿应即考古工作者在当地西汉石棺葬墓中多次发现的青色羊毛毡衫。在当地石棺葬墓中还多次发现有用于包裹贵重器物的白色和棕色(绛色)粗、细麻布,应属于由内地交换购买的商品。此外,《华阳国志·蜀志》记载汶山郡还出产"旄牛尾""毞毲、羊羖"等毛皮制品。旄牛尾是与内地进行贸易的重要商品,主要作为礼仪、装饰和生活用

---

① 谢桂华等:《居延汉简合校》303.30号简,文物出版社1987年版。
② 《后汉书》卷一三《隗嚣公孙述列传》。
③ 《华阳国志》卷四《南中志》。

品。羊羖为羊皮制品,毛毧推测与牦牛皮制品有关。据文献记载,南北朝时期分布于今川西北高原的宕昌、邓至、白兰、党项、东女等众多羌人部落,皆主要从事牛羊畜牧生产,牛羊毛纺织品和裘皮一直是该区域主要的手工业产品。

(二)竹木器生产习俗

巴蜀盛产竹木,随着铁器的普遍使用,竹木器生产逐渐兴盛并被广泛用于生产生活之中。《汉书》记载巴蜀地区有"山林竹木蔬食果实之饶"[①]。《华阳国志·蜀志》称:"岷山多梓、柏、大竹,颓随水流,坐致材用,工省用饶。"西汉朝廷还在蜀郡严道置木官,负责伐木和生产木器。广汉出土的东汉"大江行筏"画像砖,反映出当时人们利用河流运送木材的场景,这种利用水运运送木材的方法较之外地主要依靠人、畜和车辆搬运省时省力。根据文献记载和考古发现、汉代画像砖图案,秦汉三国时期巴蜀地区的竹木业被广泛运用于房屋建筑、造船、造车、日用家具、棺椁、盐业和矿业开采(如搭设井架)、河堤防洪枋槎、兵器柲木、工具木柄、漆器内胎等生产领域,甚至将大树干截断挖空中部作为水井的井圈。尤其是竹子的使用极为广泛,建筑房屋使用"竹骨泥墙",剖竹为筧槽接雨,利用竹筧引接泉水、盐卤及溉田,搭设索桥、制造竹筏,制作筷、杖、床、桌、椅、凳、笠、笥、箱、柜、筐、篮、篓、箕、笈、帚、筛、笼、酒筒、扁担、水桶、席、扇、履、索、竿、耙、枷、衣竿、鱼竿、船篙、鞭、刀等家具和日杂用品,生产简、牍、笔管等文房用具,制作琴、鼓、板、笛、笙、箫等乐器。在西蜀地区还以竹篾编制竹笼填石筑堤兴修水利,如都江堰水利工程即以竹笼盛装卵石垒砌堤坝分流引水。这种喜用竹木器的习俗,一直沿袭到现代。

(三)漆器生产习俗

西蜀地区在秦汉三国时期以生产精美、耐用的优质漆器而闻名天下,不仅官府大规模生产,民间生产亦十分兴盛,在朝鲜乐浪郡、湖南长沙、湖北江陵、广西平乐、贵州清镇、广州、成都、绵阳、荥经、青川等许多地方的秦汉墓葬中皆出土有带西蜀、成都、广汉等地工官铭文及落有成都官府市场管理机构"成亭""成市"戳印或书写文字的漆器。根据考古发现和文献记载,人们主要生产耳杯、卮、壶、钫、鼎、盂、缶、槅、匦、盘、匕、勺、筷、樽、盒、奁、砚、尺、履、扇、梳、虎子等生活用器及桌、案、几、床、屏风等家

---

① 《汉书》卷二八《地理志下》。

具,部分礼仪器、乐器支架、车马器、丧葬用具、建筑构件、兵器柲柄等也使用漆器。漆器风格喜用红髹黑绘,漆胎包括木、竹、夹纻、陶、犀皮五种。西蜀工匠创制的金银扣漆器,是当时最名贵华丽的漆器。工匠们在耳杯、盘、壶、盒、奁等器物的口沿、耳、圈足、腹部等部位,镶嵌镀金银的铜箍、铜壳、铜环及金银饰件、绿松石和玉石等。蜀郡和广汉郡的工官生产漆器,因产品主要供朝廷调用,故重工艺、质量而不计成本,《后汉书·食货志》记载当时蜀郡、广汉郡工官每年生产金银扣器等所耗金银"各用五百万"。《盐铁论·散不足》称:"今富者银口黄耳,金错蜀杯","一杯卷用百人之力,一屏风就万人之功"[①]。而民间生产漆器则较为简朴。据考古发现,秦汉时期岷江上游地区也能生产工艺较为简单的小件漆器,主要为红髹黑绘、黄髹红绘的耳杯、盒等,图案仅见几何纹、篦点纹、圆圈纹、弧线纹等。《华阳国志·蜀志》记载越嶲郡台登县在汉晋时期产漆:"又有漆,汉末,夷皆有之。"

（四）冶铸生产习俗

金银器生产:文献记载蜀地出产金银,《华阳国志·蜀志》记蜀地"其宝则有碧玉、金、银……"。《华阳国志·汉中志》记载梓潼郡的涪县（治今绵阳市）和晋寿县（治今广元市昭化）、阴平郡的刚氐县（治今平武县古城）等皆以盛产金、银而著称。考古发现表明,秦汉时期岷江上游地区亦生产小件金、银器装饰品及漆器。《后汉书·南蛮西南夷列传》记载沈黎郡徼外的白狼夷在东汉安帝时归附汉朝廷,"赍黄金、牦牛"敬献,表明白狼夷在汉代也开采当地黄金生产黄金物品。

铜铁器生产:秦汉时期巴蜀冶铸铜铁器的风气盛行,官府和民间皆在许多地方开矿冶铸。其中,临邛卓王孙和程郑以冶铸铜铁器而成为富比王侯的全国著名工商巨富,大量铜铁产品不仅在巴蜀地区销售,还被销往今川西南、云南和贵州境内的西南夷地区,即《史记·货殖列传》所记载的"倾滇、蜀之民""贾椎髻之民"。铜铁器生产通常采用合范铸造、焊接、铆接等工艺,同时还生产并使用部分铜铁合制器物。铜铁器物除礼器、兵器和生产工具外,已经广泛用于日常生活。

根据考古发现,秦统治巴蜀地区时期至西汉早期,是具有巴蜀地域文化特征的"巴蜀式"铜器与中原、秦、楚风格铜器并行的时期。巴蜀土著民及其

[①] （西汉）桓宽:《盐铁论》卷六《散不足第二十九》,上海人民出版社1974年版。

后裔大量使用民间私营作坊生产的各种巴蜀式的釜、鍪、甑、壶、尖底盏等容器，"烟荷包式"钺、柳叶形剑、刻铸"巴蜀符号"的矛和三角援戈等兵器，编钟、錞于、钲等乐器和"巴蜀符号"印章；外来移民则大量使用官营及部分私营作坊生产的具有中原、秦、楚风格的各种容器和兵器、生活用具及车马器。钱币则与全国其他地方一样皆流通秦汉半两钱。《汉书》和《华阳国志》等史书皆记载，汉文帝时将临邛的部分铜山赐予侍郎邓通，邓通将之租给卓王孙铸钱，以致邓通之钱遍于天下。到了西汉中期，铜兵器和工具基本上被铁器取代，大多数传统的巴蜀式铜器消失，炊食器、日用器、量器等仍主要用铜制，兵器仅弩机和剑的格、勒部位小饰件仍用铜制。东汉三国时期，铜器仍主要用于日常生活用具，钱币、部分弩机及车马器仍亦用铜制。东汉晚期新出现大量摇钱树，枝干及其上的钱、仙人、动物等皆用铜铸。东汉时期流行以马俑随葬，部分马俑亦用铜铸。由于铜铁器在人们日常生活中被广泛使用而新品价高，于是出现了将破损铜铁器加以修补后继续使用的民俗及修补匠人，考古发现一些铜铁器在使用年久后被人们采用冷补、热补的方法加上补丁继续使用，这种将破损铜铁器修补后继续使用的民俗及铜铁器修补匠人历经2000多年直到20世纪80年代仍在传承。

  铜器生产在岷江上游地区亦颇为普遍，生产水平较高。考古发现的岷江上游秦汉时期石棺葬墓随葬品及器物窖藏中，出土有大量铜器，其中不少器物为当地生产制造。人们生产包括大中型薄壁容器、兵器、装饰品在内的各种青铜器。青铜容器既有仿成都平原蜀式器生产的釜、鍪及仿中原汉式铜鉴，也有独具地方文化特色的大型核桃形口大板耳双耳罐。青铜装饰品主要为镯、戒指、"S"形及铜条盘成的耳坠、铜铃形饰等。在汶川县文物管理所保存的一件出于威州镇姜维城后山山梁上青铜器窖藏中的立鸟猴子攀树青铜神树，与巴蜀地区直至现代仍广为流传的关于猴子攀爬高耸入天的马桑树进入天庭打翻雨缸而导致天下大洪水的民间传说颇为相似，不仅表明这一传说由来已久，而且反映出在那时人们已经将民间神话传说以具象的方式与青铜器生产结合起来。考古发现有大量秦至西汉早期当地生产的青铜兵器，如螺旋纹柄山字格剑、铜柄铁剑、铜泡饰、铜臂韝、圆盾、连珠钮，同时也从内地交换少量戈、钺、斧等商品。至西汉中晚期，岷江上游传统青铜容器和兵器逐渐消失，青铜兵器基本上只见从内地交换的汉式铜弩机、箭镞等。至东汉中晚期，本地青铜器产品除小件装饰品外已基本消失，仅茂县城北撮箕山发现的铸有仙人、马、铜钱等形象的青铜神树可能为当地生产。

在今川西南安宁河中下游地区和盐源盆地，秦汉时期铜铁冶铸业也较为发达。《华阳国志·蜀志》记载越巂郡邛都县、会无县皆出铜，《水经注·灵道县》亦记载"县有铜山"。1976年在西昌市石嘉乡曾发现一处西汉王莽时期的官营铸铜作坊遗留的铜器窖藏，在西昌市东坪村发现有一处西汉末至东汉时期的大型官营炼铜遗址，在遗址以东约20公里发现有汉代及其以后的采铜矿洞46个[①]。在安宁河流域汉晋时期的大石墓文化遗存、盐源盆地秦汉时期青铜文化遗存中，皆发现有大量具有当地文化特色的青铜器，尤其是盐源盆地有着较为发达的青铜冶铸业。盐源发现的青铜器，包括兵器、礼仪器、乐器及装饰品四类，有多种不同文化传统的器物，呈现出明显的多元文化交汇的特点。兵器多同于岷江上游石棺葬文化，蜀式、滇式兵器和具有本地风格的弧背环首刀、汉式三角形镞和削等。礼仪器主要包括铜鼓（同时也是乐器）、铜杖（多鸟形杖首，有人物立像杖首、铜鼓形杖首）及铸有仙人、马、铜钱等形象的神树，有造型精美的蛇蛙铸像和阴线刻鱼纹铜案。还发现有大量以薄铜片制作的燕子形饰件及鹞鹰、杜鹃鸟饰件，分析与某种礼仪祭祀活动有关。乐器主要有铜鼓和铜铃，装饰品主要有指环、戒指等[②]。在安宁河流域西汉大石墓中，也出土有刀、剑、矛、镞、臂韝等小型工具和武器，发饰、手镯、扣饰等装饰品。在大渡河上游地区，亦发现有少量具有地方文化特色的单范铸造小件青铜器，如弧刃环首刀及小装饰品等，表明当地人们也生产小件青铜器。

魏晋时期，四川境内的僚人也学会了铸造铜器，能生产精美的铜鼓。《魏书·獠传》记载僚人"铸铜为器"。

秦至西汉早期，随着铁器冶铸技术的发展，铁器逐步在巴蜀地区成为人们生产劳动最喜爱的工具。根据考古发现，铁器在秦统治时期仍以铜铁合制器为主且不普及，到西汉早期铁器已逐步替代铜器并大量用于手工业和农业生产，至西汉中期以后铁器在兵器、手工工具和农具、日常生活中已全面普及。巴蜀地区在秦至西汉早期私营铁器冶铸业日益兴盛，汉武帝实行盐铁官营后在西蜀地区设临邛、武阳、南安三处铁官管理采矿和冶铸，私营冶铸场纷纷关闭；至

---

① 西昌地区博物馆：《四川西昌发现货泉钱范和铜锭》，《考古》1977年第4期。
② 凉山州彝族自治州博物馆、成都文物考古研究所：《老龙头墓地与盐源青铜器》，文物出版社2009年版。

东汉初年朝廷再度允许私营盐铁，巴蜀地区的私营冶铸业再度兴旺，在人们的生产生活领域发挥了重要作用。

在岷江上游地区，秦汉时期铁质手工工具也已经普遍使用。考古发现的大量铁器，器型与成都平原地区发现的一致，结合《史记》等文献记载的临邛卓氏、程氏等大量生产铁器"贾椎髻之民"[1]，当有一部分铁器来源于内地商品。同时，当地也生产一部分铁器，如铜丙铁剑、三足架、镯、钏等具有当地特色的器物，其他产品也可能有部分为当地生产。东汉时期，在安宁河流域发现有本地生产铁工具和从蜀地交换而来的有带"蜀郡"铭文的商品铁锸。同时，当地夷人也已开始冶铸铁器，《华阳国志》记载越巂郡台登县："山有砮石，火烧成铁，刚利，《禹贡》'厥赋砮'是也。……汉末，夷皆有之。"[2]

（五）食盐生产习俗

秦汉三国时期，巴蜀地区开全国井盐生产的先河。盐井在秦时为大口盐池，发展至东汉时期成为直径约60～130厘米的小口盐井，仅容一至两个直径40厘米左右的汲卤桶汲卤。根据邛崃市发现的东汉井场画像砖，人们在盐井上立三层高的人字形顶方亭井架，井架顶部正中悬挂一个滑轮，两人一组分两组站立于二、三层井架上用手提取汲卤桶，数人在井架附近生火支锅熬卤制盐。除生产井盐外，在南安县，人们也利用盐泉煮盐。根据《华阳国志》记载，蜀郡临邛县有火井，人们煮盐，"取井火煮之，一斛水得五斗盐。家火煮之，得无几也"[3]。西晋《博物志》记载"临邛火井，诸葛亮丞相往视之，后火转盛"[4]。文献记载表明，至迟在东汉时期，临邛已开始使用天然气，东晋时人们已用天然气煮盐，这是世界上最早使用天然气的记载。岷江上游的汶山郡和越巂郡盐源盆地的定筰县亦有土法制盐的盐业生产。汶山郡出咸土、鹻石，当地民众以之加水煎煮取盐。《后汉书》记载汶山郡："地有咸土，煮以为盐。"[5]《华阳国志》也记载，"汶山有鹻石，煎之得盐"[6]。而越巂郡定筰县有盐池，当地居民取盐池水浇于柴薪上，边烧火边浇盐水，盐水干而结晶

---

[1]《史记》卷一二九《货殖列传》。
[2]《华阳国志》卷三《蜀志》。
[3]《华阳国志》卷三《蜀志》。
[4]（晋）张华：《博物志》卷九《杂说上》，中华书局1985年版。
[5]《后汉书》卷八六《南蛮西南夷列传》。
[6]《华阳国志》卷三《蜀志》。

成盐。《华阳国志》记载定筰县"有盐池,积薪,以齐水灌,而后焚之,成盐"[①]。

（六）制陶生产习俗

陶器在人们的日常生活中仍然被大量使用,因而巴蜀地区制陶业十分兴盛,官府对部分私营作坊生产的陶器商品还实行统一管理并加盖戳印,故考古发现中一些陶器的颈、内壁、外底部位有"亭""市""成亭"等字样戳印。由于此时期陶窑烧制火候普遍较高,故陶器的陶质主要为泥质灰陶,炊器则多用夹砂灰黑陶。陶器制作方法以轮制为主,模型类陶器为捏制。人们喜欢在泥质灰陶器表面进行磨光加工,并常在泥质陶罐等器物表面施黑色陶衣。秦统治时期,巴蜀地区日用生活陶器仍流行传统的罐、釜、鍪、壶、鼎、敦、豆、尖底盏、盆、钵、盒等器型,并流行由关中传入的秦人器物茧形壶、蒜头壶等器型。西汉时期,巴蜀地区日用生活陶器主要流行罐、釜、三足釜、鼎、扁壶、钫、钟、瓮、钵、盆、豆、盂、鉴、博山炉等器型,鍪、蒜头壶等器形至西汉中期基本消失。从器型变化上看,至西汉中期,具有浓厚巴蜀地方特征的陶器基本消失,总体上与中原同类器型基本一致,反映出人们的审美意识、用器习惯已经与中原相同。东汉三国至魏晋南北朝时期,受中原釉陶和江南青瓷的影响,巴蜀地区的釉陶和青瓷生活用器迅速流行,主要流行罐、壶、钟、瓮、甑、碗、钵、盘、耳杯、勺、鼎、鉴、盂、盒、奁、灯台等器型。秦汉三国至魏晋时期,陶器和青瓷器不仅大量用于日常生活之中,还大量用于殉葬,因而出现了许多专用于殉葬的明器,包括各种房屋、粮仓、水田、水塘、车船、人物、神仙、动物、家禽、家具、用品、乐器等模型,以及仿日常生活用器等,反映出人们"事死如事生"的观念及习俗。

秦汉时期,岷江上游地区的制陶业亦较发达,流行核桃形口及圆口双耳陶罐,其中最具代表性的为泥质灰陶或加黑衣的凸漩涡纹大錾耳双耳罐,制作精美,罐的口沿、肩、腹部往往施红彩。还流行汉式喇叭钮圈足豆、绳纹圜底釜和圜底罐、鼎、碗,并有直筒杯、三乳钉状足罐等地方特色器。其中,部分汉式陶器有戳印的"亭""市"等文字,为从成都平原交换的商品。西汉晚期至东汉时期,除双耳罐外,当地陶器已主要生产汉式器物,流行汉式喇叭钮圈足豆、罐、圜底罐、釜、甑、碗等,东汉中晚期墓葬随葬品流行陶猪、狗、鸡、

---

① 《华阳国志》卷三《蜀志》。

陶房及水田模型等，与成都平原基本一致。

在川西南安宁河流域，根据大石墓考古发现，当地战国至西汉时期的陶器基本上承袭当地新石器时代的陶器传统，火候普遍较低、制作较为粗糙，喜生产泥质灰陶、磨光黑陶、泥质橙黄陶和夹砂灰陶的平底器，也生产少量圈足器。陶器器物口沿多制作成侈口或敞口，流行带流、带耳器。人们在器表施以划纹、弦纹、网格纹、波浪纹、叶脉印纹等纹饰作为装饰，有些器物表面还施红色或黑色陶衣。器型流行带流壶、深腹瓶、侈口平底罐、簋形器、单耳罐、双耳罐、杯、瓠形器等。西汉中晚

东汉石刻水田模型

重庆忠县出土东汉陶房反映的居杆栏房习俗

期至东汉时期出现部分汉式泥质灰陶罐、釜、甑、豆、碗等陶器，至东汉中晚期出现陶猪、狗、鸡、陶房及水田模型等汉式陶明器，反映出人们的生产生活习俗已受到汉文化的明显影响。

三、兴盛的商贸习俗

物产丰富使蜀人养成了喜欢从事商贸的习俗，因而秦汉三国至魏晋时期的蜀地商贸十分兴盛。秦灭蜀国后在成都"置盐、铁市官并长丞，修整里阓，市张列肆，与咸阳同制"①。秦至西汉早期，蜀地商人不仅将丝绸、蜀布、邛竹杖、铁器等商品销往云南、贵州等西南夷地区，还远销至东南亚、南亚印度和中亚的阿富汗等地区，早于北方丝绸之路开通前数百年开通了南方丝绸之路。西汉至魏晋时期，成都已成为当时中国最繁盛的商业大都市之一。扬雄《蜀都赋》称成都"东西鳞集，南北并凑，驰逐相逢，周流往来""万物更凑，四时迭代""江东鲐鲍，陇西牛羊，糴米肥猪……"。左思《蜀都赋》记载成都"水陆所凑，兼六合而交会焉""市廛所会，万商之渊，列隧百重，罗肆

---

① 《华阳国志》卷三《蜀志》。

巨千，贿货山积，纤丽星繁"①。众多的蜀商及外来商人将蜀中丝绸布帛、漆器、珠宝等商品源源不断地销往全国各地，并为北方丝路、与朝鲜和日本的贸易提供了大量商品。在巴蜀地区出土的东汉画像砖中，也可以见到当时的城市设置有专门的交易集市。据成都市新都区出土的东汉集市画像砖，集市外部建围墙和市门，集市内建有许多成行排列、布局规范的交易长房或长廊，人们在集市里进行各种交易。正因蜀地民俗重商，故汉代蜀中产生了以卓王孙、程郑等为代表的一批全国著名工商巨富。这种重商的风尚，对蜀地后世民俗影响巨大而长久。

由于蜀地经济繁荣、物产丰富，南北朝时期川西高原的羌夷各部亦常至蜀地进行商品贸易。《梁书》记载分布于川西北高原至青海境内的吐谷浑："其地与益州接，常通商贾。"②《北史》记载吐谷浑每年皆将牛马贩运至蜀中贸易，"牦牛、蜀马及西南之珍，无岁不至"。③

第二节　生活习俗

一、衣着发式习俗

根据文献记载，秦汉魏晋时期四川盆地内人们日常生活中主要着麻布衣，普通百姓着粗麻布衣，精美的黄润细布、丝绸衣物因价格昂贵只有官吏、豪族才能使用。服装样式，据出土的大量东汉陶人俑和画像砖人物图案，普通百姓扎发髻于头顶，妇女多喜欢于头前方插一至两朵小花，身穿合身的右衽短衣或长衫，腰束腰带，着犊鼻裤，赤足或穿靴、草编鞋。官员头戴头帽，身穿右衽宽袖长袍，腰束腰带、佩长剑，足穿靴。考古发现表明，人们喜欢戴金银或铜戒指、指环，项戴珠饰项链。珠饰项链用本地烧制的黄、蓝、白色琉璃管珠及从中亚贸易而来的蚀花琉璃珠、绿松石珠、骨角珠等串成，身上佩戴玉佩、玉环等玉饰。《南齐书》记载南朝时期的巴蛮衣着发式习俗："蛮俗衣布，徒跣，或椎髻，或剪发。兵器以金银为饰皮衣盾，便射弩。"④即身着布衣（布

---

① 《文选》卷四《赋乙》扬雄《蜀都赋》、左思《蜀都赋》。
② 《梁书》卷五四《西北诸戎传》。
③ 《北史》卷九六《吐谷浑传》。
④ 《南齐书》卷五八《蛮传》。

当为赉布），以金银为服饰，赤足，椎髻（巴人传统发式）或剪发（具体发型已不知）。

川西北高原至川西南山地的冉駹、邛、笮等各部落，《史记·西南夷列传》记载皆为"氐类"，《华阳国志·蜀志》记载"皆夷种也"，属同种民族。考古发现表明，在这些地区发现的秦汉时期考古文化遗存所反映的各部落在发式、服装服饰上颇多共同之处。在发式习俗方面，岷江上游战国中晚期之际的茂县牟托一号石棺墓出土漆绘罐上的人头像反映冉駹人的发式为辫发3根，与成都平原的古蜀人发式相同。在川西南盐源盆地发现的西汉青铜背水立人杖首上显示的笮人统治者发式也为辫发3根。《史记》记载西南夷："巂、昆明，皆编发。"根据滇文化贮贝器上反映的昆明族妇女发式也是辫发3根，推测巂人也应为辫发。《史记》记载冉駹、邛、笮、巂、昆明等部落为氐系统民族，有关文献记载各部在民族渊源上同源，各部发式上的一致为文献记载提供了有力佐证。文献记载西北河湟地区的古羌人发式为披发，氐人为编发。四川盆地北部与甘肃交界区的白水江流域，汉晋时期为阴平郡地，《华阳国志》记载阴平郡："土地山险，人民刚勇，多氐叟，有黑白水羌、紫羌、胡虏、风俗所出，与武都略同。"①曹魏鱼豢《魏略·西戎传》记载武都郡氐人："或号青氐，或号白氐，或号蚺氐，……皆编发。"②考古发现冉駹、笮人、昆明皆辫发3根，为西汉时期"西南夷"各部主要为氐系统民族、与古蜀人存在共源关系提供了重要证据。同时，盐源盆地考古发现又表明，东汉时期的青铜神树、燕子等往往还伴出密齿发笄，反映当时盐源盆地的人们在发式上为魋髻。而《后汉书·南蛮西南夷列传》记载筰③都县的筰都夷："其人皆披发左衽。"这种现象表明，东汉时期盐源盆地的笮人与邻近魋髻的邛都夷、汉代南下的披发的牦牛羌人应发生了融合，因而多种发式并存。而分布于川西南山地安宁河以东区域的邛都夷，据《史记·西南夷列传》的记载，其发式与滇人和夜郎一样为"魋髻"。考古发现的西汉滇国青铜器人物铸像头部发式，为将头发在脑后绾成髻并以笄簪固定。考古发现表明，汉代安宁河流域的邛都夷头戴发笄，证明其发式为魋髻。分布于川西高原上以及后来南迁至川西南山地的羌人，其发式

---

① 《华阳国志》卷二《汉中志》。
② 《三国志》卷三〇《魏书·东夷传》裴松之注引《魏略·西戎传》。
③ 筰亦作笮。

据《后汉书·西羌传》记载为"披发"。

在服装服饰习俗方面，岷江上游石棺葬文化考古发现表明，秦汉时期当地冉骁氏人用陶纺轮纺羊毛线并喜欢染成青色线，织成羊毛布缝制成长袍毡衫。《魏略·西戎传》记载武都郡氐人"或号青氐，或号白氐，或号蚺氐，此盖虫之类而处中国，人即其服色而名之也。……其衣服尚青绛，俗能织布。……其妇人嫁时著衽露，其缘饰之制有似羌，衽露有似中国袍"。《史记》记载汉武帝开西南夷"因蜀、犍为发间使，四道并出：出駹、出冉"①，"因朝冉从駹，定筰存邛"②，反映冉、駹为两个相邻的部落，有不少学者认为《魏略》中的"蚺氐"即指冉駹氏的"冉"部落。《魏略》记载氐人"其衣服尚青绛"的习俗与岷江上游石棺葬墓中发现的冉駹人喜着青色羊毛毡衫的习俗一致。

考古发现表明，岷江上游冉駹人喜欢佩戴以琉璃管珠、绿松石珠及石质和骨质管珠串成的项链，手戴铜、铁质的手镯、钏及铜、金质指环，同时还制作石质和陶质玩具和铜、银装饰品等。魏晋时期岷江上游以西至大渡河上游邛崃山区的嘉良夷，据考古发现和文献记载，为汉代冉駹西迁部落与南下羌人、当地土著融合形成，《隋书·附国传》记载附国及嘉良夷有"项系铁锁手贯铁钏"的习俗，应即项戴项链、手戴铁钏的遗俗。考古发现表明，笮人也佩戴琉璃管珠、绿松石珠和骨管珠串成的项链，手戴铜、铁质的手镯、钏及铜指环等。安宁河流域越巂郡的巂人，在东汉以后的文献记载中又称"叟"，《华阳国志》记载南中地区："夷人大种曰昆，小种曰叟。皆曲头木耳、环铁裹结，无大侯王，如汶山夷也。"③也就是说巂人及同种的昆明人皆如汶山冉駹夷一样"曲头木耳、环铁裹结"，"曲头木耳"如今已不知

盐源出土汉代青铜杖首反映的古代摩梭人衣着及头顶背水习俗

---

① 《史记》卷一三二《大宛列传》。
② 《史记》卷一一七《司马相如列传》。
③ 《华阳国志》卷四《南中志》。

为何意,"环铁裹结"据前辈史学大师徐中舒先生的解释即《隋书·附国传》记载的嘉良夷习俗:"项系铁锁手贯铁钏。"①安宁河流域邛都夷考古发现表明,人们戴铜铁手镯、臂韝等。《华阳国志》记载越嶲郡会无县"有濮人冢,冢不闭户,其穴多有碧珠"②,这些碧珠根据考古发现即绿色琉璃珠、绿松石珠等项链珠饰,而所谓"濮人"即指邛都夷。由上可见,汉晋时期西南夷中的冉駹、笮人、嶲人、邛都夷皆有戴项链(项圈)及铜、铁手镯、臂钏等的习俗。同时,根据考古发现,冉駹、笮人还有戴铜、金指环(戒指)的习俗。

二、好辛香喜滋味的饮食习俗

秦汉三国至魏晋时期四川盆地内的饮食习俗,根据考古发现的东汉庖厨俑和厨案、水田、家禽模型等和画像砖中的庖厨、射猎内容,结合文献记载及考古遗址中发现的动物骨等,当时人们在房屋内饮食皆跪坐箕踞,酒水、食物等盛于饮食器具中置于身前几案上或地上。食物主食为稻米、麦类,副食肉类主要为牛、羊、猪、鸡、鸭、鹅、兔肉,喜食各种鱼类及蚌、龟、鳖、螺等水产品,并捕猎部分野兽、鸟类为食。食用方法主要为将食物放入置于灶上的锅中煮食。在巴蜀地区的食物结构中,人们最喜食稻米和鱼,故《汉书·地理志》称蜀郡、广汉郡、巴郡之民"食稻、鱼"。食鱼既有事先在河塘稻田中捕获,也有临食前在自家房前屋后的溪流、水塘中捕捉。人们还将鱼制作成鱼酱食用,曹操《四时食制》记载:"郫县子鱼,黄鳞,赤尾,出稻田,可以为酱。"③人们喜食芋、瓜、莲藕、葵、菱角等蔬菜,尤其是蜀芋在许多文献中皆有记载。《华阳国志·蜀志》记载蜀地"好辛香,喜滋味",因而花椒、姜、茱萸、蒜、葱成为人们重要的调味食物。《吕氏春秋·本味》称"和之美者,阳朴之姜",东汉高诱注:"阳朴,地名,在蜀郡。"《史记·货殖列传》记载巴蜀首产即"厄姜"。扬雄《蜀都赋》中记载的"木艾"即食茱萸,直至明代食用辣椒普及之前一直为主要的辣味调料。左思《蜀都赋》中也称园中种植有"辛姜""丹椒""茱萸",反映蜀中人们"好辛香"的饮食习俗。人们还喜食水果,因而栽种的水果种类较多,据文献记载,主要有柑橘、荔

---

① 徐中舒:《交州外域记蜀王子安阳王史迹笺证》,《论巴蜀文化》,四川人民出版社1981年版。
② 《华阳国志》卷三《蜀志》。
③ (宋)李昉:《太平御览》卷三六《地部一》引,上海古籍出版社1994年版。

枝、桃、李、梨、杏、柿、栗、枇杷、甘蔗、樱、橙、梅等品种，其中柑橘和荔枝在全国享有盛名。

根据文献记载和考古发现，秦汉魏晋时期川西高原山地区的人们在饮食方面则以牛羊及狩猎动物肉食为主、粟麦为辅。《后汉书·南蛮西南夷列传》记载汶山郡的夷、氐、羌各部落"惟以麦为资，而宜畜牧"，出产牦牛、名马，以及羚羊、食药鹿、五角羊、麝香、轻毛氀鸡、牲牲等，反映出当地人们食麦、牦牛肉并捕猎动物为食。考古发现表明当地人还饲养羊、猪并种植粟米。从岷江上游考古发现石棺葬文化中的大量铜铁陶质釜、鍪等炊器分析，人们主要将食物分割煮食。《后汉书·西羌传》记载羌人"地少五谷，以产牧为业"，《魏书·宕昌传》记载邓至羌及宕昌羌"收养牦牛、羊、豕以供其食"，表明川西北高原上的羌人以牛、羊、猪肉为主食。《后汉书·南蛮西南夷列传》记载沈黎郡徼外的白狼夷"食肉衣皮"，在翻译的白狼王所作诗歌中有"甘美酒食""不见盐谷"句，表明雅砻江流域的白狼夷也是以肉食为主且喜饮酒、无食盐和谷类食物。在川西南山地，文献记载当地出产牦牛、马、羊，人们亦应以牛、羊肉为主食。同时，在气候温暖的安宁河下游平原地区，人们还种植水稻，《后汉书·南蛮西南夷列传》记载越嶲郡的邛都夷"其土地平原，有稻田"，表明当地夷人也以稻米为食。

西蜀是我国最早栽茶和饮茶的地区。明末清初的顾炎武在所著《日知录》中考证蜀地在秦国伐蜀之后开始茗饮。从现有文献记载看，西汉时期在蜀地已经普遍种植、销售商品茶，饮茶也已成为时尚，开创了我国饮茶风气的先河。扬雄《蜀都赋》称成都"百华（花）投春，隆隐芬芳，蔓茗荧翠，藻藏青黄"[①]。王褒的《僮约》中要求奴童"武阳买茶""烹茶尽具"。《华阳国志·蜀志》记载"武阳、南安皆出名茶"，"什邡县，山出好茶"，表明今川西地区在汉代种茶和饮茶已经形成风尚。从王褒《僮约》中"烹茶尽具"一语，可知当时饮茶为将茶叶进行煎煮后再饮用茶水。至东汉魏晋时，巴地的涪陵郡亦已种植茶叶。

魏晋时期僚人大举入川，文献记载僚人有以鼻饮水的习俗。《魏书》记载："僚者，盖南蛮之别种，自汉中达于邛、筰，川洞之间所在皆有。……能

---

① 《文选》卷四《赋乙》扬雄《蜀都赋》。

卧水底持刀刺鱼，其口嚼食并鼻饮。"①

三、形态多样的居住习俗

秦汉三国时期的巴蜀地区，房屋建筑除传统的平地立木柱起建的竹木骨泥墙和杆栏式、吊脚楼式草屋顶建筑外，由中原传入的砖瓦建筑大量出现并逐步在城市中成为主要建筑形式。根据考古发现的大量秦汉建筑遗址、出土的瓦当和砖、大量东汉时期陶房屋模型和画像砖中的建筑图案、东汉崖墓的建筑图案，汉代巴蜀地区的建筑在平面布局上流行单体、三合院、四合院布局，有呈"田"字形的二组并列式二进四合院布局的院落。建筑形式包括平地起建的小青瓦悬山式或歇山式屋顶的单间平房、面阔3～5间的平房、层高2～5层的楼阁、中原建筑与巴蜀传统杆栏式建筑融合形成的杆栏式单层房屋和2～3层楼阁等多种形式。建筑墙体多在基础部分用条石修砌，条石基础之上用当地传统的竹木骨泥墙或用砖修砌半墙再加竹木骨泥墙，一些重要建筑的地面亦采用砖铺。秦至西汉时期的建筑用砖皆为无纹饰的素面小砖，东汉时期砖的大小规格增多且出现较多在砖边模印花纹图案的花边砖，花纹图案主要为几何纹、卷云纹、车轮纹、钱纹，有少量鸟禽纹、动物纹。建筑结构主要采用穿斗式梁架，亦有抬梁式梁架，平地立柱或在低台基上立柱，柱上承梁枋，梁枋上置斗拱（包括转角斗拱和横托斗拱），斗拱上承檐椽，再上承屋顶。柱、斗拱、梁枋、檐椽体量皆较大，承重的实用性很强。门窗多用板门窗或几何纹花格门窗。楼阁内置带扶梯的踏板式楼梯上下，部分楼阁的阁楼外围建有一周带射栏的回廊。东汉晚期以后，随着豪族势力的发展，一些豪族的庄园不仅在庄园外围建高大的围墙，围墙上还建起防御用的碉楼，庄园内建4～5层高大楼房作为戏台、观戏台或仓库。三国蜀汉时期的民居，普遍在屋顶建一个可供主人登临的突出平台，平台四周设栏杆。部分房屋的前廊两侧建有一道齐腰的矮墙式护栏②。在官府、高级官吏府第、豪族庄园大门外，往往于门外两侧对称修砌有高大的砖石门阙，也有为表彰忠臣而建于其间里或祠庙前的旌表阙。官府、豪族庄园、作坊等场所的水井，多使用陶井圈、陶水管等修砌内壁。魏晋时期，大批僚人入蜀。僚人有树居传统，居住房屋利用树干较为粗壮的活树为立柱，

---

① 《魏书》卷一〇一《僚传》。
② 朱小南：《三国蜀汉民居的时代特征》，《四川文物》1990年第3期。

以树枝架设于一株或多株树木之间形成树屋，房屋大小根据家庭人口多少确定。《魏书》记载僚人："依树积木，以居其上，名曰干兰。干兰大小，随其家口之数。"①

在川西高原东部及川西南山地区，分布着众多定居的"西南夷"系统部落。根据岷江上游、大渡河中上游地区的考古发现，秦汉时期世居当地的人们普遍居住在石砌的碉房中。据在茂县勒石村、理县佳山的考古发现，当时的碉房基址为长方形并列数间的长房式建筑，每间平面呈长方形。房屋结构据理县薛城西汉崖洞墓内的碉房造型，为在石砌边墙顶部加人字形坡屋顶，屋面以薄石板前后迭叠由下至脊形成石板瓦盖顶。此种石墙体上加石板瓦人字形坡屋顶的石碉房，直至现代在川西北嘉绒藏族和羌族地区仍然存在，石棺墓墓顶的建造方法也与此种屋顶相同，西汉中晚期流行的石砌石墙体石棺墓基本上仿碉房修建。只是从当时的石碉房为并列数间的长房建筑、地面有用火留下的灰烬和红烧土来看，人们直接居住在地面，还未形成后世底层饲养马牛羊猪等家畜、二层及其以上住人的居住习俗。《后汉书·南蛮西南夷列传》记载汶山郡冉駹夷"众皆依山居止，累石为室，高者至十余丈，为邛笼"。亦证明当时岷江上游的冉駹部落依山修筑石砌房屋居住，也就是今日川西高原的藏羌石碉房。其中的"高者至十余丈，为邛笼"的石砌建筑，李贤注称"邛笼，按今彼土夷人呼为碉"，即今日川西高原仍普遍可见到的用于军事防御兼临时避难居所的藏羌石砌碉楼。分布于邛崃山区及大渡河中下游至川西南山地雅砻江中下游的筰都夷，《后汉书·南蛮西南夷列传》记载其"居处略与汶山夷同"，即均为依山垒砌石碉房居住。唐五代时期，分布于黎州、邛州之西大渡河下游的"三王蛮"，《新唐书》记载"筰都夷，白马氏之遗种"，其居处仍然"叠甓而居，号碉舍"②，也就是居住石碉房。据大渡河上游邛崃山区丹巴县中路乡罕额依遗址的考古发现，当地汉代考古文化遗存与岷江上游石棺葬文化近同，居民居住石砌房屋。蜀郡西部的邛人，据邛崃山南麓青衣江上游地区的考古发现，该区域汉代文化遗存的面貌总体上与岷江上游石棺葬文化近似，但同时受到了雅砻江中上游石棺葬文化的影响，人们亦居住石砌房屋，联系到汉代文献记载称石砌碉房为"邛笼"，反映蜀郡西部的邛人也应居住石砌碉房。也就是说，

---

① 《魏书》卷一〇一《僚传》。
② 《新唐书》卷二二二《南蛮传》。

秦汉时期从岷江上游经大渡河中上游至雅砻江下游的冉駹夷、邛人（蜀郡邛人）、筰人（筰都夷），皆居住石砌的碉房"邛笼"。至于汉代分布在安宁河流域以东的邛都夷，《史记·西南夷列传》记载其与滇、夜郎等一样，"皆魋结，耕田，有邑聚"，过着定居农业的生活。从《史记·西南夷列传》的记述看，川西南的邛都夷与滇人和夜郎的习俗大体相同，考古发现表明滇人居住杆栏式建筑，下层饲养牛羊、上层住人，邛都夷的居住建筑或与滇人近似。

在川西高原至川西南山地区还分布着许多游牧部落。其中，川西北高原分布着众多游牧的羌人部落，史称他们"所居无常，依随水草"①。

《史记》记载："自筰以东北，君长以什数，冉駹最大。其俗或土著、或移徙，在蜀之西。"②"土著"部落指岷江上游行石棺葬的定居农业部落冉駹氏，而"移徙"部落应指与冉駹近邻的游牧羌人。《北史》记载魏晋时期宕昌羌人"居有屋宇，其屋织氂牛尾及羖羊毛覆之"③，也就是今川西北草原藏族群众仍常用的自织牦牛毛帐篷。这种以牦牛毛编织成的帐篷，迁徙时折叠驮于牛马背上，至游牧临时居住地时支撑搭设成篷屋居住。在邛崃山南麓至安宁河流域还有一种被列入"西南夷"系统的"徙"人，根据《史记·西南夷列传》的记载，也是不断迁徙的游牧部落，其被称为"徙"即因其"随畜迁徙，毋常处"。

随着游牧部落的迁徙并逐步与迁入地定居的土著部落融合，一些原本游牧的部落受当地定居农业部落的影响，改变原有游牧习俗而过上了定居农业生活，也有一些原本定居农业的部落受游牧部落的影响而过上了频繁迁徙的生活。如今日岷江上游有部分羌族传说其祖先从北方游牧地南下到达岷江上游，学习当地戈基人（尕尔布）人用石头修砌房屋和牛耕，从而过上了定居农业生活。《后汉书》记载汉晋时期汶山郡"其山有六夷七羌九氐，各有部落"，但"众皆依山居止，累石为室"④，表明当地羌人也已居住邛笼。而在安宁河流域，邛都夷的居住习俗原本为定居生活，但后来却发生了变化，据《后汉书·南蛮西南夷列传》记载，越巂郡的邛都夷"俗多游荡"，反映出至魏晋时期当地原本过着定居农业生活的邛都夷，很可能与文献记载南迁进入当地的牦

---

① 《后汉书》卷八七《西羌传》。
② 《史记》卷一六《西南夷列传》。
③ 《北史》卷九六《宕昌传》。
④ 《后汉书》卷八六《南蛮西南夷列传》。

牛羌部落或当地原本就不断迁徙的徙人部落发生了融合，受其影响而过上了迁徙频繁的生活。

此外，在岷江上游支流杂谷河中下游河谷两岸高半山上有许多大小天然山洞，当地嘉绒藏族传说为古代"窑人"居住的山洞，称为"窑人洞""窑洞子"。传说中的窑人身材矮小、有尾、憨傻，在山地行走能奔跑如飞、常偷人牛羊食物，后来被人设计消灭，剩余部分逃入深山老林之中。此类传说亦流行于大渡河上游支流梭磨河流域的嘉绒藏族中，称为"野人"。至今在大渡河上游大金川流域的嘉绒藏族中还广泛流行关于"野人"的传说，在金川县与壤塘县交界区的原始森林附近地区的嘉绒藏族，至20世纪80年代仍传说有身材高大且浑身长毛、会隐身术、在崎岖陡峭的山路上能行走如飞、群居山洞的"野人"。羌族传说中的"湿果布"（野人）亦与之类似，只是在羌族传说中野人的传说往往与戈基（尕尔）的传说相混淆，杂谷河下游的羌族亦传说尕尔即居住窑洞的"窑人"且将当地河谷两岸的部分山洞和石棺葬墓皆称为"窑洞子"。20世纪80年代，文物工作者在当地个别山洞中曾发现有古代遗留的用火灰烬，但未发现当地石棺葬文化遗物，且考古发现已证明西汉时期杂谷河流域行石棺葬的冉駹部落居住石砌的碉房"邛笼"，分析这些山洞与羌族传说中行石棺葬的尕尔关系不大，应为另一种人群。这支至今不明身份的"窑人"人群，无论是否即当地羌族和嘉绒藏族传说中的"野人"，从传说中反映出在秦汉时期岷江上游杂谷河流域有居住山洞的原始部落。在汶川县城威州镇保子关的一个山洞中曾发现有数十厘米厚的灰烬以及部分动物骨骸，调查得知当地人直至民国时期还从山洞中挖取"龙骨"作为中药，表明居住山洞的习俗在当地有着久远的历史。

四、喜宴游好歌舞习俗

由于土地肥沃、物产丰富，蜀中形成了尚奢侈、好射猎和宴饮歌舞的游乐风俗。《史记》记载临邛卓王孙："射猎之乐，拟于人君。"[①] 扬雄《蜀都赋》称郤公之徒渔猎："罗车百乘，观者万堤。"[②] 左思《蜀都赋》也说："若夫王孙（卓王孙）之属，郤公之伦，从禽于外，巷无居人。"左思《蜀都

---

① 《史记》卷一二九《货殖列传》。
② 《文选》卷四《赋乙》扬雄《蜀都赋》。

赋》记载蜀地："其旧俗：终冬始春，几日良辰，置酒高堂，以御佳宾。……羽爵既竞，丝竹乃发。巴姬弹弦，汉女击节。……纡长袖而屡舞，翩跹跹以裔裔。合尊促席，引满相罚，乐饮今夕，一醉累月。"①《华阳国志·蜀志》记载蜀地："家有盐铜之利，户专山川之材，居给人足，以富相尚。故工商致结驷连骑，豪族服王侯美衣，嫁娶设太牢之厨膳，归女有百辆之徒车，送葬必高坟瓦椁，祭奠而羊豕夕牲，赠襚兼加，赗赙过礼，……若卓王孙家僮千数，程郑各（亦）八百人；而邛公从禽，巷无行人。箫鼓歌吹，击钟肆悬，富侔公室，豪过田文。汉家食货，以为称首。盖亦地沃土丰，奢侈不期而至也。"②从巴蜀地区出土的大量汉代画像砖图案和陶俑中，不仅有大量反映车马出行、射猎、宴饮、乘船游玩、玩鸟等内容，更有大量观看歌舞（包括长巾舞、长袖舞、胡腾驼舞、踏附舞、鼓舞、铎舞、兵器舞、祭祀舞、羽人舞等众多种类）、杂技（包括冲狭、晃板、柔术、抛球、舞蝶、舞轮、执飞镖、倒立、翻跟斗等多种形式）、俳倡戏（包括说唱、角抵、戏猿、象舞等多种形式）等方面内容，证明当时蜀中的宴饮游乐之风已十分兴盛，开蜀地好宴饮游乐民俗的先河。因而在东汉画像砖中，车马出行和符猎、主人与宾客边宴饮边观看歌舞杂技百戏等场景成为表现最多的主题之一。根据出土的大量汉代说唱俑，当时流行以盲人、侏儒进行说唱表演，表演者臀部侧向动作夸张，手舞足蹈，形体和面部表情滑稽幽默，为当时说唱艺术的代表，为巴蜀最早的"散打评书"。这种好宴饮游乐的风俗，一直影响至今。

阆中的賨人则流行"巴渝舞"，此种舞蹈由众舞者挥舞兵器、击鼓伴奏，风格刚劲，既是军舞也是重要的娱乐方式，后来进入宫廷成为汉魏时期的宫廷乐舞之一。《华阳国志·巴志》记载汉高祖时阆中賨人为汉军前锋，"锐气喜舞"，汉高祖认为"此乃武王伐纣之歌也"，命宫廷乐人学习，称之为"巴渝舞"。魏晋文献记载："巴西阆中有俞水，獠人（实指賨人）居其上，皆刚勇好舞，汉高募取以平三秦。后使乐府习之，因名巴俞舞也。"③《后汉书·南蛮西南夷列传》《晋书·乐志》皆记载賨人"其俗喜舞"，汉高祖观看后命乐人学习，因賨人居阆中渝水两岸，遂命名为"巴渝舞"。

---

① 《文选》卷四《赋乙》左思《蜀都赋》。
② 《华阳国志》卷三《蜀志》。
③ 《史记》卷一一七《司马相如列传·集解》，《子虚赋》"巴渝宋蔡"引晋郭璞语。

魏晋时期僚人入蜀，僚人音乐较为简单，俗以铜鼓为征战集众、祭祀和象征权力的神器，铜鼓成为僚人最重要的乐器。号角也是僚人重要的吹奏乐器，主要用于征战、集众等。《魏书·獠传》记载："僚王各有鼓、角一双，使其子弟自吹击之。"①

川西高原至川西南山地的夷人则喜唱歌。《后汉书·南蛮西南夷列传》记载越嶲郡的邛都夷"喜讴歌"，反映邛都夷有喜歌的风俗。同一列传中记载有犍为郡掾田恭翻译的白狼王所作诗歌，从内容看乃是陈述风俗、表示臣属意愿和颂扬汉朝的歌词，反映出白狼夷亦有喜歌的风俗，故白狼王善作歌词。

五、以栈道笮桥和舟船为特色的行旅习俗

据文献记载，秦汉时期巴蜀地区的人们出行，主要修建和使用具有地域传统文化特色的栈道、笮桥。四川盆地周边及盆地内多山，先秦时期蜀人很早就在溪谷河岸的山崖上开凿栈道，形成巴蜀交通的一大特色。秦统治巴蜀时期，在巴蜀广修栈道，《战国策·秦策》记载秦昭王时已形成了"栈道千里通于蜀汉"的局面。至汉代，随着铁制工具的普及、伴随巴蜀经济发展带来的对外商贸交通需求和加强统治的需要，栈道得到进一步发展，形成巴蜀交通的一大特色，《史记·货殖列传》记载巴蜀"栈道千里，无所不通"。这种栈道，于险绝的溪谷河岸山崖处傍崖开凿桩孔横向插入木桩阁梁、外侧于溪流河水中立柱或由下方崖壁上斜向搭设支撑木柱，然后于木桩木柱上铺设木梁和木板形成木阁。诸葛亮称："其阁梁一头入山腹，其一头立柱于水中。"②

笮桥为以竹藤索为缆架设于河流或沟壑两岸的悬索桥，普遍存在于巴蜀各地城乡和山区，尤其流行于川西北至川西南以及云贵高原的高山峡谷地区，并一直

巴蜀古栈道。图为汶川县克枯乡汉代开凿并使用至20世纪70年代的栈道

---

① 《魏书》卷一〇一《獠传》。
② 《水经注》卷二七引《诸葛亮与兄谨书》，上海古籍出版社1990年版。

为后世长期沿用，其得名即源于分布在川西邛崃山至川西南地区的筰人。《元和郡县志》记载："凡言筰者，夷人於大江水上置藤桥谓之筰。"① 渡者人体悬于半空，手引悬索移动身体渡河。文献记载秦汉时期成都城西南有笮桥门，即因城门外架有横跨大江之上的笮桥而得名。梁朝李膺《笮桥赞》描述道："复引一索，飞緪枳阁，其名曰笮。人悬半空，渡彼绝壑。"②

川西高原流行古老的伸臂桥。图为阿坝县茸安乡蒙古村清代伸臂桥

此外，随着铁制工具的普及，秦汉王朝还在巴蜀地区大量修建木桥，成都城内外的河流上更是桥梁密布，仅成都城南的郫江和检江上就建有七座大型桥梁（七星桥），除城西南为传统悬索笮桥外，其余应皆为木桥。据汉代画像砖图案所见，当时的木桥结构为伸臂桥，包括小型单跨桥和大型多跨桥，也有可供行人临时休息、避雨的廊桥。人们运输物资的习俗，主要采用担挑、推独轮车、马驮、驾马车（包括有篷和无篷车）、套牛车、撑木船（包括有篷和无篷船）及竹木筏搬运。

文献记载、考古发现及汉代画像砖图案中所见的蜀船图像表明，秦汉时期巴蜀传统的小型独木舟和木板舟仍然为主要的水上交通工具。蜀中的木船在西晋以前皆为单体小船，《淮南子·俶真》称"蜀艇一板之舟"，《三国志·吴书·三嗣主传》仍记载"蜀船皆小"，运力十分有限。直至西晋时期蜀地才出现连体舫船，晋武帝时王濬任益州刺史，"乃作大船连舫，方百二十步，受二千余人，以木为城，起楼橹，开四出之门，其上皆得骑马来往。又画鹢首怪兽于船首，以惧江神。舟楫之盛，自古未有"③。至南北朝时期，出现大型单体楼船并逐渐成为主要运输船只，但民间仍然主要使用小型木船。

---

① （唐）李吉甫：《元和郡县志》卷三二《剑南道中》"巂州昆明县"条，中华书局1983年版。
② （明）曹学佺：《蜀中名胜记》卷二《成都府二》"笮桥"条引，重庆出版社1984年版。
③ 《晋书》卷四二《王濬传》。

六、精敏悍勇的性格习俗

秦汉至魏晋时期巴蜀之民的性格，据《华阳国志》记载蜀地"君子精敏，小人鬼黠""多悍勇"①，反映出蜀地之民具有智慧、勇敢的性格特征。秦至汉初，蜀地民风仍较豪放而不重文，《汉书·循吏列传》记载西汉初年蜀郡守文翁正是见到"蜀地辟陋有蛮夷风"，才在成都创办学校倡导教育，使蜀地形成了"好文雅"的风尚，在西汉中晚期涌现出司马相如、严遵、扬雄、王褒等众多以文学而名冠天下的文化名人。后世蜀中士人纷纷效法司马相如等，从而在蜀地逐渐形成了喜好文学的民俗传统，对蜀人性格和民俗风尚的影响巨大而深远。而巴地则有所不同，《华阳国志·巴志》记载称："其民质直好义，土风敦厚"，涪陵郡"人多悍勇""斗讼必死""少文学"。巴人中的賨人"天性劲勇，初为汉前锋陷阵，锐气喜舞"②，反映出巴地之民具有质朴重义、阳刚勇武的性格特征。巴蜀之民的这种区域性文化性格，一直影响至今。

根据考古发现，在秦汉时期的岷江上游石棺葬文化、青衣江上游考古文化遗存、大渡河上游石棺葬文化和雅砻江上游石棺葬文化、安宁河流域大石墓文化、盐源盆地青铜文化中，皆存有大量青铜兵器、铜铁合制及铁制兵器，尤其是成年男子墓葬中兵器乃是最主要的随葬品，反映出"西南夷"各部皆尚武好战。《后汉书》记载羌人"更相抄暴，以力为雄。……以战死为吉利，病终为不祥。……性坚刚勇猛"③。"西南夷"的尚武好战习俗，应与羌人"以力为雄……以战死为吉利"的习俗一致。

七、温泉浴习俗

《华阳国志·蜀志》记载，越嶲郡邛都县"有温泉穴，冬夏热，其源可汤鸡豚，下流治疾病"，反映早在汉晋时期邛都夷已有在温泉中烫煮鸡豚、洗澡治病的习俗。

---

① 《华阳国志》卷三《蜀志》。
② 《华阳国志》卷一《巴志》。
③ 《后汉书》卷八七《西羌传》。

第三节 婚丧习俗

一、婚姻习俗

秦汉魏晋时期，巴蜀风俗尚奢侈，亦反映在婚姻习俗方面。《华阳国志·蜀志》记载蜀中豪族"娶嫁设太牢之厨膳，归女有百辆之徒车"，场面规模巨大。而分布于包括川西高原地区在内的羌人，据《后汉书·西羌传》记载其婚俗："其俗氏族无定，或以父名母姓为种号。十二世后，相与婚姻，父没则妻后母，兄亡则纳厘嫂，故国无鳏寡，种类繁炽。"在生育习俗方面"堪耐寒苦，……虽妇人产子，亦不避风雪"。目前，因有关当时巴蜀民间的婚姻礼仪习俗缺乏记载和考古资料，尚难以较为全面地了解。

二、形式多样的丧葬习俗

《华阳国志》记载汉魏时期蜀中豪族的丧葬风俗盛行厚葬："送葬必高坟瓦棺，祭奠而羊豕夕牲。"[①]根据考古发现，秦汉至魏晋南北朝时期巴蜀地区的丧葬习俗处于剧烈变化时期，墓葬形式亦多种多样。秦至汉初，四川盆地内仍流行传统的土坑墓和船棺墓埋葬习俗，同时兴起了带二层台的土坑墓、土坑木椁墓，东汉至魏晋南北朝时期流行画像砖、花边砖砖室墓和崖墓。盆地东部峡江地区则流行崖葬，葬式以仰身直肢为主，头向通常作头内足外。

（一）船棺葬、土坑葬

巴蜀地区秦至汉初的船棺葬主要为巴蜀土著遗民的墓葬，据广元市昭化镇、什邡、绵竹等地考古发现的秦统治时期至汉初的船棺葬墓，为在土坑中埋独木棺，独木棺以截取的大树树干将中部挖凿空形成U字形棺身、上部加半圆木棺盖作为葬具，棺内及墓坑中随葬生产工具、生活用器、兵器、钱币等器物。带二层台的土坑墓、土坑木椁墓则为外来移民墓葬，因传统习惯及思乡情节，仍然采用故乡的葬俗。据在青川、荥经等地考古发现的秦统治时期墓葬，带二层台的土坑墓、土坑木椁墓多使用白膏泥填墓防止尸体腐烂，随葬品无兵器而多漆器。在成都市龙泉驿区城北发现的秦人墓，因墓主人为戍卒，故随葬品多兵器。

---

① 《华阳国志》卷三《蜀志》。

西汉早期，汉王朝提倡节俭，全国各地民风因崇尚节俭而普遍实行薄葬。而考古发现表明，此时期巴蜀地区则流行厚葬，各地土坑墓中发现的随葬品往往较为丰富。在成都、绵阳、巴县等地发现的大中型西汉木椁墓和土坑墓，墓葬规模皆较大、使用漆木棺乃至木椁，以白膏泥填塞封闭棺椁，流行以妻妾或奴仆殉葬的双人合葬墓。西汉中晚期，木椁墓继续流行，同时出现大量砖室墓。西汉时期墓葬随葬器物，常见陶制日常生活用具、人俑，铜质生活用具、带钩、车马器、饰件等及钱币、铁兵器、工具、三足等。在一些墓葬中还有随葬一块磨光石头的习俗，此种习俗或与某种信仰有关。受朝廷丧葬礼制的影响，西汉时期在官宦士人中出现了按照丧葬礼制规定服丧者。

东汉魏晋时期，四川境内的僚人实行崖墓葬或土葬。考古发现表明，这一时期活动于四川中部和南部的僚人主要实行崖墓葬，多于临河山崖临近地表或距地表数米高的崖壁上开凿墓室，置棺其内。《魏书·獠传》记载僚人"死者竖棺而埋之"，为以棺木竖置土坑墓穴中的土葬方式。

（二）砖室墓、崖墓葬

至东汉时期，巴蜀地区的厚葬风俗继续流行，《华阳国志·蜀志》记载蜀地风俗尚奢侈，其葬俗"送葬必高坟瓦棺"，考古发现此时期巴蜀地区的墓葬多为装饰华丽的画像砖或花边砖砖室墓、开凿于崖壁上的崖墓，即是此时期厚葬风俗的反映。砖室墓及崖墓的布局结构和丰富的随葬品，生动地再现出当时人们现实世界的生活场景，反映出人们"事死如事生"的民俗传统。

据考古发现，此时期砖室墓盛行，按规模可分大、中、小三种。大型墓通常由墓道、墓门、前室、后室组成，部分墓有并列两个后室，墓室可长达10余米、宽3~5米。大中型砖室墓的墓室多用花边砖修砌墙体，墙腰多嵌砌表现车马出行、宴饮、射猎、歌舞、杂技、俳倡戏等百戏、六博、讲经、农业生产、作坊生产、城市、仓储、动物等现实生活场景的画像砖，墙基用条石砌筑，券顶用青砖修砌。成都新都区境内还发现有按照"七星伴月"布局的大型砖室墓，7座墓的墓冢犹如北斗七星分布，反映出当地人将天象风水观念应用到了丧葬之中。

崖墓自西汉中晚期出现于川西北岷江上游、西汉末年出现在川西岷江中游地区，至东汉中、晚期已遍布川西、川中、川北、川南各地丘陵地区，墓主人包括当地汉人、土著及僚人等。墓室通常开凿于近地或距地表数米高的红砂岩或黄砂岩崖壁上，墓内底部两侧凿排水沟将渗水引向墓外。墓室长度自2~3

至二十余米不等，普通平民墓以长3~5米墓葬为主，多为单人葬或夫妻合葬。大型墓葬多为一个大家庭或一个家庭的数代人合葬墓，往往由墓道、墓门、前厅、侧厅、前室、中室、后室、耳室、侧室等组成，一个小室内放置一个小家庭的两三具棺，整座墓内置七至八具乃至二十余具棺。大型崖墓往往利用岩石在墓口门楣上雕刻出房檐斗拱，在墓内雕刻出灶台、神龛、石柜或石棺；墓壁雕刻人物、动物、花草等图案和题刻、纪年、姓氏等题记，后室放置石棺或瓦棺、木棺、砖棺等，其开凿时间往往历时数年乃至数十年间的几代人。

砖室墓及崖墓皆有多少不等的随葬品，类型基本相同。官商豪族修建的大中型墓随葬品皆极为丰富，以各种陶质模型和日常生活用器为主，并有部分铜铁器、琉璃珠饰、钱币乃至金银器、玉器、漆器、丝绸制品等。常见陶模型以房屋模型、生产场所模型、家畜家禽及鳄鱼模型、人物俑、交通工具模型，反映神仙信仰的西王母、神山、摇钱树等模型，以及炊厨具、乐器、棋盘等模型，生动地展现了东汉时期人们的生产生活场景及其习俗。普通平民则修建小型砖室墓，墓砖用素面砖，随葬品主要为少量家畜家禽陶俑及部分陶质生活用器或明器。

蜀汉至魏晋南北朝时期，由于社会动乱不断，经济衰退，加之道教和佛教皆主张薄葬，巴蜀丧葬习俗由厚葬转入薄葬，大中型墓葬及墓中随葬品较少。根据考古发现，此时期的墓葬仍然沿用砖室墓和崖墓，但画像砖和花边砖逐渐减少，崖墓规模明显变小，东汉时期随葬品中常见的家畜家禽模型等已逐渐消失。据成都羊子山发现的西晋大型砖室墓，墓葬分墓道、墓门、前室、中室、后室，中室置木棺，随葬品置前、后室。考古发现的部分小型墓葬，不用棺木而将尸体直接安置于墓内地面。墓内死者遗体安置，大多为头内足外仰身直肢，也有部分地方将死者遗体头向墓口、足向墓内安放。此时期墓葬随葬品常见陶、铜、铁质生活器具，还有少量金银装饰品、丝织品。一些妇女墓中还随葬一面磨光的石板，估计与调粉磨黛有关。

（三）石棺葬、大石墓葬

秦汉时期的川西高原至川西南山地，考古发现表明，皆盛行石棺葬习俗。石棺墓的形制皆为长方形或略呈长方梯形的无底石棺，底部为地表泥土、墙体以石板镶砌、顶部以石板前后叠压为盖犹如碉房石板瓦屋顶，部分墓葬有放置随葬品的头龛或足龛。岷江上游的西汉石棺墓还有一种石块垒砌墙体的略呈长方梯形的墓葬，结构类似石砌碉房，其中在理县薛城老城门东门外发现的一座西汉中期土洞石室墓，在断崖上挖洞并于洞内修建石砌墙体墓室，墓室结构按照人字形坡屋顶石砌碉房修建，反映出冉駹人在丧葬习俗上亦存在"事死如事生"的观念，故将墓室建造为生前居住房屋的式样。根据考古发现，各地石棺墓的葬式主要为仰身直肢、仰身屈肢、侧身屈肢、俯身屈肢，亦有二次葬以及一墓多头的集体葬现象。在理县桃坪，20世纪70年代当地村民在农田建设中曾发现一座西汉石棺墓内埋葬7个死者人头的现象，反映冉駹人有以首级代替死者的丧葬习俗，这些死者首级推测为在外阵亡者的首级。

在安宁河流域，汉晋时期流行大石墓，多数研究者认为这些大石墓属于文献记载的汉代邛都夷的墓葬。大石墓多建于山脚斜坡上或河谷缓丘上，先以大石块围成狭长墓室，墓顶用大石盖上，墓门以石块简单封堵以便开启，墓内陈放尸骨和随葬器物。目前发现的汉晋时期大石墓多呈长条形，也有丁字形造型墓葬。每座墓往往埋葬10余人至100余人不等，且通常为多次葬入，故死者多采用二次捡骨葬葬入墓内，葬俗较为特殊。在盐源盆地，汉代墓葬多土坑墓，同时又受到了石棺葬、大石墓葬俗的影响，故有的土坑墓内砌有石板、有的土坑墓上压有大石，葬式以仰身直肢、仰身屈肢葬为主。

根据考古发现，秦汉时期"西南夷"各部丧葬用随葬品，多以死者生前所用兵器、生产工具、生活用品随葬。在理县佳山石棺葬考古发现中，有一件陶器的碎片分别随葬在相距百米外的两座成年男女墓葬中，反映冉駹人有以夫妻生前共有器物打烂后分别随葬死者以表示二者为夫妻的习俗。

（四）丧仪

在服丧习俗上，盆地内由于受汉代丧葬礼制的影响，部分官宦士人按照五服规定服丧，在文献中累有记载。但广大民间在传统鬼神观念的影响下对死者仍然忌讳较多，守丧尽孝者较少，故《隋书》记载巴蜀地区风俗："好祀鬼神，尤多忌讳，家人有死，辄离其故宅。"[1]《魏书》记载僚人："亡失儿女，一哭便止，不复追思。"[2]

在岷江上游石棺葬墓中，发现有以少量牛、羊、猪骨随葬现象，《后汉书·南蛮西南夷列传》记载越巂郡的邛都夷有"赍牛羊送丧"的习俗，表明秦汉时期西南夷各部有以牛羊猪等牲畜献祭死者的习俗。结合后世文献记载及现

---

[1] 《隋书》卷二九《地理志》。
[2] 《魏书》卷一〇一《獠传》。

代民俗调查资料，因分食献祭的牲畜可获得死者灵魂的护佑而祛病免灾，因而献祭牲畜的绝大部分由送葬祭祀的人们在献祭地就地生火煮食分享及带回村寨供因故未前往送葬的亲友邻居们分食，献祭牲畜的少量肢体则随葬死者墓中。

第四节　信仰习俗

一、祖先及英雄崇拜习俗

从有关文献记载看，秦汉至魏晋时期巴蜀民间信仰盛行祖先及英雄崇拜。据文献记载，巴蜀地区对嫘祖、大禹、蚕丛、鱼凫、杜宇、廪君等巴蜀人先祖皆有祠祀，并为杰出帝王及文人、官吏、实业家等各种英雄人物建立祠庙。

（一）祀蚕神

嫘祖和蚕丛的祠，即汉晋时期的青衣神祠，在西蜀地区直至近代仍受到祠祀。梁李膺《益州记》记"青衣神号雷塸"。青衣神即古蜀先王蚕丛，明曹学佺《蜀中名胜记》记："蚕丛氏衣青而教民农事，人皆神之。"①传说嫘祖始蚕，北朝时奉为"先蚕神"。文献记载蜀中传说蚕丛教民务农、发明蚕桑，因而蜀中民俗重蚕事。《益州记》称神号"雷塸"，实际上即嫘祖的同音异写。同时，蜀中又有蚕女马头娘的传说，东晋干宝《搜神记》和后来的道家神仙书《仙传拾遗》等皆记载此故事，唐代《乘异集》记载："蜀中寺观多塑女人披马皮，谓之马头娘，以祈蚕市。今蚕女冢在什邡、绵竹、德阳三县界，而新繁蚕丛祠旧亦塑女像。"②由此可见蜀中嫘祖、蚕丛又被传为蚕女而奉为蚕神。

（二）祀先王

对大禹的崇拜，《华阳国志·巴志》记载江州："涂山有禹王祠及涂后祠。"对鱼凫的祠祀，扬雄《蜀王本纪》记载："（鱼凫）王猎至湔山，便仙去，今庙祀之于湔。"《华阳国志·蜀志》记载杜宇因"教民务农"，"巴亦化其教而力农务"，在巴蜀地区被祀为农神，"迄今巴、蜀民农时先祀杜主君"，在今都江堰二王庙处就建有望帝祠祭祀杜宇。秦灭蜀后所立蜀侯恽，死后也被蜀人作为祈祷驱洪降雨的神灵。周赧王十四年，蜀侯恽被秦昭襄王冤

---

① 《蜀中名胜记》卷一五《下川南道》"南溪县"条。
② 《鼠璞》卷下《蚕马同本》引《乘异集》。

杀，后得知悝冤死，遣使迎丧入葬成都城内。蜀人"为蜀侯悝立祠，其神有灵，能兴云至雨，水旱祷之"①。《后汉书》记载峡江地区的五姓巴人奉廪君为王，"廪君死，魂魄世为白虎。巴氏以虎饮人血，遂以人祠焉"②，表明廪君种巴人亦为其先王立有神祠祭祀。

（三）拜杜宇

古史记载杜宇号望帝，教巴蜀之民务农，巴蜀民间祀杜宇为农神，并为之立望帝祠。传说杜宇失国后，魂化杜鹃鸟（又称布谷鸟、子规鸟、春鹃），每逢开春之时返回鸣叫，人们认为是杜宇魂归呼唤蜀人，"杜宇，教民务农，一号杜主。……禅位于开明，帝升西山隐焉。时适二月，子鹃鸟鸣，故蜀人悲子鹃鸟鸣也。巴亦化其教而力农务。迄今巴、蜀民农时先祀杜主君"③。

（四）祀英雄

在文献记载中，汉魏时期在蜀中各地还盛行英雄崇拜。人们为文治武功卓著的汉武帝、西汉著名学者严君平、东汉新都著名学者杨厚、西汉初年临邛冶铁业始祖卓王孙和程郑、东汉安帝时贤吏巴郡太守广汉人王堂、东汉时先后担任万年县令和广汉县令的贤吏郫县人罗衡、东汉著名孝子雒人姜诗、东汉初抗击公孙述阵亡的犍为郡功曹朱遵等人皆立有祠庙。

二、浓厚的神仙信仰习俗

秦汉时期神仙信仰之风盛行，秦始皇、汉武帝皆笃好仙术。蜀中民间自古盛行神仙信仰，此时在封建统治者喜好神仙风尚的助推下，神仙信仰之风浓厚，因而蜀人司马相如为汉武帝献《子虚赋》《大人赋》言神仙之事，汉武帝看后亦飘飘然欲仙。《后汉书》记载东汉初年蜀地"郡尉府舍皆有雕饰，画山神、海灵、奇禽、异兽以炫耀之"④。考古发现蜀地大量东汉画像砖、崖墓石刻、汉阙、摇钱树等文物遗存中，有众多以神仙为主题的内容，如女娲、伏羲、东王公、西王母、羽人、神人、王乔、彭祖、天界仙国、通天神树、仙马、神猴、三足鸟、九尾狐、玉兔、蟾蜍、仙果，等等，内容极为丰富。漆器图案也以神仙、神树、西王母及龙、虎、麒麟、鹿等瑞兽为主。东汉晚期，张

---

① 《华阳国志》卷三《蜀志》。
② 《后汉书》卷八六《南蛮西南夷列传》。
③ 《华阳国志》卷三《蜀志》。
④ 《华阳国志》卷三《蜀志》。

陵创立正一道（又称"天师道"，俗称"五斗米道"），奉老子为教主，借助巴蜀巫术和巴蜀民间传统信仰的影响力，将道家学说加以阐释、传播，迅速得到以西蜀地区为中心的巴蜀社会中下层人士及普通民众的信奉，信众很快达到数万户，芦山县博物馆藏东汉晚期《樊敏碑》亦称："季汉不祥，米巫凶虐，陷附者众。"至东汉末年，正一道在巴蜀地区及汉中郡民间已有了众多信众，影响巨大。随着张陵孙子张鲁投降曹操，正一道发生分裂，部分教民随张鲁迁往北方，正一道在中原得到广泛传播，影响逐渐遍布全国。

西蜀的神仙信仰不仅崇拜神仙，同时重视通过适当的房事达到养身长寿，文献记载房事修炼是先秦时期蜀中长寿神仙彭祖重要的长生术。蜀中民间多重房事养身修炼，这也是蜀地神仙文化的重要特征之一。在蜀地的东汉画像砖图案以及一些崖墓墓壁，往往可以见到反映房事性交的秘戏场景，即当时蜀地神仙文化注重房事养身术的反映。

巴蜀文化传统的仙化、长生观念后来为道教继承，成为巴蜀仙道的重要根源和道教的核心思想之一。巴蜀地区死而复生的观念，被道教继承并发展成为羽化登仙的尸解学说。魏晋乱世，避世之风盛行，注重神仙长寿之术、追求羽化升仙的道教在巴蜀地区得以风行。据文献记载，除了先秦时已传为仙人的王乔、彭祖继续受到人们的信奉外，在蜀中的李家道亦以重神仙之术、长生不老而受到世人的追捧。李家道的主要成员皆累世见之不老，李阿好称百岁翁，李常在四五百岁而不老，李脱号称八百岁，李脱之妹李真多年已数百岁而状貌如二十许人，被民间奉为活神仙。尤其是蜀郡人李脱，先在什邡、绵竹一带传道，后来居金堂山龙桥峰下炼丹，《太平广记》记李脱："蜀人历代见之，约其往来八百余年，因号曰李八百焉。"[1]东晋初年，李脱到今河南、安徽一带传道，《晋书》称其"妖术惑众，自言八百岁，故号李八百。自中州至建邺，以鬼道疗病，又署人官位，时人多信事之"[2]。晋明帝太宁二年，李脱因"造作妖书惑众"被斩，而蜀人却相信李八百于什邡仙居山白日飞升成仙，因而奉其为紫阳真人，成为后来蜀中八仙之一。在巴地，民俗亦信奉天师道，重道家仙术，《北史》记载"巴俗事道，尤重老子之术"[3]。《华阳国志》记载江

---

[1] （宋）李昉等：《太平广记》卷六一《李真多》，上海古籍出版社1990年版。
[2] 《晋书》卷五八《周札传》。
[3] 《北史》卷六六《泉企传》。

州建有"张府君祠",并传说"汉初,犍为张君为太守,忽得仙道,从此升度"①。阆中县因相传县境灵台山为张陵飞升之地,也受到民间祭拜。据文献记载,青年时已深受天师道影响的涪陵郡人范长生,蜀汉延熙年间迁徙入蜀并赴天师道圣地青城山修道。西晋惠帝永兴元年,原本信奉天师道的賨人李雄在成都称王后拜范长生为丞相。李雄称帝建立成汉政权后,加封范长生为太师、西山侯。范长生死后,李雄又以范长生长子范贲为丞相。在成汉统治者的尊崇倡导下,道教在巴蜀地区得到极大发展,以至于成汉亡国后范贲被拥立为帝,蜀人纷纷归附。东晋废帝太和五年,广汉郡李弘借道教影响聚众万人反晋,自称圣王。此后,打着老君旗号取名李弘聚众反叛者不绝。北魏寇谦之《老君音诵诫经》记载当时"世间诈伪,攻错经道,祸乱愚民,但言'老君当治,李弘应出'。天下纵横,反逆者众,取名李弘者,岁岁有之"②。可见魏晋时期巴蜀仙道影响巨大,信徒众多。

除神仙信仰盛行外,黄老思想、阴阳五行和谶纬学说由于中原统治者的推崇,传入巴蜀地区并对巴蜀吏民的思想观念产生了巨大影响,在统治方略、政治舆论、工程规划、战争、生产、山川命名、礼仪等许多方面的活动中,往往皆以黄老之术、阴阳五行、谶纬等思想作为指导。李冰建都江堰及在成都二江上建七星桥等,皆按照阴阳五行进行规划。西汉著名学者严君平、扬雄、东汉王阜、蜀汉诸葛亮等著名学者和政治家皆深受黄老学说、阴阳五行思想的影响,在巴蜀地区还涌现了一大批曾经名噪一时的方术名家。东汉初年据蜀的公孙述更是笃信谶纬,养有一大批巫士,凡遇要事皆按照谶书行事。东汉晚期,巴蜀地区一些巫士还利用巫术和阴阳五行学说,自称天命,组织民众暴动。

三、尚龟神、好鬼妖的巫术信仰习俗

文献记载古蜀国开明氏王朝的建立者为鳖灵,鳖为龟,灵即神,为与龟神相通的巫师。《元和郡县图志》记载秦惠王二十七年张仪筑成都城:"初,仪筑城,屡颓不立。忽有大龟周行旋走,巫言依龟行处筑之,遂得竖立。"③成都别称"龟城",即源于此传说。《水经注·叶榆水》引《交州外域记》等文

---

① 《华阳国志》卷一《巴志》。
② (明)张宇初等:《正统道藏》第18册《洞神部戒律类》,寇谦之《老君音诵诫经》,文物出版社、上海书店、天津古籍出版社1988年版。
③ 《元和郡县图志》卷三一《剑南道上》。

献记载蜀王子安阳王将兵三万在今越南北部建立安阳王国并在今河内北郊修建王宫城的故事。此蜀王修建的王城，今墙垣仍存，布局与广汉三星堆古城和秦时成都城近似。越南古史传说蜀王修建此王城时，巫师化为神龟指导修城，帮助蜀王建成了王城。从张仪筑成都城和南征交趾的蜀王子安阳王筑王城皆按照神龟（巫师）指导完成，亦可见古蜀人有对龟神及巫术的信仰传统。

秦至西汉时期，巴蜀地区民间流行对龟神、鬼妖的信仰，因而巫术盛行。传说生于西蜀岷山岷江上游的蜀人大禹为传说中我国巫师鼻祖，故秦汉时巫者祭神多效禹步，扬雄《法言·重黎》记载"巫步多禹"。巫师行使巫术的主要对象为各种鬼妖，《华阳国志·蜀志》记载僰道县之民"徵巫，好鬼妖"。

秦汉直至魏晋时期，巴蜀地区的巫术习俗盛行卜筮。文献记载西汉时期著名学者、道家宗书《老子指归》的作者蜀人严君平，就以卜筮为生，常于成都市等地卜筮。巴蜀占卜通常采用龟卜和签卜。《华阳国志》记载涪陵郡"山有大龟，其甲可卜，其缘可作叉，世号灵叉"①。刘逵注左思《蜀都赋》引谯周《异物志》也有相同记载。龟甲不仅用作卜甲，用龟缘制作的灵叉还被妇女用作压发辟邪的发钗。签卜为以竹木书签书写占语，由巫师举行一定仪式，然后交由求卜者抽签确定吉凶。东汉初年据蜀的公孙述最后一战，战前即曾求签卜，结果抽得"虏死城下"签，出战阵亡城下。由于巴蜀地区巫术盛行，东汉晚期张陵创立道教正一道时，亦习练并借助巴蜀巫术传道。《后汉书·刘焉传》载："（张）陵，顺帝时客于蜀。学道鹤鸣山，造作符书，以惑百姓。"②梁李膺《蜀记》载："（张陵）避病疟于丘社之中，得咒鬼之术书，为之，遂解使鬼法。"③由于当时的道教法术多用巫术画符咒鬼、驱鬼、役鬼，24个传教区的大小头领亦称"大祭酒""祭酒""鬼吏"，普通教徒则称"鬼卒""鬼兵"，故官府往往称之为"米巫""鬼道"。东汉末年正一道正是因诞生于汉代巴蜀道家学说、巴蜀巫术和民间鬼神信仰的基础上，在巴蜀地区有着深厚的民间信仰基础，故诞生后很快就拥有了众多信众，《晋书》记载："汉末，张鲁居汉中，以鬼道教百姓，賨人敬信巫觋，多往奉之。"④僚人

---

① 《华阳国志》卷一《巴志》。
② 《后汉书》卷七五《刘焉列传》。
③ （唐）释道宣：《广弘明集》卷八《服法非老第九》引《蜀记》，台湾佛光出版社1996年版。
④ 《晋书》卷一二〇《李特传》。

对鬼神的崇信更是无以复加，《魏书·獠传》记载獠人为了祭鬼鼓神器，甚至卖兄弟妻奴直至自卖以求供祭。

四、崇尚天地的自然崇拜习俗

（一）岷山及江源崇拜

秦汉时期，蜀地民俗崇信岷山及岷江江神。扬雄《蜀王本纪》记载："李冰以秦时为蜀守，谓汶山为天彭阙，号曰天彭门，云亡者悉过其中，鬼神精灵数见。"①《华阳国志》亦记载："秦孝文王以李冰为蜀守。冰能知天文地理，谓汶山为天彭门，乃至湔氐县，见两山对如阙，因号天彭阙。仿佛若见神，遂从水上立祀三所，祭用三牲，珪璧沈濆。汉兴，数使使者祭之。"②汶山即岷山，"天彭门"即"天门"，称汶山为"天彭门"，且"鬼神精灵数见""仿佛若见神"，表明当时蜀人仍以岷山为出入天庭的天门所在、鬼神所居之地。西汉著名纬书《河图括地象》称"岷山之地，上为井络，帝以会昌，神以建福，上为天井"③，以岷山之上为天门"天井"所在，岷山为天帝会昌和众神建福之地（后世道教因此在青城山下建有"建福宫"），应即受蜀地对岷山的信仰影响而成为全国性的信仰。李冰"从水上立祀三所"进行隆重祭祀，根据后世文献记载，此三所祭祀场所为渎山祠、江水祠、望帝祠。渎山祠祭祀渎山山神，渎山即岷山，亦称蜀山、汶山，秦统一后列入国家祀典。宋代文献记载岷山岷江源有"西岳庙"，唐宋以华山为西岳，此岷山西岳庙很可能即古渎山祠。古人以岷江为长江正源，李冰治理岷江水患于岷江上立江水祠祭祀江神，秦统一后称江渎祠，祀为四渎之首，位于成都城南大江（锦江）北岸，汉代以祭祀江神列入国家祭典，后为历代沿袭。《华阳国志·蜀志》记江源县有"江祠"，也是祭祀江神的祠庙。望帝祠在今都江堰市二王庙处，北朝时迁郫县至今址。《华阳国志·蜀志》记"（周）赧王十四年，蜀侯恽祭山川"，表明传统上蜀地最高统治者要主持祭祀山川神灵的祭祀活动，所祭主神应为渎山神和江渎神。根据文献记载，对岷山、岷江江神的崇拜皆为蜀地民间传统信仰。

---

① 《全汉文》卷五三《蜀王本纪》。
② 《华阳国志》卷三《蜀志》。
③ 《华阳国志》卷三《蜀志》引《河图括地象》。

（二）水神信仰

巴蜀民相信蟠龙潜于水泽之中成为水神，有鸣鼓求水泽中的蟠龙降雨的习俗。左思《蜀都赋》称"潜龙蟠于沮泽，应鸣鼓而兴雨"，《华阳国志·巴志》亦记载鱼凫县"有泽水神"。对于水患，蜀人认为是水神、水精发怒，出于石崇拜缘故，认为石人石兽可镇水神、水精。扬雄《蜀王本纪》记载："江水为害，蜀守李冰作石犀五枚，二枚在府中，一枚在市桥下，二枚在水中，以厌水精。"①《华阳国志·蜀志》等皆有相同记载，并记载李冰还于都江堰上游的白沙邮处岷江中"作三石人"立于水中，"与江神要：水竭不至足，盛不没肩"。1979年修建都江堰外江节制闸时，从鱼嘴外江一侧挖出两尊石人像，其中一尊石人胸前刻"故蜀郡李府君讳冰位"，其两袖上的刻文表明为东汉灵帝建宁元年蜀郡水利官员所造，谓"造三神石人，珍（镇）水万世焉"，表明以石人镇水的信仰民俗至东汉仍然盛行。

（三）雷神信仰

巴蜀夏秋多雷，文献记载梓潼有雷神祠庙。《华阳国志》记载梓潼县"有善板祠，一曰恶子，民岁上雷杼十枚，岁尽不复见，云雷取去"②，表明东晋时当地民众信奉雷神。此雷神又称"恶子"，也就是"张亚子"（恶、亚二字相通），本为东晋孝武帝时自称蜀王、起兵抵抗苻坚而阵亡于绵竹的蜀人张育，蜀人祀之为雷神。遇有天旱不雨，则祷神祈雨。如成都在秦汉魏晋时官吏百姓皆至蜀侯恽祠祈祷，东汉时广汉郡太守因"时夏大旱，太守自出祈祷山川"③。

（四）石崇拜

蜀地在先秦时期就盛行大石崇拜，至魏晋时期有对山石神灵的崇拜习俗。《华阳国志·蜀志》记载"德阳县有青石祠"，有关文献记载德阳县青石山（在今潼南县西）因出产绝好青石，当地民众认为有神，采石前要先祭祀青石神。江阳县的最高山方山（今泸州南）为沱江入长江处，《华阳国志·蜀志》记载当地有方山祠祭祀方山石神。

秦汉时期的岷江上游石棺葬墓中，往往随葬有白石粒。根据川西北藏羌民

---

① 《全汉文》卷五三《蜀王本纪》。
② 《华阳国志》卷二《汉中志》。
③ 《后汉书》卷八一《独行列传·谅辅传》。

族中普遍存在以白石代表自然界各种神灵的白石崇拜，羌族传说他们的祖先及当地石棺葬墓的主人"戈基""尕尔"皆信奉白石神。岷江上游石棺葬墓中随葬白石粒的现象，有研究者认为这反映了秦汉时期当地石棺葬人有白石崇拜的习俗。

1984年考古工作者曾在茂县撮箕山一座属于战国时期的成年女性墓左侧紧邻的一座小石棺墓中，发现墓内仅置有一块卵形石头，石头下有少许婴儿骨屑。根据民族学田野调查资料，今青海南部、川西北地区的藏族传说其古代英雄格萨尔王为从石头蛋中出生。茂县撮箕山石棺葬婴儿墓中置卵形石头的现象，反映出当时岷江上游石棺葬人已有人由石头蛋中产生出来的信仰，故以卵形石头代表刚出世的婴儿。在理县佳山一座西汉早期祭祀坑底部曾发现一块呈不规则梯形的厚石块，这种在祭祀坑内埋略呈梯形的不规则厚石块的现象，同样见于三星堆遗址二号祭祀坑和金沙遗址出土"虎食人"石俑坑中，应代表着某种特定的石崇拜。

在川西南安宁河流域，考古工作者先后发现100余座大石墓，其中部分墓顶的盖墓石为从数十里外远道搬运重达数吨的巨石。在理县佳山下部也曾发现有利用山上坠滑到山下的重达数吨的巨石为顶盖、下部以石块砌墙的西汉中晚期石棺葬文化大石墓。研究者认为，这种以大石建墓的现象属于一种大石崇拜。

（五）天神崇拜

活动于川西高原的羌人，《后汉书·西羌传》记载他们有杀牛羊祭天的习俗："三年一大祭，杀牛羊以祭天。"这反映天神崇拜在当时川西高原上的羌人信仰中占有极高地位，对自然神的祭祀以祭天礼仪最为隆重。

（六）动植物神崇拜

巴蜀地区自古就有崇拜动植物神灵的习俗。《汉书·王褒传》记载西汉宣帝时，方士言益州有金马碧鸡神，宣帝遣待诏王褒入蜀祭祀。王褒至成都撰《祭金马碧鸡文》祭祀金马神和碧鸡神，后世成都城内有金马碧鸡祠并建有金马碧鸡坊。史载越嶲郡出筰马，《华阳国志·蜀志》记载越嶲郡会无县有马日行千里，至江源县小亭死，蜀人为之立"天马祠"。巴人同样崇尚动物神，文献记载巴人中的廪君蛮尚白虎并以白虎为祖先，因虎食人血，故有以人祀虎的习俗。同时，巴人还崇拜龙蛇等动物。

《华阳国志·南中志》记载南中有竹王祠，传竹王出于河中漂流的大竹中，为一女子拾得，闻竹中有小儿声，取竹破开得一男儿，长大后称雄为王，其族人也以竹为姓氏，而原来盛装竹王的大竹弃置荒野后长成了一片竹林，后人在此竹林建竹王祠祭祀竹王。关于竹王的传说源出僚人，随着魏晋时期僚人入川，这一传说被广泛传入巴蜀地区，竹崇拜也遍及各地，后世在巴蜀不少地方皆有竹王庙，即与此有关。汉代巴蜀地区普遍种植柑橘，官府专门设置有柑橘官社祭祀柑橘神。《华阳国志·蜀志》还记载江阳县有"兰祠"，所祠祀之神应为兰花花神。

五、灵魂信仰习俗

文献记载秦国蜀守李冰称岷山（汶山）为天门，"云亡者悉过其中，鬼神精灵数见"，反映蜀人相信人死则魂归岷山，与《蜀王本纪》载古蜀王蚕丛、柏灌、鱼凫、杜宇皆魂归岷山一致，表明蜀人有灵魂信仰且由来已久。

在岷江上游石棺葬文化考古发现中，发现有将随葬的精美青铜器砸破、在陶罐底部或下腹穿孔、将作为祭祀的陶器打烂成碎片后从祭祀坑边一侧边填泥土边抛碎陶片的现象。类似的将随葬精美铜器和陶器砸烂、穿孔的现象也见于安宁河流域的大石墓文化和盐源青铜文化中。结合现代民族学资料，此类现象反映出冉䮾、邛都、笮人存在认为精美的器物也有灵魂的信仰，作为死者的随葬品也应死亡，为让其灵魂有出入的通道而予以砸破或穿孔。同时，死者的随葬品被认为是不祥之物，生人不能取用。《华阳国志·蜀志》记载越巂郡会无县"有濮人冢，冢不闭户，其穴多有碧珠，人不可取，取之不祥"，表明邛都夷相信取用死者之物将遭遇不祥之事。

六、崖墓中反映的早期佛教信仰

汉晋时期，佛教被人们误认为是道教分支，佛祖即老子，人们甚至将仙佛混同一起供奉，故佛教的传播并未受到排斥，因而在巴蜀地区得到一定发展。虽然目前尚不清楚佛教传入巴蜀地区的具体时间，但根据巴蜀地区崖墓考古发现，在道教兴起的同时，佛教在巴蜀地区亦得到了较为广泛的传播。摇钱树是源自先秦时期古蜀人神树崇拜的东汉中晚期巴蜀地区崖墓中常见的神仙信仰代表性器物，树枝上常有东王公、西王母、仙人等神仙造像。在绵阳市多个地点的多座东汉晚期墓、彭山及宜宾东汉晚期崖墓、丰都东汉晚期墓中，皆发现在属于神仙信仰的摇钱树的青铜树干或陶座上有带背光的佛像造像，佛像与神仙被集合在摇钱树上受到人们的同时供奉。在东汉晚期的乐山麻浩崖墓和柿子湾一座崖墓中也发现有佛像雕像，宜宾黄塔山东汉晚期崖墓中曾出土一尊骑青狮佛像，在什邡市的一座东汉晚期画像砖墓出土画像砖上发现有三座佛塔夹两株菩提树的形象，在忠县一座三国蜀汉时期崖墓出土的摇钱树干上也发现有佛像造像[1]，表明在东汉晚期至三国时期佛教在巴蜀地区的传播已经较为广泛。佛教传入巴蜀地区的通道，研究者多认为是由西北经岷江上游南传进入四川盆地内。

西晋时，由于晋武帝禁止民间开展宗教活动，信众根基尚不深厚的佛教在巴蜀地区又迅速受到抑制，未能获得大的发展。东晋南北朝时期，一些僧人陆续从中原、江南、西北地区进入巴蜀地区建立寺庙弘传佛教，佛教在巴蜀地区的影响才逐渐扩大，出家为僧者日渐增多。在江南和西北佛教的影响下，巴蜀地区的佛教以成都为中心，逐渐成为在民间具有广泛影响的宗教信仰。

---

[1] 《重庆丰都槽房沟发现有明确纪年的东汉墓葬》，《中国文物报》2002年7月5日第1版；四川省文物管理委员会：《四川忠县涂井蜀汉崖墓》，《文物》1985年第7期；乐山市文化局：《四川乐山麻浩一号墓》，《考古》1990年第2期；罗开玉：《四川通史》第二册，四川大学出版社1993年版，第353页。

第三章 唐宋时期的巴蜀民俗

隋王朝建立后，四川盆地内的社会经济进入了一个长久的和平发展时期，在隋末、唐末五代的战乱中四川盆地内皆未遭受大的战争破坏。由于四川盆地内物产丰富，在和平环境下经过长时期的持续发展，巴蜀地区成为唐宋时期中国经济文化最发达的地区。在初唐时期陈子昂向武则天上呈的《上蜀川军事》奏章中，陈子昂已称："国家富有巴蜀，是天府之藏。自陇右及河西诸州，军国所资，邮驿所给，商旅莫不皆取于蜀。又京师府库，岁月珍贡，尚在其外。此诚蜀国之珍府。"①在唐代及宋代的有关文献记载中，蜀地一直是"财利贡赋率天下三之一"的国家经济支柱地区，成都也因之在中唐时期成为与扬州并称的全国两大繁华都市之一。晚唐时期出现的"扬一益二"民谚，当时人卢求在《成都记·序》中经比对扬州和益州成都后，评价称"较其妙要，扬不足侔其半"，即扬州不足当成都一半，成都为当时中国最繁华的大都市。五代时期，大江南北战火连年，蜀中独安，蜀国被誉为"天下富国"。两宋时期，蜀地继续保持其高度繁荣，北宋吕陶称"蜀之四隅，绵亘数千里，土腴物衍，赀货以蕃，财利贡赋，率四海三之一"②，南宋文天祥《衡州上元纪》亦称蜀地"侈繁巨丽，遂甲于天下"，成都也被誉为"天下藩镇之冠""繁盛与京师同"的大都市。经济的繁盛，造就了文化的繁盛，蜀中成为文人辈出之地。经济文化的繁盛，为巴蜀民俗打上了深深的时代烙印，隋唐五代至两宋时期成为古代巴蜀民俗文化发展的鼎盛时期，文化面貌多姿多彩，对后世影响深远。

四川盆地内在经历了秦汉魏晋南北朝时期巴蜀本土传统文化与中原文化及僚人等巴蜀周边民族文化的融合之后，在唐宋时期随着经济文化的大发展亦进入了民俗文化发展的鼎盛时期。尤其是崇文好宴游的民俗，在西蜀地区盛况空前，渗透到社会生产生活、宗教活动的各个方面，成为巴蜀民俗中最具代表性的文化现象。川西高原山地区在经历了秦汉魏晋南北朝时期氐与羌的大融合之后，随着唐宋时期藏羌彝族群的逐步形成，其尚武喜歌舞的民俗逐渐成为该区

---

① （清）董诰：《全唐文》卷二一一《陈子昂·上蜀川军事》，上海古籍出版社1990年版。
② （宋）吕陶：《净德集》卷一四《成都新修备武堂记》，《丛书集成初编》本，中华书局1979年版。

域代表性的文化特征并对后世影响深远。由于文献记载的日益丰富，使我们今天得以较为系统地了解当时四川盆地内及川西高原山地区民俗文化的面貌。

第一节 生产习俗

一、民勤耕作的农牧业习俗

唐宋时期巴蜀经济的繁荣，最重要的基础就在于民勤耕种。《宋史·地理志》记载蜀中"地狭而腴，民勤耕作，无寸土之旷，岁三四收"[1]。南宋魏了翁《汉州劝农文》亦称"成都、彭、汉，平原沃壤，桑麻满野"[2]。在绝大多数地方，耕种土地普遍使用牛耕，男子是农业生产劳动及其他体力劳动的主要从事者，妇女在家操持家务。但在三峡地区则正好相反，以刀耕火种的畲田生产为主，唐代元稹《酬乐天得微之诗知通州事因成四首》诗中记载三峡地区"畲田少牛耕"；生产劳动也是男子在家当家、女子外出劳动，杜甫《负薪行》诗称三峡地区"土风坐男使女立，男当门户女出入"[3]。

（一）农副产品

根据有关文献记载和考古发现的唐代墓葬随葬陶俑、石刻及器物图案，唐宋时期四川盆地民间多种植水稻、黍、粟、麦、胡豆、豌豆、薏米等各种粮食，芋、魔芋、莴笋、圆根萝卜、冬寒菜、韭菜、瓜类等各种蔬菜，姜、葱、花椒、茱萸、苜蓿等调料，桃、李、梨、杏、梅、柑橘、柚子、枇杷、荔枝、樱桃、绿葡萄、石榴、芭蕉等各种水果，苧麻、橦华等纺织原料，饲养水牛和黄牛、马、骡、猪、羊、狗、鸡、鸭、鹅、兔等家畜，同时还盛行养鱼、狩猎、捕捞、采集等。

（二）水稻栽培

根据文献记载，巴蜀地区在唐宋时期仍然盛行水稻种植，包括早稻和中晚稻。《龟陵志·风俗门》记载宋代涪州、梁山军、重庆府等地"五月早稻

---

[1] 《宋史》卷八九《地理志五》。
[2] （宋）魏了翁：《鹤山先生大全集》卷一〇〇《汉州劝农文》，台湾商务印书馆1986年版。
[3] 张志烈等：《杜诗全集》卷一二《负薪行》，天地出版社1999年版。下文所引杜甫诗句皆出自此诗集。

已熟，便可新食"①。苏东坡《眉州远景楼记》称"七月既望，谷藏而草衰"②，说明在七月早稻便已收割完。据杜甫《暂住白帝复还东屯》诗"落杵光辉白，除芒子粒红"句及韦庄《稻田》诗"极目连云䆉稏肥"句，巴蜀地区在唐代已经种植红莲稻、䆉稏稻等五月播种、九月收获的中晚稻品种。水稻的种植技术也已普遍采用育秧插秧，杜甫《行官张望补稻畦水归》诗有"插秧适云已，引溜加溉灌"句，岑参《与鲜于庶子自梓州成都少尹自褒城同行至利州道中作》诗亦有"水种新插秧"句，表明当时农业生产已普遍采用灌田插秧技术。育秧、插秧技术解决了收割冬麦与种植水稻的时间矛盾，该技术的普及改变了长期以来农田生产一年一季的状况，提高了土地复种指数，促进了单位粮食亩产的增加。

（三）轮作间种

在文献记载中，唐代西蜀地区采用水旱轮作的二季制耕作，水稻收获后播种冬麦，冬麦收割后春播种稻。杜甫《说雨》一文记载"今西蜀十月不雨，……冬麦枯黄，春播不入"，反映出当时西蜀地区已实行在冬麦之后进行春播的二季制生产。轮作物除了种植冬麦外，还种植黍、豆、蔬菜类作物，尤以蔬菜种植面积较大，以至于中唐以后剑南西川道针对各种蔬菜征收青苗税。旱地作物还往往间种，根据作物的水旱属性对忌水湿的作物采取在地面起土成垄以利排水的方法栽种，《舆地纪胜·嘉州府·总嘉州诗》中有"春风麦垄连蛮芋"句，即是麦、芋间种及起垄种麦的写照，这种种植习俗也一直沿袭至现代。

（四）薅秧耘田

为了保障春耕生产及秋收对劳动力的需求，唐宋时期蜀地仍然沿袭了汉代以来集中劳动力集体击鼓薅秧耘田的习俗。苏东坡《眉州远景楼记》记载北宋时西蜀眉州薅秧耘田习俗称："岁二月，农事始作。四月初吉，谷稚而草壮，耘者毕出，数十百人为农。立表下漏，鸣鼓以致众。择其徒为众所畏信者二人，一人鼓掌、一人掌漏，进退作止，惟二人之听。鼓之而不至，至而不力，皆有罚。量田计功，终事而会之。田多而丁少，则出钱以偿众。七月既望，谷藏而草衰，则仆鼓决漏，取罚金与偿众之钱，买羊豕酒醴以祀田祖。作乐饮

---

① （宋）王象之：《舆地纪胜》卷一二四引《龟陵志·风俗门》，中华书局1992年版。
② 据眉山市三苏祠博物馆藏苏轼《眉州远景楼记》碑文。

乐，醉饱而去，岁以为常。"①今巴蜀部分地区仍保留的非物质文化遗产"薅草锣鼓"，即是在这种背景下产生并流传至今的民间农业生产劳动歌舞形式。当田中稻谷秧苗栽种完毕，适逢天降甘霖，人们还有欢庆喜雨预祝好收成的习俗，陆游《急雨》诗曰："父老歌舞看稻苗，杀鸡买酒更相邀。"

（五）兴修水利

由于四川盆地内气候冬干春旱，为了保障春播的进行，每年冬季兴修农田水利以备来春进行农田灌溉逐渐成为重要的生产民俗，并一直沿袭至今。文献记载中亦多有反映当时蜀中地方官吏、民间兴修农田灌溉堤堰池塘的记载，在成都平原地区还形成了以缴纳赋税户轮流担任岁修堤堰水利的制度。唐末杜光庭《道教灵验记·武昌人醮水验》记载："武昌人寓居蜀之青城。其邑每岁修竹落之堰，以堤川防水，赋税之户轮供其役。……自冬始功，讫岁而毕。……蜀之田畴既广，租赋是资，所修堤堰二百余里，或少有怠废，则垫溺为灾。"②由于大量水利设施的兴修，唐宋时期成都平原已形成以自流灌溉为主的水田稻作农业区，其中通济堰据《十国春秋·前蜀·张琳传》记载"溉田一万五千顷"。在丘陵山地除了沿用自汉晋以来的坡塘、潴水溉田外，还出现了以竹筒接引山泉作为生活用水及溉田用水的民俗，《蜀中广记》引《邛州志》记载："岁旱祈雨，有打泉之说。田至百十丈，高远者，接长竹引水溉之，或接到六七十竹者。"③水车也已用于抽水灌溉农田，五代前蜀时高僧贯休在所作《富贵曲》中有描写农夫冒着烈日车水溉田的诗句："宁知耕田车水翁，日日日灸背欲裂。"④

（六）火耕畲田

四川盆地东部和南部的丘陵山地，土地多贫瘠，当地居民主要为魏晋时期入蜀的僚人，除在汉族的影响下少数地方农业生产有一定发展外，大多数地方的人们依然从事刀耕火种的畲田种粟生产。唐代杜甫居夔州时作《遣闷》诗有"畲田费火耕"句。白居易在忠州时所作《东楼》诗有"漠漠烧畲田"，自注称"忠州刺史以下，悉以畲田粟给禄食"。唐代刘禹锡在夔州为官时所作《竹枝词》也有"长刀短笠去烧畲"的诗句。这种情形直至宋代依然如此。

---

① 据眉山市三苏祠博物馆藏苏轼《眉州远景楼记》碑文。
② （宋）张君房：《云笈七签》卷一二一《灵验部五》，中华书局2003年版。
③ （明）曹学佺：《蜀中广记》卷五六《风俗记第二》，上海古籍出版社1993年版。
④ （清）曹寅、彭定求等：《全唐诗》卷八二六，中华书局1999年版。

《太平寰宇记·峡州风俗》记载川东的峡州地区"男子刀耕火种",同书记载巴州"风俗同峡州"。《宋会要辑稿·食货》记载"村民刀耕火种"。《舆地纪胜·富顺监》记载川南富顺地区"刀耕火种黎民疲"。宋代范成大在《劳畲耕并序》中记述当时三峡地区烧畲田的风俗:"畲田,峡中刀耕火种之地也。春初斫山,众林尽蹶,至当种时,伺有雨候,则前一夕火之,藉其灰以粪。明日雨作,乘热土下种,则苗盛倍收。"并诗称:"峡农生甚艰,斫畲大山巅。赤埴无土膏,三刀财一田。颇具穴居智,占雨先燎原。雨来亟下种,不尔生不蕃。麦穗黄剪剪,豆苗绿芊芊。"①

(七)养植蚕桑

蚕桑种养殖自秦汉以来一直是巴蜀民间极为重要的副业生产,至唐宋时期已经遍及几乎整个四川盆地。尤其是东、西两川地区,民间几乎家家户户皆栽桑养蚕。五代前蜀时期鼓励民间发展蚕桑,以至成都城外一度遍种桑枞。宋代《五国故事·前蜀王先主建传》记载,前蜀皇帝王建见成都蚕市繁盛,"尝登楼望之,见其货桑栽者不一,顾左右曰:'桑栽甚多,倘税之,必获厚利'"②。反映出当时成都城外桑树栽种面积十分巨大。为了祈求蚕桑丰收,巴蜀地区多建有祈蚕神的祠庙。西蜀地区因传说蚕丛教民蚕桑而祠祀蚕丛,或因传说黄帝妃嫘祖发明蚕桑而祠祀嫘祖,又因传说马革裹蚕女化蚕吐丝而祠祀蚕女马头娘。同时,蜀地民间还有登山娱乐祈蚕事的习俗,《舆地纪胜》记载,宋代蜀人每年正月初七"乡人携鼓笛酒食登山娱乐以祈蚕事"③。每年新春桑树发新芽之际,则要"浴新蚕",届时人们要穿戴一新上街邀"新蚕"祈求蚕茧丰收并欢庆娱乐。苏辙《蚕市》诗描述道:"枯桑舒牙叶渐青,新蚕可浴日晴明。前年器用随手败,今冬衣著及春营。倾囷计口卖余粟,买箔还家待种生。不惟箱筐供妇女,亦有鉏铻资男耕。空巷无人斗容冶,六亲相见争邀迎。酒肴劝属坊市满,鼓笛繁乱倡优狞。蚕丛在时已如此,古人虽没谁敢更?异方不见古风俗,但向陌上闻吹笙。"④据苏东坡《和子由踏青》及南宋王十朋注引《成都古今记》的记载,西蜀地区每岁清明日人们外出踏青,要佩戴道

---

① (宋)范成大:《范成大集·诗部》,三晋出版社1998年版。
② (宋)佚名:《五国故事》,《四库全书·史部·载记类》,武汉大学出版社1998年版,文渊阁原文光盘版,SK224。
③ 《舆地纪胜》卷一六二。
④ (宋)苏辙:《苏辙集·栾城集》卷一,中华书局1990年版。

士所画的吉祥符，以利蚕茧硕大、庄稼丰收、六畜兴旺。川东巴地有唱歌"唤蚕丝"风俗，《蜀中广记》记载："巴俗元宵三夜，儿童皆唱巴音彻晓，谓之唤蚕丝。"①在西蜀地区，宋代每年正月至三月各地皆要轮流举办蚕市买卖蚕具等，黄休复《茅亭客话》记载："蜀有蚕市，每年正月至三月，州城及属县循环一十五处。……耆旧相传，古蚕丛氏为蜀主，民无定居，随蚕丛所在致市居，此遗风也。又蚕将兴以为名也，因是货蚕农之具及花木果草药什物。"②为了让丝织品保持颜色鲜艳不褪色，蜀中还有在春蚕初醒将起之时以桑叶灰喂蚕的独特习俗。吴曾《能改斋漫录》记载："少卿章岵尝官于蜀，持吴罗、潮绫至官，与川帛同染红。后还京师，经梅润，吴、潮之帛色皆渝变，惟蜀者如旧。后询蜀人之由，乃云：'蜀之畜蚕，与他邦异。当其眠将起时，以桑灰喂之，故宜色。'然川之重川红，多以染之良，盖不知由蚕所致也。"③

（八）渔猎

巴蜀地区河湖众多，据文献记载、绘画和考古资料，唐宋时期巴蜀地区的人们喜在河湖中捕鱼，同时还大量以池塘河渠养鱼，以供食用。捕鱼的方法与汉代基本相同，仍主要为传统的撒网、垂钓、手捉、飞叉等方式及历史悠久的养鸬鹚捕鱼。撒网捕鱼的渔网，不仅有传统的单网，还出现了一网可打捞数百尾鱼的拦江截流大型拖网。杜甫《观打渔歌》记述当时在绵州就见到"渔人漾舟沉大网，截江一拥数百鳞"。蜀地从成都平原至三峡地区皆普遍养鸬鹚捕鱼，沈括《梦溪笔谈》记载："士人刘克博观异书。杜甫诗有：'家家养乌鬼，顿顿食黄鱼。'……克乃按《夔州图经》，称峡中人谓鸬鹚为乌鬼。蜀人临水居者，皆养鸬鹚，绳系其颈，使之捕鱼，得鱼则倒提出之，至今如此。予在蜀中，见人家养鸬鹚使捕鱼，信然，但不知谓之乌鬼耳。"④

（九）牧业

川西北高原是唐宋时期茶马互市的主要地区，盛产牦牛、马、羊、猪等家

---

① 《蜀中广记》卷五八。
② （宋）黄休复：《茅亭客话》卷九《鬻龙骨》，《四库全书·子部·小说家类》，武汉大学出版社1998年版，文渊阁原文光盘版SK336。下文引文渊阁《四库全书》光盘版同此出。
③ （宋）吴曾：《能改斋漫录》卷一五《方物·川帛宜色》，《四库全书·子部·杂家类》，文渊阁原文光盘版 SK316。
④ （宋）沈括：《梦溪笔谈》卷一六《艺文三》，《四库全书·子部·杂家类》，文渊阁原文光盘版 SK316。

畜。《隋书》记载川西北草原至青海地区的党项羌人"牧养牦牛、羊、猪以供食，不知稼穑"[①]。《隋书·附国传》记载附国、嘉良夷皆出产牛、马、猪。《新唐书·地理志》记载分布于维州、笮州的白狗羌亦出产牦牛。川西南山地的东蛮为宋代茶马互市的重要地区之一，文献记载其地亦盛产牦牛、马匹。川南山区的"乌蛮"亦以畜牧为主，《宋史》记载叙州山区三路蛮"不喜耕稼，多畜牧"[②]。

二、盛名天下的手工业生产习俗

唐宋时期，巴蜀地区手工业高度发达，尤其以成都平原地区盛名天下。晚唐卢求《成都记·序》比较当时天下最繁盛的扬州和成都时，称成都"罗锦之丽，管弦歌舞之侈，百工技巧之富，……较其妙要，扬不足侔其半"[③]。

（一）纺织工巧甲天下

纺织业一直是巴蜀官府手工业和民间手工业的强势领域。自汉代以来，巴蜀地区就以出产高级丝织品而驰名全国。据《大唐六典·太府寺》记载，唐代巴蜀地区产绢地达28个州，约占全国87个产绢州的三分之一，其分布地几乎包括整个四川盆地，由此也可见当时巴蜀民间蚕桑业之盛。在纺织技术上，唐代巴蜀地区已普遍采用缫丝车及提花织机进行缫丝、纺织，所产绢、帛、绫、罗、锦、纱等皆享有盛名，色泽艳丽、轻薄柔软、多姿多彩，纺织技艺极为精湛。尤其是西蜀地区的高级绫锦生产在全国占有重要地位，《隋书·地理志》称西蜀"人多工巧，绫锦雕镂之妙，殆侔于上国"[④]。针对此种情况，唐朝政府规定剑南道大部分州县的租庸调往往折算成绢帛缴纳。中唐以后，随着章服等级制度的崩溃和奢侈风气的盛行，市场对高级丝织品的需求大增，专业丝织手工业者迅速增加，机织技术不断改进，在唐末五代开始出现缎纹丝织品，至宋代成为全国最负盛名的锦缎生产基地之一。

南宋时期，蜀中丝织品仍然保持其精湛的技艺，制作的丝衣轻薄凉爽、美奂飘逸，陆游《听琴》诗称"细腰美人藕丝裳，绿藤水纹穿矮妆"，《成都烈暑可畏戏作夏白苎》诗称"素绡细织冰蚕缕，清寒不受人间暑"。在四川盆

---

① 《隋书》卷八三《西域传·党项》。
② 《宋史》卷四九六《蛮夷四·西南诸夷·叙州三路蛮》。
③ （唐）卢求：《成都记·序》，《成都文类》卷二三《序二》，《四库全书·集部·总集类》，文渊阁原文光盘版 SK431。
④ 《隋书》卷二九《地理志》。

地东部和南部的部分地区,唐代前期由于当地僚人不善蚕桑丝织,但能种麻织布,加之蜀麻品质优异,故朝廷将有关州县确定为麻布产地,租庸调折算成麻布缴纳,从而促进了这些地区民间大量种麻织布。其中,蜀地大量的麻被运往江南进行织造,江南的海盐则运往蜀地,形成蜀麻吴盐相互贸易的局面。中晚唐以后,海盐禁止入川销售,蜀麻遂大量就地加工织布,高级麻布得到不断发展,至北宋时期已成为全国主要麻布产地,北宋吕大防《锦官楼记》记载当时蜀中"土地之毛善利丝枲,为之缯布以给上国,……日输月积,以衣被于天下"[1],民间种麻织布之风十分兴盛。《宋会要辑稿·食货》记载每年仅官府从成都漕运进贡朝廷府库的布匹就达百万匹,以致中转地荆南府不得不在"沙岸堤内起盖布库",以待"益州布纲到岸,只就江岸点检,对交与上京官员",直接转运至长江下游输往京师[2]。

唐宋时期,僚人的橦华布、阑干细布被列为贡品进贡。《唐六典》记载涪州贡连头僚布。《新唐书·地理志》记载南州、溱州"土贡斑布",《太平寰宇记》卷八十八记载昌州土产亦为斑布,斑布即"织成纹如绫锦"的阑干细布。

宋代黎州诸蛮地区的纺织业也得到较大发展,文献记载其生产的莎罗毡被列为贡品之一,还有莎罗幔、莎罗花毯、白莎罗、白毡等纺织品。

(二)酿酒风盛纳税多

随着蜀中农业生产的发展,粮食增收,唐五代蜀地粮价低时仅"斗米三钱",加之国家允许私酿,民间酿酒之风大盛,在城镇出现了前店后厂的专营酿酒卖酒的酒肆和专门代售酒的酒垆。唐代巴蜀地区名酒众多,烧春酒、鹅黄酒、郫筒酒、青城乳酒、临邛酒、巴清酒等皆享有盛名,并有葡萄酒。其中,烧春酒被列入进贡朝廷的贡酒,唐代李肇撰《唐国史补》记载唐代最有名的十四种名酒中有"剑南之烧春"。成都的烧春酒极负盛名,元代《岁华纪丽谱》引《旧记》记载:唐明皇时著名道士叶法善曾"引帝至成都,市酒于富春坊"[3]。当时的酒主要为黄酒类,前蜀高僧贯休《大蜀皇帝寿春日进尧铭舜颂二首》诗称当时民间"家家锦绣香醪熟"。前蜀花蕊夫人《宫词》中描写当时

---

[1] (宋)吕大防:《锦官楼记》,《全蜀艺文志》卷三四,北京线装书局2003年版。
[2] 《宋会要辑稿·食货四十二·宋漕运二》,中南财经政法大学"法律史学术网·法史文库·史料3",http://flwh.znufe.edu.cn/article_show.asp?id=3770
[3] (元)费著:《岁华纪丽谱》,《巴蜀丛书》第一辑,巴蜀书社1988年版。

宫中专门修建酒库储藏新生产的御用黄酒"五云浆":"新修酒库近水旁,泼醅初熟五云浆。殿前供御频宣索,进入花间一阵香。"[①]唐代黄酒多春季酿造的春酒,在酒名上也多用"春"字,故宋代苏东坡考证称"唐人名酒多以'春'"。

至宋代,蜀中酿酒之风更盛,官私酿酒规模巨大。北宋时朝廷在四川地区许多州、县、镇、乡、闾皆设置酒务经营酿酒、卖酒,向民间承包酿酒坊的酒户出售粮食、酒曲以供酿酒并征收课税。南宋建炎三年,总领四川财赋赵开改革酒法,在川陕四路推行"隔槽酿酒"。将原由官府和酒户垄断的酿酒业,扩大为无论任何人只要交纳税钱就可以酿酒,以此刺激酿酒业的发展,增加酒课收入。官府于酿酒坊设置分隔酒槽,提供酒曲和酿酒工具,派官管理酿酒生产、征收酒课,民户只需入米纳钱便可酿酒,从而大大促进了四川酿酒业的发展。宋代四川的酒业生产进入历史鼎盛时期,在当时占有举足轻重的地位。据史料记载,北宋熙宁十年川峡四路境内有酒务361个,征收酒课220万贯,占当年全国酒税收入的14%。南宋建炎四年,赵开在川峡四路全面推行"隔槽酿酒"法,当年酒课收入达到690万缗,占全川财政收入的20%。此后,酒课年收入多在500万~600万缗左右,最低年份亦达410万缗,约占南宋全国酒课收入的24%~49%,酒课成为四川财政收入的最大来源。南宋最大的开支是军费,而四川的酒课收入就支撑了全国军费的20%以上。其中,成都的酒课收入超过开封居全国首位,酒贸易十分兴盛。据《说郛》引《成都古今记》载成都每月皆有商品交易的集市,其中就有专门进行酒贸易的"十月酒市"。由此可见当时四川官私酿酒之风的兴盛及其产业规模的巨大。

(三)遍种茶叶市天下

唐宋时期,巴蜀地区已广种茶叶。据唐代文献记载,西蜀地区沿岷山-邛崃山的彭州、蜀州、汉州、邛州、雅州、绵州、利州、眉州以及相邻的泸州、嘉州、简州、茂州皆盛产茶叶,为当时全国主要的两大茶叶产区之一。至宋代,四川的茶叶仍然主要产于该区域,这种格局一直延续至现代。四川盆地东部的夔州、忠州、开州、渠州、涪州、黔州、渝州等地亦产茶,但以采摘野生茶为主、人工种植茶园为辅。南宋范成大《夔州竹枝歌》"白头老媪簪红花,黑头女娘三髻丫。背上儿眠上山去,采桑已闲当采茶",反映出在采茶的大忙

---

① 《蜀中名胜记》卷四《川西道·成都府四》"花蕊夫人"条引。

季节，白头老媪与背着孩子的黑头女娘都上山采茶的情景。其中，西蜀地区的蒙山茶最受文人雅士推崇，世称"仙茶"，有"扬子江中水，蒙山顶上茶"之说，被唐宋王朝列为贡茶并一直持续到清代。唐代黎阳王《蒙山白云岩茶》诗称赞"若教陆羽持公论，应是人间第一茶"，宋代范成大亦有"蜀上茶称圣，蒙山味独珍"的诗句。唐代蜀茶包括细嫩散茶和饼茶两大类，晚唐时期已经品名众多且品质优良，而当时饮茶已在全国普及，故蜀茶成为畅销全国的著名商品，从而也使蜀中商品茶的生产日益兴盛。据杨晔《膳夫经手录》记载："惟蜀茶南走百越，北临五湖，皆自固其芳香，滋味不变，此尤可重之。自谷雨以后，岁取数百万斤"，蜀中茶叶总产量达到"岁出茶千万斤"[①]。其中，西蜀地区的茶叶种植规模尤为巨大，出现了大型私家茶场。据前蜀杜光庭《墉城集仙录·阳平治》记载，彭州的私家茶园有的规模已达到每年需招百余人采茶："九陇居人张守珪，家甚富，有茶园在仙居山内，每岁召采茶人力百余辈，男女佣工，杂之园内。"[②]

唐末，由于内地战争需马，川西高原羌蕃部落需茶，西川节度使王建开始在岷山—邛崃山沿边州县开展以茶马贸易为主的官方"茶马互市"。《十国春秋》记载王建"以骑将起家，故得蜀之后，于文、黎、维、茂等州多市蕃马"[③]，《资治通鉴》也有相同记载。据前蜀毛文锡《茶谱》记载，当时邛州已出现了专门生产用于与川西高原羌蕃部落进行贸易的"火番饼"，"每饼重四十两"，为后世砖茶的前身。至两宋时期，"茶马互市"发展成为国家大政，朝廷每年向西北各羌蕃部落换取大批战马，所需茶叶绝大部分从蜀地购买，同时蜀地茶叶也用于向川西高原各少数民族部落换取部分马匹，因而四川各地尤其是沿岷山—邛崃山地区各州县官私皆大量种植茶叶，既有大量官营茶场，也有大批专门茶叶种植户及兼营茶叶种植民户，蜀茶年产量达约3000万斤（占全国产茶量57%~62%左右），其中大部分为用于茶马互市的"马茶"。

唐代前期，蜀中茶叶采摘时间包括春季和冬季，贡茶多为冬季制作。唐文宗时，因冬季采摘制作的茶叶品质较差，下诏贡茶改为立春后制作，此后蜀茶主要在春季采摘制作。上等精细茶通常在农历四月清明节前后采摘制作，分

---

① （唐）杨晔：《膳夫经手录》，"古籍在线·普录类"，http://www.gujionline.com/AQCN7371。
② （前蜀）杜光庭：《墉城集仙录》卷八《阳平治》，《正统道藏·洞神部·谱箓类》。
③ （清）吴任臣：《十国春秋》卷三五《前蜀一·高祖本纪上》，中华书局1983年版。

别称"火前""火后",而大规模采摘制作通常在四月底谷雨之后。茶叶采摘后,进行加工制作。巴蜀地区的茶叶加工,自魏晋时期便多加工为饼茶,《广雅》记载:"荆、巴间采茶作饼,以米膏出之。若饮,先灸令色赤,捣末,置器中,以汤浇覆之,用葱、姜芼之。"①此种加工方法至初唐时仍然沿袭。中唐以后,西蜀地区多采用蒸青法制作饼茶和散茶。饼茶茶叶经蒸青、焙干、搅拌、成型(多以模具压制成饼茶或小方砖、片状)、穿绳、包装等工序,然后进入销售、运输环节。散茶则在蒸青后,或炒或焙或日晒干燥去除苦味,并形成了许多著名品种。

(四)陶瓷生产风格别具

唐宋时期,巴蜀地区的陶瓷器生产随着经济社会的发展得到迅速发展,陶瓷器窑口以川西地区为中心星罗棋布地遍布四川盆地各地,形成了以唐宋邛崃的邛窑为代表的青瓷、以宋代彭州瓷峰窑为代表的白瓷、以唐宋广元窑为代表的黑瓷等陶瓷器系列产品。巴蜀地区的陶瓷制造业总体上不及北方和江南发达,产品主要针对本地市场需要生产,器物风格多数较为粗犷、胎质较厚,精细陶瓷器产品较少。根据考古发现,唐宋时期的陶瓷器窑炉分龙窑和馒头窑两种,结构上皆包括火堂、窑床、烟道三部分。使用石质辘轳拉坯,用转轮和模具制器,以石磨、石臼、铁杵等研磨釉料。烧制陶瓷器时,根据器型需要,使用多种造型的窑具,包括各种匣钵、垫饼、垫圈、垫丸、支钉等垫具和隔具,并使用"火表"瓷片用于观察窑炉温度、掌握陶瓷器烧制火候。生产的陶瓷器产品包括日常生活用瓷器和陶器、建筑构件及模型、陶瓷俑和动物模型、文房用品、娱乐玩具等,以碗、盘、碟等器物造型多样、内壁多装饰有精美刻印花草等图案,青羊宫窑及邛窑等所生产的省油灯为驰名全国的产品。陶器主要为生活用品,建筑构件主要为青灰陶质构建,建筑模型包括居住房屋院落、亭阁、照壁、假山、围墙(包括浮雕透空艺术花墙)等。陶瓷俑与动物模型主要为文吏、武吏、墓主人、镇墓兽、神人俑、人首兽身的匍匐俑等明器俑,各种乐舞俑、佛像、家畜家禽俑。陶瓷器内壁和颈腹部往往采用印花、刻花、划花、素胎绘花和釉下彩绘花等技法装饰各种图案。陶瓷器颜色有青、绿、黄、赭、黑、白等多种单色釉及多色混合烧制的多色釉,其中邛窑的釉下彩瓷器被称为"邛三彩",陶瓷人物和动物俑中宋三彩尤为发达。广元瓷窑铺生产的黑

---

① 《太平御览》卷八六七《饮食部》引《广雅》。

瓷器在巴蜀地区黑瓷产品中最具代表性，为适应当时达官贵人饮茶需要生产的茶盏颇为精致。陶瓷器装饰图案流行弦纹、朵花纹、草叶纹、牡丹纹、莲瓣纹、卷草纹、圆圈纹、连珠纹，以及人像纹、鱼纹、龙纹、鸟纹、莲弧纹、方格纹、带纹、人字纹、水波纹、钱纹等。

（五）造纸兴旺品种多

自西汉发明造纸术、东汉蔡伦进一步对造纸术加以改进后，纸张逐渐取代绢帛、竹木简成为普及书写品和日常生活用品。随着唐宋时期经济文化的高度繁荣，社会对纸张的需求日益扩大，手工业发达、盛产优质麻及竹木的西蜀也就成为全国主要造纸基地，产品种类也居全国之冠。尤其是中晚唐时成都发明雕版印刷术后，成都成为全国印刷中心城市之一，进一步促进了西蜀造纸业的兴盛。据李肇《唐国史补·叙诸州精纸》记载唐代全国十六种名纸中，蜀纸就占七种："蜀之麻面、屑末、滑石、金花、长麻、鱼子、十色笺。"[①]《大唐六典·太府寺》记载的名纸中，还有益州的大、小黄白麻纸。蜀纸生产主要集中于益州，剑州、雅州、万州、巴州等地生产规模较小。蜀中盛产优质蜀麻，故唐宋时期蜀纸主要以蜀麻造纸。造纸时，先将废旧麻布、麻鞋、乱麻等原料切碎，放入石臼中捣烂，然后漂洗干净，再将干净的麻纤维放入纸槽加清水搅动形成纸浆，用纸模捞取晒干成为生纸，最后经施胶、砑光制成白麻纸，加黄檗染色则成黄麻纸，著名的十色笺据元代费著《笺纸谱》记载即以"深红、粉红、杏红、明黄、深青、浅青、深绿、浅绿、铜绿、浅云"等十种颜色染制[②]，部分纸再加洒金、印花处理成为洒金纸、印花纸。由于益州生产的麻纸坚韧耐用，唐朝官方各种文书及四库御用书皆指定使用益州白麻纸。据文献记载，蜀纸中供文人书写的笺纸生产技术经过唐代著名女诗人薛涛改进后大为精进，以致后来蜀地所产用于书写的笺纸皆被统称为薛涛笺。蜀笺在唐代分大笺和小笺，大笺主要用于绘画、装裱，小笺用于书写（以霞光彩笺最为名贵），深受文人喜爱。西蜀是唐代造纸中心，陈师道《后山丛谈》记载南唐李中主曾专门派人"求纸工于蜀，主好蜀纸。既得蜀工，使行境内"，因"六合之水与蜀同"，特设"纸务"仿造蜀纸[③]，西蜀造纸技术传入江南。成都双流生产的

---

① （唐）李肇：《唐国史补》卷下《叙诸州精纸》，上海古籍出版社1983年版。
② （元）费著：《笺纸谱》，《巴蜀丛书》第一辑，巴蜀书社1988年版。
③ （宋）陈师道：《后山丛谈》，《丛书集成初编》，商务印书馆1936年版。

广都纸和剑州、雅州、万州等地生产的蠲纸，则为使用构树皮生产的楮皮纸，用途广泛、价廉。至宋代，在一些重要的造纸地，已经形成了专门进行纸交易的大型纸市。邛崃平乐镇至今流传的竹麻号子，即造纸工人们在造纸过程中集体唱和的劳动歌曲。

以人工将纸料捣烂成浆费时费力，宋代蜀中造纸已普遍利用水碓舂捣纸料制浆。《宋诗纪事》收录宋代薛田《成都书事百韵》诗称"纸碓暮春临岸浒，水樽春注截河堰。"①陆游《剑南诗稿》卷八《江楼》诗亦称"日依平野没，水带断搓流。捣纸荒村晚，呼牛古巷秋。"②

（六）盐井林立制盐忙

巴蜀地区秦汉时期发达的井盐业生产，在魏晋南北朝时期逐步衰落，至隋朝仍然规模较小。随着唐代经济的恢复，巴蜀地区的井盐生产逐步兴旺。据《通典·食货典》记载，唐玄宗开元年间，"蜀道陵、绵等十州，盐井总九十所"。至唐代中晚期，全国实行食盐专卖的榷盐制和食盐分区销售的行盐地界制度，限制了海盐进入巴蜀地区，从而促进巴蜀地区的井盐生产得到巨大发展。据《新唐书·食货志》记载，唐代晚期巴蜀地区的盐井已多达639口，其中以剑南东川分巡院管辖的盐井最多，达460口。直至北宋前期，益州、梓州、利州、夔州四路的盐井生产规模仍基本保持未变。据文献记载，唐宋时期巴蜀地区的盐井，仍主要依靠人工用锸、锹、锄等简易工具挖掘，故井口很大。据《元和郡县志》仁寿县条记载，当地最大的盐井达到"纵、广三十丈，深八十丈"③。井浅者，盐井如池塘，称为"大盐池"；井深者井口和底部宽而井腰内束呈束腰形。井口土壁以防水坚硬的楠木等木材构建护壁防护坍塌，称为"杖鼓腰"；地势低洼处的盐井用木材围成桶状封隔井壁以防渗水，称为"木桶井"。当开凿的盐井出盐卤后，浅井以竹竿系木桶放入盐池汲卤，或于井侧设置水车式的汲卤车用大牛皮囊盛引盐卤、以人力推车汲卤，深井汲卤据南宋四川制置使胡元质描述为"以牛皮为囊，数十人牵大绳以汲取之。自子至午，则泉脉渐竭，乃缒人于绳，令下井以手汲取，投之于囊，然后引绳而上，得水

---

① （清）厉鹗：《宋诗纪事》卷九，上海古籍出版社1983年版。
② （南宋）陆游：《剑南诗稿》卷八，"古籍在线·别集类"，http://www.gujionline.com/AQCN11811。
③ （唐）李吉甫：《元和郡县志》卷三三《陵州》"仁寿县"条。

入灶"①。盐卤取上地面后，先以竹筒引入盐灶上的储卤器中，然后将储卤器中的盐卤放入煮盐大锅内生火煮熬，待水分蒸发后得到盐精。而在盆地东部如夔州、通州等地一些山区，人们还利用天然盐泉接取盐卤置镬煮盐。

（七）种蔗制糖采蜂蜜

唐宋时期巴蜀地区大量种植甘蔗，尤以益州、蜀州、遂州、梓州、绵州、汉州、资州等地种植量大，制糖业发达，为全国重要产糖基地。甘蔗的种植，据宋代王灼《糖霜谱》记载，每年十一月后翻耕蔗田，次年正月上元之后至二月初沤种并以草木灰和泥土覆盖，然后不断施肥、耘草、翻垄，至十月收割。收割的甘蔗除生吃和榨汁饮用外，主要用于生产蔗饴、砂糖、乳糖和冰糖等糖产品。蔗饴为用甘蔗制作的高浓度糖浆，砂糖则用糖浆熬制并加少许石灰使之结晶制成。乳糖为唐初由印度传入，以砂糖融化或以甘蔗汁加热浓缩后与水、牛奶、米粉混合熬成糖膏经冷却后制成糖块（类似现代巴蜀地区的薄荷糖）及狮子、圆子等各种造型，为益州特产，畅销各地。冰糖在唐宋时期称糖霜或糖冰，相传唐代大历年间创制于遂宁，直至宋代遂宁生产的冰糖在生产技术和规模上仍领先全国。宋代洪迈《容斋随笔·糖霜谱》记载："甘蔗所在皆植，独福唐、四明、番禺、广汉、遂宁有糖冰，而遂宁为冠。"②据王灼《糖霜谱·原委第一》记载，唐大历年间有位僧人邹和尚结茅屋居住于遂宁伞山，将冰糖制作技术传授给山下种蔗户黄氏，因冰糖利厚，冰糖制作技术遂流传开来。后来，冰糖生产户将邹和尚传为文殊菩萨化身，并于其结茅屋之地建楞严院，画邹和尚画像奉为糖神并供奉香火。

四川盆地周边山区还盛产蜂蜜，包括家蜂蜜和野蜂蜜两种。家蜂蜜以木桶开可供蜜蜂出入的小孔，桶身外部涂抹蜜蜡引蜂筑巢，然后割蜜脾榨取蜂蜜。野蜂蜜包括从树枝蜂巢采取的木蜜、从土地中采取土蜂巢的土蜜、从山崖石穴上的野生蜂窝采取的崖蜜或石蜜，但产量极少。

---

① （元）佚名：《宋史全文》卷二十六淳熙四年，黑龙江人民出版社2005年版。
② （宋）洪迈：《容斋随笔·容斋五笔》卷六《糖霜谱》，《四库全书·子部·杂家类》，文渊阁原文光盘版 SK316。

第二节　生活习俗

一、居住习俗

唐宋时期，巴蜀地区因经济发展水平和地理环境的差异，各地居住习俗存在明显差异。

（一）居瓦屋小院

在经济发达的西蜀地区，城市繁荣，城市居住区、商业区、手工业区皆按坊街划分。据文献记载，唐代成都城内外有一百二十坊，如金马坊、碧鸡坊、文翁坊、书台坊、果园坊、金容坊、金城坊、富春坊、花林坊、龙池坊、修德坊、延寿坊，等等。这些坊间，有的是普通居住区如金马坊、碧鸡坊；有的是达官贵人的高档居住区，如花林坊、龙池坊等；有的是文人士子聚居区，如文翁坊、书台坊等；有的是手工业及商业区，如富春坊、果园坊等。在坊区内又分街巷，如赤里街、五门街、石笋街、观街、左街、北街、金华街、扬子街、煮胶巷。由于佛教和道教盛行，街坊内寺观林立。民居建筑，据考古发现的居住建筑遗址、墓葬出土建筑模型、摩崖石刻及文献记载，平面布局流行四合院、三合院、单体建筑等，院落内有水井、排水明沟和暗沟，建筑材料以石质基础、圆木立柱、砖墙及土坯砖墙或木骨（竹骨）泥墙、小青瓦或茅草屋面的平房及2~3层楼房为主。除官府、富室用瓦房外，普通民居仍多用木骨泥墙或土坯砖墙的草房，尤其在经济较为落后的偏远州县及农村更是如此。

由于唐代实行按等级确定车服制，对民居的间架大小实行等级限制，普通庶民的正堂只能按照三间四架修建，故民居建筑体量较小。"安史之乱"以后，朝廷制度逐渐废弛，官吏、富户僭越制度兴修大房成风，各府州县城的达官贵人流行建造私家园林，厅堂围墙、楼台亭阁、假山鱼池、花木果树，极尽奢华。根据成都博物院馆藏的后蜀武泰军节度使张虔昭墓出土陶房、园林建筑模型，当时成都豪门的厅堂亭阁皆使用歇山式屋顶，房屋建筑及围墙的瓦屋面坡度较陡峭利于迅速排水，反映当时成都降雨多、雨量大。在园林建筑模型中，有透空雕塑花草、暗门的花墙，此类艺术花墙在后世元代仅见于文献、明代方有实物，成都开中国艺术花墙的先河。

（二）居干栏

在四川盆地东部山区，由于受地貌条件的制约，人们皆依山建屋而居，从而形成层层叠叠绕山而上的城镇及村落建筑布局与林木果树交相辉映的壮美景观。为适应山地的地貌条件，房屋建筑多依山就势建成干兰式吊脚楼。唐代元稹《酬乐天得微之诗知通州事因成四首》自注称"巴人多在山坡架木为居，自号阁栏头也"①，此"阁栏头"即"干兰头"吊脚楼。杜甫寓居奉节时亦曾见当地民居依山层积分布、吊脚楼高悬的景象"赤甲白盐俱刺天，闾阎缭绕接山巅。枫林桔树丹青合，复道重楼锦绣悬"②。《通典》记载南平僚人"人并楼居，登梯而上，号为干栏"③。《太平寰宇记》记载昌州"无夏风，有僚风。……悉住丛菁，悬虚构屋，阁栏"，并引熊本奏疏称"夷人居栏栅"④。渝州僚人"俗构屋高树，谓之阁阑"⑤。三峡地区民俗重鬼神，认为瓦屋不吉利，故建屋材料皆用茅草和竹子，宋代欧阳修在《夷陵县至喜堂记》中记载"民之列处，……其覆皆用茅竹，故岁常火灾。而俗信鬼神，其相传曰作瓦屋者不利"⑥。

（三）居石碉及板屋、土屋、帐篷

在川西北高原地区，生活在邛崃山区的嘉良夷，据《隋书·附国传》记载"无城栅，近川谷，傍山险。俗好复仇，故垒石为巢而居，以避其患。其巢高至十余丈，下至五六丈，每级丈余，以木隔之。……状似浮图"⑦。《新唐书·南蛮传》记载嘉良夷居所与附国同："无城栅，居川谷，叠石为巢，高十余丈，以高下为差，作狭户，自内以通上。"⑧农区羌人亦居石砌碉楼，《太平寰宇记》记载茂州风俗"州本羌戎之人，……垒石为巢以居，如浮图数重，门内以梯上下，货藏于上，人居其中，畜圈于下，高二三丈者谓之鸡笼，十余丈者谓之碉。亦有板屋土屋者，自汶川以东皆有屋宇，不立碉

---

① （唐）元稹：《元氏长庆集》卷二一《酬乐天得微之诗知通州事因成四首》，《四部丛刊初编》，商务印书馆1922年版。
② 《杜诗全集》卷一三《夔州歌十绝句》。
③ （唐）杜佑：《通典》卷一八七《边防三》，中华书局1980年版。
④ （宋）乐史：《太平寰宇记》卷八八，中华书局2000年版。
⑤ 《太平寰宇记》卷一三六。
⑥ 曾枣庄、刘琳：《全宋文》卷七三九《欧阳修七七·夷陵县至喜堂记》，上海辞书出版社2006年版。
⑦ 《隋书》卷八三《西域·附国传》。
⑧ 《新唐书》卷二二二下《南蛮传》。

巢"①。"石巢"即《后汉书》记载的汶山郡冉駹夷的"邛笼"、今日川西北高原藏羌民族的石砌碉楼及碉式民居;"鸡笼"为羌语译音,"鸡笼"意为人住的碉房;"板屋"为木结构人字坡屋顶房屋;"土屋"为夯土房屋。生活在川西北草原上的游牧党项羌人居住牦牛帐篷,《隋书·党项传》记载党项"织牦牛尾及毛以为屋"②。

（四）居家用具

唐宋时期巴蜀地区的居家起居用具,据文献记载、摩崖石刻、墓葬出土家具模型等考古资料,大体上可分为家具和用品两大类。家具包括床（有木床、凉床、绳床）、桌、几、案、椅、凳（最早见于成都前蜀永陵地宫王建石坐像）、榻、箱柜、屏风、橱、花架、盆架、灯架、炉灶（燃炭或烧柴）等。用品包括衾褥（多以锦罗绮或麻布制作）、幄帐（多以锦绣制作,亦有青纱帐、麻布帐等,其中西蜀所产锦绣幄帐行销全国,北宋苏辙《龙川别志》卷下记载达官李允则家中幄帐"皆蜀锦绣"）、织席（多以竹、草、芦苇制作）、枕（以瓷、瓦、竹、木制作,其中宋三彩瓷枕较为精致）、灯（包括银、铜、陶、瓷灯,西蜀地区的青瓷省油灯闻名全国,陆游《斋居记事》称:"书灯勿用铜灯,惟瓷盏最省油。蜀中有夹瓷盏,可省油之半。"③）、蜡烛、围棋、投壶（行酒令用）、铜镜（造型多圆形、葵形、六菱形、亚字形,背面图案唐代常见缠枝花草和花鸟镜,宋代多神仙人物镜）、化妆匣奁、扇子（成都有专门扇市,多为团扇,以绢、罗、纨、纱、绫、纸等制作,扇面或印花或画花鸟等图案）、香炉和香药（用以避污秽、驱蚊虫并增加香气）、地火炉（冬季烤火用,花蕊夫人《宫词》有"密室红泥地火炉,内人冬日晚相呼。今宵驾幸池头宿,排比椒房得暖无"④。）、唾盂、马子（溺器）等。

二、饮食习俗

（一）粮肉与蔬菜主食

根据文献记载,唐宋时期巴蜀地区的人们在饮食上主要食稻米、粟麦等粮食,牛、羊、猪、鸡、鸭、鹅、鱼、兔等家畜家禽肉,各种蔬菜瓜果等。食

---

① 《太平寰宇记》卷七八。
② 《隋书》卷八三《西域·党项传》。
③ （宋）陆游:《陆放翁全集六种》之《斋居记事》,台湾商务印书馆1986年版。
④ 《蜀中名胜记》卷四《川西道·成都府四》"花蕊夫人"条引。

用方法为蒸、煮和煎炒。尤其是蜀中盛产各种蔬菜，为他方所不及。苏东坡在《春菜》诗中就自豪地赞誉蜀中蔬菜的丰富"北方苦寒今未已，雪底波凌如铁甲。岂如吾蜀富冬蔬，霜叶露芽寒更苗"[①]。陆游的许多诗文皆有盛赞蜀中蔬菜美食的内容。尤其是西蜀地区出产丰富且尚滋味，美食众多，如杜甫笔下以槐叶汁和面粉制作的凉面"槐叶冷淘"，至宋代又发展出"甘菊冷淘""水花冷淘"。陆游《饭罢戏作》称成都"蒸鸡最知名，美不数鱼蟹。轮囷犀浦芋，磊落新都菜"[②]。在陆游笔下，还有诸如"芳甘妙绝伦"的荠糁、"大如芡实白如玉，滑欲流匙香满屋"的薏苡饭、春蔬"龙鹤菜""苦笋""巢馒头""红绫饼""苊羹"等许多美食。还有仿荤菜的素餐，如北宋孙光宪《北梦琐言》记载，晚唐西川节度使崔安潜信佛不吃荤餐，以面粉及魔芋染色制作仿猪肘、羊腿、鱼脍等仿荤素餐。明清时期四川名菜蒸猪头（川猪头）在北宋初年已有，苏东坡《仇池笔记》记载的《蒸豚诗》就记述了以蕉叶包山猪头蒸熟后浇杏仁浆调味的蒸猪头做法[③]。蜀中美食众多，因之在京城开封也开有川菜美食店。北宋孟元老《东京梦华录》记载当时东京"有川饭店，则有插肉面、大燠面、大小抹肉"[④]。据文献记载，唐宋时期蜀中菜肴常用果汁果酱做调味料，不仅凉食、蒸菜使用，煎炒蔬菜亦使用。陆游《弥牟镇驿舍小酌》诗记载"邮亭草草置盘盂，买果煎蔬便有余"[⑤]，弥牟镇在成都以北新都县境官道上，邮驿简易经营的菜食只能是当时西蜀民间大众化的家常菜，其"买果煎蔬"表明果汁果酱为煎炒蔬菜的常用调味原料。人们还用牛乳烹煮饭粥，陆游《自警》诗称"乳烹佛粥遂如许，菜簌春盘行及时"[⑥]。也有用蜂蜜拌菜，北宋宋祁《益部方物略记》记载川南戎州、泸州当地人以蜂蜜拌珍珠菜食用。而在土地贫瘠、粮食不足的丘陵山地，人们则要通过采集和捕捞来弥补粮食的不

[①] （宋）苏轼：《苏东坡全集》卷九《诗六十七》，燕山出版社2009年版。
[②] 《陆放翁全集六种》之《剑南诗稿》卷九《饭罢戏作》，台湾商务印书馆1986年版。下文引陆游诗文未注明出处者，皆同此书所出。
[③] （宋）苏轼：《仇池笔记》卷下《蒸豚诗》，"国学导航网"，http://www.guoxue123.com/zhibu/0301/0200/204.html。
[④] （宋）孟元老：《东京梦华录》卷四《食店》，中华书局1982年版。
[⑤] 《陆放翁全集六种》之《剑南诗稿》卷六《弥牟镇驿舍小酌》。
[⑥] 《陆游诗全集》卷二三之六《自警》，"中华诗词网"，http://www.zhsc.net/Item.aspx?id=1668。

足。唐代元稹记述四川盆地东部通州风俗"杂莼多剖鳝，和黍半蒸菰"[①]，即采摘野生莼菜和菰米、捕捉鳝鱼与粮食一起食用。

（二）食鱼

蜀中多鱼，人们也喜食鱼。其中，西蜀喜食嘉鱼，川东喜食黄鱼。西蜀地区的嘉鱼，在晋代左思《蜀都赋》中已有记载，称"嘉鱼出丙穴"。北魏郦道元《水经注》称"丙穴出嘉鱼，常以三月出、十月入地……穴口向丙，故曰丙穴"[②]。这种出于石穴的鱼，在巴蜀地区从西蜀到三峡地区皆出产。《太平寰宇记》引《郡国志》称："嘉鱼，细鳞似鳟鱼，蜀中谓之拙鱼，郡山处处有之，每年春从石穴出，大者长五、六尺。"[③]《方舆胜览·丙穴鱼味》记载："丙穴在巴郡明通县井峡中，其穴凡十，其中产嘉鱼。"嘉鱼鳞细肉白、细嫩鲜美，杜甫《将赴成都草堂途中有作先寄严郑公》称"鱼知丙穴由来美"，宋祁《益部方物略记》中亦称"蜀人甚珍其味"。当时人食鱼喜做鱼脍，陆游《成都书事》诗称"斫脍鱼如笠泽肥"。人们以嘉鱼制作鱼脍，并以金橙丝为辅料做成栮脯鱼脍。陆游《思蜀》诗称"玉食峨眉栮，金齑丙穴鱼"，《梦蜀》诗称"堆盘丙穴鱼腴美，下箸峨眉栮脯珍"。明清以后，嘉鱼在许多地方逐渐绝迹，主要产于大渡河、岷江流域高山水急、水温低的地区，以雅安所产雅鱼最为著名。在四川盆地东部，人们则喜食黄鱼——鲟鱼。杜甫《戏作俳谐体遣闷》诗称夔州"家家养乌鬼，顿顿食黄鱼"；又作《黄鱼》诗，称三峡地区的人们还用黄鱼的膏脂喂狗。

三、衣着习俗

（一）汉人衣着

唐宋时期四川盆地内各地的衣着习俗总体上与中原大体相同，根据文献记载和摩崖石刻中的供养人造像、出土文物中的人物形象，百姓男子通常于头后脑上部绾一个发髻，头着折上巾（尤以乌角巾流行）、幞头，身穿圆领长衫及短袄，冬装或着裘衣裘裤，足穿竹履、麻履、草履、靸鞋，官员戴乌纱帽或着便装幞头、身穿紫衣襕袍或便装圆领长衫、足蹬丝履或皮靴。长衫服色花色

[①] 《元氏长庆集》卷一二《酬乐天东南行诗一百韵》，《四部丛刊初编》本。
[②] 《水经注》卷二七《沔水》。
[③] 《太平寰宇记》卷七九《剑南西道一·益州土产》引。

纹饰众多,其中青色长衫在唐五代至两宋时期为士民最流行的服装,北宋勾延庆《锦里耆旧传》记载前蜀后主王衍"于大内造村坊、立市肆,令宫嫔著青布衫裙,开酒肆食店,杂男女之饰,货柴面,一如民间"①。南宋陆游亦有"青衫原是国工裁"的诗句。儿童则多在头上绾两个发髻,身穿上衣及裤腿齐小腿肚下的中裤。五代前蜀时期,巴蜀地区曾先后流行戴小帽、大帽和尖巾。据欧阳修《新五代史·前蜀世家》记载,五代前蜀王建晚年,蜀中民间"俗竞为小帽,仅覆其顶,俛首即坠,谓之危脑帽"。后主王衍"好戴大帽,每微服出游民间,民间以大帽识之,因令国中皆戴大帽。又好裹尖巾,其状如锥"②。宋代吴处厚《青厢杂记》卷七记载王衍"自为尖巾,士民皆效之"。

（二）汉人妇女发式

唐宋时期经济发达,文化繁荣,妇女极重装饰,流行高髻、描眉、粉饰脸面、手戴钏镯、上身着红紫衣或绿衣、披锦绣霞帔、下身着锦绣罗裙（流行黄罗裙）、腰佩珠玉环佩、足穿罗布袜及靴履。北宋李畋《该闻录》记载前蜀王衍与太后太妃游青城山"登上清宫,遣内人悉衣羽服、黄罗裙,帔画云鹤,金逍遥冠"③。此事在北宋薛居正《五代史·僭伪列传》记载中称"时宫人皆衣道服,顶金莲花冠,衣画云霞"④。前蜀花蕊夫人《宫词》有"慢梳鬟髻著轻红"的描写,宋代陆游的笔下也常有妇女着"绿衣"的记述。在成都前蜀永陵地宫棺床腰部浮雕的24位乐舞伎造型上,更集中地反映了唐五代巴蜀地区妇女的发型服装：众乐舞伎皆头绾高髻、上身穿紧身粉红上衣或翠绿上衣、下身着黄裙。乐舞伎们的发式包括单髻、双髻、单鬟髻、双鬟髻共22种,其中以不同样式的双鬟高髻为主要发型,这种高髻亦见于著名的五代《韩熙载夜宴图》和《宫中图》中,可见为当时青年妇女流行发式。根据晚唐段成式《髻鬟品》记载,唐高祖时已有半翻髻、反绾髻、乐游髻,唐明皇时又有双鬟望仙髻、回鹘髻、贵妃作愁来髻,唐贞元中又出现归顺髻、闹扫妆髻等。五代马缟《中华古今注》记载隋唐时的发髻名称还有凌云髻、祥云髻、朝云近香髻、归秦髻、奉仙髻、归顺髻、愁来髻、飞髻、百合髻等。由此可见唐五代时期妇女发髻之繁复多样。唐代高髻流行,而人的头发自然生长有限,于是富贵人家的妇人也

---

① 王文才、王炎：《蜀梼杌校笺》附录四《锦里耆旧传》,巴蜀书社1999年版。
② 《新五代史》卷六三《前蜀世家》。
③ （宋）李畋：《该闻录》,《说郛》卷九,商务印书馆1927年版。
④ 《旧五代史》卷一三六《僭伪列传三》。

就多以假发装饰发髻。《新唐书·五行志》称"杨贵妃尝以假髻为首饰，而好服黄裙，近妖服也。时人为之语曰，义髻抛河里，黄裙逐水流"。在高髻上，妇女们满插珠翠笄簪作为装饰，以致高耸的假髻常因跳舞、风吹而坠落，唐代词人王建在其所作《宫词》中就描述道"玉蝉金雀三层插，翠髻高丛绿鬓虚。舞处春风吹落地，归来别赐一头梳"①。后来，人们为了能把假髻固定牢，便在头上插小梳子，唐代元稹《恨妆成》诗描述当时妇女"满头行小梳，当面施圆靥"。宋代郭正祥《蜀道篇送别府尹吴龙图》亦称"尝闻家家卖钗钏，只待看舞青春前"。欧阳修《新五代史·前蜀世家》记载王衍："后宫皆戴金花莲冠，衣道士服，酒酣免冠，其髻鬖然。更施朱粉，好醉妆，国中之人皆效之。"前蜀大臣刘籑《谏醉妆疏》亦称"今一国之人皆效醉妆"。而贫困山区的妇女则在发髻上插根银钗、野花山叶和梳子作为装饰，杜甫《负薪行》诗描述三峡妇女"至老双鬟只垂颈，野花山叶银钗并"。南宋陆游《入蜀记》记叙途经三峡时见"未嫁者，率为同心髻，高二尺，插银钗至六尺，后插大象牙梳如手大"②。南宋范成大《夔州竹枝歌》亦有"白头老媪簪红花，黑头女郎三髻丫"③的记述。

（三）汉人妇女眉饰

唐宋时期妇女的眉毛亦有多种描画式样。初唐时流行柳眉等细眉，武则天时流行阔眉。唐明皇天宝末年后复又流行柳叶、弯月形细眉，白居易《上阳白发人》诗称"青黛点眉眉细长，天宝末年时世装"。唐明皇避安禄山之乱入成都，又发展出"西蜀十眉"。《蜀中名胜记》引《天宝轶事》记载"明皇幸南京，多以宫人自随。乃令成都画手，画为十眉以赐之。一曰鸳鸯眉，又名八字眉，二曰小山眉，又名远山眉，三曰五岳眉，四曰三峰眉，五曰垂珠眉，六曰月棱眉，七曰分梢眉，八曰涵烟眉，九曰排云眉，又名横烟眉，十曰倒晕眉"④。此十种眉式流传至蜀中民间，成为一时风尚。唐末五代时，蜀中继续流行柳叶眉、弯月形蛾眉等细眉。前蜀永陵地宫的二十四伎乐浮雕，乐舞伎们

---

① 《全唐诗》卷三〇二，王建《宫词一百首之六十二》。
② （宋）陆游：《陆放翁全集六种》之《渭南文集》卷四《入蜀记·札记》。下文所引本文出处同此注。
③ （宋）范成大：《夔州竹枝歌九首》，"中国百科网·中国诗词·宋代第二部"，http://www.chinabaike.com/sici/zg/sd2/812655.html。
④ （宋）孟元老：《东京梦华录》卷四《食店》，中华书局1982年版。

皆描画似柳叶或弯月形、长短粗细略有差异的细长眉式。唐末前蜀词人韦庄在《女冠子》词中描述当时妇女的眉式"依旧桃花面，频低柳叶眉"。前蜀后主王衍《甘州曲》亦称"画罗裙，能结束，称腰身，柳眉桃脸不胜春"。此类柳眉、蛾眉等细眉在宋代继续流行，不仅见于宋代诗文中，巴蜀地区摩崖石刻及墓葬石刻中的大量妇女形象皆作柳眉或弯月蛾眉。而且，细眉风尚不仅见于女性，在唐宋时期巴蜀地区及我国其他地区的大量石刻造像、绘画作品中，男性亦皆作细眉，反映出细眉乃是时代的流行风尚。

（四）僚羌蛮衣着发式

唐宋时期蜀中僚人着"通裙"，《旧唐书·南平獠传》记载"妇人横布两幅，穿中而贯其首，名为通裙"。此种通裙以斑布制作①。此外，《太平寰宇记》卷七四记载僚人衣着亦有"短衣左衽"。僚人的发式，《新唐书·南平獠传》记载南平僚"其人美发，为椎髻"；《太平寰宇记》记载昌州僚"男则蓬头跣足，女则椎髻穿耳"；而川南乌蛮，据《太平寰宇记》记载叙州三路蛮风俗称"其民披毡、椎髻"。

川西北高原的党项羌人，据《隋书·党项传》记载"服裘褐，披毡，以为上饰"。而党项以南的嘉良夷，《隋书·附国传》记载"其俗以皮为帽，形圆如钵。衣多毛毺皮裘，全剥牛脚皮为靴。项系铁锁，手贯铁钏。王与酋帅，金为首饰，胸前悬一金花，径三寸"②。《舆地纪胜》"威州"条引《郡国志》记载白狗羌多披褐色羊皮，妇人多戴金花，以瑟瑟穿成悬珠串为饰。

川西南山地区的东蛮，《新唐书·两爨蛮传》记载包括勿邓蛮在内的两林蛮因多养牛羊，衣服皆用牛羊毛皮制成，乌蛮和白蛮则以黑、白二色为服装主要特征。其中，勿邓的乌蛮部落"妇人以黑缯，其长曳地"，属于白蛮的东钦蛮"妇人衣白缯，长不过膝"。乌蛮和白蛮的发式，男子为"髦髻"，妇女披发③。

四、宴游习俗

唐宋时期巴蜀地区宴饮游乐成风，尤其是以成都为中心的西蜀地区更是

---

① 《太平寰宇记》卷八五。
② 《隋书》卷八三《西域·附国传》。
③ 《新唐书》卷二二二《两爨蛮传》。

以宴饮游乐风盛而名动天下，成为西蜀最具影响的民俗特点。《隋书·地理志》称蜀中民风"多溺于逸乐"。《宋史·吴廷祚传》记载："蜀俗奢侈，好游荡，民无赢余，悉市酒肉、为声伎乐。"①北宋刘锡《至道圣德颂》记五代至北宋成都民俗"俗尚嬉游，家多宴乐"。北宋吕陶《新建备武堂记》称成都"民尚嬉乐，恶闻干戈"。北宋任正一《游浣花记》称"成都之俗，以游乐相尚"。邵伯温《邵氏见闻录》卷一〇亦称"成都风俗喜行乐"。成都宴饮游乐民俗的一大特点，就是宴饮、歌舞、游乐、集市、庙会等往往相互结合，五代、北宋时期更形成了春季倾城出游、全年大部分收入及大部分时间皆用于游乐的"遨游"民风。宋代韩琦《故枢密直学士礼部尚书赠左仆射张公神道碑》记载"蜀风尚侈，好遨乐。公（张詠）从其俗，凡一岁之内，游观之所与夫饮馔之品，皆著为常法，后人谨而从之则治，违之则人情不安"②。

　　蜀中宴饮游乐风盛由来已久，至隋唐时期进一步发展。《隋书·地理志》称蜀中"女勤耕作，而士多自闲，聚会宴饮，尤足意钱之戏"。五代至北宋初人孙光宪在《北梦琐言》中记载唐代蜀中风俗称"蜀之士子莫不沽酒，慕相如涤器之风也"③，唐代张籍《成都曲》诗称"万里桥边多酒家，游人爱向谁家宿"，方干《蜀中》诗称"游子去游多不归，春风酒味胜余时"，皆是当时风尚的反映。蜀中宴饮，不仅在家中及酒楼等场所宴饮，尤喜游宴。北宋《太平广记》记载，唐玄宗天宝末年，剑南节度使崔圆与幕僚将校数百人各备舟船游城南大江，"初宴作乐，忽闻下流数十里，丝竹竞奏，……须臾渐近，楼船百艘，塞江而至"④。由此可见当时成都游江宴饮的规模庞大，而且游江宴饮时亦要以音乐相伴，以至于游江的民间百艘楼船"丝竹竞奏"声闻数十里。

　　前、后蜀时期，蜀中社会安宁、经济高度繁荣，宫廷民间日日宴饮、醉生梦死。北宋张唐英《蜀梼杌》载前蜀后主王衍即位之后"惟宴游是好"，又大兴土木修建了"穷极奢巧"的宣华苑，"数于苑中作长夜之饮"。《锦里耆旧传》记王衍还于大内"开酒肆食店"。王衍不满足于宫中御园游春赏花，举行盛大的春游浣花溪游宴活动，彩船画舫绵延十里，成都市民亦倾城出动。《蜀

---

① 《宋史》卷二五七《吴廷祚传》。
② （宋）韩琦：《安阳集》卷五《故枢密直学士礼部尚书赠左仆射张公神道碑》，台北商务印书馆1986年版。
③ （宋）孙光宪：《北梦琐言》卷三，中华书局2002年版。
④ 《太平广记》卷三〇三《神十三》。

梼杌》记乾德五年四月,王衍"游浣花溪,龙舟彩舫,十里绵亘。自百花潭至万里桥,游人士女,珠翠夹岸"①。春游浣花溪赏花游宴的成都民俗自此相传,迄于当代。《资治通鉴》梁贞明五年下记载蜀主王衍:"奢纵无度,日与太后、太妃游宴于贵臣之家,及游近郡名山,饮酒赋诗,所费不可胜纪。"②统治者宴饮游乐无度,民间游乐之风受其引导而大盛。《花间集》收录前蜀宰相韦庄《河传》描述当时成都民间游乐情形:"春晚,风暖,锦城花满,逛杀游人。……锦里,蚕市,满街珠翠,千万红妆。"③《太平广记》记载:前蜀富商赵雄武以卖大饼起家,后来"累典名郡,为一时之豪富"。赵雄武在家中设宴邀请贵族官吏宴饮,"事一餐,邀一客,必水陆具备,虽王侯之家,不得仿焉"④。后蜀承继前蜀游乐之风,宋代景焕《野人闲话》记五代后蜀时期"每春三月、夏四月,有游浣花、锦浦者,歌乐喧天,珠翠阗咽。贵门公子,华轩彩舫游百花潭,穷极奢丽"⑤。《蜀梼杌》记载后蜀时期"蜀中久安,赋役具省,斗米三钱"。在此背景下,"村落间巷之间,弦管歌声,合宴社会,昼夜相接"。北宋初张咏《悼蜀诗》称"蜀国富且庶,风俗矜浮薄,奢僭极珠贝,狂佚务娱乐。虹桥吐飞泉,烟柳闭朱阁。烛影逐星沉,歌声和月落。斗鸡破百万,呼卢纵大噱。游女白玉珰,骄马黄金络。酒市夜不扃,花市春渐作。禾稼莫云连,执绮淑气错"⑥。

到了宋代,蜀地的宴饮游乐之风继续兴盛不衰,成都更为全国之冠。《宋史·地理志》记载蜀中民间每年"所获多为邀游之费,踏青、药市之集尤盛,动至连月"⑦。苏东坡《和子由蚕市》诗也称"蜀人衣食常苦艰,蜀人游乐不知还。千人耕种万人食,一年辛苦一春闲。闲时尚以蚕为市,共忘辛苦逐欢欣"。元代费著《岁华纪丽谱》记载"成都游赏之盛,甲于西蜀,盖地大物繁,而俗好娱乐。凡太守岁时宴集,骑从杂沓,车服鲜华,倡优鼓吹,出入拥

---

① (宋)张唐英著,王文才、王炎校笺:《蜀梼杌校笺》,巴蜀书社1999年版。
② 《资治通鉴》卷二七〇。
③ (后蜀)赵崇祚:《花间集》卷三,上海古籍出版社2005年版。
④ 《太平广记》卷二三四《大饼》。
⑤ (宋)王明清:《挥麈后录·余话》卷一,"中文百科在线",http://www.zwbk.org/zh-tw/Lemma_Show/212431.aspx。
⑥ (宋)张咏:《乖崖先生文集》卷二《悼蜀四十韵》,北京图书馆出版社2004年版。
⑦ 《宋史》卷八九。

导,四方奇技,幻怪百变,序进于前,以从民乐,岁率有期,谓之故事"①。《岁华纪丽谱》等文献记载,宋代成都因民间游宴之风极盛,自北宋初成都太守张咏开始与民同乐并将游乐时间、场所等著为定制,后世历任太守皆从其俗。每岁太守带头游宴自正月初一始至冬至日次日,各种名目的节会、庙会、集市游宴不断,太守亦因之被称为"遨头"。包括正月初一游安福寺塔,正月初二、初三上坟且知府出城置会,正月初五在五门蚕市,上元节五门灯会自十四日至十六日连续三日,二十三日在圣寿寺前蚕市并游万里桥、祥符寺、大智院,二十八日拜笮桥门外保寿侯祠并游净众寺、大智院;二月二日踏青节,先是居民出城郊游,后由官府组织在万里桥一带集中游江并在宝历寺前蚕市,二月八日复在观街药市;三月三日游学射山至真观祈田蚕,三月九日观街药市,二十一日游城东海云寺并由妇女摸石池中求子,二十七日游大西门并在睿圣夫人庙前蚕市,清明前的寒食节由官府置酒近郊祭游魂野鬼、居民扫墓祭祖;四月十九日官府组织游浣花溪,规模盛大;五月五日游大慈寺,买艾购符市辟灾之物并进行各种商贸和游乐,大慈寺"商列贾次,茶炉药榜,蓬占筵专,倡优杂戏之类,坌然其中,以游观之多而知一方之乐"②;六月初伏、中伏、末伏日,太守于江渎庙置会分别与各级地方官员避暑;七月七日乞巧节官府晚宴大慈寺并与民同观锦江夜市,十五日中元节于大慈寺置盂兰盆会解饿鬼倒悬;八月十五中秋节赏月;九月九日在正门附近的玉局观药市,官府在药市内置酒并搭设幕帘棚屋供游观凡三日。

在全年游乐活动中,以二月二日踏青节、三月三日游学射山、四月十九日游浣花溪最为热闹。《壶中赘录》记宋代成都踏青节"蜀中风俗,旧以二月二日为踏青节。都人士女,络绎游赏,缇幕歌酒,散在四郊。历政郡守虑有强暴之虞,……乃于是日自万里桥以锦绣器皿结彩舫十数只,与郡僚属官分乘之,妓乐数船,歌吹前导,命曰游江。于是,郡人士女骈于八九里间,纵观如堵,抵宝历寺桥,出宴于寺内。寺内创一蚕市,纵民交易,嬉游乐欢,倍于往岁,薄暮方回"③。三月三日游学射山至真观,官宦士人射箭娱乐,普通百姓买祥符祈田蚕。宋代黄休复记载三月三日游学射山至真观"倾城士庶、四邑居民,

---

① (元)费著:《岁华纪丽谱》,《巴蜀丛书》第一辑,巴蜀书社1988年版。
② (清)嘉庆《华阳县志》卷三九引张溥《寿宁院记》。
③ (宋)陈元靓:《岁时广记》卷一《游蜀江》引《壶中赘录》,中华书局1985年版。

咸诣仙观，祈祈田蚕。时当春煦，花木甚盛，州主与郡僚将妓乐出城至其地，车马人物阗喧"①。宋代范镇《仲远龙图见邀游学射》诗自注称"故事，往来皆呈马骑，设射棚，众宾皆射，遣官妓记筹"②。宋代文同《成都府学射山新修祠宇记》记载"成都燕集，用一春为常……，惟此山之会最盛。太守与其属倾城以出，钟鼓旗旆，绵二十里无少缺。都城士女，披珠贝、服锦缯。……上下立列，穷极繁丽，徜徉徙倚，直暮而入"③。四月十九日的游浣花溪活动，始于五代前蜀的大规模春游浣花溪，至宋代成为每年规模最盛大的游乐活动。《成都文类》卷四六载北宋任正一《游浣花记》称"成都之俗，以游乐相尚，而浣花为特盛。每岁孟夏十有九日，都人士女丽服靓妆南出锦官门。稍渐而东行十里，入梵安寺罗拜冀国夫人祠下，退游杜子美故宅，遂泛舟浣花溪之百花潭，因以名其游欤。其日，凡为是游者，架舟如屋，饰以缯彩，连樯齿尾，荡漾波间，箫鼓弦歌之声喧哄而作。其不能具舟者，依岸结棚，上下数里，以阅舟之往来。成都之人于他游观或不能皆出至浣花，则倾城而往里巷阒然。自旁郡观者，虽负饭刍茭之人，至相与称贷易资为一饱之具，以从事穷日之游。府尹亦为之至潭上，置酒高会，设水戏竞渡，尽众人之乐"④。庄绰《鸡肋编》卷上记载宋代成都太守与民春游浣花溪时，"以大舰载公库酒，应游人之计口给酒，人支一升，至暮遵陆而归"。田况《成都遨乐诗·四月十九日浣花溪泛舟》记载"霞景渐曛归棹促，满城欢酒待旌旗"⑤。

成都的蚕市、药市游乐亦热闹非凡。唐末五代著名词人韦庄《河传》词描述"锦里、蚕市，满街珠翠，千万红妆"。由于蚕市极为热闹，引得好游乐的前蜀后主王衍亦与太后太妃及嫔妃们出游。前蜀花蕊夫人《宫词》中就有："春早寻花入内苑，竞传宣旨欲黄昏。明朝随驾游蚕市，暗使毡车就苑门。"陈元靓《岁时广记·鬻蚕器》引北宋张仲殊词描述成都蚕市的游乐情景："成都好，蚕市趁遨游。夜放笙歌喧紫陌，春邀灯火上红楼，车马溢瀛洲"。庄绰《鸡肋编》卷上记载每年成都重阳药市亦规模盛大，持续五日"重九药市，于

---

① （宋）黄休复：《茅亭客话》卷五《鲜于耆宿》。
② 《蜀中名胜记》卷三引。
③ 曾枣庄、刘琳：《全宋文》卷一一〇六《文同九·成都府学射山新修祠宇记》，上海辞书出版社2006年版。
④ （宋）袁说友：《成都文类》卷四六任正一《游浣花记》，中华书局2011年版。
⑤ 冯任、张世庸：《天启新修成都府志》卷三四《艺文志》，巴蜀书社1992年版。

谯门外至玉局化五门，设市以货百药。……五门以下设大樽，容数十斛，买杯杓，凡名道人者皆恣饮，如是者五日云"①。

成都游乐风盛名冠天下，李良臣《铃辖厅东园记》称"成都，西南大都会，素号繁丽。……穷朝极夕，颠迷醉昏，此成都所有也"②。连未曾到过成都的词人柳永，也在所作《一寸金》词中据传闻描述成都"地胜异，锦里风流，蚕市繁华，簇簇歌台舞榭。雅俗多游赏，轻裘俊，靓妆艳冶"③。由此可见宋代成都游乐风之盛。

唐宋时期成都的音乐歌舞盛甲天下，故成都的宴饮游乐皆以音乐歌舞相伴。杜甫《赠花卿》诗"锦城丝管日纷纷，半入江风半入云。此曲只应天上有，人间能得几回闻"，以及《成都府》诗"喧然名都会，吹箫间笙簧"皆是对唐代成都音乐繁盛的生动写照。晚唐时卢求在《成都记·序》中亦记载当时成都"管弦歌舞之侈，……扬不足以侔其半"。前蜀后主王衍和后蜀后主孟昶皆精通音律并有词曲传世，孟昶更被至今流行于我国东南沿海泉州等地及东南亚的传统音乐流派南音奉为始祖，今日丽江的纳西古乐和川西地区流行的道教洞经音乐亦皆源于前蜀广成先生杜光庭的广成南韵，前蜀高祖王建的永陵地宫棺床四周所雕刻的也是24个乐舞伎——我国迄今发现的唯一完整反映唐五代宫廷乐队的图形。北宋初年张咏《悼蜀诗》描述后蜀时的成都民俗"烛影逐星沉，歌声和月落"，南宋陆游《雨夜怀唐安》诗自注称五代时唐安（今崇州）民间音乐风俗极盛"蜀人旧语，谓唐安有宫柳三千，琵琶四千"。宋代成都音乐歌舞仍然极盛，《宋史·地理志》记载以成都为代表的蜀中地区"好音乐，少愁苦"。北宋李良臣《铃辖厅东园记》记载"成都，西南大都会，素号繁丽。……弦索夜声，倡优歌舞，……此成都所有也"。陆游《成都书事》诗称成都"丝竹常闻静夜声"，《晚登子城》诗描述成都"深夜穷巷闻吹笙"。蜀中民俗好音乐，且多与游乐联系在一起。宫廷及达官贵人游乐要以音乐相伴，前蜀花蕊夫人《宫词》描述宫中游乐"梨园弟子簇池头，小乐携来候宴游。试祗银笙先按拍，海棠花下合梁州"。元代费著《岁华纪丽谱》记载宋代成都太守每宴集之时"倡优鼓吹，出入拥导，四方奇技幻怪百变，序进于前"。民间

---

① （宋）庄绰：《鸡肋编》卷上，中华书局1983年版。
② （清）李玉宣：《同治重修成都县志》卷一三《艺文志》，巴蜀书社1992年版。
③ 唐圭璋：《全宋词》第一册《柳永词》，中华书局1965年版，第25页。

游乐亦多歌舞,《宋史·吴廷祚传》记载"蜀俗奢侈,好游荡,民无赢余,悉市酒肉、为声伎乐"。文献中有关唐宋时期成都的游江活动、踏青节、游浣花溪、游寺观及蚕市等,皆有盛大的音乐歌舞活动。酒肆酒坊为了卖酒,亦有大量声乐歌舞相伴以吸引人们就地消费,从而成为重要的娱乐场所。元代《岁华纪丽谱》引《旧记》记载道士叶法善曾引唐明皇"至成都,市酒于富春坊"。南宋王灼《碧鸡漫志·序》记载成都碧鸡坊的酒肆"皆有声伎,日置酒相乐",以至"满城钱痴买娉婷,风卷画楼丝竹声",歌舞伎们"新翻歌舞劝飞觥",酒客们"日日醉踏碧鸡三井道"①。

成都人喜游乐,因而于城内外广建亭榭园林,遍植名花异木。唐代李德裕《画桐花凤扇赋》记"成都夹岷江矶岸多植紫桐"②。宋代黄休复《茅亭客话》记载前蜀后主王衍时"广开池沼,创立台榭,奇花异木,怪石修竹,无所不有,署其苑曰宣华苑。其公相勋臣,竞起第宅,穷极奢丽"③。北宋张唐英《蜀梼杌》记载后蜀后主孟昶统治时期,"蜀中百姓富庶,夹江皆创亭榭游赏之处,都人士女,倾城游玩,珠翠绮罗,名花异香,馥郁森列",《漫叟诗话》记载:"蜀主昶令罗城上尽种芙蓉,盛开四十里,语左右曰古以蜀为锦城,今观之真锦城也。"④成都亦因之得名"蓉城"。宋代成都的海棠、梅花盛名天下,陆游《成都行》诗称"成都海棠十万株,繁华盛丽天下无"。《梅花绝句》诗称"当年走马锦城西,曾为梅花醉似泥。二十里中香不断,青羊宫到浣花溪"。在唐宋诗文中,记载蜀地园林常种花木有海棠、梅花、芙蓉、菊花、芍药、栀子、蜀葵、丁香、莲荷、郁金香、牡丹、山茶、月季、桂花、白玉兰、宝相花、木棉花、虞美人、松树、柏树、柳树及多种观赏竹,等等,种类繁多。

蜀中游乐之风如此盛行,土地肥沃、民勤耕作是其重要基础。《宋史·地理志》记载蜀中"民勤耕作,无寸土之旷"。苏东坡《和子由蚕市》诗称蜀人"千人耕种万人食,一年辛苦一春闲。闲时尚以蚕为市,共忘辛苦逐欢欣"⑤。田况《成都遨乐诗·八日大慈寺前蚕市》诗亦称"蜀虽云乐土,民勤

---

① (宋)王灼著,岳珍校正:《碧鸡漫志·序》,巴蜀书社2000年版。
② 《成都文类》卷一。
③ 《茅亭客话》卷八。
④ (清)沈雄:《古今词话》上卷《唐词话·孟昶洞仙歌》引,上海古籍出版社2009年版。
⑤ (清)王文诰辑注:《苏轼诗集》卷四,中华书局1982年版。

过四方。寸壤不容隙，仅能充岁粮。间或容坠烂，曷能备凶痒。所以农桑具，市易时相望。野氓集广廛，众贾趋宝坊。敦本诚急务，戒其靡怠常"。从总体上看，蜀人在经历一年艰辛之后再共逐欢欣，反映了蜀人热爱生活、追逐幸福的生活态度及将休闲游乐与商贸劳作相结合的生活方式。成都作为唐宋时期经济持续高度繁荣的大都市，在物产丰富、经济繁盛的基础上，加上传统民俗的影响和统治者的倡导，形成了盛甲天下、最具蜀地民俗特点的宴游民俗。

此外，文献记载川西北高原的党项羌人和嘉良夷皆好音乐歌舞。《隋书·党项传》记载党项羌人"有琵琶、横吹、击缶为节"。《隋书·附国传》记载嘉良夷"好歌舞，鼓簧，吹长笛"。川东僚人和川南"蛮"人则主要击铜鼓歌舞。

五、商贸习俗

（一）集市贸易

唐宋时期，巴蜀地区随着经济的发展，商业贸易日益繁盛，在各州县城镇皆有专门的商贸街区"市"。成都作为巴蜀经济中心和商贸中心城市，市井繁华。北宋刘锡《至道圣德颂》称成都"列肆云罗，珠贝荧煌于三市"[1]。北宋李良臣在《钤辖厅东园记》中亦记述道成都"……奇物异产，瑰琦错落，列市而班市"[2]。

据文献记载，唐宋时期成都有东、西、南、北市等大型商贸物资集散地，交易品既有本地出产的各种绢帛布匹等丝麻纺织品和服装、蜀麻等原料、纸张及陶瓷器等百货用品、农业及医药历法等书籍，也有从其他地区乃至海外贩运来的食盐、香药、海货及珍宝，并有奴婢等买卖。市内有专门销售某类商品的商店，如茶楼、酒肆或酒坊、食肆等。唐宋集市往往将同类商品集中进行交易，因而出现了许多专门商品的交易集市。如在成都就有以买卖蚕具和桑苗、农具、花木果草药等为主的"蚕市"，以买卖药物为主的"药市"，以奇珍珠宝、手工业品交易为主的"七宝市"，出售香药的"香市"，交易锦帛的"锦市"，买卖道家辟邪驱灾桃符的"桃符市"，专门销售灯、米、酒、花果、扇

---

[1] （明）杨慎辑，刘琳、王晓波点校：《全蜀艺文志》卷四五宋刘锡《至道圣德颂》，线装书局2003年版。
[2] 《全蜀艺文志》卷三四。

子的"灯市""米市""酒市""花市""扇市"等。许多集市按照季节进行贸易,宋代赵忭《成都古今记》记载宋代成都的季节市按照一年十二个月分为十二个集市期:"正月灯市,二月花市,三月蚕市,四月锦市,五月扇市,六月香市,七月七宝市,八月桂市,九月药市,十月酒市,十一月梅市,十二月桃符市。"①

在蜀地城乡还有隔日定期举行贸易的集市,如同感冒咳嗽间日复发,称为"咳市"。这种间日一集的集市,据唐代陈溪《彭州新置唐昌县建德草市歇马亭并天王院等记》记载,始于三国蜀汉诸葛亮时,"昔武侯以蜀脞脆,故令邻邑翊日而市,意在习其筋力,而俟之征徭"②。其中,唐昌草市规模宏大,届期四方州县数万居民汇集于此进行交易,为我国唐代最具代表性的大规模定期集市。此种集市习俗,一直沿袭至现代。

在巴蜀其他一些地区,还有专门交易茶叶、食盐、布帛、矿产品等商品的乡村集镇交易集市"草市",纸张生产地有"纸市",临江渔村有"渔市"等。一些建于交通要道的规模较大的草市,除了有定期集市外,市内还建有固定的店铺、酒肆、茶房、旅舍等商业经营场所。在一些城郊、乡村还有小型农副产品交易点,称为小市。陆游《入蜀记》记载"黎明,至长河堰,亦小市也,鱼蟹甚富",《长木夜行金堆市》诗亦有"小市买酒"句。集市交易的时间,有清晨的早市、全天交易的日市、夜间交易的夜市。集市交易时人们往往借机游乐。而在经济较为落后的偏远山区,商品交易仍处于以物易物的初级市场阶段,人们往往只是以少量农副产品、纺织品及矿产品等随处进行小规模交易。唐代韦处厚在《驳张平叔粜盐法议》中记载当时山南西道境内(辖境约当今四川绵阳、广元及陕西汉中等地)"不用见钱。山谷贫人,随土交易。布帛既少,食物随时。市盐者或一斤麻,或一两丝,或蜡或漆,或鱼或鸡,琐细丛杂者,皆因所便"③。唐代元稹在《钱货议状》中也记载"自巴以外,以盐、帛为交易。黔、巫、溪、峡,大抵用水银、朱砂、缯丝、巾帽以相市"④。

(二)蚕市

西蜀地区的各种商贸集市,以每年的"蚕市"规模最大且持续时间长。

---

① 李勇先等编:《宋元地理史料汇编》第一册《成都古今记》,四川大学出版社2007年版。
② 《全唐文》卷八〇四。
③ 《全唐文》卷七一五。
④ 《全唐文》卷六五一。

元代费著《岁华纪丽谱》记载宋代成都城内一月和三月在多个地方举行多次蚕市。蚕市的得名，"盖蚕丛氏始为之，俗往往呼为蚕丛"。据宋代黄休复《茅亭客话·鹭龙骨》记载，宋代成都府及其周边属县就有15处蚕市，每年轮流举办。届时，人们不仅进行农桑蚕具等商品贸易、祈求田蚕丰收，同时进行大规模的游乐活动。其中，正月五日午门的蚕市从白日直至夜间，热闹非凡。宋代田况《成都遨乐诗·正月五日南门蚕市》咏"齐民聚百货，贸鬻贵及时。乘此耕桑前，以助农续资。物品何其伙，琐碎皆不遗"。陆游《丁酉上元》诗称："鼓吹连天沸五门，灯山万炬动黄昏。"陈元靓《岁时广记》引张仲殊词："成都好，蚕市趁遨游。夜放笙歌喧紫陌，春邀灯火上红楼，车马溢瀛洲。"①

（三）药市

唐宋时期西蜀的药市规模也很盛大，又次于蚕市。药市的时间或在春季，或在七月、九月进行。李焘《续资治通鉴长编》大中祥符三年（1010）三月辛巳下记载"川峡每春州县聚游人货药，谓之药市"。江少虞《宋朝事实类苑》记载"益州有药市期，以七月七日四远皆集，其药物多，品甚众，凡三日而罢，好事者多市取之"。江南绍兴的灯市规模宏大，士人认为可与成都药市相比"（绍兴开元寺）岁正月畿望为灯市，傍十数郡及海外商贾皆集。玉、帛、珠、犀、名香、珍药、组绣、髹漆之器，山积云委，炫耀人目，法书、名画、钟鼎、彝器、玩好奇物亦间出焉，士大夫以为可配成都药市"②。

（四）庙会集市

商贸活动还常与庙会结合，使原本为祈福的庙会同时成为大规模的集市贸易。范成大《骖鸾录》记载"岳市者，环皆市区，江浙川广，种货之所聚，生人所须，无不有"③。《夷坚丙志》记载"青城道会时，会者万计，县民往往旋结屋山下，以鬻茶果"④。据《岁华纪丽谱》记载，成都正月二十三日举行的全年第二次蚕市在圣寿寺前举行，《方舆胜览》记载寺内有蚕丛祠，显然此次蚕市与向蚕丛祈福的庙会相结合。

（五）对外远程贸易

蜀人历来重视对外商贸，随着唐宋时期蜀中经济的高度繁盛，除了本地

---

① 《岁时广记》卷一《鬻蚕器》。
② （宋）江少虞：《宋朝事实类苑》卷五九《百药枕》，台湾源流出版社1982年版。
③ （宋）范成大：《骖鸾录》，中华书局2004年版。
④ （宋）洪迈：《夷坚丙志》卷四四《饼店道人》，燕山出版社1997年版。

集市贸易的兴盛外，对外商贸亦进一步繁荣。文献记载宋代蜀中商贸风俗，无论官员、士子、商人皆纷纷经商，将大量商品运往各地谋利。《宋史·樊知古传》记载"蜀中富饶，罗纨锦绮等物甲天下，言事者竞商榷功利。又土狭民稠，耕种不足，由是兼并者益籴贱贩贵以规利"[1]。《宋会要辑稿·食货》载"士大夫之贪黩者为之巨艘西下，舳舻相衔，捆载客货，安然如山"；"往时不过蜀人之赴举者为之，继而蜀士之游宦江湖、召赴中都者，或未免循习。其后，东南士大夫仕于蜀者，归途亦多效之。而把挥持节者抑有甚焉"[2]。商贸风俗的兴盛，形成了水陆商品货运高度繁忙的景象。宋代黄休复《茅亭客话·虎盗屏迹》记载蜀中陆路"岁贡纲运，使命商旅，昼夜相继，庐舍骈接，犬豕纵横，虎豹群盗悉皆屏迹"[3]。宋代苏德祥《新修江渎庙记》记载西蜀商品自成都城南大江通过水运航道外运的情况，称"顺流而下，委输之利，通西蜀之宝货，传南土之泉谷。建帆高挂则越万艘，连樯直进则倏逾千里。为富国之资，助经邦之略"[4]。宋代每年官府从成都漕运的大量布匹在荆南府（今湖北境）专门修建的中转地沙市布库点交给上京官员，而蜀中商人也因之以沙市作为商贸转运口岸地，以至于后来在荆南沙市的商人几乎皆为蜀商。陆游《入蜀记》记载"沙市堤上居者，大抵皆蜀人，不然则与蜀人为婚姻者"，而且还有专门的"蜀人修船处"。

蜀地自古便与南亚、东南亚地区商贸往来密切，唐宋时期蜀中商人往西南至永昌郡、东南赴钦州与当地少数民族商人及印缅、大秦、交趾客商等贸易，将大量产自南亚和东南亚的象牙、犀角、琉璃、珠宝、香药等商品贩运至蜀地，同时又将蜀地的绢帛、茶叶、金银制品、纸笔等物贩运至永昌、钦州互市。唐代释惠洪《冷斋夜话》卷一记载"南人谓象牙为白暗，犀为黑暗，故老杜诗曰：'黑暗通蛮货'"[5]。唐宋时期成都为我国重要的香药集散地，有专门的药市卖香药，其中大多数香药皆来自海外，唐末五代杜光庭《谢允上尊号表》记载唐代成都大秦寺"其门楼十间，皆以珍珠翠碧贯之为帘"[6]。赵标

---

[1] 《宋史》卷二七六。
[2] （清）徐松：《宋会要辑稿·食货》一八，中华书局1957年版。
[3] （宋）黄休复：《茅亭客话》卷一。
[4] （明）杨慎：《全蜀艺文志》卷三七。
[5] （宋）释惠洪：《冷斋夜话》卷一，上海辞书出版社2000年版。
[6] （前蜀）杜光庭：《广成集》卷二，中华书局2011年版。

《蜀郡故事》记载大秦寺"盖大秦国多璆琳、琅玕、夜光璧，水道通益州永昌郡，多出异物，则此寺大秦国人所建也"[①]。

六、交通习俗

（一）水运

唐宋时期巴蜀地区的交通包括水路和陆路。根据唐宋时期有关巴蜀地区的许多文献记载和诗文描述，水路交通工具包括客货兼运挂有云帆的大型远航楼船、专供水上游乐的楼船和画舫，也有犹如一叶飘落水中的小型扁舟、竹排等。峡江是巴蜀货物水运出川的唯一主航道，船体宽大的吴船大多不敢进入航道狭窄、水流湍急的峡江，出川货物主要依靠船体较窄的蜀船。据唐代王周《峡船具诗序》记载，当时航行于峡江的蜀船，状如浮叶，船身上置樯、帆，以艄公掌舵，人们以木桨、竹篙划水撑船，船首系竹索以为牵引之用。在宋代夏珪所绘《巴船出峡图》中，船工还将船桅放倒作为船艄。此种巴蜀木船及行船习俗，在川江地区直至近代仍然沿用。同时，巴蜀地区亦制造百尺大船，据《旧唐书·河间王孝恭传》记载，隋朝时夔州已建造高百余尺的"五牙"大舰。《唐鉴》卷三记载唐贞观二十二年（648）强伟等人在夔州用蜀人"伐木造舟舰，大者或长百尺，其广半之"[②]。

三峡地区江流湍急，船工撑船多高歌壮行，从而形成了风格豪迈的三峡船歌——川江号子。北魏郦道元《水经注》转录有一首最古老的三峡船歌："巴东三峡巫峡长，猿鸣三声泪沾裳。"唐代李肇《唐国史补》记载："蜀之三峡，最号峻急，四五月尤险，故行者歌之。"

（二）陆运

在陆路上，巴蜀地区主要以马、牛、驴、马车、牛车、独轮车为交通工具，在唐宋诗文、绘画、出土文物中多有反映。唐末五代时，蜀地还出现了舒适宽大且行驶如飞的平底马车，《清异录·器具》"流星辇"条记载前蜀王衍"荒于游幸，乃造平底大车，下设四卧轴，每轴安五轮，凡二十轮。牵以骏马，其去如飞"。巴蜀地区的道路包括宽广平缓的官道和田间、山野小路，道路路面在唐代仍为泥土路面，至宋代在城镇道路及郊外官道上往往铺设青砖或

---

① 《能改斋漫录》卷七引赵标《蜀郡故事》。
② （宋）范祖禹：《唐鉴》卷三，上海古籍出版社1984年版。

厚石板作为路面。《宋代蜀文辑存》收录范谟《砌街记》记载，范成大任职四川时，见成都大城和少城繁华，然除北宋初年成都府尹张咏所甃二千余丈青砖路面外，余皆泥土路面，夏秋雨后泥泞，成为人行往来之患。范成大出官资甃14条街道，"以丈计者三千三百有六十，用甃一百余万"①。考古发现表明，宋代成都城内道路亦采用石板铺设路面，使用时间长者一直沿用至明清时期。巴蜀其他城镇，亦多用石板铺设路面，范成大《吴船录》记载眉州城"遍城悉是石街，最为雅洁，前守王阳英昭祖所作也"②。这种路面，在巴蜀地区宋代城镇考古发现中屡见不鲜。官道在山谷河岸崖壁处多凿崖通路，以圆木置崖壁形成飞梁，梁上铺木板架设为栈道。其中，剑州大剑镇至梁州西县的金牛驿道，为汉中入蜀必经的要道，沿途多栈道，极为艰险，成为蜀道难的代表。唐代张文琮《蜀道难》诗描述此段道路"飞梁架绝岭，栈道接危峦"。岑参《与鲜于庶子自梓州成都少尹自褒城同行至利州道中作》诗中称"栈道笼迅湍，行人贯层崖，岩倾劣马通，石窄难容车"。大诗人李白"蜀道难，难于上青天"堪称绝唱。直至唐文宗时金牛道扩建工程后，此段道路行路难的问题才得以缓解。在河流沟壑上，则多架设传统的笮桥和绳桥，或修建木廊桥、石拱桥等桥梁。虽然唐宋时期桥梁修建技术已经较为发达，但简易的竹藤笮桥仍随处可见，即使在成都至宋代仍然沿用。《太平寰宇记》记载成都"笮桥去州西四里，名夷里桥，以竹索为之，因名笮桥"③。在青城山下，有架木桩为桥柱的大型悬索绳桥。范成大《吴船录》记载："将至青城，再度绳桥。每桥长百二十丈，分为五架。桥之广，十二绳排连之，上布竹笆，攒立大木数十于江沙中，辇石固其根。每数十木作一架，挂桥于半空，大风过之，掀举幡然。大略如渔人晒网，染家晾彩帛之状。又须舍舆疾步，从容则震悼不可立，同行皆失色。"④类似的笮桥、绳桥，在巴蜀地区普遍存在。

（三）运输工具

人们运输物资除使用交通工具外，官私皆大量使用人力以担子、箩筐等肩挑及背篓背负进行搬运。在山区，人们则主要用背负的方式背运农作物、商品、柴火、水等。三峡地区的背水桶较为特殊，桶底有三足以便放置，连酒

---

① 傅增湘：《宋代蜀文辑存》卷七三，北京图书馆出版社2005年版。
② （宋）范成大：《吴船录》卷上，《范成大笔记六种》，中华书局2002年版。
③ 《太平寰宇记》卷七二。
④ 《吴船录》卷上。

也亦背着卖，陆游《入蜀记》记叙途经三峡时，见"妇人汲水，皆背负一全木盎，长二尺，下有三足，至泉旁，以杓挹水，及八分即倒坐旁石，束盎背上而去。大抵峡中负物，率着背，又多妇人，不独水也。有妇人负酒卖，亦如负水状。呼卖之，长跪以献"。

川西地区人力搬运多用背篓。图为行走在古栈道上背背子的羌民

七、行旅习俗

（一）住店、投宿

唐宋时期，为了接待因公往还的官宦、差役，各地官府在城镇、官道上建有大量驿馆，提供食宿。同时，为了方便商旅、行人往来吃住，官府和私人还在城镇、官道上建有大量旅舍邸店，在乡村亦有村店、小道途中有野店，村舍民居有时也成为行旅投宿之地。

唐宋时期蜀中经济发达，商贸活动频繁，邸店业十分兴盛。北宋欧阳修《新五代史·王衍传》记载前蜀后主王衍时，太后太妃"于通都大邑起邸店，以夺民利"，反映出当时邸店业利润丰厚，以至于皇室亦参与到该行业中牟利。文献记载宋代官、私邸店业皆十分兴盛，官府设有专管官邸店的机构，官员、富室亦争相开设邸店。为了满足商旅存货需要，一些邸店还设有专门的仓库供客商临时存货。

除了驿馆、邸店等专门的行旅接待场所外，寺庙也往往成为人们投宿歇息之地。文献记载唐宋时期巴蜀地区的寺庙往往设有接待香客、旅客的客房，有时即使官员也前往寺院投宿，北宋范成大《吴船录》记载自己就曾"晚宿蜀州城外圣佛寺"。同时，寺院还为香客、游人、旅客提供宴饮服务，文献记载宋代成都的许多著名寺院皆成为游乐的官宦、民众举行午宴和晚宴的场所。

（二）题记、行纪

唐宋时期，行旅中的官宦、士人、商旅多喜于投宿地、游览地作题记。北宋张唐英《蜀梼杌》记载，前蜀后主王衍咸康元年"九月，衍与母同祷青城山，宫人毕从，皆衣云霞之衣。……太妃太后谒建铸像，及丈人观、玄都观、金华宫、丹景山至德寺，各有所唱和，诗刻于石"①。宋代李畋《该闻录》记载"伪蜀少主季年，游豫无度。时徐贵妃姊妹皆有文词，善应制，各赋诗留题丈人观"。《蜀梼杌》等文献还记载荒淫而好微服私游的前蜀后主王衍，甚至在游览灌县玉垒山后，以自己为蜀国第一人，索笔于娼楼题记"王一来去"，成为后世讽刺荒淫君王的题材。至宋代，不仅文人雅士喜好题记，如苏东坡、陆游、黄庭坚、范成大等皆常于所游历之地题记以抒情怀、志岁月。民间亦有题记之风。据文献记载，题记风俗，尤以蜀人为盛。陆游《入蜀记》第三记载"七日，往庐山，小息新桥市，盖吴蜀大路，市肆壁间多蜀人题名"。擅文词的蜀中女性也好为题记，文献记载前蜀花蕊夫人（多误为后蜀花蕊夫人）不仅在位时好游历并题诗于游观之所，即使在亡国后还在押解北上途中于葭萌驿壁题写下著名的《采桑子》词。江少虞《宋朝事实类苑》卷三九载《凤栖梧词》亦记："蜀路泥溪驿，天圣中，有女郎卢氏者，……题于驿舍之壁。其序略云：'登山临水，不废于讴吟，易羽移商，聊纾于羁思，因成凤栖梧曲一阕，聊书于壁，后之君子览之者，无以妇人切弄翰墨为罪。'（词略）"②由此可见蜀人题记风尚之盛。

宋代文人自北宋欧阳修开始，兴起了以日记形式作行纪之风，如陆游的《入蜀记》记载由故乡会稽山阴县（今浙江绍兴市）乘船赴夔州（今重庆奉节县）上任途中见闻，范成大的《吴船录》记载由成都府尹任上奉诏乘船由岷江入长江至苏州沿途见闻，皆为当时代表性行纪著作。

（三）赶早

为了在较早的时间内到达出行目的地，五代时期人们已有五更起床简单用饭后赶早出行的风俗，宋代更为常见。陆游《早发新都驿》诗称"喔喔江村鸡，迢迢县门漏。河汉纵复横，繁星明如昼"。《马上》诗称"灯前薄饭陈盐虀，带睡强行出江堤。五更落月移树影，十月清霜侵马蹄。荒陂唱唱已度雁，小市喔喔初鸣鸡。可怜万里觅归梦，未到故山先自迷"。

（四）远游

唐宋时期，蜀人有好远游的风尚。文献记载，李白在青年时期为寻访仙迹遍历西蜀名山，后来又遍历天下名山大川，留下了许多脍炙人口的千古绝唱。

---

① 《蜀梼杌》卷下《前蜀后主》。
② 《宋朝事实类苑》卷三九。

五代前蜀时期，前蜀后主王衍酷好远游，常与太后太妃游历成都附近名山、寺观赋诗，曾多次北巡远游至岐陇，造二十轮平底大车与众嫔妃同乘出游，沿途旌旗绵延百里、声色歌舞不绝。至宋代，出现了诸如郫县人张愈等痴迷山水旅游者。宋人罗大经《观山水》记载：成都郫县人张愈乐于山水之游，兴致起时，"虽数千里辙尽室往，遂浮湘、沅，观浙江，开罗浮，入九疑，买石载鹤以归"①。苏东坡好游历，一生之中几乎走遍了大半个宋室的名山大川，写下了许多著名的游记名篇。此种游历风尚，在宋代文人中颇为普遍，游历的目的主要为开阔眼界、增长知识。苏辙在十九岁时作《上枢密韩太尉书》，对其欲游历天下的道理进行了详细阐述，堪称宋代论游历之道的代表作："太史公行天下，周览四海名山大川，与燕、赵间豪杰交流，故其文疏荡，颇有奇气。……辙生十九年矣，其居家所以游者，不过邻里乡党之人，所见不过数百里之间，无高山大野可登览以自广；百氏之书虽无所不读，然皆古人之陈迹，不足以激发其志气；恐遂汩没，故决然舍去，求天下奇闻壮观，以知天地之广大。过秦汉之故都，恣观终南、嵩、华之高，北顾黄河之奔流，慨然想见古之豪杰。至京师，仰观天子宫阙之壮，与仓廪、府库、城池、苑囿之富且大也，而后知天下之巨丽。见翰林欧阳公，听其议论之宏辩，观其容貌之秀伟，与其门人贤士大夫游，而后知天下之文章聚乎此也。"②在宋代，蜀中之青城、峨眉备受游历令官宦文人推崇，诸如陆游等更深入岷山欲穷究江源之地。

（五）饯行、送别

出门远行时，唐宋时期巴蜀地区与我国其他地区一样，有置酒饯行、送别的风俗，亲朋好友有赠钱作为路费的习俗，官宦士人则有赠诗词为同僚、好友送行的风俗，这在唐宋诗文中多有描述。蜀中风俗尤重送别，友人有千里送别者。范成大《吴船录》记载其由成都任上奉旨回故乡苏州时，友人闻讯纷纷前往送别"四十里宿新津县，成都及此郡送客毕会邑中，借居僦舍皆满，县人以为盛。戊寅，为送客住一日，饭罢发遣令各归，留者尚十五六。新津县廨上雨傍风，无一宽洁处，送客贪于相送，欢然竟日，忘其居之漏也。……辛巳，招送客燕于眉山馆，与叙别。……蜀中送客至嘉川归尽，独杨商卿父子、

---

① （宋）罗大经：《鹤林玉露》丙编卷三《观山水》，中华书局2005年版。
② 吴楚材：《古文观止》卷一一《上枢密韩太尉书》，中华书局2008年版。

谭季壬德称三人送至此，逾千里矣，乃为留一宿以话别。"①蜀中情侣送别，亦以诗词相赠表达情意，宋代周密《蜀娟词》记载"传一蜀妓送行词云：'欲寄意，浑无所有，折尽市桥官柳。看君著上征衫，又相将放船楚江口。后会不知何日又，是男儿，休要镇长相守。苟富贵，无相忘！若相忘，有如此酒。'亦可喜也"②。

（六）远行求吉

远行途中危难艰险多难预测，平安成为人们最关注的问题。于是，黄帝元妃嫘祖被人们奉为行神予以祭祀，以求旅途平安吉祥。北宋丁度《集韵》记载"黄帝娶于西陵氏女，是为嫘祖。嫘祖好远游，死于道，后人祀以为行神"。嫘祖本为蜀山氏叠部落女（西周金文中嫘祖的嫘作"孅"，北魏时奉嫘祖为先蚕神而改写作"嫘"，故地在茂县叠溪），为古蜀人蚕丛氏祖先，汉代因其地为蚕丛陵葬之地置蚕陵县，北魏时将蚕陵误作西陵（北魏郦道元《水经注》官本"蚕陵"刻作"西陵"），故后世将嫘祖称为"西陵氏"。蜀中供奉蚕丛氏为蚕桑神，神名号"雷垍"，即"嫘祖"同音异写。祀嫘祖为"行神"的习俗不见于蜀中每年祈蚕事的活动中及商旅人等途中祷神的记载，当主要流行于好远游的官宦士人及商贾之中。

宋代蜀中还有途中祷神问卜求吉的习俗。宋代蔡绦《铁围山丛谈》记载"长安西去蜀道有梓潼神祠者，素号异甚。士大夫过之，得风雨送，必至宰相；进士过之，得风雨则必殿魁。自古传无一失者"③。梓潼神原本被祀为雷神，在这种传说背景下，便逐渐演变为主管士人功名的"魁星"。宋人刘昌诗《芦浦笔记》卷四《草鞋大王事》记载蜀道上有一千年古树，往来行人多于树下歇息更换草鞋。一些人将旧草鞋挂于树枝上，日久之后树枝上挂满了旧草鞋。后来人们在树下问卜心事常应验，遂被敬奉为草鞋神。一位应举士人路过时见状，于树上刻"草鞋大王某年月日降"等字，返回时见已立起四柱小庙，三年后变成宏大祠庙，当地百姓传草鞋大王灵验无比。士人托梦请神示前程，次夜见告将登第为官之事，后应验。这一故事反映出人们在出行途中普遍有祈祷神明问卜解惑的习惯，因而好事者的行为有时也被不明真相的人们奉为神示

---

① 《吴船录》卷上。
② （宋）周密：《齐东野语》卷一一，中国文史出版社2009年版。
③ （宋）蔡绦：《铁围山丛谈》卷四，中华书局2006年版。

而演变为一方神灵崇拜习俗。①

（七）旅行工具

旅行途中，有乘坐抬轿、翻山专用的山轿及梯轿（今称"滑竿"）的习俗。抬轿通常为二人轿及四人轿，大者有六人轿。洪迈《夷坚乙志·王祖德》记载成都人王祖德监邛州作院，由秦州昼夜兼程回归邛州时即乘坐六人抬轿："一卒抱胡床从外入，汗流彻体，曰：'作院受性太急，自秦州兼程归，凡四昼夜抵此，将至矣。'俄而，六人荷一轿至"②。范成大《吴船录》记载其奉诏回苏州出川归途中，与同行在翻山时乘坐山轿和梯轿："余以健卒挟山轿强登，以山丁三十夫曳大绳行前挽之，同行则用山中梯轿"③。

为了帮助行走，蜀中流行使用手杖的风俗，其中西蜀邛崃山所产筇竹杖享誉全国，受到王公贵族、官宦士人的喜爱。《司马温公文集》记载北宋宰相司马光十分喜爱筇竹杖："平日游园，常策筇杖"④。周密《齐东野语·吴郡王冷泉画赞》亦记载吴郡王游山使用筇竹杖："一日，王竹冠练衣，芒鞯筇杖，独携一童，纵行三竺、灵隐山中。"⑤

在川西北高原地区，文献记载附国、嘉良夷、东女国等皆以牛皮船为渡河工具。《隋书·附国传》记载："嘉良有水，阔六七十丈，附国有水，阔百余丈，并南流，用皮为舟而济"。《旧唐书》记载东女国"其王所居曰康延川，中有弱水南流，用牛皮为船以渡"⑥。

（八）旅行规则

在行程之中，宋代颁布了全国性的公共交通规则。《宋史·孔承恭传》记载宋太宗时，应孔承恭的奏请，诏令京师及各州县于要道处插挂刻写或于岩石上镌刻"贱避贵，少避长，轻避重，去避来"的律文，⑦巴蜀地区遵从此规则。

---

① （宋）刘昌诗：《芦浦笔记》卷四，中华书局1986年版。
② （宋）洪迈：《夷坚乙志》卷二〇，燕山出版社1997年版。
③ 《吴船录》卷上。
④ 《司马温公文集》卷一二，中华书局1985年版。
⑤ 《齐东野语》卷一〇。
⑥ 《旧唐书》卷一九七《东女国传》。
⑦ 《宋史》卷二七六《孔承恭传》。

八、尚武习俗

唐宋时期，西蜀地区因受儒学影响，崇尚文学；巴人故地受传统尚武习俗的影响，仍然以武相尚。在川西北高原，附国、嘉良夷、党项羌、白狗羌皆崇尚武力。《隋书·附国传》记载附国"俗好复仇"；嘉良夷"政令系之酋帅，重罪者死，轻罪罚牛。人皆轻捷，便于击剑。漆皮为牟甲，弓长六尺，以竹为弦"；白狗羌"地本氐羌，人尤劲悍，性多质直，工习射猎"。《隋书·党项传》记载党项羌"俗尚武力，无法令，……各为生业，在战阵则相屯聚"。

九、收养义子

文献记载唐五代时期流行拜认义父子风俗，许多达官贵人、军队将领皆拜认王公贵胄、上级官员为义父，同时自己也收认大量义子。五代前蜀开国皇帝王建在唐僖宗时任宫廷禁军神策军校尉，就曾拜统领禁军的神策军使田令孜为义父，自己亦同时收养有义子。后来王建领兵入剑南东西二川，在长年征战中共收认义子（假子）120人，并以其义子为军事核心而定鼎霸业，建立了前蜀。

十、凿齿习俗

文献记载僚人有于成年或婚配前凿齿的习俗，为一种成人礼。《太平寰宇记》记载戎州风俗"蛮僚之类，……椎髻跣足，凿齿穿耳"[①]，又记邛州、雅州风俗"邛、雅之夷僚，……长则拔去上齿"[②]。也有以凿齿治病的习俗，《新唐书·南平獠传》记载"乌武蛮，地多瘴毒，中者不能饮药，故自凿齿"。由于凿齿俗盛，以致僚人中凿齿者众多，《续资治通鉴长编》卷二七〇收录熊本奏疏记载宋军镇压南平僚人"所获首级多凿齿者"。

[①] 《太平寰宇记》卷八八。
[②] 《太平寰宇记》卷七七。

第三节 婚丧礼仪习俗

一、婚姻习俗

汉晋时期,四川盆地内的汉人受中原礼仪制度的影响,婚姻已逐渐采用由父母做主、媒人说合,具纳彩、问名、纳吉、纳征、请期、迎亲等六礼,同时重奢侈的习俗。魏晋南北朝时期,由于战乱影响,为达到快速成婚的目的,民间婚配多不遵六礼制度,唯尚奢侈不变。

至唐代,唐王朝再度规定自亲王以下至庶民百姓,婚姻皆必须遵守六礼。由于唐宋时期巴蜀地区的汉人皆基本遵行朝廷婚姻礼仪,婚俗与中原和江南等地无明显差异,只是奢侈之风依然盛行。在实际生活中,除官宦士人家庭基本守六礼外,庶民百姓往往将问名和请期合并到行纳彩、纳征礼时。迎亲时,新郎乘车迎娶新娘并将之载归,乡人邻里要于途中阻挡婚车(称"障车"),邀新人酒食以为戏乐。新郎亲自迎娶新娘完婚后,婚姻最后确立,女子须从一而终。若新郎未亲迎新娘,即使完婚,丈夫死,妇人亦可改嫁。当结为夫妻的六礼完毕,新娘须于次日行"谒舅姑"成妇礼拜见公婆。届期,新娘须于天未明时起床,梳洗打扮干净,戴上新妇笄簪,穿上日常服装,至"舅姑"(公婆)寝门前候见。天明时舅姑开门并入正位见新娘,新娘要行四拜之礼为舅姑敬献枣、粟及酒、干肉等以示孝养老人,舅姑要回敬新娘两杯酒以示接纳,然后新娘按长幼依次拜见家中亲戚,礼毕则新娘正式成为家庭主妇。至第三日,新娘要下厨做饭菜。

按照唐宋法令规定,良家可以纳妾,妾的身份须为良家女,妾可买卖。文献记载巴蜀地区在南北朝时豪族多蓄姬妾,入唐以后蜀中官员、富人多在蜀中纳妾,因而民间亦盛行卖女为妾。文献记载成都著名的浣花夫人任氏即为西川节度使崔宁之妾,《新唐书·李德裕传》记载,蜀中"多鬻女为人妾"。五代前后蜀时期,蜀中官员更是纳妾成风,《九国志·前蜀列传》记载前蜀时期曾任眉州、彭州刺史的王宗翰"好蓄姬妾,后庭珠翠常百余人"[①]。至宋代,许多官员、富室皆纳妾。

此外,宋代四川还流行赘婿风俗,即贫家子弟入赘女家为婿。入赘者因本

---

① (宋)路振:《九国志》卷六《前蜀》,上海古籍出版社1995年版。

身无财产，入赘后须更姓从女家姓或将女家姓加在本姓之前，从而成为女家人并可继承女家财产。由于该风俗往往致使贫家女子至老不能出嫁，因而受到官府禁止。

川西北高原的嘉良夷，实行一夫多妻制及收继婚制，《隋书·附国传》记载"妻其群母及嫂，儿弟死，父兄亦纳其妻"。

二、丧葬习俗

在丧葬习俗方面，由于唐宋时期蜀中风俗信鬼神，对丧葬之事颇多禁忌，民间守丧者甚少。《隋书·地理志》记载蜀中风俗"好祀鬼神，尤多忌讳，家人有死，辄离其故宅"。《旧唐书》记载至唐代仍然是"蜀土俗薄，畏鬼而恶疾，父母病有危殆者，多不亲扶持，杖头挂食，遥以哺之"[1]。在文献记载中遵从朝廷礼制以守丧闻名者，皆为官宦、士人，蜀地民间多不守丧。

北宋初，针对巴蜀以及荆楚地区的这一风俗，宋太祖在乾德四年（966）、开宝元年（968）和开宝二年，先后三次下诏严禁，但仍然未能完全禁止住这一民俗，以至于宋太宗太平兴国八年（983）只好下诏废除川峡地区民间因祖父母、父母尚在而别立家室分财产者处以死刑的禁令。据宋代吴处厚《青厢杂记》记载宋太宗时张詠知成都府，"有杀耕牛避罪亡逸者，公许其首身。拘母十日，不出，释之。复拘其妻，一宿而来"[2]。这种轻大家重小家、薄孝道厚妻室的民风，在巴蜀乡村一直长期延续。

唐代巴人有击鼓、歌舞以祭先祖和举丧的习俗，行土葬、崖葬或于山林置屋舍陈放。《夔府图经》记载，"巴氏祭其祖，击鼓为祭"，"夷事道，蛮事鬼。初丧，肇鼓以道哀，其歌以号虎，其众必跳"[3]。唐代张鹭《朝野佥载》记载巴人后裔五溪蛮葬俗"五溪蛮，父母死，于村外阁其尸，三年而葬，打鼓路歌，亲属宴饮舞戏，一月余日。尽产为棺，于临山半肋凿龛以葬之。自山上悬索下柩，弥高者以为至孝，即终身不复祭祀。初遭丧，三年不食盐"[4]。此种于临山半肋凿龛置棺的葬俗，在考古学上属于崖墓葬类型。在重庆石柱、丰都的龙河沿岸唐宋五溪蛮活动故地发现有53处900座唐宋崖墓，为人工开凿于崖

---

[1] 《旧唐书》卷六五《高士廉传》。
[2] （宋）吴处厚：《青厢杂记》卷一〇，上海书店1985年版。
[3] （唐）樊绰：《蛮书》卷一〇引《夔府图经》，中国书店出版社2007年版。
[4] （唐）张鹭：《朝野佥载》卷二，三秦出版社2004年版。

壁上的长方形纵穴式或横穴式崖墓，墓内置木板制作的船形棺①。《隋书·地理志下》记载左人丧俗"无衰服，不复魄。始死，置尸馆舍。邻里少年各持弓箭，绕尸而歌，以箭扣弓为节。其歌词说平生乐事，以至终卒，大抵亦犹今之挽歌。歌数十阕，乃衣衾棺殓，送往山林，别为庐舍，安置棺柩"②。其丧礼习俗与土家族的"打廪"类似。此外，僚人亦有崖葬习俗，《太平寰宇记》记载泸州风俗"其夷僚则与汉不同，……夫亡，妇不归家，葬之崖穴"③。《舆地纪胜》记载南平军东南百里有"柜崖，往岁多烟雾耳，闻斧斤声，有飞屑随水下"④，所记应为当地僚人于山崖上凿龛置棺，所谓柜崖也就是置有崖棺的山崖。

在川西北高原地区，《隋书·党项传》记载党项羌"人年八十以上死者，以为令终，亲戚不哭。少而死者，则云夭枉，共悲哭之。有琵琶、横吹、击缶为节"。《隋书·附国传》记载嘉良夷"有死者，无服制，置尸高床之上，沐浴衣服，被以牟甲，覆以兽皮。子孙不哭，带甲舞剑而呼云'我父为鬼所取，我欲报冤杀鬼'。自余亲戚哭三声而止。妇人哭，必以两手掩面。死家杀牛，亲属以猪酒相遗，共饮啖而瘗之。死后十年而大葬，其葬必集亲宾，杀马动至数十匹。立其祖父神而事之"。

根据考古发现，唐代巴蜀地区流行单人葬，墓葬多为平面呈长方形的单室券顶砖石墓，墓上以土垒筑成圆形封土，墓室前有甬道，墓室后部有棺台及壁龛，随葬品常见陶瓷生活器具、神将俑、动物俑及金、银、铜、铁、玉器等，官宦士人墓葬中常见石刻墓志。中晚唐时期，部分墓葬墓室中部起肋形券拱，至唐末五代发展为多道肋形券拱并成为当时流行的墓葬形式。唐代中晚期还出现了通过一方迁葬实行夫妻同穴合葬及停丧的习俗。2003年，成都市金沙村"天韵金沙"住宅工地发现有两座唐代中晚期夫妻同穴合葬墓，其中M1为唐大中四年墓，M2为M1墓主人先祖的墓葬。夫妻同穴合葬，因死亡时间前后有差，必须一方迁葬，因而出现了迁葬风俗。又据M1墓志铭记载男主人死于唐大中四年二月二十一，直至当年腊月才归葬于其先祖之茔，停丧时间长达9个

---

① 重庆中国三峡博物馆：《重庆地区的悬棺葬墓和崖棺葬墓》，"重庆中国三峡博物馆网·学术研究·巴渝文化"，http://www.3gmuseum.cn。
② 《隋书》卷三一。
③ 《太平寰宇记》卷八八。
④ 《舆地纪胜》卷一八三。

月①,表明唐代晚期已有"停丧"的习俗。

五代至宋代,夫妻合葬之风盛行,既有同穴合葬也有同坟异穴合葬,墓葬结构也因之既有单室合葬墓也有并列双室乃至三室、四室的同坟异穴合葬墓。由于夫妻合葬通常需要有一方停丧择期入葬或迁葬,有时停丧时间极长。停丧习俗在文献中也有反映,研究者认为是受当时堪舆风水术盛行的影响而形成②。

五代两宋时期的墓葬,除了日常生活用双耳罐、四耳罐、碗、盘、盆、钵、杯、粉盒等陶瓷器及金银铜铁玉器外,受道教的影响,还流行用石刻或陶瓷镇墓神将、生肖神人、神兽等随葬,以起到为墓主人辟邪、宜子孙的作用,如前蜀永陵、后蜀和陵、节度使孙汉韶和张虔昭墓中的神将石刻及宋墓中常见的神将石刻或陶瓷俑,宋墓中常见的象征"左青龙、右白虎、前朱雀、后玄武"的龙、虎、鸡、龟四灵陶俑或石刻,伏听俑、"地精"俑、人首蛇身或猪首人身以及怪鸟之类神怪俑,等等。五代前蜀时期,出现了用替代墓主人真身的"石真"雕像放置在墓内,以期为生者延年益寿、为死者辟邪的风俗。前蜀永陵中的王建真容石像为目前最早发现的实例,宋墓中常见的墓主人像陶瓷俑亦属同类遗存。为了保护墓主人免受鬼魅侵扰、造福子孙、世代与天地共存,宋代巴蜀地区墓葬中还常见买地券及道教灵宝派的"炼度真文"镇墓石刻。为了墓主人能在阴间继续享受富裕生活,墓葬中往往还随葬文武官吏、文士和武士俑、男女侍从俑以及家畜家禽陶俑,个别墓葬中还随葬房屋建筑及假山园林模型。受佛教文化的影响,五代后蜀时期,成都地区的部分砖石墓还在棺台前部砌建壶门作为装饰。

两宋时期,受佛教文化影响,巴蜀地区还出现有少数火葬砖室墓,墓葬形制通常为长约1米、宽0.5~0.6米左右的小型长方形砖室墓,包括单室及多室并列、品字形布局的墓葬。骨灰撒放于棺台之上或以骨灰罐盛装,随葬品包括日常生活用器、文武官吏俑、文士和武士俑、男女侍从俑、家禽家畜俑及买地券等或仅有少量生活器物。

---

① 成都文物考古研究所:《成都市金沙村唐墓发掘简报》,《2004成都考古发现》,科学出版社2006年版。
② 雷玉华:《唐宋丧期考——兼论风水术对唐宋时期丧葬习俗的影响》,《四川文物》1999年第3期。

第四节 信仰习俗

一、神仙信仰

唐宋时期巴蜀道教神仙信仰盛行,成都被认为是"神仙所聚之处",青城山被奉为"神仙都会府所",巴蜀地区的资州、涪州、昌州皆多神仙、仙迹,蓬州"多神仙隐士",阆州"多仙圣游集",果州"唐以神仙、浮屠显"[①]。帝王官宦祈神仙消灾祛祸,普通百姓求神仙赐福禳灾。道法派道士适应这一社会需要,专门以符箓、斋醮祈禳为事,替人治病除瘟、消灾祛难、驱妖镇邪、度亡济死乃至施法呼风唤雨、召神役鬼。同时,道教炼养术亦深受人们追捧。唐宋时期巴蜀地区流行自汉晋以来通过服食金丹灵药炼养求得长生成仙的外丹修炼术,故唐宋时期外丹派道士多贩卖丹药、行黄白之术。晚唐五代至宋代,又逐渐兴起通过以意念引导修炼人体内的精、气、神获得长寿成仙的内丹炼养术。文献记载北宋苏辙曾患肺病,久治不愈,后来通过练"道士服气法"而痊愈。

二、俗神信仰

巴蜀民间存在众多世俗神灵,俗神信仰盛行。各地皆为各种俗神大修灵祠,其中既有全国性俗神也有地方性俗神。如长江江神(全国性江河神,四渎之首,建江渎祠)、东岳神(全国性山岳神,五岳之首,建东岳庙)、天公(天神信仰,建天公坛祷水旱之灾)、梓潼神(神名张亚,南北朝时为地方雷神,宋代成为全国性文昌帝君)、大禹神(全国性始祖神暨镇水神)、蚕丛神(巴蜀始祖神暨蚕桑神)、马头娘(蜀中蚕桑神之一)、城隍(全国性信仰)、玉女神(巴蜀盐井神)、三使者神(宋代巴蜀地方性主吉凶神灵)、劈海揭帝神(宋代西蜀地方神之一)、金马碧鸡神(动物神),等等。其中,凡前朝功臣名贤皆往往为之修建灵祠乃至生祠,以求神佑。文献记载前蜀皇帝王建就在各地为神仙、帝王、圣人、先贤等大修灵祠,《蜀中广记》记载宋代蜀中"凡守之贤者,蜀人必为建祠或绘其像,天下名镇未是有也"[②]。如祀战国

---

① 李敬洵:《四川通志》第三册,四川大学出版社1993年版,第313~314页。
② 《蜀中广记》卷五八。

晚期秦国蜀守李冰及其子二郎神、战国将军巴蔓子、西汉蜀郡守文翁、汉末巴郡太守严颜、三国蜀汉君臣、唐代名臣陈子昂、宋初成都府尹张咏、北宋捐资救灾存活灾民十万的蓬溪人李洪，等等。宋代苏恽《灵泉圣母堂记》记载，隋朝开皇时青城县人褚信相（米姆）在灵泉县洛带镇山上参修佛法，后因施粥救济饥病民众而闻名。去世后，人们于其故居建米姆院祠祀（唐宋时期成都城内亦建有"信相院"祀之）。唐宣宗时重建，更名圣母院。前后蜀时期，传米姆"于人救旱乘时，灼示为霖之兆"，成为享誉百里的祈雨之地。至宋代，四方民众"告雨祠下皆获祥应。后动越两蜀，……列郡县镇凡属愁旱，奔来千里，请祷于前"①。这种现象反映出巴蜀民间具有泛神灵信仰的特征，凡传为灵应的神灵，民众皆趋之若鹜，顶礼膜拜。

三、笃信祥瑞

巴蜀民间还笃信祥瑞。在此民俗背景下，以平民起家的前蜀皇帝王建借助祥瑞吉兆作为巩固统治的重要手段，因而各地祥瑞之事纷出不断。宋代欧阳修《新五代史·前蜀世家》评述称"呜呼，自秦汉以来，学者多言祥瑞，虽有善辩之士，不能去其惑也。予读《蜀书》，至于龟龙麟凤驺虞之类，世所谓王者之嘉瑞，莫不毕出其国，异哉。然考王氏之所以兴亡成败者，可以知之矣。……麟凤龟龙，王者之瑞，而出于五代之际，又皆萃于蜀，此虽好为祥瑞之说者，亦可疑也"②。各种祥瑞毕出于蜀，除了统治者的特殊需要和臣民的迎合之外，也反映出巴蜀地区民间有着浓厚的信仰祥瑞的社会风俗。宋代霍交《游海云寺唱和诗》亦记载"成都风俗，岁以三月二十一日游城东海云寺，摸石于池中，以为求子之祥"③。唐宋时期，道教和佛教在巴蜀地区高度兴盛，除了统治者的提倡和神佛信仰外，最重要的社会基础就是民众信仰祥瑞的心理，人们求神拜佛最主要的目的也是为了祈求神佛保佑、赐予吉祥，使人能够逢凶化吉、家道兴旺。

---

① 《成都文类》卷三二。
② 《新五代史》卷六三。
③ 《成都文类》卷九。

四、尊崇佛道

随着道教和佛教在巴蜀地区的兴盛,民间信徒众多,各州县道观、佛寺遍布城乡,官宦民众赴寺观烧香许愿捐款献物者络绎不绝。尤其是佛教在名山、要道广泛开凿石窟、摩崖造像,官宦、士民、商贾等信众亦纷纷造像供奉,以求佛祖菩萨保佑吉祥。同时,佛道寺观纷纷作为世俗文化和娱乐、商贸场所,从而佛道庙会往往吸引成千上万的民众,赴寺观供奉烧香求神拜佛并参加娱乐商贸的庙会活动遂成为重要民俗。清嘉庆《华阳县志》卷三九引宋人张溥《寿宁院记》记载:"成都大圣慈寺,居阛阓之腹,商列贾次,茶炉药榜,蓬占筳专,倡优杂戏之类,垒然其中,以游观之多而知一方之乐,以施与之多而知民生之给也。"

五、崇尚巫鬼

文献记载巴蜀地区俗重巫觋和鬼神。唐代杜甫在旅居夔州时曾作《戏作俳谐体遣闷》诗,有"瓦卜传神话"之句。王洙注"巫俗击瓦,观其文(纹)理分析,定吉凶,谓之瓦卜"。《蜀梼杌·前蜀后主》载前蜀大臣顾在珣上后主王衍的《十在文》,自称"每为巫觋,以玩圣明",反映出前蜀时民间巫觋盛行,以至于宫廷亦受其影响而盛行巫觋之风。宋代张方平《傅求神道碑》记载"蜀土俗薄,畏鬼而恶疾",《宋史·侯可传》称"巴俗尚鬼,……惟巫言是用",《宋史·地理志》记载"涪陵之民尤尚鬼俗",唐代樊绰《蛮书》卷一〇引《夔府图经》记载"夷事道,蛮事鬼",《邵氏闻见后录》记载"夔峡之人,岁正月十百为曹,设牲酒于田间,已而众操兵大噪,谓之养乌鬼"[①]。《太平寰宇记》记载渝州"边蛮界乡村有獠户",其风俗"父子同讳,夫妻共名,祭鬼神以祈福也"[②]。正是在"巴俗尚鬼"的民俗背景下,"鬼城"才得以在唐代出现于丰都并广为传播。巴蜀民间笃信鬼神,因而巫师亦大行其道,以至北宋早期朝廷曾屡次下令禁止巴蜀地区的巫师活动。《宋史·太宗本纪》记载,宋太宗太平兴国六年(981)曾下诏,"禁西川诸州白衣巫师"。《续资治通鉴长编》卷九四记载宋真宗朝又下令,禁止"兴、剑、利等州、三

---

① (宋)邵博:《邵氏闻见后录》卷一九,中华书局1983年版。
② 《太平寰宇记》卷一三六。

泉县白衣师邪法"。

在川西北高原的党项羌人则崇尚天神,《隋书·党项传》记载党项羌"三年一聚会,杀牛羊以祭天"。川西南山地的东蛮则崇尚巫鬼,其首领亦称"鬼主"。《新唐书·两爨蛮传》记载勿邓部落的乌蛮和白蛮"大部落有大鬼主,小部落有小鬼主",两林、丰琶部落亦有"鬼主",其中势力最大的两林部落首领因被推举为东蛮各部落盟主而被尊为"都大鬼主"。

六、班春祈丰收

文献记载蜀中在宋代有"班春"习俗,每年立春前一日先由乡民用泥土塑一只泥牛献给官府,立春日在地方官主持下官民先祭祀泥牛,然后纵民肢解泥牛,民众争先抢夺牛泥带回家中放置在农具或蚕器上以祈丰收。

第四章

元明清时期的巴蜀民俗

持续达半个多世纪的宋元战争，使四川盆地内的经济文化遭受巨大损失。曾经长期高度繁荣的四川，到处一片荒芜景象。经过元、明两代300多年发展，四川盆地的经济文化才得以逐步恢复。然而，明末清初的战争再次使四川盆地的经济文化遭受重创。两次大的战乱，导致四川盆地原住居民几乎消失殆尽。随着改朝换代及大批移民由各地入川，在耻旧俗倡新风和怀恋乡俗的背景下，移风易俗成为主流，原有民俗风尚发生巨大变化。元代揭傒斯《彭州学记》称元朝平定四川后"土著之姓，十亡七八。五方之俗，更为宾主。治者狃闻袭见，以遗风旧俗为可鄙，前言往行为可陋"。元末宋濂记述"元有天下已久，宋之遗俗变且尽矣"[①]。元末戴良《旌表金氏义门记》亦说"宋亡垂八十载，故家旧俗日就湮没，而流风遗韵之存者寡矣"[②]。各地移民带入的民俗在四川盆地并存发展、在碰撞中融合，从而形成了以移民文化为主要特色的四川民俗文化。由于战乱，典籍散失，有关元、明两代四川民俗的记载资料极为罕见，相关民俗情况所知甚少。至清代乾嘉以来史料记述渐多，故乾嘉以来至于清末四川盆地的民俗文化面貌较为系统翔实。由有关记载可知，明末清初的移民大潮对清代四川盆地民俗文化的形成影响巨大。

世居川西高原及盆地周边地区的藏羌彝系统各民族和土家等民族，基本保持其原有民俗文化传统。随着与内地汉区文化交流的日益频繁和大量汉、蒙、满、回等民族人口的迁入，该区域的民俗文化不同程度地受到了汉、蒙、满、回等民族民俗文化的影响。清代中晚期封建统治者推行"汉化"政策，使邻近汉族聚居区的各民族的民俗文化受到了汉族民俗文化的强烈影响，清道光《茂州志·风俗》就记载"近来番夷归州日久，饮食服物冠婚丧祭渐与汉民等矣"[③]。迁入川西高原及盆地周边民族地区的各族移民，在与当地各民族杂处的过程中，亦受到当地民族的民俗文化强烈影响。同时，区域内的部落迁徙亦

---

① （明）宋濂：《文宪集》卷一九，上海古籍出版社1991年版。
② （元）戴良：《九灵山房集附补编》卷一二，中华书局1985年版。
③ 阿坝藏族羌族自治州档案馆藏书。

较为频繁,从而导致局部区域民俗文化随着居民的变化而发生变化。各民族在该区域的共同生产生活过程中,形成了多元民俗文化并存与融合发展的格局。

第一节 生产习俗

一、农牧副业生产习俗

(一)农牧副产品

根据文献记载和文物图案,元明时期四川盆地民间普遍种植水稻和黍、稷、麦、粟、菽、蜀秋、荞、粱、小麦、鹅掌稗等谷物粮食及胡豆、豌豆、黄豆等杂粮,瓜、茄、芋、笋、藕、萝卜、蕨、茹、荸荠等数十种蔬菜,姜、葱、蒜、花椒、茱萸、苜蓿等调料,桃、李、梨、杏、梅、柑橘、柚子、枇杷、荔枝、樱桃、绿葡萄、石榴、芭蕉等各种果品,棉花、桑蚕、麻、茶、油菜、甘蔗、烟草、桐油、土漆、白蜡、青靛、竹等经济作物,饲养水牛、黄牛、马、骡、猪、羊、狗、鸡、鸭、鹅、兔等家畜家禽,并盛行养鱼、狩猎、捕捞、采药等。玉米(苞谷、玉麦、玉蜀黍、芋栗)、红薯(红苕)于明万历年间引种入四川,至清代乾隆年间开始广泛种植,嘉庆、道光年间马铃薯(洋芋)亦在四川逐渐大量种植。在川西高原地区,畜牧业占据重要地位,人们主要饲养牦牛、黄牛、犏牛、马、猪、羊、狗、鸡等家畜家禽,同时种植部分青稞、大麦、小麦、荞麦、胡豆、豌豆等粮食。清代乾隆、嘉庆年间玉米、马铃薯亦相继传入川西高原地区,在岷江上游、大渡河上游、安宁河流域的河谷及部分高半山地带逐渐得到广泛种植。此外,清代嘉庆、道光年间,红薯在安宁河流域亦有大量种植。

元明清时期,水稻已经成为四川盆地最主要的粮食作物。据文献记载,元明时期四川盆地已有众多水稻品种。据元代郭翼《雪履斋笔记》记载,仅"偶录"的峨眉县稻谷品种就有青秆粘、黄秆粘、广安粘、盖草粘、柳条粘、黄泥粘、泡头粘、老鸦谷、毛香谷、白莲谷、荷苞谷、鱼眉谷、冷水谷、还了债、弯刀谷等15种粘谷,红糯、芝麻糯、救公饥、白糯、猪脂糯、花谷糯、老来红、虎皮糯、尖刀糯、鸭子糯等10种糯谷。明代天启《成都府志》记载成都有六月熟、晚稻、香秔、白米粘及早稻多种,有粳糯、秔糯各2种。到清代,水稻品种进一步丰富,形成了粳稻、籼稻、糯稻三大系列产品,仅籼稻品种就超过30种、糯稻品种亦在20种以上。如籼稻品种有金线、王瓜、洗耙、鼠牙、银金钗、沙子、花壳、香稻、七里香、薏子谷、盖草黄、麻早、苗谷、干谷、毛香、毛谷、姬谷、安林、白连、银条粘、黄泥粘、黑泥粘、大叶粘、桂阳粘、麻粘、沙粘、岩粘、旱稻等；糯稻有柳条糯、乌节糯、矮子糯、弯刀糯、红糯、白奄糯、虎皮糯、猪油糯、江西糯、三百颗、矮子糯、白金早、花壳糯、红壳糯、响谷糯、拖铃糯等。偏远的石柱厅还出产一种独特的香稻，曾被作为贡米进贡，故又称"皇米"。据乾隆《石柱厅志》记载，此种香稻只产于该县悦来乡寺院村的几百亩梯田中央的五块田中，"此米呈阴色，晶亮。煮饭时香气扑鼻，溢四邻。成饭后，如油拌，糍糯胜过糯米"。

元明清时期，四川盆地普遍种植桐树、漆树、蜡树，用以生产桐油、土漆、黄蜡。其中，元代的广元路是全国唯一征收漆课的产地，反映出该区域在元代不仅普遍种植漆树而且规模巨大。竹子种植亦极为普遍，文献记载明代成都府属州县就有慈竹、斑竹、白夹竹、策竹、龙竹、筋竹、紫竹、苦竹、甜竹、观音竹、凤尾竹等10余个品种。据元代王祯《农书》记载，元代棉花种植已传入四川。据四川地方志记载统计，明代四川已有69个州县种植棉花，至清代乾隆中期种棉厅、州、县已达到103个（占当时四川厅、州、县总数的80%）。茶叶种植经宋元战争遭受重创，元代又严禁私自采卖茶叶，故茶叶生产受到抑制。明代为"贮边易马"鼓励发展茶叶生产，川茶生产逐步恢复。明末清初的战争再次使四川各地茶园荒芜，佢至康熙年间生产已基本恢复，至乾隆、嘉庆年间茶叶生产达到高峰且品质优异。清代雍正、乾隆年间，四川已成为全国著名烟草产地，尤以川西地区种植较多。

（二）水稻栽培

据明代杨慎《出秧》记载，明代于清明前后栽种水稻，每年据推测霜止日开始出秧苗："欲出秧苗，必待霜止。每岁推验，若合符节"[①]。清代四川盆地的水稻种植技术已十分细密，据清乾隆时什邡人张宗法《三农记》记载的水稻栽种技术包括11个步骤。一为治秧田：头年拣肥腴，冬间锄土，引水浸土。春天以灰粪水浇之，不生虫，不长草。浸后晒干耕翻，再耕耙浓熟，下秧种则子不陷，又易生发。二为浸种：时间早稻宜清明，晚稻宜谷雨。宜清晨水定风和之时下种，覆以草灰。秧青，引水浸之。三为照田：秧长三四寸，点稿草火

[①] （明）杨慎：《升庵外集》卷一一，台湾学生书局1971年版。

照游田塍，焚其飞蛾，以免逸秧间，发生虫患。四为耕稻田：再耕耙者三，待草、灰、粪沤腐，令水泥相合。五为插秧：芒种前后三日内插者为早。插法以洗净根泥，拣除稗草，以草束小把，量亩拔秧，六根一丛，争耙浑水插之，六棵为一行。六为耥禾：待秧变青之时，以耥耙松禾根，断横根，使苗茂根成。七为耘稻田：耥后数日，以灰粪或饼渣末撒田间，细耘之。再经过烤稻、搁稻、还水、去水，方可收割。八为起禾：用粪尿水浸之灰肥遍撒禾上，以催禾起。九为振禾：以竿压禾顺伏，以免综错，便于收割。十为收获：制拌桶、刈稻、拌稻等。十一为留种：选稻穗佳美者摘收，去其头尾，晒干收藏竹木器内，以备来年使用。

（三）杂粮种植

明代四川普遍于春季种植大、小麦，张瀚《松窗梦语》卷二记载四川"地多二麦，春种大麦黄、小麦穗，皆早于江南月余"[①]。元明时期四川农民种植水稻分早、晚二季，但水稻收割后田地即闲置等待来年再种。为提高土地利用率，清乾隆时四川总督阿尔泰饬令各州县劝谕农民在水稻收割后栽种豆麦，稻田开始大规模复种。同时，张宗法著《三农记》还记载荞麦收割后即种植油菜。四川盆地内川西平原多水田，丘陵地带多水田、山地相间，盆地周边多山地，水田种稻谷，旱地多种玉米、洋芋、红薯等耐旱农作物以及胡豆、豌豆、黄豆等杂粮作物，如道光《仁寿县新志》卷二记载"邑人于沃土种百谷，瘠土则以种苕，无土不宜"。至清代晚期，玉米、洋芋、红薯在许多山区和丘陵县已成为当地农民的主食，栽种遍野。光绪《奉节县志》卷十五记载"苞谷、洋芋、红薯三种，古书不载，乾嘉以来渐有此物。然尤有高低土宜之异。今则栽种遍野，农民之食全恃此矣"。红薯产量高，但忌冷冻，故收获后藏于地窖越冬，道光《内江县志》记载"红薯亩可收数千斤，其利五谷几倍。时山农赖以给食，冬藏土窖，与稻并重，足供数月"。

在耕种方式上，除四川盆地内较为精细外，盆地周边及川西高原山区仍普遍采用刀耕火种，清嘉庆《四川通志·舆地·风俗》记载三峡地区"峡土硗确，暖气晚达，民烧地而耕，谓之火耕"。

在川西高原的藏羌各部落，元明时期仍普遍种植麦、粟等农作物。清代乾嘉时期，随着内地移民的大量进入，玉米、洋芋传入该区域并被大量种植。据

[①]（明）张瀚：《松窗梦语》卷二，上海古籍出版社1986年版。

清代文献和碑刻资料，番羌彝等民族主要种植荞麦、大麦、青稞、燕麦、黍、粟、豆类、玉米、洋芋等作物，采用刀耕火种、轮作休耕的原始粗放方式进行生产。在川西南西昌盆地，亦种植少量水稻。

（四）棉花种植

至迟在明代早期四川局部地方已有规模化的棉花种植，《明太祖实录》记载洪武十三年（1380）叙州、重庆两庶上奏请求当年夏税向民间征收的捐税"愿以布代输为便"[①]，洪武三十年朝廷又派专人"于泸州市棉布往西番市马，凡用布九万九千余匹"[②]，反映当时四川局部地方已大规模种植棉花，因而民间棉布生产已有一定规模。至清代中晚期，四川在广泛种植棉花的基础上已形成了一套春种夏收的种植经验。据道光《蓬溪县志》记载"凡种木棉，以清明节为候，谓之早花。立夏后，谓之迟苊。花有黄、白二种：白花较盛，名为茧壳花，形可高二、三尺，亦有四、五尺，以土之肥瘠别高下。叶形五尖而黄青。性喜热畏寒，三伏雨多天寒棉必坏。其结实谓之核。桃破则花自出。谚云：'头伏看苗，二伏看桃。'头伏苗好，则二伏结桃有望，二伏晴雨宜，则桃必多"。同治《仁寿县志》记载"四月种，八月收。恶秋雨，利种田，亩可二十斤"。

（五）甘蔗种植

元明时期，四川盆地种植甘蔗主要区域为川西涪江流域。清初由福建移民到四川内江的汀州商人曾达一，将福建甘蔗种带到内江种植，并在内江开设糖坊榨糖。因种蔗、榨糖利润高，沱江流域农民大量改种甘蔗，各地糖坊亦相继兴起，沱江流域取代涪江流域成为四川盆地主要种蔗、产糖地。

清代四川种植的甘蔗主要有白、红两种。白蔗又名芦茅蔗、糖蔗，细长皮坚、表皮色白、体硬脆、少水分，含糖量高、主要供榨糖使用，农民种植的甘蔗大多为白蔗。红蔗又名紫蔗、泡蔗，体粗皮薄、表皮色红、体疏松、多水分、含糖量不及白蔗，主要供人生食。甘蔗种植包括五个步骤：一选土（以含水充分的沙质土壤为宜），二整土（在土地上开挖约0.5米深宽的土沟，日晒1~2天待种），三下种（将蔗种顺土沟栽植，施肥后用松土覆盖，待苗高1米许时以土覆垄"上行"），四施肥（下种、上行时施人畜粪或油饼，增加养

---

① 《明太祖实录》卷一三二，上海古籍出版社1992年版。
② 《明太祖实录》卷二五二，上海古籍出版社1992年版。

分），五收获（通常于农历九、十月收蔗，包括砍蔗、割叶、剥梢、留种、打捆、过秤运蔗）。收蔗时，各地糖坊收蔗榨糖。

（六）蚕桑饲养

种桑养蚕为四川盆地传统优势副业，在长期的实践过程中形成了一整套种桑养蚕方法。清道光《绵竹县志》载乾隆初绵竹知县安洪德著《种桑法》："待二、六月初间，天气温和，萌芽将发，拣桑树上之嫩枝，凡系去新发，如指大者砍下，每枝斜砍作数段，止以一尺四、五寸为度，斜插一尺入土，周围用力筑紧成窝。每插一枝，相离不过三尺许。随取水灌透，使窝内积水盈溢乃止。其桑必活。""至每年九月后，将桑枝尽行砍伐，以供烧爨，莫使成树，仅留离地寸许，用粪土厚覆之。次年春间另发新枝，则子少结而叶愈茂，且老幼男妇，随手可采。三年后，桑叶不可用矣。"乾隆《罗江县志》载乾隆初年罗江知县沈潜著《蚕桑说》，分植桑、养蚕、桑蚕筐架制作、蚕房修建、作茧、抽丝六个部分对栽桑养蚕技术进行介绍，尤其对选茧、出蛾、蚕窝、蚕架、蚕房、作茧抽丝等生产环节进行了详细记述。如幼蚕所食桑叶，须干净、新鲜，以新白布刷抹干净并剪碎，用尖竹筷挑匀饲喂。做好蚕窝，是喂好蚕的重要环节。应先用谷草做窝，高宽各二尺许，或以箩筐、木桶，下置微火盆，以竹木棍隔断，上盖衣物或布单，使蚕安全度过二、三眠或大眠。蚕房要保持干燥、明亮且不可透风，若天气晴朗可以开窗，如遇风雨则应立即关闭。如此，蚕丝才能既多又光润。

清代早期，四川盆地养蚕分春蚕、秋蚕、四季蚕三种，以春蚕为主。乾隆六年（1741），大邑知县王酉首次将东部省的山蚕种引入大邑民间，两年便取得成效。

（七）耕牛饲养

耕牛是农业生产的主要畜力，农家皆普遍饲养耕牛。据清嘉庆《什邡县志》载乾隆初年什邡知县史进爵著《耕牛牧养之法》，总结民间饲养耕牛的方法，对耕牛饲养、犁田、休牧、栏房、牛疫等进行了具体介绍。强调四时皆当注意饲养，务必调其饥渴、适其性情，使牛精力充足，耕时方可使用。养牛寒冬时节要覆以牛衣，因水冷草枯致耕牛多不能充腹，"宜用豆粒碎米温粥饲之，壮其肠胃，则牛可耐寒，春初才能力健。故古人又有饭牛之说"。在春末夏初大忙之时犁田，用牛紧，而草尚枯竭，牛腹未饱，难以耕使，要"饲以粥，或盐水拌草及撒盐令食之，以启其口味。夜间宿草最要得力。至夜初乘日未出,用之犁田,随即放牧,巳牌再犁。令之歇息,喂以割来新草。傍晚再犁,随牧之新草。一牛,犁田三次,只可减,不可增"。冬天犁田不可太早太晚,以防竭力。牧放应注意就凉避热,即犁田后须先休息,休息后再牧之青草;泡水不可太冷、太久,因牛犁田用力后肠胃空虚、毛窍疏泄,吃热草则积恶伤胃,久泡冷水易闭塞肌肤;注意饮水,马饮清水、牛饮浊水,牛常饮清水易消瘦。牛的栏房应冬避风雪、夏乘凉风,用大木构建以防盗。靠近人、犬以保安全。应重视耕牛消瘦。发生疫情,应立即离避他所,烧仓房除气味、以药救治。

(八)兴修水利

宋元战争使四川盆地的农业生产遭受严重破坏,致使水利瘫痪。元朝为恢复农桑生产,注重兴修水利。据《元史·食货志》记载,"元有天下,内立都水监,外设各处河渠司,以兴举水利,修理河堤为务",朝廷钦令各地劝农官及知水利者,"巡行郡邑,督农兴水"。都江堰灌区得以大规模修缮改造,通济渠亦获得重修而溉田三百余里。明代中央及各级地方政府皆重视兴修水利,《明太祖实录》记载洪武二十七年(1394),朱元璋"诣天下郡县,督吏民修治水利","凡陂塘湖堰可潴蓄以备旱暵,宣泄以防霖潦者,皆因其地势修治之"①。据有关文献记载,四川盆地各地州县兴修堰渠塘堤,除都江堰、通济渠等跨境大型水利工程由政府和民间共同出资外,中小型水利工程多由民间集资,采取官督民办方式进行,因而各地兴修水利工程皆请地方官主持,订立兴建、维修经费分担和管理分水溉田的条规,甚至设立塘基户负责日常疏浚塘堰工作。据清代文献记载及碑文资料,清代四川各级地方政府进一步加强了对水利的建设、管理工作,制定了一系列水利政策,强化考核、奖励、水利保护和用水管理,各级官吏、绅民甚至僧人皆热心水利,各地兴修水利蔚然成风。除进行都江堰等大型水利工程的岁修外,还新修了大批塘堰灌渠,使农业生产大受其益。每年冬季农闲时节兴修水利,不仅是官民极为重要的农业生产活动,也成为一种例行的生产性民俗。

---

① 《明太祖实录》卷二三四。

二、手工业生产习俗

（一）家庭纺织麻棉丝并行

元明时期，四川民间家庭纺织仍以传统的丝、麻纺织为主，官绅喜衣丝绸锦缎，庶民百姓多着麻布衣。随着明代棉花种植的推广和纺织技术的提高，棉布衣服逐渐普及。明万历《潼川县志》记载"凡广湿坪岭，俱可种棉。秋稼毕时，隙民乃入，男妇夜绩纺登机"。形成了明代民间家庭纺织麻、棉、丝并行的格局，只是民间家庭纺织的布绢多不及官营作坊精细，明嘉靖《洪雅县志》载："其女工则绩麻、纺棉、缫丝，以为布绢，然甚粗恶。正德以前犹自理机杼者，正德以后皆用机匠矣。"至清代乾隆、嘉庆年间，在官府的倡导下，棉花种植得到进一步推广，农村纺棉织布之风日益兴盛。清《高宗纯皇帝实录》记载乾隆时阿尔泰任四川总督后，"饬各属劝谕乡民，依法芟锄，广招织工，教习土人，并令妇女学织"。①如乾隆《屏山县志》记载屏山县"邑尽山地，多产棉花。妇女半以纺织为业"。嘉庆《汉州志》记载汉州出现了"喂猪纺棉，坐地赚钱"的谚语。嘉庆《威远县志》载该县"地多棉花，则民勤纺织"。至清代晚期，棉纺业已经成为四川民间家庭主要副业之一。道光《新津县志》载新津县"男女多纺织，故布最多。有贩到千里外者"。同治《重修成都县志》载成都县纺织的布匹"有白花布、云布、紫花布、棉布"。光绪《叙州府志》记载叙州府所属部分州县"家率织布，灯光机声，闾巷不绝"。光绪《蓬溪县续志》记载蓬溪县"其人勤纺织，布精好"。道光《中江县新志》记载中江县"妇女又能纺织，故织者恒多"。光绪《仪陇县志·舆地志》记载仪陇县"有的农家，虽嗷嗷十口，田不过半亩，而晨夜纺织，子妇合作，衣食悉待给焉。出贾他乡，利虽倍，弗养也，以是安之，鲜有轻去其乡者"。明清时期四川民间棉布纺织，纺纱使用纺车，一手摇轮、一手捏棉条成缕，每人一天可纺纱二两余；织布以手工纺织为主，布幅通常在一尺左右，每人日可织布数尺。棉花采收后，请专门的弹花匠弹棉花，明代弹花者背悬竹弹弓坐弹，清代改为弹花者站立，背悬竹弹弓弹花，使手脚能伸展自如，既降低了劳动强度，又提高了效率。受棉花纺织业的冲击，四川盆地内的苎麻种植面积和麻纺织业逐渐萎缩，但在一些偏远农村、山区仍然继续植麻并织麻为衣。

---

① 《高宗纯皇帝实录》卷七四七，中华书局1986年版。

元明时期，四川盆地民间丝织业仍然较为兴盛，丝绢依然被列为民间重要的纳税产品，但总体上已不复唐宋时期的盛况。经过明末清初战乱，四川盆地人口凋敝，民间丝织业再次遭受巨大破坏，许多织造技术失传。如清嘉庆《华阳县志》记载华阳县"锦坊尽毁，花样无存。今惟天孙锦一种，传为遗制云"。据同治《重修成都县志》记载，蜀锦生产至康熙初年才逐渐恢复，至乾隆、嘉庆时期方重现繁荣。直至清末，四川盆地民间养蚕缫丝及家庭作坊生产丝织产品的风俗依然浓厚。

明清时期，四川盆地东部的土家族继续保持纺织木棉斑布和织麻为衣的习俗，明末清初顾炎武《天下郡国利病书》记载"石柱，邑梅，人织斑布为衣，平茶野麻为布"[①]。据清代地方志记载，川西高原岷江上游的羌族仍然保持织羊毛为毡衫、织苎麻为长衫衣的传统，藏族则普遍织牛羊毛为氆氇、绒、氍、毡毯，彝人则织牛羊毛为毡衣、披风（察尔瓦）、毡袜等。

（二）竹麻草编盛行

元明清时期，四川民间竹编及草编、麻编风俗盛行。据文献记载、绘画资料和考古发现，竹编品种繁多，常见的如凉席、蒸笼、簸箕、筲箕、筷筷、背篓、箩筐、鱼篓、烘笼、竹笼、篾扇、斗笠、竹耙等产品，使用极为普遍。草编和麻编多用于编织草席、草帽、草袋、草凉鞋、草绳、草垫、麻凉鞋、麻袋、麻绳等产品。明清时期，棕叶普遍被用于编制蓑衣、床垫。至清代嘉庆末年，新繁县妇女普遍采摘嫩棕叶，制成棕丝、棕绳编织凉鞋、凉帽。新繁棕编凉鞋不仅穿着"轻便舒适"，甚至"将棕丝黑白相配，编成各种花纹图案，或编制各种花、鸟、鱼、虫附于鞋上"[②]，产品不仅畅销成都周边地区，清末甚至远销至东南亚。新繁棕编很快传入周边一些地区，并增加了书包、桃形扇以及小篮等品种。

在川西高原牧区的藏族，以牦牛毛编织帐篷、绳索、口袋等物。藏、羌、彝等民族还将藤竹编索以建造藤索桥，并编制竹篓、草鞋等物品。

（三）制茶由蒸青向炒青转变

元明时期，四川民间制茶在沿袭传统方法的基础上出现了较大变化。元代川茶制法基本沿袭宋代以来传统，以制末茶、饼茶为主，散茶较少，制作技

---

① （清）顾炎武：《天下郡国利病书》卷七〇，上海科学技术文献出版社2002年版。
② 朱少荣：《新繁棕丝编织工艺简史》，《四川地方史志》1988年第3期。

术为"蒸青",只是更加注重碾磨工具的石质和茶叶品类。至明代,制作散茶成为主流,末茶、饼茶逐渐被淘汰,制作技术以"炒青"为主。明代人喜喝早春芽茶,以采摘时间早、叶片小的芽茶"旗枪"(初芽为"枪",初叶为"旗")为茶叶上品。制作茶叶采取暴晒或炒青(烘炒)方法,以烘焙的茶叶干而不焦、青色不变为上品。在长期实践中,炒青制茶技术日益精良,被民间普遍采用,出现了多种驰名全国的名茶,如川西蒙顶的石花、邛州火井的思安、泸州纳溪的梅岑、峡州碧涧的明月、渠江的薄片、巴东的真香等。明顾元庆《茶谱》记载"茶之产于天下矣,剑南有蒙顶石花,湖州有顾渚紫笋,峡州有石涧明月,邛州有火井思安,……其名皆著。品第之,则石花最上,紫笋次之"[1]。据高濂《遵生八笺·论茶品》记载,各地名茶皆"在谷雨前收细芽,炒得法者,青翠之香,嗅亦消渴"[2]。炒青制茶方法在清代继续沿袭,茶商、茶园主皆不定期雇请专人采茶和制作茶叶,普通茶农亦家庭自己制作茶叶。而专门销往涉藏地区各部的边茶,则制作成茶饼(清代雅安地区制成砖茶),名山等地生产的茶叶味浓,仍最受涉藏地区各部落的喜爱。

(四)烧酒黄酒咂酒香

元初禁止民间私家酿酒,《新元史·世祖纪》记载至元十五年(1278)下令严禁私酒,为首者处死并没收财产,罪及饮者。元世祖"以川蜀地多岚瘴"(岚瘴即烟瘴湿气、风湿病),特别准予"弛酒禁"。至元二十二年(1285)罢除酒禁,听民酿造。因此,四川民间酿酒在元代继续发展,成都的郫筒酒、汉州的鹅儿黄酒、云阳州的云安酒等巴蜀传统名酒得以保持传承。同时,元代官私酿酒皆已使用蒸馏酒技术制酒,源自唐宋的烈酒"烧春"成为白酒类"烧酒"。明代,四川盆地出现了许多前店后坊式的小酒坊及专门代酿酒的作坊"槽坊",只是根据考古发现的泸州老窖、成都水井坊及保存下来的宜宾五粮液酒厂"长发升"窖池等明代酒坊、槽坊遗址,当时的酒坊、槽坊规模皆小,一槽仅能蒸百斤左右酒糟,一个酒坊、槽坊的年产酒量仅有数千斤。至清代,四川白酒生产进一步发展,产生了诸如绵竹大曲、全兴大曲、泸州大曲、杂粮酒等名酒。同时,传统黄酒郫筒酒、仿绍兴黄酒生产的渝酒亦较为有名。

---

[1] (明)顾元庆:《顾氏明朝四十家小说·茶谱》,《苏州博物馆藏善本》第五十七,文物出版社2012年版。

[2] (明)高濂:《遵生八笺》卷一一《饮馔服食笺》,巴蜀书社1988年版。

明清时期，四川盆地民间家庭酿酒风气兴盛，普通家庭皆喜用五谷杂粮私酿醪糟酒作为家人自饮、待客、祭奠用酒，一些地方甚至家家皆自烤白酒。明代乐山人蔡祯的《渔村夕照》诗称"白酒家家熟，黄鱼日日餐"。周询《蜀海丛谈》记载清代晚期蜀中情形"酒则各邑各乡，几于家家皆能烤酒，直是一种最普遍之农民副业。且自烤自饮，以为冠、婚、丧、祭及度岁等事，宴客之用者"①。白酒酿制，早期皆以黄酒蒸熬接取酒露而成，后来方以粮食蒸熟后经拌曲发酵再入甑蒸取。据元朝忽思惠《饮膳正要》记载白酒"用好酒蒸熬取露成"，明初叶子奇《草木子》记载为"用器烧酒之精液取之，……酒极浓烈，其清如水，蒸酒露也"②。明代李时珍《本草纲目》记载烧酒的酿制方法"烧酒，……用浓酒和糟入甑，蒸令气上，用器承取滴露。凡酸坏之酒，皆可蒸烧。近时惟以糯米或粳米或黍米或秫或大麦，蒸熟和曲酿瓮中七日，以甑蒸取。其清如水，味极浓烈，盖酒露也"③。以黄酒"蒸熬取露"自制烧酒的方法，直至20世纪70年代在四川盆地内部分地区仍被保存，川西高原藏羌民族传统上以咂酒煎熬蒸取酒露自制白酒亦属此种方法。

据明代文献，在川东巴州出现了一种以竹根制作的酒注"竹根酒注"。到清代，民间普遍使用以竹筒制作的舀酒量器"酒提子"，以直径大小不等的竹筒根据舀酒计量制作成筒身长短有差的带柄量器（通常制作成可装1两、2两、半斤酒的量筒），流传至20世纪70年代仍在广泛使用，直至逐渐为铁皮制酒提量筒所取代。

明清时期，四川还盛行酿制咂酒，称为"刺麻酒"或"咂麻酒"。据明人王世贞《酒品前后二十绝》诗记载"成都刺麻酒，其法：连槽置瓮中，中插一芦管，使客递吸之，浅则加水，至酒尽，满瓮皆水也，味不能佳，然往往令客至醉，盖眩于新奇耳"④。明代李时珍《本草纲目·酒》亦记载"秦、蜀有咂麻酒，用稻、麦、黍、秫药曲、小罂封酿而成，以筒吸饮"⑤。此种酒在清代文献记载中称为"咂酒"，在四川盆地东部因以藤管咂吸又称"引藤酒""钓藤酒"，道光《忠州直隶州志》称这种咂酒"即郫筒酒之遗"。据清代文献记

---

① 周询：《蜀海丛谈》卷上，巴蜀书社1986年版。
② （明）叶子奇：《草木子》卷三下《杂制篇》，中华书局1983年版。
③ （明）李时珍：《本草纲目》卷二五《谷之四》，中医古籍出版社1994年版。
④ （明）王世贞：《弇州山人四部稿》卷四九，台北伟文图书出版社1976年版。
⑤ 《本草纲目》卷二五《谷之四》。

载,此种咂酒不仅在四川盆地内流行,在今阿坝州、甘孜州、凉山州农区的藏、羌、彝等民族中亦广为流行。清嘉庆李心衡《金川琐记·咂酒》记载"番地无六酒六浆之属,只有咂酒一味,以麦、青稞及黍子、燕麦为之。将稞、麦等入水锅内煮半熟,倒向沙地上曝干,然后拌酒曲,入皮篓内,上用牛羊毛盖暖,数日后闻有酒气再入酒坛,用牛粪封口,惟恐泄气。用时移贮铜瓶"①。综观各地咂酒的制作方法,青稞、大麦、高粱、玉米、荞麦、燕麦、粟、黍等粮食皆可作为原料,经浸泡、蒸煮、摊凉、拌曲、发酵后,封装于瓮坛中半月至月余待饮。其中,每年重阳日制作、装坛后封存一年取用的"重阳酒"口味最佳,亦有封存两年饮用者。

(五)涪沱二江出蔗糖

明清时期,四川民间制糖包括制红糖、白糖和冰糖三种,皆采用传统土法制作。据清代文献记载,红糖制作包括榨汁、过滤、浓缩、冷凝四个步骤。先用牛拉动石辊,将糖蔗压破出汁,通常经三次碾压压尽糖汁。然后将糖汁注入大盆中,加入适量石灰进行中和,过滤出纯糖汁。再将过滤后的糖汁注入大锅煎熬使其浓缩。最后将浓缩的糖汁贮于木桶,等待冷却凝结成饼,即成红糖。由于红糖制作方法简单,且具有较好的养身健体功能,深受民众喜爱,市场需求量大,因而种蔗州县普遍建有作坊生产红糖。制作白糖,则将煎熬后的浓缩糖汁注入漏盆过滤,对过滤后的浓缩糖汁徐徐搅拌,等待冷却成糖清。然后将熬成的糖清注入专制的漏盆中徐徐过滤,滴入漏内的糖清,陈放四五日即结晶成为白糖,色白者曰"上白",色泽较次者为"次白"。冰糖制作,则将煎熬后的浓缩糖汁盛入盆中保温(民家自制冰糖通常加盖棉被保温),经四五日逐渐冷却后即凝结成为冰糖。明代四川制糖业主要集中在涪江流域,清代则以沱江流域为主,尤以内江最为发达。据道光《内江县志》记载,当地制糖作坊,"平日聚夫力作,家辄数十佰人"。制糖工匠技术好者,受雇工资较普通农民可高出十倍:"其雍资工值,十倍平农"。

(六)竹纸楮纸生产忙

元代主要盛行以树皮造纸,江南地区则盛行以竹造纸,但四川仍然主要采用传统的蔡伦法造纸。据元代费著的《笺纸谱》记载"今天下皆以木肤为纸,而蜀中乃尽用蔡伦法。笺纸有玉版,有贡余,有经屑,有表光。玉版、贡

---

① (清)李心衡:《金川琐记》卷四上,商务印书馆1936年版。

余杂以旧布、破履、乱麻为之，惟经屑、表光非乱麻不用"①。明代四川造纸开始主要采用以竹造纸技术，同时仍然流行以楮树皮造纸。竹纸的制造方法，据明代宋应星《天工开物》记载及邛崃市平乐镇芦沟内的明清造纸作坊遗址，先选砍嫩竹（选料）放入水塘中浸泡百日，锤打后洗去青皮（打料），然后放入料池中加生石灰沤浸软化竹料，再投入大黄桶内煮八日八夜，歇火冷却后碾磨竹料成浆，再将竹浆舀入清水池漂洗，尔后舀入大铁锅（篁锅）中加稻草灰煮沸，然后换桶加灰汁反复蒸煮十余日，再将竹浆舂烂成泥（打浆），倾倒入清水槽桶内，最后用竹丝帘抄纸浆（抄纸）。每抄一次为一张，烘干或晾晒干后成为纸。轻抄少许纸浆则成为薄纸，重抄则纸浆较多成为厚纸。四川用楮树皮所造纸张，因纸张莹白而薄，为印刷用名纸。明人谢肇淛《五杂俎》记载："若印好板书，须用绵料白纸无灰者，闽浙皆有之，而楚蜀滇中，绵纸莹薄，尤宜于收藏也。"②

清代四川竹纸造纸技术已较为发达，分书纸和草纸两大类。如夹江、绵竹所造纸张质量优良，为印刷书籍和书画等高级用纸重要生产地；邛崃平乐镇（清代名平落）一带则大量生产草纸，道光《邛州志》记载："成都草纸半平落"，可见其生产规模巨大，至今在芦沟内仍保存有74处作坊遗迹。夹江县在明末已开始生产竹纸，清康熙年间成为四川最著名的造纸地。夹江县生产的宣纸代用纸"夹宣"，以洁白柔软、纤维细密、受墨均匀而成为书画名纸，康熙二十二年（1683）被确定为贡纸。由于造纸用嫩竹，原料来源广、价低廉，加之水源充足，手工制作成本低，可组织家庭生产，因而清代夹江民间造纸风气极盛，除县城有规模较大的造纸作坊进行生产，乡村农民也普遍以之作为常年副业，以致县境内小型造纸作坊星罗棋布。夹江生产的纸除大量本色"夹宣"、对方纸、毛边纸外，还生产颜色多样的虎皮宣、蜡笺、洒金纸、洒银纸、发笺等有色纸。清代绵竹书籍印刷、制桃符年画业兴盛，需要大量用纸，从而推动绵竹造纸业亦十分兴盛。为了保障年画等商品货源供给，画商们往往既经营年画又从事造纸生产，因而绵竹县不仅城内造纸作坊林立，各乡村有许多造纸作坊。咸丰《绵竹县志》记载："竹纸之利，仰给者数万家犹不足，则印为书籍，制为桃符，画为五彩神荼郁垒，点缀年景。"其造纸方法包括砍竹

---

① （元）费著：《笺纸谱》，《巴蜀丛书》第一辑，巴蜀书社1988年版。
② （明）谢肇淛：《五杂俎》卷一二，上海书店2001年版。

（以嫩为佳）、捣竹（多以女工用木棒将竹捶烂）、截竹（将长竹截短）、捆竹（将截短的竹料捆成小捆）、泡竹（以水泡竹至水变黄）、沤浆（用石灰渍浸月余，使竹料变软）、煮竹（入锅火煮七昼夜）、磨竹（用石碾磨将竹料碾磨细烂）、洗竹（用流水将竹料中的石灰洗漂干净）、炸料（用碱水反复煮竹料五昼夜后，再用渍水将碱水退尽）、发料（对竹料发酵，根据气温高低确定时间长短）、踩料（用脚将竹料踩烂成泥浆）、搅拌（用竹竿将竹浆搅拌数百次）、过滤（用细麻布过滤竹浆）、造纸（用漆竹帘抄浆成纸片）、揭纸（将制片逐层揭取）、晒纸（将揭取的纸片经焙笼烘烤和日晒成为纸张）、设色（设置纸张颜色）。绵竹纸张种类丰富，有白大纸、小化连、对方、勾边、卷连、净丹、茶纸、书纸、毛纸、火纸、二标纸、京果等。四川盆地东北部因盛产竹料、木材，造纸原料丰富、价格低廉，亦大量造纸。据清代严如熤《三省山内风土杂识》《三省边防备览》记载，太平、通江、巴州等地因盛产竹木，"取以作纸，工本无多，获利颇易，故处处皆有纸厂"，纸厂所雇造纸工匠"川人过半，楚人次之，土著甚少"，纸厂规模"大者匠作佣工必得数十人，小者亦得四五十人"。

（七）雕版印刷四大帮

宋末元初和明末清初的战乱，使四川发达的雕版印刷业遭受严重破坏，图书几乎损毁遗失殆尽。至清代乾隆、嘉庆年间，四川雕版印刷业得到恢复。同时，"湖广填四川"移民潮促进了四川的商贸和文化交流，并将省外雕版印刷技术和经验传入四川，促进四川雕版印刷业更加兴旺，各地书坊纷纷兴起，逐渐形成了成都帮、岳池帮、重庆帮、绵竹帮四大印刷帮口。刻印书画的工艺流程包括备料、写版（画版）、清版、贴样、刻板、打样、付印、装订。

成都为省会所在地，因而成都帮又称"省帮"，形成于清代乾隆年间，书坊众多，如"文古斋""兴顺斋""经元八大家""文星斋""贤成斋""志古堂""衡文堂"等皆为当时著名书坊。成都帮既有常年雇用数十名工匠刻字印书的大书坊，也有前店后坊的家庭式小坊铺。刻印的书籍种类庞杂，形成了一批流动性刻印工匠及主要为科举考试服务的书铺。不少书铺皆自刻、自印、自销，还有一些书铺从事省际书籍贸易获取厚利（把川版书销往湖广、江浙和广东一带，并将外省书籍转销入川）。

岳池帮形成于明代弘治年间，县内男女老少多精于刻书，刻书成为县境农民的重要副业，因而在城乡形成大批家庭作坊。由于刻书人手众多，岳池帮往往到成都、重庆等大城市承揽大部头书回县，再将刻字任务分包到各户。各户接到刻书任务后往往全家男女老少齐上阵，分工合作。家庭作坊成本较低，刻字工价较成都低三四成，且分包刻字耗时短、家庭世代相传的刻工技艺精，何、周、杨三大家族更是名扬省内外的刻弓大户，深受书主欢迎。岳池帮经营灵活，在县内和成都等地皆开设有刻字铺面承接大部头书及小书、杂书，小书在成都就地刻印，大部头书则送回岳池刻版印刷或请脚夫将书版挑到成都印刷装订。

重庆帮亦形成于乾隆年间，经营规模大。刻印大部头书，多采用转包方法获利。如利用岳池帮价廉、工精、快捷优势，将刻字工作转包岳池帮刻版，然后利用广安产纸张就地印刷成书，再将成品书分销到省内各地及运往省外分装出售。

绵竹帮以刻书印画为主，全县有10余个著名书坊，部分乡镇亦布满书画作坊。绵竹年画驰名全国，故绵竹帮既刻书又印画，且书、画皆重质量，以刻印精细、装订整洁而享誉四方。据道光《绵竹县志》记载，绵竹年画生产高峰时达1200万张，每到销售旺季，"商贩自陕、甘、滇、黔裹银来市易画者，仲冬接踵城南，购运遍及五道百五十余县"。

除了民间刻书，许多寺院亦招工刻印经书。如成都昭觉寺、文殊院、新都宝光寺、梁山（今梁平）双桂堂、马尔康刷经寺、德格印经院等，皆为著名的宗教书籍刻印中心。其中，德格印经院始建于雍正七年（1729），以刻印经书为主，兼刻印历史、医药、小说等书及佛像版画等。所印经书、版画行销四川涉藏地区及拉萨、日喀则、西宁等地，为现存涉藏地区三大藏文印经院之一。其雕版印刷技艺为中国雕版印刷技艺重要组成部分。

刻字的技术分工包括写版、法刀和挑刀。写版由专门工匠或识字刻工担任，负责刻版前在木板上写反笔字。"法刀"由技术较高的刻工担任，负责书版质量关键的前期文字笔画、结构工艺。"挑刀"由年轻熟练刻工担任，在"法刀"工序基础上完成后期雕刻。一块书版往往由两人或三四人按照分工合刻，仅有少数技术高的工匠可独立刻完一块书版。有些刻字工当学徒时学会了写字，但大量学徒不识字，因此写版时将字写好，不识字的刻字工亦能按照笔画完成刻字工作。清代四川的书版仍主要采用雕版制成，仅个别地方采用活字与雕版拼合印制。书版印刷由印刷匠负责，分别使用黑墨印刷的黑刷子和使用红色笺纸印刷的红刷子两大印刷匠帮派，两帮泾渭分明互不涉足。书籍装订，元明时期多用"包背装"方法，至清代乾隆、嘉庆年间则流行"线装法"。

（八）满江蜀杉造舟船

四川在明代已成为全国造船基地之一，包括载货的橹船和载客的楼船，从事造船、修船的工匠颇多。橹船船尾置艄，艄公扳长艄控制船头行进方向，操作轻便，适宜在水流多变与多险滩的河流中行驶。大型货船多为八橹船，由八名水手划桨、一名艄公掌艄，可载数十吨至百余吨货物。楼船大者可载客百余人。四川主要江河沿岸较大的城镇皆有修补船只及建造常用载货木船的场所。重庆、合州、顺庆、阆中、苍溪、泸州、叙州、犍为、乐山、雅安等地皆为大型造船基地，造船用料以杉木为主。据明代杨慎《丹铅总录》记载"船一以杉木为上，取其性轻喜滑燥，木为龙骨尤妙"[1]。明代王士性在《广志绎·西南诸省》中记述"蜀舟甚轻薄，不轻又难为旋转。谚云：纸船铁艄公"。造船用木材"蜀杉"与蜀锦、蜀扇同为四川"古今奇产"。建昌（卫所治地在今西昌）制造的蜀舟所用杉木材质最佳，"其花纹多者名抬山，谓可抬而过山也。此分量稍轻，尺寸较薄，然人以其多纹反爱之。有名双连者，老节无文，似今土杉，然厚阔优，多千百年古木。……深山大林，千百年砍伐不尽"[2]。建昌造船工匠修补船只的技艺精湛，"建人补板，其技精绝，随理接缝，瞠目爪之，莫辨形踪"。

（九）开窑采煤谋生计

四川自明代在部分地方出现掘煤为燃料，至清代已普遍挖掘煤炭作为燃料，其中以川东地区产煤最多。江津与永川的云雾山煤矿、忠州方斗山煤矿和屏山龙桥煤矿皆自明朝开采，至清代进一步繁荣。忠州方斗山煤矿，始由附近农民在农闲时自采，部分自用、部分销售，规模较小。至清代前期，忠州城及附近城镇因打铁、煮酒、熬糖等业发展及市镇人口增多，煤炭交易逐渐兴旺，部分农民转而专门从事挖煤或运煤以维持生计，出现了"忠州石宝寨，下河背煤炭"的民谣。

清代四川采煤分露天采煤和掘井采煤两种。露天采煤挖开地表草皮后即可见煤，故称"草皮煤"。掘井采煤通常采用两种方法：一为梅花井采煤法，又称"梅花吊硐"，为平面挖掘，井口直径1.5米左右，各井口相距50～80米成梅

---

[1] （明）杨慎：《丹铅总录》卷八《物用类》，上海古籍出版社1987年版。
[2] （明）王士性：《广志绎》卷五《西南诸省》，中华书局1981年版。

花形布局，故称"梅花井"。此种采煤井体积小，掘进深度深者千余米、浅者百余米，无运输巷和回风巷，只有小型采煤孔槽。一为山腰凿井法，为于山腰向山腹纵深挖掘，通常掘进20～30米即见煤层。煤井高宽1.3米左右，仅容工人弯腰俯身背拉煤篼爬行其间。由于露天煤矿有限，难以满足大量开采需要，清代中叶在荣县又出现了开掘斜井挖煤。

煤窑开采普遍为三五人联合开采挖掘一个小煤窑，通常搭一草棚为厂址，备置几件挖掘工具、几盏油灯即进行开采，实行挖掘、运输分工合作，彼此相互照应，称"弟兄班"。挖煤工具明代至清初多用十字镐，每把重5～7斤，颇笨重。后来逐渐改用两头尖的尖叶锄。运煤为人工手拖肩背拉绳拖拉运煤滑篼（俗称"传子"），在巷道底部设置木滑棍承载滑篼，每篼装煤80～100斤左右。用送风夹板或鼓风车向煤井内送风，以保障井内通风。

（十）城乡遍地是烧窑

元明清时期，四川民间流行烧窑，包括烧造陶瓷器、烧造砖瓦、烧薪炭、烧石灰等。除陶瓷器主要由崇宁、彭县、巴县、大足、荣昌、富顺、昭化等州县烧造，明代成都南门琉璃窑主要为蜀王府烧制琉璃器和建筑砖瓦等物品外，各地城乡皆普遍烧造砖瓦、薪炭、石灰等，烧窑成为农村重要副业之一。各地烧窑，多以家庭为单位或数家联合共建一窑经营，平时自己动手备料、制坯、装窑烧制，忙时亦临时雇请工匠或辅助工。窑炉多为甑子窑，规模较小，以自产自销为主，通常为烧一窑卖一窑的小本经营，亦有客户订货"包窑"后组织生产。各窑的烧制次数、时间视产品销售情况确定，多在农闲季节生产，农忙、产品销售淡季往往停产、减产，部分窑一年仅烧数窑，亦有连续生产八九个月者。薪炭多用杂木烧制，以青冈木烧制的青冈炭最受市场欢迎。

（十一）番羌冬季入蜀为佣工

岷江上游地区，历来有冬季避寒赴成都平原佣工、夏季避暑购物返回山寨的民俗。东晋常璩《华阳国志·蜀志》记载汶山郡"夷人冬则入蜀庸赁自食，夏则避暑反落，岁以为常，故蜀人谓之氐白石子也"。宋代《太平寰宇记》卷七八茂州记载"此一州本羌戎之人，……贫下者冬则避寒入蜀庸赁自食"。民国《松潘县志·艺文》收录清代乾隆年间刘绍攽《西行记》，记载岷江上游地区民俗"每以十月出佣，三月归巢。汶、茂皆有之，而保县独多"。清道光《茂州志·风俗》记载其民"古冉、駹二国羌氐之遗。……其人冬入各郡邑为佣，曰'下坝'。春尽乃返，曰'归巢'"。同治《直隶理番厅志·边防夷俗》记载"杂梭诸番,男、妇冬进口赴蜀西各县佣工,谓之'下坝做活路',不独威、茂熟番然也。凡掘堰淘井、造屋筑墙诸色,皆善力作。即寓雇者之家,驯伏不啻臧获。又熟悉其小户之瘠饶,以资放债。春尽,则贩买缣布锅刀牲畜以归"。清嘉庆年间张澍所著《蜀典》记载今黑水的"播罗子"亦有此俗:"按今其俗犹然,男则负枣、核桃、椒蘖于市,女为人家供薪汲,呼为'播罗子',亦呼'二姐子'也"①。这种佣工习俗盛行的原因主要与当地缺少粮食有关,据乾隆《保县志·习俗》记载"羌民以日食不敷,岁率妻子入内地为佣者数月"。

三、商贾与集市贸易

元明清时期,四川的商贸主要分两大类:一为传统的商品异地贸易以获取差价利润的商贾贸易;二为商品就地销售的集市贸易。商贾贸易带动了城镇商店、水陆货运的发展,导致了各地会馆的兴盛。集市贸易促进了城镇商业街区和场镇的发展,为商业性民间文化表演活动提供了载体空间和市场空间。

(一)商贾贸易

宋元战争导致四川经济严重凋敝,商贸水平较低,有关商贸记载资料缺乏。较为详细的记载,唯有元世祖时马可·波罗到成都所见情形。据马可·波罗记述:"城内川上有一大桥,用石建筑,宽八步,长半哩。……桥上有房屋不少,商贾工匠列肆艺其中。此类房屋皆以木构,朝构夕拆。桥上尚有大汗征收之所,每日税收不下精金千量"②。"(桥头)一幢较大的建筑物,是收税官吏的住房。凡经过这桥的人都要缴纳一种通行税"③。桥上商贾工匠列肆的木构房屋"朝构夕拆",桥上设有收税所,表明当时成都尚处于商贸复苏的初期,城内还没有专门的商贸区。直至明初,四川商贾往来仍然极少,以致洪武九年(1376)朝廷"罢四川成都各府税课局18所,令各县兼领之,以其地不通商旅故也"④。

---

① (清)张澍:《蜀典》卷五,上海古籍出版社1995年版。
② (意)马可·波罗著,冯承钧译:《马可波罗行纪》,商务印书馆1937年版,第439~440页。
③ (意)马可·波罗著,陈开俊等译:《马可波罗游记》,福建科学技术出版社1981年版,第138页。
④ 《明太祖实录》卷一一〇,上海书店出版社1990年版。

明代中期，四川经济逐步复苏，丰富的物产促进商贾贸易再度兴盛，张瀚《松窗梦语·商贾记》记载四川"地饶姜粟蔬果丹砂铜锡竹木之器""贾人趋厚利者，不西入川，则南走粤"①。四川出产的盐、茶、马匹、锦缎、皇木等，主要由官府控制，蚕丝、木材、药材、蔗糖、粮食及部分盐茶商品则由商贾贩运至各地谋利。如保宁府盛产优质蚕丝"阆丝"，除部分作为蜀锦原料外，大部分经长江水道运至江浙卖给吴人及福建漳州、泉州作为生产"天鹅绒"的原料，宋应星《天工开物》记载天鹅绒"丝质来自川蜀，商人万里贩来，以易胡椒归里"②。商贾们将四川的土特产等贩运至湖广、吴粤，豪商大贾及小贩争相入川将大量木材贩运至东南售卖，然后将那里的货物贩运回川谋利。随着四川商贸的兴旺，省会成都、川东重镇重庆、川南重镇泸州皆发展成为全国十五大商贸城市之一。川西北的松潘，作为西路边茶贸易的重镇，亦云集大批内地商贾，与川西北至甘青南部各少数民族部落开展贸易。

清代乾隆、嘉庆年间，随着四川经济的复苏，手工业日益兴盛，以成都和重庆为中心聚集了大批商贾。在省会成都，据同治《成都县志·风俗》记载"商贾辐辏，阛阓喧阗，称极盛焉"。嘉庆《华阳县志·古迹》载成都东门外水码头"百货交驰，是以本地繁庶而毂击肩摩，自朝达夕"。商贾们将各地商品贩运到成都销售，林孔翼辑《成都竹枝词》收录清代竹枝词称"郫县高烟郫筒酒，保宁醯醋保宁油。西来氆氇铁皮布，贩到成都善价求"③。在成都形成了众多专业化市场，商号、商帮和行帮林立。至清末，成都已成为全国最繁华的商业都市，法国旅行家马尼爱于光绪二十三年（1897）游历成都，在所著《游历四川成都记》中记载成都见闻："此中商务之盛，一望可知，货物充牣，民户殷繁。自甘肃至云南，自岷江至西藏，其间数千里内，林总者流，咸来懋迁取给。""洋货甚稀，各物皆中国自制。而细考之下，似有来自欧洲者，但大半挂日本牌记。出口货有丝绸、布匹两项，物既粗劣，价反加昂，惟耐久经用，行销故广。不特销于四川，即毗邻各省，亦争相购致也。销路之远，可至广西、云南，乃至北圻各埠。若生丝、生蜡二物，则出于嘉定府。……成都生意之最巨者，有草帽一种。……以余所知，有法国某行，

---

① （明）张瀚：《松窗梦语》卷四，中华书局1985年版。
② （明）宋应星：《天工开物》卷二《倭缎》，中华书局1978年版。
③ （清）定晋岩樵叟：《成都竹枝词·再续竹枝五十首》，林孔翼辑《成都竹枝词》第三册，四川人民出版社1986年版，第1893页。

以此物发往欧洲，岁约数千余包也。……西藏之羊绒皮张，及川中之土（指鸦片烟土），几于年盛一年。各种草药，尤以成都为荟萃处。凡药肆所售药料，皆来自四川装运。此等药材，为扬子江船进项之大宗，其中系有一小部分运往外洋"。马尼爱认为当时的成都为中国商业规模第一的城市："（大街）甚为宽阔，夹衢另筑两途，以便行人，如沪上之大马路然。各铺装饰华丽，有绸缎店、首饰铺、汇兑庄、瓷器及古董等铺，此真意外之大观。其殆十八省中，只此一处，露出中国自新之象也。……广东、汉口、重庆、北京皆不能与之比较。数月以来，觉目中所见，不似一丛乱草，尚有城市规模者，此为第一。"①

重庆为长江上游最重要的港口城市，商贸区位优越，吸引了大量移民及本土城乡人口前往经商。据乾隆《巴县志》记载："吴、楚、闽、粤、滇、黔、秦、豫之贸迁来者，九门舟楫如蚁，陆则受廛，水则结舫"，"土著子弟"亦"鬻田宅为资本"入城经商，"各省流寓诸民，原无恒产，不能禁其不逐末营生"。商贾云集，使重庆成为清代长江上游重要的商贸集散中心"渝州……三江总汇，水陆冲衢，商贾云集，百物萃聚……如昭文则有丹、漆、旄、羽，制器则有皮革骨角，取材则有楠梓竹箭，利用则有鱼、盐、絺、裘、漆、丝、缔、红，若铜、若锡、若铁、若怪石、若金玉器玩、佳果香茗。或贩自剑南、川西、藏卫之地，或运自滇、黔、秦、楚、吴、越、闽、豫、两粤间，水牵云转，万里贸迁"。得港运之便，清末的重庆已成为洋货在西南地区的转口贸易集散地，川、陕、甘、滇、黔、藏等地经营粮食、药材、山货、井盐、蔗糖、桐油、生丝、川纸、木材等大宗土产商品的经销商亦以重庆为集散地，湘、鄂、赣、粤等省销往西南各省的药材也以重庆为分配地，重庆成为西南商贸重镇。

在明末清初的"湖广填四川"移民潮背景下，四川各地移民为思乡情、抗土著，在所在城镇建设会馆作为祭祀本省乡神、同乡聚会、开展商务活动的场所，至清代中期形成了四川会馆之多甲冠全国的局面。会馆多以地域命名，以陕西会馆、湖广会馆最具影响。至清代晚期，会馆逐渐发展成为同乡商贾聚会、祭祀乡神、演大戏的重要场所。一些影响较大的会馆，推举首事负责日常事务、处理协调商贸纠纷。会馆的兴盛与商贸的繁荣形成互动促进的关系。

---

① （清）马尼爱：《游历四川成都记》，《渝报》第9册，清光绪二十四年（1898）正月。

（二）集市贸易

明清时期，伴随四川经济的恢复，四川各地新兴、恢复了一大批综合性、专门性的集市场镇，因交易繁荣，形成周期性的定期交易日，俗称"赶集""赶场"，习俗沿袭至今。

据《明史·食货志》等史料记载，明朝初年对农具、书籍皆不征税，"军民嫁娶丧祭之物，舟车丝之类，皆勿税"。随着四川经济的发展，在各府州县治地及农村皆涌现出许多专门的商贸集市。据万历《合州志》记载，合州城内就有木市、柴市、菜市、果市、茶市、盐市、布市、猪羊市。合州农村有5乡8镇，铜梁县有4乡，定远县有4镇皆为集市。嘉靖《洪雅县志》记载洪雅县有6乡、11处场集，其集市贸易商品各有侧重"洪川则多货木器；安宁则多造舟赁载，能操之以历三峡之险；义和则多卖蔬……；保安则多鬻薪炭……；中保则多入林箐取材木货于营室者"。集市交易时间按照约定日期进行，由地方官府对集市贸易进行管理。如清雍正《剑州志》载明代李棠《剑州新设市场记》，记明正德年间剑州太守李璧在城北设置集市，"招商致货，约一月会市者九，为立法以禁夫巧伪罔利以相欺者。又虑夫道路崎岖为归市者之患，复命平治桥涂以通车马"。

清代乾嘉年间，四川各地集市场镇空前发展，既有以地处水陆交通要衢或为区域性政治、军事要地而繁荣的综合性商贸集市场镇，也有大量以经营当地土产为主的专门性的集市场镇。如地处成都南下、西出水陆要津的新津县武阳镇，位于成都至岷江上游水陆交通起始地的灌县灌口镇、当四川出入三峡水陆要冲的忠州石宝寨等，即为综合性的商贸集散地集市场镇。专门性的商贸集市场镇则遍布各地，如以产销书画享誉全国的绵竹县城，以陶瓷贸易闻名的彭县桂花场、重庆磁器口，以煤炭交易著称的崇庆州万家场，以蚕桑销售为主的邛州桑园场，以蚕丝经营为大宗商品的双流县簇桥镇、綦江县城，药材集散集市灌县石羊场、崇州元通场等。其中，一些集镇为在土特产产地形成的集中销售集镇，如绵竹县城、彭县桂花场、邛州桑园场，等等。一些集镇为转销口岸集镇，如双流县蚕丝经营大市簇桥镇，即由蚕丝商贩从简州、丹棱等产丝州县收购，转销至此进行贸易；灌县石羊场的药材集市，由灌县太平场、中兴场的商贩从灌县西部山区收购集中到此销售，然后由当地的药材商贩转运至崇州水运码头元通场的药材集市，最后由元通场的药材商人将石羊等场市运至的药材集中成庄，大批运往省内各地和外省区销售。这些商贸集市场镇，通常茶楼、酒肆、商铺、客栈、货栈林立，供各地商贾食宿娱乐及商品销售、囤积。

根据记载，清代四川各地集市场镇交易的主要商品为：稻米、粟、麦、荞、胡豆、豌豆、黄豆、花生、油菜籽、红苕、洋芋、苞谷、蔬菜、盐、茶、甘蔗、水果、猪、牛、马、羊、鸡、鸭、鹅、鱼、鳖、药材、棉花、棉线、棉布、麻、麻布、麻袋、麻绳、蚕丝、蚕茧、蓝靛、陶瓷器、竹木器、竹编、草编、棕编、木材、竹、纸、草、柴薪、煤炭、木炭、杂货等。

各地集市场镇实行周期性定期交易，多以十天为一周期，每三日一次集市，以农历单、双、三日为集市贸易时间，即每逢"一、四、七""二、五、八""三、六、九"集市贸易，亦有按"三、六、十"贸易者。较繁荣的场镇，每两日一次集市贸易，一月十五次，称"隔日场"。小型场镇亦有每五日一次集市，一月六次，逢五、逢十贸易。届期商品聚集，商贾农民赶赴集市，称"赶场"。各地赶场日期长期循例不变，相邻场镇的赶场日期通常错开确定，在相邻场镇中形成轮流集市贸易，既为流动商贩和出售商品的农民提供了销售便利，也使需要购货的农民商贾天天有场赶，每日皆可交易。赶场之日，四方农民纷至沓来，除了购物，人们常常聚集到场镇内的茶铺、酒肆，聚会宴饮、交流信息。

在川西高原地区，松潘、打箭炉（康定）作为茶马贸易重镇，聚集了大批客商，出现了一批经营规模颇大的商号，也吸引了大量汉、藏、羌等各族民众加入商贸经营和商品运输活动。但藏族和羌族民间的本地交易，仍然停留在以物易物阶段，刻木记事，无货币交易。清道光《茂州志·风俗》记载境内羌人"论财，牛马估值折算"。同治《直隶理番厅志·边防夷俗》记载境内诸番"有交易，削木竹数寸，刻其数于上，各执一藏之"；"鬻田产，其价一定，即更易数十主不增减于初"。大型贸易时，为表示诚信，以子女为质押："（杂谷土司与绰斯甲土司辖境）彼此贸易，必以所亲子女为质，曰'放当头'。"

第二节　生活习俗

一、由尚节俭向竞奢侈演变

文献记载明代四川民风淳朴，尚节俭，重礼仪。元末明初人宋濂在《送王明府之官序》中称："西蜀之地，有万家之邑……其民之俗，好辞让而耻斗争，以故弦歌比屋，而囹圄空虚。"明天启《新修成都府志》记载新都县"业耕读，寡争讼，远佛老"，新津县"力耕织，尚礼文"，金堂县"事多从简"，绵竹县"淳美雅重"，德阳县"节俭好礼"，汉州、彰明县"俭而不侈"。光绪《潼川府志》亦记载潼川府"宣德、景泰间，民朴而殷富，牛马成群，寄宿于野，民勤农作，不淆五方之习。妇女不识锦绮，戴白之老，长衫博带，说《诗》讲《礼》"；"一切婚嫁，又取成礼。燕不用剧乐"。欧阳直在其《欧阳氏遗书》中亦记载"童时（约天启年间），见里中人烟颇殷庶，风俗颇淳厚。尚节气，敦信义，崇礼让，励勤苦。亲亲长长，称诗说礼，任恤睦姻，比闾相助。士大夫饬廉隅而修俭德，群弟子尽孝友而笃公忠……心无机械，目无干戈，陶然于和风甘雨之辰，真不啻极乐世界"①。

至明末，世风败坏。刘景伯《蜀龟鉴》记载自天启年间奢崇明之乱以来"民间习赌，杀货御人，嚣争不悟，悍极而偷，诡巧为甚"。《欧阳氏遗书》亦称明末四川"环视锦水巴山，满目魑魅魍魉"；"川北之人多刚而亢戾；川西之人多柔滑而奇狡；川南风气巽忍良楷相半；至省至渝州，则狙诈奸深，刻薄诡谲，百倍于东西南北，而人心愈不可测也"。反映出明末乱世，四川社会风尚和世道人心沦丧情景。

淳朴尚俭的民风，在偏远地区至清代仍然保存。清道光《茂州志·风俗》记载当地汉民"其人诚仆，其俗勤俭。士知自爱。婚丧祭礼宁俭毋奢，尤为近古。地瘠民贫，风淳讼息"；羌民"五月端午，……备酒食互相请饮"。

二、盆地区衣着随朝代变换、高原区衣着丰富多彩

（一）盆地区衣着随朝代更迭而变换

元代四川盆地区的衣着习俗，文献缺乏记载，但据四川盆地区出土文物，大体与中原、江南相同。据成都博物馆藏成都地区出土元代人物陶俑，男子头戴无檐圆顶和有檐尖顶笠帽，身着右衽交领长衫或长袍，腰束衣带（着袍者腰带扎花节于腹前），足穿靴。2005年11月，重庆巫山县庙宇镇发现一座元代壁画墓，图中一名男子于头后脑梳"练槌儿"大椎髻，一名男子于头顶梳银锭髻，皆身穿右衽交领长衫束腰带、足穿薄鞋；一名女供养人，于头顶梳双丫髻

---

① （清）欧阳直：《欧阳氏遗书》，广安欧阳氏梅花书屋，清光绪二十六年（1900）。

并在后下脑梳结环，贴身穿右衽交领薄衫、外套对襟薄衫。巫山县元墓壁画弈棋图中，一名弈棋男子头戴四方巾、身穿右衽交领长衫束腰带，另一名弈棋男子及一名观棋儿童于头顶梳银锭髻。这些发式、巾帽、衫袍、鞋靴的形制和穿戴方法，与中原、江南的考古发现及有关文献记载一致。

明代四川盆地区的衣着习俗，由明末《欧阳氏遗书》记载当时四川服装情形："厌薄缟素，竞侈罗绮，僭制造奇，月异岁变"，反映出明代四川服装原本流行缟素薄装，后来才日益崇尚奢丽华服、追求时尚，明代嘉靖《洪雅县志》记载"妇女为艳装，髻尚挺心，两袖广长，衫几曳地"即反映了这种衣着尚奢侈的风尚。清光绪《潼川府志》记载"宣德、景泰间，……戴白之老，长衫博带"，反映明代四川盆地区衣着，男子着长衫、腰系带，妇女头梳发髻、喜着色彩艳丽的广袖长衫。根据现藏于四川省博物馆、成都市博物馆、成都市文物考古研究院等单位的成都地区考古发掘出土明代彩釉人物陶俑，如明代早期蜀世子朱悦廉墓、蜀僖王墓、蜀昭王墓、蜀怀王墓、蜀定王次妃墓等蜀王家族墓葬及蜀王府太监墓出土彩釉陶俑、壁画中的彩绘人物衣着，四川盆地区明代衣着习俗大体为：官吏头戴乌纱高冠并插笄簪，身穿红色圆领、右衽交领广袖或窄袖长袍，腰系大带或绦带、着围腰，足蹬云履。侍从多头戴笠帽（包括蓝色、紫色、黑色、青黄色、黑褐色的尖顶、圆顶窄檐、宽檐、锥顶斜檐帽），部分侍从头戴乌纱帽、黑色幞头、黑色瓜皮帽、尖顶帽、小圆顶帽、折上巾以及头缠条带梳发髻于后脑，身穿蓝色、黑色、褐色、黄色、绿色、粉红色、银灰色等色右衽交领或无领的窄袖或宽袖长襦、窄袖或宽袖长衫，外套右衽无领半臂长衫或对襟夹衣，腰束革带，少数侍从系围裙，足蹬靴或穿鞋。民间男子戴幞头、方巾、折上巾，或于头顶、头后束髻，亦有披发于头后者，身穿白色交领长衫及长裤，外穿或直接穿右衽交领或圆领宽袖长衫或长袍（包括蓝色、红色、绿色等），腰束带，庖厨还腰系围裙，足穿鞋、靴或赤足。妇女衣着，从2008年4月在重庆市永川区青峰镇发现的一座明代壁画墓，墓中奉盏侍女画像看到，女子头顶梳丫字髻插花簪、头后下方两侧梳环结，头顶红色扎髻带两端下坠飘垂于双肩上，身着红色右衽交领长衫、外套黄色半臂。

清代四川盆地区衣着习俗，随着改朝换代发生较大变化。发式方面，清代强制推行薙发令，男子一律蓄发辫垂于后脑。服装方面，官民皆按规定着装，不得僭越，妇女、儿童、僧道等人大体继续沿袭明代宽衣大袖风格。官绅及其家人服装以锦缎、皮货为主，棉布次之；普通民众服装以棉布、麻布为主，自已硝羊、狗、兔等毛皮制作服装。民间服装，绅商、地主等大户子弟，夏季常服多着葛麻及丝绸长衫，外套绸缎马褂；赋闲在家多着对襟短衫、长裤便装。冬季，常服多着以棉、麻、绸面料缝制的长袍，亦穿羊、狐等毛皮长袍或长褂，少数殷实大户亦着虎豹裘皮或丝绵长袍过冬。仕女常服多着大袖宽衣和长裙，居家时亦着长裤。晚清时汉族妇女亦以仿效女学生短袄短裙紧身装为时尚，富家妇女爱穿式样繁多、做工细致的缎面或绣花马甲。随着经济的发展，家财富有者衣着尚华美与时尚，嘉庆《温江县志》记载殷实之家"衣服多尚华美，缙绅之家，尤竞整饰"。林孔翼辑《成都竹枝词》收录的清末"竹枝词"中亦有"绸缎绫罗任意穿，栏杆镶滚又花边。共说好看年年换，只计时新不计钱"和"额围貂勒学昭君，短短皮衫浅浅裙。衣料尽挑新样制，梅兰竹菊兼冰纹"的描述。

平民服装受满族服装影响，男子常服多着长衫，包括单衣、夹衣、棉衣、皮衣数种。男子冬、夏服装通常只有两三套，冬季常服多头戴毡帽、身穿棉袄或羊皮袄、下着两条单裤，足穿绣花布鞋或青色布鞋；初夏常服多着对襟短褂、马甲（坎肩），下穿半长单裤或套裤，足穿麻草鞋或赤脚，盛夏穿无袖汗褡或赤膊、足穿麻草鞋或赤脚。农村男子习用白色或青色长帕缠头，既防风御寒又兼具装饰功能，需要时可用于包裹物品、作为束腰的腰带等。农村妇女"走人户"和赶集时喜穿下摆至膝的大袖宽衣，领口、袖口、下摆、襟边多镶花边，小富家庭的妇女亦穿绣花上衣和裙子，足部通常穿绣花布鞋并缠脚；劳动时多穿紧身大襟短上衣和长裤，腰系绣花围腰。

（二）川西高原各民族衣着丰富多彩

清代川西高原地区的藏族衣着，除皆辫发外，服制则各地不同。清同治《直隶理番厅志·边防夷俗》记载境内杂谷、梭磨诸番（今阿坝州南部嘉绒藏族）"各番衣服之制，男子首毡帽或皮帽，或以布缠头。著毪子短衣（毪子以牛羊毛织成，似褐而粗），亦用布外批六毯如俗褊其上者，亦服几组左衽辫发。……左右佩刀。……妇女以布裹头纽发，细辫末总辫之，更结牛毛于尾，盘于头额，缀以珊瑚宝珠。短衣长裙，耳垂大铜环"。其《风俗》卷部分又记境内番人"衣褐、羊皮、貂，妇女多戴金花串，以琴瑟而穿，悬珠为饰"。同治《章谷屯志略》记载当地衣着习俗"夷俗，男子多衣褚巴，以毪子制成，圆领小袖，长至膝间，腰宽数尺，束以革带；斜插短刀一柄，……。裩裤以革为之，或亦有布者。足无履袜，而后不合缝，女子则略施红绿布以别之。冠制无定式，缀狐裘为沿，……。发之近额者，左右分缀小辫数十条；自卤以后者，左右分结小指大发辫各八九条，至中总结大辫，复缀红黄布二三缕，辫至三尺余，合额间小辫绕后交互盘于额顶间。额际缀小珊瑚三串，内承红布，如额罗式；贫者无珊瑚，则以红布为之。上衣长尺许，随左右衽。乳以下束长裙，花素不一，须布二丈许，折叠数十道，盖不尚裩裤，恐巨风吹揭露体也。耳环甚巨，缀珊瑚珠二粒，其环之大有堪缠臂者。平居多赤足，冬着革履"。同书记载明正土司境衣冠与章谷屯大体相近，但处女头饰珊瑚枝、蜜蜡珠，且"上衣无袖，长尺余，双臂全露。下体编毛索如钱贯，垂垂如马鬃，脊间按山羊为蔽，髀骬具裸。严冬足皲瘃。无寒批毛衣一方。生子后窄裙，否则人非笑之"。在今凉山州西北部，道光《宁远府志·夷考》记载境内西番"男子组发成条，……妇女辫发，悬珊瑚翠石为饰，衣短，衣覆以羊皮，赤足"。

清代羌族衣着习俗，据道光《茂州志·风俗》记载"其服饰，男毡帽，女编发，以布缠头。冬夏皆衣毡"。《茂州志·文苑》收录的清代刘绍攽《西行记》记载乾隆九年（1744）赴松潘，途经汶川时所见"去到汶川，蛮酋列阵来迎。酋长衣冠如中国，其卒衣皮铠绘虎纹，帽以毡，装绵数寸，庞然大也，云可避刃，插羽其上，以多寡有无别贵贱。……男垢面，女袒裼，赤足，耳垂铜环大于掌"。

清代凉山彝族衣着习俗，各地大同小异。咸丰《冕宁县志·风俗·夷俗》记载当地彝族"椎髻，竹簪绾于额上，内裹蓝衫，外批黑灰毡衣，蓝白裤，赤足。……或戴毡帽，夏戴草帽，毡笠顶仰如莲房，甚异至也。女花布包首，与男同著蓝白布衫，亦批毡衣，曳地细褶白布裙，无裤而跣足"。跳锅庄时，男女"各衣新衣、荷包、巾帕之类，装束盛饰"。光绪《雷波厅志·风俗记》记载当地彝族"造牛羊毛为毡衣，人批一袭，寒暑不易。衬衣以布为之，……。毡衣无袖无襟，长不及膝，……男、妇皆赤足。男子椎髻于额，或穿一耳。夷妇首戴网罩，金银器满头，耳轮悬珊瑚、玛瑙，……腰系统裙，裙长及地，横布为之"。光绪《越巂厅志·夷俗》记载当地彝族"男首向前绾额髻，横竹簪一支，以青布裹头，中挺一角。内穿汗衣，制窄短，独喜蓝白二色。裤脚宽大，外批黑白羊毛毡衣。赤足，寒甚方著毡袜、草鞋，袜如月斧形。遇雪披蓑衣于外，名'咱耳挖'。戴毡笠，形似莲房。夷妇以青布裹头，大如盘。不著中衣，用五色布剪裁，各成一截，叠为细褶勤裙。富者穿缎马褂，金银首饰，领扣如醋碟，大耳环如豆芽，上缀珊瑚、玛瑙珠串。跣足，亦寒甚乃着毡袜、草鞋"。光绪《盐源县志·夷俗》记载当地彝族"发绾大髻，以竹簪、猬刺绾于额际，戴黑毡笠大于箕被，黑白毡衣。妇女短衣长裙，胸佩铜镜、螺蚌之类"。

清代纳人（自称"纳"，他称"摩梭"）衣着，据咸丰《冕宁县志》记载"褐衣、褐裤或羊毛、布，大领左衽，富者著蓝、白布衫，青、红毛巾马褂，戴毡帽，或青、蓝布包头。妇女亦服褐衣乡巾，著裤者少，著裙者多（有青、红、紫、绿、褐裙），腰系毛带，头饰海泡。喜渍麻与羊毛线，略同西番"。此种衣着习俗，沿袭至今。

清代川南苗族衣着，据光绪《叙州府志·风俗·夷俗》记载"苗俗，椎髻裹头以布，男女皆戴耳环，形大如钩。衣裳绣花纹"。

三、各具区域特色的饮食习俗

（一）食俗

根据文献记载元明时期四川种植的粮食、蔬菜水果和饲养的家畜家禽，可大体知道当时四川的食物结构，盆地区人们仍喜食稻麦等五谷，部分山区以杂粮为主食，川西高原农区以豆麦为主食、牧区以牛羊肉为主食。清代乾嘉以降，各地大量种植玉米、洋芋、红薯为食，部分山区更以之作为主食。据《大元混一方舆胜览》记载，元代四川盆地东部的巴州出产一种"米膏饼"，并引三国张揖《广雅》记述"荆、巴间采茶作饼，既成，以米膏出之。欲煮饼，先炙。令色变，捣末，瓮器中，以汤浇覆之，用葱姜芼之"，表明这一食俗由来已久。

四川地区饮食在明代中期以前尚节俭，至明代中晚期逐渐尚奢侈。嘉靖《洪雅县志》记载洪雅县宴会情形"朋友多恶草具，而姻娅独丰，肴馔之外，列金币、设全牲，远市异品，不惜劳费"。《欧阳氏遗书》记载明末四川宴集情形"淡泊是鄙，丰腴相尚，池糟林肉，海错山珍"；"只图适口，不惜物命，刳剔极珍极虐，炮炙极怪极惨"。

清代，四川流行"吃席"习俗。达官贵人和绅商等富人宴请吃"筵席"，以山珍和畜禽肉食等大菜为主，另加小吃。城市普通士人、商贾宴请桌席，以畜禽肉食为主，另加小吃。城乡居民年节及红白喜事（婚丧事宜）主人请桌席，以"三蒸九扣"（三个蒸菜，凉菜、炒菜、汤菜共九个）的"十二大碗"为常规，经济较为拮据的家庭亦常用"九大碗"，另加小吃。居家生活日常更餐，以饱腹的菜品荤素搭配、有菜有汤，称家常菜。普通居民农户家庭，平时以主食加素菜为主，喜食豆花下饭，半月、一月吃一次肉食，称"打牙祭"。贫苦人家则常年食杂粮、素菜并采挖野菜为食，过年时方吃一点肉食，清代西充县训导刘鸿典《西充竹枝词》即称"喜逢嘉客火锅烧，也识鸡豚味最饶。借问平时糊口计，可怜顿顿是红苕"①。

四川盆地内气候多阴潮湿，自古以来饮食"好辛香"，菜品口味浓烈厚重。随着清初大规模的移民入川，将秦椒（花椒）、海椒（辣椒）等带入四川，在海椒酱基础上发明了辣豆瓣等，四川调味品更加丰富。制作炒菜、炖菜等蔬菜菜品，常用调味品包括葱、姜、蒜、花椒、辣椒、胡椒、辣豆瓣、甜酱、豆豉、泡菜、榨菜、芽菜、冬菜、芹菜、韭菜等；蒸菜、烧菜常用香料主要有干姜、芥末、大茴、小茴、山奈、八角、杏仁、陈皮、芝麻、丁香、草果、甘草、白芷等。同时，白酒、黄酒及醪糟汁亦常用作调味品制作菜肴。

四川人喜吃"小吃"，不仅在筵席主食之外添加小吃，亦作正餐食品。"小吃"范围较宽，包括菜肴以外的各种"点心"、糕饼、汤羹、蒸煮食品等。常见小吃主要有汤圆、醪糟粉子、米糕（发糕、冻糕）、叶儿粑（猪儿粑）、黄粑、糍粑、艾粑、凉粉、凉面、饺子（水饺、蒸饺）、锅盔、银耳羹等。

明清时期川西高原地区藏族的饮食，仍以食用传统麦类面食、豆类、牛羊肉和猪膘、乳酪、奶茶等食物为主，但习俗各地不同。清嘉庆李心衡《金川琐记·糌粑》记载"番地无米谷，夷人日食糌粑。炒青稞磨粉，或用大麦、小麦、豌豆为之，入牛乳酥少许，用手搅和捻成团子。食毕，舔手及所用木钵，以舌代盥洗，……。无盐醋诸无调剂，头人偶或用盐，然惜之如金"②。道光《绥靖屯志·风俗》记载金川风俗引《日程琐记》称"蛮食糌粑。糌粑者，炒熟青稞磨为粉，调以酥油，手捻成团，咬食。食已，饮酥茶，茶性去脂，故蛮人重之。烧饼，以麦面连麸用水和饼，就火煨熟，樵牧者各怀数枚以充饥"。同治《直隶理番厅志·边防夷俗》记境内杂谷、梭磨诸番"以盐渍豕肉，经年储之，曰猪膘。多畜犏牛、山羊，取其乳成酥酪以食"。同治《章谷屯志略》记载丹巴地区"夷性嗜茶。辰午晚三餐，具以茶煮数十沸，去渣入酥油、糌粑、食盐少许，盛以木桶。麦面、荞面等物用作毕锣，中馅以齑（呼为

---

① "西充概览·西充习俗·饮食"，"西充县人民政府门户网"，http://www.xichong.gov.cn/article.php?id=890。
② 《金川琐记》卷三下《糌粑》。

得木鸟），入灰火中炙令熟。男女团坐于地，手掰以食，随吸茶瓯。宴客……酒二种：一咂酒，咂酒之糟粕复以小甑蒸盒作烧酒。客至无几案杯盘之设，怀中个带一母罂，寨中置巨瓮或木桶，富者大铜瓶，盛酒于内，置竹竿十余枝，跌坐于地，互相吸引，不杯杓，劝酬无肴核，惟各布猪膘、牛肉、得木鸟，醉饱而散"。而理塘地区的藏族饮食习俗，据嘉庆《里塘志略》记载"饮茶，食糌粑或肉、面、粥，名'上巴汤'。牛羊多生食，食不以时，以饥为度，食少而频"。今凉山州西北部的藏族饮食习俗则以食杂粮为主，据咸丰《冕宁县志·风俗》记载境内的西番"就地而食。食杂粮，间食稻米，无灶安锅庄"。

川西南的彝族饮食习俗，据咸丰《冕宁县志·风俗》记载"饮食以乳酪、酥油为贵，以荞面、糌粑为常，或不火食，或半生熟食之。其就锅庄煮肉，菜粮杂煮其中，肉则割分，菜用木勺团坐舀食。甚敬礼客，客居上座，鸡、羊、豕属牵至客前，跪称云无异物示敬，以此为献。客甫辞，已将木棒捶杀矣。洗剥毕，任客意作食，己食其余"。光绪《雷波厅志》则记载境内彝族"饮食不烹饪，以火炙之，用木盒盛而食，席地团丛，好饮酒"。

川西南纳人的饮食习俗，道光《宁远府志·夷考》记载"饮食以荞麦、青稞、牛羊酥乳茶食之。……杀猪带毛压扁，名曰猪膘"。

（二）饮酒

元明清时期，四川盛行饮用黄酒、白酒和咂酒。黄酒和白酒皆以酒碗、酒杯饮用，与传统饮酒方式无异。而咂酒饮用则独具特色，竹管、芦管、麻秆、引藤等皆可打通作为吸管。明代成都地区饮用咂酒（剌麻酒、咂麻酒）的习俗，据明人王世贞《酒品前后二十绝》诗记载"成都剌麻酒，其法：连槽置瓮中，中插一芦管，使客递吸之，浅则加水，至酒尽，满瓮皆水也，味不能佳，然往往令客至醉，盖眩于新奇耳"。明代李时珍《本草纲目》记载"秦、蜀有咂麻酒，……以筒吸饮"。乾隆三十七年（1772）四川学政吴省钦在《弓藤诗·序》中记述忠州人以引藤饮咂酒"藤大如指，长不二尺，中空，可吸酒，见香山诗。今忠人以杂粮治酿，酿成置其中吸之，谓之咂酒，与黔苗所酿小异"。道光《忠州直隶州志》又记载当地人以竹管饮咂酒"以竹管插内，沃热水泡之。饮者呼吸承之以管"。川西高原的藏、羌民族亦喜饮咂酒，同治《直隶理番厅志·边防夷俗》记载境内番人"酒用热水泡稞麦于小瓮，以细竹吸饮"。清嘉庆李心衡《金川琐记·咂酒》记载"（番地）只有咂酒一味……。用时移贮铜瓶，入滚水少许，以细竹管数枝植其内，一酒面味薄，酒底有沙土，故用竹管吸取中间。男女数人可以咂吸，似吃烟"。与金川相邻的章谷屯（今丹巴县），同治《章谷屯志略》记载婚宴时有边饮咂酒，边食猪膘或生牛肉、包猪膘馅的糍粑木鸟习俗"以巨瓮或铜铁瓶置咂酒于内，沃以热汤，瓶口插小竹管，长尺许者数十枝，互相吸引，各与猪膘一小方或生牛肉一小方，得木鸟一圆"。

清代四川各地普遍饮酒，凡年节、庆贺、婚丧、祭奠、聚会等筵宴及御寒除湿、养身祛病皆喜饮酒。节庆饮酒，以除夕饮团年酒、新年饮迎春酒、清明祭扫饮祭酒、端午饮雄黄酒（或菖蒲酒）、中秋团圆饮桂花酒最为普遍。除夕之夜阖家团圆，以酒祭祖后吃团年饭，必饮酒。新年亲友互拜喜迎新春，必饮迎春酒。乾隆时李调元《初四日携眷至曹大姑家贺新》诗有"又酌大姑酒，红炉尽室围。雪消松叶健，春早杏花飞"。清光绪《射洪县志》亦记载"正月元日……阖家合饮屠苏菲酒……。如有亲朋互拜，必款留饮此酒，……尽欢而散"。道光《德阳新志》记载"岁重三节，端午饮菖蒲酒，食角黍；中秋食饼饵，饮桂花酒。此二节者，姑、姊妹女子出嫁者，皆迓之归宁。年终岁首，先月宰猪为腊肉，比间族戚相过从，以醉饱为敬"。端午节饮雄黄酒极为普遍，大人用雄黄酒涂抹在小儿前额以避邪祛病、防虫蛇叮咬。

农忙时节，农家为不误农时，常以"换工"方式互助，因而流行栽秧时饮"栽秧酒"，收割时饮"开镰酒""打谷酒"，收获完毕庆祝丰收饮"收成酒"等。届期，主家日供饭食4~5餐，每餐皆有酒肉。酒以家酿酒为主，少数从乡镇糟坊购买烧酒。赶场时，人们常常利用闲暇时间到场镇饭馆酒肆聚友闲谈，饮二两"白干"烧酒。

地方公共祭奠、礼仪活动，亦往往饮酒。祭祀神灵，主祭者"以酒酹地"向神灵敬酒。部分地方在祭祀完毕后，参加祭祀的官宦士绅亦聚饮庆贺。各府厅州县每年正月十五和十月初一，要举行"乡饮酒礼"。乡试之时要举行"宾兴礼"，被邀官绅士子与生员举杯共饮，尽兴方归。

民间祭祀、婚丧活动亦普遍饮酒。光绪《叙州府志》记载叙州府丧事饮酒"凡曾进香吊唁，皆具素束邀之饮，谓之烧香酒。……必有祭文，丧主皆治具款之，谓之开奠酒。葬之日，亲友毕会，执绋以送，丧主仍治具酬之，谓之送丧酒"。

岷江上游的羌族还有端午节互请饮酒的习俗，清道光《茂州志·风俗》记载羌人"五月端午，……备酒食互相请饮"。

（三）饮茶

由元明时期四川制茶技术，知四川盆地区的人们在元代仍喜饮"蒸青"茶，至明代则流行饮早春细芽"炒青茶"。元代文献记载四川盆地内一些地方饮茶主要为避岚瘴之气。《大元混一方舆胜览》引《图经》记雅州因"地多岚瘴"而盛产"蒙顶茶"，大宁州"辣茶辟岚气。地接朐忍，多瘴，土人以茱萸、辣茶饮之，以辟岚气"。川西高原地区的番羌部落，仍然喜饮宋代以来川西地区生产的粗梗茶，明朝规定川茶中的"边茶"专门用于向包括川西高原在内的各番羌部落销售，其饮用习俗据清代记载为熬煮后饮用，至今如此。

明末，四川茶馆兴起。张岱《陶庵梦忆》记载"崇祯癸酉（1633），有好事开茶馆，泉实玉带，茶实兰雪，汤以旋煮，无老汤，器以时涤，无秽器，其火候、汤候，亦时有天之合者"①。至清代乾嘉时期，随着社会的稳定和经济的复苏，茶馆已遍布四川各地。李调元诗《白鱼铺有彭生馈盐鱼有感而作》记载乾隆五十九年（1794）："过白鱼铺，偶坐茶坊，主人严姓乞诗，赠以二十字云'路往什邡城，茶坊要留句；也算途人中，知己偶一遇'。今再至，则坊已易主。"②至清代晚期，四川各地城镇、驿站、码头皆已茶馆林立，即使是乡间歇息小店的幺店子也大多有傍依竹林、溪边、桥头设立的茶馆、茶棚，环境清幽凉爽。故清杨燮在《锦城竹枝词》中形容道"个个花园好卖茶，牡丹园子数汤家。满城关庙荷池放，绿树红桥一径斜"。至清末，成都大街小巷几乎都有茶馆，宣统初简阳人傅崇榘所著《成都通览》记载省城成都街道"凡五百一十六条"，而茶馆"共计四百五十四家"③。赵熙《竹枝词》云"青羊一带野人家，稚女茅檐学煮茶；笼竹绿于诸葛庙，海棠红艳放翁花"。

清末的四川茶馆多用竹制靠背椅、小方桌或长条凳、大方桌，可拼桌放置，饮茶者无论熟悉与否皆可围坐畅叙，成为交友、联系人际情感、沟通信息的重要场所。茶具以盖碗为主，包括茶碗、茶盖、茶托三小件饮茶器具。茶倌一手靠手臂执叠放的十余套放有茶叶的盖碗托，一手执盛有开水的紫铜茶壶，待客入座时迅速将茶碗摆放在客人面前，并为客人快速冲泡茶叶，动作敏捷，令客人目不暇接。成都地区一些茶馆，茶倌执长嘴紫铜壶，在一米以外将开水

---

① （明）张岱：《陶庵梦忆》卷八《露兄》，上海书店出版社1982年版。
② （清）李调元：《童山诗集》卷三五，天地出版社1997年版。
③ 傅崇榘：《成都通览》，成都时代出版社2006年版，第253页。

射入茶碗。更有"雪花盖顶"（茶倌从茶客头上方悬壶将开水射入茶客面前茶碗中）、"双龙戏珠"（茶倌双手各执一壶同时将开水射入茶客面前茶碗中）、"海上飞虹"（茶倌执壶面对茶客茶碗射开水而无水滴溅湿茶客衣襟）等掺茶技艺，令茶客惊叹不已。茶馆注重"和气生财"，对茶客讲究"打不还手，骂不还口"，一个茶客可以泡一杯茶坐到"打烊"而茶倌不会"吆客"，始终善待顾客，因而人们喜欢将茶馆当作最佳聚会和休闲场所，从而也为茶馆带来了大量人流、信息流，生意兴隆。

由于茶馆客人众多，因而民间川剧艺人以及"扬琴""竹琴""说书""金钱板"等曲艺艺人往往以茶馆为基地开展表演活动。林孔翼辑《成都竹枝词》收录清末冯家吉《竹枝词》称"梨园全部隶茶园，戏目天天列市垣。卖座价钱分几等，女宾到处最销魂"。喜欢曲艺的票友（玩友）们，往往聚集在茶馆看戏听曲并切磋交流，或围坐在一起"打围鼓"娱乐（亦称"唱板凳戏"，由茶客自己打锣鼓、清唱的自娱自乐形式）。无论买茶与否，皆可观看、旁听。挖耳师傅、卖香烟瓜子的流动小贩也多到茶馆招徕生意。甚至民间纠纷亦常常以茶馆作为调解的场所，由茶馆提供拼桌、安座、掺开水服务，纠纷双方请本地有名望的乡绅耆老到茶馆调解，理亏者当场赔礼并支付茶钱，然后按照调解意见办理后续事务、支付赔偿费用及办事费用，较之告官解决方便快捷、调解成本低，而且茶馆有收益，纠纷双方与茶馆皆大欢喜。

川西高原的藏族，喜饮酥油茶和奶茶。嘉庆《里塘志略》记载当地风俗："饮食多糌粑、牛肉、羊肉、奶子、奶渣、酥油等物，其性暴烈，而茶为急需，故贵贱皆以茶为命。煎茶之法，用细茶熬极红，入酥油或奶子和盐搅之。……客至，必设酒，或设酥茶，男女围坐甚欢。"

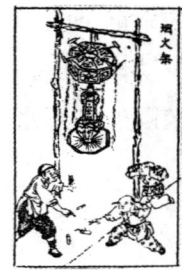  

清代成都曲艺与杂耍（清宣统《成都通览》）

四、盆地区与高原区因地制宜的居住习俗

（一）盆地区住院落与吊脚楼

据文献记载和考古发现资料，元代至明代早期，四川盆地区的民居仍以传统的木（竹）骨泥墙或夯土墙茅草房为主，官绅商贾等富室亦居住木墙瓦房或砖墙瓦房。明代中叶以后至清代，民间大量使用砖瓦房屋及土墙瓦房，院落、宅群规模扩大，从而也促进了城镇建设的发展。尤其到明末，伴随奢侈之风的盛行，房屋日趋华丽，《欧阳氏遗书》记载明末四川"华堂绣户，卷雨飞云，园榭必花木盛植，池台必鱼鸟备观"。

明清时期，四川盆地区的民居建筑大量采用三合院、四合院布局，建房时要先行卜宅以求吉祥安康。普通农家常建三合院，中心为晾晒粮食及堆放柴草的院坝，后方建堂屋、两侧建厢房，结构多为木骨竹篱泥墙或夯土墙、土坯砖墙的茅草顶房屋，建筑材料易取、修建成本低廉。房屋四周种植竹林、树木、桑林果木，形成林间院落，俗称"林盘"。清康熙《绵竹县志》卷三六中记载《绵竹竹枝词》云："村墟零落旧遗民，课雨占晴半楚人。几处青林茅作屋，相离一坝即比邻"。家家户户饲养狗、猫，以防盗避鼠。城镇普通居民多建单进四合院，围绕休憩用中心"天井"（院坝），修建前厅、后堂、左右厢房，形成四面建筑围合。官宦商贾及乡间大户通常修建多"天井"的院落建筑群，建筑群规模的大小以"天井"数量多少为标志，以2~3进四合院建筑群最为常见。大型庄园建筑群，平坝区域的四合院建筑群通常以中轴线上的多进四合院为中心向两侧延伸分布侧跨院（别院），山地区域的四合院建筑群通常根据地形因地制宜布局。庄园建筑除厅、堂、厢房、书房、闺房、琴房、厨房、厕所等，还有戏台、作坊、仓库及佣人、工匠住房，不仅"天井"中建假山、花台，还建有后花园。长江沿岸城镇，因气候炎热多雨，常于天井上方加盖高出周边屋檐的"天井亭子"，既遮阳避雨又可采光通风。

四合院的朝向通常为坐北朝南，在保证朝向不变的情况下按照地形、街道走向设置院落入口大门位置，因而形成院落朝向基本固定而入口大门位置不固定的状况。院落的后门、侧门，视院落大小及需要设置，或有或无、多少及位置不定。

在城镇中的民居，通常沿街布置、比邻而建，从而形成沿街联排修建的格局，并在街道两侧形成许多纵向的小巷。这些民居建筑，按功能可分为单纯居

住用民居、可供临街经营的前店后宅民居、下店上宅民居和前店后坊民居等几种。为了扩大居住、活动空间，临街楼层往往向街心出挑，或居住、或建挑廊以供眺望。为方便沿街店铺在雨天继续经营及行人避雨，一些城镇的街道将沿街两侧房屋的屋檐向街心延伸形成檐廊。

在山区及沿河城乡的民居，为适应地形和防潮等需要，往往将建筑临山体下方或临河一方出挑部位乃至整体用木柱或石柱作为基础（或斜向支撑），形成建筑出挑部位三方悬空或整体悬空结构，俗称"吊脚楼"。

（二）高原区住帐篷与碉房

在川西高原地区，牧区仍然以牦牛毛编织帐篷居住，即松潘大悲寺清雍正六年（1728）松潘总镇张元佐《德碑记》所记载的黄胜关外番人"野处"民俗。在山地河谷地区，羌番各部落皆居住石砌碉房。《大元混一方舆胜览》引《图经》称茂州"累石为巢"，所指即石砌碉房。明末清初顾炎武《天下郡国利病书》记载威州、茂州羌人民俗"垒石为碉以居，如浮图数重。门内以辑木上下。货藏其上，人居其中，畜圈于下。高至二三丈者谓之鸡笼，十余丈者谓之碉"。道光《茂州志·风俗》记载羌人"其居垒石为之，状似浮图，曰邛笼、曰碉楼"。同治《直隶理番厅志·边防夷俗》记载杂谷、梭磨诸番"地无城郭，有亦卑小不居。皆依山岗为宫室，叠石架木层积而上，形如箱柜。最后则修高碉藏其珍宝、兵甲，至二十丈。有八棱者，坚固深密"。同治《章谷屯志略》记载章谷屯及明正土司境"夷人"的寨子皆为石砌碉房，"下层圈牛马，中作锅庄，为妇女居处，上贮粮糗什物，再上为经楼贡佛像，其旁为男子所居。寨之顶为场圃，凡所获豆麦悉至其上，击以连枷，日曝风扬，具在此咫尺间"。嘉庆《里塘志略》记载当地亦居碉房"所居碉楼，绵延深邃，外朴内华。室必有佛龛，富者日延喇嘛诵经其中。卧室无长所，夫妇异床被"。

据川西北地区现存明清藏羌碉房建筑，碉房通常分为平面略呈近方形或长方形的单体碉房、碉房与碉楼联建型、多层碉楼式民居四种类型，房屋通常高1～3层。亦有少量退层式多层碉房，以壤塘县宗科乡明代早期修建的11层退层式民居日斯满巴民居最具代表性。同时，建于村寨内外的土司官寨石碉、军事防御石碉，在战乱时亦作为兼具防守与临时居住的建筑，平面造型包括3、4、5、6、8、11、13棱7种，以四角碉最为常见，6棱碉以上的多角碉为清代出现的碉楼造型。清代晚期，在汶川北部地区部分汉羌融合村寨还出现了黄泥夯土碉房及夯土碉楼（如萝卜寨、布瓦寨等），在汉羌杂居的汶川北部、北川西部地区出现了仿汉式木结构建筑及汉羌融合的石墙瓦房。各地碉房建筑在布局上皆依山就势修建,多为几户至数十户聚居形成村寨,少数村寨可多达百余户。川西北藏羌碉房民居多大同小异,底层为畜圈、二层为火塘区暨客厅和住房、有三层者亦为住房,区别主要体现在房顶建筑功能上:羌族碉房顶层后部建照楼,为楼梯间及杂物堆放处;藏族碉房顶层通常于后部建供奉佛像的经堂及杂物库房、一侧建客房。

川西南的彝族和纳人居处习俗,咸丰《冕宁县志》记载境内彝族居住低矮的板筑土墙房、就地而睡:"居板土室,高不逾寻,即地而卧"。纳人则居住石墙木板瓦房屋"居石屋,上覆以板"。

五、喜歌舞好游娱

宋末元初战乱,导致宋代四川盛甲天下的音乐歌舞及民间宴游习俗中断。明清时期四川盆地区的民间歌舞游娱活动,主要体现在生产劳动时的歌舞助兴、喜庆和节会期间的音乐歌舞活动方面。

明清时期,四川盆地东部民间流行在田间劳动时以歌舞助兴。明代何宇度《益部谈资》记载"长腰鼓,即古之蜡鼓也。长七八尺,以木为桶,腰用篾束二三道,涂以土泥,两头用皮蒙之,三四人横抬杠击。州郡献春及田间秧种时,农夫皆击此,复杂以巴渝曲"[①]。在三峡地区,宋代流行的竹枝歌已经消亡,代之兴起了妇女吹箫娱乐的习俗,尤其是婚嫁期间往往吹箫数日以为娱乐。何宇度《益部谈资》记载"巫山女子皆善吹箫。嫁时,众女子治具送之,吹箫数日为乐"。

明清时期,四川民间游娱活动多集中在各种岁时节庆和宗教庙会等节会期间举行,其中以春节期间的娱乐活动最为热闹。届期,要开展游大街、音乐歌舞、舞花灯、玩社火、耍灯(包括龙灯、狮灯、象灯、凤灯、牛灯、马灯、兔灯、蚌灯、鲤鱼灯、虾灯、蛾灯、车灯、二仙灯等各种象形灯)、唱川戏、跳秧歌、踩高跷、杂耍、猜谜等众多娱乐活动。明代嘉靖《洪雅县志》记载洪雅县正月十五元宵灯会情形:"元夕张灯放花,结彩棚,聚歌儿演戏剧,……箫鼓常达旦。"清代晚期绵竹年画《迎春图》生动地反映了当时川西地区迎新

---

① (明)何宇度:《益部谈资》卷三,《四库全书·史部·地理类》,文渊阁原文光盘版 SK236。

清末绵竹年画《迎春图》反映的迎春盛况

春的盛况：由吏民在县太爷率领下着盛装骑马乘轿、旌旗开道、敲锣打鼓进行巡游，与民同乐；迎春游城队伍锣鼓喧天、龙灯狮子腾跃翻舞，众人抬着"芒神""春牛"及六个"亭子"（由艺人站在桌子上表演戏曲、杂技）游城，然后举行"打春牛"祭牛仪式，男女老少分列街道两侧围观或凭窗眺望，热闹非凡。光绪《叙州府志》记载宜宾地区"立春先一日，长官率僚属迎芒神、土牛于东郊，春官著彩衣舞蹈说吉利，街市诸色人演高装、舞龙灯为前导。……自人日后，沿街树牌坊灯或置杆悬灯于上，又为龙灯、狮灯及鱼虾灯，夜游街市。至元夜，鼓乐喧闹，百剧皆作，观者如堵。龙灯所至，采以铁屑实竹筒中燃之，铁花灿烂，光焰飞腾。有水仙花、滴滴金等名目。竟夕乃止，谓之闹元宵"。清同治《成都县志》亦记载成都在正月初九"沿街挂灯，城乡装扮龙、狮各灯"。道光《蓬溪县志》记载当地元宵节时，民间制作龙灯及狮、象、凤、鱼、鳖、鼋、蝶、蝠等各种象形彩灯，"皆奇巧生动。伯什成队，簇龙游市衢，踏陌巷"。

各地庙会期间亦开展许多娱乐活动娱神娱人，不少地方皆在城隍庙、禹王宫建有戏台，甚至一些寺庙宫观亦建有戏台，吸引着众多民众前往祈福还愿、观看热闹。邓运佳《中国川剧通史》收录明代苟思醇《庆祝城隍庙碑记》记述隆庆二年（1568）雅州城隍会盛况"是日也，彩帐差错，粉墨竞陈，鱼触龙之属，缤纷陆离……"。嘉靖《阆中县志》记载阆中县五月十五瘟祖会盛况"醮天之夕，锣钹箫鼓，响遏云衢。演灯戏触十日。每夜焚香如雾，火光不息。其所为灯山者，亦如上元之时"。民国《芦山县志》收录明隆庆时李必钦《重建飞龙山张公祠碑记》记载芦山县中元节习俗："中元圣诞，演戏赛会，第见远近朝睹，老幼皆欢。"李必钦《请建屠侯祠碑记》记载芦山县中秋日祭奠三国蜀汉丞相姜维的习俗："全城高搭彩楼四十八座，并奏鼓乐，声震通城。"清代胡联云《八月彩楼》诗记载芦山县中元节习俗犹存："四十八台竞胜罢，满城歌舞乐中秋。"

川西高原藏羌彝等民族，喜跳"锅庄"娱乐。《清史稿》记载金川乐舞"番子乐，金川之阿尔莎兰……。大郭庄，番名大拉噶地，司舞十人，每两人相携而舞"①。"大郭庄"即"大锅庄"，"大拉噶地"今名"达尔噶底"，为节庆、祭奠时跳的礼仪性圆圈舞。民间日常在劳动闲暇之时则喜跳自娱自乐的"小锅庄"，今名"达尔噶忍"。道光《绥靖屯志·风俗·夷俗》记载金川"麦歌声不断，知是跳锅庄。……岁时聚首饮咂酒，男女连臂跳锅庄"。清代嘉庆李心衡《金川琐记·跳锅庄》亦记载金川民俗"俗喜跳锅庄。嘉会日，……男女纷沓，连臂踏歌，俱欣欣有喜色。……手舞足蹈，长吟咏叹，又似有一定节奏"②。咸丰《冕宁县志·风俗·夷俗》记载冕宁彝族"跳锅庄即夷歌也，夷人每逢喜庆事则跳锅庄，男女十余人，各衣新衣、荷包、巾帕之类，装束盛饰，置酒菜于锅中，牵手围绕转，且跳且歌，谓之跳锅庄。初转徐行，再转小跃，三转大跃行，每歌男二声女二声无杂乱者"。光绪《越巂厅全志·风俗·夷俗》记载越巂彝族"过大年，必打牛羊，跳锅庄"。过小年（火把节）时，"饮酒欢庆，夜燃火炬跳舞"。同时，彝族还有击铜鼓歌舞习俗，光绪《雷波厅志·杂类》记载"蜀中风俗，记马边之夷，岁暮百十为群，击铜鼓歌舞，饮酒穷夜以为乐"。

六、各具特色的节令习俗

四川的节庆时令习俗，元代缺乏史料记载，明代仅有零星的简略记载。至清代，汉族节令民俗在各地方志及诗文中记述较多，藏、羌、彝、苗、土家的部分重要节令习俗亦有简要记载。受各地居民来源及其民俗传统影响，各地节令习俗异同不一。

（一）春节

春节为汉族一年中最隆重的传统节日，俗称"过年"。清代中晚期，四川部分地区的藏、羌、彝、苗、土家等民族亦在春节过年。汉族民间过春节的习俗，自农历十二月（腊月）开始筹备至正月十五结束，前后历时一月有余。包括筹备、辞旧迎新、闹元宵三个阶段，其中腊月初八至三十为筹备阶段，腊月三十至正月初九为辞旧迎新阶段，正月十五闹元宵后春节结束。

---

① 赵尔巽等：《清史稿》卷一〇一《志七十六·乐八》，中华书局1998年版。
② 《金川琐记》卷二下《跳锅庄》。

腊八：农历十二月初八称"腊八日"，明清皆吃腊八粥庆丰收，自酿黄酒或烧酒，杀猪及鸡、鸭、兔等制作腌腊食品，供过年食用。

除尘祭灶：腊月二十四传为岁官交接日，各户扫屋除尘、培修房舍，俗称"掸扬尘"（清代一些地方亦在二十日至二十四日间择一日扫尘）；为灶堂培敷新泥，入夜在子时前于家中上香祭灶送灶神归天，燃新火更换灶内火种接灶。一些地方自祭灶日后至除夕，亲友开始互请宴饮。

自除尘祭灶日起至腊月三十，各户挂春联、贴窗纸（称"喜钱"）以示迎春吉庆，换桃符、贴门神以拒鬼魅侵袭（清代四川一些地方既插桃符又挂春联，源于桃符的春联与桃符并存。换符挂联日期亦有在扫尘日进行者）；准备鱼肉、蔬菜等菜肴及花生、瓜子、水果等零食，磨米、熬糖制作糕点、糖食；择日祭祀祖先（或在家里、在宗祠祭祖先牌位，或到祖先坟前上香、上油灯祭祖）。因正月前三天不新做饭菜，各户在三十日除夕前准备好足够新年前三天（亦有准备五天者）食用的饭菜和水。至除夕之前，各户完成所有"过年"准备工作。大街小巷在三十日亦张灯结彩等候新年到来。

除夕：农历十二月三十日称"除日"，入夜称"除夕"。过除夕俗称"过年"，亦称"过小年"。各户大门外及大街小巷皆挂喜庆灯笼，老少衣着干净整齐，各家团聚并拜祭祖先后吃晚饭。晚饭的米饭盛入一件盛食器内（锅、甑、缸、盆等）分给家庭成员食用，称"分年饭"，亦称吃"团年饭"、吃"年夜饭"。年饭菜肴必须有鸡、鱼，以示有吉（鸡）和有余（鱼）。若不慎打碎碗碟，则释为"岁岁（碎碎）平安"的吉兆。饭后，小孩依次向祖父母、父母及尊长亲友行跪拜礼或稽首礼"辞岁"，称"拜年"；长辈向小孩（包括未成年晚辈）发钱，让小孩睡觉时将钱压在自己枕头下，称"压岁"，所给的钱因之称"压岁钱"。然后全家人燃灯、围坐在火炉或火盆前通宵饮酒聊天，候迎新岁官到来和灶神降临，称"守岁""守年夜"。

新年：农历正月初一为新年第一天，称"元旦"，俗称"大年初一"。从深夜亥时与子时交替的新旧岁交替之时起，各家放鞭炮辞旧岁迎新年。一些地方在子时开始祭拜天地、祖先，在大门外燃九品烛迎神。早起后，先拜尊长。早餐通常煮汤圆或醪糟粉子（加红糖、鸡蛋）吃，祝福阖家团圆。川东、川北亦煮挂面吃，祝福长寿。一些地方，全家饮屠苏酒，有客人来要劝客留下来饮用，以却病避瘟。早饭后，人们着新装，赴寺观求神拜佛保佑自己和家人在新的一年里吉祥平安，然后到城镇繁华街区逛街游览、玩耍。初二至初四为亲友互相道贺的"拜年"日期，互相宴请饮春酒；互馈腌腊、糖食之类"年礼"，俗称"杂包"。道教以此日为"天官"（俗称"喜神"）降临赐福日，于三官庙举行祈福法会，一些地方举行"天官"巡游赐福活动，而居民亦纷纷参加活动"迎喜神"，成都每年有盛大的"游喜神方"活动。汶川县自道光年间起，县令还邀请当地羌族巫师"端公"参加"天官"巡游赐福活动。

"立春"日，各县县令要主持"迎春"游街、"打春牛"活动，观者如潮。自清晨至正午前，由数人至十数人组成的民间"送春"队在"春官""沙和尚"的引导下，舞着龙灯、狮子并敲锣打鼓地赴各家"送春联"拜贺，主人备礼品、礼钱致谢（多少不论），以示兴旺吉祥。

正月初一至初六，为六畜"过年"之日。初一为鸡日、初二狗日、初三猪日、初四羊日、初五牛日、初六马日。届期，主人为"过年"六畜喂食好饲料。初七为"人日"，初八为谷日，初九为豆日，初十为麻日。一些地方有"游人日"习俗，成都每年"人日"士民多游杜甫草堂。初九又称"上九"，传为"玉皇生日"，城中通常竖"火树"（俗称"灯杆"）挂36个灯盏代表36天罡（有多至108盏者，代表36天罡、72地煞），夜间燃灯答谢天神，俗称"玉皇灯"。初二至初四为亲友拜年的最佳日期，过此之后拜年则被视为"心不诚"。官宦士人和商人亦纷纷在此期间备肴馔邀请客人"吃春酒"。初五之前不出远门、不理财，过了初五（称"破五"）方可出远门、理财经营，一些地方要待初七"人日"后才能出远门。

元宵：正月十五，为全年12望日之首，称"上元"，入夜为"元宵"，为过年最热闹的高潮日，俗称"大年"。届期，每家须吃汤圆以示团圆。城镇中张灯结彩，主要路口、牌坊上挂"过街灯""牌坊灯"，衙门、学宫、官绅商贾府第等大门外挂花、鸟、虫、鱼、猴、兔、龟、鹤等吉祥象形彩灯，普通民家亦自扎莲、兔、鱼等吉祥象形灯给小孩提灯玩耍。入夜，游人如织，观舞龙灯、狮灯、蚌蛤灯、车灯、马灯、凤凰灯等各种灯舞，看耍灶火、演戏（演川剧、傩戏、皮影戏、木偶戏等）、杂耍、丑秧歌、踩高跷、猜灯谜，直闹到午夜方休，俗称"闹元宵""过大年"。成都等地亦在元宵夜点"玉皇灯"。活动地点通常在寺庙、会馆、宫观、公所等有开阔空间的地方举行。双流名儒刘沅在《蜀中新年竹枝词》中描写元宵节热闹情势："月团圞处贺元宵，花满灯棚酒满瓢。不费千金闲觅得，夜深还上七星桥。"元宵之后，收藏灯具、拆除灯杆，称"收灯"，过年到此结束，恢复日常生产劳动。

据明嘉靖《洪雅县志》记载，当地还有"十六夜，间有拉女伴出游者，谓之'走百病'"。清道光《金堂县志》记载当地在正月十四至十六举行上元灯会："鼓吹喧阗，士女踏灯嬉游，谓之'走百病'。"表明在川西地区明清皆有此俗。

（二）花朝节

农历二月十五为汉族相传的百花生日，俗称"花朝节"，许多地方举行"花会"游春，亦有以此日为"劝农日"种瓜藤者。

（三）春社日

立春后第五日为汉族相传的土地神生日，俗称"春社日"，各地祭祀"社神"。各地方式有别，或举行"土地会"祈土地保佑粮食丰收、六畜兴旺，或以此日为"劝农日"种瓜藤，或禁动土停针线而事娱乐、防虫，或过"踏青节"采青除邪。

（四）上巳日

农历三月三日为汉族相传的"三婆娘娘"生日，各地习俗不一。或踏青出游采荠菜（部分地方妇女戴荠菜花、部分地方食荠菜、部分地方以荠菜挂门外）除病避虫，或祭三婆神（或妇女乞子嗣，或于娘娘庙乞木刻童子送盼子亲友，或祈母子平安），或"抢童子"旺门户，或士人出游赋诗作文，或演戏娱神，或不过上巳日。

（五）清明

冬至后第106天为清明日，四川各地过节习俗大致相同。清明日前后十天，人们择日备供酒、香烛、纸钱、鞭炮、供果及肉食，前往祖茔祭奠先祖。先于坟前设祭坛、置供品、燃香烛，并将挂有纸钱或纸幡的竹竿插于坟头（俗称"挂青""标坟"），然后放鞭炮、烧纸钱，家人按尊长秩序依次在坟前跪拜磕头，最后培修祖茔、为坟头培添新土，俗称"上坟"。清明扫墓备酒，见于清人山春的《灌阳竹枝词》："鹃声不住北门悲，三月清明上冢时。最是官山人似海，男携酒榼女携儿。"清明日，各宗族在祠堂举行集体祭祖仪式，分食膳食或供品。有的地方官府设祭、演戏，为孤坟挂纸钱祭奠、娱乐孤魂野鬼。

有不少地方以清明日为"踏青"日。城镇居民穿戴整洁、艳丽，带上食物先至祖坟祭拜，然后郊游赏花、放风筝，午间分食自带食物、饮酒。"踏青"时，折垂柳嫩枝制作成柳圈戴于头上，或折柳枝带回家插于门窗外，或女子贴符于发际称"柳叶符"，辟邪求吉。同时，不少地方的农民亦在这一天犁田播种秧苗或锄地播种，开始春耕。

清明前一日，为传统"寒食"日，部分地方沿袭传统禁烟火一天，部分地方已不过寒食而只进行清明祭祖上坟、踏青活动。

（六）端午

农历五月初五，为汉族传统的"端午节"，亦称"端阳节"。清代中晚期，四川部分地区的羌、彝、苗、土家等民族亦过端午节。这一天，人们在门上悬菖蒲、艾草并以之熬水洗浴，以驱邪除秽；饮雄黄酒、吃粽子（称"角黍"），挂香囊于身、家长为儿童前额和鼻孔涂少许雄黄酒，以避蚊虫叮咬。杨燮《锦城竹枝词百首》写道："龙舟锦水说端阳，艾叶菖蒲烧酒香。杂佩丛簪小儿女，都教耳鼻抹雄黄。"有亲友至，馈赠香囊、扇子等物与亲友。传说此日为屈原投江忌日，江河沿岸城镇举行赛龙舟活动。川西地区多在龙舟赛上举行抢鸭子活动，先由彩船上的人抛鸭子于河中，各龙舟奋力划向鸭子出没处，划龙舟之人跳入河中争抢鸭子，以抢到鸭子多的为成绩优胜者，所抢到的鸭子归各龙舟所有，因而争抢激烈，民众夹江观看，为重要的节日娱乐项目。成都等地有少年聚集空地上，追逐、吆喝、对掷李子娱乐的习俗。此日，采百草皆为药，一些地方有到山野田间自采草药用于洗浴、以采药草娱乐的传统。个别地方有在户外绕行去病的"游百病"习俗。

（七）瓦尔俄足

农历五月初五，羌语称"瓦尔俄足"（或称"俄尔俄足""维洛俄甲"，为方言发音差异），为羌族全民性的祭神、娱乐节日。各地过节习俗不尽相同，但皆自五月初三开始过节，直至初五夜结束。届期，多数地方祭拜天地间各种自然神灵、家神、道教神灵和佛教的观音等（羌区南部多在巫师带领下祭神，羌区北部和西部由本村寨尊长男性带领祭神），敬神后将献祭的牛羊入大锅煮七成熟分给村寨全体老少食用以求吉祥，各家聚集并相邀饮雄黄酒、吃食物，饭后歌舞娱乐尽兴而归。入夜以菖蒲、艾草等药草洗浴。靠近汉区的村寨或居民多源于内地汉族的村寨，过节方式与汉族"端午节"相同。据道光《茂州志·风俗》记载，五月初五为境内羌民唯一岁时节庆"岁时不拜贺，惟于五月端午贴符换联、备酒食互相请饮如新年。……近来番夷归州日久，饮食、服物、冠婚、丧祭渐与汉民等矣"。反映出五月初五为茂州羌族传统的一年之中最隆重的岁时节庆日期。

（八）六月六

为汉族传统的"天贶节"，各地民间皆将家中衣物、棉絮、书画等拿出户外晾晒，防止虫蛀蚀，俗称"晒衣节"，有"六月六，晒衣服"民谚。部分地方的寺观亦在此日翻晒经书，举办"晒经会"演戏，吸引香客。药农及从事针灸的医家，于此日入山采收药材。有的地方亦在此日制作酱醋、发面酿酒用曲饼（多数地方在"伏日"制作）。

（九）火把节

农历六月二十四，彝族"过小年"，各户祭祖先，杀牛羊，宴饮欢庆，入夜集体歌舞"跳锅庄"，歌舞结束后各执火把漫山遍野游娱，故俗称此日为"火把节"。光绪《越巂厅全志·风俗·夷俗》记载"六月二十四为过小年，杀牲以木杵击其脑，饮酒欢庆。夜燃炬跳舞，满山星火，名'火把会'"。光绪《盐源县志》及民国2年（1913）《盐边厅乡土志》皆称此日为观莲节："二十四日为观莲节，以莲子馈赠，此古俗也。今夷俗以此日祭其先，而汉民亦燃火树，曰火把会。"

（十）中秋

农历八月十五为汉族传统的"中秋节"，被视为家庭团圆日。此日，亲友互赠麻饼，俗称"月饼"，祝团圆吉祥。各家打糍粑、置酒食、备瓜果、吃麻饼赏月。清代崇庆县（今崇州）人谢攀云的《蜀州中秋竹枝词》云："夕阳西下月东升，罨画池边酒气蒸。莫诮游人归步晚，街帘初卷上红灯。"反映出成都人在中秋之夜尽兴尽欢，一醉方休的场景。部分地方有于此夜"偷瓜""送瓜"的习俗：盼子夫妇乘夜潜入他人菜地偷摘南瓜，取破瓜得籽（子）吉祥意，农家作为宜人得子的祝福而不加干涉；或由少年儿童摘瓜吹箫打鼓送到孕育困难的家庭，祝其早生贵子，孩子们整夜奔跑以为娱乐。

（十一）重阳

农历九月初九，为汉族传统的登高望远日，因九月逢九日，俗称"重九""重阳"。届期，士人、亲友相邀登高远望，头插菊花或佩戴茱萸；各户聚会宴饮，饮菊花酒或茱萸酒、食"重阳糕"。俗以此时酿酒酒味最佳，因此家家酿酒（多于当日酿酒，部分地方亦在前后十日内酿酒），称"重阳酒"。清人王履吉《合阳竹枝词》记载"满城风雨菊花黄，酒熟家家扑鼻香。惟有诗人消受得，白华山上醉重阳"。

（十二）冬至

十一月称"冬月"，"冬至日"为汉族传统的"长至日"。许多地方有宰羊"吃羊肉"驱寒或"杀年猪"制作腌腊肉品的习俗，届期祭祀祖先、设酒宴聚会如同春节，因而一些地方称此日为"小过年"。又迎尊长，士人拜师、卑幼拜尊长，称"拜长至"。因冬至日后逐日夜短昼长，有"吃了冬至饭，一天短一线"的民谣，故此日妇女不动针线，否则为日后针线活不能长久的不吉之兆。

（十三）彝年

光绪《越嶲厅全志·风俗·夷俗》记载境内彝族风俗"十月朔日为过大年，必打牛羊、跳锅庄"。反映当地彝族于农历十月初一过年。

（十四）羌年

清康熙年间编撰的《古今图书集成》引明代地方志《威州志》记载威州（今汶川县）境内羌族于汉族冬至日过年："羌番风俗……以冬至日为元旦，宰猪会饮，如年酒例"[①]。清乾隆三十三年（1768）《石泉县志》记载今北川县西北部的羌人风俗"冬至，家宰猪羊，作蒸饼，具酒肴相酬饮，谓过大年"。明末顾炎武《天下郡国利病书·蜀□边防记》引《四夷风俗考》记载今理县境内杂谷河流域的维州诸羌"岁时不用官历，……大率以十月为一岁"。上述三条文献记载表明，羌族原本以10个月为1年，羌历年的正月初一（元旦日）为汉族农历的冬至日，即羌族原本在农历冬至日过年，直至清代乾隆年间仍然如此。至清代晚期，在汉文化影响下，羌族地区多改从汉族年节习俗过春节。其中，杂谷河流域的部分羌族村寨于农历十月初一"过年"（称"过小年"），多数地方的羌族在这一天过汉族的"牛王会"。

（十五）嘉绒年

清同治《直隶理番厅志·边防夷俗》记载境内番人（今嘉绒藏族）过年习俗"土俗以三冬望日为岁朝。先一月集男女，以白涂门曰贴门神，饮酒歌舞，曰小过年。至期，则曰大过年，广延番僧为七日道场"。至今，嘉绒藏族仍于农历冬月（十一月）十五日前后过年，因过年时间与春节、藏历年、羌年和彝年等皆不同，今称之为"嘉绒年"。

---

① （清）陈梦雷：《古今图书集成·方舆汇编·职方典》卷五九〇，巴蜀书社1985年版。

七、行旅习俗

（一）乘船

明清时期，四川境内由于河流众多，水路交通兴盛。水路出行仍以乘木船为主，小河上载客运货亦用竹筏。由于四川境内长江干道、岷江、沱江、涪江、嘉陵江及其支流多水深流急，乘船出行往往险象环生，从而也锻炼出蜀人篙师精湛的撑船技艺。明代王士性在《广志绎·西南诸省》中记述"蜀舟甚轻薄，不轻又难为旋转。谚云：'纸船铁艄公。'蜀江篙师，其点篙之妙，真百步穿杨不足以喻，舟船顺流，其速如飞，将近崖处，若篙点去稍失尺寸，则迟速之顷转手为难，舟遂立碎，故百人之命悬于一人"[①]。逆流行船时，由纤夫拉纤。船夫、纤夫行船、推船、拉纤时皆唱和号子，一人领唱众人和，用以协调步调和力量、鼓舞和调节情绪。

在大渡河上游，当地人渡河仍沿用牛皮船，同治《直隶理番厅志·边防夷俗》记载杂谷土司与大金川的绰斯甲土司间"隔河渡用皮船"。

（二）过桥

据文献记载和各地保存的明清文物遗存，四川盆地内中小河流上多建有砖石拱桥、石平桥、木廊桥，川西地区亦多建有索桥（包括藤索、竹索和铁索），川西高原中小河流上多建有索桥、伸臂木桥、木廊桥、小型石拱桥、石平桥以及竹溜索，供人们日常渡河。在川西高原上，索桥和伸臂木桥是分布最广和最为常见的桥梁形式。清康熙年间，为方便川藏道茶马贸易及官私往来，修建了我国现存最大的铁索桥——泸定铁索桥。

在岷江上游地区，索桥、溜索、栈道极为普遍。民国《松潘县志·艺文》收录清代刘绍攽《西行记》，记乾隆三年（1738）三月由成都赴松潘途中过汶川县时所见藤索桥、溜索情形："（汶川县）过江渡藤索桥，其桥缚藤索十数，绵亘江上，覆以板甫。履即动，风来益荡。又有溜索，攒竹编成双股横江，首高尾低作斜坡形，渡者于竹版摩，极清滑，双手按索上亦极熟，藉其高下势，滑而迅走，要须腕力，否则坠"。

为求土地、水神保佑行人过桥平安，内地汉族多在桥头立土地庙或立佛龛供奉，川西高原藏族多在桥头路口垒置玛尼堆、于桥上挂经幡，羌族、彝族则

---

① 《广志绎》卷五。

于祭神时节祭祀水神。

(三) 行路

明清时期,四川内地出行称"上路"。上路前,家人为出行者准备干粮、钱物以备途中需用。远行者多在行前赴寺观上香求神佛保佑平安,身带辟邪牌符驱鬼避邪、于途中祭拜当地"土主"乃至"拦路鬼"以求平安吉祥。出行时待天色蒙亮启程赶早,黄昏时住店落脚,忌深夜行路以防撞鬼不吉。贫者行路徒步行走,货物以背篓背、箩筐挑或推木制独轮车(俗称"鸡公车")运输。官绅、士人、商人出行,多骑马、坐轿、乘滑竿。途中,遇窄路、弯道、陡坡,在路宽处的行人及下坡行人,主动避让;尊卑相遇,位卑者主动避让(民让官、贫让富、青壮年让老年)。

四川多山,故明清时期在四川山区仍然流行古老的临崖、悬河修建栈道以通往来。清代刘绍攽《西行记》记载汶川县岷江沿岸"沿江为路,于山腰凿孔横受木架板,旁立木以支,空其下,古云栈阁,俗呼偏桥"。为方便雨天行走,官道及重要乡间道路泥泞路段多以石板铺地。但因翻山道路多坡陡路窄、下临悬崖,常令乘坐滑竿、轿子者心惊胆寒。清末灌县贡生董湘琴《松游小唱》描写灌县至汶川映秀翻越娘子岭山路的情形是:"空山嘶马蹄,一路行来迤逦,行至岭头小憩。……坎有高低,弹丸走坂须防备。最怕是狭路逢湾,肩舆簸荡空中戏。俯视深无底,令人惊惧。"① 清代晚期,四川各地有许多专门从事短途和长途客运业务的轿行,轿夫身强力壮、善于抬轿行走、熟悉道路情况,士儒、绅商出行往往雇请轿行的脚夫抬轿子或滑竿,其中以綦江县号坊乡陈家坝人陈洪义(又名陈鸿仁)创立的"麻乡约轿行"规模最大。轿夫们行走途中,以前唱后和的形式唱和号子、讲俚语,以协调步伐、调节情绪和预示路况。

川西高原地区的藏羌彝各族,农区山高水急、牧区河流水浅,出行皆走陆路。藏族远行时多骑马,以牦牛托运物资,自备酥油和糌粑面。羌族、彝族出行,土司、头人骑马,百姓多徒步、以背篓背运货物,自备烧面馍等干粮。行前,多"打索卦"、以牛羊肩胛卜筮吉凶,并赴寺庙、神山或在家中神位前祭祀求吉。

---

① (清)董湘琴:《松游小唱》,民国丙子(1936)刻本。

第三节 礼仪习俗

一、生辰与冠笄

（一）生辰礼仪

清代四川内地有祝生的习俗。贺生子吃三朝酒、满月吃匝月酒、满周岁吃周岁酒。老人寿辰之日，亲友亦前往祝贺。亲友祝贺生子，贺礼以米、鸡和鸡蛋、布为主；贺寿则送锦缎、酒食、衣服等。届时主人置酒宴款待致贺亲友。道光《新津县志》记载新津县民俗"人直寿日，亲友皆致祝。生子则送粥米，三日宴客，谓之'三朝酒'。匝月有'汤饼酒'；满岁有'周岁酒'"。道光《荣县志》记载荣县习俗"生子则送粥米，送鸡与鸡子、布幅者尤多。老人寿辰，每于晋一之岁制锦为祝，或又送酒肴、衣服等"。

清嘉庆《里塘志略》记载当地藏族生育习俗"子女，初不洗浴，三日以酥油遍身涂之，曝日中。半月，即以炒面调茶汤灌之，多不与乳食。稍长，男子教书算，或习一艺，或送为喇嘛。女丫则教戥秤，习贸易，不责女红，不习闺训。生女重于生男"。

（二）冠笄礼仪

据清代四川各地方志记载，独立的冠、笄礼在清代早期已经消失，仅官绅、士儒家庭于婚礼前一日为成年男女行冠礼或笄礼，为古冠笄礼俗在婚嫁礼仪中的延续。男子行冠礼，于家中设醮位，待冠者着新衣履革带（或行冠礼后再入房更换新衣履革带），先由父兄带领在鼓乐声中祭告祖先，父兄教导其成人后应尽的责任义务和应遵守的礼仪，然后请亲友中显贵或体德兼优的尊长为之加冠三次，为其"命字"（加字号），或先加冠命字再祭告祖先，然后亲友为之簪花上红（俗称"送花红"）或赠匾联并致祝词。礼毕，行冠礼者依次拜见亲友。主人家备酒宴请致贺亲友，冠者上座、亲友陪宴，称"簪花酒"或"花烛宴"（取花烛贺房之意）。行笄礼的女子，礼仪与冠礼大体相同，只是为待笄女子梳妆加笄的尊长为体貌德行兼优的妇女，亲友赠礼为奁仪之类，宴会称"花夜宴"（取花夜饯别之意）。光绪《大宁县志》记载当地冠、笄礼俗，行礼前还须先请四名未娶的亲友子弟为"伴郎"或四名亲友家室女子为"伴女"，陪伴待行冠、笄礼者（待婚嫁者）。此外，道光《大竹县志》记载当地男子15~20岁皆可行冠礼。女子14~20岁婚嫁，则女子有14岁即行笄礼者

（婚前）。

二、婚姻习俗

（一）汉族婚俗

明代四川有婚前一日先期宴请的习俗。明代李实《蜀语》记载："婚先日而宴曰餪"，此种"婚先日而宴"的习俗在清代仍然广为盛行，即前述男、女家行冠、笄礼后的"花烛宴""花夜宴"。各地婚嫁风尚或简朴或奢侈，如光绪《潼川府志》卷一〇载明嘉靖时遂宁县太史杨名称当地"一切婚嫁，仅取成礼。燕不用剧乐"。而同一时期的洪雅县婚嫁之风则崇尚奢侈，嘉靖《洪雅县志》记载洪雅县"女家以奁资相高""男家张宴集客，越三日始罢"。

明代四川还有童婚和招赘婚俗。明人王士性在《广志绎·西南诸省》中记载："蜀中俗尚缔幼婚，娶长妇，男子十二三即娶，徽俗亦然。然徽人事商贾，毕娶则可有事于四方，川俗则不知其解。万历十年间，关中张中丞士佩开府其地，每五里则立一穹碑严禁之，每朔望阖邑报院，邑中婚娶若干家，某甲男女若干岁，犯禁者重罪之。然俗染渍已久，不能遽变也。"万历年间官府禁止童婚的碑刻，至今在洪雅、芦山、仪陇等县仍然保存①。嘉靖《洪雅县志》记载洪雅县在成化前盛行入赘风俗："其子婿则成化前多入赘，分财产，谓之承户婿，亦云养老婿。"这种童婚和招赘婚俗在清代四川依然流行。

清代四川内地汉族婚俗，普遍依"父母之命，媒妁之言"，至清末方在少数仕宦家庭出现自由恋爱。据四川各地方志记载，各州县汉人婚俗大同小异，婚嫁程序大体为：男方（或女方）父母首先托媒人说媒，讲究"门当户对"（家境门第大体相当）。双方经媒人议定后，先由提媒方将自己家子女年庚书写于红纸上交与媒人，另家接柬后亦将子女年庚书写于红纸上交媒人带回，然后查看年庚"生克"，称"合八字"。相合，双方父母用描金柬帖书写子女姓名、年庚、排行请媒人交给对方父母，称"换庚帖"。男方备缎帛、钗饰、酒食、果品等聘礼，交媒人同庚帖一并送至女方，称"插花"（插定、插香）、"下聘"（或于迎亲前数日致聘礼，亦称"过礼"）。女方收"庚帖"及聘礼后，备酬谢礼并女方"庚帖"交媒人带给男方，称"换帖"。男方确定婚期后，备帖请媒人递送女方，称"报期"。婚嫁前一日，男家设"花烛宴"、女

---

① 四川省文物管理局：《四川文物志》上册，巴蜀书社2005年版，第369、374页。

家设"花夜宴"宴请亲友。婚嫁之日,男方通常不亲迎,请媒人、至亲尊长妇女及亲友奉钱物等彩礼、备花轿、以旌旗鼓吹为前导至女家迎亲,以牲酒、香烛祭告女方先祖后,接准新娘上轿至男家。出嫁女子在离家前要哭嫁,向父母诉说娘家恩情、不愿离别之情和离别之苦,亦有亲族姊妹陪哭帮哭,甚至有自花夜便通宵哭嫁者。迎亲队到达后,新娘由亲族姑姐或伯叔、兄弟护送至男家,称"送亲"。女方收受男方彩礼,同时馈送陪嫁礼物,称"嫁奁"。女至男家后,由男家一名妇女扶新娘升堂,新郎、新娘按男左女右排列拜天地、祖宗。夫妻交拜完毕,入洞房行合卺礼,称"圆房"。男家备酒宴请亲友宴饮,称"正宴"。定晋岩樵叟《成都竹枝词》"玻璃彩轿到华堂,扶得新娘进洞房。挑去盖头饮合卺,闹房直到大天光"。次日,设茶水、果品,新娘奉茶果依次跪拜尊长、姑舅(一些地方为入洞房前先拜),称"拜茶",受拜者赠以礼钱。第三日(亦有次日者),新娘偕新郎拜女家父母,称"回门",女家置回门宴宴请亲友。一些地方,新郎行拜见岳父母礼,岳父母须向女婿致礼钱。至此,婚嫁礼仪结束。

(二)藏族婚俗

清代川西北藏族婚俗,各地不同。同治《直隶理番厅志·边防夷俗》记载杂谷、梭磨诸土司婚俗"酋长娶妇,部民男女皆酌酒相贺。未生子女饮食,男女皆取给于母家,虽千里之外必至。有所出,然后衣食于夫。如废妻,亦其父母弟兄为馈饮食。婚无媒妁,男女相悦,则父母为之娶,亲朋置酒食以定婚。婚时,婿至女家,俟有子女,始偕妻以归"。此记载表明,当地婚姻以生育子女为核心。

同治《章谷屯志略》记载章谷屯(今丹巴)婚俗:"夷俗,议婚无年庚、币彩之礼。大抵男女相爱悦,多野合,然婿家必请达查谷巴(即媒妁之称)往女家通殷勤,携哑酒一瓶诣焉。女父母允诺后,受其酒而饮之,否则反酒。媒氏反告,婿家延工巴择吉,视家之贫富馈哑酒之多寡,随媒氏往,备言情好。女家具哑酒、猪膘款媒妁及从人。女母以糌粑数斤,馅以猪膘,作得木鸟一圆(汉人毕锣)给媒氏致婿家。婿母将毕锣刲小方,遍馈亲党,于是咸知与某某结婚事焉。娶妇时,乃延工巴诹吉时,具烧酒、哑酒各一瓶,随媒氏至女家,工巴及婿之姐妹偕往。新妇衣短襦花裙,头缀小珊瑚珠百余粒,作抹额式,足穿杭(读上声)或随汉式制花履。富者乘马,贫者徒行,姐妹数人从。途中工巴诵经咒拔除不祥。导引至婿家,见姑舅叩首毕,夫妇并南向立,工巴念念有辞……。礼毕宴亲友，……。既醉既饱，男女数十百人连臂呼跃，跳锅庄以为戏。是日夫妇不同室。越日，妇随姐妹回母家，力作如初。……及翁姑授以家事，或生子女后，则长依婿操作"。文中所记载当地的"工巴"为苯教巫师（汉语称"道士"）或信奉红教的在家修行者。同书还附记明正土司（今康定境）夷人婚俗，与章谷屯大同小异，皆有说媒、定亲、迎亲、婚礼、酒宴、跳锅庄等仪程。

嘉庆《里塘志略》记载当地婚俗："婚嫁以茶为礼。娶亲之日，群妇赴女家饮酒歌舞以乐之，谓'跳锅庄'。饮毕，送到男家亦如之。谓嫁娶为'坐'，好坐汉人。妻不一夫，死则别坐。差徭视妇人多寡科派，故一家弟兄三四人只娶一妻。如生子女，兄弟择而分之。其妇人能合三四弟兄同居者，人皆称美，以为能治家也。贸易之事，妇人智过男子……。夫妻悦则相守，反目则自择所欲而适焉。"又称当地"生女重于生男"。由此可知，当地婚俗盛行一妻多夫，且生活中以女性为中心，重女轻男。

咸丰《冕宁县志》记载县境婚俗："西番有媒妁，无论嫁娶，以牛、马、猪、羊为礼，酒、钱、衣服诸物多寡视其家。娶日，女骑马至，饮下马酒。亲友群聚，席地而坐，置酒坛于中，掌坛者以小杯轮奉一杯。肴核尽贮一木盆，亦置中，掌盆者人奉一把，最后用牛角敬酒一角，此即礼之至重者矣。……饮欢，连臂跳锅庄，食毕而散。次日拜堂，与汉民略同。"

（三）彝族婚俗

咸丰《冕宁县志》记载县境彝族婚俗"凭媒妁说庚，请僧计算。……娶时，二人负酒一称，羊、豕各一，米一斗、盐一斤，乘马一匹往迎。新妇披毡衣、蒙斗篷，跨马缓行，数夷随送。妆奁有牛马折银，陪嫁男女娃子若干。宴客三日，饮啖如西番。新妇多归母家，不恒与其夫处室，动即自尽，互相需索。又有其父母将女别嫁者，控官府、打冤家，所时有也"。所谓"请僧计算"，指请巫师毕摩测算。光绪《雷波厅志·风俗记》记载彝族"婚娶，以牛、马、布、盐、酒等物为聘，争资财最盛，数必取盈。婿家备马亲迎。成亲后即归母家，候生子女乃还，复索财礼"；"婚丧皆巫祷、歌舞"。说媒、请巫师、迎亲、婚宴、新娘结婚后即回母家待生子女后返回夫家，这种婚嫁礼俗与丹巴、康定的藏族婚俗类似。

（四）纳人婚俗

咸丰《冕宁县志》记载县境纳人"无论岁齿，先择贫富。聘礼银一两、布三匹、酒一坛。娶时,骡一匹、银三两、酒三坛。会亲饮酒,排连盘膝坐,饮用牛角。富者,堡中每户请饮一日"。反映纳人婚嫁择偶首重财富。

(五)苗族婚俗

明清时期,川南苗族婚礼以吹芦笙和歌方式进行。明嘉靖三年(1524)杨升庵赴云南途经叙永县时作《罗甸曲》称"宛转踏歌声,咿哑各有情。马郎与苗女,跳月躐芦笙"。清光绪《珙县志·风俗》记载,苗族"男女苟合,吹芦笙和歌,淫词戏浪,昔谓之跳月"。光绪《叙州府志·风俗·夷俗》记载"苗俗,……旧不知缔姻,吹芦笙和歌,昔谓之跳月,今名曰'混寨情'"。民国《叙永县志·风俗》记载"跳月者,苗人之婚礼也。每岁阴历正月初八,聚未婚男女于郊,跳月舞蹈,联袂宛转,以乐为节,情钟意合,自相配偶,父母不禁"。

三、丧葬习俗

(一)汉族丧葬习俗

明朝建立后,朝廷专门颁布了《庶民丧仪》,要求民间丧葬礼仪依规办理。明代晚期,奢侈之风兴起,丧葬逾制厚葬、丧礼大兴鼓乐和宴饮之风屡禁不止,四川亦然。根据成都地区考古发现,明代早中期四川民间丧葬流行长方形砖室墓,亦有石灰椁木棺墓。庶民墓葬规模较小,长度通常在3米左右,甚至不足2.5米而仅能容棺木,随葬品常见为带系陶罐、谷仓罐、陶瓷碗碟、铜镜、钱币、买地券、随身服装及饰品等,证明当时民间丧葬遵循礼制、不尚厚葬。多家庭、家族墓地,夫妻墓葬包括异地异穴、同坟异穴两类。至明代晚期,庶民墓葬规模增大,流行生前以厚石板构建石椁墓(称"生基"),墓室长度多在4~5米左右,墓壁多雕刻人物花鸟及仿木建筑的门窗图案,棺木多宽大厚重,证明四川在明代晚期已盛行厚葬之风。

唐宋文献记载三峡地区巴人以鼓乐、歌舞举丧,明代万历二十年(1592)来知德所撰《革丧葬礼约》中记载梁山(今重庆市梁平县)夷俗"今之乡人……犹剪麻布散吊客,名曰'孝帛'。亲方死,即鸣金鼓;吊客来,即设酒,喧哗如贺客然"。所发孝布"在主人以长短为厚薄,在客以长短为喜怒"。来知德以此俗与丧礼礼制不合,书约要求当地夷人革除丧葬时"鼓乐""饮酒、食肉"的习俗①。表明至明代万历年间三峡地区仍然保存着以鼓乐歌舞、宴饮欢笑举丧的古老习俗。

清代四川汉族丧葬习俗，据各地方志记载大同小异。家中父母年老尚在时，先预制丧葬用衣衾，称"寿衣"；预制棺木，称"寿枋"；请堪舆术士（俗称"阴阳先生"）卜地预造墓穴，称"生基"（各家通常有自家或家族坟地坟山）。父母丧，男女哭泣，具衣衾入棺，称"小殓"，并设灵堂于正堂屋。第三日，讣告亲友齐聚，然后盖棺，称"大殓"。择日行"成服"礼，为丧者盛装，子女等晚辈至亲披麻戴孝、五服亲戚及好友撕布帛裹头，行奠礼"开奠"，主人备酒宴款待亲友。自有丧次日起，请僧道诵经做"道场"超度亡魂，视家境行3日、5日、7日乃至"七七"49天道场不等。做道场结束之日焚烧纸制人、马、轿、房及纸钱，有请女巫"师娘子"到家招魂者。停丧之地或在家中堂屋，或"暂厝"寺院道观，择吉日下葬。下葬日前夕，亲友备猪羊牲礼、钱、酒等前往吊唁，主人杀猪宰羊预备酒席款待，请鼓乐乃至请戏班演出，喧闹歌呼，通宵达旦，称"守夜"。至下葬日，先将明器陈放入墓圹，子孙前导、亲友扶棺并鼓乐送至坟地，子孙亲友哭拜。安葬、祭土地、下墓志石、封墓、竖碑（多雕刻精美戏剧、故事、花鸟等图案）后，拿出先期准备的木主神位（题写某某考妣、官职或封诰、名讳之神位）列置主人右侧，跪读祭词，烧纸祭奠拜辞。主人迎木主神位回中堂供奉，上香烛、供品，有亲友吊唁致祭与下葬前夕同。主人散布帛于亲友回礼，亲友离散返回各家。留子弟一人，监督垒坟冢。葬后3日，子女等为新坟加土、致祭，称"复山"。官绅、士儒之家多遵礼制守丧，守丧期间着孝服、禁饮酒、婚嫁和歌舞娱乐，年节时家中亦不贴红纸对联。清代早中期有在家守丧2~3年者，亦有在墓地搭棚守孝达3年者，至清代晚期渐少。贫困家庭，无小殓、大殓、成服、开奠之礼，更无力办道场，通常有丧则具棺木收殓，数日下葬，垒土为坟丘，烧纸祭奠而止。无论贫富家庭，在"断气""入殓""祭奠""下葬"时皆不哭泣。

（二）藏族丧葬习俗

清代四川各地藏族丧葬习俗各不相同。同治《章谷屯志略》记载章谷屯"夷人"丧葬习俗：人死，家人请工巴诵经咒，为死者"开路"。停尸于木板

---

① （明）来知德：《重刻来瞿唐先生日录》卷五《革丧葬夷俗约》，《续修四库全书·子部·杂家类》，上海古籍出版社2002年版。

上，为死者更新衣一袭，不着裤裤，以一小方藏布覆盖遗体，讣告亲友。葬法包括土葬、水葬、火葬三种，请喇嘛打索卦确定方式。如果土葬，择吉日将尸体坐于木龛中，以木板为盖面板，上开一个三寸孔径，奉置经楼中，早晚燃酥油灯于龛侧。亲友来吊，各送酥油数两代替上香、燃灯，请喇嘛数人每日诵经咒。选吉日，家人奉尸龛至旷野，卜地之后，从一侧掘一深数尺的墓穴将尸龛埋藏其中，墓口以石块封砌，墓上放置木板或石块避风雨。家人及亲友将数十乃至上百根悬挂经幡的竹竿插于墓旁，令风吹扬，代替口诵经文以祝冥福。水葬则将尸龛抬至江畔，龛外砌石块一周，待江水泛滥时入于水流之中。若行火葬，届时家人砌一石圈为火塘，横铺柴薪，将尸体直接置于柴薪之上，喇嘛设糌粑祭山神，口中念经、以铜勺舀酥油浇灌于火上，烈焰焚烧燃尽，家人拾剩余遗骨投入江中。至第7日，死者之子必须请喇嘛诵经，至49天止，3年内不恣意欢娱、不射猎禽兽。

《章谷屯志略》记载，明正土司境葬俗以火葬为主，仅百分之二三行土葬，葬法根据死者命中宜忌打索卦确定。人死后，除去死者衣物，将尸体手足蜷缩，以麦秸铺垫于地，置尸其上并以藏布覆盖，讣告亲属。吊者馈以酥油、猪膘、哑酒、经布。请喇嘛诵经，择吉日火化。火化仪式与章谷屯基本相同，但余骨须捣碎拌黄土盛于似浮图的铜范内投入江中。请喇嘛诵经8日，富者诵经16日。弟兄多者，各供请喇嘛诵经一日以为对死者的尊敬。若土葬，则将死者置于简易木匣内埋于郊野，垒土为丘，插经幡竿于旁。

嘉庆《里塘志略》记载，理塘番人丧礼"死无棺椁，不葬，砌于旷野，喂诸鹰犬。延喇嘛佛事。无孝服，男女百日不著华服，不梳不沐，妇人去其耳环、念珠而已"。

咸丰《冕宁县志》记载，境内西番"其人死，以毡布裹殓，不承服、不祭奠。死三日，请喇嘛诵经，打油火，扫舍宇，名曰'杀鬼'。随用火烧，其不烧者，则用木柜盛尸埋之。至四十九日，复扯旗诵经，名曰'点灯'。数年后，又延喇嘛诵经超荐，于平坦处用马数匹至数十匹醉跑数日，宰牛羊而食之；作纸人、纸马同灵牌并焚，名曰'杀马出灵'"。

（三）羌族丧葬习俗

清代羌族仍流行火葬。清道光《茂州志·风俗》记载，境内羌人"死则火焚，谓之火葬。各寨有火地一区"。同治《直隶理番厅志·边防夷俗》记载番人"死无棺椁，以其生时衣甲、服物、兵器、马匹置尸旁焚之为墓，亲族各以彩缯布帛悬竿高插,名插旗"。

(四)彝族丧葬习俗

光绪《越嶲厅全志》记载当地丧葬习俗:"夷人不用棺椁,以火焚化。富者用绸裹尸,贫者以布,积薪焚之,用土石掩盖。亲戚堡众来吊者,各备牲酒哭奠。其家俟众奠毕,乃以己牲酒哭奠,奠毕共饮。三年后,请夷僧诵经,及祖考同超度,谓之'做白'。前期打木刻通知远近亲族,来者俱送牲酒,衣鲜衣,披黑白毡衫,首戴金银簪饰;女着金银斗篷,五彩衣裙,乘马而来。酒食毕,乘马飞驰,跑圆圈以决胜负。"所言"夷僧"指彝族巫师毕摩。咸丰《冕宁县志》记载境内彝族丧葬习俗与之相同。

(五)纳人丧葬习俗

咸丰《冕宁县志》记载境内纳人丧葬习俗:"死用褐衣,外裹青、蓝、白布七层,不祭不服。将尸扶出,积薪焚毕,即砌一冢,上盖木板;无子女者不焚,抬出掩埋。三五年后,延獏狻僧人诵土经,焚灵位,杀牛羊而食之,凡七八日。又三年,送盘缠超度"。

四、祭祀习俗

清代四川汉族祭祀礼仪,据各地方志记载大同小异,包括祭先祖和祭家神。祭祀礼仪,士宦之家按《家礼》,庶民视家境繁简不一,但皆设香烛、焚纸钱。

祭先祖分墓祭、家祭、祠祭,皆上香烛、烧纸钱、陈果品及酒肴祭拜。每年寒食、清明墓祭,三元节家祭(尤其重视中元节祭祀),冬至在宗族祠堂由长者或族长带领按辈分、排行依次拜祭。祖宗生辰、祭日,在家祭祀。

祭家神,于中堂书"天地君亲师"制作为牌位或贴红纸,设几案、上香烛、陈果品酒肴常年供奉。

清代晚期,四川部分地区的藏、羌、彝、苗、土家等族,随着当地受汉化影响日深,亦开始使用汉族祭礼祭祀祖先及"天地君亲师"家神。

第四节　信仰习俗

一、祖先信仰习俗

汉族自古相信祖先有神灵，重视祭祀祖先以求祖先神灵保护后人家业兴旺、无病无灾。因此有冬至祭始祖、立春祭先祖（始祖以下、高祖以上祖宗）、冬月之前祭旁支先祖的习俗。祭祖前三日斋戒。前一日设神位、陈供器和食物。祭奠日，凌晨设蔬果、酒馔。天明，亲族盛服聚于宗祠，按辈分、嫡庶、长幼各就其位，关闭祠堂门（阖门），行降神、参神进馔礼仪，初献、亚献、终献并进劝祖先享食（侑食），开祠堂门（启门），祖先接受祭献肉食（受胙），拜辞祖先神灵（辞神），撤除祖先神灵享用剩下的食物（撤馂），重新回归原有供奉礼仪。

收获谷麦之时，各户将新谷麦盛供器中陈于家中祖先神位前，称"荐新"。农历十月初一，四川多数地方的汉族要秋祭墓茔，祭扫习俗同清明。届时，各户到祖先及亡者墓前祭扫，上香蜡、供品，烧纸制衣被鞋帽和纸钱，称"送寒衣"，故俗称此日为"寒衣节"。

二、巫鬼信仰习俗

清代四川各地仍然笃信巫、鬼。汉族男巫端公、女巫"师娘子"在各地城乡极为活跃，专事驱邪捉妖、招魂逐鬼。三峡地区仍然保持唐宋时期浓厚的巫鬼信仰，道光《夔州府志》记载夔州风俗"信巫鬼，重淫祀"。同治《酉阳直隶州总志》载"州属巫觋凡五种：一种以木为架，围布三面，供男女傩神于上，肩负而行，沿门治病，谓之划干龙船；一种则女巫所谓师娘子者而已，至还愿皆曰跳神，亦曰降神。……凡咒舞求佑，招男巫一二人或三四人，病愈还愿谓之阳戏"。又载秀山县风俗"遇有疾病，颇信巫觋，或昼吹角跳舞呦呦不休，谓之跳神"。

农历七月十五为汉族传统夏祭日，俗称"鬼节"，亦称"七月半"。各户备酒食香烛祭祀祖先、向祖先敬新谷，夜间于大门外烧纸钱招魂，一些地方亦有在山头道路中央点蜡烛许愿、到河边放河灯、在地上投放面饼作为鬼食（儿童可争相拾取）的习俗。道教以此日为"地官"赦罪日，于宫观举行中元法会；佛教以此日为盂兰会期，寺庵举行法会推荐新鬼、无祀鬼魂。

藏羌彝苗等民族，同样笃信巫、鬼。各有巫师（藏族苯教巫师、羌族释比、彝族毕摩、苗族"故相商"和"故相牢"等）行法术送魂驱邪、咒鬼杀鬼。清代除嘉绒藏族地区因苯教仍有较大影响、许多地方民间仍请苯教巫师驱鬼送魂外，其他藏族地区基本上皆请佛教喇嘛念经超度鬼魂、驱邪斩魔。

三、俗神信仰习俗

四川历来信鬼神，元代及明末清初的大批移民进入四川后，受四川民俗信仰传统的影响，亦笃信各种世俗神灵。元代虞集《四川顺庆路蓬州相如县大文昌万寿宫记》称蜀中"俗尚祷祠，鬼神之宫相望"。明初蜀献王朱椿迎合蜀人这一信仰以巩固在蜀的统治。据明代天启《成都府志》记载，蜀献王到四川后于成都府治北门外驿站旁建射洪祠，祭祀唐代著名政治家暨初唐文坛泰斗四川射洪人陈子昂："梦有神冠冕来迎者。王问为谁？对曰：陈子昂也。今为射洪土神。王驾过，护送至此，王因命立祠祀之。"蜀献王编造土神陈子昂来迎并为之立祠祭祀，其目的显然是利用蜀人的俗神信仰为其"礼教治西陲"争取民心支持。同书还记载成都府东锦江街的五龙庙亦是蜀献王所立，"献王入蜀，至嘉州，江涨，舟不能上。祷于神，风静水消，乃立庙迎祀于此"。在明代统治者的推动下，蜀中俗神信仰如江渎、瘟祖（文昌）、川祖、大禹、城隍、土地、坛神、东岳、泰山石敢当等皆极盛行。清代除沿袭明代的俗神信仰外，织女、镇江王爷杨四将军等俗神信仰，还有被奉为俗神的英雄、名人的神灵，无不香火兴旺。在众多的俗神中，以下俗神信仰习俗在巴蜀民间最有影响。

（一）江渎信仰

成都的江渎庙为历代祭祀四渎之首的江渎祭祀地，明代按照汉唐旧制依然规定在成都祭祀，清代康熙皇帝亦曾数次亲撰祭文并遣官至成都致祭。虽然江渎神被列为国家祭祀正统神灵，但蜀地民间依然以之作为俗神对待。在明代中期，成都及各府州县乡村纷纷于江渎生日前后3~5日，开展娱神娱人的"祭赛心愿"庙会活动。《明英宗实录》卷二九六收录天顺二年（1458）成都右卫知事邓志宽奏折记载："四川古有江渎之神，例得祭祀。奈何无籍之徒，每至三月二十八日，谓神诞之辰，前后三五日间，或背插大小枪刀三五把，或身拖长铁锁十余条，或捉蛇十余，沿身缠戏。又有男妇披戴枷锁，插黄旗，动二三千人，从之者不计其数。鸣击金鼓，喧嗷之声闻诸远近，名曰：祭赛心愿。近者军民职官及各府州县乡村,亦多效尤"①。至今,明代铸造的青铜江渎神像及其两侧侍童像仍保存在四川省博物馆。

（二）文昌/瘟祖信仰

相传生于四川梓潼县的梓潼帝君张亚子,自唐末五代被奉为四川地方神灵,到宋代已成为全国信仰的主管文士科举的大神,各地香火鼎盛。经过宋元战争破坏及元代前期科举废置,文昌祭祀一度沉寂,元代虞集《四川顺庆路蓬州相如县大文昌万寿宫记》称"宋亡蜀残,民无孑遗,鬼神之祀消歇。自科举废而文昌之神灵亦寂然者余四十年"。随着元延祐二年（1315）恢复科举并于次年封梓潼帝君为"文昌帝君",文昌信仰再度兴旺。同时,相传瘟祖双重身份的文昌帝君又化身为"驱瘟摄毒、扫荡污秽"的瘟祖,文昌更受民间崇拜。梓潼七曲山大庙作为文昌祖庭,修建了专门的瘟祖殿,香火更加旺盛。在一些地方,"瘟祖会"成为最盛大的庙会活动,据明嘉靖《阆中县志》记载:"五月十五日瘟祖会,旧在城隍庙,后移太清观。此会较诸会为甚。……演灯戏十日。每夜焚香如雾,火光不息。其所为灯山者,亦如上元之时。"至清代,文昌/瘟祖信仰依然分别在官宦士儒和普通庶民中盛行,各府州县皆有文昌宫,城隍庙中往往有瘟祖殿供奉香火。农历二月三日相传为文昌帝君生日,各地士儒多前往祭祀文昌帝君,聚会宴饮、唱戏娱神,俗称"文昌会"。

（三）川主信仰

四川的川主信仰由来已久,各地所祀川主主要为主持修建都江堰水利工程的战国晚期秦国蜀守李冰,亦有祀李冰子二郎神或李冰父子同祀,还有祀大禹、赵昱、刘备为川主者。蜀中祀李冰为地方神由来已久,南北朝时期成都已有李冰祠,五代前蜀皇帝王建封李冰为"都安王",宋代李冰祠祀更加兴盛,元明相沿,直至清代仍然广受崇祀。明清时期,四川许多地方皆有川主庙（川西高原民族地区亦有）,每年农历六月二十四日举行祭祀庙会,俗称"川主会"。届期,人们鼓乐喧天抬川主像"游街"、舞龙灯狮子及玩杂耍,请戏班唱戏,甚至"做道场"3~7天、杀猪宰羊办酒席,十分热闹。一些地方则在遇天旱时,士民至川主庙共迎川主神像巡游祈雨,应验后演戏酬神,俗称"雨戏"。灌县灌口镇的二王庙为川主信仰的宗庭,其香火尤为兴盛,每年"川主会"期间远近府州县的民众纷纷前往,鼓乐喧天、唱戏酬神,盛况空前。

---

① 《明英宗实录》卷二九六,台湾"中央"研究院历史语言研究所1962年版。

（四）大禹信仰

大禹不仅以治水安民、开创国家之功而受到历代王朝的崇奉，同时又被道教奉为总管水神的水官暨解厄除晦的洞阴大帝，因而各地禹王宫不仅为官方崇祀大禹之地，也是城镇镇水的水神庙和黎民百姓祈福禳灾的重要场所。汉唐文献记载大禹生于汶川，宋代出现石泉（今北川县）之说，至明代环岷山的各州县都纷纷称大禹生于其地。农历六月六日为传说中的大禹生日，明清时期各地民众多赴禹王宫举行禹王会，鼓乐唱戏，酬神娱神。每遇天旱、洪涝，亦往往到禹王宫祈雨禳灾。到清代晚期，道教三官俗神崇拜兴盛，各地纷纷兴建三官庙，每年下元节时，人们亦到三官庙向水官洞阴大帝大禹祈福禳灾，香火旺盛。

（五）城隍信仰

城隍作为我国民间的城市保护神，在宋代已被列入国家祭典，至明初朱元璋敕封京城及天下城隍神并诏令全国各府州县立城隍庙后，祀城隍亦在巴蜀各地盛行开来。明隆庆时叶一清金堂县《重修城隍庙记》记载："邑之有城隍庙，制也。所赖以御灾凶，主祈祷，昭善恶。凡举事，劳众告而后行。于春、秋则祀，朔、望则谒焉。"每年春、秋两次祭祀，每月初一、十五皆要谒拜，可见祭祀城隍乃是地方大事、常事。清代，四川各地仍然盛行祀城隍，但因城隍为地方城池神，故各地祀城隍日期不同，自农历一月春节期间至十月皆有，既有初一、十五祭祀的，也有其他时间（多为传说中当地城隍生日）祭祀的。届期，人们鼓乐喧天地到城隍庙上香烛祀神、抬城隍像游街视察民情、演戏娱神。一些地方还在传说中的当地城隍夫人诞辰日前往城隍庙为城隍夫人"过生"，上香烛祭祀。甚至一些地方在中元节/盂兰盆会时也要举行迎接城隍的活动，遇天旱举行祈雨仪式亦抬城隍像游街祈雨。

（六）土地信仰

明清时期民间盛行土地神崇拜，四川亦不例外，各地随处皆建有土地庙祭祀当地土地神，清光绪《名山县志》卷九引嘉庆道光时人李凤翙《觉轩杂录》称"土地，乡神也，村巷处处奉之"。根据文献记载和保存下来的文物遗存，土地庙规模皆小，大者建为小型石、木庙宇，中者立柱状石碑、木牌，小者仅于路边岩石上造一神像龛。土地在文献中称"社主""社神""社公"，俗称"土地公""土地爷""土地菩萨"，亦有梳双髻的女性土地神称"土地婆"。土地神名称种类多样，有山神土地、青苗土地（亦称"秧苗土地"）、花园土地、长生土地（家堂祭祀）、栏垡土地、庙神土地、（寺庙）山门土地、某城土地、总土地、三层土地、桥梁土地，等等，多为护佑一方平安的小神，亦有专门司职某种事务的土地（如主农事的"青苗土地"）。土地管辖范围不一，神大者可管辖府州县域土地范围，中者可管一城一镇，小者如"桥梁土地""山门土地"仅管辖桥梁、庙宇山门所在土地范围。各地大小土地神多传为地方贤德名人（包括公正有德的乡村官吏贤老）死后化身继续维护一方。

清代，新年、"打牙祭"、腊月吃团年饭等重要日子都要祭土地，清刘沅《蜀中竹枝词》云"只鸡尊酒算奇珍，祭罢财神又土地"。内地部分地方以农历六月六日为"秧苗土地"生日，届期演傀儡戏（皮影戏）娱神祈谷、聚会宴饮，称"土地会"。平时，各地对当地土地的祭祀较为简单，以燃香烛于土地庙祭祀为主。

（七）坛神信仰

明清时期，四川部分地区盛行坛神崇拜。祀坛神时集巫师端公数人彻夜唱歌、跳舞以娱神，称"庆坛"，亦称"跳端公"，所跳祭神舞蹈今称为"庆坛戏"。清李调元《新搜神记·神考篇》引明人李实《蜀语》记载："坛神名主坛罗公，黑面，手持斧吹角，设像于室西北隅，去地尺许，岁暮则剖牲延巫，歌舞赛之。……奉坛神者，其神以径尺之石，高七八寸，置于堂右倚壁，曰'坛等'。上供坛牌，粘于壁，旁列坛枪。其牌或书'罗公仙师'，或书'镇一元坛赵侯元帅郭氏领兵三郎'，两旁列称号数十名，皆不可究诘。每岁一祭，杀豕一，招巫跳舞，歌唱彻夜，谓之'庆坛'。"民国《巴县志》称"今市井及乡里古宅，在百年前者往往有之"。民国《万源县志》《合川县志》《简阳县志》皆记载当地民俗多供坛神，其俗当自清代已有。

（八）东岳信仰

明清时期全国各地皆建有东岳庙供奉泰山神东岳大帝，巴蜀地区亦不例外。每年，各府州县皆要举行东岳庙会，与城隍会一样抬东岳大帝出巡视察民情、惩恶扬善，只是总体上不如城隍会规模盛大。至清代，各地多为民间小规模自发到东岳庙上香，大规模庙会活动较少。

（九）泰山石敢当信仰

我国石敢当崇拜由来已久，宋元时期已然盛行，明代演变为泰山石敢当，通常立于街道、乡村路口镇邪禳鬼。北宋张邦基《墨庄漫录》称"石敢当，镇百鬼，压灾殃，官吏福，百姓康，风声盛，礼乐昌"。明清时期，泰山石敢当崇拜在四川极其普遍，明人李实《蜀语》记载旧时蜀中街道、乡村路口多立有泰山石敢当，清代在四川城乡各地亦普遍立有泰山石敢当，至今不少地方仍有文物遗存保留。

（十）织女信仰

农历七月七日为汉族传说的织女下凡日，自南北朝时期形成妇女于此日乞巧以来，其习俗一直兴盛不衰。尤其是随着纺织业的发展，明清时期妇女于七夕祀织女乞巧的习俗更加风行全国，四川当然也不例外。据清代四川各地方志记载：此日，少女以凤仙花染指甲，妇女备瓜果、香花在入夜后列置于庭院空地上供奉牛郎、织女，望空看巧云，对月穿针，或摘"巧芽"（先期以豌豆泡水生长的豌豆芽）投入水中对着灯光、月光观看巧芽在水中的投影，俗称"乞巧"，因而此日被称为"乞巧节"，亦称"巧芽会"。一些地方也以此日为"女儿节"。

此外，农历六月六日，四川部分地方以此日为大禹生日举办"禹王会"祭祀大禹，也有部分地方以此日为"镇江王爷"杨四将军生日办"王爷会"祭拜镇江王爷。也有一些地方于此日举行祭赵昱或庞统的庙会活动。从而，"六月六"成为四川各地皆普遍举行庙会祭祀活动的一个特殊日期。

四、自然神灵信仰习俗

根据清代文献记载，四川汉族还盛行对六畜、风、雨、雷、水、火、龙、日、月、山石等许多自然神灵的崇拜。其中，牛王神受到各地普遍崇祀，并有规模盛大的"牛王会"庙会。在川西高原的藏、羌、彝等民族中，盛行对天神、山神、天地间的日月星辰、各种动植物以及山石神灵等自然神灵的崇拜，其中以神山信仰最为隆重。在藏、羌民族中，虽然白石崇拜十分普遍，但白石作为泛神代表，通常只是被供奉在房屋、神坛、耕地、路边等特定位置上作为神灵寄身的象征物，祭祀活动仅在过节、婚嫁、出行等需要祈神的特定日期，在房顶供奉天神（以白石代表）的塔子（塔子上部置盛有青稞等五谷粮食的陶罐敬神）下部火塘内燃柏枝祭神。

（一）牛王信仰

农历十月初一为汉族传统的庆祝牛王诞辰活动日。届期，城市居民赴牛王庙、乡村居民赴寺观牛王塑像前祭祀牛王，或于会馆，或数家共同出钱请戏班演戏酬神，俗称"牛王会"。各户打糍粑食用并以之馈赠亲友。有耕牛家庭，耕牛休息一天（甚至解开牛鼻索将牛放至野外令其自由活动），主人给耕牛喂食糍粑或喂食好粮食以酬谢耕牛的辛劳。一些地方还将糍粑包裹于牛角上（俗称"接牛角"），将牛牵至水边照水，认为牛照见水中影子角上有食物，会欢喜主人酬谢其力，无饼食则会悲鸣。有的地方还为牛梳洗打扮，采菊花数朵绑插于牛角上，进行赏牛。租用耕牛的家庭要为耕牛送牛衣（将布帛披于牛身上）酬谢。多数地方既送寒衣又祭牛王，部分地方只送寒衣不祭牛王、部分地方只祭牛王不送寒衣。

（二）祭山会

羌族民俗信仰以神山崇拜最为重要，认为天神、山神及天地间的许多神灵皆寄身在神山上，因而祭祀天神、山神及天地众神皆在神山上进行，具体祭祀地为建于神山上的山王塔或神树林（受汉文化影响，在清代亦出现了木结构小型山王庙建筑）。各羌寨皆有自己的神山、神树林，又有区域性的大神山。各地举行祭山会祭祀神山的时间不一，但多在农历六月内。或以六月初六为大禹生日，举行禹王会祭祀大禹、天神、山神及其他天地众神；或于六月中下旬某日举行祭山会（亦称"塔子会"，羌语称"苏布示"）祭祀山神及天地众神。届时，由推举出的会首组织、筹备祭山会，在村寨年长男子或巫师（主要在杂谷河流域）带领下，男女带上祭品、食物集体排队出寨上神山，女性在靠近山顶祭神处停下等候，男子至山神塔前上香烛、五谷粮食、猪膘肉、咂酒等供品，杀牛或羊、鸡并将头颅置石塔上方献祭，然后将挂有符纸的细竹竿插于石塔上、燃柏树枝烟敬神。或在村寨后山神树林前杀牛或羊、鸡献祭山神。祭神完毕，男子下山与女人会合，将献祭牺牲入大锅煮半生熟给各家分食以获神佑，各家在自家祖先寄身地祭祖先神，然后以家庭为单位聚集午餐、互邀饮食。午饭后，男女和歌、跳锅庄舞，至尽兴而归。

藏族的神山崇拜，因受到藏传佛教的影响，祭山活动多于当地神山祭祀节会期间采用撒"龙达"（印有龙、马等图案和经文的祭祀专用小方纸）和燃柏树枝、围绕神山念经转山一周敬神祈福方式进行（往往既是祭山活动，也是游山娱乐活动）。节会期间以及平时，人们皆可向神山进献哈达（亦有于神山前堆放牛羊头骨作为献祭品），于神山上插挂经幡以风吹幡代替念经向山神祈福。

下编

近百年来的巴蜀民俗

巴蜀文化通史 ｜ 民俗文化卷 ‖

第五章 生产习俗

民国时期,四川民间各地在生产习俗方面基本沿袭清代晚期以来的传统。新中国成立以来,四川盆地区的生产习俗随着生产方式的现代化转型发生了巨大变化,总体上呈现与我国南方其他省区逐渐趋同的趋势;川西高原地区随着向现代生产方式转变和产业结构调整,生产习俗亦发生了巨大改变。新中国成立以来生产习俗的变化可以改革开放为分界线分为两个时间段,"改革开放"之前(20世纪50~70年代),主要为破除迷信、推广新生产技术阶段,生产习俗变化相对缓慢;改革开放之后(20世纪80年代~21世纪初),伴随着现代化生产技术的突飞猛进和产业结构调整,生产习俗发生革命性转变,在现代化、标准化、规模化、集约化生产的时代背景下,各地生产习俗逐渐趋同并与国内其他地方尤其是我国南方地区日益近同,大量基于传统生产方式的生产习俗快速消失,尤其在现代生产发展较快的地区生产民俗变迁尤为迅速,但一些适应当地自然环境与生活传统的生产民俗仍然在一定范围和程度上延续。

第一节 农业习俗

一、农事习俗

民国时期,四川农业仍主要靠天吃饭。新中国成立后,经过推广农业新技术、加强农田水利建设,尤其是改革开放后发展现代农业,农业生产习俗发生了巨大变化,许多传统农事习俗逐渐消失,但部分传统习俗尤其是季节性农事习俗、一些期盼风调雨顺的传统民俗在一些地方至今仍然发挥着影响。

(一)春官春牛迎春忙

民国时期,四川盆地内继续盛行迎春习俗,只是春牛由清代晚期的泥牛改成了纸扎的纸牛。届期,县官在立春前一日主持迎春仪式,各地仪式繁简不一。川北巴中、通江、南江等县,届时先用一纸扎芒神,牵一春牛置于县衙大堂,举行迎春仪式时由芒神、春牛引路,在二十八宿仪仗队簇拥下,县官坐轿居中,其他官吏、春官等随后,敲锣打鼓边走边唱(俗称"唱道")至城郊外数里。人们先聚众围观斗牛:将两头尾系鞭炮的牯牛牵至场地上,点燃鞭炮惊牛起斗,以此娱乐观众。然后驯牛就耕,由县官扶犁,叱牛耕地,往返三次,表示政府重视农耕。最后由春官手持缠有麻丝的木雕小牛(象征男耕女织)、香炉架唱春词、说吉语。成都地区在迎春次日有打春仪典,以五彩春鞭鞭打土牛,表示春耕即将开始。清代《锦城竹枝词》有"迎晖门内土牛过,旌旗飞扬笑语和。人似山来春似海,高妆女戏踏空过"。

春节(立春)前后,春官要进行说春,说春从立春开始至春分前后结束。届时,春官自由编一些曲调简单的歌谣为农户吟唱,农户以钱粮相酬或以粮钱易买春官售卖的历书、女主人拿一绺白麻缠在春官手执的木雕春牛头上,表示女织之勤。春官说唱的歌谣内容丰富,须见到什么说什么,七十二行行行有歌谣,俗称"见人说"。说春习俗在民国时期盛行于全川,巴中一带说春历史尤为悠久,新中国成立后较长时间被当成封建迷信活动予以停止,1979年改革开放以后在许多地方曾再度活跃起来,因既具有娱乐性又告知人们春天到来、提醒人们准备春耕,颇受农民欢迎。

(二)拜罢土地开犁破土

民国时期,农民在正月里第一次耕田地时,要先将一块煮熟的刀头(约3寸见方的肥猪肉)和敬酒摆放在耕地上,燃香烛、纸钱,向土地叩拜,祈祷全年耕作顺利、庄稼丰收,然后扶犁破耕,开始新一年农事活动。新中国成立后,该习俗逐渐消失,今已不存。

20世纪90年代以来,乡村种植逐渐普及地膜覆盖和大棚种植

(三) 能手示范开秧门

每年栽秧时节，民间以栽秧的第一天称为"开秧门"。传统上栽秧苗全靠手栽，以秧苗栽种的窝距均匀、纵横排行笔直为优。届时，先从参与栽秧者中推选一名技术好的青壮年下田栽秧示范，俗称"打线"。待示范者横向栽出10余行后，其余栽秧者再依次从秧田右侧下田跟着栽。有时在栽秧队伍中有多名栽秧能手，彼此间便会出现你争我赶的热闹场面，引得围观者喝彩助威，以此娱乐。该习俗至今在部分地区仍然流行。

(四) 帮工喜吃栽秧酒

民国时期在种植水稻地区流行"吃栽秧酒"的民俗，有"打谷子的饭，栽秧子的酒"俗语。每年栽秧时节，农家为不误农时，往往请人栽秧。届时，主人准备酒食，盛情招待帮忙栽秧者，自晨至晚一日五餐，

川南农村至今仍可见到传统的水牛犁田方式

早、中、晚三次正餐之外的加餐（汤圆、糕点、水饺等）称为"幺台"。太阳照顶时，主人将幺台送到田边，帮工们吃喝后须先吸一袋叶烟再下田栽秧。如果栽秧酒吃得不满意，帮工者往往有意多栽或少栽几行（称为"秧鸡"），或栽成"弯弯秧"减少窝数，给今后薅秧造成困难；或留下一块空田不栽，让主人自己补栽，以示不满。新中国成立后，请吃栽秧酒习俗逐渐停止，由栽秧师先行开栽秧行作为参照（俗称"开线"），改为拉线插标记（俗称"打朽子"），各自分别栽种自己的行列。随着妇女地位的提高，妇女下田栽秧者渐多。20世纪70年代，部分地方推行栽铲秧、抓粪秧、包粪秧方法。20世纪80年代后，农村实行联产承包责任制，男子外出务工者较多，一些地方因栽秧人手缺乏，又恢复请人栽秧吃栽秧酒习俗。

(五) 祈神驱虫保青苗

保青苗的习俗在民国时期十分盛行。每年春耕春播以后，各地乡村要请道士或端公做法会禳灾、画符驱虫，俗称"打虫醮"。为了保护庄稼不受病虫和鸟兽危害，许多场镇乃至一些大户家庭在栽秧之后，要请戏班唱"灯影戏"、演木偶戏，俗称唱"青苗戏"。农户家庭盛行扎草人驱雀、涂白灰驱兽等习

俗，一些地方还有嫁毛虫、赶萤火虫等习俗。

扎草人驱雀的习俗流行于四川盆地区农村。当稻、麦等粮食播种后和成熟时，为防止雀鸟啄食，农户在田间地头扎草人，甚至给草人身穿烂衣服、头戴烂斗笠、手执挑着笋壳或禽皮的竹竿，或执点有燃香的假枪，仿佛有人在田地中守护（草人手中所执之物受风吹动，若人在驱赶状），雀鸟见状往往不敢靠近或受惊飞走，以此驱赶雀鸟。此种习俗至今在四川农村仍可见到。

在农历四月初八（佛诞日），四川盆地区与我国南方许多地方一样，普遍流行贴红纸笺避毛虫害的"嫁毛虫"习俗，亦称"敬婆婆神"。有的地方虫害严重，请道士或端公做法会驱虫禳灾。

在四川盆地周围的山区地方，农民为了防止野猪、野兔等夜间入庄稼地损坏庄稼，有涂白灰驱兽的习俗。人们用白石灰或白柴灰涂在地里的石头、树干上，或专门制作木牌涂上白石灰后插在地里，白灰夜间反光，往往可吓唬野猪、野兔等，使其不敢靠近地里损坏庄稼。

在20世纪80年代以前，四川盆地内许多地方的农村皆有大量萤火虫。农民们认为萤火虫是吃瓜茄、小菜叶的害虫，当夏季萤火虫较多的时候，农民往往在夜间于田间地头燃烟火或焚香驱赶。后来因环境变迁导致萤火虫大量减少乃至消失，政府宣传萤火虫是益虫，燃烟驱萤火虫习俗不复存在。

（六）戊日避祸忌动土

民国时期，四川民间因受道教影响，认为"戊日"动土（耕地、施肥等）会冲犯"帝星"，导致天灾人祸；如果戊日不动土，则可以获得家人平安、粮食丰收，因而有忌戊日动土的习俗。每逢戊日农民不到田地耕作而在家休息，尤其忌从立春日起的头五个戊日动土，认为在此期间动土必将遭受虫灾。五戊之后动土影响相对变小，俗称"五戊大赦"。因此时已进入春耕农忙时节，禁忌松弛。改革开放前该习俗在部分地方仍然流行。

（七）二道薅秧促生长

民国时期至20世纪50～60年代，四川民间传统上栽秧后第10～15天须薅头道秧除杂草、活泥土，促进秧子生长。薅秧时间宜早不宜迟，俗谚称："秧子薅得嫩，犹如上道粪。"此后，待杂草再次长出，须第二次薅秧。许多地方在薅秧时有唱薅秧歌的习俗，歌词内容既有传唱已久的薅秧山歌，也有即兴而唱者。歌声悠扬婉转，既抒发情感，又驱除疲劳。20世纪70年代后期推广使用除草剂代替薅秧，20世纪80年代后推广杂交水稻，薅秧习俗逐渐废弃。

（八）祷神祈雨解旱灾

四川不同地区往往发生春旱或伏旱，民国时期汉族地区的农民在天旱时往往开展多种形式的祈雨活动。在四川各地农村，普遍流行做雨会、赶旱魃、抬（晒）川主或菩萨、抬狗等祈雨习俗。中华人民共和国成立后，这些习俗被作为封建迷信活动予以禁止。20世纪90年代，末以来许多地方又恢复了部分民俗，其中一些地方将做雨会时的耍水龙、赶旱魃等民俗作为旅游活动中的娱乐性传统民俗加以利用。

做雨会是四川盆地区干旱严重时各地普遍流行的习俗。当旱情严重时，许多场镇或村落往往请端公或道士设坛祈雨。一些地方由男人或妇女聚集在一起唱呼天词祈雨，唱者手执柳条，由一人领唱、众人唱和；或在干旱村落里排成长队边走边唱呼天词。男子唱呼天词多以悲切的求雨呼喊声向天公表达求雨心情，俗称呼天；妇女唱呼天词往往声情并茂地描绘阴阳交合情形祈雨解旱。在雨会期间要"耍水龙""唱雨戏""禁屠宰"。唱雨戏主要使龙王感动或畏惧而降雨。耍水龙多用柳条扎成九节龙形，由一群青壮年男子组成舞龙队，头戴柳条圈、赤裸上身，敲锣打鼓地游村串户，边走边舞，各农户在柳条龙到时向龙猛泼水，玩龙者尽力遮挡，待水泼完再走下一家，耍完后将柳条龙掷山涧或河中，预示天会下雨。雨会期间，城乡禁上宰杀牲畜，称为"禁屠"。通常在旱区的农民皆会停止宰杀畜、禽，以不伤生的善行向神灵祈求降雨。雨会无时间限制，至天降大雨为止。

四川盆地汉族地区还广泛流行赶旱魃的习俗。当干旱严重时，人们认为是传说中引起旱灾的妖魔旱魃为祟，许多村落往往集会举行驱赶旱魃仪式。届时，村民们挑选一人用墨涂抹在面部、身体上化装成旱魃，请端公设祭念咒后，集合一群青壮年向空中放火枪，然后由众人拿着棍棒四处追赶化装成旱魃的人，直到把旱魃驱赶出本境，化装人到河中洗去面、身墨痕并去除装束后，仪式结束。

四川各地还流行抬（晒）川主、城隍、龙王、雨功等神巡视求雨的习俗。若久旱无雨，当地农民要集会赴川主庙或城隍庙、龙王庙等迎请并抬神像（民间通称"菩萨"）到城镇乡村巡游察看旱情，求神赐雨。出巡时，人们用伞幛为神遮蔽阳光巡视，若无雨则将神像曝晒在烈日下使其感受酷热、促其降雨。

四川民间有"狗打喷嚏天要晴"或"狗打喷嚏天要雨"的民谚。有的地方有"笑狗天不晴"的俗语,认为"笑狗"会使天下雨,因而在天旱时有"抬狗求雨"的习俗。人们通常选一只黄狗并为狗穿上衣服、戴上帽子甚至给狗戴上眼镜,然后捆坐在用竹木椅绑成的滑竿上抬着四处游行,人群前后簇拥、敲锣打鼓,狗的滑稽形象往往惹人发笑,以此应"笑狗天不晴"的俗语,促使天降甘露。

民国时期,随着现代气象知识的普及,人们了解到空气震荡会形成降雨的科学道理,于是在四川农区的许多城镇附近乃至一些村落的山上,往往建有打炮房,安置一门至数门生铁铸炮,每逢干旱季节、天有乌云层的时候,朝云层连续打数炮至数十炮,直至云层受震动降下雨水为止。

此外,还有一些具有地方特色的求祈雨习俗。如在川西地区有放孔明灯通知玉皇大帝旱情、请玉皇大帝下令降雨的习俗。中江县有旱季夜晚上山烧龙背习俗,因民间传说旱龙王喜旱住在山上,天旱是旱龙王为祸,只要到山上用火烧龙背就会下雨。川东一些地区有从传说中水源不竭的山洞"请水"的习俗,人们相信从此种山洞内请出来的水被带到哪里,雨就会下到哪里。还有一些地方的人们认为久旱不雨是因当地深潭内有妖怪作祟,当大旱之时,深潭附近的农民往往组织水车将深潭中的水车干至见底,以此驱逐妖怪、解除旱情。

中华人民共和国成立后,上述习俗被作为封建迷信予以禁止。人们为了祈求降雨,民间多将求雨的愿望编成歌谣进行传唱,祈求苍天降雨,以解除人们的干旱之苦。如广泛流行于川中丘陵地区的《天旱儿歌》唱道:"老天爷,快下雨,保佑娃娃吃白米。田暴坼,土暴坼,饿倒娃娃好造孽。田也干,土也干,饿倒娃娃叫皇天。"

(九)搭棚守秋护收成

该习俗流行于四川部分山区。当庄稼成熟季节,为防止野猪、狗熊、猴子等野兽糟蹋庄稼,同村落的山民便自发组织起来守护成熟的庄稼。人们用几根木棒搭起"人"字形棚架,铺上茅草或竹丫,内设床架,用于睡觉休息。棚子一般搭于高处,便于瞭望,故又称瞭棚。守秋人一旦发现野兽,便吹响号角,大家一起敲锣鸣枪,放出猎狗,打死或赶跑野兽。该习俗至今在少数山区仍然流行。

(十)惜牛如命护耕牛

耕牛历来被农家视为生命,四川旧有"父母养身,耕牛养命"俗语。各地普遍供奉牛王菩萨,每年农历十月初一(也有在九月十三)办"牛王会",敬奉牛王菩萨、为耕牛过生日。农民养耕牛，因耕牛一生为主人家出力巨大，主人家往往将耕牛一直养到老死，一些农户在耕牛老死时含泪将牛掩埋而不食牛肉，牛王会时要为牛过节喂食精粮乃至披"新衣"感恩牛的辛劳。为了保护耕牛，有削牛蹄忌仰面、农历三月初三或九月初九定时扎牛鼻加装牵牛栓、冬季训练耕牛、为防倒春寒或春雷惊牛而忌惊蛰用牛等许多习俗。

（十一）吉日扫圈祈猪肥

四川农家普遍养猪，自民国以来俗语有"富不丢书，穷不丢猪"及"养猪不赚钱，肥了一块田"的说法。农家若遇所养猪不爱吃、不爱干净、生长得慢或发生瘟病，有请端公、风水先生或石匠、木匠"扫圈"（或称"祭圈"）的习俗。扫圈日期以农历逢"六"为吉，亦有选在六畜肥日——即春天的申子辰日、夏天的亥卯未日、秋天的寅午戌日、冬天的巳酉丑日扫圈。扫圈时，先由端公烧香祭神、默念咒语，用新扫帚扫圈，然后将扫帚甩出圈外，再将预先准备好的猪食放进槽内，早已饥饿的猪争抢食物，待猪吃完槽内食物后，扫圈完成。中华人民共和国成立后，端公祭神仪式被禁止，但扫圈习俗仍然流行，至今在一些地方依然传承。

（十二）敬祖尝新佑丰登

民国时期，每年秋收正式开始前夕，四川农村盛行以新米敬神、吃新米的习俗，俗称"尝新"。届时，农民收割稻田中先成熟的少量稻谷晒干舂成新米，或到集市购买新米，择日将新米做的饭盛于碗中与煮熟盛于盘碟中的鲜菜一起供于祖先、稷神神位前，请祖先、稷神先尝新，祭拜、感谢祖先和稷神保佑当年五谷丰登。祭祀结束后，先舀一勺新米饭和菜喂狗，一是感谢狗给人们带来稻种的贡献（传说天下发生大洪水后，是狗粘在身上的稻谷为人们带来了稻种），二是根据狗先吃米饭还是蔬菜判断来年粮食是否丰收。喂完狗后，全家再按家人的长幼次序轮流尝一口新米饭，然后全家共同吃饭，庆贺丰收。此习俗今已不存。

二、节气与农事安排

四川是农业大省，农民历来按农历四时八节、二十四节气从事农业生产，春夏种植称"大春作物"，秋冬种植称"小春作物"。常见的与节气紧密结合的农事安排主要体现在育苗、播种、移栽、收获四个环节，习俗与我国南方各地近同。人们为了不误农时，编制了许多容易记忆的农谚，用于指导农事活动，各地农谚往往因地域气候差异而略有不同。季节性生产习俗主要有以下四方面：

（一）"母壮儿肥"重育秧

四川民间重视培育壮苗，有"秧（苗）好半年春""母壮儿肥"的俗语。

水稻育秧在清明节前后，有"二月清明不在前，三月清明不在后"和"懵懵懂懂，清明下种"的农谚。育秧首先要选好秧苗母田，犁起炕干、施足底肥。俗语称"好酒好肉等女婿，好肥好料下秧田"。谷种用温水浸泡，发出嫩芽（俗称粉嘴）即可撒播，俗称"芽播"。也有不催芽播种，称"哑播"。新中国成立后，哑播减少。至20世纪70年代推广双季稻，曾以旱地或在玉米地行间培育旱秧。80年代以后推广杂交稻，采取地膜覆盖育秧、摆放点种以及"两段育秧"等方法。

（二）不误农时忙播种

巴蜀地区农作物播种极重农时。小春作物在霜降前后播种，有"寒露胡豆霜降麦""白露、霜降，麦子、豌豆（种）在坡上"农谚。20世纪60年代以前，多采用"对窝子"和"花窝子"（亦称错窝子）点播。底肥多用草木灰与人畜粪尿沤制的堆肥或渣粪。60年代中期提倡条播，由人工、牛耕开沟改为条播机播种。同时推广氮素化肥和磷肥做底肥，追肥亦以化肥为主。

玉米在传统上习惯于挖窝点播，70年代推广杂交玉米，逐步改点播为育苗移栽。豌豆、胡豆多以铁锹杵窝点播。油菜在60年代前以点播为主，一般在立冬前后点完，故有"立冬菜籽拖不得"的农谚。

（三）移栽秧苗促高产

传统上部分农作物要进行移栽以提高产量，如移栽稻秧、移栽油菜、移栽玉米、移栽红苕等。水稻一般在小满至芒种移栽完，农谚有"秧奔小满谷奔秋""芒种忙忙栽"说法。少数地方有栽铲秧和旱秧习俗。油菜自20世纪60年代改为育苗移栽，少数地区因土质等原因仍用点播。70年代推广杂交玉米也改点播为育苗移栽。红苕为四川中部浅丘地区的传统主粮，通常在立夏至夏至前栽种，有"立夏栽苕，斤多一条；夏至栽苕，巾巾吊吊"俗语。自80年代起，水稻、玉米、小麦等产量提高很快，红苕种植面积逐渐缩小，农户多种市场销售好的红心苕。

（四）割麦打谷收获忙

不同农作物皆各有其收获季节，届时也是农民最繁忙劳累的时候。收割小麦通常自立夏节开始，农谚称"麦从立夏死"。农民多以锯齿弯镰将麦穗、麦秆一起收割，晾晒后用连枷打击或用拌桶拌打脱粒。20世纪70年代推广小麦机械脱粒，80年代因土地分户承包后各户收割时间不一又出现人工脱粒，90年代推广电动脱粒机脱粒后人工脱粒逐渐消失。

水稻收割俗称"打谷子"，收割时间通常在处暑至白露节期间，有"谷到暑，遍地黄"农谚。民国时期，谷子多用拌桶拌打脱粒，多为二人合作，有"雪花盖顶""黄龙缠腰""童子拜观音"等打法。还有三人合打的"丁丁猫"，四人合打的"蜂子朝王"打法。60年代后，拌桶打谷渐被人力打谷机取代，由二人自踩自打或多人轮换。80年代后，电动脱粒逐步普及，拌桶打谷逐渐消失。

此外，还有掰苞谷、打菜籽、打豌豆胡豆、剥嫩豌豆胡豆米、打苕种、打大麦、挖红苕等多种收获习俗。其中，打菜籽、打豌豆胡豆、打苕种均在粮食晒干后用连枷打，用风车扬净。玉米在80年代后改用机械脱粒，其余在90年代后亦普遍采用机械，但山区部分散居农户仍沿袭传统方法。

春播和秋收为农忙季节，农民多相互协作，并用唱歌驱赶疲劳。

三、耕耘方式不断改进

民国时期，川西平原的农作物种植长期为一年两熟或一年一熟，耕作传统"大春以用地为主，小春以养地为主"，广种薄收，产量不高。川西高原的彝族、羌族等仍然流行刀耕火种的原始休耕轮作方式。彝族地区高半山区仍然沿袭"烧火地"习俗，即秋冬将山坡地上的草木砍倒后就地晒干，冬末春初时放火烧山，然后将火灰翻耕为底肥，春播、秋收一年一熟，连续种植3~4年，待地力耗尽时弃荒，再寻另一片山地"烧火地"耕种。原来弃荒的山地恢复草木植被后，再次砍烧耕种。

新中国成立后，随着生产条件的不断改善，四川各地耕作制度不断调整、改变，日趋合理。传统的种一季田改为种两季田，一些地方将种旱地改为水旱轮作，推广在耕地内发展增种、间种和套种，原来的1~2熟变2~3熟，少数地方达到4~5熟，至20世纪90年代已形成了全新的现代耕作制度。90年代以来，地膜覆盖种植粮食、大棚种植蔬菜逐渐在川渝各地农村推广普及，近年来在成都周边农村又开始发展立体种植蔬菜和节水灌溉的现代农业，传统农业耕种方式在许多地方已经逐渐消失。

民国时期至20世纪80年代，川西高原的藏族、羌族皆流行"二牛抬杠手撒种"的古老耕地方式，靠近汉区的地方也有用单牛耕地者。通常每年秋收后犁一次地，春播前再犁一次，收获两季的土地则在收获前后各耖地一次。耕作粗放，通常只有"耕地、播种、收获"三个过程。藏族地区有互助换工的"伙耕"习俗，至

羌族地区在20世纪80年代仍保留着古老的二牛抬杠耕地方式

耕种季节，全寨集中劳力、耕牛，从河谷到山坡依次将全村寨的土地耕完，无牛农户需向牛主供给酒肉饮食或赠送衣物并承担耕牛的喂养放牧职责，土地耕种完后由各家自行管理、收获。羌族地区的"二牛抬杠"，将犁辕前端系于一根横木"轭"上、轭的两端缚于两头牛的两角上，使两头牛以额头顶推着犁前进，为羌族独有的一种牛耕方式。自80年代以来，小型手扶农耕机械逐渐进入川西高原农业生产中，但因山坡地不适宜大规模机耕，耕种仍然以人工为主。在川西高原牧区，随着近年来一些地区积极发展优质青稞、土豆等高原生态农业，草场改耕地、牧民转农民，现代化机械耕作开始进入高原地区的农业生产。

四、传统生产工具向机械化转变

民国时期至20世纪80年代，四川农村长期使用千百年来传统的铁质农具和竹木农具进行农业生产，耕垦土地主要用犁、锄、钉耙；收获主要用直口短镰和锯齿镰（平坝区）、长柄弯镰（偏远山区）、竹耙或木耙、秧船（拌桶）、挡席子、连枷、鼓风车、簸箕、撮箕、筛子等；灌地用水桶挑水，溉田用水车（筒车、龙骨车）抽水；播种用秧盆、秧铲、高撬、矮撬、提篮等；施肥用粪桶、粪档、尿罐、戽斗（山区）等；管理工具主要用单管喷雾器、果树嫁接与修剪工具；运输工具主要用鸡公车、箩筐、扁担、扦担、背篓、竹篮或草篮等；农产品加工主要用石碾（旱碾、水碾）、石磨、水碓、石臼、米筛、面筛、木榨、晒席等。各种工具皆用人力、畜力操作，耗力高、效率低，因地域

不同而形状多样。

60年代后，部分地区开始建立农业机械站，拖拉机、收割机、水泵、脱粒机等小型农业机具逐步得到推广使用。80年代，随着包产到户，小型农机一度普遍闲置。随着现代农业的发展，90年代以来农业机械得到普遍使用。

第二节　林牧渔副业习俗

四川山林众多、草原辽阔、河湖密布，林、牧、渔业一直是四川农村重要的经济产业。四川农村的各种副业生产，民国时期直至20世纪70年代，主要作为种植业的重要补充，产品以满足家庭自用为主，有余则用于换取少量现金补贴家用。随着商品经济的发展，传统的自给自足的小农经济受到巨大冲击，从事商品化林牧渔副产品生产逐渐成为农村重要的生产方式。自90年代以来，多种经营日益向规模化、集约化、规范化的现代产业发展，规模化生产和公司＋农牧户的现代生产方式逐渐在川渝农村流行。

一、家养野放的畜牧习俗

（一）家畜饲养

养猪是四川农村主要的家庭副业之一，平坝、山区的各民族农户皆普遍养猪。汉族地区有"种田要养猪，蚀本也不输；养猪不赚钱，肥了一坝田"的俗语。传统上农家多数是购进仔猪或架子猪饲养育肥并供自家食用，也有少数农户饲养母猪卖仔猪和饲养种公猪（俗称"脚猪"）收配种费为副业。不足两月的仔猪叫"笼子猪"，20～25公斤小猪称"槽子猪"或"牵牵猪"，25～40公斤称"架子猪"，40公斤以上称"催肥猪"。猪饲料分为青、粗、精三种，搭配喂养。中华人民共和国成立后，四川各地农村先后引进荣昌猪、长白猪、约克猪、巴克夏猪和瘦肉型猪。到20世纪80年代，基本实现良种化。至90年代普遍使用配合饲料养猪。近年，规模化养殖大户、现代化养猪场越来越多，出现了以粮食饲养生态猪的趋势。川西高原的藏族，农户养猪仍主要饲养传统的藏猪，许多地方还保持着传统的半野放饲养习俗，即夜间关圈、白天牧放到山上让猪自己觅食，肉质鲜美，称"藏香猪"。丹巴等地民间以此种藏香猪制作的"香猪腿"商品，在市场上供不应求。

养牛也是四川重要的养殖业。四川盆地农村传统上养牛多为耕田，品种以耕田的水牛和耕地的黄牛为主。自20世纪70年代起，农用拖拉机逐渐取代耕牛，耕牛饲养量逐渐减少，如今多数地方已不见耕牛身影。民国时期，在成都平原部分地区已饲养少量奶牛和用于食用的商品肉牛（俗称"菜牛"），80年代以来饲养奶牛和肉牛在川渝各地许多城镇皆兴盛起来，现已发展起许多规模化的现代养牛场。川西高原牧区的藏族主要饲养半驯化的牦牛、用牦牛与黄牛杂交繁衍的犏牛、绵羊及部分马匹，民国时期至20世纪70年代主要沿袭传统的按四季草场轮流牧放的游牧方式，80年代全面建设牧民定居点后结束终年游牧生活，90年代草场包干到户后逐步过上定居畜牧生活。川西南彝族地区在民国时期至70年代普遍饲养马、骡作为运输的主要畜力，80年代以来随着现代交通工具的普及，饲养量逐渐减少。

四川丘陵、山区历来有养羊的传统，民间普遍饲养多种麻羊、山羊品种，白天赶羊上山放养、夜间赶回住房附近或家中的羊圈，为重要副业之一。

（二）家禽饲养

饲养鸡、鸭、鹅是四川农村传统的家庭副业，山区、平坝盛行养鸡，川西平原同时流行养鸭，部分丘陵、山区则喜欢养鹅。家禽饲养通常为自繁自养，有个别人家专门孵雏禽贩卖。禽圈搭设在住房旁，饲料以杂粮、菜叶、剩饭拌以糠麸等为主，白天在庭院、房前屋后自由放养，傍晚自动归圈。

四川人传统喜食母鸡，故农户多饲养母鸡，公鸡通常只为配种而饲养。20世纪90年代末以来，人们认为公鸡肉质好，食用鸡逐渐以公鸡为主，母鸡主要用于产蛋。养鸡方式传统上皆为家庭散养，80年代出现一批养鸡专业户，成都郊区出现了一些养鸡专业村。近年来，规模化的饲料养鸡场遍布各地，以公司＋农户利用山林田间散养土鸡、以谷物饲养绿色生态鸡生产鸡蛋、鸡肉的风尚兴起。养鸡场流行用电热恒温箱孵化小鸡（俗称"电抱鸡"），农户仍沿用母鸡孵抱小鸡习俗，出现企业向散养农户提供鸡种的寄养方式。

养老鸭俗称"放老鸭子"，以捡蛋孵小鸭为主，鸭群少者几十只，多者上百只。养仔鸭以饲养3~4个月出售为主，每群少则几百只，多则几千只。传统上养鸭采用河塘、稻田放养，成都平原自民国时期已有专业养鸭人，放仔鸭的领头人俗称"竿竿匠"，还有"二竿竿""三竿竿"及杂务人员。新中国成立后，放养群鸭活动逐渐停歇。80年代以来，养鸭专业户逐渐增多，因放养群鸭需要较为宽广的水环境，多改以圈养的旱养方式养鸭，但放养方式在部分地方仍然保存。

养鹅以养白鹅为主，次为斑鹅，有少量铁甲鹅。农户通常利用夏、秋收割后田间残余粮食放养，端午节和春节前后宰杀，平时养少量产蛋种鹅。因鹅粪含有雄黄，一些地方的农户还以养鹅来防御虫蛇入户危害。

（三）养蚕

民国时期四川盆地仍为全国四大桑蚕养殖区之一，蚕茧产量位居全国前列，各地皆有桑蚕交易市场。成都平原及川北丘陵地区的养蚕业非常兴盛，乡村农户几乎家家栽桑养蚕，城镇居民亦多有养蚕者。成都作为全国重要的丝织业基地，蚕市规模巨大。成都竹枝词《蚕市竹枝词》描述当年情景："成都蚕市正春光，妇女嬉游器具场。买得鸦锄勤拂拭，夕阳桥畔种新桑。"清光绪年间因蚕市与花会时间相近，将蚕市与花会合并，民国时期继续保持。为了推广、鼓励蚕事，成都市各县皆成立有蚕务局开展试验和改良，邛崃一带还形成了专业化养蚕。民国初至20世纪30年代，成都簇桥曾是成都著名蚕丝集散地。成都市内的蚕市棉花街，街上居民多以养蚕为生，每至蚕季，交易兴盛。新中国成立后，国家大力发展蚕桑生产，四川蚕桑业进一步发展。70年代以来，现代棉纺织业发展迅速，蚕桑业严重萎缩。近年，除川北地区桑蚕养殖业仍然保持较大规模并有产业化养殖外，其他地区的养蚕规模已较小甚至已消失。

（四）养犬

民国时期至20世纪80年代，四川城乡皆盛行养犬，以饲养本地黄色或黑色品种土狗为主。人们养狗主要用于看家护院，山区也用于狩猎，有冬至食狗肉御寒习俗。民间认为狗皮能防潮除湿，多用狗皮制作冬衣、皮帽、垫褥。川西高原牧区的藏族多饲养牧羊犬藏獒，90年代以来成都地区有少数富户高价购买饲养纯种藏獒护院。民国时期，四川一些军阀、大户亦养引进狼狗，但数量极少。80年代以来，四川城镇居民饲养家犬渐少，多饲养各种观赏性小型犬；大中城市周边的农民集中居住区，养狗也已减少。

（五）养兔

四川大部分地区的农村皆有养兔传统，川西地区养兔风俗尤盛，有"牛是农家宝，兔是零花钱"俗语。民国时期至20世纪70年代，四川农家养兔以本土灰兔、麻兔为主，白兔较少；80年代以来，饲养引进大白兔逐渐成为主流，灰兔、麻兔已罕见。广汉市尤以盛产兔子而久享盛名，所产"缠丝兔"为四川著名传统美食。农户养兔传统上以嫩青草为主要饲料，搭配少许粮食。80年代以来，各地出现一批养兔专业户，一户饲养数百至数千只。近年来，一些地方已出现规模化养殖场，一个养殖场往往饲养兔子数万只。

（六）养蜂

白马藏族至今保持着古老的木桶养蜂方式

养蜂为四川山区农村传统副业，民国时期农家多在房前屋后自制长方形蜂箱或圆木蜂桶养殖中蜂，设备简陋，管理粗放。每年春分前后分箱，油菜花、山花末期割蜜，产量低。一些专业养蜂人，养蜂十余箱至上百箱不等，每年春暖花开时节赶着骡马车拉着蜂箱到平坝、山野乃至川西高原逐花草放养蜜蜂，待花期将尽时折返。外出放养蜜蜂在20世纪60～70年代基本停止，80年代再度兴盛。90年代以来，专业养蜂企业逐渐发展起来，农家自养蜜蜂仅在部分山区尚有保存。

二、成都农人好种花

成都四时宜种花木，人们也有赏花习俗。成都城区在清朝道光年间成立花帮，各县亦相继成立花木协会。每逢农历二月十五日花朝节及七月十八日，花帮皆组织会内人员到西郊花神庙祭祀花神、交流花木栽培技艺。民国时期，私家花园、花贩遍布全城，形成了川派园艺盆景并在全国建立起重要影响。梅花、海棠、菊花、兰花、牡丹、茶花、玉兰、紫薇、杜鹃、芙蓉和松、柏等传统花木皆广受人们喜爱，成都周边出现了一些以种花闻名的村落、庄园。新中国成立后，成都花木种植得到继续发展。1951年成都恢复举办花会并定名为物资交流会，动员川西各地农产品、土特产品到成都展销，会期举办各种文艺活动，观赏者近百万人次。改革开放以来，成都市郊农村相继建设了一批开放式花圃，一大批农户开始专业种植花木，一些乡镇将花木培植发展成为农民的主要副业。都江堰、彭州、大邑、邛崃等地盛产野生兰花，花农们从最初的户外采集逐渐发展到人工栽培，至90年代形成了盛况空前的兰花养殖热，不仅我国的港台地区，甚至日韩的一些客商也慕名前来购买。同时，各区县依托花木大力发展乡村休闲旅游，各种花会节日不断，如龙泉桃花节，新津、大邑的李花、梨花节，彭州牡丹节，新都桂花、荷花节，冬季的赏红梅、蜡梅等，种花不仅成为成都市民家庭时尚，成都锦江区的三圣乡依托花木种植建设的"五朵金花"乡村旅游景区还成为全国首个AAAA级乡村旅游景区。在成都的影响下，自20世纪80年代以来，四川城乡兴起了种花、卖花、造园林的风尚。近年来，城镇建设亦十分注重花木种植，花木成为美化城市环境的重要手段。

三、多种多样的捕鱼养鱼习俗

（一）捕鱼

四川人把捕鱼叫"打鱼""钓鱼"等。四川捕鱼方式以网捕、垂钓、钩鱼、捉鱼为主。网捕包括以罩网、拦河网、罾、舀网等工具捕捞，为四川最主要的捕鱼方式。在中小河流中捕鱼，有用挂满鱼钩的拦河网横放水中，待鱼触网挂住。一些地方有在汛期于回水沱处用罾捕鱼，称为搬罾；也有用舀网在水急处舀鱼。垂钓也是常见捕鱼方式之一，在鱼线上纵向系数枚鱼钩或用一根横线并排系多根下端系有鱼钩的鱼线排钩，将鱼钩甩入水流较急江河中、水坝下方水流中，待游鱼撞上钩被钩住，俗称"丢白钩"。捉鱼主要在稻谷收获后放干田中水，然后手捉养在稻田中的鱼；亦有将小溪拦断在溪中捉鱼。

有的捕鱼方法颇为独特。一些山村农民在枯水期到来时，在小河下游筑一道顶部与河水几乎平齐的宽坝，待鱼顺流而下至坝顶搁浅时捕捉。有"懒竿钓鱼"者，清晨将粗鱼竿下端插在河溪浅滩处的石缝中，鱼竿上端系竹索，竹索下端系一竹钩挂石头沉入河水中，使鱼竿弯成弓形，竹钩上系一段带多枚鱼钩的鱼线，安置好鱼竿后离开（或只用绳索系鱼线、鱼钩），待游鱼被钩住后捕捉。

（二）养鱼

民国时期，农民沿袭在池塘、稻田养鱼的自然放养传统，以养鲫鱼、鲤鱼最为常见。新中国成立后，政府大力扶持开展池塘和稻田养鱼，以养草鱼为主，鲫鱼和鲤鱼等为辅。成都的稻田养鱼在全国具有代表性，1998年成都市稻田养鱼面积达1.11万公顷，稻鱼兼作成为四川促进水稻增产的重要生产方式。

中华人民共和国成立后，四川许多地方陆续建设了大批水库，水库养鱼逐渐发展起来。20世纪80年代，各地大力推广网箱养鱼，90年代末以来因网箱养鱼对水环境污染较大，水库网箱养鱼受到限制。90年代以来，随着人们对名优特水产品需求量的日益增加，各地纷纷引进和发展特种水产养殖，大批特种鱼类养殖场在川渝各地兴起，甲鱼、鲇鱼、江团、鳜鱼、鲈鱼、鳟鱼、鳝鱼、基围虾、蟹、牛蛙等养殖发展迅速，成都已发展成为四川省特种水产养殖最发达的地区。

四、山区农民的林业习俗

（一）砍耳山

砍耳山是民国时期川北、川东、川南山区的重要林事生产活动。川北大巴山区盛产青杠树，每年农历二至三月要上山砍青冈树生木耳、银耳，俗称"砍耳山"。树主在砍山前要祷告山神、火神，甚至杀鸡祭奠、斋戒3~4天。砍山时，先在拟砍片区四周砍出一条宽约1.5~2米的防火隔离带，俗称"割火路"。然后请专业"火手"在天气晴好日放火，将拟砍树的枝叶由树顶向下烧掉，俗称放"座火"。

砍耳山需数十至上百名强劳动力，采用换工和雇请外地劳工解决。砍耳山之日，早晨忌说"刀、斧、锯"和"翻、打、倒"等语。每人持一把利斧进林砍伐，砍树、剁枝须砍"燕子口""灯盏窝"，不能"剃平头"、砍成"驴耳朵"，而且不能掉斧渣。砍下的青杠棒用于搭设生长木耳的耳棒架，搭架地点须选择有阴有阳、草势茂盛的地方，搭设为篷架或牌坊架。架子须在下雨时既能浸泡耳棒，又不至于被湿泡，受润程度应均匀。为防止盗贼偷盗木耳、银耳，架子入口摆成曲折的锁口架，一旦进入只能由原路返回，使盗贼不易逃出架口。为了禁止越界砍山、偷耳，木耳产区民众成立有耳山会，耳山会以地域为界，从数十人到两三百人不等，并订立有会规。通江县的银耳产地还将耳山会的会规勒石，以儆后人。

（二）伐运木

四川多山林，上山伐木为林区重要副业。每到伐木季节，林区附近的村民便相约结伴入山，带上斧头、绳子等工具和护身的猎枪及粮食、炊具等，在林中搭棚食宿1~2个月。伐木时，每放倒一棵树，便吆喝"顺山倒噢！"以警示他人注意安全。砍倒的树先去除枝叶锯改成木料或作为原木放下山。原木沿滑道放下山后，先堆放在山脚河岸，待涨水时顺流放运出山。水运散木出山时，放木者手持一根头端固定有铁钩的长竿，遇木材漂旋在回水处或卡在乱石堆中时，以钩将之引入水道。在水面较宽、水流较缓的河道中运木，也可将原木用竹绳或铁爪钉固定成木筏漂放。小筏一人漂放，大筏置有舵艄，由数人操纵。在林区河道上，放木人常将衣裤缠于头颈部位、手持竹篙，沿途吆喝、大唱，俗称"沿河闹"。

民国时期至20世纪80年代，在长江、岷江、沱江、嘉陵江、赤水河等大江河中皆常有大木筏漂放。木筏长数十米、宽七八米，筏上用木板搭棚，每筏数人吃住其上，数筏乃至十数筏前后相随顺沅而下，犹如一条巨龙在江上游动，日行数十里，蔚为壮观。

（三）采笋

四川一些地方多楠竹，每年春笋破土而出时，上山采竹笋成为当地农民的重要副业。届时，人们纷纷相约结伴，带上铺盖、食物、弯刀上山采笋。上山前先焚香祭拜山神，祈祷山神保佑平安。进山后，年轻人到竹林中用弯刀钩取竹笋，削去笋皮后装入麻袋；有经验的老人负责烧火煮竹笋、烤笋干，笋干质量好坏主要取决于火候。采笋季节结束，人们下山卖笋。进山采笋，有种种言行禁忌，以防发生意外。传统上，人们视竹笋为山神所赐，上山之人"见者有份"且一律平均分配。自20世纪80年代后，人们开始按劳分配。

第三节　手工业习俗

一、传统匠作习俗

（一）石匠作

石匠作为四川汉族民间主要工匠行业之一，分粗作与细作。粗作石匠多为兼职石匠，农闲时从事开山打石、修桥铺路、砌墙筑堤、打磨子、凿碓窝等粗活。细作石匠通常为专业石匠，从事刻字、凿碑、雕图、镂花等石作，以德阳、中江、安岳、泸州、永川等地较多且远近闻名。粗作石匠活多为重体力劳动，一般需几人乃至几十人合作。为协调劳动、振奋精神，劳动中常伴以"石工号子"，由领头石匠即兴发挥，歌调或雄浑或诙谐，常有男女嬉戏调情为容。20世纪50年代至70年代，细作石匠很少有人雇请，只能从事修桥铺路、兴修水利等粗活。80年代以来，随着建筑、园林建设中大量使用石刻、石雕，细作石匠日益增多。

川西高原农区的藏族和羌族居住石砌碉房，各村寨的农户中通常皆有多名擅长修砌石墙的兼职石匠。嘉绒藏族和羌族村寨的石匠尤其擅长修砌碉房和碉楼墙体，冬季有赴内地汉区修筑堤堰、保坎的传统。丹巴地区现存的大量晚清至民国时期的碉楼，多为聘请茂县羌族石匠前往修建。藏族和羌族石匠用片石修砌碉房、碉楼，墙体平直、有收分，修建时外墙不搭架、不用墨线和线坠，石匠站在墙内凭经验用眼睛进行垂直和对角斜线观看墙面是否平直、用壶碗盛水由上向下倒水线并以小树枝丈量墙体与水线之间的距离，以此控制墙面平直和收分度；因石料为不规则的大小石块，有平面的石料用于修砌外墙墙面，小片石用于填充缝隙，以黄泥为黏合剂，墙体内间隔性平置一些石条（俗称"过江石"）、木板（俗称"布筋"）以增加墙体的整体连接性，夏秋修砌、一年砌一层，砌好的石墙体经过一年重压和干燥牢固后，次年再修砌上层，以此保证建筑质量。这种石砌建筑技术，是藏羌民族手工技艺的一大特色亮点，堪称我国传统建筑技艺中的一朵奇葩。

（二）木匠作

民国时期，汉族木匠作分工较细，有行嫁、匾联、棺材、车儿、风簸等行业，或雇工开店铺，或流动揽活。修房造屋称"高架活路"，打造家具称"小木活路"。技艺较高、承揽包工者称"掌墨师"，专事放墨线，普通木匠按墨线施工。民国至20世纪70年代，木匠工具沿用传统手工工具，70年代后电动锯、刨、钻等工具逐渐普及。木匠对工具极为爱护，一般不借给他人使用。学木匠须行拜师礼，先上香祭拜木匠祖师鲁班神像，再向师傅行三跪九叩之礼。中华人民共和国成立后，拜师多不再跪叩。羌族地区的木匠多只从事普通造屋修房，精细雕刻等木工多聘请内地汉族工匠。藏族地区个别地方亦出木匠，主要从事寺院建筑图案、面具雕刻和部分家具制作等，甘孜州乡城县、德格县麦宿等地木匠在涉藏地区享有较高声誉。但涉藏地区总体上木匠极少，绝大多数寺院修建房屋及民间建房皆雇请内地汉族木匠，尤以聘请安岳、乐至、仁寿等地木匠为多。

（三）漆匠作

民国时期至20世纪80年代，四川流行传统的用生漆熬制土漆漆家具、房屋墙柱。漆匠以漆土漆为生，他们与木匠往往相依结伴，负责木作的后期刷漆工作。传统漆匠皆用细羊毛排刷手工刷漆，刷漆前先用鲜猪血或桐油调和膏灰对木作缝隙进行填补。大面积木作须罩上一层细麻布，以增加漆的附着力和防止日后漆面开裂，然后上底漆、二道漆、面漆。底漆和二道漆须待前道漆干后用细砂布将表面打磨光滑再刷下一道漆，面漆以用漆少、薄而光亮为优。木匠技艺的好坏，经过髹漆后便可一目了然，因而有"木匠怕漆匠"之说。好的漆匠或与木匠关系好的漆匠，往往会通过做膏灰、底漆环节将木匠工艺上的不平整缺陷弥补。80年代以后，以喷枪喷涂新型化工漆逐渐取代了传统的涂刷土漆，传统土漆漆匠逐渐消失。

（四）铁匠作

民国时期，四川汉族地区铁匠作一般分为两种：一为铸造生铁铧头、耙齿、铁锅等，工匠称"生铁匠"；一为锻打加工小件生产用具和生活用品，工匠称"打铁匠"。铁匠有兼职和专业两种：兼职者多在农村，农忙务农，农闲打铁；专业铁匠多为世代相传，通常在城镇开设铁匠铺，自产自销。民间有"一撬、二补、三打铁"俗语，表明这三个行业皆获利丰厚。铁匠劳累辛苦，俗语有"世间唯有三般苦：打铁、弹花、磨豆腐"之说。打造铁器，锻打时无论天寒酷暑皆赤膊露背，仅系一条皮围腰，围腰上通常布满铁火花灼出的孔洞，故有以"铁匠的围腰——尽是眼"戏称"近视眼"的歇后语。1954年后铁匠相继加入铁器社，1980年后个体铁匠户逐渐增加。至90年代，各地乡场均有铁匠铺，主要生产部分小型农具和生活用具，自产自销或寄卖、代销。近年来，随着生产、生活日益现代化，传统农具与生活用具需求量日益减少，农村传统铁匠已经极少。

四川民族地区生产、生活用铁器主要为内地汉族地区生产的商品。在藏族地区的甘孜州白玉县河坡村，因历史上曾经是吐蕃军队铸造兵器之地，铸造刀具的传统被传承下来，从民国至今一直以生产藏刀、马具等享誉涉藏地区。

（五）金银匠作

加工金器、银器的匠人称"金银匠"。民国时期，汉族民间流行用黄金、白银加工成各种首饰、生活用器，作为嫁奁、祝寿或为婴儿贺满月和周岁等的馈赠礼品，如手镯、项链、佩锁等。金银匠多在城镇开设店铺进行加工生产，大店铺自产自销部分金银器，也有挑担走街串巷进行小首饰加工的匠人。1952年后，金银器加工暂停，少数匠人转入外贸金银器加工，多数改行。1980年以后，民间个体开店或走街串巷的金银匠增加，主要从事小首饰加工。90年代以来，随着人们生活水平的提高，金银首饰及家庭陈设装饰品加工日益兴盛。21世纪以来，金银首饰已经以金银加工企业自产自销为主，小型金银首饰店仍然存在，个体走街串巷的金银匠消失。

在四川民族地区，民间一直流行戴金银首饰，尤其藏族喜欢戴镶宝石金首饰、苗族喜欢戴银首饰。藏族还喜欢用金银器具，如包镶金银的碗、刀具等生活用具及马具、宗教法器与用具等。民间金银首饰和生活用具，主要由一些村寨的民间匠人加工生产。宗教法器与用具主要由一些大寺院的作坊生产。20世纪90年代以来，一些匠人到城镇开店进行金银器加工、自产自销。

（六）铜锡铄匠

民国时期，四川民间流行使用铜器、锡器、铄器，多以铜锡铄制品做嫁妆、喜庆礼品及家庭生活用具，因而有许多从事相关生产加工的民间匠人。这些金属加工匠人多在城镇开铺营业，既制作产品又兼修补，还有一批匠人挑担走街串巷为人修补翻新。新中国成立后，因原料来源少，相关产品逐渐被白铁、铝合金制品代替。1958年后铜锡铄业停歇改行，不复存在。

（七）补锅匠

四川民间修补铜铁等金属锅具，早在战国秦汉时期已经出现，沿袭至清代晚期一直采用同类金属钉敲打在锅身上的冷补方式。民国时期至20世纪80年代，由于金属锅具价格较高，锅具破损后人们往往加以修补继续使用，因而四川各地皆有许多开店或走街串巷的补锅匠。铜、铄锅具仍然采用补钉冷补，铁锅既有冷补也有热补。补锅时先在铁锅破损处用锤子轻轻敲打出绿豆大小的孔眼，以便穿钉或浇铸铁水修补。补铁锅传统上以熟铁锻造补锅钉冷补，民国初年出现浇铁水热补。补锅匠收入微薄，民谚称："补锅匠的钉子像把伞，只能吃，不能攒。"至20世纪70年代，使用铝制品锅具增多，出现修补铝锅、铝壶和更换锅底、壶底的修补匠，兼带修补搪瓷锅碗等。90年代，增加修补不锈钢锅具等。进入21世纪以来，传统补锅匠已基本消失。

（八）编织

四川盆地汉族地区的竹、藤、棕、草等编织业历来为农村重要副业之一，民国至今皆十分兴旺，且不断向精细化发展，拥有一批技艺精湛的工匠，不少地方家家户户皆会编织。

竹编是四川最盛行的编织业，传统上对合格庄稼汉的要求中就有"犁耙铲搭、编篾纠索"。竹编在农户日常生产、生活中占有重要地位，普通竹篾工具和生活用具多由农家自编自用，手艺好的农民亦将产品拿到市场销售以补贴家用。

专门从事竹编的匠人俗称"篾匠"，包括"囫篾""扁篾"两类匠人。囫篾匠人以斑竹、水竹为原料，用微火烧软后捆制成桌、椅、凳及嫁奁竹盒、储藏筐架等家庭用具。扁篾匠人以楠竹、绵竹、慈竹为材料，用刀剥成篾条编制各种竹制生产、生活用具。其中,传统竹编工艺品以自贡、安岳、青神等地久享盛名。自贡竹编经典代表作为创自清代的龚扇,扇面薄似蝉翼、折光透影、绵软细腻、玲珑剔透、精美绝伦。民国时期崛起的安岳竹编,在中华人民共和国成立后,进一步发展为重要的外销竹编生产基地,其高档竹编品享誉海内外。

藤编、棕编、草编在民国时期基本保持清代传统,以日常生活用品为主。中华人民共和国成立后,部分精细产品成为外销工艺品。近年来在旅游工艺品市场再度受到人们喜爱,产品种类增加了陈设、玩具、器套、屏风等。

(九)纺织

汉族地区的丝绸纺织在民国时期已主要由专门工场生产,自织棉麻毛布衣的纺织传统在农村从民国至20世纪70年代一直盛行,80年代后逐渐改为购买商品布或成衣,90年代末民间家庭纺织基本消失。

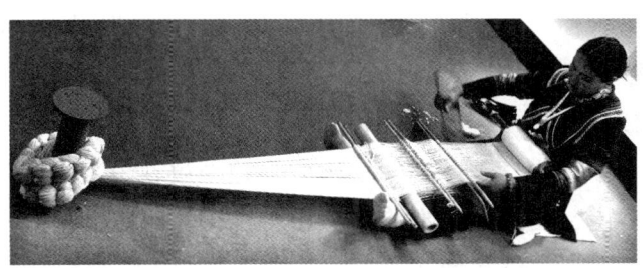

川西高原藏羌彝等民族传统上使用腰机织布

纺织棉布先用籽棉去籽加工皮棉,俗称"轧花"。专门加工户多用水力和皮辊加工,农户多采用手工去籽。20世纪90年代后,传统轧花工艺改用轧花机加工。将皮棉纺成棉纱为汉族妇女传统家庭副业,有"喂猪纺棉(纱),坐地赚钱"民谚。民国初期人们仍沿用手摇纺车纺纱,20世纪20年代末至30年代流行脚踏纺车,40年代至中华人民共和国成立初期城镇逐渐使用电动纺机、农村仍使用脚踏纺车和手摇纺车,1953年棉花实行统购后农村脚踏纺车停用、仅少数家庭仍用手摇纺车绩麻纺线,此后纺车逐渐废弃不用。用棉纱织布,20世纪30年代以前普遍使用木制腰机织宽约1.2尺、长4.2丈的窄布,30年代开始用拉梭织布机织宽2.4尺、长4.5丈的宽布,1953年棉花实行统购后织布户多为供销社加工土布,至70年代停止土布生产。

民国时期传统的麻纺织主要为织夏布,先将自种或购买的苎麻原料进行绩麻处理,中江县、罗江县一带老少妇女普遍从事绩麻,苎麻原料多从温江、荣昌、隆昌等地购进。经绩麻处理后的麻丝,采用与棉布腰机相似的织机纺织成宽1.2尺、长5.4丈的夏布,多用于制作蚊帐。中江县周边为夏布集中产地,民间生产极为兴盛，经营者每场可上市收购数万匹。夏布生产至20世纪40年代渐衰，50年代仅有少数农户生产，80年代在部分农村又有所增加、一些乡场再度出现夏布销售。90年代因已经无人购买夏布，夏布生产停止。

川西高原藏、彝、羌等民族，至今仍然保持古老的用腰机纺织毛麻的传统，流行自制毪衫、麻衣、腰带、绑腿等，藏族地区还自制氆氇、地毯等。20世纪90年代后，随着经济的改善，家庭纺织衰退，人们已主要购买成品商品。

（十）弹花匠作

弹花匠作为传统的弹棉花工匠行业。民国时期弹花工匠以加工棉絮为主，并为人做棉衣、为手工纺线者加工泡棉，多走乡串户为人加工。匠人身悬弹弓，一手扶弹弓置于棉花上、一手执木槌不停击打弓弦，使弓弦将棉花弹疏松，劳动强度大、收入低，俗语称"弹花匠，穷穷弹，越弹越穷越没钱。"1954年后，棉花实行统购，个体弹花匠作停业。自20世纪80年代起，走乡串户弹棉花或加工棉絮的弹花匠再度出现。因手工弹的棉花松软，深受人们喜爱，至90年代在许多城镇中出现了固定的弹棉花店铺。进入21世纪，传统的弹弓基本被新型弹花机取代。

川西乡村至今仍保留着传统的制瓦方式

（十一）泥水匠作

泥水匠作工匠俗称"泥瓦匠"，为传统的建筑类工匠，按工作性质有粗作、细作之分。粗作多从事夯筑土墙、砌砖墙、打三合土地面（以石灰、炭渣或沙石、黄泥混合夯打而成）等；细作主要从事垒砌灶、建房搬鳌座脊、用水泥塑造各种建筑装饰图案、盖瓦房或草房顶等。民国时期至20世纪70年代，民间多建夯土墙、土砖墙的瓦房或草房，泥瓦匠颇多。至80年代，城乡房屋逐渐改为钢筋混凝土框架、水泥预制板楼面砖墙体楼房，泥水匠已转化成主要从事水泥工和装饰工的工匠。

（十二）剃头匠作

四川俗称理发师为"剃头匠"，亦称"待诏"。民国初年提倡男性蓄短发或剃光头，理发逐渐形成行业，各地城镇相继出现专业理发店铺。20世纪30年代出现专门服侍富家小姐、阔太入店堂烫发的理发司务。有的剃头匠还为客人提供推拿按摩、掏耳、洗眼等服务。平时理发忌束腰、挽袖、穿围腰（有若杀年猪的烫猪拔毛姿式），腊月十六以后至大年理发多不掏耳。中华人民共和国成立后出现女理发员，但女理发员不从事掏耳、洗眼、按摩等。20世纪80年代出现大量美容美发厅，按摩、洗眼等逐渐恢复，并出现穿耳、化妆等业务。90年代以来，理发师多为发型时髦的青年男女，用电动理发推剪理发、美发，用剃刀剃光头的技艺在城镇几乎消失，化妆等业务则发展为新的美容行业。

（十三）骟匠作

民国至20世纪80年代，民间流行骟割畜禽使其加快育肥习俗，于是出现了以骟割为业的匠人，俗称"骟匠"。骟匠走村串户招揽生意，至逢场期则以固定茶馆为据点或与人相约上门骟割禽畜。新中国成立后，50年代中期各乡（镇）皆培训兽防员骟禽畜，后由公社（乡镇）畜牧兽医站负责骟割。传统上骟匠被认为非72行正统手艺，所做之事为伤生不雅之事，民间视其为"下九流"。90年代后，因对畜禽进行骟割的行为被视为残忍方式而予以禁止，骟匠逐渐消失。

（十四）扎纸匠作

扎纸匠作习俗称"糊纸匠"，主要从事用纸扎糊各种工艺品等，如灯会及庙会用彩灯、风筝、演出面具道具、皮影、花圈及灵房等等，技艺精巧。好的纸扎匠通常可扎制数百种纸扎工艺品，有的老艺人可扎制上千种品种。每年春节期间，大街小巷、家家户户皆要悬挂彩灯，官府、民间定制者众。尤其灯会期间各种彩灯同台展示，工匠们竞相献艺以赢得声誉。由于市场需求量大，民国时期四川各地皆有扎纸店铺。专门扎灵房等丧葬冥器和祭祀用品的店铺称纸火铺、纸货铺或冥器店，匠人称纸火匠、纸活匠，中华人民共和国成立后因公私合营使从业者大减。"文化大革命"中，纸货业被当作封建迷信予以批判禁止，仅扎制纸花、花圈一直保留。20世纪80年代以来，纸货业日益兴旺，一些地方恢复了新春灯会并成为春节期间热闹非凡的重要文化活动，彩灯工艺不断改进，大型和巨型场景再现的彩灯往往与现代声光电技术和各种故事传说等内容相结合，自贡彩灯自90年代末已发展为新的文化产业并走出国门从事灯展制作。纸冥品扎制也已成为市场巨大的产业，从业者众多，各地城乡皆有从事纸冥品生产的企业、作坊和产品经销的店铺。各种纸冥品琳琅满目，供人们寄托哀思使用。

(十五) 倒糖人

四川民间倒糖人艺术流行"倒糖画""吹糖葫芦"和"倒白糖娃儿",各地艺人多在人流较多场合摆摊设点,以临场献艺、边做边卖方式经营。从民国至今,倒糖人技艺基本保持传统,20世纪90年代以来各种文化旅游节会活动中仍常见。

成都平原地区流行倒糖画,糖画摊随处可见,俗称"倒糖人"。艺人挑一副装有全部用具和原料的担子选点摆摊经营。摊子由两张矮方桌组成,分别放置倒糖画的光滑石板和绘有大小各种动物或人物图案的转盘,桌旁置熬糖小火炉与糖锅,摊顶支一把大布伞,摊边竖一上插糖画的草把。客人购买糖画时,先拨动转盘指针,按指针停止时指向的图案选择糖画,指龙得龙、指鱼得鱼。因大小糖画价格相同,以获得诸如糖龙等大糖画为吉利。倒糖画具有观赏性,常引人围观艺人铸糖画技艺。艺人倒糖画时,从糖锅里舀一小瓢熬化的糖汁(由红、白糖与饴糖合成),运腕在石板上随手浇铸成购买者所需糖画,十二生肖、花鸟鱼虫、传说人物等形象栩栩如生,粘上竹签后供客人拿在手中观赏、食用。

"吹糖葫芦"又称"吹糖人儿",源自北方民俗。艺人制作糖人时,取一小团热饴糖吹捏成形象生动的动物、人物,图形、技艺与北方相同。

藏族制作酥油花

"倒白糖娃儿"在家中制作,艺人以白糖熬化提砂后倒入模具中冷凝成罗汉、财神、寿星、狮子、宝塔、公鸡等造型,插在门外销售摊上引人购买。

(十六) 塑像

汉族民间在民国时期流行捏面人和泥塑像,20世纪50~70年代艺人日益减少而几近失传,80年代以来逐步恢复。捏面人在民国时期以成都地区最为流行,俗称"捏面娃娃"。城镇中有开店者,但多为艺人挑担走街串巷摆摊经营,以调好的红、黄、蓝、黑等色面团捏制成花草、虫鱼、鸟兽、人物,穿上竹签插于草把上展售。泥塑在民国时期盛行于四川各地民间，庙宇中的神鬼塑像、富家墙上的"八仙庆寿"等塑像皆多为泥塑。艺人以竹木胎敷粘泥制坯雕塑成型后上彩绘，晚清时四川泥塑在全国已享有盛誉，新都宝光寺、昆明筇竹寺的五百罗汉皆为四川民间泥塑艺人留下的珍贵作品。泥塑神像在新中国成立后一度被视为封建迷信予以禁止，80年代后得到一定恢复，但塑像者多为美术院校培养的专业艺术家，民间传统艺人已汲少。此外，民国时期在成都还有自清代从北方传入的捏泥人，俗称"捏相"。因工艺难度大、艺人少、售价高，未能广为流行。

川西高原藏族聚居地区寺院，自古以来一直盛行用酥油塑酥油花、用掺和有香药的药泥塑神佛像的传统。一些寺院在每年燃灯节期间要举行酥油花展示活动，其中甘孜州理塘县理塘寺的酥油花因造型技艺精湛、体量大，每年皆吸引大量群众前往观赏。各寺院皆塑佛像和保护神像，由专门的塑像僧人或从内地聘请的泥塑艺人塑造。20世纪90年代以来，随着经济发展和宗教信仰氛围的日益浓厚，塑像之风更胜从前。

绵竹年画制作至今在部分乡村依然盛行。图为绵竹乡村自产自销的民间年画摊点

（十七）雕版印刷与绘画

汉族民间在民国时期仍流行传统的雕版印刷与绘画民俗，雕版印刷品以书籍、年画、年历为主，绘画以国画、年画、壁画为主。雕版印刷在民国时期因受机械印刷冲击而日趋衰落，但绵竹、夹江、梁平三地的木版套色年画产品仍有相当市场，内容以门神、民俗、戏曲故事为主。制作工序包括起稿、刻版、印墨、施彩、盖花，有单色雕版印刷品（称"黑货"）和在雕版印刷底图上加手工彩绘的彩绘年画（称"红货"）。年画在20世纪50～70年代被视为封建文化遭到禁止，80年代后恢复制作，但市场一度萎缩。近年来作为非物质文化遗产受到高度重视。

藏族民间亦流行雕版印刷和绘画，雕版印刷品主要为佛教经书、佛像、年历，绘画主要为寺院壁画和家庭装饰壁画、唐卡。雕版印刷在民国初年以红原刷经寺最为有名，其次为德格印经院。刷经寺在20世纪30年代初因失火被焚后，德格印经院成为四川藏族聚居区仅存的雕版印刷中心，现为藏族聚居区三大印刷中心之一。四川藏族聚居区的藏传佛教寺院经堂和僧房、群众住房的经堂，皆绘制大量反映佛经故事等内容的壁画。90年代以来，民房客厅出现仿寺院经堂进行室内装修风尚，民居室内装修绘画或聘请寺院画师或聘请民间画师。同时，寺院和民居普遍悬挂唐卡（"唐卡"为藏画名，直译即"唐画"，因源于唐朝而得名）。民国至今，四川藏族聚居区唐卡主要在布匹上以矿物颜料绘制、印刷、布贴、堆绣、刺绣等方式制作，以绘制为主、印刷次之。近年来，民间壁画、唐卡画师日益增多，绘画已成为一种新兴产业行业。

二、传统酿造习俗

（一）制糖

民国时期四川糖坊众多，仍沿用传统土法榨蔗、熬糖。内江糖坊尤多，号称"甜城"。每年甘蔗成熟前，糖坊老板要四处向蔗农预购甘蔗，因蔗农称"青山户"，买甘蔗称为"买青山"。每年农历九月底糖蔗成熟时，糖工们带着被盖和工具陆续赶到糖坊，老板择吉日开工榨糖，俗称"起搞"。老板要请糖工、邻居及蔗农喝酒吃饭，俗称"吃起搞酒"。糖房工人皆祀神，因工种差异而各有不同：榨蔗的过搞匠、辊子匠祀鲁班，熬糖工祀李老君，砍运甘蔗的刀把工祀土地神或梅山菩萨。工人祀神，糖房老板须给牙祭钱。

糖坊除产糖外，亦加工冰糖、蜜饯。蜜饯俗称"煮货"，最初为家庭主妇制作用于自食和馈赠，清末始有作坊生产并在市场出售，民国时期品种日益丰富，水果、蔬菜、中药材皆被用于制作蜜饯，尤以橘饼、冬瓜等蜜饯久负盛名。内江是最著名的蜜饯生产地，人称"半日驱车资内过，齿牙尝遍是甜乡"。20世纪50~70年代，内江一直为四川主要食糖生产地。80年代后，随着现代化制糖业的发展，成都、重庆等地的糖品制作工艺和品种逐渐超过内江，成都更成为固定的全国糖酒博览会举办地。

（二）制盐

民国时期四川继续保持传统的井盐生产方式，自贡仍为全川最重要的井盐生产地，保持着用人力和畜力以冲击式顿锉钻凿技术钻井、深钻汲制技艺取卤、圆锅熬盐的生产技艺。工匠分工包括凿井治井的山匠、运卤的担水匠、设卤笕的笕山匠、安火笕置火圈的灶头、煎盐的烧盐匠等数十工种。自贡因井盐兴盛被誉为"井盐之乡"，盐业富商们每年皆出资请戏班唱堂会、喜庆戏、祝寿戏、围鼓戏等，甚至自办戏班或支持社会戏班，所举办的"品仙会"吸引着各地川剧名角纷纷前往献艺。中华人民共和国成立后，四川井盐生产技术日益现代化，钻井、采卤逐渐实现机械化，20世纪90年代真空制盐取代圆锅熬盐，传统顿钻、架锅熬盐方式被淘汰。

（三）酿酒

民国时期，四川民间仍普遍自酿黄酒供家庭自食或到烧酒坊购买烧酒（又称"白干"），城镇家境较好的人家则多饮曲酒。全省曲酒作坊上百家，其中宜宾五粮液、泸州窖酒、成都全兴、绵竹大曲、古蔺郎酒等皆闻名全国。普通烧酒作坊遍布全省各县城乡，其中以酒精含量65度的江津白酒最为有名，生产规模居全省首位。抗日战争和解放战争时期，受经济凋敝影响，酿酒业衰落。中华人民共和国成立后实行公私合营，国家购买了私人酒坊。20世纪80年代以后，四川酿酒之风再度兴盛，各地建起了一大批白酒厂，邛崃市成为全国最大的白酒散酒生产基地。一批传统曲酒名酒恢复生产，五粮液、泸州老窖、剑南春（原绵竹大曲）、郎酒、沱牌曲酒成为川酒"五朵金花"。果酒、葡萄酒、啤酒生产也得到蓬勃发展。至90年代，川酒生产恢复历史盛况，出现一批大型现代酿酒企业集团，涌现出成都"水井坊"（原全兴大曲）、绵阳"丰谷酒"等一批新的全国著名白酒品牌，大批小酒厂被逐步合并，酿酒业成为四川著名特色产业之一。随着酿酒工艺的进步，一些大企业的酿酒生产进入全自动电脑控制流水线现代化生产，品质提高且质量稳定，酿酒工艺有了飞跃性变化。但一些乡村小型酒厂仍然沿用传统生产工艺。

川西高原的藏、彝、羌等民族，从民国至今民间一直保持着传统的家庭自制咂酒习俗，用以自饮、待客、敬神等。同时，民间还流行用青稞、玉米自制烤酒。20世纪90年代以来，川西高原一些县将青稞咂酒发展成为现代工艺规模化生产的商品酒，优质葡萄酒生产也发展起来，深受市场欢迎。

三、家家户户务女工

四川在民国时期至20世纪70年代，汉族普通家庭的妇女皆从事服装剪裁、挑花刺绣、制作鞋帽等，称为"女工"。女孩从小就要学习做女工，民间流行"一学剪，二学裁，三挑花，四学鞋"的俗语。至80年代，家庭自做女工者已较少。90年代末以来，仅在部分农村家庭尚保留有挑花刺绣、做鞋垫传统，衣服鞋帽皆购买成品商品。川西高原农区的藏、彝、羌等民族,妇女传统上也要从事制作衣服鞋帽、挑花刺绣等工作,在羌族中也流行着同于川西汉族的"一学剪,二学裁,三学挑花绣布鞋"的俗语,但购买成品商品服装和鞋帽者日益增多。

（一）做鞋

巴蜀农村在20世纪80年代以前流行穿草鞋,如今打草鞋已颇为少见

汉族女子传统上到14～15岁时即须学会做布鞋及鞋垫,出嫁后须做鞋供家里人穿用,布鞋样式由自己设计或相互模仿,先修剪鞋帮（鞋面）和鞋底部分的鞋样,然后用笋壳或棕片、布壳（用数层旧布粘成）或多层新布片粘成鞋底板,再用锥子锥孔、用细苎麻线穿针纳成鞋底,用布料或呢绒料制作鞋帮,用细麻线缝合鞋帮与鞋底后以木楦头固定成型。中华人民共和国成立后,妇女多走出家庭参与各种社会活动和生产劳动,民间手工做鞋日益减少,做鞋垫仍然普遍。20世纪80年代后,除偏远山区还保存此习俗外,城镇已只有专门布鞋店或厂家制作工艺布鞋。

川西高原的彝族和羌族,妇女至今保持着为家人制作布鞋的传统,形制与清代及民国初年汉族的云头绣花鞋相近。藏族通常由男性制作家人的牛、羊皮靴。

（二）挑花

挑花为四川民间各族妇女传统技艺,多在青、蓝、红、白等色传统平纹土布上用不同颜色的丝线或棉线挑绣花鸟虫鱼、瑞兽动物等各种图案。通常,女子从几岁就开始学习挑花,十多岁已能熟练地在围腰、枕套、衣服、手绢、头帕、鞋帽、荷包上挑出较为精美的纹饰图案,挑花被看成衡量女子能干与否的重要标准。不少地方的姑娘皆要在出嫁前绣好自己嫁衣,有的姑娘还把平时精致绣品存放起来做嫁奁或拿到市场上出售。

民国时期,川西汉族妇女在白土布上挑花多用青色或深蓝色线,在大红布上挑花多用白色或深蓝色线,在青布上挑多用白线或大红线,在阴丹蓝布上挑用白线。20世纪30年代后,随着彩色线的流行,彩色挑花逐渐增多,色彩艳丽。川西郫县的妇女多以挑花、刺绣为业,能工巧匠众多,挑花产品畅销各地。80年代以来，民间挑花刺绣得到进一步发展，郫县地区的挑花刺绣近年已发展成为当地重要特色传统手工业，产品远销海外。

川西北的羌族妇女普遍具有挑花刺绣技艺，全身衣着皆有挑花。传统上羌族挑花与晚清、民国时期川西汉

传统上，羌族姑娘们闲时常聚在某家房顶上绣花、交流技艺

族的挑花在布料和色彩搭配上基本相同。20世纪80年代以来，随着羌族地区经济的发展，彩色线挑花发展迅速，色彩搭配艳丽明快、对比强烈、绚丽夺目，并形成了多种不同地域风格。川西南的彝族妇女也擅长挑花，服装多用挑花装饰，用色情况与羌族大体相同。川西高原农区的嘉绒藏族妇女，多在头帕上挑花，衣领、襟边、袖口亦用少量挑花。

（三）缬染

四川缬染是已有1000余年历史的独特民间手工技艺。自清代以来，四川普遍种蓝制靛，染坊林立，民国时期依然保持。民间缬染工艺分扎染（绞缬）、拔染、灰染（夹缬）、蜡染（蜡缬）等几种，民国时期至20世纪70年代普遍流行于各地城乡，许多城镇的洗染店皆经营缬染业务，80年代以后四川缬染主要集中在自贡市。

扎染是一种简便的缬染工艺，先将丝绸、布或衣裙成品按个人爱好设计图案折叠花样，用棉线固定或结扎后放入蓝靛中浸染形成蓝底白花的花布，长期在民间流传，以农村最为普遍。中华人民共和国成立后，1958年成立自贡扎染工艺厂，2004年成立自贡市天工扎染厂，自贡扎染现为四川扎染的代表性生产地。

拔染是在继承传统扎染技术基础上于1957年发明于自贡的一种缬染技术，产品无冰纹、图案呆板，但深色底与拔白图案对比度高、表现细腻，显得典雅秀丽，红、蓝、绿等色棉布、丝绸、化纤皆可作为染布。

灰染是一种以镂空花纹板涂浆浸染工艺，蓝底白花图案古朴典雅、美观大方，多为几何图案，极具民间特色。荣昌、隆昌、荣县、简阳、梁平等地灰染皆享有盛名，妇女多喜欢用来制作包袱布、围腰、头巾、枕巾、提包、床单、

门帘、坐垫等，20世纪90年代在成都等地的城市妇女还一度流行用来做衣裙，出口到日本和东南亚也广受市场欢迎。

蜡染盛行于四川和重庆南部苗族地区，为苗族传统缬染工艺，以蜡液在白布上描绘花纹后入蓝靛染色，去蜡后呈现绘制的白色花纹。此种蜡染习俗至今仍然保存，但受现代机制印花布冲击已较少生产，主要作为旅游工艺品加工。

（四）刺绣

蜀绣是全国四大名绣之一。发展至清代晚期，以成都为中心出现了许多专业刺绣人员和小型刺绣作坊，成都城内及其郊县温江、郫县和重庆皆有大量从业人员，逐渐形成一个行业。民国成立后，推动发展民族工业，成都周边一些县政府的劝工局还设置了刺绣科鼓励刺绣生产，到20世纪20年代成都有刺绣从业者1000余人、60余家店铺，成都九龙巷、科甲巷一带成为当时著名的刺绣街。除专业生产的刺绣产品外，城乡妇女闲时自绣鞋、帽、枕套、头巾、帐帷、被面等亦形成风尚。抗战时期至解放战争时期，因经济凋敝，蜀绣生产受到冲击。中华人民共和国成立后，政府鼓励蚕桑，20世纪50年代蜀绣已广传四川民间。"文革"时期，蜀绣遭受严重冲击，许多技艺几近失传。80年代以来，成都地区的专业和民间蜀绣生产逐步恢复，刺绣从业人员达四五千人，成都郊县农村多以刺绣为副业，一些地方几乎"家家女红，户户针工"，出现了许多刺绣高手，产品行销海内外并广受市场青睐。

四、拜师学艺授徒弟

民国时期，四川民间各行业仍承袭清代拜师学艺传统，俗称"学徒弟"。各行业拜师学艺的仪规各有不同，但基本程序和主要内容大同小异。民间学艺者在清代主要为男孩，民国时期女孩渐多，中华人民共和国成立后女孩学艺已很普遍。民间艺人从几岁开始学艺，手艺匠人多在成年前或结婚前拜师学习。

民间通常视手工技艺为祖传衣食饭碗，传授技艺等同出让身家性命，因而师傅不轻易带徒传艺，有"带一个徒弟等于关了半边门""教会徒弟，饿死师傅"的俗语。收徒基本程序包括熟人引荐、师傅看徒弟"八字"、择日举行拜师仪式并签订拜师契约。学徒期限通常为3年，俗称"吃满七十二个牙祭"，长者达5～8年。学徒期间，徒弟在师傅家吃住，每月交一定粮油，白天劳作学艺，晚上为师傅操持家务，民谚称"亲生父母在一边，教养父母（师傅）大如天。"若师傅徒弟较多，新徒弟须先干一年杂活，第二、三年才能学手艺，关键技术通常到学徒期满时才传授，有的学徒不称师傅意，直至学徒期满亦未能学到绝活。

出师时，徒弟办酒宴、备礼物谢师并择日举行"出师礼"，否则不能出师行艺。出师后，有的徒弟须为师傅当3年助手，俗称"学三年跟三年"。唱戏艺人尤重师承，不得"自学成才"，无师不许登台。自幼从师称"跟师"，生活由师傅承担，3年出师后须帮师1~2年。有出师后另行师从他人学艺者，称"参师"。

中华人民共和国成立后，工商行业及演艺业逐渐实行国营，个人收徒停止，师傅带徒弟成为工作职责。20世纪80年代以来，个体工商户、手工行业招收徒弟渐多，但师徒关系的确立多为自愿，不立契约、不交押金，尊师爱徒风气盛行。师傅多要为徒弟发一定工资，徒弟在师傅家有红白喜事、逢年过节时备礼拜贺。

第四节　商贸交通习俗

一、秉承传统的商贸习俗

（一）集市贸易习俗

四川各地城乡集市贸易习俗在民国至今与国内其他地区大同小异，集市场所既有固定场所也有沿街为市，交易日期因地、因时有所不同。80年代以来，传统集市贸易习俗在城市中因现代商业经济发展而逐渐消退，但在城郊接合地区和乡镇仍然盛行，城市居民常到乡镇集亍购买部分商品或感受传统民俗。

1. 赶场

民国时期至20世纪70年代，四川各地城乡基本沿袭晚清以来的赶场传统习俗，各地均有一批定期赶集的场镇，邻近场镇实行错时赶场。赶场日期传统上按农历，70年代以来多按公历或周日时间安排，流行单日场、双日场、三日场，少数为五日场、十日场，50~70年代曾统一实行五日场、七日场、十日场。80年代以来，随着经济和各地城乡市场建设的发展，城市居民赶场习俗消失，但在城郊接合地区和乡镇仍然保存集市交易传统。

逢场之日，农民和商贩纷纷将交易物品拿到集市销售，同时借机游玩、相亲访友。散场前，妇女多到小食摊吃小吃打尖，并给留家的老人、小孩带些小食回家；男人多在茶馆喝茶或饭馆喝酒用餐，摆龙门阵、打听消息后返回。

农忙散场早，农闲散场迟。50~70年代，因市场萧条，赶场人数较少。80年代后，集市日益繁荣，赶场者日众。至90年代，随着收入的增加、商品的丰富，逢场之日往往街巷阗咽、市集拥堵，赶闲场、喝茶、打牌之人增多。近年，乡镇赶场逐渐吸引了部分城市游人将之作为乡村旅游的民俗观光体验项目。

2. 商贩销售

传统上每逢赶场时，农民将自制商品拿到场镇交易，沿街为市

四川民间俗称商贩为"贩子""贩贩"，包括城乡居民兼做短途买卖者和专业长期从事长途贩运两种，贩卖物品以日常生活物资为主，多个体单干、少数为多人合伙。民国时期四川各地城乡商贩有坐商和行商两种，坐商有固定店铺每日定时开店营业。行商分本地行商和外地行商，主要从事长途贩运商品。本地行商在县境内收购各类零星土特产成批运往集市或将货物发往外地销售，外地行商多贩运外地商品到本地转销各商号出售。还有一些小商贩往往将日用品运到各乡场出售，再从乡下收购农副产品回城销售，有逢七不出门、逢八不归家习俗，忌他人尤其是妇女从挑货扁担上方跨过。每年腊月三十，一些地方的商家要将常用工具用红纸条封上，用香烛供奉，至次年正月初五再揭封启用。

中华人民共和国成立后，国家对大宗商品实行统一购销，民间坐商、行商及相关习俗基本消失。20世纪80年代以后个体商贩日益增多，90年代进一步发展，贩运的商品包括各种生活物资。成都市区北部形成了以荷花池、五块石等地为中心的我国西部最大的小商品集散地，汇集了全国各地5万多家商户。

3. 交易方式

说价：四川汉族地区历来有买卖双方在市场或商店里就货说价、通过讨价还价确定最终交易价格的习俗。民国时期的说价方式包括摸手指说价、行话说价和公开说价三种形式，与国内其他省市大同小异。摸手指说价为大宗货物交易活动中的常见说价方式，买卖双方通过摸手指，根据手指的变化来讨价还价。买卖双方或直接摸手指讲价，或通过行户、中间人反复摸手指撮合，以捏手指代数说价，各手指所代数字按约定俗成。行话说价俗称"展言子"，为同行交易中用汉字代替数字的隐语议价方式，行外人听不懂，可避免他人抢生意、抬价压价。相同行业的行话在各地有一定差异，但大同小异。公开说价为进行非定价商品（如药品、烟酒茶、餐馆饮食）交易时的议价方式，习惯于卖家要高价、买家压低价，买卖双方通过喊价、还价方式，最后达成一致并成交。中华人民共和国成立后，行话说价迅速消失，摸手说价在一些乡村和偏远地区的少数人中保留至20世纪70年代，公开说价相沿至今。

中介：俗称"中间人""行户"，为经纪人，包括职业和临时中介两种。民国时期，大宗商品交易多由中介撮合成交。中介与卖方协议时，往往先压价再逐步加价到接近时价；与买方商议时则先要高价再逐步降价，最后达成成交价。协议成交后，三方见面订立合同，多采用破物合缝为凭方式约定日期付款提货。中介劳务费由卖方按成交额适当付钱，买主买到便宜货时往往多付酬劳以表感谢，有的中介既当中间人又视市场行情自己直接买卖从中谋利。中华人民共和国成立后，中介被取消。20世纪80年代以来，在商贸领域中中介又再度活跃起来，90年代已发展成为规模庞大的新兴行业。

以物易物：民国时期至20世纪70年代，在川西高原民族地区，商人交易习俗与汉族相同；藏、彝、羌等少数民族的普通群众，仍然流行以物易物、按估值大体等值交换的贸易交换形式，商品销售不议价还价而按多年约定俗成的价格支付货币。至80年代，随着当地商品经济的发展，以实物售卖换取现金，再以现金购买所需商品以及当面公开议价方式才普遍流行起来。至90年代，以物易物交易习俗除在个别偏僻村寨亲友之间还存在外，已基本消失。

（二）店铺与摊点贸易

清末民国初，四川各地定点经营的工商行业通称"八大帮"，主要包括药材、百货、土产、盐、茶旅、饮食、丝、绸布、粮油、鞋帽等行业。20世纪20年代，随着商品种类增多，行业进一步细分，店铺与摊点不断增加。一般店铺多备数张独凳供顾客歇息，大商店设有茶几、椅凳、备茶水、水烟袋接待顾客。中华人民共和国成立后，私营店铺逐渐减少、停业。至20世纪80年代，各种私营店铺日益增多。90年代，大型商场、超市日益发展，小店铺装饰日益美观。90年代末以来，城市中部分店铺又出现安放椅凳、备茶水接待顾主现象。大型商场皆设有顾客接待设施。沿街为市的临时小摊点在大中城市基本消失，但在乡镇赶场日仍然流行。90年代以后，各种超市、连锁店广泛兴起。随着互联网普及，网上销售成为时尚。

民国时期至今，店铺与摊点贸易在招牌与商招使用、举行开张仪式、采用现金和期款及赊销等购销方式、营销服务诸方面的习俗，与我国其他省区基本相同。

（三）庙会贸易

民国时期，四川盆地区民间仍然盛行赶庙会习俗，不少地方一年四季皆有庙会。庙会期间，除祭祀祈福活动外，商贩、居民、农民往往借庙会进行贸易，一些地方还借庙会举办盛大的商品交易、商贸洽谈活动及演艺娱乐活动，如德阳孝泉玉皇会、梓潼七曲山文昌会、成都青羊宫花会、遂宁观音会、射洪三江王爷会等。中华人民共和国成立后，20世纪50~70年代，庙会活动停止，庙会贸易随之停止。至80年代，一些地方恢复了个别庙会，但几乎没有贸易活动。90年代后期，成都开始借助庙会发展旅游节会，庙会贸易再度兴起。进入21世纪以来，庙会贸易已经成为庙会民俗旅游节会期间重要的旅游商贸活动。

（四）码头贸易

四川号称"千河之省"，民国时期水运在四川的商品运输中占有重要地位，水运码头的商品贸易十分兴盛，码头所在城镇往往建有大量存储货物兼贸易用的货栈。四川商贸繁荣的城镇，大多为水运码头所在，重庆、自贡、宜宾、万县等城市水运码头贸易尤为繁荣。在中心城镇周边亦有若干大小水运码头集镇，形成了庞大而完整的水运码头贸易网络，坐商、行商众多，商家与水运船帮各帮会相互依存，人们外出可寻求帮会及哥老会（袍哥）组织帮助，遇有纠纷亦往往由帮会及哥老会出面协调解决。中华人民共和国成立后，随着商贸国有化及公私合营，传统的码头自由贸易终止。20世纪80年代私营商贸活动再度兴盛，但因公路、铁路、航空运输及现代商贸的发展，水运码头贸易规模受到影响。

（五）马帮贸易

四川盆地周边皆高山峡谷，民国时期至中华人民共和国成立之初，马帮贸易在川西高原和川北、川南山区仍然十分盛行。每个马帮少则七八匹、多则20~30匹驮马，每匹马驮运200~300斤货物。各地马帮驮运牲口组成不一，川西北高原的马帮除马匹外亦用牦牛、犏牛、骡子驮运，川西南多用马匹和骡子驮运，川北、川南山区马少骡子多（有的全为骡子）。赶马人皆为男性，多为一马一夫，体力较好者有赶两三匹者。马队由一名有经验的马夫领头，称"马锅头"，马帮马锅头懂得所至民族地区的语言或汉语。马帮内部成员由马锅头、伙夫、马夫和钉马掌人等构成。马队头马的马颈上系大梆铃和小串铃、头扎两条红布带或大泡花作为标识,显得威武雄壮。马帮经营注重信誉,客户雇请马帮托运货物,须预付定金。马锅头在马帮中极具权威。锅头与马夫之间关系融洽,马帮利益由大家共享。途中碰到其他马帮,彼此友善、相互帮助,忌争抢顾客、道路、草料。马帮将各种新奇商品和见闻带到各地,深受各地人们的尊敬。

清明前后,各地茶园雇请妇女采茶

马帮出发前须带足粮食、茶叶、盐、酒等食物和露宿用帐篷、毡子及枪、刀等防身武器,甚至带上笛子、口琴、唢呐、胡琴等乐器。因传说孙悟空曾受封"弼马瘟",一些马帮养猴子避瘟。马帮多天亮出发,傍晚定点歇息。行进之地多为深山峡谷,人烟稀少,故马夫常在途中引吭高歌以解寂寞。马帮在途经各地皆有熟悉的店家,称"客主家",马帮可放心地将货物、马匹交店家照管。马帮有自己的行话隐语。为祈求途中神灵护佑,马帮在途中往往逢庙皆拜。马帮在途中禁忌颇多,以防发生不测事件。

马帮是川西高原茶马古道贸易的主要力量,茶叶、食盐、绸布等商品源源不断由内地运往藏、彝、羌、纳西、纳人等民族(族群)聚居区。雅安、灌县是当时川西高原汉区最著名的两大茶叶暨各种商品交易地,康定、松潘、西昌是当时三大贸易中转集散地,德格为今川甘青三省交界区的康区北部文化中心暨商贸中心,泸沽湖的左所土司(喇氏)治地为川西南川滇交界区的商贸中心,这些地区的城镇、村寨皆有大量马帮,德格的30多个寺院、泸沽湖周边各村庄皆有大小不等的马帮从事商贸活动。中华人民共和国成立后,随着公路交通的发展,马帮贸易逐渐退出历史舞台,但使用马帮驮运物资在川西高原及一些偏远山区则一直保存。20世纪80~90年代,一些偏远山区重新出现专门从事货物运输的马帮,有的地方妻子跟随丈夫一起外出赶马运货。进入21世纪以来,随着公路交通的日益发达,马帮运输逐渐消失。随着旅游业的发展,在川西高原一些景区出现了专门供游人代步、骑游的旅游马帮。

二、交通运输习俗

（一）渡河

民国时期，四川民间仍沿袭清代以来的建桥或乘船渡河习俗。汉族主要流行修建传统的石拱桥、石平桥、石跳墩桥、木桥板、木廊桥，或使用木船、木筏、竹筏等工具渡河。川西高原藏、彝、羌等民族流行传统的修建索桥、木伸臂桥渡河，部分地区的藏族亦使用传统牛皮船渡河，泸沽湖的纳人使用传统独木舟猪槽船往来水面。

汉族民间建桥，民国时期有许多礼俗、禁忌。破土动工前须先备香案、祭品祭拜水神，杀雄鸡滴血绕工地一周辟邪。修筑桥基时须先在桥墩基础下安放镇邪之物，或在桥两端各立一对狮子镇邪，有的地方还在桥孔下悬挂镇妖剑。桥落成时须立碑记事并刊刻建桥捐资功名录，择吉日举行踩桥仪式后通行。踩桥日良辰，桥上挂花搭彩，四方乡民齐聚庆祝，取"长命永寿"之意，请高寿、乡贤、名流等先踩桥，若有新娘坐花轿经过或获功名者途经亦要特邀其踩桥，以为"新贵踩桥，吉庆双临"。踩桥活动由首事和掌墨师主持，奏鼓乐、舞龙灯狮灯，待掌墨师敬过鲁班和桥头土地神后，众踩桥者身披红绫绸先过桥，踩桥者或掌墨师过桥时须言说赞桥话语，然后民众在鞭炮声、唢呐声中过新桥。事后，首事须将建桥收支账目张榜公示。中华人民共和国成立后，四川各地民间集资修建的桥梁不再举行祭神、踩桥仪式，改为在桥梁建成后举行建桥落成典礼，由地方领导、名人剪彩后通行。20世纪90年代以来，一些地方捐资修建的小型桥梁落成典礼通常由捐资方代表与地方领导、名人剪彩。新建桥梁，传统上皆取具有文化内涵的桥名，50~90年代多以工程名代桥名，90年代末以来恢复取文化桥名。

索桥和木伸臂桥皆为四川古老的地方特色桥梁。索桥包括独索桥溜索、溜筒和多索桥笮桥。溜索传统上用竹索或藤索系于埋设在两岸的立柱上，过河时身体倒吊、手足攀缘绳索而过；20世纪50年代以后桥索多改为钢索，索上装滑轮，过河时腰系索带挂于滑轮挂钩上，由岸边奋力荡向对岸，至钢索下垂中部则用手攀缘钢索至对岸。溜筒为在溜索上套竹木筒形成，筒下设带拉索的吊板，过河时人坐在吊板上，一手抱竹筒、一手拽拉索前进。民国时期，溜索、溜筒在川西高原山区仍然常见，但内地汉区在40年代已基本绝迹。笮桥在民国时期川西地区和川西高原普遍采用竹索、铁索、钢索修建，两岸建桥头堡或桥柱，桥索多由2根主索、2根附索、4~8根底索构成，底索上铺木板，如泸定铁索桥、灌县安澜桥等，当有人过桥时桥身往往上下、左右晃动。80年代以后，传统的竹索桥和铁索桥全部改为钢索桥，交通干线桥梁多采用现代钢缆吊桥。

此外，民国时期至20世纪80年代，汉族地区的一些地方还修建季节性桥梁，冬春水浅时在河两岸用木船或卵石竹笼做桥墩、上铺木板搭建便桥方便往来，夏季涨水前拆除便桥以船渡河。

（二）运输

1. 人力运输

肩挑背扛历来为四川城乡民间的主要传统人力运输方式，民间有"肩挑背磨，创业维艰"之说。民国时期至20世纪60年代，平原及一些山间平坝、浅丘区的农家每户皆备有几套长短竹木扁担、大小竹编箩筐、木质粪桶、竹编撮箕或竹篮、木质水桶及麻绳棕索和扦担、打样杆等肩挑运载工具，部分农家备有传统的木质独轮车（俗称"鸡公车"）。山区因道路崎岖不便挑担行走，农家多用竹藤背篼（背篓）、竹木背架、木质扁圆背水桶以及毛麻袋等背具运输货物。农事活动播种插秧、薅秧施肥、收割加工、出售农副产品及购买生产生活物资等全凭肩挑背扛。80年代以来，随着公路交通的发展和自来水的普及，肩挑背扛、独轮车逐渐退出长途运输，挑水、背水逐渐消失。如今，仅山区短途运输仍主要依靠人力背运。

背运是四川山区和丘陵地区普遍采用的传统特色运输方式。背运用的背篼多用慈竹竹篾或山藤编成篓筐，根据编法和筐眼疏密程度的不同可分多种：粗篾大背篼用于背稻谷、豆麦、玉米等，细篾无缝夹背篼用于背米、面等细粮，粗篾大穿孔大花篮背篼用于背猪牛草料及小牲畜，小穿孔小花篮背篼用于赶集市购买小商品，还有专供小孩坐的背篼或背椅。夹背篼在20世纪70年代以前的城镇居民中亦普遍使用，为家庭必备运输工具。背篼至今仍然为川渝各地农村家庭必备短途运输工具，重庆山区有"篓不离背，背不离篓"民谚。

背架分为直背架和弯头背架两种，川北农村俗称"草背架子"和"二架子"。直背架呈梯状，上下端与肩、臀部齐平，靠背部和臀部负重，主要用于短距离运送带蒿秆的农作物、柴草等体积大、重量轻的草物，至今在川北农村仍时见使用。弯头背架两根木边竿下端向后弯，便于途中休息，配套龙头拐杖或丁字拐杖、披肩及哨棍、单鞭等附件，货物叠置架上高出人的肩部，由肩和腰部负重，主要用于中长途运输农副产品及日用生活物资，70年代后因公路交通改善而逐渐废弃。

民国时期至中华人民共和国成立之初，四川城乡多肩挑货物的行商或摊贩。在川东城镇水运码头及车站、商贸区，有大批专门从事肩挑运输的人员，俗称"担脚""脚夫""脚力""背二哥"，专门为商贾、行人运输货物或行李。20世纪80~90年代，重庆、万州等地出现了一批由农村到城市以挑运为生的人群，以中青年男性为主，亦有个别体力好的中青年妇女，因他们手持木棒待雇客雇请，俗称"棒棒"。

2. 畜力驮运

在川西高原民族地区，从民国至20世纪70年代在民间仍沿袭传统上以马匹、牦牛、犏牛、骡子等牲畜作为运输工具，盐茶绸布等大宗商品长途货运主要靠马帮畜力驮运。涉藏地区牧民普遍用耐劳、耐寒、善于爬山的牦牛、犏牛驮运家庭生产生活物资及迁徙时驮运帐篷等各种物品，至近年因公路交通发展、国家施行牧民定居及草场围栏划分到户政策，大规模的畜力长途运输情形消失，但小规模的畜力短途运输家庭日用生产生活物资习俗仍然保存。

第六章 居住习俗

第一节 居住

一、因地制宜的居住习俗

（一）四川盆地喜居院落

民国时期至20世纪70年代，四川盆地区民居仍以1~2层小青瓦屋顶瓦房和麦秸秆或草顶草房为主。自20年代起部分地方出现中西合璧的公馆建筑，80~90年代城乡流行砖混结构西式楼房，进入21世纪以来逐渐流行具有传统人字形坡屋顶风貌的砖混结构新式楼房，注重居住环境绿化美化，城镇民居由低层向高层发展，乡村民居由散居、低层建筑向聚居、多层建筑发展，总体呈现加速城镇化、园林化、现代化趋势。

巴蜀地区汉族传统的四合院民居

川西平原的传统竹林盘

川南山区的传统茅屋三合院

民国时期四川盆地区瓦房墙体多为木板墙、砖墙、土墙、石墙,草房墙体多用土墙、木骨竹笆泥夹墙。建筑平面布局多为呈凹字形的三合院、呈回字形的四合院及长方形单体建筑。院落后部建筑为上房,中间为正堂屋,上方供奉"天地君亲师"牌位或"某氏堂上历代高曾远祖昭穆之神位",贫家无神龛则在堂屋上方墙中央贴"福"字红纸。堂屋右侧室为主人住房,以左侧为库房或客房。院落左右厢房,以右侧为尊,儿子按长幼依次居住,左侧厢房供未出嫁的女儿居住,院落为家庭成员及客人户外活动场所兼粮食晒坝。乡村农房总体上较为分散,喜单家独户独居或数户小聚居,房前屋后喜植树栽竹形成林盘院落。川西地区城镇民房院落多建围墙,院门上彩绘龙图案辟邪,俗称"龙门子"。在一些贫困山区,穷苦百姓因无力建房,住岩洞或于岩腔下砌石围墙居住,或用树棒山草搭成窝棚居住。川南山区农村的苗族,受当地汉族影响,多居住土墙、泥夹墙小青瓦房和草房,90年代以来随着农村经济的发展,砖混结构房屋增多,泥夹墙草房已极少见。

20世纪20～30年代,四川城乡官宦阶层流行传统府第院落及中西合璧风格的公馆,多为砖木结构大型四合院乃至多进四合院建筑群,传统府第院落大门外多建左右八字墙及照壁,公馆大门外多建仿欧洲哥特式建筑门墙及八字墙。传统府第大门左右门枋上贴桃符或对联,门上多绘门神。大门内数步建中门,平时出入走左侧门,遇有重要客人方开启中门送迎;中门内第一进天井后部为正厅,天井左右厢房供仆人居住;正厅后第二进天井后部为主人居住的正房,左右厢房为晚辈住房;部分大型府第或家族聚居院落群有侧跨院,为偏房妻妾、小姐、叔伯兄弟家庭等住房;府第后部建厨房、亭园,个别大型府第内还建有戏台。在川南地区个别大型家族聚居院落群有多达数十个天井院落者,规模庞大。一些大型公馆亦有侧跨院、亭园甚至专门的小姐闺楼。城镇普通百姓多住杂院，院门内天井后部及左右两侧房屋分别由多户杂居，部分多进多跨四合院居民众多，一些大户人家破落分家、出让部分房屋后也使府第、公馆变成杂院。

民国时期四川内地城镇的临街民居沿袭晚清以来传统，以连排家带店房屋为主，前店后居或

重庆彭水县山区的吊脚楼民居

下店上居，比户相连形成临街店铺街。此种布局前店经营、后部生产与居住，既兼顾了生产经营与居家生活，又使住房与街面隔离而保持了居室的安静。店铺面阔多为1~3间，以活动立长条木板拼装成无窗门面，拆下木板后即成店堂。铺面前方屋檐较宽，有些场镇的店铺前部建成檐廊遮阳避雨，既方便行人顾客又有利经营。

民国时期在川南宜宾地区乡村，出于防御盗匪、战乱的需要，人们用条石砌成高4~5层的方形碉楼式堡垒，外墙少开或不开窗户，四面墙上建有小通风孔暨观察射击孔，因房屋外形如印章，俗称"印子"。包括单印子、双印子、多印子布局，大户人家或大家族多将印子房与四合院、三合院组合成小型防御性城堡，外墙四面皆为高大的房墙、围墙，房屋门全部向院内开，易守难攻。

民国时期在川东、川西山区，一面依山、三方悬空，以立柱支撑或整体悬空的瓦屋顶吊脚楼民房建筑仍然流行，汉族、羌族、土家族及宝兴的嘉绒藏族皆有此类吊脚楼建筑，至今仍有保存。民国时期至20世纪70年代，重庆城区沿长江、嘉陵江的江边山坡处随处可见一面依山或临崖悬挑、下方以几根杉木柱支撑的成排方形木质穿斗结构甚至捆绑而成的吊脚楼，成为重庆城区传统民居的一大特色。至80年代，随着重庆城市建设改造，传统的木质吊脚楼消失。

现代城镇正在迅速取代传统乡村

（二）川西高原碉房帐篷续传统

民国时期至20世纪70年代，川西高原城乡的汉族、回族聚居地居住习俗与盆地区基本相同。农区的藏、彝、羌等民族的村寨民居基本保持石砌、夯土、木结构建筑传统，住房以1～3层建筑为主；80年代以后民房楼层普遍增高，以2～4层建筑为主，藏族民房仿效寺院建筑进行装饰的风气逐渐兴盛，牧区牧民从传统游牧住帐篷逐渐转为定居住1～2层砖瓦房，建筑装饰日趋华丽。

1. 藏族多居碉房帐篷

农区藏族在不同地区分别居住石砌碉房、夯土碉房、崩空房、木板房、木骨粪（土）墙房、木板土墙房、木垛子（木楞子）房等房屋。民国时期至今，石砌碉房流行于今阿坝州和甘孜州南部农区，以2～3层建筑为主。夯土碉房主要流行于半农半牧区、部分农区和牧区，以1～2层为主，其中甘孜州南部乡城县的夯土藏房外墙多涂刷白灰形成颇具特色的"白藏房"。"崩空"房主要流行于今甘孜州北部农区，以大量粗大的圆木构建密集的立柱、横梁，2层外墙用半圆木叠架而成，楼面和隔墙亦全部用木板，仅底层外墙用夯土，每户用木料皆达数十立方米。木板房主要流行于今阿坝州东北部农区，皆单层，以杉木板为瓦（杉板头尾用数斤重石头压住以防刮风揭瓦，有"三尺长的瓦，七斤重的丁"俗语），墙体多用木板隔墙或夯土墙。木骨粪（土）墙房流行于牧区，以高山柳树干和柳枝编成的墙篱作骨、外糊牛粪为墙或垒草泥饼为墙。木板土墙房主要流行于平武县西北部至九寨沟县东北部的白马藏族地区，多为2～3层穿斗木质梁架、底层夯土墙上层木板墙、小青瓦或杉木板瓦。木垛子房在民国时期主要流行于白马藏族地区，纳人亦有此种建筑，以圆木叠架成简易的长方形单层房屋墙体，房梁、房架用山藤捆绑，房顶用杉木板瓦，至80年代逐渐消失。此外，汉藏杂居区的藏族民居，受汉式建筑影响多木质穿斗式硬山顶带回廊的四合院或独楼建筑。

碉房建筑通常下层饲养牛、马、羊、猪等牲畜，二层设客厅、库房及主人住房，顶层置经堂、客房、堆放杂物；房前建石砌或夯土矮围墙，围墙顶堆放

别具一格的乡城县夯土墙白藏房

柴禾。碉房顶包括平顶和人字形坡屋顶两大类，平顶碉房用泥土夯筑屋面，人字形坡屋顶以石板、杉木板或小青瓦盖顶。客厅置铜铁三足供烤火、烧水做饭，室内上下多用独木梯、土司头人家多仿汉式木板楼梯。民国时期碉房因防御、保暖需要，每间房屋通常只有1~2个通风透光兼观察射击的小窗，70年代后普遍改为仿寺院建筑的大窗。嘉绒藏族的石砌碉房墙顶普遍建成转角处作尖角耸立的矮墙裙，俗称"喇嘛墙"。尖角顶置代表自然界诸神的

川西北草原藏族村落的近现代民居院落

传统嘉绒藏寨

白石，后墙顶或左侧墙顶中部建一个空心石塔，塔腹下部为燃烧柏树枝敬神的火塘，塔腹中部放置盛有青稞、小麦等敬神粮食供品的陶罐，罐口盖罐石板上置一颗大白石代表天神，窗檐及门楣上方置放若干小白石代表自然界诸神。丹巴县、金川南部的嘉绒藏族碉房民居因层层向上内收成台、房顶转角处和墙顶中部密集修建顶置白石的石砌尖角，碉房墙体外表施白灰、木质外回廊外墙表面施赭色，此种碉房建筑造型和外墙色调在山水映衬下形成飘然飞升的独特建筑风格，极富美感。崩空房、木板土墙房居住习俗与碉房大同小异。90年代以来，牲畜圈逐渐迁出住房底层另建，底层多作为堆放草料、杂物场所，卫生条件有所改善。随着经济收入的增加，仿效寺院建筑进行房屋室内外雕刻、彩绘装饰的风尚日益浓厚，部分富裕家庭室内装饰富丽堂皇，房屋装修成为展示家庭财富、地位的重要方式。

牧区藏族在民国时期仍然过着游牧生活，四季以居住牛毛帐篷为主，仅极少数冬牧地有简陋的定居点"冬窝子"。牛毛帐篷普遍用黑色牦牛毛织成毡子

草原牧民家庭传统上居住牛毛帐篷

缝为两幅长方形大篷布,再用扣环将篷布连接成帐篷并以木柱支撑内部空间、以牛毛拉索系于帐篷外木桩上固定帐篷。牛毛帐篷分大、小两种,小帐篷可容数人,大帐篷通常可容10余人至数十人,部落大帐篷可容上百人。牧民家庭常住帐篷内,居中垒土石形成龙尾长灶、以柴火及干牛粪为燃料,灶两侧按男右、女左分坐,男座后方为供奉佛像的上位,通常在储物木箱上置酥油灯、佛像及保护神像。迁徙时,将帐篷拆分打捆置于牦牛背驮运。80年代以来,美观、轻便、可容4~6人的家庭用人字形商品白布帐篷逐渐成为牧民夏季远牧的流行帐篷。近年又出现了可容10余人至数十人的吉祥图案镶边六角形白布帐篷,用于牧民集体聚会及部分草原地区的牧家乐旅游接待。70年代以来,在政府的倡导和扶持下,各地冬牧点逐渐发展为定居点,建起了单层土墙房、木板房、砖瓦房。2005年,政府开始进行大规模牧民新村建设,改善住房条件及水、电、路、通信等基础设施和卫生环境,一批砖瓦平房、砖混和混凝土框架楼房牧民新村在各地涌现。

2. 羌族多居碉房瓦屋

民国时期至20世纪70年代,川西北的羌族多居住在高半山、少部分居住在河谷地带,其聚居地少者数户至十余户、多者数十户至上百户,俗称"羌寨"。岷江上游地区的羌族房屋以传统的石砌碉房为主,汶川北部有少数羌寨为夯土墙碉房,个别邻近汉族聚居区的羌寨有仿汉式穿斗梁架小青瓦屋顶木板墙或石墙体房屋。石砌碉房多为2~3层平顶近方形建筑,亦有部分村寨为人字形小青瓦或石板瓦、杉板瓦屋顶长方形建筑。平顶碉房造型与嘉绒藏族碉房建筑相近,但房顶后部楼梯上方皆建成一字形风雨间"照楼",除与嘉绒藏族村寨邻近地区的少数村寨碉房顶仿嘉绒藏族碉房建有带转角尖角的"喇嘛墙"外,普遍为无"喇嘛墙"装饰的平顶。传统碉房底层为牲畜圈,二层为火塘客厅、厨房、储物间及主人卧室,房顶照楼堆放杂物、照楼前的房顶为粮食晒坝暨妇女日常纺织和挑花刺绣的手工劳动场所。火塘内支三块石块形成三角形布局的石三足,或安放铜铁三足架用于烤火烧水及煮饭。三足分别代表主人家的祖先神和男人神、女人神,忌踩踏和放置污秽物品。火塘内的火种终年不熄,称"万年火"。火塘上方供奉"天地君亲师"神位,每餐餐前皆须先敬诸神。室内上下多用独木梯,少数家庭亦用踏板木梯。每间房屋开1~2个斗形小窗或牛肋窗、采光通风

羌族传统碉房村寨。图为1987年的汶川龙溪乡阿尔村碉房村寨

孔,照明燃松明或清油灯。80年代以来,高半山羌寨的羌族群众陆续向河谷地带迁移,河谷地带羌寨规模日益扩大,新增了一些聚居村落,出现了许多砖混结构小洋楼建筑。茂县北部和西部高半山羌寨的人字形坡屋顶碉房,原有的小青瓦、石板瓦、杉板瓦普遍改为红色机制板瓦房顶。随着电灯的普及,燃松明照明的传统消失。

涪江上游北川西部今青片河流域的羌族,传统上居住单层小型人字形坡屋顶石板瓦碉房,民国时期部分人家逐渐改住汉式木结构穿斗梁架小青瓦屋顶的吊脚楼建筑或三合院,部分高半山贫困户仍居住在狭小的石砌碉房中。居住吊脚楼者仍保持底层饲养家畜、二层住人的传统习俗,住三合院者已改从汉俗。70年代以来,当地羌族群众纷纷改住汉式木结构吊脚楼或底层砖石墙体二层木板墙的瓦房,至80年代该区域已无传统碉房羌寨。

2008年"5·12"汶川特大地震后,因大量羌族村寨传统建筑被损毁,在灾后重建工作中,经异地重建、现代化改造,大批羌族传统建筑在风貌和功能上发生较大改变。部份受损较轻的传统建筑仍保持传统风貌,内部功能在水、电、厨、卫、客厅等方面普遍进行了现代化改造。

3. 彝族多居土墙瓦房

民国时期凉山彝族仍保持"聚族而居""据山守险"的传统。凉山南部"所地"方言区的村寨定居时间较长、居住较集中、村寨规模较大,多木质梁架夯土墙小青瓦、杉板瓦、石板瓦、

凉山彝族传统土墙瓦房小院

丘陵、山区乡村农户传统上多在院落前方左侧搭设茅草顶栅栏畜圈

茅草顶房屋,村寨多建有各种防御碉楼,院落建有围墙。凉山北部和西部的"圣扎""依诺"方言区俗好迁移,村寨因按照祖先遗愿不断搬迁,规模多小,山区多独居家庭,仅部分坝区的村寨因较为固定而具有较大规模。彝族多居住占地面积数十平方米的长方形小型房屋,房内立柱皆为单数,多为5根,少数较高大的房屋立柱数相应增加,墙体多土夹石土墙,极少数用木板墙。房内分左、中、右三个部分:门正内为中堂,中堂右前上方为家庭活动中心的火塘,火塘的火终年不熄、以三块锅庄石支锅;火塘右侧内屋为女主人卧室及贵重物品收藏室;中堂左侧为畜圈。部分村寨房屋室内以竹木隔出竹楼,楼上右侧储粮、中部堆柴草、左侧为客房或未婚子女居室。近年开展大规模"脱贫攻坚"工作,许多高半山地带传统的低矮土墙房村落,逐渐异地搬迁,新建现代化新村居住,传统土墙瓦房亦普遍进行现代化功能改造,居住舒适度和卫生条件得到极大改善。

二、注重风水的建房习俗

(一)四川盆地区建房习俗

民国时期至中华人民共和国成立初期,四川盆地区城乡新建民房,先请巫师端公、堪舆师(俗称"阴阳先生")"看风水"、用罗盘确定房屋基址和朝向,然后择黄道吉日破土动工。动工之日举行奠基仪式,先燃香烛、用刀头腊肉献祭鲁班,杀雄鸡绕房基滴血一周驱邪、烧纸钱送鬼,然后挖基础、安放基脚石。下基脚石须唱《下基脚歌》。川北部分地区的工匠在开工前要举行"起水"仪式祭神,以求施工中得到神的保佑。工匠在施工中突遇头昏、眼花、呕吐等身体不适,认为是犯煞受秽,须立即停工祭拜念咒,俗称"报犯"。夯筑土墙时工匠要唱《打夯歌》协调动作、提振精神;修砌砖石墙须先在堂屋后墙正中安放一块方形石块,俗称"安堂",以利主人家财兴旺;修建木质穿斗梁架瓦房,木匠竖立房柱时要唱《立柱歌》。若房址大门前方有"煞气"又不能避开,则或在门外悬挂镜子、"鬼"面具(俗称"吞口"),或在门额钉虎头匾，或在门前埋设泰山石敢当以避煞星。安放房梁俗称"上梁"，为建房过程中最重要的工序，须选黄道吉日并举行隆重的上梁仪式。上梁日亲友要前往送对联、字画、镜屏等祝贺，上梁仪式结束后主人须设宴招待工匠、亲友等来宾。上梁时，先由木工掌墨师祭鲁班祖师并请鲁班神就位，燃放鞭炮后吊装梁架，由木匠念吉语或唱《上梁歌》并指挥吊梁架，有的地方要用大红公鸡站在中梁上上梁（公鸡不能跳离，否则视为对主人不利），然后杀鸡滴血祭梁以慎邪。房梁安好后，由掌墨师穿上主家准备的新布鞋上房踩梁并唱《踩梁歌》。中梁安放是否端正被视为关系主人命运及家庭兴衰的要事。中梁下方多贴道士书写的红纸符箓或"福""禄""寿"字等，或在中梁的正中系挂铜钱和红布块，或用红布包裹当年历书并以铜钱将红布四角钉在梁上（俗称"挂红"），中梁两端打小槽放入盐茶米豆等食物乃至银圆并用红丝线缠好以求家庭旺财。安装大门时，要举行"踩门"仪式，以求财宝福寿滚滚来。新房正式落成后，须择吉日搬家入室。搬家日，有的地区有"钉门"习俗，先将大门钉上，门缝贴一张写有"开门大吉，诸般顺遂"的方形红纸，门内外各一人以吉语问答后再开门迎吉。在川西农村，新房修好后，启用新灶要安放新锅做饭菜宴请亲朋好友，俗称"抠锅底"。新中国成立后，农村建房动土、上梁时杀公鸡、挂红、唱歌等习俗仍然保存，其他习俗多逐渐消失。20世纪70年代以来随着砖混结构房屋的普及，上梁习俗日益少见。在城镇、厂矿，50年代修建的住房以无厨卫设施的平房或2~3层楼房居多，60年代曾一度推行"干打垒"的简易土坯房屋，70年代以来流行西式砖混结构楼房，传统建房习俗基本消失。80年代以来，看风水、奠基仪式、杀雄鸡驱邪的习俗在建房中又曾一度流行。

（二）川西高原区建房习俗

民国时期至20世纪70年代，川西高原城乡的汉族建房习俗与盆地区大体相同。80年代以来，建房除看风水、奠基和上梁时杀红公鸡驱邪外，其他习俗多已消失。

羌族建房受汉族影响，传统上多请汉端公、阴阳先

装饰华丽的康巴藏族现代民居内景

生看风水、打罗盘，择吉日祭祀鲁班祖师、杀雄鸡破土奠基，杀雄鸡挂红上梁，门外挂镜子、吞口、埋泰山石敢当等避邪，择吉日搬新家、开门迎吉、启用新灶新锅宴请亲友等。但修建房屋极少聘请工匠，以亲友相帮、邻里互助的换工形式进行，主人家准备酒肉饭菜招待帮工者、不付工钱，帮工者每日收工各回家中歇息。建石砌碉房无图纸、不搭外架、不吊墨线，全凭经验和主人家要求修建，以手臂部位长度、脚步跨度、小树枝为尺度，通过眼观墙体对角线、以壶碗盛水由上向下倒水线掌握墙体收分，即使修建数十米高碉亦如此，建筑技艺精湛。每年春播后建房，入冬前停工，每层墙体砌好后须待次年甚至经过三年时间让墙体压实以增强牢固性。

农区藏族建房亦请巫师或喇嘛看风水、念经驱邪。建房用木匠多请内地汉族木匠，砌石、杂工由亲友互助帮工，主人家准备酒肉饭菜招待帮工者、不付工钱，帮工者每日收工各回家中歇息。修砌石墙技艺与羌族基本相同，但更加注重选择石料的料面和大小石材的搭配，因而墙体外观更加美观。家庭经济较好者多于室内客厅和经堂的柱头、墙面进行雕刻和彩绘装饰，部分地方碉房外墙墙顶部位用白灰或黑色涂料绘圆形梁柱头、方形椽头装饰，石墙外墙墙面或木墙墙面用白灰涂绘或颜料彩绘佛教雍中符号、佛八宝图案驱邪求吉。丹巴地区的碉房外墙由下至上喜分层涂刷成白、红、白的相间色，加上房顶多尖角石塔的建筑造型，形成向上飞升的视觉效果。道孚等地的崩空建筑则多将二层木垛子外墙涂成红色。近年来，对碉房内外进行雕花彩绘的装饰风俗日益兴盛，新龙、稻城、乡城等地民居室内装饰尤尚华丽，新龙县城周边喜将外墙窗户做成华丽的雕花彩绘大窗以显示主人家的殷实。新房建成后，主人家首先要在房顶燃柏枝祭祀天地自然神灵，在经堂中供奉神佛菩萨并宴请亲友。

彝族修房先请巫师毕摩看风水、择吉日破土动工。修房无图纸，全凭经验及主人家要求修建。上山伐木砍中柱树、木匠制作房架砍第一根木料时，伐树者、木匠要先祭祀树神后方能动刀斧。奠基时主人要先祭祀土地神、脱土墼让家畜践踏辟邪。土墙夯成后，择吉日上梁。上梁习俗受汉族影响，木匠先祭鲁班祖师、用公鸡上梁，先上中梁或事先在地面将梁架组装好整体上柱安装。盖瓦至结束时合屋脊前，主人家要在屋脊上祭神，祭品当场食用。屋檐和墙壁隔板喜用图案装饰，屋檐及垂柱下喜用牛角、牛蹄、牛头、牛嘴等图案造型。墙壁隔板用镶条和装板榫装而成，或用镶条拼成图案，或将隔板镂空形成各种图案。新房竣工后，主人家要杀羊、宰鸡与全村人一起祭神并分享祭品求吉，祭毕喜迁新居。

三、镇宅辟邪习俗

民国时期，汉族地区建房流行镇宅辟邪习俗，无论官府衙门，还是民居庭院，常在大门两侧立瑞兽石狮辟邪、镇宅。同时，还普遍贴门神（通常为神荼与郁垒、秦琼与尉迟恭）、挂或立吞口、竖泰山石敢当、祭灶神和土地神镇宅辟邪，有的地方还在大门上绘或贴老虎、鸡王、姜太公、钟馗图像镇宅辟邪。该习俗在新中国成立后一度被作为封建迷信禁止，20世纪80年代以来又重新流行。羌族受汉文化影响，亦流行该习俗。

修建房宅，若不能避开冲煞、正门朝向不太吉利，则在门前悬挂吞口或立泰山石敢当辟煞驱邪镇鬼魅，以求逢凶化吉。吞口形象为横眉怒目、阔口龇牙、口含宝剑的狰狞鬼面像，悬挂在家宅正大门门额上的吞口多用木雕或用新木瓢瓢背彩绘而成，吞口上书贴"姜太公在此"红纸字帖；亦有用长条石雕刻的吞口碑，多立于门外一侧。射洪县太和镇的六道城门及城内各街巷口、城外渡口和桥头皆立有吞口，住户大门上挂吞口者随处可见。泰山石敢当亦用长条石竖立于大门外一侧，上部正面刻吞口像或素面、中段竖刻"泰山石敢当"五字。新中国成立后，通常只在边远地区还保留有少量吞口遗存。

康巴农区藏族认为土地的上下左右皆居住着神灵，只要动土就会扰动当地神灵，因而使用和占用土地皆要先供奉栖息在当地的神灵，祈求神灵息怒、获得神灵的许可。修建房屋、砌炉灶，须先举行奠基仪式向神灵敬献供品，以免触怒神灵招致诅咒惩罚。在龙神居住的地方修建房屋，除举行奠基仪式外，还须建一座龙宫模型安放在合适位置，恭请龙神迁入新宫后方可建房。

第二节　器用

一、家具与陈设

（一）汉族地区

民国时期，四川汉族地区流行竹、木、藤制家具。殷实家庭多购土漆并雕花、贴金、镶嵌玛瑙玉器的檀木、香樟、桢楠、柏木制作的精美家具，堂屋、书房、卧室摆设珍玩奇物、名人字画等进行装饰，床上多用精美的锦缎面料。

普通人家多用刷土漆的松、杉、杂木、竹、藤制作的家具，强调牢固耐用，床上用品多为棉麻面料。贫困之家通常仅有木架床及一至二个简易竹木衣柜，床上用品为粗麻布面料。部分贫苦农民及城镇贫民极少有家具，搬家时三根扁担或一部架车就可以一次搬走全部家当，俗称"穷三担"（家具、衣物和床上用品、生活器具各一担）。

汉族的床绝大部分为木床，川南农村亦用竹床。民国时期富家流行雕花木床，大雕花床床架上部有一至九重单数出挑的雕花楣檐，楣檐及床周栏板雕刻各种吉祥图案，床前置床踏板。中华人民共和国成立后，雕花床渐少，流行新式简易木床。传统上，床枋上铺木床板或竹篾床笆，上垫一至二层棉絮，贫穷家庭则垫稻草，床面冬天铺草席、夏天铺细竹席或粗篾席。中华人民共和国成立后，20世纪50～70年代，川西地区流行在床板上垫棕垫防潮。80年代后，机制竹块席（俗称"麻将席"）和牛皮席逐渐流行。80年代以来，川渝地区的家居陈设逐渐与国内其他地区趋同，流行欧式家具、组合家具，少数富人则喜欢中式古典家具。

民国时期至20世纪70年代，汉族普通家庭使用坐具主要为木、竹、藤制的各种椅、凳、茶几。盥洗用具多用瓦盆或木盆、木桶，富家多用土漆描金图案木盆（俗称"广盆"），亦使用搪瓷或铜质面盆。冬季取暖多用竹编烘笼，富家亦用火盆、铜烘笼。民国初年，家庭照明用陶瓷或铜制的桐油灯、菜油灯及铜、锡、陶、竹、木等质地的灯台和蜡烛台，小摊、小店用亮油壶，30年代开始使用煤油（俗称"洋油"）灯盏及马灯、煤气灯、白炽电灯，外出点灯笼火把并带火折子、火镰。中华人民共和国成立后，藤椅逐渐取代木椅，搪瓷盆、热水瓶、闹钟逐渐流行。60年代，塑料日用品逐渐流行并代替部分竹木家具，城乡盛行围帐。70年代，普通家庭将自行车、手表、缝纫机和收音机视为高档家具，俗称"三转一响"。80年代后，各种家用电器和电灯具普及，围帐多被取消，床罩、门帘、窗帘逐渐流行，部分家庭将床上棉被、布毯换成鸭绒被、化纤毯或毛毯，传统取暖用的烘笼被金属热水壶和橡胶热水袋取代，气压水瓶、玻璃饮具和陶瓷玻璃等质地的高脚酒具日益流行。90年代，精制棉被、丝绒被开始流行，城镇照明逐渐推广节能灯具。

民国时期，普通民家的堂屋通常兼做客厅，以面对大门的后墙为上方位，墙上设神龛供奉家神、土地等，亦有设神坛者。堂屋多放桌椅、挂钟或座钟，壁挂楹联字画。官绅大户家堂屋、客厅分设。堂屋陈设豪华静穆，神龛上供奉神祖牌位、挂金匾、设雕花香案及各种供奉器具，流行供奉观音、老君、财神、关公神像。堂中设长案或八仙桌，倚壁安放靠椅、茶几，壁挂名人字画。待客有专用客厅，悬金匾、挂名人字画和楹联，设餐桌、茶几、椅凳，桌上陈放瓷罗汉、花瓶、文房四宝、书籍、名花盆景等。贫困家庭的堂屋除供家神和会客外，平时还安放箴囤存粮、放置农具，简易神龛上陈放香炉，忌放污秽之物以免触怒家神。新中国成立后，堂屋多拆除神龛、香炉，改贴毛主席和朱德总司令肖像。"文革"期间，神龛尽拆。80年代以来，农村在堂屋设神龛供家神者日益增多，堂屋兼做客厅，安放家具、电扇、电视机等。90年代以来，城乡居民客厅装饰之风盛行，富家客厅装修豪华，突出文化氛围。

（二）藏族地区

民国时期至20世纪70年代，藏族普通民众多沿袭传统坐卧于地，不用床、柜、椅、凳等家具，仅上层贵族、高级僧侣用藏式床、柜，坐时盘膝坐于地或坐床上。普通藏族家庭普遍自织牛羊毛为地毯、坐垫、毛被等，上层贵族及高级僧侣多从西藏等地购买织花地毯或请专人制作。贵族及高级僧侣还喜坐用厚软垫及长条矮坐凳"别"。坐垫既可铺地盘膝而坐，亦可铺成床垫。农区藏族普通家庭传统上于卧室地面或火塘周边铺氆氇、羊皮席地而卧，上层贵族、高级僧侣多睡藏式床，床上铺藏毯、软垫等。70年代后，藏式床、汉式架子床逐渐普及。80年代后，城镇职工多仿效内地城镇用流行家具，客厅中置铁皮炉烧柴做饭、取暖。90年代以来，城乡家庭多用雕花彩绘藏式家具。设置专门客厅和厨房，原来客厅中的火塘、小铁皮炉改用大铁皮柴炉、电炉取暖。客厅中置储物柜存放酥油、奶酪、碗具、茶具等，墙周置藏床、床前置藏桌，现代家电日益流行，部分家庭客厅仿效内地城镇布置。牧区定居点室内家具布置与农区大同小异，帐篷内中部设火灶，四周地上铺羊皮或氆氇供坐卧之用。

民国时期，小型陶、铜质佛像和酥油灯、净水壶等为家庭常设宗教用品。20世纪50年代后，政府在一些县建立了民族用品厂生产日用品及宗教用品，一些传统手工艺村落也生产部分日用品及宗教用品。80年代以来，家庭宗教用品和日用品种类、数量大幅度增加，多数家庭皆建起了华丽的家庭经堂陈设佛像、供器。

（三）其他民族地区

羌族室内家具及其布设与内地汉族基本相同。视家庭经济状况，传统上使用平头床、架子床及各种汉式家具。热水瓶在20世纪70年代普遍为城乡普通家庭使用。80年代以来，农村雕花木床已罕见，其他传统家具多在继续使用，90年代普及现代家用电器。近年，城镇居民及农村经济条件较好的家庭，普遍与内地城镇一样使用现代家具、家电。

彝族传统上多围绕在火塘边席地而坐或蹲坐、夜间在火塘边和衣席地而卧，20世纪80年代以后部分城镇家庭开始坐板凳、睡床，近年城乡居民坐凳、睡床已较为普遍，城镇居民及公路沿线农村家庭多与内地城镇一样使用现代家具、家电。

土家族家庭多用汉式家具，堂屋正中置桌、椅，两侧靠墙放条凳或靠椅。

二、餐厨器具

（一）厨房器具

汉族民间俗称厨房为"灶房"，民国时期通常置柴草灶或煤灶，灶面有灶台，旁设木案板（桌）、碗柜、水缸，配置木铁陶铜质各种厨房用具，富家还用陶瓷、搪瓷盆具及铜铁锑铝金属锅具等。新中国成立后，鼎锅、木盆、木桶、铜瓢等被锑锅、铝壶、塑料盆桶代替，土陶用具换成陶瓷、搪瓷用具。灶台为厨房主要设施，多用大小二眼火膛，安大小两口铁锅及陶鼎锅。农家习用大锅灶，以适应烧柴草。由于长期用柴草作燃料，一些地方在灶尾开设小圆孔置茶壶，一些地方在灶门上挂茶壶，利用灶内尾火或灶门外吐火烧水、熬茶。

中华人民共和国成立后的50年代，厨房设施沿袭民国时期而无明显变化。60年代后，城乡普遍用煤，改建煤灶日益增多，农村有煤柴两用灶。70年代城镇多用节能蜂窝煤，居民家中普遍改建蜂窝煤灶或购买、自制蜂窝煤炉。塑料、铝合金、不锈钢炊餐具逐渐取代传统的木、陶器。80年代以来，城镇多用天然气、液化气、电作燃料，厨房设施主要使用现代化电器，农村则柴草灶与煤炉并用或兼用电饭煲、高压锅等，砂锅、砂罐等传统特色烹饪器具因烹饪食物味佳而深受部分家庭欢迎，沿用至今。90年代以来，各种现代烹饪电器进入家庭，竹木铲、瓢等绿色植物炊具再受追捧。

藏族、羌族、彝族村寨传统上多无专门厨房，食物多在客厅火塘以刀具简单切割入锅煮食、埋入火塘柴灰烤熟食用，家中盛水多用背水桶、少数家中安置石水缸，舀水用木瓢，藏族有提取酥油的酥油桶。70年代以来，用炉灶逐渐普遍，仿效汉区炒菜者增多，各种专用厨具逐渐普及。90年代以来，许多地方城乡家庭已普遍使用各种专用厨具及电饭煲等电炊具，背水桶在用上自来水的家庭普遍废弃不用。甘孜州新龙县藏族则普遍在家中客厅修建水柜，水柜外观雕刻、彩绘精美图案，置若干铜水罐、水盆、水瓢，既有实用性又成为客厅重要的装饰柜。

土家族、苗族传统上多用铁鼎锅、木甑煮饭，用铁锅炒、煮菜，菜板、水桶、脸盆、脚盆均为木制品，用竹编饭篓、筷篓，流行陶水缸。20世纪70年代塑料、铝合金、不锈钢炊餐具逐渐进入部分家庭，80年代现代家电亦逐步进入部分家庭，90年代以来普遍使用现代商品炊厨具。

（二）餐饮器具

民国时期汉族地区的餐具材质多为陶、木、瓷、搪瓷、铝、铜等。粗、细瓷制品皆被称为"细瓷"，破损后多加补丁继续使用。夹菜吃饭多用竹木筷子，富家亦用包金银竹木筷或银筷。吃饭须在专门的餐桌上进行，富家餐桌用八仙桌。20世纪70年代以来，餐具大多用陶瓷、不锈钢、玻璃器具；80年代流行塑料及不锈钢餐具，90年代渐少。各家皆备茶具，喜用景德镇成套细瓷茶具和紫砂茶具。民国时期茶壶多用铜壶或陶壶，锡茶壶因装茶不易变味、用旧后易翻新而受到欢迎，冬天多在锡壶外加棉套或棕包保温。60年代以来，用壶泡茶逐渐变为一人一杯单独泡茶，客人到来泡一杯茶、客人走后即将剩茶倒掉。90年代以来，官员、文人、商人亦喜用壶泡茶斟入配套小杯中待客，以示儒雅。民国时期至70年代，饮白酒用具，城镇多用白瓷或青花瓷酒杯、乡村多用粗瓷碗或搪瓷盅；80年代普遍用5～8钱酒杯饮酒，90年代以来多用2～3钱小杯饮酒。80年代以来，饮葡萄酒、啤酒逐渐成风，多用高脚玻璃杯饮用。

藏族传统餐具较为简单，民国时期多用木质、漆、包银的碗、筷、盘及吃肉刀、木糌粑盒、木酥油茶桶等，吃饭、喝茶用小长方桌，贵族及高级僧侣盛酒用镶金银宝石的铜酒壶。20世纪70～80年代，内地专门针对涉藏地区生产的小瓷碗被广泛使用，搪瓷、不锈钢、塑料餐具亦被普遍使用。90年代以来，主要使用漆木、陶瓷餐具。饮酒传统上在咂酒坛中直接吸引，待客饮咂酒、白酒亦用碗，90年代以来待客用小酒杯增多。

羌族传统餐具多同于川西平原汉族流行餐具，视经济状况使用木、陶、瓷、铜、铝、搪瓷等质地的碗、盘、盆和竹木筷。20世纪70年代以后，餐具演变情况亦大体与川西平原汉族地区一致。饮酒传统上在咂酒坛中直接吸引、用大粗瓷碗或水瓢加水入酒坛中，饮白酒用瓷酒杯或细瓷小碗、搪瓷盅，90年代以来待客普遍用小酒杯。

彝族餐具传统上流行原色木质平底炒面碗和圈足汤钵、饭盆、肉盘，以及木质汤瓢，贵族所用食器多漆器。饮酒亦用木质圆形或扁圆形酒壶、鸟形酒壶、高足酒杯，贵族用酒器多漆华丽纹饰并有鹰爪漆木酒杯。20世纪80年代以来，陶瓷餐具逐渐流行，漆木酒具成为普通商品而被广泛使用。

土家族和苗族餐具多用陶瓷碗、盘及木竹碗、筷，盛汤用陶质盆、钵、罐等。20世纪70年代以后餐具演变情况大体与附近汉族地区相同。

第七章 饮食习俗

第一节　主食与副食

一、主食

（一）主食种类

川西平原、川南和川北平坝区的汉族以大米、小麦为主食，兼食少量玉米、红苕、土豆（俗称"洋芋"）、胡豆、豌豆、黄豆等杂粮。川东丘陵地区以小麦、玉米、红苕等为主食，夏秋多吃面粉和玉米，冬春以红苕为主食。川西山区则以玉米、土豆为主食，兼食胡豆、豌豆、青稞、黄豆等杂粮。自20世纪80年代以来，大米逐渐成为山区人家的又一主食。肉食以猪肉为主，农村多在春节前的腊月"杀年猪"，年节期间常备有肉，余下部分制成腌腊备常年食用。吃各种畜禽鱼等肉食，蒸、炒、炖、烩、烹、炸、腌、熏等食法众多。喜食药膳滋补身体。四季多食各种蔬菜和水果。

川西高原的藏族普遍以青稞炒面拌酥油制成的糌粑为主食，农区藏族还爱食用玉米、小麦面制作的面条、馍馍、油饼。肉类食物以牛、羊肉为主，农区藏族亦大量食用猪肉及猎获的少量野生动物肉。牛羊肉多煮食，因食用时一手持刀、一手抓肉，称"手抓肉"。牧区藏族爱吃用牛肠灌制的血肠、肉肠、干肠和面肠。农区的嘉绒藏族喜欢将猪肉制作成猪膘肉供常年食用，喜用小麦、青稞、玉米磨面制成圆饼状烧馍馍（成形后埋入柴火灰中烧烤熟的面馍），节庆期间食用的馍馍表面常用木质印模印出日月星辰等花纹。自80年代以来，部分农区藏族逐渐食用白菜、土豆等蔬菜，购买部分大米、挂面等粮食食用。

川西北的羌族饮食与汉族相近，主要食用玉米、小麦、土豆，兼食豌豆、胡豆、荞麦、莜麦、青稞、红苕、芸豆、黄豆等杂粮。玉米多磨面加入大米中制作成蒸蒸饭，俗称"金裹银"；或做成玉米搅团、玉米糊及烧、烤、蒸馍；还将嫩玉米磨浆做成玉米粑，蒸、炒或蘸蜂蜜食用。荞麦多磨粉制作凉粉、面条、葱花饼、春卷、饺子。小麦多磨面制作成烧馍馍食用，节庆时多制作成太阳馍、月亮馍敬神及食用。肉食以畜禽为主，冬至后喜制作猪膘腊肉备常年食用，杀年猪时用新鲜瘦肉灌小肠制作香肠供年节食用。肉食、大米、挂面、蔬菜在80年代以前食用较少，80年代以后逐渐增多。喜食药膳滋补身体。

川西南的彝族以土豆、玉米、荞麦为主食。苦荞为彝族最喜爱的传统粮食，其次为甜荞。荞麦吃法较多，常与其他菜粮食物搭配食用。节庆、婚嫁、丧事及接待宾客时多以荞麦为主食，并作为祭祖供品。玉米磨面蒸成沙沙饭食用。有饭前吃烧土豆习俗。喜将粮食与肉食搭配食用，如用荞粑配羊肉、米饭配猪肉、青稞饭配鸡汤、燕麦面配鸡蛋、玉米饭配酸菜土豆汤、圆根配土豆。坨坨肉为最受喜爱的传统肉食，以牛、羊、猪、鸡肉入锅煮七成熟，切割成小孩拳头大小，拌以木姜子、辣椒、花椒、蒜、盐，趁热食用，脆嫩清香。

土家族的饮食在20世纪80年代前以大米、玉米、土豆、红苕为主。80年代以来，大米成为主食，玉米、红苕、土豆等杂粮主要用作饲料和酿酒原料，鱼肉禽蛋食用量大大增加。食物多干食，饭菜分煮；喜酸辣味，菜肴以酸辣为佳。年节喜做糯米团、煮糯米甜酒、熏火炕腊肉。油茶汤和血豆腐为其著名风味食品。

回族多与汉族杂居，主食以米面为主，肉食以牛、羊、鸡、鸭、鹅为主，面食喜制作手拉面条、锅盔、馓子等，牛、羊肉喜清炖及煮熟切片蘸椒盐食用。

（二）食物结构

民国时期，四川盆地内通常为一日三餐，重视午餐和晚餐，部分贫困地区在20世纪70年代前也有农闲时一日两餐的习俗。城镇居民因食物全靠购买商品食物，普遍较农民饮食品种更加丰富、精细。

民国时期，平坝地区普通人家通常早餐吃稀饭、面饼或在稀饭中加煮薯类；中午吃干饭；晚上食干饭、稀饭或面条。农村因体力消耗大，也有一日三餐吃干饭，米饭中多掺入玉米、红苕及其他杂粮。富裕家庭一日三餐食米饭，川中丘陵贫困农户三餐皆食红苕。煮干饭有滤米饭和焖锅饭两种。低山区汉族仍主食大米、玉米，以小麦、荞麦、红苕为辅。喜用碾磨的玉米细粒同大米拌和蒸熟成干饭，俗称"金银饭""金裹银"。重庆周边有粗粮与细粮搭配烹食习惯，通常按季节收获进行搭配，如农历三月搭配胡豆、豌豆；四五月烙麦粑，扯面疙瘩，搭配瓜果、蔬菜；七八月收新谷，磨玉米粒与新米煮稀饭；冬腊月吃红苕焖干饭或煮稀饭。中华人民共和国成立后的50年代，城镇早餐多吃馒头、稀饭，农村仍以当地出产粮食为主，城乡饮食质量差别缩小，菜、豆制品及禽、蛋、鱼消费有所增加。80年代以来，城镇早餐食用牛奶、豆浆、馒头、面包、鸡蛋、蛋糕或米粉、面条者逐渐增多，午、晚餐肉食摄入量明显增加。山区、丘陵地区不少农户将土豆、玉米等售卖后购买大米，主食渐与坝区相近。90年代以来，城镇居民到餐厅、酒楼用餐日益频繁，食品种类丰富，生活水平大幅度提高；城镇周边农村生活与城镇居民接近，偏远山区肉食、蔬菜摄入亦大大增加。

盆地周边山区及川西高原民族地区，民国时期至20世纪70年代前，普通家庭多日食两餐，极少食用大米、蔬菜，但因多饲养畜禽及狩猎而食肉较多。80年代后逐渐改为日食三餐，大米、蔬菜、肉食、蛋禽食用量逐年增加，90年代已与内地汉族地区饮食结构相近。

二、菜肴

民国时期，四川盆地区城乡普通家庭早餐多用家常小菜佐食。家常小菜菜品甚多，以泡菜、腌菜、盐菜、榨菜、豆豉、豆腐乳、豆瓣酱等最为常见。午餐吃煎炒菜或炖煮鲜菜。晚餐以家常菜为主，亦加煎蛋、盐蛋或炒豌豆、胡豆等。富家菜品多样，以午餐最为丰富，各种肉食蔬菜时常变换。普通家庭肉食较少，以猪肉为主，吃法喜煎炒、回锅、白片、凉拌、清炖、红烧，多为半月吃一次肉，俗称"打牙祭"。冬至后喜腌制腊肉、酱肉、香肠等过年。20世纪50~70年代，贫富差别缩小，城乡饮食较为接近。80年代以来，贫富差别逐渐扩大，农村仍以自产自食为主但菜食明显丰富，城镇居民普遍较农村注重营养和口感、菜品丰富多样。

20世纪70年代以前，农村缺少油盐，不少地区皆把锅烧红炒菜而不放油（俗称"辣锅菜"），或瓜果粮食一锅煮，以"粗茶淡饭"为主。蔬菜、水果及佐料多为自产自食。城镇居民多在市场或商店购买副食回家加工食用，喜用豆瓣、酱油、葱、蒜、味精等做调料。60年代食物凭票供应，城乡居民食物较少。80年代以来，各种本地、外地蔬菜及蛋禽肉食日益丰富，各地优质特色调味品层出不穷。城市居民吃菜日益注重绿色生态，野菜成为珍品佳肴。四季水果应有尽有，物优价廉。

四川盆地区民间喜好办筵席。民国时期，普通家庭婚丧寿庆及年节皆办筵席，农村春种秋收亦普遍筹办各类筵席（俗称"田席"，多在屋前院坝上摆放席桌），菜品多用蒸、炖、烧方法做鸡、鸭、鱼、猪等肉菜，多为九个正菜，俗称"九斗碗"，寓意长久丰盛。20世纪50年代后，农村仍多沿袭"九斗碗"，也有做"十三碗"（绵阳）、"十大碗"（广元）、"八碗八碟"（南充），皆按菜品种类数量命名。民国时期城镇富裕人家的筵席以燕翅烤席为上席，稍次有春季的鲍鱼席、夏季的鸭翅席、秋季的鱼肚席、冬季的鱼翅席和海参席等，筵席排场较清代晚期逐渐简化，筵席举办地由家中逐渐向餐馆转移。中华人民共和国成立后的50~70年代初，因食物匮乏，举办筵席者少，菜肴品种多为"三菜一汤""四菜一汤""七碟八碗"，以猪肉为主菜，配鸡、鸭、鱼则为较高档次桌席。80年代，随着各类蔬菜和肉食的丰富，城乡民间兴办酒筵风气日益兴盛，公务、商务、会议等酒筵不断，普通席桌以各种家常肉食和蔬菜为主，豪华筵席追捧喝洋酒、吃珍稀山珍海味和享受豪华酒楼的装修与服务氛围。90年代以来，随着经济的发展，筵席通常在酒楼餐厅举办，各种筵席通常品种达数十种，配菜或由顾客自定点菜或由酒楼餐厅按价格配菜，专营火锅、泡菜系列中餐、山菌系列、海鲜的中餐酒楼和西餐馆大量涌现，酒楼餐厅逐渐针对高、中、低消费水平进行定向经营，聚会宴饮成为乡村"农家乐"休闲的重要内容。90年代末以来，专门针对中高端消费的"公馆菜""私家菜馆""商务会所"等大量兴起，烧烤、冷锅菜及地域特色菜系逐渐风行，成都被公认为全国最著名的"美食之都"。

川菜为我国四大名菜系之一，迄今已有4000多个品种、数百种名菜。大众化的家常川菜深受各地民众喜爱，20世纪90年代以来风靡全国并在世界上许多国家皆开设有菜馆。川菜味型丰富，以"麻、辣、烫、嫩、鲜、咸"为特色。注重综合用味、突出主味，有"一菜一格，百菜百味"之说。四川盆地多阴少晴、湿度大，麻、辣、烫具有除湿、提神作用。制作方法以小煎、爆炒、干煸、清烧、红烧、水煮、炖熬、蒸及腌腊为主。重视汤菜，菜品、味型多样，包括清汤、红汤、奶汤、骨汤、畜禽肉汤及内脏杂汤、毛汤、血旺汤，等等，做菜烹饪也多用事先熬制的大骨高汤，有"川戏的腔，川菜的汤"俗语比喻川菜菜汤的变化与精深。川人喜欢泡菜，几乎每餐必有一碟泡菜。经过长期的发展，民国时期川菜形成了以成都帮、重庆帮、大河帮、小河帮、盐帮、内江帮等流派为代表的众多川菜流派，菜品、味型、工艺各具地域特色。其中，成都帮菜肴荤素并用，注重色、香、味；重庆帮以粉蒸、红烧肉菜和豆花、鱼类菜品著称；长江沿线及岷江中下游的大河帮以家常味见长，煎、炒、蒸、烧并重；嘉陵江上游及川北一带的小河帮以传统民间菜为主，盐商云集的自贡一带菜品咸味厚重，甜城内江的菜品甜味菜众多。盆地周边低山区多产魔芋，人们将块根切小磨浆制作成黑色凉粉，俗称"鬼豆腐"。大巴山区水质碱性大，农民喜食酸菜中和。

川西高原上的藏、彝、羌等少数民族传统上极少食用蔬菜，农区主要食用以圆根萝卜叶制成的腌菜（煮汤或炒食）；牧区藏族不食蔬菜，饮用马茶解油腻。20世纪80年代，农区大量种植蔬菜，当地群众根据土地出产开始食用少许蔬菜，农牧区城镇职工食用由内地运入的少量商品蔬菜。90年代以来，农区城乡及牧区城镇蔬菜食用量和品种大大增加，近年部分牧区乡村亦开始食用少量蔬菜。蔬菜的食用方法仿效内地汉族地区，加调料炒食或煮食。川东南的土家族，常吃酸菜、罐罐菜（腌菜头等）、辣椒、豆腐等。

三、小吃

四川盆地区汉族民俗颇重小吃，年节筵宴、办筵席请客多备有小吃。小吃经营在民国时期为个体商贩挑担、提篮、肩背走街串巷叫卖，1953年始定点经营，发展至今在全省城乡小吃店已占餐饮店的三分之一左右，旅游街区和居民住宅小区的普通餐饮店多以小吃店为主。小吃品种繁多、风味独特，包括各种面食、卤菜、凉菜、冷食、糕点、煎炸、汤煮的食物2000余种，各地皆有若干代表性小吃。成都会聚各地小吃精华，成为全国最著名的小吃美食城。

（一）成都小吃

成都小吃大多由个体小商贩在长期经营中创制及场镇群体性特色饮食习俗创造，故小吃多以经营地名加姓氏为招牌或以区域名加小吃品名为品牌。许多小吃因广受欢迎而遍布大街小巷，如凉粉、凉面、抄手、汤圆、包子、叶儿粑、蒸糕、三合泥、油茶、肥肠粉、红油肺片、红油鸡块、怪味兔丁等，各种小吃有著名店号而无独占鳌头的名号，各以特色竞争并存。90年代以来，国内其他地方的小吃纷纷进入成都，成都小吃进一步丰富。

成都回族小吃品种亦十分丰富，尤以面食、糯米、红苕和牛肉小吃品种多样，油香、油炸食物，风味各异的锅盔，各种切面和面食糕点，卤制、凉拌的牛肉、凉粉，以及热萝卜、金钱薄脆、牛羊杂汤、面花、蒸饼、佛寿桃，等等，不仅为回族群众推崇，亦深受汉族等其他民族喜爱。

（二）其他地区小吃

除成都外，川渝各地风味小吃众多且各具特色，从而也形成了区域性的小吃风俗。重庆人喜吃豆花，普通餐馆、饮食摊多卖豆花饭，民国时期及20世纪80年代在大街小巷随处可见挑担卖豆花的小贩，豆花饭价廉物美，民间有"好看不过素打扮，好吃不过豆花饭"的俗语，部分地方城乡还有吃早豆花习俗。德阳、绵阳等地人们喜食担担面、快餐米粉以及烤红苕、锅盔、豆花、油糕、麻辣烫等，绵阳的梓潼片粉、剑门关豆腐等久享盛名。川北广元、南充、遂宁等地的人们喜食川北凉粉、蒸凉面、核桃饼、果汁牛肉等小吃，其中川北凉粉自90年代以来风靡全川。乐山人喜食叶儿粑、豆腐脑等小吃。内江人爱甜食，小吃香甜味美。泸州、自贡、宜宾等川南地区，以猪儿粑、黄粑、豆腐干、豆花等闻名，尤以宜宾的猪儿粑、富顺豆花驰名。西昌、会理等地喜食米粉，如牛杂粉、羊肉粉、荞凉粉、卷粉等，同时喜食米制的饵块。

四、火锅

火锅为川菜重要支系之一，清代道光年间（1821~1851）出现于泸州境内长江边小米滩的船工中，传入重庆成为船工、苦力（棒棒）等下层劳动者的美食，后来出现挑担售卖的小贩，至20世纪30年代进入小饭店。其吃法为将洗净切好的半成品菜品放到桌上，由食客自烫自食。这种自主取食、边吃边聊的方式，让食者既能感受自己做菜的过程、氛围又自由活跃，很快受到各阶层人士欢迎。到抗日战争时期，重庆火锅日益兴盛，成为时尚餐饮。

火锅始于泸州，盛于重庆，美于成都。80年代以来，重庆火锅几乎占据重庆餐饮的半壁江山，随处可见火锅店，甚至形成了几条以经营火锅为主的"火锅街"，火锅店沿街排开，从早到晚食客盈门，重庆火锅成为享誉全国的名小吃，四川各地火锅店竞相以正宗重庆火锅相标榜。70年代末期，火锅在全川迅速普及，对传统川菜形成巨大压力。火锅传入成都，降低了麻辣咸的厚重口感，增加了鲜香甜味而使口感更趋鲜美柔和，促进了火锅向全国的广泛传播。80年代后期至90年代，川内各地城镇皆有大量火锅店甚至以经营火锅为主的"火锅节"。火锅店流行按客人人头定额收费、随意取用添加菜品方式经营，但锅中不能剩菜、剩菜不能打包带走。90年代后，火锅逐渐向规范化、规模化、高档化发展，重庆、成都皆出现了一大批代表性火锅名店并在川渝各地形成连锁经营，实行顾客按菜单点菜、菜品定价收费，点好未下锅的生菜和锅内的熟菜可以打包带走，但汤料不能带走。进入21世纪以来，火锅体系不断拓展，涌现出众多以某种肉品、山珍、药膳、豆腐、酸菜等为名的特色火锅产品，其中一些种类还发展成系列产品，菜品"无所不烫，包罗万象"，同时售卖一些小吃、卤凉菜以满足顾客的多种需求。用油包括清油、牛油两类，味型包括红汤、白汤、清汤，红汤又根据顾客需要分微辣、中辣、特辣。如今，火锅已成为川渝两地的文化形象代名词之一。

第二节 食俗

一、日常食俗

（一）汉族三餐规矩多

盆地内的汉族，民国时期日食三餐皆以大米为主，兼食面食小吃。以"早饭吃得少，午饭吃得饱，晚饭吃得好"为原则。米饭吃法以甑子饭为主，次为焖锅饭。丘陵区农民以玉米、红苕、土豆为主食，也吃部分大米。吃饭时无论在家在外皆有许多禁忌礼俗。吃饭地点通常在客厅，亦可在厨房，有客人则须在堂屋吃饭。全家围桌而吃，吃饭说话、发出响声、端碗走动、边走边吃被认为是"缺乏家教""讨口子"习惯、"败家之兆"。围桌吃饭的座次，辈分最高的尊长坐面对大门的上座，儿女、媳婿侧座，孙辈下座（背对大门的座位），父子、夫妻同桌对座被认为是"作（坐）对"不和的预兆。富人家主仆分时吃饭，佣人须伺候主人吃饭，主人吃完饭应将筷子置于碗旁表示不再吃，若放碗上则表示需要继续添饭。普通家庭吃饭，媳妇须主动为家长、老人、小孩等添饭。少数家教严格的家庭，吃饭时男人先吃，媳妇等在旁侍候，待男人吃完后女人再吃。吃饭时的坐姿应直腰端坐，用左手端碗右手执筷吃饭，若弯腰趋碗会被视为猪、狗吃食的姿势，若用手掌托碗会被讥笑为"讨口子"的"托钵乞讨"姿势。右手拿筷子时小指外跷被认为属"败财"之相，拿筷子时食指或中指外指被认为易"指死"父母的不孝表现。吃饭夹菜不夹面前碗中菜而夹桌对面碗中的菜称夹"过河菜"，被认为是对对方的不礼貌。饭前饭后敲碗被认为是"叫花子"要饭或犯人索取饭食的动作。吃饭时不打骂、责备孩子，不讲话、不离座，普通家庭孩子若撒了饭须捡起来吃掉以示珍惜粮食。中华人民共和国成立后，倡导男女平等，城市居民家庭普遍实行全家同桌同时用餐。20世纪80年代后城乡吃饭时除保留尊长坐上方位习俗外，其余规矩多已消失。

（二）藏族三餐奶茶面

川西高原的藏族多一日三餐，喜食糌粑和马茶、奶茶、酥油茶。平时所饮马茶以砖茶加少许食盐熬制。酥油茶用浓茶水、食盐、酥油等放入圆形酥油茶桶内冲击混合而成，浓香、营养，为各家每日常备餐用饮品及待客必备佳品。糌粑以青稞炒面、茶水、少许酥油调和用手指拌匀捏成团，以手送食。因吃法简单、携带方便，外出时亦多携带糌粑面出行。过节、请客喜食奶渣、酸菜肉馅的包子，配食奶酪、人参果。吃肉以小刀分割大块肉、再用手抓食，饮酥油茶或奶茶送食。川北农区的白马藏族一日三餐以"早搅团，午干馍，晚杂面"为主，有时也吃玉米、大米混蒸的造造饭、蒸馍馍。饭前先祭祖，再按尊卑长幼围坐在火塘周边，由主妇盛饭，先男人、次女人、最后小孩循序递饭，每吃完一碗皆须由主妇添加，不得自己动手盛饭。火塘前的神柜（碗柜）中，靠男方一侧放置切刀、菜板等厨具，女方一侧放置碗、筷、勺、瓢等物，男主人切肉、主妇盛饭洗碗。

（三）羌族两餐敬尊长

川西北的羌族通常围坐在火塘边或围坐在饭桌旁吃饭。平时多一日两餐，天明出工、9时左右回家吃早餐，早餐后再出工至天黑前回家吃晚饭。早、晚饭由媳妇做，中午在地里吃随身携带的干馍馍打尖。春播农忙则吃三顿，早饭由媳妇做，多吃玉米蒸蒸饭，早饭后媳妇上山劳动，午、晚饭由婆婆做，多为菜稀饭加馍馍，晚上吃肉（猪膘炒酸菜、猪膘坨坨肉等）、喝酒。盛饭由主炊妇女负责，按先长辈、再男人、后女人顺序递饭。切肉由男人负责。家中座次以背对神龛为老人坐的上位，男女主人按男左女右分坐老人两侧，孩子坐老人对面的下位。客人亦按男左女右分坐，贵宾经老人邀请与老人同坐。羌族以年长和远客为尊，次为辈分，社会地位无论贵贱未经长者允许皆不能上坐。每顿饭前须先敬家神，忌用脚踩踏火塘、将污秽物放在火塘旁及上方烘烤以免触怒神灵，身体须端坐、忌轻浮无礼的跷二郎腿坐姿。

（四）彝族两餐席地吃

川西南的彝族饮食亦为一日两餐，出工、吃饭时间与羌族基本相同。农忙时节，中午随身携带粑粑、馍馍、煮土豆等食物和臭豆腐、青椒香肠等到田间加餐。若请亲友帮忙农作，加餐备酒肉或"多拿马"。进餐时席地而坐，饭菜盛于碗中置于地上或低矮餐桌上，或用簸箕盛饭、木盘盛坨坨肉、木盆盛汤菜放在地上，就餐者围坐在一起或成排，右手握漆木马勺吃饭喝汤、左手拿肉食用,一些地方喜在饭前先喝汤。取食取自己面前食物,忌讳伸手越过自己面前碗盆取拿远处肉食和汤菜。

(五)纳人一日吃五餐

盐源泸沽湖畔的纳人(自称"纳日"),极重家庭饮食,20世纪90年代以前每日三次正餐、两次点心,喜食炒面、馍馍、土豆、用玉米面先熬后烘而成的牛头饭、猪膘腊肉、酸菜汤,喜饮马茶、喝咂酒。每日清晨先喝茶吃点心,9~10点左右吃早饭,中午喝茶吃点心,下午3~4点吃午饭,天黑之后吃晚饭。节庆、亲友聚会,深夜再加食夜宵。每顿饭前,先敬灶神和祖先。每年食用新粮及开封咂酒,先敬祖先。90年代后,一些村寨因发展旅游业,为适应游人生活习惯,逐渐改为与内地汉区相同的早、中、晚三餐,但老人依然保持传统饮食生活习惯。

(六)土家族喜食两造饭

四川盆地东南部的土家族日常饮食基本与汉族相同,以食用玉米、大米混煮的两造饭为主。平时平坝区一日三餐,农忙时五餐。山区农闲时两餐,农忙时三餐。平时由媳妇、女儿做饭,农忙时媳妇、闺女下地劳动则由婆婆做饭。吃饭时围坐在火塘木台"火铺"上,若端着碗站在别人背后会被认为是吃人背、使人背时(倒霉)。外人不得与未出嫁的闺女开玩笑,更不能同坐一条板凳,否则被认为有轻薄之意。

二、家宴习俗

(一)汉族家宴重礼仪

民国时期,汉族视家宴礼仪为家庭和个人修养、家教、治家的重要表现之一。正规家宴要请专门的厨师制作,富家多有专职厨师和打杂佣人(俗称"伙房")。筵宴请客,主人家须发请柬相邀或口头邀请,未请而至为不礼貌。客人到时,主人要在大门外迎接,然后引客人到客厅或堂屋休息、待以茶点。若宴请客人多,堂屋及院坝皆可安放桌席,但以堂屋中的桌子为上席。客人到齐,主人要引客人就座。家宴须用正式餐桌(可租、借),多用方形八仙桌,八人坐一桌。桌子正对大门一方为上方位,以上方右座为首席,首席左侧为二座、右侧为三座。入座"以长为尊""以权为贵",即不分贵贱、主客由长者坐首席,不分长幼辈分请位高官大权重者坐上方乃至首席。请客时,媳妇、女儿不入座,或在厨房吃,或等客人吃完离席后再吃;女客多单独组桌,富贵人家例外。富贵人家的女客赴宴，常带众多仆婢、小孩，俗语有："女客虽只两三席，丫头娃娃占半壁。"农村普通人家办红白喜事亦如此，女客常带几个小孩。新中国成立后，自城镇开始由女主人陪同客人一起吃饭，或男女客人一起吃饭，后来逐渐在农村普及。出席别家宴请，只能带正妻前往，忌带小姐、姨太、情人，否则视为对主人的大不敬。

席间上菜顺序为先上凉菜再上热菜，凉菜上桌即可斟酒。城镇酒具多用小酒杯，每人一个，斟酒时从客人右方斟酒，右手提壶拿瓶、左手放在右手上以示双手为客人敬酒。若客人不会喝酒，应用手盖住酒杯表示不会饮酒，但为表示对主人的谢意宜略喝一点。斟酒要满，俗语有"酒满敬人，茶满欺人"之说。农村流行以大碗为酒具，全桌轮流喝同一碗酒，称"喝大碗酒"。喝酒时，由年长的长辈先喝，从左至右依次传递。端菜时菜不能高过客人肩头，更不能从客人头上递过。热菜须由主宾对面座位的左侧递上，全鸡、全鸭、全鱼等整形菜的尾部不能正对上方席位。菜品快上齐时，主人起立端杯致欢迎辞，客人端杯起立相视共饮，第一杯酒以干杯为敬。主人敬酒让菜，客人以礼相谢。主人招呼客人吃菜后开始夹菜。敬酒时先敬长者和主宾，最后敬主人。席间饮酒，由主人端酒杯招呼客人喝酒。敬酒者无论主客须先饮，俗称"敬者先干""先干为敬"。饮酒时，主人须多向客人敬酒，客人视自己酒量饮酒，应避免喝醉。主客多以划拳、猜拳或击筷方式行酒令劝酒。全体饮酒完毕吃饭，主人须为客人舀饭，双手递给客人，客人亦须双手接过；主人给客人添饭以多为好，农村流行乘客人不注意时把饭偷偷添到客人碗里的习俗。汤在最后上，上汤则表示全部菜已经上完。小吃不上席桌，放在一旁由客人自由取食。吃完饭下桌，应双手横拿筷子给在座各位打个招呼，碗中略剩一点饭菜表示已吃饱，以此表示对主人的尊敬。宴饮结束后主人引导客人到客厅休息喝茶，直到告辞离开。

中华人民共和国成立后，大中城市家庭举办家宴的礼俗逐渐淡化，中小城镇及农村家庭仍注重传统礼俗。首席由长辈或贵客坐，女主人主厨、男主人陪客人先入座，女性小辈负责上菜，晚辈男性负责斟酒，女主人或晚辈负责盛饭。若男主人主厨，做几道擅长菜品后亦须先陪客人入座，其余菜品由女主人或晚辈继续做。举办贺寿、婚丧等大型家宴，请亲友或厨师上门代做。饮酒时，主人先敬客人一杯，主、客先后干杯，不会饮酒者可用茶水、饮料替代。主人敬酒后，席间方可随意敬酒、吃菜。新菜上桌，主人须招呼客人品尝。客人不需再添饭应明确告知并表示谢意，须说"大家慢请（用）"并将筷子放在碗边，待全桌人吃完后同时起身离开。若有事须先离开，应向全桌人致歉不能继续作陪、先行告辞，然后向主人辞谢。20世纪80年代后，高档宴席通常配备工艺菜、海鲜或山珍菜，冷凉菜数量增加，各种风味小吃、名特小吃直接放上席桌并成为重要饮食内容，最后呈上水果拼盘由客人用手或以牙签取食。

（二）藏族待客献歌酒

川西高原的藏族宴请客人，主人到大门外或村口迎接并敬献哈达，有的地方主人还向客人敬咂酒，以示对客人的欢迎和尊敬，然后引客人到客厅入座。客人落座后，主人躬身双手向客人敬献奶茶、酥油茶和青稞酒，客人待主人把茶捧到面前时须伸双手接过饮用以示尊重。客人喝得多，表示对主人家茶的赞许，喝得越多主人越高兴。敬奶茶、酥油茶时，通常待客人坐下后，女主人拿一只镶银边小木碗（90年代后多用龙纹彩瓷碗）放在客人面前的桌子上，提茶壶（80年代后亦常用温水瓶）为客人斟满茶，主客边饮边交谈。客人碗中茶喝完，女主人再提壶为客人斟茶，客人可端起碗呷一口并称赞茶打得好。客人告辞前再喝几口茶以示不舍和对主人茶的赞许，若客人喝干表示还未喝够、女主人须为客人再次斟满，若客人碗底留少许茶底则表示主人已尽情款待好了客人、客人已喝好喝足。饮青稞酒时，男主人先用无名指蘸酒向上弹三次敬天神、祖先、地神，然后连敬客人三次（三碗或三杯）青稞咂酒，主人敬完第一次酒后，客人方可自由饮用。无论客人是否会喝酒，亦要用无名指蘸酒向上弹一次敬神。若客人不喝、不弹，主人须立即起身端酒到客人面前边唱边跳劝酒。若客人酒量小，可以喝一小口，主人斟满再喝一口，主人再斟满杯，客人一饮而尽或再喝一口，亦算主人连敬了客人三次。吃饭时，须食不满口、嚼不出声、饮不发响、拿食不越盘。用牛羊肉待客，主人在客人到后现杀，并以最好部位的肉先敬给最尊敬的客人。

（三）羌族请客饱酒饭

羌族家宴通常在下午进行。客人至，主人先到大门外迎候并引客人到火塘边或堂屋落座，男主人陪客人饮酒（咂酒、白酒）聊天，女主人主厨做金裹银蒸蒸饭、炒酸菜猪膘肉、烧烤月亮馍馍和太阳馍馍，家中晚辈负责上菜。客人少通常在堂屋置八仙桌围坐用餐，客人多则在房前小院乃至村内开阔空地上设桌或席地围坐用餐。主人家男性长辈先以无名指蘸碗中或杯中酒向天地弹三次敬天地和祖先神并请祖先神灵入座，再向客人敬酒、请客人饮酒吃菜，为开席。婚丧等大型宴请由司仪（支客司）主持，每桌安排一名主人或主家亲戚陪客斟酒。请客通常吃"九大碗"，亦有"十二大碗"，由腌腊、凉拌、蒸炒和汤菜组成。座位按长幼辈分和年龄尊长依次入座，贵客、远客应邀可与老年尊长同坐上席。酒过三巡，由主人家长者或司仪向客人致辞劝酒，主人开始分别向客人斟酒、边唱酒歌边敬酒。若客人不饮酒，主人须一直唱酒歌劝酒，直到客人饮酒后再转向下一位客人。主人和陪客者须不断向客人敬酒，直至客人酒足饭饱。民国时期至20世纪50年代，客人吃完后将酒杯、饭碗反扣于桌面表示已经喝足吃好且再也吃喝不下了，若杯碗已空而杯碗口向上则表示尚未吃够、主人须继续为客人斟酒、盛饭。70年代以后受内地汉族影响，忌讳客人将杯碗反扣，否则会被视为表示主人没有备足酒食致使客人没有酒喝、饭吃而反扣杯碗，预示主人将会缺吃少喝。客人吃喝完毕全部下席后，主人方可撤席。请客时，女主人及女儿不能入座，在厨房吃饭，或待客人走后再吃。

（四）彝族礼宾先宴客

彝族宴请，客人进屋后主人须先向客人敬酒，然后请客人先吃烤或煮熟的土豆，再制作饭菜。客人落座后，主人根据来客的身份、亲疏程度分别杀牛、羊、猪、鸡款待。杀牲前，先将活牲牵到客人面前请客人过目后再宰杀，以示对客人的尊敬。牛、羊多捶杀，俗称"打牲"，火烧除毛后做成坨坨肉请客人享用。彝族传统以客为尊，俗语有"宾客大主人三百岁"说法，当客人进屋后主人要将客人安坐在火塘右上方垫有竹席的尊位，先陪客人饮酒。吃饭时，客人单独用食。客人多时分主次席，客人中的长者坐火塘右上方首席、部分随同陪吃，其余客人视情形另行围桌用餐。主人须待客人先开始吃饭或待客人吃完后再吃，客人吃饭时男主人须不断为客人添加坨坨肉、女主人在旁加汤添饭。客人吃饭时忌将饭菜汤洒在地上、将食肉的弃骨扔向他人面前。晚辈须待长者或主客吃完离席后才能离开，子女离席时须向父母行礼致谢。主客在饭后需聊天叙话一会儿。入座和离席，按"先宾、后主、再邻居"顺序，客人应待主人吃完饭后方能离开，以示尊重。

（五）纳人勤敬肉菜不劝酒

纳人宴请，客人进屋后安排到祖先神位下方铺有坐垫的上位坐下，然后主人煨小灌茶敬客人，若客人愿意喝酒则为客人斟酒。客人所带糖食、酒水、果品之类礼品须当客人面打开，并立即取出部分敬献到祖先神位前，然后端上家里的糖食、果品请客人品尝。男客到，由家中最年长的男主人陪同客人喝茶饮酒，女性下厨做饭菜。主人根据来客的尊贵情况，分别杀牛、羊、猪、鸡款待，肉食多炒食、炖煮汤菜。客人可参加主人祭祖的煨桑活动，以示对主人家的由衷尊敬。家中最年长的妇女具有崇高地位，吃饭时由最年长妇女与男主人或兄弟中最年长者陪同客人，家中其余女性及小孩不入座（多在厨房吃饭或待客人走后再吃）。主人须热情劝客人多吃肉菜并为客人夹菜，客人亦可为主人夹菜以示尊敬。席间饮酒主客皆随意饮用，不劝酒。客人和主人皆待大家吃完饭后一起起身离座。

三、餐馆用餐与筵宴习俗

（一）餐馆用餐

民国时期，川渝城镇皆流行到餐馆用餐的习俗，凡庆贺、聚会举办宴席多到餐馆、庄园包席，出现了一批专门承接预订筵席的包席馆，如成都的正兴园、长盛园、姑姑筵和重庆的宴喜园等。民国初年，成都出现过一批由江浙厨师开办的南堂餐馆，菜品多采海产，以包席为主、兼售零餐及茶水、水烟、洗脸等服务，颇受欢迎，如聚丰园、楼外楼、曲香春、义和园等20家。20世纪30年代，一些包席馆为适应市场需要逐渐改为餐馆。承接包席的大型餐馆，通常为布设典雅精致的庭院，一些餐馆还普遍陈设、悬挂古董、字画，以增强文化氛围和餐馆品位。同时，一些餐馆还提供厨师上门服务和碗盏租赁而收取工资和餐具租金的冷包席，民间遇婚丧嫁娶、寿辰喜庆多采用此种方式。顾客到餐馆订餐，包席须先付一半定金，顾客因故不再就餐，定金不退。60~70年代，各地皆为国营饭馆，顾客须先付钱买票再排队自取饭菜。80年代私营餐馆兴起，顾客先入座看菜谱点菜，吃完付钱。付钱称"算账"，80年代以后改称"买单"。朋友相约到餐馆用餐，彼此常争先买单，但多由首先邀约者点菜、买单。90年代后，部分青年人实行各付自己饭钱的"AA制"，先行说好请客则由请客者付款。

民国时期，普通人经常光顾的多为炒菜馆、饭铺、面馆。炒菜馆以经营炒菜和酒为主，饭铺以卖饭为主兼代客加工菜肴，故炒菜馆、饭铺规模皆较小，多为夫妻店，所售菜品皆为经济实惠的家常肉食和蔬菜，饭铺通常将饭锅置于铺门前招徕顾客。80年代后，餐馆通称"馆子"，到馆子吃饭称"上（下）馆子"。馆子菜饭兼卖、档次高低不一，大型馆子皆承办桌席。川人喜吃豆花，因而城乡多以经营豆花为主、兼卖酒菜的豆花饭馆，成都的小竹林、谭豆花和重庆的白家馆、高豆花等皆为当时著名豆花馆。面馆亦深受人们欢迎。民国时期成都将经营素面、凉面、甜水面、荞面、锅盔等的店铺皆称为素面馆。80年代后，面馆往往经营素面和各种臊子面、抄手、水饺等，早晨兼卖稀饭、馒头、包子、鸡蛋并配泡菜。

民国时期，餐馆皆有负责迎送顾客的堂倌，俗称幺司、跑堂、店小二。堂倌须穿戴整齐干净、灵活机敏、口齿伶俐。店内无顾客时，堂倌站在店堂门前吆喝介绍店内设施、技术、菜目等，称"空店鸣堂"。顾客进店落座后，须迅速将店内菜品一一报上，待顾客点菜后拉大嗓子吆喝，称"侍席鸣堂"。鸣堂多用歇后语、谜语、俗语等，幽默风趣，如吆喝一说"大年初"（一），喊面说"两不见"（面），叫抄手喊"夜战马"（超），要鸡叫喊"太子登"（基），需猪腰则叫喊"拦中半"（腰），等等，堂倌与厨师的应答声此起彼落，妙趣横生。

（二）家庭筵宴

宴请被四川人视为社交重要手段，民国时期有"破费一席酒，可解九世冤"之说。富家因酬谢、祝寿、婚嫁、会亲等宴请包席桌，分到餐馆包席和在家包席。在家包席，餐馆主厨及助手、徒弟挑筵席用品和原料到顾客家制作，费用高于到餐馆包席。包席以山珍海味宴席为常见高档宴席，以第一道菜命名席名。高档席桌菜品组合多为4～13道荤素搭配的单碟冷菜，称"13巧"，可增加多种冷菜拼盘的多格围碟中盘，吃冷菜期间上1道小吃（称中点）；热菜通常为8道高档菜，2道汤菜（称"座汤"，用陶瓷盅或老式火锅盛装）。吃饭时上2～4道素炒或带肉的蔬菜及泡菜（称"下饭菜"），配甜食面点供客人随汤就吃。中档的杂烩席以猪、牛、鸡、鸭、鱼等为主料，多为普通家庭婚宴、寿宴采用；然后为地方特色菜风味席。民间最流行的是流水席（田席），请厨师在家中操办，席桌摆在院落中。菜品以猪肉、猪内脏、鸡、鸭、鱼、蛋、蔬菜等为主料，多蒸菜，俗称"三蒸九扣"。为解决客多桌少餐具少问题，客满一桌开一桌、吃完一桌再重摆下一桌，故称开"流水席"。当客人离席时，常为客人包一些蒸肉、酥肉带回家食用，称"包墩子"。

中华人民共和国成立后的50～60年代，办宴会者极少，70年代婚嫁多办婚宴，但菜品较为简单。80年代宴请之风日益兴盛，菜品逐渐丰富。90年代以来，日常请客吃饭、公私往来及家庭庆贺等宴请之风盛行，高、中、低端席桌种类众多，菜品极为丰富，到餐馆、酒楼、宾馆宴请成为风尚，城镇家庭吃团年饭亦普遍到酒楼团聚，吃饭前多开展一些文体娱乐活动；或从商场购部分半成品回家加工、到餐馆定制出堂菜到家。进入21世纪以来，宴请攀比奢侈之风日盛，兴起了大批高档酒楼和度假村、乡村酒店，公私宴请消费档次明显提高。

民国至今，回族宴席菜品组合多为"肉八碗""三出头"。婚丧宴请多用"肉八碗"，包括蒸、炖、炒、烧、拌的四种八碗牛肉菜或八种八碗牛羊肉菜。节庆宴请多用"三出头"，包括烩杂碎（牛羊的肝、腰、肚、心等）、蒸肉、八宝饭及一种凉菜和片肉、炖肉、烧肉各两碗。晚宴前，中午多请客人吃面或米粉。

四、节日食俗

（一）过年食俗

民国时期至20世纪70年代，汉族过年（春节）基本沿袭清代习俗。通常在腊月初八要先过腊八节，吃腊八粥，然后开始置办年货食品。腊月中下旬，农村家庭杀年猪、腌制香肠腊肉等过年食品，城镇居民亦在此时开始灌装香肠、制腌腊制品。腊月二十八前后，城乡普遍用石磨推汤圆粉（80年代后逐渐为机制汤圆粉替代）。除夕夜全家团聚吃团年饭、喝团年酒。参加守岁的人在半夜要喝守岁酒。做团年饭须至少准备正月初一至初三的食物（有的地方准备到正月十四），在此期间不动刀做菜。正月初一早餐吃汤圆，汤圆数量须为4、6、8、10、12等双数，寓意四季发财、六六大顺、八面威风、十全十美、月月红等；中午吃长面条，称"长寿面"；自晚饭开始吃大年三十准备的年饭，至初四方可动刀做新的饭菜。十五过大年、闹元宵，早餐吃汤圆（亦称"元宵"）、晚餐喝酒吃桌席，有的地方在晚餐吃汤圆。80年代以后，城镇吃年饭通常只准备除夕夜及正月初一饭菜，甚至到餐馆酒楼团年用餐。90年代以后，因家人分散或工作值班而不能在除夕团圆或到餐馆酒楼订餐困难，亦有提前或延后1~2天左右吃团年饭者。羌族、土家族过春节习俗与汉族基本相同。

四川康巴藏族过藏历年，自藏历十二月初开始准备年货、除尘、洗年头。二十九日晚吃肉面坨汤团（称"古突"），除夕吃团年饭，包括肉、奶饼、酥油、酩糟、青稞酒、血肠、干果、糖食、油炸面果等。新年降临时要争抢"头水"或背"净水"饮用祛病增福。新年早晨先在家房顶燃柏枝烟煨桑祭天地诸神、到经堂供奉神佛，太阳升空后全家盛装到神山祭山神或祭当地保护神。初二开始互相请客、串门,全村寨聚会歌舞、开展各种文体竞技娱乐活动。嘉绒藏族多在冬月十三过年,纪念传说英雄额尔冬;或在冬月初一至十六期间过年,敬阿美日各神,俗称过"嘉绒年"。新年前夕(除夕)家人团圆,晚上全家在家敬神祈福后围坐在火塘边喝咂酒、饮茶、吃猪膘肉和印有日月星辰图案的灰烧馍馍或糌粑。新年第一天(初一)清晨早起,全寨以谁家争抢到第一桶水背回家为吉利。早晨先到房顶燃柏枝烟煨桑敬天地诸神,到经堂敬神佛祈福后再吃早餐。有的地方过年时连续三天不出门、不请客,有的地方初二开始亲友互相请客串门,有的地方初一晚上或初二全寨人聚集喝酒、歌舞、竞技娱乐。牧区藏族则多于新年早晨太阳升空后,全家盛装到寺庙敬神佛祈福。

彝族过彝历年,杀全猪敬献祖先和诸神祈福,吃"坨坨肉"、饮酒和娱乐。过年时,连续三天不分男女老少、时间、场合,喝酒、吃肉、吃饭皆随心所取。新年第一天在家过,第二天男人们开始相互邀请串门喝酒,无论到哪家主人皆以酒肉热情款待,直至酒足肉饱、酩酊大醉。若有客人进寨,村民主动让路、招呼、为客人领路,主人全家立于门外恭迎。客人入上座后,主人以双手为客人连敬三杯酒,客人满饮为敬,不会喝酒亦要略喝少许以示敬意,否则即是瞧不起主人。然后杀猪宰羊做成"坨坨肉"并荞麦饼等食物招待客人,坨坨肉越大越表示主人大方。客人进餐时主人全家人候于屋外,待客人吃完后主人再吃。

羌族和彝族部分地区有过小年习俗,皆杀猪宰羊祭祖敬神祈福、饮酒吃肉,食俗与过大年相同。

(二)传统时令、节日食俗

四川各地汉族在民国时期仍保持清代以来的许多传统时令、节日食俗。通常,立春日要先喝春酒再着手春耕;二月初二为土地菩萨生日(个别地方为七月初七,与乞巧节同日),要办土地会祭祀土地菩萨并宴饮庆贺。三月自制毛豆腐(豆腐乳原料);春分吃春卷(菜卷)。清明祭祖后家族聚餐,农家多吃棉花草(清明草、艾草)汁馍馍或将草切碎混合面粉的煎粑。插秧期间农家吃插秧酒桌席。五月初五端午节吃粽子、盐蛋并喝雄黄酒祛毒避邪。农历六月二十四日为"川主"生日,一些地方要办"川主会",举行祭奠、唱戏娱神、集体办酒席庆贺;七月十五全家祭祖聚会宴饮。七八月夏收,农村在收割前先吃收割酒(开镰酒),收割完毕吃收成酒(收镰酒)。八月十五中秋节全家团聚吃水果、麻饼。九月初九重阳节吃自制醪糟酒(重阳酒)。十月初一祭祖送寒衣，在家吃糍粑并以糍粑供奉祖先神位；此日为牛王生日，主人以糍粑捏成团（个别地方用面团）串于绳挂在牛的两只角上，一些地方还举办牛王会在牛王庙祭神、唱戏娱神，租借耕牛者要为耕牛喂糍粑并为牛披布匹送冬衣酬谢。冬至日吃狗肉、羊肉保暖。腊月初八吃腊八饭。腊月二十三或二十四祭灶，祭毕吃祭品刀头腊肉（俗称"吃刀头"），自制或购买麻糖吃。20世纪50年代以后，多数节日活动停止，相关习俗逐渐消失。80年代以后，城乡仍然保留吃春卷、端午吃粽子和盐蛋、吃腊八饭等习俗，部分地区的农村保留喝春酒、吃收割酒和收成酒习俗，城乡盛行中秋节吃月饼、冬至吃羊肉保暖，羌族地区部分村寨仍分别保留村寨集体办川主会吃酒席、喝重阳酒（咂酒）、吃收成酒、十月初一吃洋芋糍粑或玉米面团并以之喂牛等习俗，其他习俗则多已消失。近年，过中秋节成为仅次于春节的隆重节日，全家团圆吃月饼、社交送礼盒月饼风俗浓厚。冬至吃羊肉风气兴盛。

第三节 饮酒

一、卖酒和饮酒场所

四川各族民俗皆好饮酒，一年四季随时皆可饮酒。不仅宴饮要喝酒，一些人在劳作、行路时亦好随身带酒随时饮用，亲友邻里亦可随时相邀喝上几杯。诸如节日庆典、农事节令、婚丧嫁娶、祝生贺寿、认亲拜师、祭祖酬神、接风饯行、升迁逢喜、聚会离别、雇请酬谢等皆以饮酒为重要内容，以酒表达礼仪、愿望、情意、心境，等等。因民间好饮酒，故卖酒、饮酒场所众多。

20世纪80年代以前，城乡皆有一些小酒店出售廉价实惠的散装酒，有的酒店还出售下酒菜。酒店门外悬挂"酒"字布酒招，以特制小口大肚釉陶坛盛装散酒、坛口用红布沙包压严，以容量不等的大小竹筒或铁皮"酒提子"做量器。乡村集市、村口路旁多有临时酒摊，以及肩挑酒坛四处游走叫卖的零卖酒担小贩。80年代以后，临时酒摊、酒担小贩消失，人们皆到大小商店买瓶装或散装酒。

民国时期汉族地区除在家喝酒外，城镇到处都有酒店，有的街区多家酒店并存，一些酒坊仍保持前店卖酒后院酿酒的前店后坊布局。各酒店皆备有各种下酒菜肴，高档酒店主售各地瓶装或坛装名酒，店中陈设古朴典雅，为官商文人常聚宴饮、聊天场所。饮酒环境以能观赏秀丽风景为佳，次重局部环境干净，酒店须鸟语花香、典雅明亮，至少应窗明几净、干净整洁、器具完好干净。中华人民共和国成立后的50年代至70年代，喝酒或在家中，或到食堂，或到国营饭馆，条件简陋。80年代以后，餐馆、酒楼、宾馆、酒店大量兴起，90年代以来又涌现出大批酒吧、会所、度假村等，近年来一些大型商场亦开设起酒吧、夜总会和歌舞厅提供酒水服务，饮酒场所众多，环境氛围多种多样，档次越来越高。

二、饮酒方式

汉族饮酒重视饮酒礼仪和酒德。请长者、客人入座后方能斟酒，且须先为长者和客人斟酒。斟酒者须右手执酒壶或酒瓶，左手托住右手袖口以防袖口接触菜、杯并表示尊敬。斟酒满杯但不能溢出，"酒多不溢杯口，酒少须齐杯沿"。斟酒毕，主人端杯请客人共同举杯饮酒。饮酒时须保持良好酒容，身体端坐、衣襟整齐、穿好鞋袜，若身体东倒西歪、宽衣脱鞋，为缺乏修养表现。饮酒（品酒）时应徐徐举杯，轻呷慢品，悠闲四顾。有身份之人和善品酒者，只喝好酒不饮低档酒，以免破坏口感、丧失身份。吃酒席时，大口喝、接连喝酒，被视为"穷吃饿虾""八辈子没喝过酒"的不良举止。忌饮酒过量，以免酒后乱语得罪客人、朋友，否则视为缺少酒德、教养；若醉酒打骂他人，被认为是无节制贪酒、缺乏酒德的酒鬼。忌一人独自喝闷酒、喝寡酒（无菜喝酒），认为伤身。饮酒前可先吃少许肥肉，有"二两肥肉三两酒"和"烧酒怕肥肉"之说。闲暇饮酒若无下酒菜，可用花生、黄豆、豆腐干乃至炒胡豆、炒豌豆下酒。

民国时期，汉族保持清代以来猜拳行令饮酒娱乐习俗。以划拳最为常见，由两人对划甚至多人同时划，每人同时喊一个数并同时伸出手指比画一个数，以所喊之数为双方比画数之和为获胜，失败者罚酒。亦有用投壶行酒令者，投中为获胜，未中者罚酒。文人墨客多用联诗接词方法行酒令，接不上者罚酒。80年代吃喝风盛行，官场商界出现以喝酒勾兑关系的风气，劝客喝酒往往以让客人喝醉为表示主人热情的方式。90年代以来，喝酒逐渐回归理性，以尽兴为原则，忌醉酒，但视连续干杯为性情耿直豪爽的表现。

川西北藏族喝酒，节庆时须用家中最精美的酒壶、酒碗或酒杯。饮酒时，男主人先用无名指蘸酒向上弹三下敬天地诸神和祖先，然后连敬客人三次三碗或三杯酒。客人喝酒须用无名指蘸酒向上弹一下敬神。若客人不喝酒，主人须端酒到客人面前唱祝酒歌及跳舞劝酒。吃完饭后，主人须用银制或银边碗杯向客人逐一敬一碗或一杯酒，称"饭后银碗酒"，能喝酒的客人须喝干主人所敬的酒。敬酒皆要唱祝酒歌，歌词有固定歌词，也可由敬酒人即兴编唱。敬酒人唱完祝酒歌时，被敬人须将手中酒一饮而尽。

羌族每逢年节、喜庆活动皆喜饮咂酒，传统上皆围坛咂饮。村寨聚会饮酒时，由德高望重的年长男性说几句吉利话或唱诵祝酒歌词并先饮开坛酒，尊贵客人也可受邀参与饮开坛酒，然后男女老少按年龄长幼依次用细竹管轮流吸饮，吸完再添加温凉开水或干净泉水，至味淡为止。20世纪70年代以前，因粮食短缺，饮酒后须食渣，俗称"连渣带水，一醉二饱"。平辈一起饮咂酒，可以每人插一根长细竹管于坛中同时吸饮。家中饮咂酒，亦由长辈先饮开坛酒，然后以辈分高低依次饮用，平辈可同时饮用。招待远方贵客，则请客人先喝，客人在喝酒前要先表达对主人的谢意，否则视为对主人家失礼。

彝族喜庆、待客、探访亲友、赔礼道歉皆须饮酒。饮酒分场合、对象，饮酒时由客人或尊长先饮、先客后主，饭前先饮酒。喜喝寡酒，众人相聚席地围坐成圈，用一只碗盛酒，依次一人一口传饮，俗称"喝转转酒"，边饮边聊，叙事唱歌，无论认识与否皆见者有份。待客饮酒，敬酒能干杯则干杯，饮多饮少自由饮用不强求。饮酒毕，客人须在杯碗之中留下一口酒，以示主人家年年有酒、生活富裕。

三、饮酒种类

20世纪80年代以前，四川盆地区城乡的普通家庭饮酒，多购买散装白酒（俗称"烧酒""白干"）或简易瓶装烧酒，亦喝自酿醪糟甜酒（平坝、丘陵区多加红糖或冰糖，山区多加蜂蜜），富家则多饮酒坊酿制的曲酒型白酒、黄酒（包括绍酒和四川产仿绍酒），菜品可繁可简。70年代以前到餐馆酒店饮酒或宴请用酒，多饮白酒、曲酒和黄酒，官商及文人宴请亦用葡萄酒、香槟酒、雪利酒、威士忌等。80年代以后城镇多饮低度曲酒型白酒、农村多饮传统烧酒型白酒，流行饮果酒、葡萄酒、啤酒、香槟酒。90年代以后，出于饮酒健康和受西方文化的影响，公务和商务接待及青年人多饮葡萄酒、啤酒，饮白酒趋于高档化。进入21世纪以来，饮白酒风气再度浓厚，宴请多饮中高档名酒且具有地域性品牌选择倾向，如川南多饮宜宾五粮液、川北多饮绵竹剑南春、川中多饮泸州老窖、川东多饮贵州茅台和宜宾五粮液，川西则五粮液、泸州老窖、剑南春兼饮并饮成都产水井坊等著名曲酒型白酒，同时亦饮进口、国产的著名葡萄酒及本地出产的高级曲酒型白酒或葡萄酒，以此表示主人对客人的热情和尊重。

川西高原山区的藏族、羌族、彝族在20世纪70年代以前多饮传统咂酒（彝族称"泡水酒"，亦称"坛坛酒""杆杆酒"）及自制的醪糟甜酒、蒸馏白酒（亦称"烧酒""烤酒"）。青稞、大麦、小麦、荞麦、燕麦、玉米、高粱等杂粮皆可酿酒，或单独用料或两三种粮食混合酿制。醪糟甜酒和白酒制作方法与内地汉族民间制酒方法基本相同（蒸馏白酒用醪糟酒连渣入锅、锅底架猛火烧烤煮熬，锅内置蒸架放接酒碗或架甑置接酒碗或接酒竹管、锅顶或甑顶置凉水碗或盆，酒露遇凉水碗盆凝结滴入接酒碗或接酒管流出即成白酒）。咂酒用粮食煮熟后拌酒曲放入陶坛内密封7~15天发酸而成，以青稞咂酒为最好。藏族饮青稞咂酒，多为单独饮用，亦有制作成穷查（将鲜酥油融化后加入糖、咂酒）、穷根（将奶渣、白糖、糌粑等加入青稞咂酒中熬成粥）、穷旦（将糖和糌粑加入青稞酒中煮成糊）食用。羌族喝咂酒，以重阳节酿制、留待次年重阳节饮用的重阳酒为最佳，为重阳节期间必备美酒及敬神首选咂酒，部分地区喜在咂酒中加蜂蜜制成蜜酒饮用。盐源县泸沽湖畔的纳人称咂酒为"苏里玛"酒，以青稞、大麦或小麦、苦荞、玉米、高原红米、糯米混合煮熟后，拌入以当地植物根制作的独特酒曲，入坛密封发酵而成，其营养丰富、口感极佳，为家庭日常饮用和待客必备传统佳酿。80~90年代，内地生产的商品白酒、葡萄酒、啤酒、香槟酒等逐渐受到欢迎，传统的自制醪糟甜酒逐渐消失，但咂酒和蒸馏白酒仍然流行。近年，民间自制咂酒进一步减少，节庆、祭祀、待客用购买的白酒、葡萄酒、啤酒等商品酒风气日盛，咂酒成为饮用酒品之一。

第四节　饮茶

一、饮茶风俗

（一）居家饮茶

四川汉族有"粗茶淡饭""烧茶煮饭""茶饭不思""好看不过素打扮，好吃不过茶泡饭"等俗语，为客人泡杯茶被视为待客最基本的礼节，优质茶叶一直被视为官商文人社交的重要礼品，一些产茶山区婚娶时传统上男方亦要送给女方家一定数量的茶叶。民国时期，四川汉族喜饮混合茉莉花烘制的花茶，城镇居民饮茶时多将茶叶泡在茶壶中倒入茶杯中喝，几乎每家皆备有茶壶、茶杯、茶盘、茶几等成套茶具。富家多用江西景德镇生产的成套细瓷茶具，甚至按季节、客人身份备有多套不同纹饰、不同档次的茶具。普通家庭夏秋季节喜欢饮红白茶，流行用锡壶泡茶，认为锡壶泡茶不易变味、用旧后易修补翻新。新中国成立后，用茶壶泡茶逐渐发展为用大茶杯泡茶，一人一杯，居家、待客皆如此，当客人走后即把剩茶倒掉。80年代以后，一些怀古的文人又兴起用茶壶泡茶、以茶杯盛茶以示儒雅，但为数较少。民国时期，富家还流行净口茶，酒后饭余须用茶净口，因此第一道茶专供漱口，第二道茶方可饮用。饮茶时须小口慢喝，称"品茗""啜茗""呷口"。客人须边品边赞主人的茶好，若大口喝茶会被视为不懂品茶、只喝不赞则表示主人的茶不好，有些主人还会主动问客人对茶味的评价以获得赞誉。新中国成立后，净口茶习俗逐渐消失。

川西高原的藏族喜饮用砖茶熬制的马茶及以马茶为基茶加入其他原材料制作而成的多种茶品。马茶为将砖茶茶叶放入茶锅或茶壶中加水和少许食盐熬制而成，为每日餐饮及解渴不可缺少的基本饮料，其中农区每日饮早、晚茶，牧区每日饮用早、午、晚茶，寺院每日早、午、晚诵经礼佛活动后皆要统一集体饮茶并备有茶水供随时取用。饮早茶时，须先向神敬献茶新（第一杯茶）后再饮茶。藏族流行用马茶配制糌粑茶、奶茶和酥油茶。糌粑茶为在茶碗中放入一小勺糌粑面，倒入少量茶水使糌粑面上浮，再放入少许奶渣、酥油、白糖，再向碗中斟满茶水饮用。奶茶为牧区和半农半牧区的日常饮品，为在熬好的马茶中加入鲜奶煮开而成。酥油茶为将熬好的热茶倒入装有酥油、食盐的圆管形茶桶内，加入鲜奶和鸡蛋，用打茶棒在茶桶内不断搅和，使酥油等添加料充分溶入茶水中制成。奶茶和酥油茶制成后，通常盛于茶壶内倒入碗中饮用，茶壶放在微火上保温供随时取饮。90年代以来，制作上等酥油茶喜加入核桃仁、花生米、芝麻等，浓香可口、营养价值较高。今甘孜州境内康北地区的藏族还有饮面茶、牛油茶、骨油茶的习俗。面茶用牛羊油或植物油将青稞面炒熟，然后加入马茶搅拌、煮沸后饮用。牛油茶为用牛油切碎入锅煎炒并加入适量糌粑、盐和茶叶熬汤饮用。骨油茶为以带骨髓的牛腿骨熬成汤，然后放入内装茶叶的纱布包熬制，熬成后捞出茶叶包，放入少量食盐饮用。康南农区则有饮"回锅茶"的习俗，即先用当地硝水矿泉熬茶并制成酥油茶，然后将酥油茶倒回茶锅并加入适量酥油熬开,此后多次反复加入少许酥油并熬开制成。为了旅途饮茶方便,人们在熬茶时加入碱久煮,熬至茶汁全部被茶叶吸收后,将茶叶捞出晒干备用,远行时途中加水略熬即可饮用。

民国时期至20世纪70年代,盐源、木里等地彝族和泸沽湖畔的纳人皆盛行饮茶,许多村寨皆有贩茶的马帮。至今纳人仍然喜欢饮茶,待客必须敬茶,饮酒可有可无。每日早、午皆要饮茶。每天早晨起身后,首先围着火塘用小罐煨茶,倒入小杯中饮用,以及就着茶水吃烧洋芋、馍馍等早点,然后做家务、做早饭,吃罢早饭再出工。中午回家亦先喝茶、吃点心,下午三点左右再做午饭。晚饭一般不喝茶,但节庆、有客人时深夜聊天加食夜宵亦要饮茶。盐源、木里等地彝族,茶水作为一般饮料,无固定饮茶时间和特殊嗜好。

羌族、土家族、苗族地区产茶,民国时期的饮茶习俗已与汉族相同。普通家庭多饮红白茶、老鹰茶,贫苦家庭饮老叶茶,80年代以后逐渐消失。

(二)茶馆饮茶

民国以来,四川汉族地区盛行到茶馆饮茶聚会聊天之风,因而茶馆遍布城乡。成都民间在茶馆饮茶的风气尤盛,大街小巷几乎都有茶馆,有"四川茶馆甲天下,成都茶馆甲四川"之说。在其他大小城镇,茶馆、茶铺同样众多,交通要道路口、村口路边也往往有茶铺,夏秋季节还有临时搭设于路边的茶棚、茶摊,还有挑担游走卖茶的小贩。中华人民共和国成立后实行公私合营,茶馆数量大量减少,到茶馆饮茶的人数也有所减少。至70年代底,到茶馆饮茶的风气再度兴盛,80年代涌现出大批茶楼,90年代大量宾馆酒店、度假村、商务会所、农家乐皆以经营茶饮为重要内容,餐馆在上菜前也要先为顾客上免费茶水,至今如此。

民国时期,四川的茶馆皆取有雅致店名,多以"轩""居""亭""阁"之类冠名。80年代多直接以××茶馆、茶楼命名。90年代以来,高档茶楼兴起冠洋名之风。近年,取具有传统文化儒雅气息的名称又成为时尚。

民国时期至80年代,茶馆多当街摆放桌椅,茶客主要为普通居民和体力劳动者。茶桌多用四方桌(高、矮桌皆有),座椅多用带扶手和靠背的竹椅,也用长条凳和矮竹椅(配矮桌),至今沿用。茶客到达,随意设座泡茶,聊天叙事,俗称"摆龙门阵"。90年代以来,中高档茶楼的桌椅几乎皆改为藤圈椅或靠椅、小型圆茶几和麻将桌,低档茶馆及露天茶馆多用折叠桌椅、塑料桌凳及传统竹椅。

城镇茶馆的茶具多用茶碗、茶盖和茶托（茶船）"三件套"瓷具，俗称"盖碗茶"；乡村普通茶馆多用粗瓷碗喝茶。茶客到来，掺茶师（俗称"堂倌""幺师"，雅称"茶博士"）招呼客人落座，然后一手提开水壶、一手托抱茶具为客人冲泡茶。饮盖碗茶，茶具皆先用温水洗净并放入茶叶（多用花茶、沱茶及上等绿茶），客人入座后摆好茶碗并用初沸水冲茶至碗口、盖上碗盖，客人待茶水浸泡五分钟左右，用右手端茶托、左手掀盖闻茶香，然后左手端托，右手提盖抵碗，倾碗品茶。品茶时，若将茶盖置于桌面则表示茶杯已空，掺茶师会很快前来将水续满；若将茶盖扣放在座椅上，则表示茶客临时离开，其他茶客不会占座，掺茶师会代为看管茶具及客人留下的食品等物。喝茶时，忌用脚踩踏邻座椅凳的横款，否则被认为是在踩他人龙头，带给对方晦气。

民国时期，茶馆是重要的休闲暨社交场所。三教九流、各行各业皆在茶馆聚会，打听行情、洽谈生意、看货交易。袍哥"码头"亦多设在茶馆中，处理帮众事务、纠纷，为茶馆中发生的斗殴评理；民间纠纷双方也多请德高望重之人到茶馆讲理，由输理者赔礼并付茶钱。民间将在茶馆进行交易谈判、评理调解称为"吃讲茶"。一些较大茶馆常进行多种多样的小型民间文娱活动，茶客可边饮边听。还有掏耳朵师傅在茶馆从事掏耳服务，茶客可花钱享受。此外，茶馆还卖糖果、香烟、瓜子、花生等小吃，较大的茶馆亦兼营食宿。中华人民共和国成立后，茶馆增加了棋牌、读书看报、赏花斗鸟等内容。20世纪80年代又增加唱卡拉OK、看录像等内容。90年代以来，新兴的茶楼普遍环境优雅、装修豪华、配备有电视机，除传统服务项目外，增加了冷饮、点心、面食和中式快餐等，为商务活动、接待客人、交友聚会的重要场所。户外露天茶馆，风景优美、空气清新，为普通市民常至的休闲社交场所，打棋牌、麻将者人数众多。近年，随着酒吧、商务会所的兴盛，茶楼的高端客人有所减少。

二、饮茶品种

民国时期，汉族地区中上层人士和茶铺包厢雅座常用上品名茶，普通民众和茶铺多用细嫩绿茶，贫困家庭及体力劳动者多饮苦丁茶、红白茶、老鹰茶、马茶、黑茶、刀子茶等粗茶。中华人民共和国成立后，普通家庭多饮价廉的老鹰茶、苦丁茶、红白茶。20世纪60~80年代，成都普通居民流行喝"三花茶"。80年代，饮用绞股蓝等保健茶曾一度风行。90年代以来，特级花茶已成为普通茶品，出现诸如"碧潭飘雪"等高档花茶；喝绿茶者日益增多，官商文人阶层多喜爱饮用高档绿茶及云南普洱等名茶，年轻人则喜饮菊花茶、果茶、奶茶等。近年，各种传统茶、新型保健茶品种众多，具有降脂保健功能的苦丁茶、苦荞茶、大麦茶以及柠檬茶等逐渐受到中老年人群欢迎，茶饮料在年轻人中日益流行。

民国时期至20世纪80年代，川西高原藏族、彝族、纳人等饮用的马茶皆来自川西邛崃山、岷山地区，尤其喜欢雅安出产的马茶"砖茶"，认为雅安茶"味浓有劲"、云南普洱茶"味淡无力"。80年代以来，城镇中的藏族、彝族、纳人亦饮用绿茶细茶，藏族尤其喜欢制作奶茶自饮和待客。

第五节 汤、乳酪、果汁饮俗

一、吃汤菜

四川汉族传统上无单独喝汤习俗，通常制作成汤菜在最后上桌，上汤即表示菜已上齐。20世纪80年代以前喜食滤米饭，煮米时的米汤往往为饭前饭后的饮用佳品。普通家庭四季皆喜食炖汤，既是美味又做补品，因而有一些以经营各种汤菜为主的餐馆。炖汤通常只放淡盐或不放盐，调味品多用姜、葱、胡椒、花椒，以清淡为主，另配食用炖菜的调料蘸水。90年代以来，流行清水煮瓜、豆类蔬菜及用土豆、玉米、萝卜、瓜类、四季豆等混合煮食，或食原味或蘸蘸水、椒盐。许多汤菜被开发成火锅汤料，供人们烫煮各种蔬菜和肉食。白味的营养滋补汤，既烫菜品也食汤，在冬季颇受群众欢迎。近年，羊肉汤在冬季尤受欢迎，食者众多。

藏族喜食的汤类，传统上为牛羊肉汤和酸菜汤。彝族传统上每餐必有汤，肉菜与汤分食，一勺饭或荞粑一勺汤。做客喝汤，饭前先喝半勺汤，喝时须发出响声以表示大方，若喝汤无响声则被视为胆小拘谨的表现。宗教法事活动、年节祭祖亦要敬汤（不放调料，以纯净为吉，否则祖先不受纳）。羌族、土家族、苗族食汤习俗与汉族基本相同。回族亦喜食汤，尤喜食牛杂汤、羊杂汤及牛羊肉汤，多泡馍食用或下饭、送食锅盔，早餐也有单独吃。

二、饮乳品

四川汉族食用乳制品以饮牛奶为主，但在80年代以前能饮用牛奶的家庭较少。80年代后，随着奶牛养殖的增加，部分奶农开始向普通百姓供应牛奶，从沿街叫卖到针对长期顾客送奶上门，再到出现专门乳制品企业将牛奶盛装在专用定量玻璃奶瓶中定点供应牛奶。近年来，各类乳制品企业众多，超市中销售的各种无菌包装的袋装、盒装、瓶装乳制品种类丰富，城镇居民饮用鲜奶和酸奶制品尤多。川西高原的藏族传统上喜将牛、羊奶制作成酥油、酸奶、奶渣、奶酪、奶茶等各种乳制品食用，食用酸奶、奶渣时喜加白糖。

三、喝饮料

民国时期，四川汉族除传统喝茶、饮酒外，大城市的人们还喜品尝进口饮品以为时髦，如饮用葡萄酒、威士忌、白兰地、啤酒、香槟、咖啡、冷饮、果汁、汽水、冰激凌，等等。在大城市影响下，一些小县城的人们也以饮用洋酒水为时尚。中华人民共和国成立后，一些国有大型企业生产冰糕、汽水供应职工和附近居民购买解渴，民间则多自制绿豆汤解暑。80年代以后，各种饮品日益丰富，种类众多。90年代以来，超市中销售的各类碳酸、乳品、果汁、草本饮料已形成众多系列产品，国产、进口产品琳琅满目，尤其受到青少年人群的喜爱。

第六节　糖及调味品食俗

一、喜吃糖食种类多

民国时期至20世纪70年代，四川人的日常家庭食糖主要为红糖、冰糖及蜂蜜。汉族喜食红糖煮荷包鸡蛋或蒸荷包鸡蛋滋补虚弱的身体，尤其是产妇生产后必吃红糖煮鸡蛋，亲友看望"月母子"多以送几斤红糖为礼品。家庭制作甜蒸糕、汤圆、黄粑、醪糟甜酒等甜食亦多用红糖。冰糖主要作为制作甜食的添加糖料，川西地区制作泡菜亦往往加入少许冰糖。四川民间将蜂蜜分为家蜜、崖蜜、石蜜三类，认为蜂蜜具有极高营养价值和保健作用，晚辈看望老年长辈多以蜂蜜为礼品。川西高原的藏族、羌族、彝族皆喜养蜜蜂食用蜂蜜，羌族喜用蜂蜜制作醪糟甜酒和蜂蜜咂酒，彝族以蜂蜜为家庭和待客的主要糖食，牧区藏族除食用外还用蜂蜜调制牛奶护肤，80年代以前由汉区输入的红糖较为珍贵、只在待客或保健时食用。

民国时期，汉族民间喜用红糖、白糖、饴糖为主要原料或添加调味剂制作糖食、糕点、小吃。水果糖稀少、价格昂贵，只有富家食用。20世纪50年代后，水果糖逐渐普及，成为送礼、待客、安抚小孩的常用糖食。请客出现请吃糖形式，凡家有喜事往往请亲友吃糖，俗称"吃喜糖"。红、白喜事办完后主人向亲友回礼也多用一包糖果。70年代后，白砂糖、奶糖、水果糖、甜糕点逐渐普及，80年代的公私茶话会、座谈会等亦流行在桌上摆放茶水和水果糖。90年代以来，各种国产、进口糖食品种上千种，糖食糕点亦种类众多。

二、川菜俗重调味品

川菜好辛香、重味觉，因而调味品众多，包括酿造调味品和种植调味品，如井盐、白糖、醋、酱油、甜酱、豆瓣、豆豉、泡菜、榨菜、芽菜、冬菜、辣椒、花椒、胡椒、葱、姜、蒜、芫荽（香菜）、藿香、桂皮、八角、茴香，等等，其中不少调味品为川菜独有。川菜味多麻辣，辣椒、花椒用量大，尤其辣椒因具有开胃健脾、祛风除湿的作用，为川菜不可缺少的辣味调料，贫困家庭甚至食之以御寒，有"糠菜半年粮，海椒当衣裳"的俗语。

城镇居民日常生活所需调味品，通常购买商品调料，包括成品、半成品及原料。农家喜自做调味品及下饭菜，除食盐等自己不能生产的调料外，大多自产自用，有余则出售。

四川城乡皆喜欢用瓜类、根茎类和叶菜腌制泡菜。20世纪80年代以前几乎每家皆备有多个泡菜坛，以新繁泡菜最为有名。泡菜既做下饭小菜（直接食用或用油炒），又是许多炒菜或汤菜的主料，凡川菜餐馆皆必备泡菜。90年代以来，泡菜已发展到"无所不泡"，既泡素菜也泡肉食；餐馆出现了以泡菜味为基本味型的泡菜系列川菜。家庭自己泡菜渐少，通常只用玻璃瓶泡制少量泡菜随泡随吃，称为"洗澡泡菜"或"跳水泡菜"，作为调料使用的泡菜多到商场、菜市场购买成品。

腌菜也是城乡大多数家庭普遍制作的煮汤、凉拌佐餐品，以涪陵榨菜、宜宾芽菜和冬菜最具影响。喜食豆腐乳佐餐，以成都郊县的豆腐乳最著名。豆豉为佐餐佳品及重要的川菜调味品，以永川豆豉久享盛誉。豆瓣酱为川菜主要调味品和佐餐佳品，做菜调味品首推郫县红油豆瓣、佐餐以资阳临江寺金钩豆瓣最佳。皮蛋为佐餐品及制作汤菜、拌菜的佳品，以永川松花皮蛋最受欢迎。上述调味品中，泡菜、腌菜、豆豉、豆腐乳、豆瓣酱自民国时期既有专门酱园生产成品，民间亦大量自制，90年代以来几乎皆为专门企业生产，民间已习惯购买成品食用。皮蛋在民国时期主要为家庭自制，有少数专门为商店、餐馆代加工兼自售的小作坊，40~50年代永川"徐反蛋"加工的松花皮蛋，可生产20余种具有不同口感和保健功能的植物灰抱皮蛋。90年代以后，川渝地区城镇家庭自制皮蛋逐渐减少。

第七节 吸烟

一、吸烟成时尚，散烟表礼仪

明末清初，东南地区的大批移民将烟草种植传入四川，在清代形成了以江西移民为主的成都平原种烟片区和以福建籍移民为主的四川盆地南部川江沿线种烟片区格局。其中，成都平原为全国著名晒烟主产区。烟草的大量种植，使四川民间吸烟风气大盛，叶子烟、水烟和鼻烟充斥城乡。

民国时期，农户普遍种植烟叶供自己吸或购买烟叶吸叶子烟，官绅、城镇居民普遍吸水烟，吸鼻烟者已较少。20世纪20~30年代，四川雪茄烟生产作坊大量兴起，农民种烟规模日益扩大。1940年，四川大量推广烤烟种植，全川烟叶产量占到全国总产量28%[①]。烟草种植兴盛，促进雪茄烟生产进一步发展。1942年，全川雪茄烟厂坊达800余家、生产的卷烟占全国总产量95.70%。随着雪茄烟兴起，吸水烟者减少，吸雪茄成为时尚。20~30年代雪茄烟兴起时吸烟者多为男性，至40年代不少女性亦吸烟。见面"散烟"（递烟）逐渐成为重要的社交礼仪，以给对方散烟表示敬意。70~80年代，散烟成为社交活动的重要公关手段，香烟成为最常见的礼品。90年代以来，因保护健康及烟价高涨的影响，吸烟者有所减少，以香烟为礼品不再流行，但男女结婚仍保持抽喜烟习俗。举办婚礼，无论客人是否吸烟，新郎、新娘皆须为客人敬烟并点燃，喜宴餐桌上及餐后茶桌上要摆放香烟，客人离开时要为吸烟者赠送一盒

---

① 《四川烟草史话》，烟草在线，http://www.tobaccochina.com。

烟并糖果包作为回礼。

二、烟枪改滤嘴，叶烟变纸烟

抽叶子烟的烟具俗称"烟杆"，抽烟时将烟叶卷插入烟锅点燃吸用，贫者亦在烟锅中装填烟叶碎末吸食。直至20世纪80年代，农村看望长辈老人常送一把烟叶为礼品。农民在劳动歇息时亦常常向他人敬烟，边抽边聊。民国时期城乡官绅家庭多抽水烟，许多城镇皆有专门为人装水烟收取烟丝钱及服务费的"枪把手"，他们多携带长短水烟袋或烟枪供顾客吸烟，50年代后消失。

20世纪50～70年代，普通香烟无过滤嘴。80年代初，过滤嘴烟流行。80年代中期以后，香烟普遍带过滤嘴，吸烟者不再使用烟杆。由于大量高档香烟的出现，抽烟的档次逐渐成为体现吸烟者身份的一种标志。90年代后，吸烟者总体减少，但城市中部分男女青年流行以吸烟作为时尚和个性化表现。

川西高原的羌族和彝族，民国至20世纪80年代普遍抽兰花烟（旱烟），不仅男人大多吸烟，妇女吸烟亦较普遍。90年代以来，除老年人吸兰花烟外，中青年吸卷烟者增多。21世纪，"吸烟有害健康"成为常识，戒烟渐成大趋势。

第八章 衣着习俗

第一节 衣着

一、服装各具民族特色

（一）汉族服装与时俱进赶时尚

民国前期，四川汉族成年男子流行穿长袍宽袖的右襟（大襟）长衫、大裆大腰长裤，春秋穿夹衫，夏季着单衣，冬季穿长棉衣或皮衫、外套马褂或背心（俗称"坎肩"）及夹裤、棉裤、套裤（老人穿）。下层劳动者在夏天多穿对襟短褂，腰束布带。富家服装多为丝绸、绵布、皮毛以及呢、绒、麻等质料制作，贫民、手工业者和农民多着青、蓝、黑、白等颜色土布、粗麻布衣。妇女喜穿宽摆大袖、齐膝、镶花边偏襟短衣，衣料包括绫罗绸缎、皮裘、细布、粗布等质地。年轻女性喜着鲜艳花衣，中老年多着素色衣。20世纪30年代中期，随着"新生活运动"的开展，城镇中男青年穿中山服者渐多、着长衫者渐少，部分男青年以穿西装西裤为时尚，冬天外套内穿棉衣、紧腿棉裤或毛线裤。妇女以穿旗袍、毛衣配短裙和长筒丝袜、披短披或彩色三角巾为时髦。农户在劳动时多着粗布短衣，男子外出穿长衫、女人穿短衣，衣着颜色以黑、蓝、灰三色为主。夏天，城镇男子喜着白布汗衫、背心，女子喜穿短袖单衣，文化人喜穿白衬衣，初中和小学男生下装穿黄色长短裤、女生穿黑裙，高中学生穿长麻裤、女生着短下装。40年代，细布衣流行，男子多穿中山装和西服，女子多穿紧身短衣。部分城镇妇女开始穿突露胸、腰、臀部和高腿衩、齐腋窝的短坎肩旗袍。高中男女生分别穿麻制服和蓝色旗袍，初中和小学生穿童子军服。

中华人民共和国成立后，男子着西装和妇女穿旗袍、短裙、露腿短裤及大裆宽腰裤者逐渐消失，男女穿皮带束腰西裤逐渐普及，穿长衫者日益减少。春夏秋季男子多穿灰色和蓝色中山装、妇女则多着列宁服，冬天多穿长短大衣和棉制服，一些农村妇女仍穿大襟短衣。"文革"期间，男女青年喜穿草绿军衣，冬季流行穿绒绒衣、棉线毛衣、军绿棉大衣或蓝布、灰布棉大衣。20世纪80年代，服装色彩打破了多年的蓝、灰二色"一统天下"格局。男子春秋穿毛衣，夏天穿衬衫、汗衫、背心，西装再度风行，部分中老年仍喜穿中山装。中青年女性追求花色、新奇和体现性感美，春秋流行蝙蝠衫、风衣、皮夹克、牛仔服、太空服、健美装，夏季喜穿连衣裙、围裙及高腰裤、紧腰裤、喇叭裤、背带裤、健美裤、中长裤等，其中裙装有紧腰撒裙、褶裙、套裙、"迷你"短裙等。冬季男女多内穿衬衣或棉汗衫，套穿羊毛衣，外穿呢大衣、皮衣、防寒服、羽绒服，城镇居民穿棉大衣者渐少。80年代末，运动服兴起并逐渐流行。

20世纪90年代以来，城乡居民量身定制服装已经很少，人们多到商场购买棉布、化纤、皮、毛等质地的成品服装，中青年服装追求高档化、时尚化并出现中性化、休闲化、个性化特点。男青年一度流行穿水洗短袖衫、丝质夹克衫、宽身短袖衫。女性注重衣着大方得体、美观协调，春秋多着毛衣配短裙或休闲裤、牛仔裤及衬衫外套马夹，夏季流行内衣外穿和各种裙装，冬季穿长皮衣、长羽绒服、毛呢大衣、防寒服等，一些年轻时髦女性亦穿皮裙或呢裙。女性牛仔裤出现刺绣、镶嵌、拼接、打磨等工艺，注重体现女性曲线美，形成了阔腿、直筒、小脚等多种样式，尺寸长短出现"七分裤""九分裤"等多种。近年，欧式品牌服装逐渐进入内地，大、中城市女性日趋注重品牌化和个性化，一些早已淘汰的款式再度流行，青年女性中在冬季也流行着短裙、短裤、丝袜和穿高筒靴，以体现时尚。

（二）藏族服装注重实用传统

民国时期至今，藏族传统服装基本风格无明显变化，但20世纪80年代以来中青年人平时多穿汉装、农村妇女和老年男性平时仍主要穿传统民族服装，节庆期间多穿民族服装并盛装打扮。

牧区藏族群众传统上冬季着厚羊皮袍，春秋穿薄羊皮袍，夏穿棉布衣和氆氇袍。厚羊皮袍用厚绵羊皮缝制，薄羊皮袍用皮薄毛稀的薄绵羊皮缝制。厚毛羊皮袍多用虎、豹皮缝制衣领，男袍以黑灯芯绒或黑绸缎镶襟边，女袍多用各色灯芯绒和花氆氇镶襟边，此种皮袍宽大保暖、无衣扣，白天束带为衣，夜晚解带为被。棉布衣和氆氇长袍亦为宽领大袖、无衣扣，下覆至脚跟。富家多在羔羊皮袍外用各色灯芯绒、平绒、缎子或毛呢做面料，以锦缎、花氆氇、水獭皮镶襟边。

农区的藏族群众，男子服装大同小异，妇女服装多姿多彩，地域特征明显。康巴藏族男女冬季多着氆氇袍，夏季男子多内穿右襟齐脐短衣、外套圆领宽袖长布袍，以氆氇、豹皮、水獭皮为襟边，腰束长腰带，着宽大长裤；妇女服装或着下覆脚背近似男装的长布袍，或上身穿长袖衬衫套坎肩衫、下着彩色围裙或百褶裙、腰束彩色绸布腰带，足穿布短靴。女装风格变化较大、地域特色明显，喜欢白色、大红、蔚蓝、桃红、橘黄等色彩鲜艳的衬衫。康巴服装重华贵，以衣着精美华贵程度为家庭财富的象征。

嘉绒藏族男装风格与牧区藏族男子的夏装接近，喜内穿青色、绛色长袖衬衣和白色衬衣，外穿镶氆氇襟边或绫缎襟边的青色、白色羊毛长毪衫（长袍），下身着青色长裤，腰系长布腰带或毪子长腰带。妇女穿镶氆氇襟边或绫缎襟边、下覆至足的青色或绛色羊毛长毪衫，下身着百褶裙或穿长裤、长衫外系布围腰，腰束长布腰带或织花毪子腰带（以拥有织花毪子腰带的数量为象征家庭经济富裕的标志之一）。男女冬天多于长衫之外套羊皮褂或羊毛毪子无袖短褂。男子装束注重简洁大方，妇女装束泜重端庄秀丽。

白马藏族服装为五色条纹布襟边的青色和白色麻布或毪子宽领无扣对襟长衫，腰系毪子或麻布长腰带。妇女上身穿红、黄、蓝、绿、白五色布拼镶制成的五彩宽领无扣对襟长衫上衣连百褶裙的五色布百衲衣、百褶裙、连衣裙，腰系串有若干枚小铜钱的白色毪子或麻布的黑白图案织花长腰带。因衣领宽大、易袒胸，妇女胸前挂鱼骨牌"抹胸"装饰（抹胸以青海湖大鱼骨或大海贝磨制成4～5片长方块"鱼骨牌"，纵向串缝制在菱形红布上制成），若丧夫则取下鱼骨牌以

独特的白马藏族衣着

示哀悼。白马人夏季多穿白色长衫，冬季多穿青色长衫。服装风格，男装与草原牧区藏族男子夏装接近，妇女服装独具特色。

（三）羌族服装从单色走向艳丽

民国时期至20世纪70年代，羌族传统服装流行以白色和青色麻布、羊毛毪子制作的宽松右衽镶绣花襟边长袍（俗称"麻布长衫""毪子长衫"），腰束

麻布、棉布织花或毡子长腰带，外套羊皮短褂或青色、绛色的羊毛毡子长褂，配绣花裹肚或皮裹兜，腿缠白色或青色麻布绑腿。受汉文化影响，亦流行穿阴丹蓝布绣花襟边右衽长衫、外套棉夹褂（俗称"领夹子"）、足绑布绑腿。女性腰系绣花围腰、织花腰带在后腰下垂成两根飘带。80年代以后，妇女长衫的领、襟、袖口、裤脚等处的绣花装饰日益丰富、色彩更加艳丽，图案多以花鸟鱼虫、吉祥动物、日月星云、几何纹样等为主，逐渐流行使用机织花边代替手工绣花装饰。90年代以来，传统民族服装多在节庆时穿。近年，出现仿羊皮褂的时装化布短褂并逐渐成为离村外出时的流行装束，传统羊皮褂在城镇中已罕见。

（四）彝族服装五色鲜艳

凉山彝族男女上身穿右衽窄袖绣花襟边上衣、披毡或披"察尔瓦"，下身男人穿长裤、女人着百褶裙。男女服装色彩鲜艳，喜用红、黄、绿、橙、粉等对比强烈的颜色，绣花纹饰多样。中年服装多用蓝、绿、青、紫、白等色，绣花纹饰较少。老年多穿无绣花装饰的蓝边青衣或青边蓝衣。服装纹饰以日月星云、天河、彩虹等天象及山川图形，鸡冠、牛眼、羊角、獐牙等动物图案，以及叶、花等植物及火镰、发辫、几何形纹样。

（五）回族服装俗尚白色

回族视白色为洁净之色，男子上身以穿双襟白衬衫为主，外套青色领褂（俗称"背心"）、罩衣，或穿青色布面长、短皮毛大衣，或着短大衣、老羊皮大衣等，下身穿深色长裤，部分人喜全身着白（白衣、白裤、白袜）。妇女传统上着右衽布扣大襟上衣，年轻女性喜以嵌线、镶色、滚边为装饰，并在前胸、前襟处绣花。儿童多穿袖口、膝盖绣花的花布或色布上衣，下身穿长裤，忌将小孩所穿衣服送人。节日着新衣、有专门的礼拜服。

二、鞋袜踏出时代变迁的足迹

（一）汉族足穿时尚鞋袜迈步向前

民国时期，汉族贫民多穿以棉、麻、丝线、棕、稻草、山草等编制的草鞋。夏天多穿水爬虫草鞋，冬天多穿麻窝子，雨天多穿厚木底棕鞋或布钉鞋。普通家庭平时穿布鞋，冬天多穿自制的棉鞋，富家亦穿牛皮鞋。男鞋多为方头或圆头双梁朝元鞋、厚底深筒靴，着半筒或高筒白布袜。女人多缠小脚包裹脚布，穿尖头鞋（俗称"尖尖鞋"）。20世纪30年代以后，深筒布靴和布袜渐少，妇女多因不再缠脚而穿布料或缎面绣花圆口薄底鞋、提兜鞋，男子多穿圆口朝元鞋、单梁鞋，城镇逐渐流行穿布操鞋。城镇官商文人穿皮鞋者亦逐渐增加，男式皮鞋多为平底圆头、尖头鞋，女式皮鞋先后流行提兜式、小结式、平底、半跟底、高跟鞋等。抗日战争时期，为躲避侵华日军飞机轰炸又产生了跑警报的"警报鞋"，男鞋系带、女鞋从脚后跟至脚颈结襻。30年代后期出现胶鞋，40年代逐渐流行，包括朝元靴、半统鞋、胶底操鞋、绊绊靴、雨鞋等样式。男女多穿长、短棉线统袜，袜底多缝布底"绱跟"以增加穿用时间。

中华人民共和国成立后，国家干部由政府发给圆口布鞋，民间普遍仿制，称"解放鞋"。20世纪50年代中期，流行草绿色帆布平底胶鞋，穿平底圆头及拴带操鞋式皮鞋、高筒翻皮鞋、翻毛黄牛皮鞋者逐渐增多，赤脚者已极少。60～70年代，流行穿塑料凉鞋，穿草鞋者已较少。各式长短化纤袜、乔其纱腿袜等逐渐取代棉线袜，袜底不再缝"绱跟"。80年代以来，穿牛、猪、羊皮皮鞋已极普遍，出现鳄鱼皮鞋等价格昂贵的高档皮靴，人们普遍四季皆穿皮鞋、冬季亦穿棉靴或毛皮鞋，皮靴式样、颜色及面料工艺日益多样化。夏天，皮拖鞋、塑料拖鞋和各色绒布拖鞋、绣花布拖鞋流行，亦有人穿精工编制的棕丝凉鞋。适应不同季节的各种丝袜、尼龙袜、绒袜、毛袜品种丰富。80年代末，流行穿运动鞋，仅部分老年人仍穿布鞋。90年代，穿旅游鞋成为潮流，城镇穿塑料凉鞋者渐少。为适应女性着裙装的需要，各种长、中、短筒袜日趋时装化。90年代末，城镇年轻女性流行穿合成革或猪、牛皮面的高泡沫厚底松糕鞋。冬季，不少年轻女性以穿裙装为时尚，因而流行穿长筒保暖袜和长筒皮靴。春夏秋季，少女多穿彩色或花帆布低帮胶底鞋，与休闲装、斜挎包搭配成时尚休闲装。近年来，各式皮鞋、靴子、运动鞋和时尚布鞋种类繁多，松糕鞋基本消失。

（二）其他民族足蹬传统靴履走进当代

藏族传统上不穿袜子。牧区男女夏季穿长至膝盖的高筒氆氇藏靴，皮底布筒，轻便舒适。冬季穿牛皮底、牛羊皮筒的皮筒靴，脚底垫干柔草或青稞秸秆保暖。康巴藏族和嘉绒藏族传统上皆穿牛皮底、氆氇及牛羊皮筒的长、短筒靴，筒口系彩缎靴带或织花毡带，青年多喜穿马靴。白马藏族传统上夏天穿麻柳树皮草鞋，冬天用羊毛毡包脚或穿毡子、麻布、鹿皮、麂皮制的长筒靴（俗称"骨溜子"，女靴绣花），小腿裹毡子或麻布绑腿。

羌族春夏秋季多穿麻编或草编凉草鞋、绣卷云纹等图案的尖钩头云云布鞋，冬季亦穿牛羊皮长筒靴，出行及冬季喜裹麻、毡子绑腿，年轻女性喜在绑腿上缠红布带。贫者四季赤足。

彝族传统上春夏秋季多赤足，出远门及冬季脚穿麻编或草编的凉草鞋，着羊毛毡筒靴袜或裹棉、毛绑腿。

20世纪80年代以来，藏、羌、彝族青年人已普遍穿从商店购买的成品皮鞋、胶鞋、球鞋、皮统靴以及袜子等。近年，中青年皆普遍穿商店购买的成品靴及袜子，民族传统鞋通常只在节庆时穿，老年人尚保持传统习惯。

三、帽子头帕千姿百态

（一）汉族包头戴帽变花样

20世纪20年代，男性流行戴平顶或尖顶瓜皮帽、鸭舌帽，部分中老年人戴毡窝帽。部分老年男女喜戴风帽（俗称"披披帽"），部分老年妇女喜戴勒子帽。儿童多戴虎头、猫头、狗头、猪头等兽面帽及亮顶帽（夏日戴）、宽边盘盘帽、和尚帽等，富家或于帽额镶嵌"十二生肖"图形、"长命富贵"等字样的金、银、玉饰（俗称"介饰"）。30年代，用棕丝、席草丝、篾丝制作的博士帽、凉帽（俗称"台草帽"）逐渐在城镇知识青年和农村富家子弟中流行开来。农村中老年人多用长5～8尺不等的黑、白、蓝色布、纱、绉等包头，俗称"包帕子"，包法多不封顶，亦有少数封顶。

50～70年代，瓜皮帽、毡窝帽、博士帽、凉帽、勒子帽先后消失，毛线编织的防寒帽逐渐取代披披帽，城镇部分中老年人及农村中老年仍流行包帕子。解放帽（又称"工农帽"）、八角帽和护耳棉帽、海虎绒帽、鸭舌帽、毛线帽等流行。80年代以来，形式多样的呢、皮、绒毛、纤维制的毛线帽及土耳其帽、博士帽流行，部分中老年男性仍戴工农帽。夏天女性戴凉帽者多见，儿童多戴各种式样的小圆帽、运动帽和毛线帽。90年代，帽子式样日益多样，尤其是女性帽子种类繁多。冬季，女性多戴各式毛线帽及各式绒帽、呢八角帽，夏天多戴各种凉帽、遮阳帽。青年男女喜戴棒球帽、休闲帽。戴帽时要求将帽子戴端正，歪戴帽子被认为是作风、习惯不好的"二流子"表现，有"歪戴帽子斜穿衣，长大不是好东西"的俗语。近年来，年轻人因观念意识发生变化，以标新立异、歪戴斜穿为个性化表现。

（二）其他民族帽子头帕标识

藏族夏季喜戴毛毡帽和礼帽，冬季戴皮帽。其中，康巴藏族和嘉绒藏族男子夏季流行圆盏形毡帽和礼帽，冬季皮帽多为大翻檐的狐皮、水獭皮、羔羊皮以及虎皮、豹皮帽，妇女则头顶青色覆瓦状绣花湖绉帕并饰银铜泡饰、珊瑚等。牧区流行戴黑色和白色大宽檐圆毡帽，青年男女多戴黑色帽，中老年多戴白色帽。白马藏族戴盘形荷叶边浅膛白毡帽（俗称"盘盘帽"），帽右檐插白色鸡尾翎。男人插一根硬直的鸡尾翎表示心要直，年轻女子插1～4根长软鸡尾翎表示心要细，年老妇女插一簇短松鸡毛表示老成持重。今九寨沟县的白马藏族妇女帽子为黑色大檐翻边毡帽，帽檐饰数枚圆形鱼骨牌、帽顶正中插鸡尾翎，喜将长辫盘于帽檐之上，妇女平时亦包青布头帕。

羌族成年男性及中老年妇女多头裹青色或白色布帕，中青年女性头戴白色或青色长方形绣花布头巾、覆瓦状折叠头帕，一些地方的姑娘扎5～6条小辫、未婚女子披长发、已婚妇女绾发髻并戴银簪。茂县黑虎乡羌族妇女为纪念传说中的当地清代英雄"黑虎将军"，四季皆头包独特的"孝帕"，俗称"戴万年孝"。

彝族男子头顶前额留一绺头发称"天菩萨"，成人男子额前缠黑头帕并裹长约8寸的尖锥状"英雄结"。青年妇女头顶青色长方形头巾或覆瓦状折叠头帕，中老年妇女戴荷叶帽或大盖帽；女童梳独辫、头顶青色覆瓦状头帕，经过换裙仪式的少女或已婚妇女梳双辫、戴青年头帕，第一次生育后改戴荷叶帽。

回族男性多头戴白色棉布圆筒帽，老年人亦戴黑色呢绒圆筒帽，俗称"礼拜帽"，汉人称"回回帽"。亦有用白毛巾或白布裹头者，俗称"缠头回回"。冬季，老年阿訇除戴小白帽外，还戴橘青色耳套。妇女通常戴白色圆撮口帽并搭盖头。

土家族男子喜用青布缠绕包头，妇女不缠头。苗族男女皆在头上缠人字形青丝帕或白布帕。

四、附件及小装饰品

（一）系腰带

民国前期，汉族成年男性多在马褂内系绣花绸缎腰带束腰，腰带两端穗子露于后背或腰侧，前腰腰带上斜插烟袋、小钱包，20世纪40年代后系腰带习俗逐渐消失。藏族男性多系羊毛毡子腰带或绸缎腰带；农区妇女多系织麻、棉线、丝质织花腰带和湖绉腰带、毡子腰带，富有者亦在腰带上饰多个银花泡饰形成银腰带，有的在腰间束多条丝织花带或束两条银腰带以示富有；牧区已婚妇女系金银扣或铜扣"恰尔玛"腰带,腰带右侧扣环上系包金银镶宝石的精美奶桶挂钩。羌族男女多系麻布或毡子绣花腰带,年轻女性腰带在后腰下垂形成两条飘带。

(二)带手帕

汉族流行用方巾手帕擦手脸、鼻涕、汗水。妇女多在右侧腋下襟边纽襻上挂小巧绣花或印花、锁边丝绸手帕、布手帕,小孩在左前胸或围腰上别印有各种动物、花鸟图案的小手帕,老年人喜用布帕包钱,男子多在衣袋中放蓝、白、灰等素色手帕,体力劳动者多在肩上或脖子上搭汗巾擦汗。20世纪70~80年代,商场售卖的印花手帕图案多样,男士流行花格手帕。90年代卫生纸普及,手帕逐渐被淘汰。

(三)佩包

民国时期,四川盆地区汉族传统上喜用荷包盛装针线袋、钱包、镜袋、烟包和香囊之类小物件,一些地方保持着清代以来定亲后姑娘绣荷包送给未婚夫作为随身佩带物的习俗,荷包图案多表达爱慕之情及对爱情的期盼,并流传"绣荷包"民歌,20世纪80年代后此习俗逐渐消失。白马藏族姑娘制作麻布绣花烟荷包。羌族姑娘亦绣棉、麻布及锦缎烟荷包,图案多为鸳鸯戏水、双飞燕等表达爱情的图案。彝族姑娘皆绣三角形绣花荷包,下垂飘带系于右腰侧。

民国时期,汉族妇女还常用绣花提包装东西,或用深色布料做成褡裢挎于男子肩上盛装账册、钱物等。行商、小贩、外出打工者腰间系盛装钱物的麻布裹肚,还用白布挑花小钱包装钱币。新中国成立后,出现各种帆布、皮革、人造革和塑料编织提包,人们多购买成品商品提包,自制提包者减少。20世纪70~80年代,流行用编织带编提兜。80年代,流行各式手提文件包及公文包,同时男士流行皮钱夹、女性喜用单挎包和手提袋。90年代,流行各类牛羊猪皮和仿皮人造革及PVC材料的提包、挎包、背包、提袋、斜挎包等,年轻时尚女性喜背背包及小巧时装包、宽大休闲包,老年人出门时多提手掌大的小钱包装零钱、钥匙、车票等物。

(四)戴表

民国时期,手表、怀表为高档物品,仅少数富有者佩戴。戴怀表者喜挂于左前胸,表链外垂作为装饰。20世纪60年代上海国产手表面世后,戴手表逐渐成为时尚追求,年轻人更以手表作为高档定情物。70年代初,国产手表实现量产,手表逐渐普及。80年代中期,电子手表一度流行,电子腕表尤其受到青少年喜爱。90年代以来，随着传呼机、手机的流行，手表不再是主要计时器，作为装饰品的功能也在减弱，戴手表者迅速减少，一些商家推出了高档情侣表、金表作为时尚装饰品。近年，青年人群尤其是喜爱运动的人士流行造型时尚的运动腕表。

（五）披巾、围巾

20世纪30～40年代，青年人和学生在冬季喜戴围巾，女学生喜披白丝巾。新中国成立后，冬季时青年妇女喜用围巾包头并在脖子上围一圈，儿童亦用围巾保暖。"文革"时期，戴围巾和披丝巾被认为是小资产阶级情调，因而极少有人使用。80年代初，冬季男性流行围灰、褐色绒巾和毛围巾，青年女性喜戴颜色鲜艳的围巾。90年代以来，女性喜披丝绒、绸缎丝巾并配水晶钻石和玻璃装饰金属扣，同时流行大披巾。近年，丝巾、披巾、围巾已成为春秋冬三季时尚女性的个性化时尚装饰。

（六）别胸饰

民国时期，女性喜在胸前佩胸花，男性喜在胸前佩钢笔、胸章、挂怀表等装饰。中华人民共和国成立后的50年代初，男女佩饰物多自动取消。"文化大革命"中，男女普遍在左胸前别毛主席像章、右臂戴红布袖套，肩挎装有《毛主席语录》的红布包或军绿挎包。80年代以来，化妆逐渐兴起，各种精美胸花、金银及钻石项链等佩饰增多，女性尤其追求华贵佩饰作为装饰及财富象征。近年，中青年男女还流行佩戴具有吉祥意义的玉石及宝石项坠、珍珠项链等饰品。

第二节　头饰与化妆

一、发型及发饰

（一）汉族逐时尚变换

民国成立后，男子剪除长辫留齐耳短发，后来逐渐流行分头、大背头、平头、学生头、"一匹瓦"、光头（俗称"和尚头"）等。20世纪30年代，出现火夹烫发的"飞机头"，额前吹成"拿波"。"文革"期间，禁止烫发、染发、吹"拿波"，流行戴军帽。70年代初，城镇男青年喜烫发、平头、分头，并以在发上打油为时尚。70年代中后期，男青年喜将头发烫成爆炸式、披发并蓄小胡子。80年代，男青年喜梳分头、齐耳大背头、齐领长发、各式烫发，个别人留女式长披发。90年代流行染发，青少年喜染黄发，部分中老年人喜将白发染黑，发型日趋个性化。

民国时期的20世纪20年代，姑娘传统上编发辫扎红头绳垂于后背，女子出嫁后绾发髻并用簪、钗或发网将发髻固定于脑后，后来出现留齐耳短发、额前披刘海发式，思想进步的女青年和女学生多留短发，青年妇女流行梳两根辫子，发饰扎蝴蝶结、夹别针、压发梳。30年代，流行"倒鬏鬏"和烫发，农村多梳独辫、蓄刘海。中华人民共和国成立后的50年代，小女孩流行扎鬏鬏，女青年婚前喜梳齐腰双辫、用红绸扎蝴蝶结或用毛线束发梢、耳边垂耳发，婚后多剪齐耳短发、额前垂刘海，中老年普遍蓄短发，流行香蕉头、直短发（俗称"解放头"）、短烫发等发式。"文革"初期，年轻女性多扎两根短辫（俗称"短毛根"或"刷把头"），或模仿革命样板戏《杜鹃山》女主人公柯湘的短发发型（称"柯湘头"），后又流行"梭梭头"。80年代，流行剪短发、运动头、童花头、三齐式（刘海齐、耳发齐、发根齐）和烫"爆炸式"发型。80年代中期，城镇青年妇女流行各式烫发或绾髻，饰发夹、头花、发箍、发带、发簪等饰物。90年代，青年女性流行染黄头发、冬季戴假发，发型流行披发，小女孩多在春夏季节用绸带将短披发束成翘尾，青年女性将长披发束成一束披在后背，中年女性多用发夹将披发绾成发髻，部分时尚女性还在发髻上套发网、别发簪。

民国时期至20世纪70年代，农村青年男女喜用白帕缠头，中老年缠白帕或青帕，既防风寒又可用于插烟杆、针线及作为临时购物包小物品的包帕，缠法包括缠三转、盘卷、顶羊角三种。

（二）其他民族保持传统

藏族男子传统上普遍蓄长发，编成独辫盘于头上或披于脑后，康巴男子喜于发辫上套牙骨圈为饰，白马藏族男性在头顶留一小辫并剃除四周的头发。20世纪80年代后逐渐流行剪短发。妇女发式较为多样。康巴农区妇女和嘉绒藏族妇女多梳单辫或双辫，发辫中编入红、黑、蓝等彩色丝线或毛线盘于额际或垂于身后，额顶或发辫上多饰蜜蜡珠、珊瑚珠、玛瑙珠等饰品。康巴牧区妇女多梳辫，但未婚女子多将头发梳成三股小辫扎成大辫垂于脑后，已婚妇女则梳若干细辫。阿坝州若尔盖草原的藏族妇女，未婚妇女将头发编若干小辫、已婚妇女则编成双辫。九寨沟县的藏族妇女将若干黑羊毛线夹在头发中编成10余根细发辫,从前额梳至后脑垂于臀部,其下部用丝线或饰有小碗般大的镶宝石银泡饰的长布同发辫连接起来。松潘地区的藏族已婚妇女将发辫盘绕在头上并饰蜜蜡珠、珊瑚珠、玛瑙珠等。

羌族姑娘多扎束发或扎多条小辫垂于头后,戴绣花头巾,已婚妇女多绾发髻并戴簪。彝族女童梳独辫,经过换裙仪式或结婚后改梳双辫。重庆土家族男女脑后皆梳发髻并插簪。

二、首饰及佩饰

(一)汉族穿金戴银佩玉饰

民国时期,汉族男女戴戒指,多用黄金、铂金、银、玉及镶钻石、玛瑙、水晶制成。城市青年男女受西方婚俗影响,以戒指作为定情物,男方或在求婚时为女方献上戒指,或在举行婚礼时互换戒指,男、女多在无名指戴戒指表示已婚身份。妇女还多戴金、银、玉石等质地的手镯、戒指、膀圈,普通妇女多戴银镯、银戒指,富家女人多戴金镯、金戒指。妇女在订婚或成婚前夕佩戴金、银、玉耳环,戴耳环成为新娘子的特征性装饰。20世纪40年代,女孩在7岁时穿耳孔以便为戴耳环作准备,同时开始学做女工。50~70年代,戴首饰被视为资产阶级生活作风而停止。80年代,戴金银首饰习俗逐渐恢复。90年代末,戴金银首饰已较少,流行戴臂饰和脚链,喜戴玉镯、钻石和铂金钻戒,年轻女性还喜戴贝壳、木珠、水晶等串成的手链作为装饰品。近年,有些中老年男女喜戴金银、玉石、珍珠、钻石、水钻、水晶等质地的手镯、项链、耳坠,年轻女性喜佩戴以天然水晶、孔雀石、珊瑚、绿松石、芙蓉石等珠饰串成的手链、耳坠、小花戒,装饰品呈现按个人喜好和服装搭配需要选配趋势。

(二)藏族金银珠宝显华贵

藏族男女皆喜于胸前戴九眼珠、珊瑚珠、绿松石、黄琥珀等质地的项链,戴象牙镯和银镯、金银镶宝石戒指,胸前佩金银或鎏金银护身佛龛嘎乌,腰间佩带刀鞘和刀柄鎏金银嵌绿松石、珊瑚的长、短镂花腰刀和吊刀。男子还左耳佩戴金银大耳环,左手戴象牙、玉、银手镯,手指戴镶珊瑚、玛瑙、绿松石的雕花金、银、铜质戒指,腰间斜插短刀、腰侧挂长刀、后腰吊短刀。耳环多为金银包珠,戒指既是装饰品又是辟邪吉祥物、更是爱情婚姻的信物。妇女还头插簪子、佩发卡、骨环、玉磬、珠饰,双耳戴金银包珠耳环,胸前所戴护身物除嘎乌外还佩戴金属托架,腰部系金银泡饰腰带并悬挂火镰、腰包、奶钩、藏刀及海贝、小铃等饰件。藏族一身的首饰、佩饰华贵而众多，尤其是牧区藏族传统上无定居房屋，展示家庭财富皆集中于家庭牧养的牛羊和主人服装饰物上，因而各家男女多置办一身华丽名贵的装饰，有的一身装饰甚至为全家数代人的财富积累。而白马藏族妇女则喜将头发梳成10余根小辫总成1根大辫垂于脑后，并用丝线或黑羊毛线加长，佩一串海螺饰垂至脚跟。两耳戴铜、银质耳环和珠串、贝类耳坠。

（三）羌族偏好银饰求吉祥

羌族传统上男女皆喜银饰。妇女头上喜插银簪钗、头花，耳戴银耳环，佩银领扣，胸前挂镶珊瑚珠椭圆形或圆形大银牌饰，腕戴银圈、玉镯，手指戴金银、玉石及镶玛瑙、玉石、珊瑚的戒指，统称"簪环首饰"。饰银泡花腰带上佩带皮囊、针线包、银刀、银牙签、银勺、小铃铛等挂件，个别村寨的妇女在脚颈上系脚链、脚铃。有的村寨男子在头上系镶辟邪图案银饰的头带，戴银耳环、银项圈或项链、手镯、戒指，腰挂火镰、插烟杆、佩镶珊瑚的火镰和吊刀。小孩戴银耳挂、长命锁、项链、手镯、脚圈或脚链。20世纪50年代以后，佩戴银饰者逐渐减少。

（四）彝族耳环手镯别身份

彝族男女皆戴耳环、戒指、手镯。男子左耳佩红黄相间的椭圆形玛瑙、银质耳环，以象牙、麝香、野猪牙、虎爪、白熊爪等物为胸饰辟邪，喜戴金、银、铜、石料戒指，身带经毕摩符咒施法的辟邪红、蓝布包，富者戴银手镯或铜手镯，耳环、手镯的质地和大小往往成为身份的象征。女性双耳戴银耳环、领口戴银牌，成年前耳挂红、绿石珠，成年后梳双辫时始戴珊瑚、银泡、石料耳珠及玉、贝、银耳牌等耳环。妇女以针筒、口弦和辟邪用的獐牙、麝香为胸饰，腰挂缀五色飘带的三角形荷包。腕戴金、银、铜、玉、石质手镯，戴金银或石料镶金银戒指。贵妇人还佩戴金、银、铜质的链、锁、坠等头、胸、背饰。20世纪50年代后佩戴银饰者逐渐减少，80年代以后又有所增加。

三、美容

民国时期，四川汉族富裕家庭的成年女性普遍涂口红、擦胭脂水粉进行美容。20世纪20年代，妇女涂口红多采取口含红纸将嘴唇染红，30年代以后使用唇膏口红者逐渐增多。30年代，女孩和青年女性喜染指甲。女孩十指皆染，普通青年女性喜将无名指和小指染成绛红色。七月初七，青年女性喜用凤仙花

（俗称"指甲花"）捣碎取汁染指甲。50~70年代，化妆皆被视为"小资产阶级情调"而消失，普遍使用肥皂、皂角或油患子洗发，以香皂洗脸。护肤多用"百雀灵"雪花膏、蚌壳油、甘油等。80年代，流行用洗发精、洗发膏洗发，用品牌洗面奶洗脸，以面霜、雅霜、黄芪霜等护肤。青年女性喜欢涂脂抹粉、擦口红、洒香水、染指甲（流行红色或紫色），护肤美容品注重爽肤、保湿、增白、防皱、抗衰老等保健功能。90年代，城镇青年女性化妆已相当普及，早晨起床后梳妆打扮，常用眉笔、眼影、眼线笔、睫毛膏、睫毛夹、唇线笔、口红、唇彩、粉底、遮瑕膏、腮红等进行化妆。日常化妆多擦眼霜、涂口红、画眉毛，使用增白乳液、擦防晒霜等，青年女性多随身携带化妆盒随时补妆。一些青年女性到美容店文眉、文眼线、文唇线，定期到美容店做脸部按摩、保健。染指甲成为时尚，最初流行涂红色、粉红色指甲油，后来又流行银色和闪粉，近年有在指甲上绘制图案者。还有一些新潮男女青年在手、腰部位进行文身，图案多样。

川西高原的藏族亦喜美容，多采用酸奶水、草木灰水、鸡蛋清、皂角水、生姜水等洗发，以胡麻籽水护发，用冰水、萝卜水洗脸，用葡萄汁、樱桃汁、冰糖水、奶油、蜂蜜、泥土等进行护肤，以银器、黛石画眉等。

第九章 人生礼俗

第一节　生养习俗

一、生育观念与求子

民国时期至20世纪70年代，四川汉族民间重男轻女的传统观念盛行，有"养儿防老，积谷防饥"和"儿子是个宝，女儿不如草"俗语。每个家庭皆希望"早生贵子"传宗接代，各地围绕求子有多种多样的习俗。中华人民共和国成立后，求子习俗被视为封建迷信而停止，但重男轻女观念仍较普遍。80年代，城镇中重男轻女观念逐渐改变，农村中求神拜佛求子现象再度兴起。90年代，城镇家庭因儿子成年后多异地就业、女儿多在本地就业且较之儿子更体贴父母，逐渐偏于喜欢女儿。近年，城镇青年男女结婚普遍以男方有房有车为前提条件，不少家庭以生儿增加家庭经济负担而认为生女优于生儿，出现了借助麻将术语的流行语——生女是杠上花，生儿是杠上炮。

（一）图像祈子

民国时期，人们常以雕刻、绘画形式表现求子愿望，如雕刻、绘画、印刷《麒麟送子》（一仙女抱一小儿坐在麒麟身上）、《莲生贵子》（一可爱胖儿坐在莲叶上）、《张仙射天狗》（张仙立于群嬉儿童中张弓射吃小孩的天狗）、《送子娘娘》或《送子观音》（怀抱小儿的送子娘娘或送子观音）等图案。张仙一说为五代后蜀王孟昶，一说为五代眉山道人张远霄，故四川民间流行"张仙射天狗"的故事图案，被广泛雕刻、绘制在窗花、木墙体或房门、栏杆障板上及家具、瓷器、年画、枕巾等物品上。

（二）祷神祈子

民国时期，人们常到东岳庙或城隍庙、娘娘庙中的送子娘娘神像前上香祈祷求子，或到观音庙中上香祈求送子观音送子，一些求子心切的妇女还在家中以香火供奉送子娘娘或送子观音塑像每日祷告祈子。亦有到寺庙上香求神佛保佑、抽签求子者。四川汉族民间对道教东岳大帝妻子、主管人间生育事宜的送子娘娘尤为信奉。到寺庙祈求送子娘娘送子的妇女，常在进香后以红线在送子娘娘塑像身上或其周边的童子塑像中选择一个自己喜欢的童子套上，心里默念"跟妈妈回家"，然后回到家中，人们相信此做法可以生下相同相貌的儿子，俗称"拴童子"。有的地方每年还在东岳庙举行"娘娘会"庙会，人们赴东岳庙为送子娘娘上香、抬东岳大帝和送子娘娘神像到街上巡游并演戏娱神求子。

（三）投掷祈子

四川汉族民间有向小洞穴投掷石子、钱币祈子的习俗，因此不少地方皆有将难以靠近的小石窝、小树洞作为投掷求子的"打儿洞""打儿窝"。投掷时，投掷者站在离洞穴几米至十几米外向洞穴内投掷石头或银圆、铜币，人们相信投中即可获得子嗣。如资阳市雁江区忠义镇骑龙坳唐代石刻大佛右侧石崖上的十八罗汉洞旁有俗称"打儿洞"的三个石窟，祈子者站在石洞下方约5米的栈道上，向石洞中投掷钱币祈子。一些地方的寺庙利用这一祈子民俗，在寺庙内设置"打儿洞""打儿窝"，供信众投掷钱币。

（四）抢送童子

川西部分地方以农历三月初三为送子娘娘生日，每年皆举办"娘娘会"（彭山称"三婆会"）祈子，届期举行"抢童子""送童子"活动。每年会首请人用木头刻几个近半尺长的"童子"（或仅童男，或童男、童女皆有），送入寺庙中供在娘娘神像前，焚香祷告后将"童子"依次抛向人群任由众人争抢，俗称"抢童子"，以抢得"头童"为最吉。抢得"童子"者，当晚在鼓乐队引导下送入无子的亲友或其他无子家庭（有的地方由男童怀抱木童子骑彩马送达），称"送童子"。所至家庭的夫妇要出门迎接童子到家中并供奉到神龛上，以求童子投胎家中。主人设宴、发放赏钱酬宾，如同真得贵子一般。

（五）送春牛

四川汉族在立春日有"打春牛"祈丰收民俗传统，一些地方民俗认为无子家庭在这一天获得小春牛即可生子，人们将春社活动中制作的小泥牛敲锣打鼓送到无子之家，俗称"送春牛"。

（六）送灯

四川各地汉族民间有多种偷灯、送灯的祈子民俗。川西地区的"送灯"习俗为元宵灯会结束时（正月十五深夜或十六日清晨收元宵灯时），将立于玉皇庙前灯杆上的天灯取下（或偷取），敲锣打鼓送给无子之家。南充地区有偷檐灯民俗，为中秋夜偷取人丁兴旺家庭屋檐下所挂红纸灯笼敲锣打鼓送到无子人家，接灯家庭在门外将红灯迎入家中悬挂于床帐中求子并设宴款待送灯者，得子后送还偷来的灯并重谢灯笼原主人家及偷灯者。宜宾市南溪县有送红灯民俗，为中秋夜偷取一盏九皇灯并罩上红绫，由两名童儿持灯在锣鼓仪从前导下送与求子家庭。

（七）送南瓜

川西地区有中秋之夜送南瓜民俗，为将偷盗的南瓜由童儿抱瓜敲锣打鼓地送到无子人家，寓意"破瓜得子"，得瓜人家须设酒筵酬谢送瓜人。定晋岩樵叟《成都竹枝词》称："彩亭锣鼓送南瓜，送到人家一片哗。吃罢酒宴才散去，明年果否得娇娃？"

（八）岳母祈子

川西民间有多种由岳母祈子的习俗，或由母亲为出嫁未孕的女儿缝一条红内裤贴身穿求子，或请岳母到家中用红绳"围床求子"，或由岳母用红线拴在送子娘娘所抱童子塑像上求子。

（九）摸青羊求子

成都青羊宫有一对清代铜羊，自清代以来民间相传摸其羊角可以治病、妇女摸其羊肚则可生儿，到青羊宫摸青铜羊的羊角、羊肚以期治病、得子，成为成都及周边地区的民俗之一。

二、怀孕

汉族家庭，媳妇怀孕后家人要将喜讯告知所有的亲友邻居，亲友邻居要向该家表示祝贺、盼望婴儿早日诞生，孕妇以怀有子嗣为荣、家中地位也由此上升。妇女怀孕后，通常在九个半月至十个月生产，俗称"十月怀胎"。家庭经济条件较好者，对孕妇要精心照料，要为孕妇准备各种适合口味、有营养的食品，以保障腹中胎儿健康成长。婆婆要亲自下厨为媳妇做一次以上营养可口的食物，以感谢媳妇为家庭带来子嗣。同时，婆婆、岳母还要为即将诞生的婴儿准备衣物、用品，筹备孩子诞生宴客用食品及孕妇产后须食用的母鸡、鸡蛋、墨鱼等营养食品。在重男轻女观念支配下，对孕妇的照料往往受到对胎儿性别预测的影响，准备婴儿衣物也需对胎儿性别进行预测。预测胎儿性别流行多种俗信，人们普遍认为孕妇肚子尖多为男孩、肚子圆多为女孩，胎儿为男孩孕妇喜食酸味食品、胎儿为女则孕妇喜食辣味食品并有"酸儿辣女"俗语，孕妇勤快预示将生男孩、孕妇懒惰预示将生女儿并有"儿勤女懒"之说，等等。20世纪90年代以后，随着现代医学技术的发展，可以通过科学仪器检测的方法了解胎儿性别。

彝族妇女怀胎，婆婆或娘家母亲要准备孩子诞生宴的大红公鸡。什扎方言区妇女怀头胎时，娘家须为女儿准备一顶荷叶帽，当孩子生下时便以之换下年轻姑娘、未生育媳妇戴的覆瓦状红衬黑底绣花头帕，以表明其已为人母的身份。

三、保育

为防止流产和早产，亦有许多禁忌。如忌孕妇与丈夫行房事，甚至须分床而寝。孕妇在产前不做重活与激烈运动（如禁做家务重活、快速行走及跑步、田间劳动等）、不沾冷水（如禁用冷水洗脸、洗手足和洗衣服等）。为保育胎儿，孕妇在生活上须多吃蛋、奶、鱼、骨汤、豆腐等有营养的食物，忌吃辛辣燥热食物以保障分娩后有充足的奶水。忌吃兔肉尤其是兔嘴肉，以防生下的孩子成为"兔唇"。一些家庭还请端公画护胎符，装在布袋中戴在孕妇身上避邪护胎。许多地方家中有孕妇，还在家中供奉胎神保佑胎儿平安。20世纪90年代以来，孕期保育措施多遵医嘱、按照科学方法进行。

四、分娩

（一）汉族注重接生补虚忌外人

孕妇分娩，20世纪20～30年代城乡普通家庭多在家中请接生婆或亲友、邻里中有经验的中老年妇女为产妇接生，城镇中有文化、较富裕的家庭多到医院分娩。40年代，城乡产妇到医院分娩已较为普遍。新中国成立后，随着医疗卫生事业的发展和文化卫生知识的普及，城乡产妇普遍到医院分娩。

20世纪20年代至80年代，孕妇临产前，未来的外婆要前往看望女儿，民间相信如此才能生得快、生得顺利，俗称"催生"。孩子出生后，家里须立即向亲友邻居报喜并挨家挨户送红蛋（染有红色的鸡蛋）。孩子出生后第三天为婴儿洗三朝，亲友要前往祝贺看望婴儿并送鸡、鸡蛋、挂面或现金等礼物，产妇家要请送礼亲友吃红蛋。孩子的外婆前往探视外孙，送外孙银钱、金银项圈之类礼物，亲戚朋友亦可送婴儿衣物等礼物。产妇在坐月子期间，至亲除外的普通男性亲友忌与产妇见面，80年代后此禁忌已不严格。

孕妇产后，家人通常先煮红糖醪糟鸡蛋给产妇吃，补血补虚。接着便炖母鸡汤、熬鱼汤，每天吃5～6次，食物清淡、少吃多餐。以后逐渐加量、加味，忌食生冷凉性食物。若母乳不足，则炖墨鱼鸡汤、花生猪蹄汤等催奶，忌食母猪肉及热性食物。产妇、亲友邻里以产妇坐月子时吃鸡、蛋的数量作为衡量丈夫、婆婆关心产妇程度的标准。80年代后，产妇一般不再忌食，饮食营养多有保证。

民国时期，川北山区妇女分娩皆在家中。生下孩子后，家人立即在大门外挂物告示家中生育了小孩并提示邻里不得擅自入户。广元市元坝地区，生男孩在门外左首边挂一张简易竹弓，俗称"悬弧"；若生女孩则在门外右首边挂一方手巾，俗称"设悦"。有的地方生男孩在门外左侧挂锄头之类农具，生女孩在门外右侧挂背篓，以为告示及警示之物。

（二）藏族视分娩污秽产室外

藏族分娩，因藏传佛教视分娩生子为污秽不洁之事，20世纪90年代以前有在牛羊圈中或野外生产的习俗，牧区妇女即使在冬季大雪天气亦在帐篷外生产，婴儿死亡率高。产妇在生下孩子、为孩子洗去血迹后，即开始从事家务、生产劳动。

（三）羌族俗近汉族种花树

羌族分娩习俗，多数地方与汉族相同，如"催生""送红蛋"，产妇"坐月子"忌见生人、吃药膳炖汤补血催奶，家有小孩降生在大门外侧上方挂农具告示暨警示等。部分村寨在家庭初生男孩后，家人要为新生儿栽一株常绿幼树作为孩子的守护神伴随孩子成长，俗称"花树"，村寨族人对保护该树视同保护孩子本人、不许损害。

（四）彝族喜气洋洋贺新生

彝族分娩，当孩子出生后先由接生婆指挥烧一锅"净水"给婴儿洗浴，然后用产妇事先背着家人偷偷缝制的毡片将婴儿包好交给产妇喂奶。家人煎鸡蛋、煮挂面酬谢前来帮忙的妇女。小孩出生后，家里要举办诞生礼，杀大红公鸡、煮香肠腊肉宴请亲友邻居，贫困家庭则备酸菜洋芋汤、连渣菜或燕麦炒面招待亲友邻居，客人则送鸡蛋或挂面表示祝贺。

五、育婴

（一）汉族礼仪繁多重护魂

汉族民间传统风俗，头胎孩子降生后，女婿须备礼到岳父母家报喜或托家人、邻居到亲友家报喜，或送公鸡表示生男、送母鸡表示生女，或送"红蛋"时以单数表示生男、双数表示生女，岳父母家则备婴儿用衣、帽、鞋、裤、包裙以及鸡、蛋、醪糟等送到女婿家。通常生男孩对亲友邻居广泛报喜，生女只向岳父母家及女方近亲报喜。一些地方的农村，家中生女，父母为其植一株或多株果树，日后用果实卖钱买鸡饲养生蛋，再累积买羊、牛等饲养或买织机纺织，当女儿出嫁时，将女儿劳动所得全部作为陪奁。

产妇生下头胎孩子后，若奶水未通，需由人吮通，俗称"催奶"。丈夫在，由丈夫吮，丈夫不在由岳母吮，皆不在则由接生婆或医院的医生、护士代吮，由接生婆代吮须给"催奶钱"。生产后，先吃红糖醪糟鸡蛋，以醪糟"催奶"。此后须多吃炖鸡、炖花生、炖猪蹄髈等保障奶水，但控制油的摄入量以防止出现油奶，贫困家庭亦须吃几只鸡、多吃干稀饭保障奶水。

新生儿首次吃奶称"开奶"，通常在出生后第三天早上进行。一些地方有让婴儿先吃别家妇女奶水的习俗，男婴吃生女孩妇女的奶，女婴吃生男孩妇女的奶，认为可以避免母亲缺奶、促进人丁兴旺。

婴儿出生第三天要为其洗澡，俗称"洗三"。主人要设宴请亲友，俗称"打三朝"。民间有"男不打三朝"之说，参加打三朝者通常为妇女及儿童。届期，外婆和女性亲友备鸡、鸡蛋、红糖等月礼祝贺。主人将婴儿抱出给亲友看，亲友逗小孩并讲称颂婴儿相貌、前程的吉利语。洗儿时，在浴盆中放入喜蛋、银钱、金银首饰等物，亲友亦向浴盆中投放银钱，以祝孩子将来富贵。洗毕，有些地方的家长还用喜蛋在婴儿额头上摩擦，俗信认为可防止生疮疥。然后主人请亲友吃醪糟蛋和红蛋并设宴招待，俗称"三朝酒"。亲友走时，每人须带上几个红蛋作为喜蛋回家。民国时期，一些地方要在当天为神鬼烧纸钱，祈求神灵保佑孩子、鬼怪不伤害孩子，俗称"烧三"。川东、川北地区民间重视打三朝，川西地区则不甚重视。

婴儿满月之日要做满月宴请亲友，前往赴宴的亲友要备满月礼。届时，外婆和亲友备礼品前往看望。富裕家庭要大摆宴席遍请亲友，客人携礼赴宴祝贺并送写有吉言祝词的贺幛、银钱、鸡蛋等礼品。当天，主人家要请剃头匠为婴儿剃去胎毛。一些地方民俗认为，剃除胎毛后，富贵、聪明的人摸婴儿头可为孩子带来好运，为孩子剪睫毛可使胎儿变聪明、睫毛长出后向上翘，用姜汁擦头皮可促进新发浓密粗黑。孩子满月后，家长即可以带孩子出门上街、走亲串门。一些地方民俗认为长相好的婴儿外出容易被游魂野鬼看见，带孩子出门时要先在孩子鼻尖或前额或脸上涂抹一点锅烟黑灰，防止被野鬼看见缠身。若孩子的小名取得好听，外出时不能直呼孩子的小名及"宝贝""乖乖"之类称谓，只能叫"丑八怪""难看（没人要）的小东西"之类贬义词，以免引起野鬼注意。

婴儿出生后100天要做百日宴请亲友，受邀亲友要送百日礼。过百日通常只请女家亲戚。届时，外婆要送孩子金银或铜制的长命锁、项圈、手镯等饰品，送用各亲友邻里家收集的各色碎布拼制的"百家衣"（以"百碎"布缝制的衣服寓意"百岁"，能免除灾难、长命百岁），保佑孩子平安成长。新生儿在满月剃除胎毛长出新发后至第一百天内不剃发，满百日后第一次剃发时要留下头顶正中（俗称"天灵盖"）的头发（俗称"胎毛""命搭子"），认为留下此片头发可护命。至今，城乡仍有做"百日酒"习俗，宴请亲朋好友。

小孩行百日礼后或半岁左右，举行开荤仪式。届时，由主人家置办宴席，请德高望重的老人用筷子蘸少许酒、菜抹到小孩嘴唇上，边抹边说"吃点酒，天长地久；吃点油，穿缎穿绸；吃点肉，多福多寿；吃点饭，家财万贯"之类的吉利话，并给小儿赏钱以示祝贺。开荤后，小孩方可开始吃肉类荤菜。客家举行开荤礼仪，主人设宴请客，须请父母、子女双全且身强体壮、生活富裕的中年男子作为开荤人，宴毕由主妇抱儿至开荤人面前，开荤人用猪肉抹小儿嘴唇并说几句吉言，主人须送开荤人一个红包、一条毛巾酬谢。

小孩满周岁时要做周岁（或称"做满岁"）宴请亲友，亲友备礼钱、服装等礼品前往祝贺，小孩外婆、母亲亲友多送孩子各种动物形状的帽子、鞋子。民国时期，此日要举行抓周仪式：先为小孩沐浴并更换新衣，然后将文房四宝、银钱、古玩、绸缎、花朵、秤尺刀剪、玩具、用具等陈列于屋中，任由小孩随意抓取，以孩子所抓之物预测孩子未来的爱好、志向、前途等，家长据此确定教导培养孩子的方向、方式。如抓取文房四宝，则培养其读书；抓住算盘则培养其经商；抓着玩具则预示孩子日后贪玩，须严加管教。新中国成立后，多数地方不再行抓周礼，只办周岁生日酒宴，亲友多送鸡、鸡蛋。受重男轻女观念影响，儿子诞生筵宴通常较女儿诞生筵宴隆重。20世纪70～80年代，城镇中亲友贺礼多送衣物、儿童玩具。90年代后，贺礼多送礼钱红包。

小儿夜哭，民间传统认为是受到野物惊吓，须用红纸写上"天皇皇，地皇皇，我家有个夜哭郎；行路君子念三遍，一觉睡到大天亮"，贴于十字路口或路人较多地方的树上、墙上，让过路行人念读禳灾。父母还常用呼唤或念咒办法解除小儿夜哭，当小儿无端夜哭时，父母轻提孩子耳朵柔声呼唤"某某儿回来……"至孩子止哭；若小孩肚痛夜哭，父母反复念《肚痛擦肚咒》"肚皮痛，打鼓送。捡颗米，包个粽，吃了二回再不痛"，并不断轻揉小孩肚皮直至小孩肚痛缓解。

一些地方认为小孩生病为受鬼怪惊扰或意外惊吓致使魂魄散走，须将魂魄找回来才能治好小孩病症，民间多以叫魂仪式解决：黄昏时，由母亲手拿一个鸡蛋，将病孩带到庭院或屋后角落蹲下，母亲在地上插一炷香，点燃后合掌悄声祷告神灵保佑孩子，然后反复轻声呼唤小孩乳名，问其"魂回来没有？"孩子反复回答"回来了！"至天色全黑时牵小孩回房，仪式结束。

民国时期，民间将小孩患恶性疾病或发生意外危险事情称为小孩命中的"关煞"。为保佑孩子渡过难关、平安成长，人们多求神拜佛或将孩子拜继给一位身体健康的保人，称为"保关煞"。在川东地区，小孩犯关煞，由家人带上小孩、备香烛酒菜及竹弓箭，按照算命先生所指方向到桥头或岔路口冲煞：请路上行人射箭为其去除关煞，俗称"射将军箭"。路人射箭后，须请射箭人吃酒菜表示谢意，有的还让小孩拜其为"干爹"。此习俗至今在部分偏远山区仍然流行。新津县农村，小儿病愈免关煞，春节期间要请龙灯队到乡镇舞龙还愿，酬谢神灵。

（二）藏族三日除秽满月祈神

藏族婴儿生下第三天（女孩子为第四天），亲朋好友带食物礼品前往进行旁色（意为"清除污秽"）。20世纪80年代以来，城里人多带青稞酒、酥油茶、小孩衣帽等礼物前往。客人进屋后，先为生母和婴儿献哈达，给生母敬酒、倒茶，再端详婴儿并对孩子的出生表示祝福。在农村，亲友多带上青稞酒、酥油茶及一袋糌粑、一块新鲜酥油作为贺礼，客人进门后按传统礼仪先为生母敬酒、献茶，再用大拇指和食指捏一点糌粑放在婴儿前额为孩子祝福，然后说吉利话夸赞婴儿的相貌和命运好，主人家备汤饼招待前来给婴儿除秽的亲友。

婴儿满月之后，选择吉日举行出门仪式：母子（女）换上新装，在亲人陪同下出门（陪同者亦着新装），先到寺庙拜佛祈求菩萨保佑孩子健康长寿、少受灾难，再到家庭人口多且生活较好的亲友家串门以使孩子未来能生活美满。为防魔鬼发现婴儿加以侵害，婴儿第一次出门时须在鼻尖上涂抹一点锅烟黑灰，使魔鬼看不见婴儿。

（三）羌族俗同汉族祈神护命

羌族育婴习俗与汉族基本相同，也要做满月、做百日、做周岁及为婴儿送长命锁、银项圈、衣物、动物形鞋帽等。神树林是守护村寨平安的山神寄身处,当年节、儿子生日,一些村寨的家长要领儿子到神树前跪拜山神或带孩子到花树前跪拜树神,为树枝挂红(挂红布条或红线),祈求山神或树神保佑。遇小孩疾病、受伤害,家长或小孩要到山王塔或神树林、花树前向天神、山神或树神许愿、还愿。

(四)彝族三宴宾客满月出门

产妇生下小孩后第一天,出户劳动只能做轻度劳动,以免孩子今后命运劳苦。婴儿诞生礼后,要举行"出户礼""穿衣礼""满月礼",主人家杀猪或宰羊设宴请客招待亲友邻居,亲朋赴宴送鸡蛋、挂面或燕麦炒面为礼品并致祝福。送礼的多用几个红辣椒与礼品放在一起,以免家里的鬼神附在礼品中到主人家作祟、搅扰宴席。

婴儿出生后第二天或第三天吉日举行"出户礼"。家人剪下婴儿少许胎发缝入布条中做成手镯戴在婴儿手上,男婴用蓝布戴左手、女婴用红布戴双手,母亲将婴儿抱出门外一小会儿象征性地见天日。请亲戚中命运最好的婶娘给婴儿扎耳朵眼为将来戴耳环作准备,男婴扎左耳、女婴扎双耳。举行"满月礼",儿子在出生后第二十九天举行,女儿在出生后第三十天举行。父母当天带婴儿见爷爷、奶奶,在爷爷、奶奶家请毕摩或自行用猪或羊作祈福禳灾接纳人口仪式,孩子在行过满月礼后被正式接纳为家庭成员。满月之前,孩子被认为属于污秽者。行过满月礼后,父母带小孩见外公、外婆或舅舅。

(五)苗族红伞避邪舅舅护婴

受汉族影响,苗族婴儿做周岁生日,也要举行抓周仪式,摆上钱币、糖果、刀具、针线等让小孩随意抓取,以此预测小孩的兴趣爱好及长大后的职业倾向。为了防止妖魔鬼怪侵扰婴幼儿,背婴幼儿出远门、走亲戚须打红色油纸伞,往返途中皆要在婴幼儿帽子上缝、系干红辣椒,以手指涂抹一点锅烟黑灰在前额上,形成"铜伞铁伞"遮护婴幼儿,阻止妖魔鬼怪在途中侵袭婴儿。

舅舅被认为是婴幼儿的守护者,婴幼儿在生长过程中出现异常时,多请舅舅帮助。如婴幼儿毛发稀疏,请舅舅用少许唾液涂抹头皮促进毛发生长。婴幼儿上龈乳牙先长出对日后成长不利,须向舅舅讨要红衣服穿以保障孩子正常成长。小孩长到3~6岁左右,父母要择吉日请舅舅到家举行拴索或剃发更名仪式。婴儿出生后要将头发留到三岁后请舅舅剃剪,俗称"剃长毛",届时家里置办酒席请客,至亲好友前往祝贺。

苗族男子长大后皆要佩刀。若生下男婴，父母与亲友须准备一块与婴儿体重相当的铁块埋于地下，每年孩子生日时将铁取出锻打一次再埋下，至孩子16岁时锻打成苗刀佩于身上，俗称"打转"。

六、认干亲祈福习俗

民国时期，为保障小孩健康成长，汉族地区流行认干爹、干妈保关煞习俗，又称"认干亲"。各地认亲方式包括逢生认亲、拉保保、认父母朋友为干亲、寻路人认亲、认栽秧师为干爹、寻乞丐拜为干爹（以其命大）、寻大山或巨石拜为干爹（取其坚硬强壮寓意）、寻挺拔的松柏等常绿树拜为干爹（取其长寿寓意）等多种形式。被认干亲的人，通常给孩子一点礼物，为婴儿取乳名或为孩子取正式名、字，有的干亲从此以亲戚身份终生保持往来。羌族、苗族等受汉族的影响，部分地区亦流行认干亲风俗。新中国成立后，认干亲习俗逐渐消失。20世纪70年代中期逐渐恢复。80年代后，城市中流行在同事或好友中为孩子拜干爹、干妈，至今如此。城市中认干亲的原因，多为加强人际交往、攀附或受拜者喜爱拜干亲的孩子。

川北一些地方，民间流行逢生习俗，以孩子出生后第一个无意间到家中做客者为逢生。逢生者为该家的尊贵客人，主人要煮一碗醪糟鸡蛋款待客人。民俗认为逢生者对孩子未来的习惯、性格、前程皆有重要影响，有"谁逢生，（孩子）就像谁"的说法。因此，主人要尽力将聪明能干、知书识礼、勤奋手巧的人迎进门，避免让笨拙、慵懒之人成为第一个进门者。逢生者为孩子命运中的有缘人，往往拜为孩子的干爹、干妈。

广汉、什邡一带流行集会认干亲，俗称"拉保保"。拉保保的集会日期，广汉多在春社日，或在农历正月十六游百病时，什邡则在雨水节。广汉拉保保为全年最隆重的传统节日活动，近年固定于每年正月十六在房湖公园举行。届期，数万乃至十余万城乡居民、游客聚集，年轻父母领着自己10岁以下的孩子，备酒菜、香蜡纸钱等物到房湖公园内的古柏树前，看中一位中青年游春者便上前拉为自己孩子的保关煞者，俗称"保保"。被拉者见过孩子，若同意做孩子的保保，便在古柏树下焚香祝祷，由孩子向被拉人行跪拜礼并叫一声"保保"。孩子父母与保保之间互通姓名、住址并以"干亲家"相称，就地举杯饮酒祝贺。被拉的保保为孩子的干爹，孩子成为保保的干儿、干女。干爹须为干儿女取含有"福禄寿禧""鹏程万里"之类吉祥字的名字并赏赐钱财，干儿女在节庆及干亲生日时须向干亲送礼表示孝心。

寻路人认干亲，通常因孩子经算命被认为命中与父母相克或缺乏某种命相，这日寻人认干亲。认亲日，由父母备香蜡和酒菜杯筷或由母亲邀一名年长妇女陪同，带着孩子拦下遇见的第一个路人或自认为合适的路人，说明意愿并征得对方同意后，就地燃香烛或改期备礼携小孩前往对方家中，由小孩行跪拜礼认为干爹。被拜者一般不得推辞，若对方年龄太小或坚决不愿意，则改期再寻找。寻路人认干爹，父母多带孩子在大桥桥头（寓意前程远大）、十字路口（寓意前途多）、大树下（寓意生长茂盛）、石碑前（以石碑镇邪缘故）等候。新津等地寻路人认亲，流行"射将军箭""撞桥关"，即由父母带小孩并备酒菜、香烛和竹制弓箭，到算命先生指示的桥头等候并拦下遇见的第一人，请求认为保保（干爹）、保娘（干娘），射箭为孩子去关煞，来人通常不得拒绝，射出竹箭后，孩子父母向保保敬酒菜、小孩行跪拜礼，再由保保给小孩取名并赠少许钱物，然后各自分手（亦有从此认作亲戚而常相来往者）。

婴幼儿体弱多病或生辰八字与父母、弟兄姊妹相克，则寄拜给大山、巨石、树木等，以求孩子健康成长、家庭平安。或者寄拜给他人，称"拜干爹"或"拜保保"，孩子成为受拜者的干儿、干女。孩子八字与家人相克，拜干爹（干妈）并由干爹（干妈）改换与己同姓并改名。若为了孩子"好带"（平安、健康成长），则为孩子拜保保（保娘）。拜寄仪式或由父母先选择一对夫妇，征得对方同意后，择吉日备礼，由父母带婴幼儿前往受拜者家中拜认，受拜者在婴幼儿脖子上系一根红棉线作为长命绳，边系边说吉语祝孩子健康长寿；或由父母抱婴幼儿寻途中遇见的第一个路人为孩子的"干爹（或保保）""干妈（或保娘）"，立即就地举行拜寄仪式。拜寄后，双方成为干亲家，常相往来。

中年无儿女或有女无儿、有儿无女者，为了老有所依而抱养一子或希望家中有个女儿而抱养一女，称"过继"。过继的小孩多为同宗族人或异姓亲友子女，亦有抱养素不相识的多子女贫困家庭子女者。养子女具有与亲子同等的地位、权利和孝敬养父母的义务。抱养时，须经家族同意并举行正式抱养仪式，抱养者与被抱养子女的父母及在场亲友画押为证，以免日后反悔。

七、为婴儿命名

（一）汉族名号体现时代风格

民国时期，汉族一般都有姓名，男子多有小名（奶名、乳名）、大名（学名、书名），有身份地位者、读书人等还有字、号，还有他人取的代称绰号（诨号、外号）。乳名通常在洗三或满月前后取名，书名则多在出生几天、满月、满周岁前后取，字、号一般在成年后取。乳名可由父母、长辈、邻居、哥哥取名，书名由父母、祖父母或同宗族人中的德高望重长辈、名人取，请人取名须设宴款待。孩子入学前多称乳名，入学后以书名相称。取名通常按家族、家庭字辈排序或根据形音义皆美、具有吉祥含义的原则命名。新中国成立后，城市中命名多体现时代色彩、审美观念。20世纪90年代以来，出现重文化、涵诗意或取洋名、时尚名的趋向。

（二）藏族取名首重吉祥

藏族通常在婴儿满月举行出门仪式后，由父母带上孩子到寺院请活佛或请村寨有威望的老人为孩子取名。活佛取名，多取与佛教有关的吉祥含义名字。老人取名，多以生活中接触到的事物、动植物、生活用品、孩子出生日期、父母意愿取名。有的在名字前后加吉祥词或以父母名字中的二字组合。以往婴幼儿死亡率高，以为是魔鬼夺走了孩子性命，为免新生婴儿再被魔鬼盯上，请人取贱名。孩子多病，父母认为是孩子的名字不吉利，则将小孩抱到寺院请活佛另起新名。父母称小孩，亦用昵称代替名字。嘉绒藏族和安多牧区藏族取名，常以籍贯、房名为姓，嘉绒藏族地区还流行取汉名。因同名现象普遍，人们常将籍贯、职业或地名与名字合在一起称呼。男女名字多用一些特定字区别，如名字最后一字用"登""让"多为男性，名字后一字用"措""姆"多为女性。20世纪90年代以来，许多家庭皆为孩子取藏、汉两个名字。

（三）羌族取名多用汉姓

清代以前，羌族多用自家的房名为姓名。清代晚期以后，羌族男性逐渐改用汉姓汉名，但至20世纪80年代仍多用"保""香""舍""太"等古羌人名中常见字（音）为名。入赘的家庭，同胞兄妹往往因分别从父、母、祖父、祖母的姓而不同姓。为孩子取名，一般在婴儿满月时请村寨中有威望的老人或请端公根据其母亲的生育、年龄并结合婴儿生辰命名，或以其父母、祖父母的年龄以及出生时的吉兆、动植物名等为孩子命名。中华人民共和国成立后，羌族女性普遍因上学亦取汉姓汉名。

（四）彝族取名父子连名

彝族通常在为孩子举行出户礼时根据生辰命宫给婴儿取名。彝族传统上实行父子连名，父亲名字的最后一个字为儿子名字的开头一个字。如一世希孟越，二世越道觚，三世觚觉世……各家支每隔九代进行一次大祭祖，从第十代起，各家支之间可开亲通婚。开亲后，各家支又以长子为首，连名传续。亦有根据办出户礼时酒宴上所吃的食物为婴儿取小名者，如"根究惹"（煮荞馍）、"洋尤惹"（小洋芋）之类。20世纪80年代以来，因上学需要有学名，小孩取汉名者增多。

（五）苗族取名苗汉并用

四川苗族多在孩子出生后不久用苗语为孩子取小名：女孩多用美丽的花名命名，男孩多用敏捷、吉祥的动物命名，或以孩子出生时的接生用具、田地和农作物、传说人物或形容美好的字词等命名。受汉文化的影响，也有按排行、出生时体重、生辰八字等取汉名。取汉名后，苗族小名仍然保留，平时在许多场合皆用之，因而苗族重视小名。80年代以后，流行以美好、吉祥的汉语字词取小名。

八、成长

在孩子成长过程中，川西平原及川东部分地区流行摇竹盼长的习俗。摇竹盼长俗称"嫩竹娘""摇毛竹"，每年农历除夕夜吃完团年饭后，由小孩的母亲或祖母在家门前毛竹林中选一株长势良好、周边有足够小孩站立空间的嫩毛竹，将其空隙处清扫干净，在竹林周边每隔三五步插一炷香点燃敬竹神，然后将小孩带入竹林中选好的嫩竹前，让小孩抱住竹子边摇动边念诵"嫩竹娘，嫩竹娘，二天我长得比你长"，以使小孩如毛竹一样健康成长、身高体壮。

九、成人礼仪

（一）汉族祭祖宴客贺成人

四川汉族在清末普遍已不再专门举行成人礼（冠礼）。20世纪20～30年代，一些地方受传统礼俗的影响，通常在结婚前夕或婚礼前，由父母教子女成人礼仪、告诫其今后应尽的家庭和社会责任、为人处世之道。书香门第、大户人家，亦有由父亲在结婚日前夕，命儿子到堂屋祖先神位前，为儿子加冠服并教其成人之道，然后祭拜祖先，亲友为其簪花披红、举酒祝贺成人。直至80年代，一些地方在儿孙年满18岁时，父母或长辈仍要为其举办成人酒宴招待亲友邻居，席间宣告其成人消息，亲友邻居举杯表示祝贺。近年，一些大中城市的高中学生年满18岁时，学校、共青团组织要组织学生进行成年宣誓活动，宣誓做一个好公民。

（二）羌族祭祖拜神行大礼

羌族男子按传统在年满15周岁时举行隆重的成年礼，届时家中举办酒席宴请亲友邻居，亲友邻居备礼物前往祝贺吃酒。行成年礼由长辈老人主持或由端公（巫师）在堂屋祖先神龛前主持，向行礼者讲述祖先的历史，行礼者穿戴新衣祭拜祖先、家神（若由端公主持，端公同时念经），并跪拜父母、舅舅，一些村寨行礼者须到山王塔或神树林、花树前祭拜天神、山神、树神，或在家中房顶石塔前燃柏枝祭祀天地诸神（白石神），有的村寨还在家祭祀"羊神""仓神"等主管人间衣食的神灵。有的村寨，农历八月时即请端公到家作法驱邪净屋，至农历十至十二月再择吉日举行成年礼。行礼时，亲友围坐在火塘旁，行礼者穿戴新衣，向一名端公手执的杉木杆上悬挂的纸质始祖像行跪拜礼，另一名端公用白公羊线系五色布条围在行礼者脖颈上（代表始祖所赐）并与行礼者一起跪拜始祖祈求保佑。祭羊神选一只母羊代表羊神受祭，该母羊称"神羊"，祭品用一只大红公鸡献祭，祭祀后该母羊不得宰杀和出卖，须养至老死。祭仓神由行礼人的母亲主持。祭屋顶代表天地众神的白石神时，用白羊、黑羊各一只献祭，白羊挖心、黑羊宰杀。

（三）彝族少女成人换童裙

凉山彝族少女进入青春期后通常要择单岁吉日举行"换童裙"（沙拉洛）成人礼，此后方可与男性交往。成人礼的时间多在15～17岁，个别在13岁或19岁时举行。仪式通常由母亲或年长多子女的漂亮、能干女性主持，参加仪式者限亲友邻里成年女性亲友，男子不得在场。仪式当日，参加仪式的妇女皆穿戴打扮一新，主人家杀猪宰羊或

川西地区传统大家族的祭祖仪式

杀鸡泡酒宴请宾客。仪式开始时，由主持者用事先准备好的"扎尼"（用黑、红色羊毛线织成的七道纹路毡片，象征女性和女性生育力，多为世代相传，也可互相借用）绕姑娘头部和下身，口中念祝月经调和、性生活美满、有生育的祝福词。然后将姑娘原来垂于脑后的单辫发型由发顶中分为两股在耳后梳成双辫，戴上姑娘专用的黑色多层绣花头帕，将发辫交叉盘于头帕上，用少许水将额前刘海打湿抹光以示少女情窦初开。再将穿于耳垂部的绿色丝线取下，佩戴耳环、耳坠饰品。然后脱下饰有粗细二道黑条纹的浅色二截童裙，改穿红、蓝、黑等色相间的三截或四截长统百褶彩裙。仪式结束后，男性可加入人群共进祝福餐。20世纪90年代以来，换童裙仪式在农村依然保持，城市机关单位工作的彝族家庭因受汉文化影响已很少举行。

（四）纳人沐浴净身穿裤穿裙

盐源县泸沽湖的纳人，男孩和女孩在少年时择虚岁单岁举行"穿裤""穿裙子"的成年换装仪式。民国时期，贵族在虚岁9岁时举行换装仪式，普通百姓在虚岁13岁时举行换装仪式。中华人民共和国成立以来，普遍在虚岁9岁时举行换装仪式，个别亦在虚岁7岁或13岁时举行（泸沽湖畔云南宁蒗县境的纳人在虚岁13岁时举行）。仪式通常于农历春节时在正房举行，传统上由祭师达巴或喇嘛主持，20世纪80年代后多请喇嘛与达巴共同主持。换装的孩子先沐浴净身，再由生肖属相相合的同性亲属为其换上新装。男孩在左边中柱旁举行穿裤仪式，穿金边大襟短上衣和宽脚长裤、系腰带、着长靴、戴礼帽；女孩在右边中柱旁举行穿裙仪式，穿金边大襟短上衣和百褶裙，大盘头、佩耳饰、戴珠串项饰、系宽腰带或彩色腰带。由达巴、喇嘛念经祭神、祭祖并向孩子致祝贺词，长辈赠送礼物祝贺。男、女孩穿裤、穿裙后，即可参加村寨歌舞等集体社交活动。

十、尊老养老重贺寿

民国时期至20世纪80年代，四川汉族城乡养老方式一直以家庭养老为主，"养儿防老""多子多福"的观念根深蒂固，子女普遍以供养、尊敬、顺从和爱护父母及祖父母辈老人为行为准则，赡养老人的义务主要由儿女承担，子女以被称为"孝子"为荣，老人以子女和媳婿孝顺为骄傲，若子女或媳婿不尽赡养义务、尽责不周到使老人感到生活不幸福，子女、媳婿会受到邻里的谴责。90年代以来，城镇中年职工工作紧张、年轻人大量异地就业及传统孝道观念日益淡漠，收入较高或中等的退休老人多选择独立养老，在家自主照料生活或到民间养老院、老年公寓者日益增多；收入较低的居民，因生活费用及各种日常消费较高以及购房等因素影响，许多老人缺乏独立养老的条件和能力。近年，政府开始重视社区服务，家政服务、康复护理逐渐发展起来，居家养老开始受到青睐。在农村，随着经济建设的发展、东西部和城乡发展差距扩大，农村劳动力大量离乡进城、赴东部省市打工，许多家庭只有老人和孩子留守，老人既要自理又要帮助子女照料小孩，传统家庭养老方式受到巨大冲击。近年，国家开始推行新农村社会养老保险、商业性养老保险、土地保障等方式，加上五保制度、社会救济，解决了部分老人的养老问题，但覆盖面有待扩大。

为老人祝寿是子女、媳婿体现孝心的重要表现方式之一。民国时期，长辈生日，子女须备酒菜为老人"做生"，经济条件较好的家庭还要置办酒席请客。做生分"大生"（大寿）、"小生"（寒生），寿龄逢十做大生、其余年份做小生，大生须隆重庆祝。年龄越高做生越须隆重，届期亲友备贺寿礼物前往拜贺，出嫁女多做贺寿鞋、备贺寿衣（料）、贺寿帽及酒肉、寿面等礼物偕夫婿回娘家拜寿，若老人夫妇皆健在须为两老备鞋、衣等礼品。普通亲友多送鸡、蛋、面、酒等礼物。富裕家庭做大生，亲友除备常礼外，还常送寿联、寿屏、鞭炮等，大富家庭亦有送贺寿匾、烟花者。寿辰前夜，家人、至亲好友聚于堂屋敬祖先、放鞭炮或焰火庆贺，聚宴吃寿面、喝寿酒，俗称"寿宴"（喜宴）。寿辰日，于堂屋设寿堂，寿者（尊称"寿星"）夫妇并坐堂上，儿、媳及晚辈（已婚者为夫妻）依辈分、长幼秩序先后向寿者行跪拜礼或作揖、行鞠躬礼，堂外鸣鼓乐、鞭炮。主人要为来客备回礼，通常相当于送礼价值一半左右的相应礼品。80岁以上高龄的老人做寿，主人要准备大量碗作为寿碗，参加祝寿的客人多偷碗回家使用以求添福添寿，主人须视而不见、以碗被偷走为吉利，俗称"偷寿碗"。做寿有许多禁忌。做大生有"男做虚女做满"的习俗，即男人做大生忌在满十之年做生，以男人的阴阳属性为阳，"阳满则尽"，故男人"寿满则寿尽"，满十做生预示寿命将尽，因此男人多在虚岁为十之年做大生，如50大寿在满49岁之年做、60大寿在满59岁之年做；女人阴阳属性为阴，"阴不满则亏"，故女人"寿不满则亏"，不满十做大生预示将短寿，因而女人做大生在满十之年。如果寿者不在家或不愿做生，须事先告知亲友辞寿，民间认为倘若祝寿者在不知情状况下备礼前来祝寿而寿家不做寿（俗称"做空寿"），祝寿者家中将会发生灾祸。做寿宴忌用豆腐、白萝卜等白色食品做菜，因白色食品为丧宴食品，出现在寿宴中不吉利。祝寿者和寿者夫妻皆健在，须成双出现，忌单独出场，否则预示将落单成为孤寡。

中华人民共和国成立后的20世纪50~70年代，民间做寿风俗从简，机关单位职工几乎不再做寿，过生日多为子女、近亲、好友备普通礼品祝贺，不再举行祭祖、设寿宴、贺寿、送寿联寿匾、放烟火等传统寿仪。80年代中期以来，随着经济的发展，酒宴做寿的风俗再度盛行，祝寿礼金或礼品价值由10元逐步增加到近年的100元以至更高。寿礼流行送保健品、服装、水果、糖酒、香烟等，亦有送寿联、寿屏、花篮、生日蛋糕者。传统上小孩不做生，80年代普遍为独生子女做生，吃蛋糕、吹生日蜡烛，甚至举办酒宴请亲友共同为孩子祝贺。

藏、羌、彝、苗等民族及纳人皆保持尊老传统，老人在家中拥有崇高地位，在村寨中更是以年长者为尊，晚辈须高度尊敬老人，即使老人因年老不再从事具体家务劳动仍然为家庭"当家人"，家中重要事务通常须经老人同意。老年人日常生活多较清闲，除照看小孩外，家务通常由媳妇、女儿等承担。

第二节　交际习俗

一、见面礼俗

（一）汉族礼俗

民国时期，汉族人际交往重视言行礼貌，语言、礼仪注重尊老爱幼，忌不分老少、不看对象而言辞粗俗。熟人早晨见面须问"吃过早饭没有？""你早"，中午见面问"吃晌午没有？"，晚上见面问"吃宵夜没有？"。对方应面带笑容地轻声回答"吃过了"或"没有"。在其他时间相遇，多问"到哪里去？""做啥子？"或"从哪里来？""买（卖）啥子？"等，表示熟人、亲朋之间相互关心、问候之情。陌生人初次会面，经人介绍后互道"久仰久仰""幸会幸会""久闻大名"之类客套话，然后相互询问"府上哪里？""在哪里公干（高就）？""在哪里发财？"表示关心对方。分别时，互说"请了""再会""再见""慢走""保重"等表示良好愿望的话语。

民国初年，熟人相见常一边致问候一边以肢体语言表示见面心情，同辈人之间双手抱拳作拱（右手在内，左手在外）举于额前互致拱手礼，晚辈见长辈以双手五指交叉并合行作揖礼，大家妇女见面以双手微抱于右腰侧微晃并略向右前方躬身互致万福礼，熟人久违见面互相近前抱拳于胸前弯腰打躬作揖并互问"府上可好？"，回答"托福，托福，尊府呢？""彼此，彼此"以示亲切。20世纪20～30年代，熟人见面流行握手问好并简单叙谈。40年代流行鞠躬礼、脱帽礼、点头礼、握手礼，传统拱手礼、作揖礼、万福礼等逐渐消失。新中国成立后，人们相见普遍行点头礼或握手礼，互说"你好！"或问"到哪里去？"90年代以来，部分人见面恢复拱手礼，出现受佛教文化影响的双手合掌举于胸前致意的合十礼。

民国时期至70年代，晚辈、下属在途中遇尊长，须下马、下轿、下自行车问候，躬身致礼并立于路旁让道，不能埋头走过，更不能视而不见。平辈之间途中互相礼让，通常为空手让负重、路宽让路窄、下坡让上坡、健壮让病弱和妇孺。20世纪80年代，年轻人在途中让道的礼数逐渐淡薄。90年代以来，学校加强了尊老爱幼宣传教育，公交车上增设了老弱病残孕专座，提倡年轻人主动让座，年轻人的让座意识有所增强。

（二）藏族礼俗

藏族人际交往流行赠哈达表示祝福。哈达类似汉族历史上的礼帛，多用丝、麻织成带穗头的长、短带，越长越宽越显尊敬。其颜色分为白色和五彩（红、黄、绿、白、蓝）两种，质地分为普通阿喜（似纱网的粗绸布，长不足一米）、中档素喜（普通绸布，长约两米）、高档浪翠（高档宽幅丝绸带，长约三米，多织有佛教吉祥图案）。普通哈达和中档哈达多为白色（代表纯洁）麻织或丝质哈达（近年出现成本较低的机制纺绸化纤布哈达），用于敬献普通客人和贵客。高档五色哈达在佛教经典中解释为菩萨的服装，通常只用于敬神佛菩萨、活佛与高级僧侣，20世纪90年代以来有的地方亦用于赠给极为尊贵的客人。敬献哈达时须双手捧上。若对方为活佛高僧、长辈师尊、上级领导，敬献者须双手将哈达托举过头顶献给对方，接受敬献者可直立或端坐接受敬献，尊长无须回赠哈达；若为同辈、朋友，敬献者双手捧于胸前呈给对方，接受敬献者须站立并将身体略前倾，双手接过哈达或伸颈让敬献者将哈达绕搭于颈部至胸前下垂，为表示对主人的尊敬，客人应回敬事先准备的哈达。德高望重的活佛或尊长受礼后，出于对敬献者的尊重亦可将哈达回赠给敬献者，原敬献者须身体前倾用双手举过头顶接过挂在脖子上或伸颈接受、双手平伸行鞠躬礼或行合十礼表示感谢。接受的哈达应珍藏或高挂于室内洁净地方。

重大节日或喜庆场合，人们见面互道"扎西德勒"表示祝福。途中晚辈遇见长辈须低声问安，民国时期身份低者遇见身份高者须取下头帕或脱帽将辫子搭在肩上俯身45度、平伸双手行鞠躬礼表示敬意。途中遇见尊长须让道，尊长走在前面、晚辈和妇女走在后面，平辈则互让。若走过坐着的人面前，须弯腰一手提起长袍下脚，说声"对不起"并轻轻走过，以免灰尘脏污他人。日常熟人见面则互致问候，话家常诉别情，叙话越长越显亲切，但交谈中忌自吹自擂，独自滔滔不绝。20世纪90年代后，熟人见面多行握手礼。主人在家门前遇见路人经过，多主动向路人打招呼、致问候，甚至主动邀请客人到家里歇息喝茶、用餐以示热情。若路人向主人提出喝水、用餐要求，主人应热情相待。民国时期至70年代，牧区牧民与外界接触较少，若看见有远方路人经过帐篷前，主人多走出帐篷向远客热情地打招呼，邀请客人进帐休息喝茶、吃肉，甚至杀羊招待客人以示主人热情好客。

（三）彝族礼俗

彝族在途中遇见熟人须招呼、让路，不能埋头走过。途遇长辈须主动招呼并让于路的下方，待长者走过后再上路。骑马相遇须减速，右脚松出、收勒缰绳让长者先行。若马速太快来不及让路，须向对方致歉表示："马蹄失控了，对不起！"晚辈遇长者必须下马，长者骑马遇见晚辈可只说几句客气话而不下马。途中让路，通常为本地人让外来客人、年轻人让老年人、女人让男人、成人让小孩。

二、串门

汉族邻里之间，中老年女性喜串门闲聊。男性成家后，除邻居或朋友邀请外，不随便串门，尤忌对方男主人不在家时串门。即使到好友家，倘男主人不在，串门者须立即离开，否则易引起非议。人们普遍认为，好串门易引起邻居间的是非、家庭矛盾，女性是否好串门被看成衡量女性有无教养、丈夫是否善治家"管"住老婆的标准之一。好串门的女性被认为是好打听别家隐私、搬弄是非者，俗称"清十家排"。人们为避开邻里是非注重择邻而居，一些人遇邻里有多位"清十家排"不惜搬家躲避。小孩通常只到有小孩的人家串门，在吃午饭、晚饭时一般不到邻居家串门，否则会被认为是乞讨吃饭习惯，称"守嘴娃儿"。20世纪80年代以来，随着公寓式单元楼房的发展、电话的普及，传统的邻里串门习俗逐渐消失。

年节时亲友间储备礼物拜访走动俗称"走人户"。女人穿新衣并梳妆打扮，男人着新衣新帽（俗称"装舅子"），小孩亦要穿新衣、打扮整洁。至主人家，客人先向主人问好、致礼，送上礼品并说给主人家"拜年了！""贺喜了！"之类拜贺词。主人呈上烟、茶、糖果点心时，须起身或欠身致谢，以双手接物。男女主客不长时间独处一室。正规宴请，请尊长须主人亲往投书或口头邀请、请平辈则下请帖或带口信通知客人。客人接受邀请，根据宴会类别及与主人的交情置办礼物准时赴宴，忌迟迟不到使主人和其他客人久等，晚到的客人须向主人和早到的客人致歉。

农区的藏族、羌族和彝族聚居村寨，亲友邻里之间喜串门，老年喝茶闲聊、中青年男人饮酒聊天、妇女和大姑娘做手工聊天、儿童嬉戏玩耍，无特殊禁忌。牧区藏族在20世纪90年代前多以家庭为单位分散游牧，平时与外人接触极少，仅在传统节会期间聚会娱乐竞技。近年，因推行牧民定居，定居点的老年和儿童交往逐渐频繁，中青年交往亦有所增加。

三、待客

（一）汉族待客宾主多礼

汉族传统上注重待客之道。民国时期，贵客前来，主人应出门迎接；若为未约而至，则应起身迎接，并说"稀客、稀客，有失远迎，请里面坐"等客气话。主人须为客人递上烟、茶、水果、糕点，天热时则送上毛巾擦汗或打盆热水供客人洗脸擦汗，然后坐下一起叙事聊天。客人未吃饭，主人待客人坐下后，由主妇或仆人立即下厨生火做饭，视客人亲疏尊卑以肉食或杀鸡待客。长辈及贵客留宿，普通家庭的主人须将自己的房间让给客人、大富人家则安排客人在上房客房居住，以示尊敬。客人将离开，全家须热情挽留。客人属长辈，主人到门外立于右侧候请客人进屋，向长辈作揖，请客人上座，然后入旁坐敬茶；长辈离开时，主人再揖送于门外或村口上大路并目送一程。若为尊贵客人，主人亦须到门外立于右侧虚左迎请；客人离开时若鞠躬致谢，主人须直立致敬，再送客人出大门或村口上大路并目送一程。若客人为晚辈，主人可让人请其进屋，由晚辈客人向主人作一或三揖，主人坐上座或室内右侧，客人坐室内左侧，由与客人同辈的主人或仆人奉茶；客人离开时须向长辈主人一揖，同辈主人送至中庭或大门外，同辈主人向客人鞠躬后退回，客人直立受礼。若客人为女性，无论长幼，主人不出门迎送。

在家宴请客人，酒茶饭食须分量充足，有"请客无假意"俗语，若饭菜被客人吃光（俗称"碗底朝天"），会被认为主人吝啬。客人入座就餐，须正衣冠、直身端坐，忌双腿摆"八"字形、跷二郎腿、双手靠在桌面或邻座椅背上、随意脱衣解带、席间摆弄餐具及用筷子敲击碗盘，忌高声喧哗、时坐时立或随意离开。拈菜、喝酒须经主人和陪客相劝才能动手动口，若自行随意吃菜喝酒会被认为无教养、礼貌。席间，主人与其他客人交谈，应停食恭听、不随意插言；当话语转向自己时，须答语或点头示意。自己吃完后不能放下筷子立即离开，须将筷子并放在碗上并说"大家慢慢吃"，坐等同桌吃完后一起散席。若因急事须先走，应向同桌致歉并说明原因。家中吃饭时临时来客，须拿出家中最好的菜待客，有"多个人，多双筷子"俗语，吃饭时须向客人表示歉意：来不及准备，没什么好菜，招待不周，请原谅！并拈好菜放在客人碗中表示诚意。

中华人民共和国成立后的20世纪50年代，做客、待客皆较随便，但基本礼节、礼貌仍沿袭。60年代，因人们生活困难，请客、走人户者罕见。70年代，城乡待客仍较节俭，有酒、有肉即可。80年代，在家中请客或在饭馆包席皆以肉菜、普通酒为主。90年代，宴客以瓶装名酒、各种饮料、山珍海味、工艺菜、小吃为主，大肉菜较少，奢侈浪费风气弥漫。随着火锅、西餐的兴盛，请客吃火锅、西餐成为时尚。近年，高档请客流行吃中餐和西餐，赴宴主客皆注重衣着品质和整洁，女性普遍化妆出席。

（二）藏族待客主随客意

藏族迎客时常献上一条洁白的哈达表示真诚欢迎，若贵客远道而来须到村口迎候并献哈达、敬青稞咂酒，然后引领客人到家中上座，再次敬酒、献奶茶。客人饮完碗中酒、茶，主人立即斟满，客人须赞主人酒好、茶好，以多饮为敬，可随意自由取用。若客人不胜再饮，主人不劝饮。在牧区，若客人到，主人请客人进屋、入帐篷内，安排男客坐灶火右侧、女客坐灶火左侧，然后主人为客人献上酥油、糌粑、奶渣、手抓肉等食物。客人随个人喜好及食量尽情取用，主人不劝吃劝喝。

（三）羌族待客热情周到

羌族迎客礼俗，传统上与汉族大体相同。家有长辈及贵客到来，主人到村口亲迎。客人到家后，全家皆向客人行问候礼。主人将男客人安排到背对供奉祖先神龛的火塘上方上座及上方位左侧坐、女客人坐上方位右侧及下方位，呈上咂酒、糖果等招待客人。若客人远道而来，主妇立即生火为客人做饭，将家中存放已久的老猪膘腊肉拿出来款待客人（传统上以存放三年左右猪膘待客为最好，一是口感好，二是表示主人家富有）。饭后围着火塘饮咂酒聊天。夜间将主人的好床铺安排给客人住，主人须待客人入睡后再睡（老人除外）。次日清晨，主人须早于客人起床生火做饭，见客人起床后须主动向客人问候、询问夜间是否睡好。客人临走，全家人热情挽留。客人离开时，送至村口大路并目送一程。

羌族原无献礼迎客礼仪。20世纪90年代中期，受藏族献哈达礼仪的影响，将源于汉族为新郎新娘"披红"的习俗用于迎客礼仪，近年逐渐成为流行民俗"挂红"。羌族迎客挂红礼仪，多用三米左右长的红棉布或红绸布，由敬献者双手捧"红"，按照男左女右的佩戴方式，自客人右肩（男士）或左肩（女士）绕身体前胸后背至另一侧腰侧拴成结。主人为客人挂红之后，再为客人敬一碗（杯）咂酒或白酒。

（四）彝族待客杀牲示诚

彝族待客，远方贵客到来，主人须到村外路上迎接、唱酒歌敬酒，客人须下马、下车接酒满饮一杯，然后主人陪客人到家。若有陌生人到家门，来者都是客，按照"客人为大"的传统，主人只要知道有来客皆须将客人迎进家中热情接待。客人先在门外呼唤主人或问家里是否有人，有狗没有。在主人未出门迎接时不能直接进入室内，不能打主人的狗（打狗视为欺主）。主人出门见到客人，主动招呼"德胜啦！"（稀客，早上好）；客人礼貌回答，问主人："阿嫫阿依格啦啦（老婆娃儿都好吧）？"（主、客习惯问候语）主人将客人迎至火塘上方落座后，主人用双手为客人敬兰花烟、咂酒，若客人为长辈可不起身双手接烟、接酒碗，若客人为同辈或晚辈须起身双手接烟、接酒碗，以示对主人的尊重。贵客到家后，主人视客人尊贵程度分别宰杀牛羊猪鸡款待。主人为表示真诚，在宰杀前先将拟杀牲畜带到客人面前看过后再牵出宰杀。客人离开时，主人送客至大门外或村口大路上，若贵客众多，主人须骑马或驱车送一程，分别时再敬一杯离别酒、致祝福语。客人行出一程时，主人为客人鸣枪送行。

四、汉族交友与结拜

民国时期，四川各地汉族流行以磕头换帖、同饮血酒、对天盟誓等方式结拜异姓兄弟的习俗，俗称"拜把子"，以此方式结拜的兄弟称"把兄弟"。结拜兄弟之间，须互相帮扶、重结拜情义。四川汉族男子喜欢到茶馆喝茶，茶馆成为人们交友的重要场所。茶客通过互相攀谈结识，逐渐结交成友，有些人因性情相投、彼此相帮而最终拜把子成为结拜兄弟。四川下层民间袍哥组织遍布各地，地方行帮众多。袍哥重义，主张天下袍哥皆为异姓兄弟，须互相帮助。行帮组织因职业原因，主张同行相扶相帮。因而加入袍哥、行帮的人，彼此间成为好友者较多。中华人民共和国成立后，拜把子习俗逐渐消失。好友多为同学、同事、战友发展而成。

五、人际交往与馈赠

民国时期，亲友结婚、生子、做寿或新房落成、生意开张、节庆设宴请客及走人户，客人皆须携带礼物前往。礼品视主人家宴请原因而定，不能随意送，如送结婚礼品忌单数、白色礼品，赴丧忌送双数、红色礼品。常规礼品多送布料、点心、食品、土特产品，少数送钱，寿礼有送寿幛、寿匾的。

参加婚礼，传统上多送衣料、被面。中华人民共和国成立后，20世纪50年代初城镇多送学习用具，农村多送生产工具。后来又流行送水瓶、茶壶、碗碟、锅桶、脸盆、痰盂等生活用品。70年代末80年代初，流行送衣料、布料、被面、床单。80年代以后，普遍购专用囍字红纸封装现金，于婚礼当日送到新郎新娘手中。

赶丧礼、吊唁，民国时期多送挽联、现金、香蜡、纸钱，20世纪50年代参加吊唁送花圈和现金。70年代末80年代初流行送布料、被面、床单等，俗称"祭幛"。90年代以来，赴丧礼、吊唁多送花圈、现金，同事家有丧事流行大家凑份子钱。

参加贺寿，民国时期多送鸡、鸡蛋、衣料、猪肉、挂面（俗称"长寿面"）、糕点，亦有送礼金、寿匾者，若送匾须举行挂匾仪式。客人离开时，主人通常须回赠猪肉、挂面等；若寿者为高寿，主人家准备绘有"松鹤图""寿"字的寿碗或印有祝寿词的寿巾送给客人同享福寿。20世纪50~70年代，做寿从简。80年代以来，做寿氛围日益浓厚，客人多送现金、衣物、花瓶为礼。

成都客家人喜送匾，凡新屋落成、婚娶、做寿、小儿做周岁等，亲友皆购送长方形玻璃镜框画匾祝贺。匾的画面内容据主人家的宴请原因而定，如结婚送"七仙女下嫁董永""梁山伯与祝英台",生日送"寿星捧桃",小儿周岁送"麒麟送子",吃"圆屋酒"送"海市蜃楼"等。川西平原部分农村,女婿在婚后第二个端午节时,须备九个粽子、九个盐蛋、两瓶酒与妻子回岳父母家过节,岳父母受礼后须赠给女婿一把新伞,让其打伞回家,寓意庇护女婿、望婆家照顾媳妇。成都龙泉驿区柏合镇一带,女婿探望岳父母,岳父母须送一对精编草帽给女婿,因而常以"某人拿草帽去了"代指女婿到岳父母家,以致有"去柏合赶场——取草帽子"的歇后语。

日常社交探望、托人办事、节庆拜访等亦流行送礼。20世纪80年代以前,日常交际多送食品、点心或土特产品,托人办事多送好烟好酒、手表,90年代以来多送礼金。探望病人,80年代以前多送水果罐头、营养品,90年代后多送水果、花篮、营养品、保健用品等。年节期间,儿子媳妇、女儿女婿回家探望老人须带礼物,亲友互拜亦须送礼。不同节日送礼有别,如春节前送年货,春节期间送年画、楹联、挂历、礼金,中秋送月饼、水果等。祝寿多送鲜花、水果、礼金,一度流行送保健书籍。乔迁新居,多送字画、家居装饰品。小孩生日、六一儿童节,家长、亲友多为孩子送成套的儿童书籍、光碟、玩具、礼金。90年代,家人、友人生日,曾流行在电视或电台点播一首祝福歌曲、发礼仪电报、通过邮政送鲜花表达心愿。近年,通过快递公司在年节、生日时为亲友送土特产、送工艺礼品、打礼仪电话、手机抢红包等方式逐渐流行。

藏族流行喜庆送礼,传统礼品多为酥油、奶渣、糌粑、茶叶等食物,收受礼物的家庭通常加倍还礼。近年送礼金逐渐流行。

第十章 婚丧习俗

第一节　婚姻

一、婚姻形态

（一）形式多样的汉族婚姻

民国时期，民间流行男人结婚为传宗接代续香火，女人结婚为生活有依靠，有"嫁汉，嫁汉，穿衣吃饭"俗语。儿女婚姻遵"父母之命，媒妁之言"，重门当户对，有"篾门对篾门、板门对板门"俗语。表亲之间的近亲通婚较多，同姓同宗不通婚。流行订娃娃亲、指腹为婚（生为异性结为夫妻，同性结为兄弟或姊妹），也有养童养媳者（儿子在几岁时即为其娶十多岁的姑娘为妻）。

男人娶妻，普通家庭多为一夫一妻，富裕家庭则有一夫多妻者。娶妻经媒人说合下聘并择吉日迎娶。原配妻子无生育或无子，丈夫可纳妾生子以传宗接代。娶妻讲究"明媒正娶"。纳妾有请媒说合聘娶者，亦有收丫头为妾者，或用金钱购买者、以权势霸占者。有纳一妾者，亦有纳多妾者。妾在家中身份较低，结婚时须向丈夫及其正房妻子行跪拜礼。城镇中部分知识青年追求婚姻自由，但受家庭和社会舆论影响，自由恋爱成婚者较少，农村则保持传统风俗。婚后，妻妾住夫家并改随夫姓，夫死以守寡为妇道。丧妻再娶称"续弦"，续弦妻子称"填房"。寡妇再婚，有"头嫁由父母，二嫁由自身"习俗，再嫁或招赘无限制。

民国时期还流行入赘习俗，俗称"上门""抱儿子"。入赘者多签订"抱约"，改从女家姓（在女家姓及字辈后用本人姓），并规定3~5年内乃至永不还宗，生子亦从女家姓以传续女家香火，因而入赘在社会舆论中受歧视。有个别家庭将儿子全部入赘他家，将女儿留在家中招上门女婿。个别地区有转房习俗，兄终弟及娶寡嫂，弟死则兄纳弟妇，姐死则由妹"填房"。

1950年颁布的《中华人民共和国婚姻法》规定实行一夫一妻制，包办婚姻、强制婚姻、一夫多妻被取消，自由恋爱、男到女家、夫住妻家和妻不随夫姓、寡妇再嫁逐渐增多，近亲通婚减少。80年代提倡计划生育以来，一对夫妻只生一个小孩；禁止近亲结婚。

（二）多种形态并存的藏族婚姻

民国时期，藏族普通家庭以一夫一妻制为主，存在极少数兄弟共妻的一妻多夫和姐妹共夫的一夫多妻现象。兄弟共妻多为避徭役或避免家庭财产及劳动力分散。土司、头人等上层贵族普遍为一夫多妻，也有一夫一妻者。一夫多妻上门入赘较流行，入赘女婿享有与家人同等社会地位和权利。牧区藏族近亲结婚较少。嘉绒藏族地区近亲结婚较为普遍，个别地方至20世纪70年代仍有舅舅与侄女结婚的"亲上加亲"现象。农区个别地方（如壤塘县宗科乡、道孚县与炉霍县之间的上下扎巴乡等）有走婚习俗，俗称"爬墙子"。男女双方婚姻以自由恋爱为主，部分地方有抢婚习俗和土司享有女人结婚初夜权的习俗。青年男女在婚前社交自由，婚后妻子须守贞操、男子不受限制，一些地方的男子以一生中谁拥有过的女人多少作为本事大小的象征。婚后一般不能轻易离婚，但离婚再嫁或寡妇再嫁不受限制。康巴、安多、嘉绒等地区的藏族与汉族等民族通婚者较多，康巴、嘉绒尤以女子嫁汉人为荣，喜招赘汉人为婿。

白马藏族实行一夫一妻制及族内婚（不与其他藏族及汉族等通婚），婚姻多由父母包办，姑表婚优先、同姓可通婚，流行定娃娃亲，亦有自由恋爱结婚者。提亲通常由男方家出面，若招赘则由女家提亲。离婚可由男方提出，女方不能提出离婚，离婚后双方可重新结婚。提出离婚须有正当理由，输理者须赔大笔财产，因而离婚极少。婚后一方死亡，另一方守孝三年后可再婚。女方再婚不能带走小孩和财产。

（三）同于汉族的羌族婚姻

民国时期，羌族婚姻形式与汉族基本相同，普遍实行一夫一妻制，个别富裕者亦有一夫多妻。贫家有上门入赘者，有个别婚后上门者，上门普遍受歧视。婚姻由父母包办，按照"父母之命，媒妁之言"的传统进行下聘礼定亲、择吉日成亲。流行定娃娃亲、指腹为婚、招童养媳。盛行亲上加亲的近亲通婚，有兄弟妻室在丈夫死后转房的习俗。

（四）一夫一妻的彝族婚姻

民国时期，彝族普遍实行一夫一妻制，个别家庭因妻子无生育能力及富家亦有一夫多妻者，有丈夫死后妻子转房给丈夫兄弟者。普遍实行族内"等级内婚、家支外婚、姨表不婚、姑舅表优先婚"的联姻制度。婚事由父母包办、不能自由恋爱结婚，须经说媒、下聘礼订婚，最后择吉日结婚。流行买卖婚。婚龄一般都在17岁以上，男性一般逢双岁，女性一般逢单岁为好，有极少数不足10岁结婚者。

（五）结婚走婚并存的纳人婚姻

民国时期，盐源泸沽湖的纳人多种婚姻形式并存。普通家庭多实行走婚，贵族多实行一夫一妻婚姻，土司为一夫多妻。一些家庭因子女少，亦实行结婚，女方住到男家或男方住到女家。实行走婚的家庭，男女恋爱后，由男方带上糖果等礼品到女方家敬灶神和祖先，女方家人将男方所送礼品分送给邻里亲友并告知礼品为何人所送，以隐晦的方式向大家表明自己的女儿与某男已形成婚姻关系（纳人传统"害羞"，凡涉及个人情感婚姻问题不直接明言说出，采用暗示、隐喻、旁言方式传达信息）。走婚关系确定后，男女双方白天各自在自己家（母亲家）与兄弟姐妹在一起生活劳动，夜间男子到女家约会，男女双方无共同财产、各自抚养兄弟姐妹的子女，农忙及有事时男方到女家帮忙或女方到男方家帮忙。走婚关系以感情为基础进行维系，多数相守终身，中途分手极少。若感情破裂，自行分手，原有走婚关系解除后可另行择偶。男女在确立走婚关系后，一般不轻易分家另行组建家庭，分家被视为家庭不和睦的表现并会受到非议。

中华人民共和国成立后，四川民族地区经过民主改革，实行一夫一妻制，包办婚姻、买卖婚姻、指腹为婚、招童养媳、童婚等被废除，一夫多妻、走婚逐渐消失，但近亲通婚在较长时期内仍然流行。20世纪80年代以来，近亲通婚基本消失，纳人走婚有所恢复，部分藏族地区出现一夫多妻现象。

二、恋爱习俗

（一）汉族从媒妁之言到自由恋爱

汉族俗称恋爱为"耍朋友"。民国时期，婚姻多为父母包办、由媒人说亲。在城镇，提亲时双方家长、媒人、当事人多相约到茶铺喝茶，让青年男女见面（多为隔座观看而不直接接触）。在农村，青年男女在婚前多未谋面，全凭媒人说合，因而夫妻感情多自婚后开始逐渐培养。即使自小认识，往往只能暗中相恋，若父母不同意则不能成婚，因而即使为暗中恋爱也不能在公开场合表现出来，成都郫县有这样一首民歌："哥也乖来妹也乖，赶场上街两不挨。有情装作无情样，就是神仙也难猜。"城镇中的部分青年大学生因受新思想影响，追求自由恋爱，但在家庭和社会传统观念制约下也多须经父母同意。

中华人民共和国成立后，恋爱自由、婚姻自主受到法律保护。城乡男女多在18~20岁以后恋爱、结婚。择偶标准，20世纪50年代农村女青年爱慕民兵英雄、劳动模范，男子选择勤劳朴实、有一定文化、善持家务者；城市女青年首选劳动模范、干部、军人及国营企业工人。70年代，政府提倡晚婚、晚育，男女多在25岁左右恋爱、结婚，择偶标准以城镇国营企业职工和农村知识青年最受欢迎。80年代，注重挑选对方文化程度、地位、经济条件、外貌和身高、健康状况，城镇还考虑是否为城镇户口、工作单位好坏；农村的女青年首选农技员、科技员和中学以上文化程度的男青年。90年代，男女青年普遍在18岁左右谈恋爱，男方主要选女方外貌，女方主要选男方经济条件，中年富翁娶年轻女性逐渐增多。近年，城镇中择偶首先注重身份、经济条件，多数女青年首先考虑男青年是否有房有车，男子则考虑女性相貌，是否温柔与善于持家，中年男性娶年轻女性已较为普遍；农村女青年亦注重男方家庭经济条件及男方是否能挣钱养家，男子则注重女方是否身体健康、善于持家。

20世纪80年代以来，城市中逐渐流行通过婚姻介绍所公开征婚进行恋爱交往。近年，城市青年通过相亲活动、互联网交友、父母代为相亲建立恋爱关系者日益增多。

（二）藏族盛行自由恋爱

藏族青年男女以自由恋爱为主，择偶重相貌、个人才能，多通过集体歌舞娱乐活动、竞技活动、节会活动等相识，双方倾慕则互换信物进行交往。农区藏族多通过跳锅庄、对山歌唱情歌等方式认识并进一步交往成为恋人。松潘、九寨沟地区的藏族未婚青年流行"抢帽子"习俗，男子在娱乐活动中对某女子有好感，通过抢走女子身上的某件佩戴物品（帽子或头帕、围巾等），引被抢的女子讨要自己的被抢物品，双方中意则协商约会时间、地点。若被抢女青年已有对象、父母禁止其交往而请求男方谅解，男方须将所抢物品归还。姑娘应约外出约会，常约请几位同村女伴随行，到村寨外与男子会面后，选择树林、崖穴、草料房之类地点，双方以对唱情歌方式加深感情、诉说衷情，男方以歌求婚。若不满意女方，可将所抢物品主动归还。女方不愿意再与男方约会，可由自己或托家人、朋友取回被抢物品。男女相恋可自行订婚，订婚前不能同居。订婚后，男方须征求父母同意，再请喇嘛卜卦合婚，若卜卦结果不吉利，须请喇嘛念经消灾。婚事确定后，男女互换一件首饰作为信物，此后不再与其他男女交往。若解除婚约，须将订婚时互换的信物退还对方。90年代后，男女约会已极少对歌，多直接交谈。

（三）彝族父母包办与自由恋爱并行

彝族青年的婚姻传统上由父母包办、媒人说合。但一些地方青年男女通过节庆活动唱山歌、跳锅庄认识而私下恋爱者亦较常见。尤其是火把节当夜，青年男女往往在举火把转山观星过程中相约至僻静处倾诉爱慕之情。男方表达情意后，若女方亦对男方心生爱慕，则在男方手上咬一口，咬得越重表示情意越深，然后双方交换耳环、绣帕等信物，表示永结同心。若姑娘拒绝或已有意中人，则轻咬一口。80年代后，自由恋爱者日益增多，但结婚仍普遍征求父母同意、由父母托媒说亲、择日成亲。

（四）纳人恋爱自由注重感情

泸沽湖的摩梭人，在举行"穿裤""穿裙"礼后即可参加集体歌舞聚会等社交活动，与异性孩子一起娱乐玩耍。随着年龄的增长，男女双方产生情意，开始自由恋爱，通常在18岁左右成年之后才走婚或结婚。纳人注重个人感情，大多终身相伴、爱恋一生。

三、婚仪

（一）汉族婚仪程序多

民国时期，汉族民间婚仪多沿袭传统的纳彩、问名、纳吉、纳征、请期、亲迎"六礼"古制，富家尤为盛行，礼仪形式与清代晚期基本相同。在婚礼进行过程中，各地流行哭嫁、回车马、添箱、贺新郎、拜堂与闹洞房、回门等习俗。其中许多习俗至今在部分农村仍然流行。

1. 哭嫁

广泛流行于四川汉族地区农村。新娘通常在出嫁前三日亲友邻里送礼起，开始边哭边唱（多为七言四句一段格式，前三句念白、最后一句唱词）。哭嫁由新娘主哭，同时邀请近亲好友陪哭，内容以难忘父母养育之恩、兄弟姐妹之情及骂媒婆为主。婚礼前夕，一些地方新娘与陪哭者须通宵哭唱。在南充、广安地区，新娘出嫁前一天女家置酒席酬谢、辞别亲友邻里，新娘当众唱嫁歌，表达感恩父母长辈之情、诉说友情及出嫁缘由，俗称"坐歌堂"。新娘在歌词中唱到与亲友的情意时，唱到谁则谁向新娘所在的桌上丢"压箱钱"，至三更慢慢散去。在川南宜宾地区，一些地方新娘哭嫁少则一天一夜，则五六天。哭嫁歌内容包括"哭父母""哭哥嫂""哭伯叔""哭姐妹"（以上表达恩情友情）、"哭媒人"（骂媒人害己出嫁）、"哭梳头""哭戴花""哭辞祖宗""哭辞爹娘""哭上轿"（以上表达离别情），等等。哭嫁歌有"十二月花""四季花开"形式，哭时或将内容用数字连缀起来哭（一哭什么、二哭什么……），或想到什么哭什么。每段哭唱内容或长或短（新娘可自己临时填词增减内容），唱词押韵上口。到出嫁日，新娘出闺阁、出门、上轿皆要哭，上轿后继续哭至途中过小溪河流为止（见水止哭）。哭声婉转悲切，往往催人泪下。

2. 回车马

送亲和迎亲队伍、新娘花轿到男方家大门外停下后，新娘先不下轿。由男方在大门前设一张祭桌，以一块猪肘、一只雄鸡和一升米为祭品。司仪燃香烛拜祝祭酒，边作揖边向彩轿撒米送伴随新娘而来看热闹的鬼魂返回，口中同时念诵祝词："吉日良辰，天地开张，新人已到，车马还乡。"念毕，由男方所请伴娘（多为贤德多子中老年妇女或聪慧贤德的姑娘）扶新娘下轿入正房拜堂。

3. 添箱

新娘出嫁，除家里准备一套嫁妆外，亲友和新娘的闺蜜皆要送被盖、毛毯、毛巾、镜子、热水瓶、洗脸盆、化妆品之类礼品。女家须至少准备一口红木箱、一口皮箱用于盛装礼品，俗称"添箱"。

4. 贺新郎

新娘上轿时，男方家里要为新郎打扮，须边打扮边说唱贺词，俗称"贺新郎"。仪式内容包括开场、插花、披红（或称挂红、拴红）三个步骤。说唱词各地不尽相同。通常开场词表示对新郎的恭喜、祝其与新娘天长地久，为新郎插花时多调侃新郎娶了新娘后怕老婆而不怕爹娘，插花后为新郎披红（通常用九尺长红绸布）时则祝福新郎前程远大、家庭和睦、夫妻长命百岁、早生贵子、孝顺父母等。

5. 拜堂与闹洞房

新郎新娘按照选定的吉时拜堂（多在午前举行，亦有在下午举行者）。在吹鼓手演奏的欢快乐曲声中，司仪先后宣布"升舆""停舆""卷帘""出舆""踏宅""登毡"，新娘由伴娘扶出，新娘跨火盆或米筛后步入正堂（花堂）。新郎、新娘分立正堂后部拜桌前（桌上方设天地君亲师或祖先神位，父母端坐拜桌两侧）铺设的大红地毯上左右相对而立，在司仪主持下"一拜天地"（跪拜）、"二拜高堂"（跪拜）、"夫妻对拜"（稽拜）。拜毕，司仪宣布"夫妻双双入洞房"。新郎一手执"长命宝贵灯"（或由童儿提灯前导）、一手与新娘共携红绸缎进入洞房。洞房内红烛高照，新娘进房后坐到新床上，新郎为新娘揭开盖头，二人同饮交杯酒后，出洞房拜客。先拜长辈，长辈须给赏钱，晚辈小孩则可上前向新娘讨喜钱。新郎新娘入洞房后，男家即开始进行婚宴、请宾客吃喜酒。喜酒多为十几桌，多者上百桌。中午开席者，傍晚亦再摆酒席。席间，新郎、新娘在父母带领下向客人逐一敬酒。

晚间，由贤德多子女的妇女铺床，床上撒枣子、花生、桂圆、李子等，边铺边念："铺床铺床，儿孙满堂，先生贵子，后生姑娘。"入夜，除祖父母、父母外，男女老少亲友围着新郎新娘闹洞房，有的农村甚至全村男女老少皆参加。新郎新娘同坐一张凳子，客人或说吉言祝福，或调侃调笑新人，或让新娘唱歌跳舞，或故意为难新人乃至恶作剧，让新人难堪，以新娘害羞为乐，老少皆可如此放肆而无须顾忌身份，有"三天无大小（老少）"俗语。闹洞房多至深夜结束，一些地区则流行闹通宵，以闹得厉害为吉利。

次日清晨，新婚夫妇到父母房中请安，一些地方在早饭后新人还须到家族长辈老人家中拜访问安。婚礼结束，新婚夫妇须备礼品礼金酬谢媒人。

6. 回门

新婚第三天，新婚夫妇须备礼一起返女家看望女方父母，俗称"回门""回娘家"。若回门日为单日须在娘家住一宿，若为双日则当天返回。一些地方，新娘在婚后第七天由娘家兄弟接回家中住十天，然后由丈夫接回家，俗称"回七"；亦有在第九天回娘家住九天再由丈夫接回者，俗称"耍九"。丈夫接妻子回家，须带礼物三催三请，岳父母家设宴款待，新婚夫妇须在散席前辞行并赶在星月出现前回家，以防将灾星带回家。女婿临行时，岳父母须回送女婿礼物。

从提亲至回门，通常还有访人户、请多子多福中老年妇女铺新床、父母对子女进行婚前教育、用细瓷碗回送亲友客人（俗称"打发客人"）等，有些地方还有开脸绾髻、踩斗、听房等程序。从迎亲至回门，男方家须准备若干礼封，如敬神礼、梳头礼、离娘礼、步行礼、上轿礼、开箱礼、铺床礼，等等，用于酬谢帮忙的相关人员。

中华人民共和国成立后，青年男女自由恋爱或经人介绍交往，实行登记结婚，合八字、看人、报期、哭嫁、坐花轿、拜堂及送彩礼、下聘、定亲等逐渐

川西乡村婚礼办流水席

废弃，婚期多选择在劳动节、国庆节、中秋节、元旦节、春节或逢双日，双方或一方馈赠礼物多为自愿。有部分家庭办酒席宴请亲友公开婚姻关系，亦有照订婚相者，流行在临近结婚前照结婚照。机关单位干部职工婚仪普遍从简，以散发糖果为主，称"新事新办"。农村结婚时接亲以步行为主，20世纪60~70年代流行搭载自行车或拖拉机。结婚仪式向父母、来宾、夫妻双方行鞠躬礼，闹新房以文明方式的热闹为主。80年代以来，算命、合八字、择期等活动日益增多，男方须向女方送彩礼，从60年代的普通衣料到70年代的手表、自行车、缝纫机、收音机等（俗称"三转一响"），到80年代的"四大件（电视机、收录机、电风扇、电冰箱）""三十六条腿（一套组合家具）"，再到90年代的组合音响、高级毛料、金戒指、金项链、金耳环等，近年更有送车、送房者，彩礼越来越高档。80年代后，传统的走访亲友访人户改由双方父或母到对方家看家，然后在媒人提婚后双方约时间约地点看人。一些农村逐渐恢复了请期、过礼习俗。办婚宴风气日益浓厚，用小汽车迎亲从城镇逐渐扩展到农村，迎亲车辆多由数辆小车组成迎亲队。出现"旅行结婚""集体婚礼"等新婚俗。"旅行结婚"者多不回门。90年代以来，操办婚礼多交由婚庆公司或宾馆酒楼办理，婚庆公司根据客户要求选择中式或西式婚礼模式安排仪式，负责为新人拍婚纱照制作相册、摄录婚庆全过程影像并制作光盘、邀请宾客及接待来宾、布置婚庆场所、主持婚礼、安排喜宴等相关工作。

（二）藏族婚仪重祝福

藏族男女普遍实行自由恋爱，双方互换信物订婚后，即可请喇嘛卜卦、择吉日举行婚礼。牧区多在白天举行，农区多在傍晚举行。牧区藏族婚礼较为简易，婚礼当天新郎和新娘的亲友队伍分别带上为新郎、新娘准备的半顶牛毛帐篷和部分基本生产、生活用品，分别将半顶帐篷撑起并合成一顶帐篷，为新郎、新娘搭设起一个新家，然后双方亲友向新娘、新郎撒龙达祝福，婚礼即告完成。然后亲友相聚歌舞、将事先准备的食物拿出享用。

嘉绒藏族婚礼前一夜称"花夜",新郎在家里接受亲友祝福,俗称"圭红"。结婚之日,新郎在多名亲友陪同下前往女方家迎亲(有的地方新郎不亲迎),同时带上一匹供新娘乘坐的马(流行带白马或怀孕的母马)。迎亲队伍到达后,新娘接受父母祝福,再由兄弟背出寨子,在舅舅或兄弟、女友伴娘陪伴下随迎亲队伍到新郎家,同时带上哈达、青稞酒、糖果之类礼品,新娘亲友邻里到村口送行。迎、送亲队伍到达新郎家村口时,新郎村寨的亲友邻居到路旁迎接并向新人祝福,新娘家人散喜糖表示感谢。在迎亲队伍出发后,男方家请村寨德高望重的老人用白灰在大门外画上吉祥图案或在门前铺一块带有吉祥图案的白色毡垫,末端放一满桶清水,象征吉祥如意、美满幸福。当新娘下马时双脚落在吉祥图案上。有舅舅陪送者,由舅舅祷告神灵。然后由领路人引进房中客厅。前来参加婚礼的人们,为新人献哈达、送礼物祝福。亲友们跳锅庄、喝咂酒或聊天欢庆娱乐。有些地方新娘进门后,由伴娘陪同坐在新房内不出房门见客,有事交给伴娘办理。有些地方新郎须自己找出混在几位装束完全相同、盖着红头巾的伴娘中的新娘,解开红头巾后新娘与前来参加婚礼的新郎亲友见面。当天晚上亲友离开后,新郎与新娘不能同房,新娘由伴娘陪同。次日一早(或三天后),新娘与舅舅、兄弟、伴娘等一同返回娘家居住。此后,丈夫在农忙时到女方家帮忙,妻子生子女后再带孩子到丈夫家长期居住。20世纪90年代以来,男女举行婚礼后,女方直接留住男家已较为普遍。

　　白马藏人订婚后,双方家庭即可商议择期结婚。九寨沟县的白马藏人,当女方年15~16岁时,男方家每年向女家送一罐酒、半边猪,持续2~3年。男方在最后一次须杀整猪并洗净送给女家,富家还送犏牛或羊。婚礼由巫师白莫或道士确定吉日(多在腊月或正月,以正月初三最吉利)。婚礼当天,或由男方家请两个未婚姑娘到女家迎亲,或由新郎在亲友陪同下前往迎亲。新娘由舅舅、舅妈及未婚伴娘陪送骑马到新郎家。新郎家设宴宴请全寨人,各家均向新娘送礼(如粮食、肉类、腰带等)。婚礼由白莫主持,宾客分男女坐于火塘左右。新郎(或与新娘一起)先向贵客、长辈、岳父母敬酒,当众表示今后如何孝敬岳父母,众长辈向新人祝福。然后由白莫举行敬神、祝福新人仪式。仪式结束,宾客饮酒、唱酒歌、跳圆圈舞,连续庆贺三天三夜。

　　(三)羌族婚仪颇重财礼

　　羌族婚姻礼仪程序总体上与汉族基本相同,但颇重财礼。有的地方订婚须经吃"开口酒""小定酒""大定酒"三道程序。定亲时,男方先请媒人到女方家提亲，女方家长同意则选择日期由男方到女方家办酒席请客，称"开口酒"（许口酒）。席间，双方议定聘金数目。数月后，男家再到女家送部分彩礼、备酒席招待近亲，称"小定酒"。双方商定具体结婚日期，男方设宴请女方亲友并交清聘礼（包括奉送岳母的一份银钱）。

结婚仪式包括"女花夜""正宴"及"谢客"三道程序。婚礼前夜，女方亲友前往女家庆贺、送礼，女家备咂酒招待客人、唱歌庆贺，称"女花夜"。婚礼当天，男方家备三匹马前往新娘家迎亲，新娘乘骑一匹、另两匹供伴娘乘骑。新娘身着婚服，由兄弟背出大门上马，新娘"哭嫁"。父母将专为新郎做的鞋袜等塞进背篼让女儿带到男家。新娘启行，送亲队吹唢呐送行，送亲者背箱抬柜送新娘。途中经过亲戚家门由亲戚设茶席、备糕点水果招待。新娘到男家村寨，全寨人至村口迎接。新娘到男家，新郎家须给伴娘和牵马人下马钱让新娘下马。新郎在门口地上撒把米、厨师宰杀只雄鸡并将鸡血洒于大门上避邪，新娘、新郎进屋抢坐家里准备的招待宾客的宴席上席。新郎、新娘入洞房后，宾客开始吃"坝坝宴"，边吃喝、边歌舞，先唱"赞新娘"酒歌赞颂新娘美貌（从头唱到脚下）、后唱"赞新郎"称赞新郎端庄能干，一直歌舞到深夜或通宵，俗称"正宴"。次日，主人再备中午和晚席"谢客"。婚后第三天，新郎在弟兄陪同下背酒肉送新娘回娘家，新郎住1～2日返回，新娘住数日至数月乃至1～3年后，再由丈夫接回。

（四）彝族婚仪重送亲

凉山彝族婚仪包括订婚、迎亲、婚礼三个仪式，皆要进行泼水、抹锅烟、杀猪宰羊宴请活动。订婚前通常由男方托媒人前往女方家提亲，女方家同意并协商好条件后举行订婚仪式。订婚仪式，当男方代表到达时，女方家妇女及前来帮忙的邻居妇女涌上前向客人身上泼水、往脸上抹黑锅烟，直至客人进屋后停止。然后向客人敬坨坨烧肉和酒，客人双手接过，先喝酒再吃烧肉，喝完杯中酒表示为好汉、吃完盘中肉则表示属狗熊。客人喝酒尝肉后，拿出定亲礼钱（多为与"九"有关的单数）放入端茶的木盘中，然后站起来双手递给主人并致祝词。然后请毕摩看双方属相是否相合、测算结婚吉日。迎亲前夜，寨中女人们着新衣至新娘家打扮新娘、唱送亲歌《惹打》（留住），新娘唱"哭嫁歌"，表达对父母恩情的感激和不忍离别的心情。婚礼当天，新娘重新梳妆打扮、头上蒙绣花巾或花帕，由表兄弟背出门，在舅舅、兄弟等男性亲友护送下骑马至新郎家。新娘路经侄女家，侄女须在路上为新娘敬油炒饭、向送亲者敬酒。送亲队伍到达新郎家后，主人家为客人敬酒接风，女人们向送亲的客人泼水并在混乱中让表兄弟将新娘背进房中，主人家的主妇在门槛前迎接并扯去新娘的红头绳，由毕摩念经驱邪，新娘入新房。客人按辈分依次入座，七八人围成一圈席地而坐，新娘与背自己的表兄弟一起单独用餐。婚宴后，宾主饮酒、智力竞赛和竞技娱乐，小孩则围观新娘，热闹至深夜或通宵。婚礼次日，新郎家向新娘的舅舅、兄弟等赠猪头和酒品礼物表示敬重，新娘与送亲队伍一起回娘家（称"回门"）。过一段时间后，新郎家再派人接新娘到家，从此一起生活。

（五）苗族婚仪可"偷亲"

川南苗族流行独特的"偷亲"婚俗。青年男女相爱并互赠信物定情后，若女方舍不得女儿出嫁，男方就采取"偷亲"办法。"偷亲"当晚，女方先将自己的日常用品拿到村外藏起来，然后在家等待男方。入夜，男方邀好友同到女方家"坐妹"（谈恋爱），至深夜男方告辞，女方假装送行，与男方到村外取出藏匿物品同到男家。次日，女方父母得知女儿被"偷走"。第三天，新郎托一位德高望重的老人带鸡、鸭、蛋赴女方家向其父母告罪道歉。若女方父母收下礼物，则商议婚礼事宜；若拒绝收礼，则不再举行婚礼而一起生活（中华人民共和国成立后直接到政府进行婚姻登记）。此种"偷亲"婚俗，至今仍有沿袭。

（六）土家族婚仪重哭嫁

土家族姑娘流行哭嫁。婚礼前三日，新娘在闺房中设桌置茶，邀多名未出嫁的亲友邻居姑娘围坐唱"哭嫁歌"。新娘居中（称"包席"），右为"安席"、左为"收席"。由新娘先哭唱，然后自安席依次接着哭唱，连续哭唱三天三夜，直至婚礼当天出门。哭嫁歌曲调有一定韵律，新娘须事先学习。歌词内容多即席而作，见娘哭娘、见婶哭婶，亦有哭唱传统哭词如"比古人""共房哭""十画""十绣""十二月"等。哭时以"嗡""蛮""啊呀呀"为语气词加重悲切感。

四、退婚、离婚

民国时期，退婚极为罕见，赖婚时有发生。20世纪30年代后开始出现因某种原因经调解获得双方同意而退婚，由女方退还男方聘礼。30年代前，民间沿袭"嫁鸡随鸡，嫁狗随狗"传统礼俗，夫妻离异多为男子以妻子犯"不顺父母、无子、淫、妒、有恶疾、盗窃、口多言"等"七出"为由而休妻。30年代后，出现妇女因受夫家虐待而向法院申诉予以判决离婚者或女方娘家请乡保、宗族等出面调解离婚者。中华人民共和国成立后，实行男女平等，终止恋爱关系俗称"吹了"。若男方主动终止，赠予女方钱物多不退；若女方提出终止，多退还男方赠予。原有父母包办或强迫成婚者，夫妻自愿申请离婚，多由人民法院（庭）判决离婚或由夫妻双方协议后到政府婚姻登记部门办理离婚手续，妇女离婚不再受歧视。

五、再婚

民国时期，丈夫丧妻再娶称"续弦"，续弦之妻俗称"填房"。妻子丧夫再婚称"改嫁"。民间流行观念认为，男子续弦为合情合理，女子改嫁为"不守妇道"并受到社会歧视，夫家宗族和娘家认为改嫁将使他们蒙羞，有"好马不配两鞍，好女不嫁二夫"俗语及"二婚嫂走过的田埂，青草都不长"民谚，故改嫁者极少。

贫家夫死，寡妇为谋生被迫改嫁，须写契约（俗称"写婚书"）。寡妇改嫁无陪嫁，不能请客、设酒宴、敲锣鼓、放鞭炮，须在夜晚由偏僻处坐二人抬的小轿到男家，有"过婚嫂（后婚嫂），连夜说起连夜讨"俗语。改嫁前，寡妇须祭奠亡夫了尽夫妻恩情，到后夫家须洗澡更衣之后才能拜堂。若为"填房"，须到后夫的前妻灵前叩拜。随母前往继父家的子女备受歧视。若改嫁后新夫再亡，会被认为该女人"八字硬""克夫命"，再改嫁极为困难。

中华人民共和国成立后，寡妇再婚受法律保护、不再受到社会歧视。

六、特殊旧婚俗

民国时期，民间有童养媳婚或小女婿婚、冲喜婚、冥婚、望（过）门寡婚、嫁生人妻、抢婚等多种特殊婚姻形式，1950年《中华人民共和国婚姻法》颁布后被废除。

（一）童养媳婚、小女婿婚

一些家庭条件较好者，为童年儿子娶贫家女为妻，俗称"童养媳"。丈夫与妻子，通常为女大男小，有"18女儿9岁男"民谣。待小丈夫成人后，举行完婚仪式，新娘称"梳头"。有的家庭则为女儿招童儿为丈夫，俗称"小女婿"，亦待童儿成年后与女儿完婚。

彝族"里泼"人流行童子婚习俗。孩子在7~8岁时议婚，先征求舅舅、亲族意见，然后男方家请媒人到女方家提亲。女方父母与亲族商议同意后，媒人携礼至女家，讨回女孩生辰八字，请毕摩或道士推算，若不相克，媒人带男孩、携礼品到女方家请岳父母及亲族相亲、订婚。待女子12~18岁时出嫁，年幼者先出嫁、待成年后再圆房。

（二）冲喜婚

未婚夫久病或病危时，男方请算命先生择吉日将未婚妻迎娶过门用喜事冲煞。若新郎病重不能拜堂，由新娘抱一只红公鸡代替新郎拜堂。若丈夫婚后死去，名义上的妻子多终身守寡。

（三）冥婚

订婚双方一方死去，死者家制作一纸人，上写生者姓名并焚烧，代替生者到阴间与死者成亲。或未婚夫死去，未婚妻过门抱灵牌拜堂完婚。若订婚双方先后皆亡，经双方父母协商将二人合葬一坟，俗称"结鬼夫妻"。

（四）望（过）门寡婚

订婚后，未婚夫亡故，未婚妻到未婚夫家守寡，称"过门寡"。未婚妻在娘家居住，不再另择婚配，称"望门寡"。

（五）嫁生人妻

由丈夫或其家人做主将妻子另嫁，抵债给债主或转给他人换取钱财的卖妻恶行，称"嫁生人妻"。嫁妻时无仪式，女子由偏僻处坐小轿离开。卖妻者多为无赖、懒汉，须"写婚书"并在婚书上留下"脚模手印"，右手模印的五指间隙写"心甘情愿"四字。被卖的妻子往往临到对方即将来接人时（黄昏或夜间）才知道，哭闹着被人抬走。

（六）抢婚

藏、羌、彝等民族部分地区有抢婚习俗。男方求婚遭拒绝，邀亲友至女方村寨，乘女子在外劳动或外出时将其"抢"回家成亲，次日男子带礼品到女家再求婚，因木已成舟，女方多只好答应。女子不愿意，可偷跑回家，男方不予追究。亦有两名男子同时喜欢一名女子，一方采取抢亲方式将女子抢回家成亲，另一方或放弃或邀亲友将女方抢回成亲。抢婚可抢姑娘，亦可抢寡妇。

第二节　丧葬

民国时期，汉族民间普遍实行土葬，盛行厚葬风俗，有"死人不吃饭，家当去一半"俗语，普通人家为厚葬老人而至家庭贫困者屡见不鲜。20世纪80年代以后，城镇地区按照国家殡葬规定普遍实行火葬。民族地区除土葬、火葬外，还盛行天葬、水葬、塔葬、崖穴葬、树葬等形式。

一、备丧

汉族备丧，俗称"备后事"，多由子女备办，亦有老人自备。备丧即在老人生前先选好生基（葬地）、备好丧葬用的寿棺（棺材）、寿服（衣服）、陪葬物品等。寿棺木料首选西昌地区出产的建昌板棺（尤以地下埋藏年久而耐腐的阴沉木为佳，富豪、高官多使用），次为洪雅产香杉棺（以木质细密、花纹美观受中等家庭欢迎），再次为柏木棺（普通家庭多使用），最低级的用普通杉木、杂木棺（为仅能容身的简陋木板棺，俗称"火匣子"）。棺材等级以六面皆用整木料制作的四梗最好，棺木用土漆漆成内红外黑，存放在家中待用。生基墓穴选址被认为事关子孙兴衰，皆先请风水先生打罗盘选址，以地势较高、向阳、背风、地下水位低、土壤干燥且环境左高右低、前有低地乃至横向低山（案山）后有靠山之地为风水宝地。葬于家族墓地，亦请风水先生看下葬位置、朝向、方位角度。寿衣用棉布（寓意"绵延不断"）、锦料（以"衣锦"寓意富贵），忌用动物皮毛（寓意死者来生会变牲畜）、缎料（以缎子与"断子"谐音会导致断子绝孙）。凉山彝族在40岁左右就开始准备寿衣，用黑、蓝、白三种颜色布料制作，忌用红、黄两种颜色布料。

中华人民共和国成立后，20世纪50～70年代丧葬流行薄葬，择葬地、选生基等习俗仅在部分山区农村保存，通常只备普通棺材、衣物。80年代以来实行火葬，通常只准备办丧事所需资金和死者穿戴衣物，山区农村仍有备普通棺材行土葬者。

二、初丧礼

民国时期，当老人病危时，儿女及孙辈得知消息皆须到老人身边守候等待诀别，俗称"送终"，以为吉利和孝行。在外地的子孙得知老人临终或去世消息后日夜兼程赶回家中送终或凭吊，俗称"奔丧"。赶回时老人已断气，被责为不孝表现，子孙须跪在大门外接受父母或族中长辈责打后才能进屋，或跨过横放在大门前的一条板凳进门（俗称"翻墙入室"）。一些地方在老人弥留之际，请剃头匠为老人剃去头发，以

汉族乡村办丧事亲人为死者戴孝

免老人牵挂不能随灵魂而去的头发留在世间而久久不能断气离世。老人死后，亲人立即举哀痛哭、烧倒头纸、放落气鞭炮、在房顶揭开几片瓦开天窗让灵魂升天（或称"出煞气"），然后为死者合眼闭口、用温水净尸、整容、换衣，俗称"小殓"。尸体入殓流行"含殓"，即在死者口中放入少许银圆、碎银、硬币之类银钱，让死者在阴间不缺钱用；或口含金玉以使尸体不腐、灵魂有归附躯体；或含陈艾、茶叶等物。接着，全家人着成服戴孝，用白纸覆盖门神及其他彩绘图案，将门联换成白纸孝联等表示家中带孝。尸体仰卧放入棺材停放在堂屋中，以白布（纸）覆面或覆盖全身，棺前脚端下方用清油盛入碗盏中点长明灯，脚捆绑脚索，晾尸1～3天。

　　布置灵堂，汉族流行设灵位牌、挂遗像供亲友凭吊，灵堂竖招魂幡，门楣贴白纸孝联等。灵堂搭设好后，由聘请的道士或端公（数人至数十人不等）做法事开路（开灵），或由和尚做法事念经超度。直系近亲晚辈女性在守灵、出殡时须为死者哭丧表示哀悼，俗称"号丧"。哭诉内容多追忆死者生前辛劳功德、悔恨未对死者尽到应有孝心等，哭诉多有一定调式、富于节奏感。丧事期间，死者亲友包孝帕、穿孝衣孝鞋，称"成服""成孝"。正孝子（多子之家为长子）服重孝，除穿孝衣孝鞋包孝帕外，须戴麻冠、着麻布背心、拴麻腰带。正孝子的孝帕同于棺材长度，其他近亲孝帕长五尺，普通亲友的孝帕长三尺三寸（俗称"板凳孝"）。亲人到齐后，合家举哀进行遗体告别（俗称"开奠"），然后封闭棺盖，俗称"封棺""大殓"。

　　在死者去世后，家人须立即将死者逝世消息及祭、葬时间等通知死者族人亲友，俗称"报丧"，有口头报丧、"下报书"报丧、贴讣告等形式，有的家庭报丧分两次（死者死亡后立即报死讯，确定祭、葬时间后再报第二次）。报丧先报死者族人，有"男死有家门，母死有娘舅"俗语。富家除口头或下报书报丧外，多同时张贴讣告。亲友接报丧后，按时前往死者灵堂吊唁，备香、

蜡、纸钱、鞭炮及挽联、丝棉被等祭礼，有的还送纸扎陪灵童、金银山等。丧家对前来吊丧的五房内近亲每人发一张系有一小段红头绳的孝帕，未婚女婿或侄女婿等外姓近亲则发六尺红布（绸）佩戴以避秽气。自20世纪30年代起，在城镇开始出现送花圈、臂戴黑纱（称"手孝"）或佩白色胸花祭奠。

中华人民共和国成立后，20世纪50年代丧仪从简，成服多只包孝帕。至60年代，人死后家人直接进行小殓、哭丧，待亲友到齐告别遗体大殓。单位职工死亡，由单位发讣告报丧、抽调人员协助办理丧事，城乡居民多口头报丧。丧家及凭吊亲友多臂戴黑纱或胸别白纸花，送现金、花圈、布料（称"祭幛"）等祭礼。70年代推行火葬，遗体告别和哭拜多在尸体送火化间之前进行。80年代以来，农村普遍恢复民国时期的丧仪旧俗并蔓延至城镇居民中，机关单位仍丧事简办。亲友凭吊多送现金、花圈及毛毯、锦缎被单、布料、毛料等物。

藏族认为人怎样来到世上就怎样离开，在死者刚死而尸体未僵之前，将尸体裸身用绳带捆缚成埋头于膝、双手交叉于腿中的婴儿在胎腹中状或绑成蹲坐状，再用白布将尸体裹好，用香柏枝水轻轻擦洗死者全身，然后合眼闭嘴。

羌族初丧礼仪与汉族基本相同。流行在人死后请巫师端公或阴阳先生看风水选墓地，推算下葬时间。

彝族在老人临终前即为其穿寿衣，将人身体定型为抱膝于怀的"弓"形并闭眼合口，流行"含殓"（多在死者口中放一小块金、银或硬币，让死者的灵魂不会因缺钱而索财害人）。尸体停放在正屋右上方或火塘客位的停尸架上，男人卧左侧、女性卧右侧，杀一只公羊为牲置于尸架下（有的地方还放一个铁铧头、杀一只小猪为牲），烤羊肾和肝并炒面、鸡蛋、酒等敬献死者。甘洛一带则将蜷曲的尸体盛装打扮后蹲坐于墙脚如活人闭目养神，其面前置放烧肉和酒献祭。尸体上架后，通知村邻围着尸架大哭号丧，忆生前情谊、为死者祝福。丧家派口齿伶俐者到死者家族报丧，死者亲人接到报丧后召集人马组成队伍并带牛、羊、祭幛、酒、枪弹等奔丧，死者儿女献祭牺牲、祭幛的数量由死者生前遗言或由长子确定基数，可多不可少。

三、祭奠

（一）超度亡魂

民国时期，汉族流行请道士或端公、和尚在灵堂为死者做法事超度亡魂，俗称"做道场"。做道场规模大小不一，多请数名道士或端公做3天或5天、7

天法事,俗称"上山道场"(小道场)。富豪之家大办丧事,多请数十名儒、释、道士做七七道场(49天)乃至九九道场(81天,冬季),称"水陆道场"(大道场),儒生赞礼、和尚与道士分别设坛或轮流念经做法事消罪免灾。停尸时间与道场时间相同,富家在夏季做七七道场时多因天热而致尸体腐烂恶臭,尸体腐烂被认为不吉(死者魂魄将无依附、不利生人),以致有的因天热出现尸体发臭现象即临时压缩时间改为三七(21天)或五七(35天)道场者。做道场期间,每日三餐向死者灵位献食,孝子随坛跪拜,女眷早晚哭灵。贫家多请三名左右道士或端公念1天或3天经超度亡魂,俗称"敲铛铛""念梆邦经"。

藏族流行请喇嘛在家中经堂诵经祭奠,在神案上点若干个大小酥油灯祭奠亡灵。尸体多在家停放3天或5天、7天(天热停3天,天凉则多停),富家请喇嘛诵念49天经则尸体停放相同天数。喇嘛诵经时,亲友在遗体前叩头、诵念箴言。祭奠毕,亲友聚集,请活佛、喇嘛或本教住持为死者念佛教六字箴言(音:嗡嘛呢叭咪吽)或本教八字箴言(音:嗡嘛智弥耶萨来都),丧家须煮米肉饭、散发糖果等向亲友布施及向寺院布施以替死者积德行善,以布施的钱财越多为吉并表示家人对死者的孝心。

羌族多请巫师、端公念经送魂、跳神捉鬼驱邪(羌端公法事)或做3、5、7天道场(汉端公法事),或请喇嘛念3、5、7天经超度亡魂。彝族土葬须设灵堂,请毕摩念经做3、7、9天斋祭为死者招魂、驱邪、送魂,杀公猪、公羊、雄鸡为牲。土家族请道士做3、5、7天道场,包括下柳床、开路、荐亡、交牲、上熟、散花辞解、解灯、打烧棺、辞灵、扫堂等程序,死者亲属披麻戴孝,跟随道士行丧礼,邀请亲友邻居唱孝歌、跳丧凭吊死者。人们将参加跳丧看成送人

羌族保留着受汉文化影响的穿孝服哭丧习俗(唐光孝 摄)

羌族巫师为死者做法事超度（唐光孝 摄）

情，有"把不起耙把送不起情，跳一夜丧鼓送人情"俗语。

中华人民共和国成立后，汉族地区宗教活动停止，做道场几乎绝迹。民族地区请巫师、僧人做法事习俗仍然保存。20世纪80年代以来，丧家请道士、和尚念经做道场超度亡魂、驱邪消罪曾有恢复，但遗体送殡仪馆，做道场多在家中、庭院所设灵堂进行，至火化日到火葬场超度至火化结束。做七七道场者，在火化之后继续以骨灰盒设灵堂进行超度。

（二）亲友祭奠

亲友祭奠分家祭与客祭二种。家祭在超度结束后由死者子女亲人及其眷属进行。民国时期，富家多请塾师或地方名儒担任礼生指导行初献读祝、亚献讲书和终献歌诗的"三献"礼。行礼前，丧家先请人从孝子角度撰写祭文（哀章、祝文），于灵前设受食位、读祝位、奏楼台、告牌亭、拜跪位等。献礼时，由礼生引导孝子到受食灵位前敬献香、帛、酒（爵）、馔，其余行孝众人随孝子磕头并长跪俯伏至礼毕。读祝（读祭文）内容述颂死者经历与生前辛劳德绩，多用朗朗上口、催人动情的短句韵文。讲书由礼生或请专人选讲《四书》《礼记》中有关孝道章节或二十四孝故事，多联系实际宣扬行孝、贬斥忤逆。歌诗（唱挽歌）内容较多，《诗经·小雅·蓼莪诗》1、2、3和卒章为必唱，唱腔悲切如哭如泣。除三献礼外，亦有行侑食礼（由亡者长孙主祭祖父母）和闭歌礼（亚献毕，熄灯烛片刻，再点燃行终献礼）者。侑食礼除献食、读祝、讲书外，须朗诵晋人李密《陈情表》。

客祭在家祭后或次日上午举行，系专为外姓亲友举行的凭吊祭礼，亲友邻里陆续送挽联、礼金、香、蜡、纸钱等祭品并至灵前凭吊。20世纪30年代，城镇开始兴起送花圈吊丧。凭吊时，亲友至灵柩前焚香叩拜三次，丧家女眷跪于两侧哭泣，孝子跪在一旁回谢。丧家对凭吊亲友不迎不送。凭吊者忌穿戴红色等鲜艳服装饰物和嬉笑打闹。参加凭吊者，近亲发孝帕一张，用红头绳拴在一个角上避免秽气。设专人负责登记、收受客人丧礼（包括姓名、礼金、物品），以便回请宴客。

中华人民共和国成立后丧事从简，家祭行三献礼、侑食礼、闭歇礼和客祭礼的民俗俗消失。机关单位死人，在家中或单位开追悼会缅怀死者。亲友、单位领导和同事多送花圈、礼金。20世纪80年代，祭礼多送布料、被面、床单等祭幛。单位同事多凑份子钱作为礼金，或个人送祭幛、单位送花圈。农村恢复送香、蜡、纸钱，出现送纸扎金银锭、电视、手表、寿衣、"冥通银行"纸钱等冥品习俗并迅速蔓延至城镇，包孝帕亦再度出现。亲朋致悼词，简述死者生平、赞颂其生前品德作风。有举哀、默哀程序，最后由家属对凭吊者致谢词。80年代中期，各地农村逐渐恢复三献礼祭俗，出现兼职做三献礼代写祭文者，与道士、吹鼓手、纸货匠结伙承揽丧事，根据丧家要求收取费用。城镇单位办丧事多从简，有生前立遗嘱不开追悼会者。90年代以来，3日守灵期间，丧家多备几桌麻将让客人边守灵边消磨时间，并准备消夜待客，俗称"打丧火"。同时，兴起专业丧事行业为丧家搭建守灵棚屋、开展丧事有关服务，纸扎冥品出现楼房、小车、电脑、音响、各种家电品等，"冥通银行"纸钱出现从百元到万亿的多种面额，美元、英镑、港币等外币冥品亦出现。

四、形形色色的各族葬礼

（一）汉族葬礼

民国时期，出殡俗称"出丧"，具体时间由阴阳先生或道士、端公按死者生卒时间推定。出殡当日，丧家请抬棺、敲锣、吹唢呐、打旗打伞，乃至专业哭丧者组成出殡队伍。抬棺用抬杠，称"龙杠"或"丧杠"，普通家庭多请8人抬，富家多请16人抬。正孝子或正孝孙（长孙）捧灵位跪于灵前，道士或端公做法事、用雄鸡滴血于棺材周围后将鸡绑于棺盖上。出殡队伍启程赴墓地时，鼓乐鞭炮齐鸣，俗称"发轫"。发轫时间据出大门至墓地完成下棺时间确定（俗以阴间在午时闭门，下棺须在午时之前完成）。出殡队伍以道士或端公撒呼龙米及打旗锣幡伞、放鞭炮、撒买路钱、吹唢呐者为前导，捧灵的正孝子或正孝孙、持戳丧棒和引魂幡的孝子在棺木前，棺材队居中，棺材后为孝眷、亲友、执事人等。路遇庙宇、桥梁，烧香焚帛（纸钱）、放鞭炮敬拜，沿途边走边撒买路钱。

出殡当日清晨，挖墓穴者在阴阳先生指挥下先挖好墓穴，俗称"开金井"。然后烧柏枝暖穴。送殡队至墓地，下棺于穴内，取出烧倒头纸和路引纸的纸灰（事先用白布包好）随棺埋葬，立即覆土垒坟，孝男孝妇跪于墓前号丧。坟垒好后，将引魂幡插于坟顶，孝男孝妇再拜，燃鞭炮、焚花圈、脱孝服，直系亲属及其眷属继续缠孝帕或戴黑纱。有的地方在安葬时，死者亲属手捧泥土掷下，然后一起转身避开送葬原路跑回家，以最先跑回家中者最有福气，留下数人继续完成垒坟。送葬者返回，至大门前从柏枝火堆上跨过驱秽，然后大家围桌吃最后一次斋饭。当天下午或傍晚，烧灵房及纸扎冥器，俗称"倒火场"。安葬毕，富家请道士或端公做安神谢土法事，撤出家中所有举丧之物恢复往日布设，在大门上方贴一方红纸，丧事完毕。下葬3日后，家人备香蜡、雄鸡、刀头到墓地祭拜并培土，俗称"复山"。有的地方在下葬3日内每天午后或黄昏时在坟侧焚烧稻草辫或草把（俗称"火烟包"）暖坟。此后，还有烧百期、守孝、除灵等礼俗，富家做百日道场或除服道场等。有的家庭为选墓地风水，多次迁葬（俗称"撵龙"），下葬年久者用陶坛拣骨迁葬称"拣筋"，拣筋须在坟头罩布单以防止死者灵魂见天日而魂飞魄散。

从死者死亡之日起，每7天烧一次纸钱祭奠亡魂，俗称"烧七"，连烧7次共49天。在此期间，由道士或端公测算某日为死者灵魂回家日期，俗称"回煞""回殃"。届时，家人在死者房中备酒食、撒草木灰于地，紧闭大门，在大门外顺房檐斜放一两根贴纸钱的竹竿（每隔数寸贴一张纸钱）为"天梯"，供魂灵回家。家中除死者的住房门外，其余房间门楣皆挂红布、用红纸封固灶门，以防鬼魂进入。同时，用陶罐或碗装一个熟鸡蛋放于门角贿赂押解鬼卒，让亲人的魂灵在家中多逗留一个时辰至午时结束（阴间闭门时）。清晨，全家人离家回避，俗称"躲煞"。午时后回煞时间过，家人燃鞭炮、敲锣惊走鬼魂再入户。家人验看地上草木灰上是否有印迹留下，若有则说明死者灵魂已返回过，若无则要另测日子再次迎请死者亡魂。

中华人民共和国成立后葬事从简，撵龙、守孝、除服等旧俗消失，发矧、撒呼龙米、撒买路钱、安神谢土、烧七、回煞、做百期道场等旧俗逐渐废弃。20世纪80年代城镇普遍实行火葬，人们改将死者尸体火化时间安排在中午12点（午时）之前，火化时亲友在殡仪馆或火葬场固定地点燃鞭炮、焚花圈和纸冥器及死者身前喜爱穿的衣物等。尸体火化后的骨灰盛装在骨灰盒（坛、罐）内临时寄放殡仪馆，择吉日入土安葬。农村一度恢复发矧、撒呼龙米、撒买路钱、烧灵房、烧七、回煞、复山等旧俗。

（二）藏族葬礼

藏族牧区人员正常死亡行天葬。由喇嘛煨桑、念经后，施行葬礼，以让死者灵魂升天。

活佛、堪布及贵族、名人在卜卦测定的圣洁高地行火葬，农区患传染病、被杀、上吊、坠崖、溺水等非正常死亡者在地势较低的不净之地行火葬。清晨天亮之前出殡，由一人背或二至四人抬棺木（长方形薄木板棺）至火葬场，一位喇嘛在前开路，送葬者随行护送。到火葬场后，解开死者绳索布带，将尸体和棺木头向西方或西南方放在已架好的柴堆上，为尸体、棺木浇上酥油点火焚化。火化开始，多位喇嘛盘坐在一侧高声诵经超度死者，送葬者高声诵念六字真言或八字真言（本教信众），将抬棺用木杆及其他用具投入火堆烧掉。火化时，以火旺、尸体尽化为灰为吉。火化毕，收拣骨灰到高山风大处顺风抛撒，或至河岸、桥头抛入水中，或装入陶罐埋于地下。活佛、堪布火化后，骨灰装在精制的瓷坛或小木箱内，建造灵塔封藏塔中。亦有在著名活佛圆寂后，将尸体盘坐、洗净，用香药涂在遗体上、装入腹腔内将遗体风干，置于灵塔中供奉。全寺僧人（包括下属分寺全体僧人）、信众参加举行隆重葬仪。灵塔包括贴金箔、银、铜、木、泥石及三合土建造多种，其体量大小据活佛地位高低确定，以方形或六边形石泥结构灵塔最为常见。

农区藏族正常死亡的男女行土葬，埋葬在村寨外山坡上的家族墓地中，男性埋葬位置多在坎上、女性多在坎下。因民间认为在春季行火葬，火葬的黑烟会覆盖庄稼上空而影响庄稼生长，因而非正常死亡者在此季节亦行土葬或水葬，行土葬者不入家族墓地，选择偏僻荒野埋葬。下葬时，请喇嘛念经超度、家人参加并撒龙达送魂，以土石掩埋于地下。嘉绒藏族个别地方将死者蜷曲的裸身遗体盛于仅容身体的木板匣棺中竖埋于土坑内，死者有若蹲坐坑中。

春季非正常死亡者及儿童、乞丐、地位卑微者亦行水葬。水葬时，将尸体曲身装入木匣，抬至江河急流处，打破木匣投入水中随水流冲走，或将尸按关节肢解投入水中，或用白布裹尸将整尸投入江中，让游鱼将尸体吃掉。水葬毕，在岸边插一杆经幡祭奠死者。此外，一些地方非正常死亡者还有崖穴葬，即将死者棺木放置于崖穴。白玉县山岩村儿童死后实行树葬，将儿童装入小棺中挂在树林内。

丧葬仪式后，死者家人在房前屋后和葬地周围插经幡祭奠和超度死者灵魂、避邪禳灾。参加念经的僧人，按时间长短付给报酬。为让死者灵魂早日升天，家人代死者向寺院布施积功德，富家多布施牛、马、金银首饰，贫家多布施酥油、糌粑、茶叶等。若死者绝嗣或长期在寺内生活，其财产经族长或亲戚出面与寺院商议，全部捐给寺院，由寺院为死者念经、操办丧事。每年忌日，家属请喇嘛为死者念经，为父母念经尤为隆重，以示不忘恩情。

（三）羌族葬礼

民国时期，羌族普遍土葬与火葬并行，许多村寨皆有家族火坟或村寨集体火坟，老人遗言行火葬则行火葬，中青年凶死者、患传染病病死和其他非正常死亡者亦实行火葬，至20世纪90年代通常只有个别按老人遗言行火葬者。3岁内夭折的幼儿实行崖葬，用蜂桶或简易小木箱装殓置于崖穴。

土葬习俗因受汉文化影响而与汉族基本相同。火葬在家族或寨子确定的火坟场、火坟墙或火葬坑架柴焚烧。遗体或用白布包裹直接架于柴堆上烧，或装殓于薄木板棺（火匣子）中架于柴堆上烧，柴火由全寨各家提供（每家一捆），由舅父点火。端公做法事打羊皮鼓跳神，念经捉鬼、驱邪。死者亲属和送葬者跪在周边号哭，唱丧歌、跳丧舞、喝咂酒与死者永诀。焚化后，或收骨灰盛于小匣内葬入火坟，或埋于地下，或封于崖穴，亦有就地将骨灰掩埋者。葬礼后，请端公向山神、土地神还愿，卜算死者灵魂回煞时间并超度亡魂，以免其灵魂为祸亲友邻里，孝子3天内亦不能到村寨其他人家走动。

（四）彝族葬礼

彝族普遍实行火葬，各家支或村寨共用一个火葬地。同一家支成员死亡，在可能条件下皆送到家支火葬地焚烧，或将骨灰送往同一崖穴中安放。出殡时备一匹马牵到火葬地后放掉，以让死者灵魂骑马回到天国。由专人实施火葬，将尸体放在架好的柴上焚烧。骨灰由负责烧尸的人拣入一个小布袋中撒到竹林中去（表示死者的肉体与大地同眠，死者的后代像竹笋般成长），或火化3天后由死者亲属拣骨灰，就地取土石盖埋并掩以树枝或将骨灰装入袋中用马驮于崖穴安葬。对于难产、自杀、坠崖、他杀等凶死者，火化后骨灰葬于路边下方。婴儿死后挖坑站埋于果树下，以示其魂可以摘食。

火葬前一天，亲友村邻聚于丧家屋外设吊丧场。各路奔丧队到达能看见吊丧场的山顶或垭口时鸣枪告示丧家，丧家亦鸣枪回应。死者亲人着盛装走在奔丧队前号丧，中队挥刀呼喊跳跃前行，后为牛羊等供牲、祭篷、祭旗及随行人马，末尾为鸣枪队。奔丧队聚集到吊丧场凭吊，毕摩做"净化"法事为死者灵魂除污去病，然后念"指路经"为灵魂指路归天，吊丧者列队面向尸架、后者右手搭前者肩上随毕摩唱经节奏摇摆应和。年轻人多到赛马场赛马或开展摔跤、爬树干等竞技活动及赛歌活动，以欢乐方式为死者送行。晚饭后，人们歌舞娱乐至后半夜乃至通宵，年轻人多借此机会进行社交活动。

丧葬日凌晨，死者婿家备柴架柴堆。清晨举行移尸仪式，鸣枪三响后将尸架抬出停尸棚，亲友围尸号哭，尸架旁燃两堆火分别为死者取暖（防归途受冷）、为活人取暖饮酒，毕摩为死者唱送魂经。太阳升起照到尸体后，亲友号哭诀别。从丧家引出两火把、抬尸架，亲友猛烈鸣枪为死者开路。距葬地不远处尸架停下，待送葬者返回后再将尸架抬上柴堆，主烧人解开覆盖在尸体上的祭幛布带并将尸体俯卧。点火焚烧后，以第一缕烟直升天空为吉，若飘向某方向则预示该方向将会死人。丧家送一腿羊肉、一坛酒和一个烧荞粑供烧尸人在焚尸期间饮食。尸体须烧净，不能有残骨，否则视为不能归天而会变鬼害人。烧毕，通报家属查验。

烧尸之时，全体吊丧者聚坐于清晨停尸处前，面向火葬场、背对死者家分食丧餐。主持人宣布"圆满了"，鸣枪表示葬礼结束。最后，由丧家德高望重者总结丧事并当众宣布杀牲喝酒数量、收到的祭棚祭幛及各家所带供品。

五、汉族的守孝民俗

民国时期，受新思想影响，汉族服丧礼仪逐渐从简，守孝时间流行守百日。死者百日祭当晚，于死者灵前点香蜡祭拜，称"烧百期"。百期过即可除孝，恢复正常生活。亦有极少数按古礼为父母守孝三年者。有的农村家庭在墓地搭棚，家人日夜轮流值守（称"守丧"），守百日乃至一至三年者皆有，守丧期满时请道士或端公念经一天并焚烧全部祭奠品"除灵"。守孝期内，孝男着素衣，不婚嫁、禁游乐、节酒食，称"服丧"。此后，每年于死者生日和忌辰祭奠。20世纪50年代后，丧事通常在死者下葬后即除服，个别继续服丧者属个人行为。

第十一章 信仰习俗

第一节 自然崇拜与祖先崇拜

一、自然崇拜

从民国时期至今，民族地区普遍盛行万物有灵的自然崇拜，对自然界各种神灵的信仰成为其宗教信仰的重要内容。

（一）藏族崇拜神山圣湖与神灵

藏族民间盛行对天上的日月、星辰、雷电、冰雹和对大地上的山川、岩石、草木、动物等的自然崇拜，尤其对山神极为崇拜。无论信奉本教还是藏传佛教，皆认为高山之巅为神灵聚居之地，各地大小高山皆为大小山神的住处。人们对山神敬畏有加，认为村寨人畜平安主要由山神保佑，山神所在的高山成为民间崇奉的神山。神山分村寨神山、大小区域性神山，山神也相应分等级，不同等级的山神法力不同。有的神山因与传说中的英雄、高僧相联系，更加充满神秘，受到远近众多民众的崇拜。敬山神有祭拜奇特山石、建石塔插经幡、垒嘛呢堆、拜神树、转神山朝拜等多种方式，以转神山朝拜最为隆重、独具特色。藏族地区有一些影响较大的神山，人们相信朝拜神山可获得山神保佑，满足一切愿望。如嘉绒地区的墨尔多山为嘉绒地区的总神山（神为女神），统领着嘉绒地区各大小神山。每年墨尔多山神生日，许多远道前往的人们围绕神山转圈念经、叩拜。人们相信转山一周相当于念经十三亿遍，可实现今世一切夙愿，来世可超凡脱俗，最终圆满升天。

除了神山崇拜，还盛行圣湖崇拜。人们认为圣湖是生命之源，湖中的女神可保佑世人身体健康、满足人们的心愿，禁止在湖中洗浴、抛撒污物。同时，人们还认为河、

藏族盛行万物有灵原始宗教信仰，遍布各地的大小神山皆受到民众的虔诚敬奉

湖、水塘中皆有水神，因而在水边石头上刻真言或在水边插挂经幡祈福。白马藏人在藏历新年初一凌晨鸡鸣时，各家还在门前燃一堆火敬水神祈丰收，到河湖或水塘里取水在屋里洒新水、唱《洒水歌》祈水供水。

农区藏族还盛行牦牛崇拜，牦牛头骨、牛角往往被作为灵物供奉，许多村寨的护法神也为牛头人身形象。嘉绒人以传说中牛头人身的英雄额尔冬生日为过年之日，过年时要祭祀额尔冬，甚至用面制作牛首人身像供在家中神主位上。冕宁每隔十三年还要举行为期三天的"祭牛王会"。

白马人崇尚黑天神叶西纳蒙（亦是平武白马18寨总山神），俗称"白马老爷"，其配偶为地母霞古若卓。不仅每年农历四月十八、七月十五、十月十五皆要祭祀，而且每三年举行一次大祭，发生冰雹亦要择吉日祭祀。各寨还有自己的山神，各有祭日。遇自然灾害，还择吉日祭祀风、雨、雷等自然神祇。

（二）羌族崇拜天地山神与白石

羌族盛行自然崇拜，常拜的自然神即有30多种，包括天神、日、月、星辰、风、雨、雷、山、树、岩、地、水、火等自然神，猪、牛、羊、马、狗、鸡等六畜神，还有祖先神（角角神）、男人神、女人神等12家神，五谷神、青苗土地神等农业神，石匠神、铁匠神、木匠神等工匠神和建筑神（柱柱神、宅神）、地方神（社神）、寨神，等等。天神包括20多个太阳神，由4个女太阳神组成最高议事会，由天王木比塔总领众男女天神分司各职，主宰着世间万物。山神保护着村寨人畜平安兴旺，树神保护林间动植物和人在森林中的安全、关联人的生命，祖先神护佑子孙，男、女神护佑男人和女人并主掌男人和女人事务，劳动神主管相关劳动事务，牛神和羊神保佑牛羊兴旺、为神提供祭品、为人提供衣食和劳力。各种神灵各有职责，因而受到不同祭祀。其中最受崇尚的为天神、山神，其次为家神。

羌族尚白，认为天神等各种神灵多寄身于白石中，因而以白石代表神加以供奉。白石供奉的位置、使用功能不同，代表的神灵不同。如供在房顶和塔子顶的白石代表天神，供在山王塔上的白石代表山神，供在正房墙角的白石代表家神，供在耕地中的白

羌族盛行古老的天神和神山崇拜。图为羌族群众在老人带领下到神山上的山神塔前祭祀祈福

石代表土地神等。正月初一出门，回家时抱一块白石代表接回了财神，春节期间走亲访友时捡一块白石带去相送表示送财神到家。天旱时以白石浸泡水中求雨、天涝时以白石入火烧烤祈晴，则以白石代表雨神。人畜生病，用白石祛秽愈疾，白石又具有了医药神的功能。

羌族以火塘（锅庄）象征火神，以火塘三足（有铜、铁质三足架或三块成三角形安放的支锅石）的三只足分别代表祖先神、男人神和女人神。火塘终年不能断火，忌用脚踩踏或放置、烘烤污物触怒神灵而不利主人。

羌族每年皆举行祭山会（或称朝山会、山王会、转山会）祭祀天神、山神，感谢神恩并祈求新一年风调雨顺、五谷丰登。各寨祭山时间不一，农历二月、四月、六月、八月皆有，祭山次数1～3次不等。祭山，杀"神牛"或"神羊"以血和头颅献祭，燃香烧纸、敬献猪膘腊肉和柴灰烧烤的太阳馍、月亮馍及咂酒，亦有"吊狗祭山"。祭山形式各地不一，或由端公先上神山做法事祷告山神后村民再由老人带领上山祭神，或端公在山下先做法事通告山神后由老人带领村民上山祭神，不信仰巫师的村寨则由老人带领村民上山祭神，祭神时于山神塔上插神树一株，由老人领祭，燃香烧纸、敬献酒食、跪拜还愿祈福。祭山后，全寨老少饮食、歌舞，尽兴而归。一些地方在祭山前后禁止上山砍柴、割草、挖药、狩猎，以免触怒山神降灾。

动植物神亦受到羌族的崇拜。牛、羊、鸡既是最常用的祭神牺牲，同时也有牛、羊、鸡神并受到人们的祭祀。牛神为牛王，各寨每年农历十月初一举行"牛王会"祭牛王，感谢牛王保佑及耕牛一年来的辛劳（汶川龙溪乡等地羌族于此日过"小年"）。一些村寨有祭羊神习俗，选一只怀孕白母羊或群羊中的带头羊作为羊神附身的神羊受祭，感谢并祈求它保佑羊群繁育、为人提供衣食和敬神牺牲，祭神后以该羊为羊神附体而养至老死。北川青片乡羌族以黑公鸡为五谷仓神化身，每年农历四月十二敬仓神皆在放鸡包里放一只黑公鸡于山林，然后捉住关在备有饲料与饮水的山顶林中木栅栏内七天，以其是否鸣叫预示村寨人畜兴衰，鸡死则视为大凶。行人平时路经放鸡包皆插一根油竹梢敬奉鸡神。汶川威州、茂县土门、北川青片等乡镇还有用白狗倒吊在吊狗树上"吊狗祭山"预示收成的习俗。金丝猴被传为巫师羌端公的祖师，充满智慧，因而羌端公供奉猴头祖师，做敬神法事头戴金丝猴皮法帽、手捧猴头法器并执猴头面（或鬼面）神杖，由猴童模拟猴子跳跃、攀爬、翻滚动作舞蹈娱神。

各寨皆在村寨附近山上留一处神树林，禁止砍伐、放牧、割草并定期祭祀。初生男孩植"花树"为孩子的守护神、生命树，甚至让孩子拜神树为树干爹。对于神树，年节要系挂红布条敬神祈福。对土地神亦敬奉有加，每年春播各家第一天播种动土前，须先用刀头腊肉和咂酒祭祀土地神，然后参加播种的人吃肉饮酒，俗称"宴土地"；春秋忌戊日动土、樵采、狩猎，恐冲撞土地神和山神，春秋社日要祭土地神并举行娱神娱人活动。

（三）彝族的自然崇拜

彝族亦盛行自然崇拜，崇拜天、地、水、石、山、火、蛇、虎、鹰、竹、树及日、月、星辰等自然神灵，认为天神造天地万物，土地出衣食，水神主水旱，山神护人畜，火神驱邪，虎象征勇猛，龙和鹰代表生殖，日月星辰主光明。

二、各族盛行祖先崇拜

民国时期，汉族沿袭清代祭祖习俗。凡有宗族祠堂者，由族长定期召集族人祀祖。各家庭在堂屋正对大门后墙正面中部设供案，上挂神龛或贴神榜（用墨写在红纸上贴在木板或墙壁上）供奉祖先，每天清晨、傍晚由男主人上香祭拜。每逢春节、清明、中元、冬至及婚娶、寿庆等家庭重大活动，以及打牙祭时，皆上香烛、焚纸钱、献酒和刀头肉祭祀祖先。神龛、神榜正中竖写"天地君（国）亲师位"或"某氏堂上历代先祖考妣之神位"，两旁写观音大士、福禄财神、灶王府君、牛马二王（或家中人员主要从事职业的神）。神龛供案下方写红纸供本宅土地。家中所供众神通称家神。堂屋内忌放置不洁之物、说粗话骂人，神龛上禁止乱放杂物。焚香祭拜前先洗手，忌短衣赤脚。每年清明、中元、腊月底，家长率晚辈携祭品至历代先祖坟前祭拜、添土、插坟飘，俗称"上坟""挂坟"。中华人民共和国成立后，多数家庭将神榜换成贴毛主席像，祭祀祖先习俗逐渐淡漠。20世纪60年代破"四旧"，各家庭拆除神龛、神榜。80年代以来，

体现羌族巫文化与道教端公文化融合的茂县永和乡羌族端公正在做法事祭神

供奉家神等祀祖活动再度兴起，农村普遍设神龛、贴神榜，春节、清明前后到亡亲尤其是已故父母坟前上坟、挂坟者逐渐增多。

农区藏族普遍将家中房屋中柱或火塘（锅庄）上方位视为祖先寄身之处，人们选择开春后地里长出的最壮的青苗、秋收时收获的最饱满的青稞麦穗等挂在柱上敬奉给祖先，年节时围着柱子跳锅庄娱乐祖先，家中生子向柱子顶礼祭拜感谢祖先保佑增添人口；祖先灵魂所在的锅庄上方位严禁外人通过，吃饭前先在锅庄上方位用碗盛装食物敬奉祖先，喝酒前先用手指蘸酒弹向祖先神位祭祖。各地藏族在每年农历八至十一月皆先后烧袱子祭祖，石棉县藏族每年转山节烧袱子祭祖氛围尤为浓厚。白马藏人吃饭喝酒前皆要蘸酒、饭扬向神柜祭祖，农历冬月十二"送种子"进行祭祖活动后至来年二月初"破土"耕地前被认为是祖先耕种的时期而停止耕作。九寨沟县的白马藏人许多家庭皆有祖先画像（多为骑马、提刀、狩猎的男性），春节期间挂在家中进行祭祀。

羌族在家供奉祖先包括火塘上方位墙角神龛上"天地君亲师"中的"亲"及火塘中三足架或三足石背对神龛代表祖先的足或石，每日家人饮酒吃饭前皆要先蘸酒、饭祭祖，年节、婚娶、寿庆、老人祭日等以猪膘、馍馍或荞面、咂酒等献祭，甚至将闯入家中的野兽、飞禽、蛇等视为祖先灵魂变化物或依附本回家探视家人而任其自行离去。各寨的开发始祖或历史上对本寨有重要贡献者还被供奉为本寨的寨盘业主神，全寨人皆要对其表示尊敬并进行祭祀。

凉山彝族对祖先高度崇拜，祖先的神灵被认为是主宰人畜兴衰、粮食丰歉的主要神秘力量，不少保佑或为祸的神鬼亦为祖先灵魂变化。若能时常以牺牲献祭而取悦于祖先，人畜可获得福佑、家支将变得强大，否则便会遭受灾难，因而老人去世后要举行隆重的"送祖灵"活动祈求保佑。老人去世，毕摩做法事将供奉在祖屋中的祖灵（用箭竹制作）请至室外，念经请祖灵前往祖先居住地方拜见先辈祖灵，并杀猪、宰羊、打牛做祭品，进行赛马、摔跤、赛歌等娱乐活动为祖灵送行。第二天凌晨鸡叫时，毕摩将"祖灵"送到灵棚法坛内，做法事并查看后人吉凶。第三天为祖灵驱除各种秽气"净身"、念指路经指引祖灵回到祖先居住的地方，最后将祖灵供奉到事先选好的岩洞内并敬献酒肉、鸡蛋、炒面等供品。送祖灵仪式通常为3天，少数为5天或9天（民国时期有念49天经者），最少1天。须念16场经（每场经从几种到24种经），献祭品1~3头牛、3~5只羊、5~7头猪、11只大红公鸡。一些家庭为了摆阔挣面子，四处借债大办丧事，有的因此在丧事办完即破产、负债而陷入贫困。

三、各民族的家神与鬼魂崇拜

（一）汉族供神位

民国时期，民间盛行家神崇拜及鬼魂崇拜，祈家神保佑人畜、鬼魂勿害人畜。

家神信仰除供奉"天地君亲师"神位外，还供奉财神、灶神、土地、坛神、三官、六畜神等。人们多在家中堂屋内供奉财神赵公明或关公、范蠡祈求富贵。在厨房灶台上方供奉灶神神位，每年农历腊月二十四晚燃香烛送灶神归天，并认为灶神为玉皇大帝派往人间观察事情的耳目，送灶神归天时往往敬以酒肉，使其不在玉皇大帝面前说坏话而带来祸殃。家中神龛下供奉书写的土地神位或木雕、泥塑神像，祈土地神保佑人畜平安兴旺，除四季奉祀香火外，春节吃团年饭、打牙祭皆要祭祀土地。堂屋门外墙上多供（三元三品三官大帝神龛或书写的神位），祈求天官赐福、地官免灾、水官解厄。一些地方乡村还在家中供奉坛神驱鬼避邪，佑人畜安宁。饲养牛、马、猪、羊的家庭，还供奉牛王、马王、猪神、羊神，以保佑牲畜平安兴旺。有的地方还有供树神祈保佑人平安、祈果树神保佑果树丰收的习俗。

民间认为人及动物死后灵魂所变鬼魂往往为祟祸害人畜，不仅农历七月初十至十五鬼门开放时鬼魂纷纷从阴间出来，平时还有一些冤死的鬼魂在四处游荡，故清明时要烧纸祭游魂野鬼，七月十五要烧纸钱给鬼魂在阴间使用。民间认为鬼怕见阳光，"四书"、"五经"、佛道经书、桃树条、历书、镜子、米筛、刀枪、茶叶、米、尿等皆有驱鬼祛邪作用。鬼有多种多样，横死鬼须有替代者才能转世投生，吊死鬼只能由女人替代。

巴蜀地区长期盛行拜望帝杜宇的民俗。图为郫县望丛祠望帝陵

人生病，请巫师念经禳灾、化符水驱邪治病、打桃条驱鬼或作法捉鬼魂。人死后，阴间会差无常捉人，无常须经家神、土地批准后方能捉人。做了亏心事的人，易遭厉鬼报复，有"平生不做亏心事，半夜不怕鬼敲门"俗语。

中华人民共和国成立后，鬼神崇拜活动逐渐消失。80年代后，求神拜佛者日益增多，为求吉祥，年轻人喜戴护身符。

（二）藏族拜自然

藏族民间一直盛行家神和鬼魂信仰，家神崇拜以祖先灵魂崇拜为主，鬼魂信仰既独立存在于民间原始宗教信仰又存在于藏传佛教信仰中。尤其是本教盛行的嘉绒地区和康巴地区，本教僧人与民间巫师（各地称谓不一）皆以念咒驱鬼、捉鬼、役鬼、招魂、咒仇夺魂、祛病禳灾、征兆占卜为法事活动的主要内容，巫师以具有与鬼神通话、预知吉凶祸福的通灵能力而在民间享有崇高威望。人们往往在房前屋后、山崖树林、水岸桥梁等处悬插经幡，在路旁山口修建佛塔或堆嘛呢堆，请喇嘛打卦念经，驱鬼招魂、避邪禳灾。白马藏人的巫师白莫做法事，亦以祭神、放鬼、叫魂、禳灾、卜卦、咒仇等为主要内容。民间在生产生活中遇到大小事情，多认为是祖先灵魂、各种鬼魂所为，往往请巫师念经做法事或按照巫师指点去解决。

（三）羌族咒鬼神

羌族盛行家神和鬼魂崇拜。其中，家神主要包括祖先神、男神、女神、火神（灶神、火坑神）、管小孩神、管天亮神、仓神、水缸神、还愿馍馍神、大梁神、平安神、门神等12个神。鬼魂则包括人和畜禽、野兽、鱼虫及山石、草木等各种物质的灵魂。羌族民间饮酒吃饭前，节日、婚娶、寿庆、春播、秋收、建房、远行等家庭重大活动皆要祭祀家神。羌区南部地区崇尚巫术，巫师端公的法事即分为神事、人事、鬼事三大类，人们遇婚丧、灾难、人畜生病多请端公跳神念咒驱鬼、捉鬼、役鬼、杀鬼、送魂、招魂、避邪、禳灾、除难。敬神时巫师戴猴皮帽、抱猴头、挥神棍、踏禹步、打羊皮鼓、诵经娱神，宰牲敬献；驱邪禳灾则戴圆盘帽或包圆盘头帕、舞师刀、令牌、铜镜、铜印并打羊皮鼓念咒，捉鬼祛害，还以送鬼（送茅人）、踩红锅（踩烧红的铁锅）、舔踩铧头（舌舔或足踩烧红的铁铧）、吐油火（喝滚烫的菜油吐火）、炭火洗脸等法术镇鬼魂。端公被认为具有沟通鬼神的能力，故祭神时端公念经向神灵通白，驱鬼时念咒命令鬼躲避、不听令便将其捉来杀死，用丢羊角卦、兽齿卦、铜钱、扯索卦及羊牌卜、白狗卜、鸡蛋卜等方式占卜预测吉凶祸福。

（四）彝族敬祖灵

彝族的原始宗教信仰中家神和鬼魂信仰占有重要地位，家神主要为祖灵，为祟的鬼魂亦被认为主要是人死之后灵魂所变。巫师毕摩的主要职能即是为亡灵进行安灵、送灵、指路、招魂、做毕（道场）、做斋、祭祀和驱鬼、咒鬼、咒人、禳解及占卜预测，毕摩的常用法器法帽、法衣、签筒、神扇、神铃、经书袋等皆是与祖灵和鬼魂沟通的器具。

藏、羌、彝族的巫师，随着20世纪80～90年代老一辈巫师的陆续去世，年轻人中极少有人愿意当巫师，近年通晓巫术的巫师已极少。

四、行会祖师崇拜

民国时期，汉族地区民间手工业者为保护本行业利益、协调行业竞争、规范生产和业务范围而自发组织的同业协会，称行会、行帮。各行会、行帮皆奉本行业的祖师为保护神，定期举行集会，备香蜡纸钱、雄鸡、刀头、白酒等祭品祀神，请戏班演戏娱神，祈求保佑本行业兴旺发达，同时议事（俗称"摆公堂"）、宴饮。各行会以崇祀祖师命名，一些行会的集会祀神日期有地区差异，个别行业不同地区所祀始祖神亦不尽相同。各地主要行会如下：

鲁班会：泥木竹石漆雕工匠同业行会，奉春秋时期鲁国巧匠鲁班为始祖，鲁班诞辰日农历五月初七聚会。

王爷会：沿河船帮、筏帮、码头力夫、碾米户等靠河流营生者的同业行会，奉"镇江王爷"（大禹王，或秦蜀守李冰，或明代杨四将军）为始祖，王爷诞辰日农历六月初六聚会。

詹王会：厨师同业行会，供奉"詹王大帝"为祖师（传为汉代宫廷厨师），詹王蒙难日农历八月初三或八月十三或九月初一等聚会。

药王会：中医药同业行会，供奉"药王"（神农氏或孙思邈）为祖师，药王诞辰日农历四月二十八聚会。

大成会：私塾教师同业行会，供奉"大成至圣先师"孔子为祖师，孔子诞辰日农历八月二十七聚会，多由馆东、教师、学生家长共同举行祀孔尊师仪式。

三皇会：丝绸缫织、度量衡器、缝纫成衣业同业行会，供奉"三皇"(伏羲、神农、轩辕)为祖师（有的地方缫丝业奉关帝为始祖），农历九月十六聚会。

太阳会：缫丝工匠同业行会，供奉太阳神（缫丝需太阳晒干），于传说的太阳生日农历十月初十聚会，当太阳初升时燃香遥拜，一些寺庙亦有祭太阳神活动。

轩辕会：缝纫业、纺织、弹花匠同业行会，奉轩辕黄帝为始祖（传黄帝始教民制衣裳），轩辕黄帝诞辰日农历九月十六聚会。

九天玄女会：弹花匠同业行会，奉传说中轩辕黄帝的师妹九天玄女为始祖（传其发明背弓弹花），轩辕黄帝诞辰日农历九月十六聚会。

二仙会：印染业同业行会，奉传说中的梅仙和葛仙为始祖（传葛仙用梅树果子创制了染料），农历三月初三或四月初四、九月初九聚会。

雷祖会：粮油同业行会，奉雷神"雷祖大帝"为始祖（传雷祖为殷纣王之叔殷文中，本为小吃行业祖师），农历六月二十四或六月十六聚会。

张爷会：屠宰业同业行会，供奉三国蜀汉名将张飞为始祖（传其出身屠夫），农历四月初四或八月二十三聚会。

老君会：金、银、铜、铁、锡匠等冶炼业同业行会，奉道教"太上老君"为始祖（传老君设八卦炉炼丹为冶炼之始），老君诞辰日农历二月十五聚会。

杜康会：酿酒业同业行会，奉杜康（夏王少康）为始祖（传杜康造酒），农历八月十八或九月初九聚会。在九月初九聚会者，因该日为重阳日，民间传统上要饮菊花酒、佩茱萸避邪祛病，故又称"茱萸会"。

孙祖会（靴鞋会）：制鞋匠同业行会，奉战国时期齐国人孙膑为始祖，农历九月十三或十月初一聚会。

蒙恬会：制笔同业行会，奉战国时期秦国大将蒙恬为始祖（传创制了兽毛笔），蒙恬诞辰日农历二月初八聚会。

蔡翁会：造纸、纸货和纸扎同业行会，奉蔡伦为祖师，农历九月十三聚会。

柴王会：人力车车帮同业行会，奉北宋柴王爷柴荣为始祖（传柴王爷推车），农历三月二十四聚会。

罗祖会（嫘祖会）：理发同业行会，奉黄帝元妃嫘祖（以嫘祖为养蚕制丝始祖附会为善理发丝）或道教罗祖或清代罗姓"待诏"（传为创制剃头器具及通、篦、解、掏、顺等全套推拿按摩方法的理发师）为始祖，罗祖诞辰日农历七月十三或八月十三（有的地方后来改为三月二十七）聚会。

财神会：各种商业员工同业行会，奉财神赵公明元帅为始祖（传其曾从事干鲜行业），农历五月初五或八月十五聚会。

陶朱会（天齐会）：蔬菜商贩同业行会，奉陶朱公春秋时期越国大夫范蠡为始祖（传范蠡以经商致富），聚会日期各地有所不同。

茗水会：茶水业同业行会，奉唐代陆羽为始祖，清明后第三天聚会。

太子会：川剧艺人同业行会，奉"太子菩萨"唐明皇为始祖，唐明皇诞辰日农历六月二十四聚会。川剧戏班内部，按行当分别设立有文昌会（正生）、娘娘会（旦角）、太子会（小生）、财神会（花脸）、太公会（丑角）等七个半会（俗称"七会半"），对外总称"太子会"。

花神会：成都花农同业行会，奉王母娘娘为花神，农历二月十五花朝节、王母娘娘诞辰日七月十八在西郊花神庙聚会。

20世纪50年代后，各地成立工商联合会和各级工会组织，行会消失，奉祀行业神明的习俗亦逐渐消失。

第二节　禁忌

一、饮食禁忌

（一）汉族禁忌为健康

四川饮食文化的发展依赖得天独厚的自然条件，四川人也在长期的农业生产和生活过程中形成一些独特的饮食禁忌。作为以粮为宝的广大百姓来说，第一大禁忌就是忌浪费粮食，因粮食为生命之根，抛撒浪费粮食会受神灵惩罚。在吃的内容上，汉族地区传统上不食病死的家禽家畜和体态、内脏出现异状的家禽；不吃无蛋黄或有两个蛋黄的鸡鸭鹅蛋；不吃马肉、母猪肉、羊肉（仅冬至喝羊肉汤，平时吃认为易患癫痫病"羊儿疯"）；儿童忌吃猪蹄叉（认为吃了将来订婚会被叉掉）；一些地方还忌吃猪血（认为吃后说话会脸红）；普遍认为夏天应少吃鸡，因夏天鸡多食毒虫和蜈蚣等在体内残存有毒素，鸡头或不吃，或认为只能由宴席上的老人或地位尊崇者吃；儿童忌吃鸡爪，认为吃后写字时手会发抖。民国时期多数人不吃螃蟹，认为食之在来世会像螃蟹一样横行走路；病人通常不吃鲤鱼、鹅肉，认为食之易导致病情复发；忌将葱、蜜同吃，认为混食将产生剧毒，称为"甜砒霜"；病人服药期间忌吃肉、油、萝卜、绿豆，认为这些东西会改变或消减药性；未出嫁的女子忌吃初花果（果树首次开花结的果实），因其多生长不好，食之会引起不孕。孕妇需要忌食的东西最多，一般认为吃羊肉、兔肉、鲢鱼、母猪肉会导致小孩患"羊儿疯"（癫痫）、豁唇、流口水、母猪疯等怪病；吃牛肉、动物血会使小孩身体多毛、皮肤黑；吃姜会使胎儿脸上长姜疤、手长六指；吃葡萄会生葡萄胎，因此都属忌食范围。

在饮食习俗上，汉族地区春节吃年饭及正月初一忌吃蒸菜，因为"蒸"与"争"谐音，会导致来年家人闹纷争；忌泡汤，认为泡汤会在来年出门时常遭雨淋；忌已出嫁的女儿在娘家吃年饭、过正月初一，认为会导致女儿离婚回家或娘家发生不幸；忌吃药，病人须停药并在除夕夜将药罐藏到屋外偏僻处或摔碎扔掉、投入河中冲走，以免来年多病且不断吃药。办宴席流行每桌放九碗菜，俗称"九斗碗"或"九大碗"，一般家庭视经济条件可摆七碗或十一碗，忌摆八碗或十碗。因为招待贺喜的乞丐是一人一碗的盖浇饭，八仙桌一面坐两个人为八碗饭，所以川西民间称放八碗的席为"叫花子席"。而十碗则谐音猪食槽（"石碗"）。

在行业上，过去川西行商、船筏业工人在外吃饭时，忌敲碗、筷子落地，认为在吃饭时敲碗会"敲（砸）烂饭碗"，筷子掉地则预示以后没有饭吃；船帮以筷子落地为不祥之兆"插杆"，当天须停工。现多已不存。

中华人民共和国成立后，随着科技进步和医疗卫生知识的普及，上述诸多因谐音和偶然联系产生的饮食禁忌多已不存。20世纪80年代后期，随着改革开放和物质生活日益丰富，人们在饮食上的尺度和范围越来越大，禁忌越来越少，同时也出现一系列因饮食不当而产生的疾病，因此医学养生和保健热兴起，人们根据中医养生的基本原则，开始强调忌食或少食高热、高脂和高糖食品，忌较多食用含添加剂和防腐剂的食品，忌油腻和辛辣食品，忌多食腌制食品，忌进食品种过于单一，等等，科学的饮食习惯和养生观念受到重视。

（二）藏族禁忌为尊神

藏族受佛教不杀生观念的影响，传统上有比较多的肉食禁忌。一般人只吃牛羊肉，而绝不吃马、驴、骡、狗肉，有的人连鸡肉、猪肉和鸡蛋也不食用；鱼、虾、蛇、鳝以及海鲜类食品，除部分城镇居民（大多为青年）少量食用外，广大农区和牧区的群众一般不食；兔肉部分地方可食，但孕妇不得食用，因认为生下的孩子会成豁嘴；即使是吃牛羊肉，也不能吃当天宰杀的鲜肉，认为牲畜灵魂尚存，必须过一天后才会离开躯体；从不捕食鸟类、山鸡，尤其视雪山鸡为神鸟，忌讳捕猎。在饮食习俗上，忌直接在火苗上烤肉，认为会触怒火神惩罚人染病；忌吃大蒜后到庙宇参拜，认为口中恶臭会亵渎神佛；忌用破损杯碗为客人端食敬茶，认为这表示该客人不受欢迎；忌反手为客人斟茶斟酒，认为是对客人的不礼貌；忌使用他人饭碗吃饭（家中每个人的碗皆固定），认为这寓意着争抢他人生计；忌从食物上面跨过，认为是对他人的大不敬（让人吃胯下之食）。牧民帐篷内火炉右侧为阴帐、左侧为阳帐，忌将刚宰杀的鲜牛羊肉拿到阴帐区，认为会触怒天神降灾给人畜。

随着旅游业发展和藏汉文化交融，藏族一些地区也开始吃鱼肉、鸡肉和猪肉，但忌食马、驴、骡、狗肉的习俗仍未改变。

川北白马藏人饮食禁忌并不一致，有些地方藏化，有些地方又近似汉人。如不吃马、骡、狗的肉；做烧馍须做两个以上，认为做一个是给死人吃；掰馍时须向上掰，认为向下掰是拿给死人吃；正月初一忌掰馍，认为当天掰馍会导致开春时农具损毁；馍馍忌叫作馒头，因"馒"与"蛮"谐音，为白马人的大忌。宴请待客时，女主人盛饭后须交男主人递给客人；碾磨粮食回家的第一顿不能给客人吃；从粮柜取粮后要将柜内粮食抚平，否则会导致家里粮食不够吃；下套狩猎的野生动物带回家后，客人可以吃饱而不能带走，认为带走会导致今后套不到野物；煮野物肉时忌盖锅盖，认为会导致捉不到野物。由于白马藏人的副业以养蜂为主，故在出蜂期间，不准揣饭（或端饭）出门，以免蜂出不齐或蜂不出窝。

（三）彝族禁忌为求吉

大、小凉山及大部分彝族禁食狗肉，不食马、猫肉及蛙、蛇之类的肉。因认为狗、马为帮助人的朋友，猫为老虎的兄长、人的朋友，蛇为麻风鬼的化身，乃不祥之物；忌吃粮食和蔬菜种子，因种子为日后生活的希望；忌食鸡、狗、猫、猪跨过的食品，认为不洁净；也忌用鸡、狗、猫、猪接触过的烧肉祭神灵，否则神灵不会接纳，反会降祸于人；蒸食物时忌甑子发出尖厉响声，属凶兆，食物须倒掉；忌食未制成或制作得不好的豆腐、豆花，认为是不吉之物；妇女怀孕期间，忌食兔、羊及母猪肉。

在饮食过程中，彝族忌饭前饭后说拉屎拉尿等脏话、不洗手拿食物、吃饭时大声喧哗及高谈阔论，认为是不文明的表现；忌吃饭时放响屁，认为是最羞耻、不礼貌的行为；任何人不能跨越正在烧煮食物的火塘，尤其是妇人；客人吃肉、吃饭，须留下部分，否则意味着主人招待的东西不够吃，预示主人家今后会缺食物；忌主人与毕摩同席、吃同一个碗盆中的食物，认为会触怒神灵降下灾祸；忌用一只手掰荞馍及在膝盖、大腿上掰，认为是对他人不尊重并会伤害自身灵气；吃炒面时，忌向外挑，须用筷子按反时针方向往内搅挑，以免福禄外流；抓坨坨肉时，忌讳手握木勺或筷子，要把木勺或筷子放在簸箕或餐具边上；烧过年猪时，忌讳在屋外用火镰、火柴点火，必须在自家火塘里拣出几颗火炭，在外面引燃，这才是自己的火、圣洁的火、祖灵的火，这样的火烧过年猪，人畜兴旺；吃饭时，忌讳乱开玩笑，忌讳发出餐具的碰撞敲打声，以示文明。

中华人民共和国成立后，经过民主改革，上述禁忌多已淡化或不存。

二、婚姻禁忌

民国时期，在婚姻对象选择上，四川汉族实行按父系血缘同宗"同姓不婚""异辈不婚"的原则，而对母系血缘限制较少。同姓开亲，须核对家谱、辈分，确认无同宗关系方可结婚，即使不同支系但有联宗、共建同姓祠堂等同宗关系亦不能通婚。异姓联姻形成姻亲关系，联姻者亲族间再开亲只能在同辈分人之间进行；藏族牧区禁止近亲通婚，农区对父系血缘的近亲通婚严格限制，对母系近亲通婚限制较少；白马藏人则禁止与外部人群通婚；羌族婚姻禁忌与汉族相同；彝族严禁族外婚、贵族阶层黑彝与奴隶阶层白彝通婚，以保持血统的纯正。

在两性关系上，汉族严禁女性婚前性行为，未出嫁姑娘不得擅自与成年男子接触；婚后严禁与丈夫之外的其他男性发生性行为，若违犯则属不能饶恕的淫罪，丈夫可写休书休妻。川内各地普遍流行洞房验贞习俗，即姑娘的处女膜必须保持到新婚时与丈夫同房，新婚夜晚在新娘身下垫一张绸布验看是否见红，否则新娘会被怀疑不是处女，传扬出去新郎会在世人面前抬不起头，为此常引起退婚甚至新娘自尽。男子则只禁止与血缘近亲发生性关系，限制与长辈或晚辈、有夫之妇发生性关系，否则会受到对方丈夫、法律、舆论、道义的非难。知识分子多视婚外性生活为不道德行为，认为"奸近杀""万恶淫为首"。藏族除禁止与血缘近亲发生性行为之外，对男子婚前、婚后性行为和女性婚前性行为一般无限制，但普遍禁止女性在婚后的婚外性行为。羌族对性行为的禁忌总体上与汉族相同，但少数村寨对女性婚前性行为无严格限制。彝族对男女婚前性行为普遍无严格限制，但禁止婚后的婚外性行为。

汉族筹办婚礼的婚期多避开暑热和秋季农忙而选在春季或冬季。忌在农历七月七日结婚，认为在该日结婚夫妻会像牛郎织女般难以相聚；忌在中元节结婚，认为该日游魂野鬼四处游荡，不吉利；结婚忌选农历单日，为求"好事成双"而流行选双月双日；忌每月初一，尤其是正月初一结婚，有"初一行嫁主再嫁"的俗语；忌在服孝期内结婚，否则有违孝道；忌婚期冲犯煞星天狗，否则结婚无生育；无立春日的年份被称为聋子年、寡年，忌结婚，说是聋子年结婚不生孩子。结婚之日，忌新娘上轿及途中回头望家人或回望家的方向，认为新娘回望会离婚回家或所生小孩相貌不像父母；托媒做媒忌直呼媒人，因为媒人谐音"霉人"而不吉利，须喊"红娘""红叶"；新娘办嫁妆、铺新床，忌找寡妇或儿女不全、儿女生活艰难、命运坎坷之人，认为找这些人会致婚后生活不顺利；舅舅参加送新娘，忌用剪子、镜子、茶壶等物做嫁妆，认为这些物品妨舅。

中华人民共和国成立后，人们在结婚对象选择上不再拘泥于"父母之命，媒妁之言"，但仍严格遵守结婚的对象。"洞房验贞"之俗多已不存，男女双方在两性关系上更加平等，都严格禁止对方在婚姻之外发生两性关系，这会受到道德的谴责，严重者可能失去婚姻、工作和社会地位。多倡导新式婚礼，省去繁文缛节，婚礼上的禁忌多被作为"四旧"加以铲除，婚期多选择在国庆、五一、春节、八一建军节等大型节假日，不再强调黄道吉日，相应的时间禁忌也随之消失。

20世纪80年代以来，除法律规定的禁止近亲结婚之外，其他禁忌习俗基本消失。男女可进行自由恋爱，并有俗话"年龄不是问题，身高不是距离"。真心相爱的男女可自由组织家庭，人们对于婚前性行为也有了较大的宽容度。

三、生育禁忌

民国时期，汉族为争取"优生优育"有许多禁忌。如认为孕妇丈夫打蛇和抬丧，会给胎儿带来不吉或生下的孩子会得软骨病；孕妇逗、抱别家未开口说话的孩子，生下的小孩会成哑巴；孕妇看别家哺乳期的婴儿和幼小畜禽，会给别家带去不吉利；孕妇坐在屋檐下，小孩会流口水；孕妇用针线时将线搭在肩上，生小孩时脐带会缠小孩脖子；孕妇看动物（乃至画像）、畸形者和丑陋者，生下的小孩相貌会像动物、长成畸形、变得丑陋。中华人民共和国成立后，人们逐渐树立起科学孕育观念。20世纪90年代后，孕妇禁忌主要与科学孕产和合理饮食相关联，如忌孕前不体检、带病生育、孕期滥用药物、性生活无度、过度疲劳或大喜大悲、大量吸烟酗酒、玩猫狗等宠物、过多接触有害有毒物质和强放射物质、食用易导致早产或流产的食物（如木瓜、薏仁、咖啡、甲鱼、苦瓜、杏仁等）和食用易造成胎儿畸形或智力发育受损的食物（如茶、辣椒、糯米甜酒等）。

民国时期在产妇分娩上亦有许多禁忌。如认为产妇在娘家生产，其血光会冲撞娘家或亲友家神灵而给子女、娘家、亲友招致灾难，故在娘家来不及回归夫家时须在柴房或荒野生产；在夫家分娩不能在原房间尤其是原床上生产，丈夫不能在现场，否则血光的邪气会冲丈夫运气使丈夫倒霉，故多在柴房或浴室分娩，由接生婆助产；家有丧事时，产妇不能在家中生产，否则血气会冲丧而导致家庭大不吉利，须到别院或在外搭窝棚分娩。新中国成立后，除少数农村地区仍在家中生产而保留上述部分禁忌外，各地城乡居民多选择到医院生产，上述禁忌逐渐消失。

民国时期，汉族妇女坐月子期间也有许多禁忌。如认为产妇坐月子期间吹冷风、洗头、坐硬板凳、穿便鞋，会受风寒而落下头痛、腰腿痛、脚痛疾病。产妇在坐月子期间身带血光，若过河沟会死后在阴间坐血河，抱别家小孩及到丧家会不利孩子成长，串门、出户活动会给别家带来不吉利，进堂屋、灶房、寺庙、佛塔等供奉神灵的地方会触怒神灵，到河边、水井旁会污秽水源。陌生人入卧室和家人携带铜铁等金属器皿进入卧室，会踩断或带走产妇奶水。新中国成立后，出于对妇女坐月子期间保养身体的考虑，除强调不能吹冷风、受凉、洗澡、吃生冷外，其余迷信禁忌逐渐消失。

民国时期，藏族受藏传佛教影响，认为生育产生的污秽会给家中带来不吉，故农牧区皆忌妇女在家中生育，只能在牛羊圈、柴草房或野外生产；白马藏族则多在火塘边生产。彝族与汉族一样，忌孕妇正视畸形人和动物，忌他人为孕妇梳头，忌孕妇到丧家。藏族、彝族皆忌孕妇跨牛马缰绳，认为会拖延产期。羌族忌产妇在堂屋分娩导致血光冲撞神灵，须到房屋低层的牛羊圈或柴房生产。20世纪80年代以来，城镇干部职工及部分农村家庭因选择产妇到医院生产，相应也就不受上述禁忌约束，但产妇在家生产则仍然沿袭上述禁忌。

四、居住禁忌

民国时期，汉族民间修房造屋和日常居住禁忌甚多，尤其注重风水。如建房时要避太岁、三煞，认为在太岁方位上建房会冒犯太岁星而导致家人暴亡，在三煞方位建房亦会遭凶报；门多东向而忌对正南；若门对别家房屋的出山会遭煞气，须在自家门上挂一面镜子反照；若别家屋脊高过自家屋脊，会因受压而家道不能兴旺；灶门须东西向，若南北向会贫困；忌水日、土日、凶神值班日动工。修建忌说"搭"字，因"搭"与四川话的"跌"同音，"搭架""搭桥"只能说"上架""上桥"；立梁忌说"死""倒"等不吉利语；部分地方建房忌说"六间"，因"六"与"落"同音，会"落空"；房门忌安八道，因"八道"音同"霸道"。

室内禁忌尤多。堂屋为供奉祖先灵位之地，忌放污秽之物，因已婚男女客人及成年女客身子不洁而不能在堂屋留宿。夫妇到亲朋家忌同房住宿，否则会对主家大不利，有"宁停一丧，不宿一双"俗语。厨房俗称"灶房"，为供奉灶神之地，忌在灶台边打骂孩子或让小孩在灶房拉屎撒尿、对灶台上的器物不轻拿轻放，认为会亵渎灶神；建灶台俗称"打灶"，要请阴阳先生择吉日、定朝向、选下基础与点火时间，灶门须向东或向西以寓意"有东西（柴炭）烧"并避北南方位的水火灾害，下基础时忌妇女到场而冒犯灶神。家中发生火灾，三天内忌生火做饭，以免火神再次降灾，由亲友邻居轮流供给膳食；到过火灾现场的人，回家前须将鞋底或衣角打湿一小部分，以免带回火星；自养的公鸡在傍晚至半夜前啼叫，或飞上屋顶，主火灾将临，须立即宰掉鸡头并扔在屋外予以破解。新中国成立后破除封建迷信，上述禁忌逐渐消失。

民国时期，卧室居住亦有诸多禁忌。在风水方面，床若顺着屋脊摆放为"骑梁床"，认为睡在上面为"横尸"之兆，或认为睡"骑梁床"为"欺梁"会招致家中出祝祟，或认为房梁压床在风水上会对睡在床上的人运势不利；床的位置若正对门易招煞气；床对面或床边挂镜子会照出魂魄而

新中国成立前，巴蜀地区汉族农村到处可见土地庙

易做噩梦,甚至导致魂魄走失;床的方向以头北脚南为好,忌东西向,因西方为人死后送魂方向。睡觉时,成年男子脚要伸向靠墙一端,称"足不蹬空"。忌在屋内打伞,认为成人在屋内打伞预示出门不吉利,小孩在屋内打伞将会变成矮子。在礼仪方面,通常中青年夫妇皆司床而睡,故房内只放一架床;小孩一般满5岁后不再与父母同睡,尤其是女孩满5岁后不能再由父亲带着睡;异性兄弟姐妹,10多岁时原则上不能再同房睡;女儿单独外出做客,除可在外祖父、舅舅家留宿外,一般不在其他亲戚朋友或同学家留宿,否则会被认为"缺少家教"。上述风水禁忌,在中华人民共和国成立后一度消失,20世纪80年代以来又逐渐盛行,而室内打伞禁忌则已成为人们逗小孩的玩笑话。

五、时令禁忌

民国时期,四川民间在生产、生活中有许多禁忌与时令节气紧密联系,尤以春节前后为甚。如川西汉族民间有俗语"正月忌头,腊月忌尾",即正月忌剃头发,腊月忌留头发,寓意留头去尾。正月初一,吃团年饭时忌吃蒸菜,因"争"与"蒸"谐音;忌人来访,防止歹人带入不吉利;忌人讨债,认为会致全年债务缠身;忌说不吉利语言,如死、病、霉、鬼等,"饭"因谐"犯"音亦忌;忌与太岁同姓的人说话,认为会犯太岁招灾;忌打破东西,认为会破财;忌小孩口角、打架,认为会导致全年不和。当日出门应按历书所定喜神方行走,否则会走霉运;禁扫地、倒垃圾、泼水于地、出粪,否则会破财运;忌动刀剪,否则会有血光之灾;忌动土,否则会触怒土地神;忌挑水,否则寓意全年缺水吃;忌出门遇雨,以求风调雨顺;忌见蛇、遇丧事,认为不吉。忌看病吃药,家有病人要停医停药,将药罐摔碎或丢入河中,以免来年生病;有的家庭还忌荤腥,以不伤生来积阴德。羌族在正月初一忌大叫大骂,并将火钳、绳子和菜刀等藏起来,以防发生不吉利事情。藏族在藏历新年时,忌扫地、哭泣、骂人和吵架,忌说"痛""杀""病""死"和"没有""穷"等不吉利语言,忌用有缺口和裂纹的碗具,忌打碎各种杯盘碗碟等器具。正月初十内,人、物皆有避忌。初一至初六为六畜过年日,因而初一不杀鸡,初二不杀狗,初三不杀猪,初四不杀羊,初五不杀牛,初六不杀马,初七为人日不用刑;十日内取用诸物,皆应各随其日而避之。除正月外,每月初一日为杨公忌日,诸事不宜;在农村,该日不动土,忌作婚、葬期,不出远门旅行。彝族有"猴日不缝衣、鸡日不理发、猪日不出远门、蛇日不往北、兔日不往南"之说。另出远门，有"七不出门，八不归家"之说。

许多特殊日期也有禁忌。如天干中的戊日，因属戊土，农民每逢戊日忌动土、做针线，以免冒犯土地神招祸。立春后的第一个戊日为头戊，农家要带香蜡、纸钱到土地庙叩拜，并连续忌五个戊日；每逢戊日，不耕作、不扫地、不挑水，称"五戊大赦"。二月初二为龙抬头，此日忌做针线活，以免刺伤龙眼导致天旱；三月初三忌蚂蚁上灶，用蚂蚁草扫灶面；五月初五端午节忌落雨，认为下雨不易清除毒虫，又忌坐门槛，认为坐了要生疮；六月初六忌落雨，民谚称"打湿龙袍晒不干，秋天没有好收天"，故要祭大禹；忌白露，八月初三卯落雨，民谚有"白露湿路，必然烂路""八月逢三卯，牛吃烂谷草"谚语，认为会阴雨连绵；每逢初五、十四、二十三，铁匠熄炉、强盗忌出马抢人，因俗语称"初五十四二十三，老君骑牛不炼丹"；每逢初一、十五忌挑粪；冬腊月忌无霜雪，认为于农事不利。每月三十日忌办事，认为尽头日诸事不宜。

中华人民共和国成立后破除封建迷信，上述禁忌中除少数有利于农事生产的禁忌外，带有迷信色彩的禁忌逐渐消失，20世纪80年代后曾有回潮。

六、生产劳动禁忌

民国时期，四川各地民间为求生产劳动过程中趋吉避凶，亦有诸多禁忌，有些属于生产经验总结，有些属于求吉心理需要。如汉族春季栽秧，落黄沙时忌栽，认为栽秧不易活；栽秧时忌栽"狗爪秧"（插秧入泥时五指做握拳状，栽的秧深浅不一，浮秧多）、栽"秧鸡哥儿"（即在栽秧中途减少或增添秧行，认为栽后有祸事）、栽深秧（将茎叶部分入泥）、栽"老龙晒须"（即栽时手指捏秧部分过高插入泥土，致使秧根向上）。种红萝卜时忌打赤脚，以防萝卜长趾形丫叉。推鸡公车忌敲背绊钩，以防发生口角；忌坐车头，认为不吉，只能坐车杠。母猪产仔，忌别人来家要茶水喝，认为会带走母猪奶汁；放仔鸭群忌人在鸭子腰部长老毛时说"鸭儿穿褂褂"，因"褂"与"挂"谐音，认为说了鸭子会病死。男人用的扁担、衣、帽忌女人跨，认为会导致男人走霉运、生肩疮背瘩，须将被跨之物举在头上顶三下破解。在矿山忌说"榨、垮、压"，在铁厂忌说"精、光、倒、塌"，在坛罐窑忌说"垮、红"，船运业和乘船者忌说"陈（与'沉'同音）、翻、淹、奄、瓮"等，卖豆腐的忌说"老、硬"，戏班忌说"伞"（与"散"同音），以免导致谐音的不吉事情发生。川南地区进山采笋人忌说"挂"字，帽子、蓑衣、鞋子、弯刀等亦忌讳挂起，以防人出意外；忌说"快当"，以免贪快发生意外；忌说"洗"字，因方言"洗"与"死"谐音，问人洗脸没有须说"你抹光没有？"或做洗脸手势；做饭的喊大家吃饭时不能叫"吃饭了"，须喊"上腰了"。商店早晨开门时忌讨价还价，忌第一个顾客赊账或有顾客退货，否则认为会全天生意不好；开张日忌损坏器皿，认为是破财预兆；商店卖完东西忌说"完了"，否则寓意没有东西可卖了，须说"发财了"；坐商忌坐柜台、门槛，认为会挡财路。凡此等等。

藏族也有许多禁忌，如认为男人不能背粪，女人不能犁地；喇嘛寺未通知春种秋收的时间，不能开始春耕秋收；马不能耕地；秋收前不能用镰刀；不除虫害、不除草、不施肥、不灌水、不浇地，忌用人粪肥；草小不扯，不齐不收（待青稞熟完后才收）；严禁上神山和坻祗山狩猎、伐木、采挖药材、挖金采矿；禁止捕捞鱼类，认为鱼是水神或鱼腹有经文；禁止捕鹰雕，认为鹰雕为天神使者；禁止伤害放生牛羊，认为捕杀会不吉利等。白马藏人认为在正月初一、五月初五、冬月"送种子"后皆不能下地，否则会导致庄稼生虫、地里长草；猎人不能在家唱猎歌，否则家里牲畜会死完；打猎时须唱猎歌，否则打不到猎物；打到猎物须按见者有份分配，否则今后运气不好等。羌族认为春分、惊蛰节气不能下地干活，否则会伤身。

中华人民共和国成立后，汉族地区大多数封建迷信类禁忌逐渐消失。随着生产工具和技术的进步，许多行业在传统工具、劳作方式、劳动时间和语言上的禁忌消失，歧视妇女的内容大量减少。20世纪80年代后，在开张发市、商业买卖、钱货交易等方面的商业禁忌又有所增强。

七、生活与交往禁忌

民国时期，四川各地民间在生活与社交中的禁忌颇多，其中多与妇女社会地位、礼仪、信仰等有关。如传统祭祀活动多忌讳女人参加，以免女人的污秽之身亵渎神灵，甚至家庭祭祖、祭灶等祭祀活动女人也只能在厨房内辅佐，不能参加撕纸、上香、烧纸、拜祖等直接祭祀活动。在宴请宾客时，女性和女儿一般不上桌，若来宾中有女性，则另置一桌；民族地区的女性一般不能坐火塘左边，以免得罪神灵。忌妇女跨犁头、枷担、扁担，以免耕地时工具损毁。妇女月经的经血为最污秽邪恶之物，汉族忌讳妇女将经血流在别人尤其是男人的坐卧之处和供奉神灵之处，羌族认为经血流在树干、藤蔓或草叶上会使这些植物变成精怪残害人，藏族、羌族禁止妇女月经期间出门、跨入别家门、到供奉神灵的地方去。彝族禁止已婚女人上房顶，怕污染和糟蹋祖先神灵。

日常生活交往中的禁忌尤为普遍。汉族受男女授受不亲思想影响，忌讳公公和儿媳之间直接接触或说笑；哥哥和弟媳也不能随便开玩笑、说不礼貌的话；忌直呼长辈名，非谈不可时须加称谓；异辈之间忌讳开玩笑，同辈之间忌讳当着双方长辈开玩笑。彝族、纳人等男女之间尤忌谈论与性有关的话题，父母与子女、兄弟与姐妹异性之间亦不得言及。

汉族的求吉心理和迷信禁忌更加普遍。如忌早晨说梦、解梦，认为不吉利。忌晚上梳头、照镜，认为"黑了梳头，白天忧愁"，照镜子易招邪祟、做噩梦；在茶社酒店，忌踩邻座板凳横款，认为是踩别人龙头；家遭火灾的人，七日内忌到别家，以防带去火星；到亲友家中住宿，忌夫妇同房；看别人婴幼儿，忌说"胖""乖"等赞语，认为长得丑、命贱才易养；小儿忌玩火，相传"玩火尿床"；小儿衣服忌夜露，认为夜游神经过对小儿不宜；行走时忌从晾晒的裤子下面穿过，认为会走霉运；在旅店住宿，忌站在床上穿脱衣裤，认为是登台；买药后背着药走路寓意会继续生病，故须用手提。

为老人做寿，忌对满100岁老人直接说"百岁"，须说"一百多岁"，因"百年"常用来表达"老死"之意；男子做生忌做满，认为"满则尽""寿满则寿尽"，故多于满十的前一年虚岁上做大生，如60大寿须在59之年做寿；忌"做空寿"，即寿者本人因事外出或因病住院等原因不在仍举行寿筵活动，民间认为会给祝寿者带来牲畜死亡或财物丢失等不幸，对寿者家里也不利；四川各地有"好事成双，拜寿忌单"习俗，若寿者夫妇俱在，应一起做寿，同到寿堂受拜，忌扯单，否则视为不吉；已婚者给长辈拜寿，除因病或很特殊的原因外，须成双相祝，否则视为对寿者的大不敬；寿筵中忌用豆腐，因其色白，只能用于丧宴表孝意。

出行忌单日出门，以双日出行寓意好事成双，尤忌逢七出远门、逢八归家，有"七不出，八不归，免得惹是非"民谚，因"七出"与休妻"妻出"谐音，"八归"与王八、乌龟音近。出门忌说"死""霉"等字，否则认为不吉；出行骑马、乘轿、坐车、坐船，忌说"翻、沉、滚"等字，以防不吉。

藏族忌讳别人摸自己的头，认为人的灵魂平日就待在头顶，父母打孩子也不能打头；忌讳别人拍自己的肩膀，尤忌女人拍男人肩膀，认为肩膀有战神；忌讳女人当着客人或家人叉开双腿的坐姿，更忌女人对别人撩裙袍，否则视为对他人的极大污辱；禁止女人从男人身上跨过或从面前随意行走，特别忌讳女人在喇嘛面前随意行走；忌夜间吹口哨，以免召唤来鬼魂和其他邪恶精灵；忌用破杯子或破碗给客人端食敬茶、反手给客人斟茶斟酒，否则表示该客人不受欢迎或对客人不礼貌；禁止随地吐痰，在他人面前吐唾沫被视为对此人的极端蔑视和诅咒，在他人背后吐唾沫和拍巴掌也被视为极不礼貌的行为；还忌白天用镜子对着太阳直接反射、夜晚用手指着星星数数和往家门外倒垃圾；忌穿别人衣服或衣服穿在身上缝补。白马藏族忌妇女当家，在正房梳头、洗脚、挂衣服，也不能上"楼子"（楼上祭室）；开春犁地的第一天早晨，女人不能在家说话、到别家串门，犁地时女人不能撒种；连正月杀牛庆贺时女人也不能分肉。

藏族人在生活中还有许多与宗教信仰有关的禁忌，如不准陌生人住经堂，忌他人摸"噶乌盒"（经盒），忌向本教派转经的相反方向转动经筒（本教由右而左，其他教派由左而右）；禁止把经文和其他书籍放在常有人走动或落座等不干净地方；禁止将经书做坐垫、用脚踏；禁止砍伐神树、打老鸦马鸡；家中座位男女有别，不能乱坐；忌在火塘上烤脚、踏脚；供灶神处忌放脏东西；忌背向三脚坐；不准在灶火中烧蒜皮；禁止吃大蒜后参拜庙宇，认为大蒜的恶臭会亵渎神灵；忌讳用印有经文的纸擦拭或清洁其他东西；禁止衣服不整或戴帽进寺院、在寺院高声喧哗和嬉戏打闹，等等。

彝族也忌讳随便摸头，认为乱摸头是对别人的不尊重；忌女性披头散发前往别人家，认为是极不礼貌、不道德的行为。羌族小孩佩戴的铜镜、头帽上的海螺壳为避邪之物，忌生人触动，以免冒犯神灵而不利于小孩。

中华人民共和国成立后，上述禁忌中合乎情性和人际交往的礼节仍保持，汉族带歧视妇女内容的禁忌不复存在，但交往中女性须与男性保持一定距离，尤其是单身女性更应如此。少数民族受民间习俗和宗教信仰的影响，在大型仪式和宗教活动中仍保有部分禁止女性参与的禁忌。出行禁忌，汉族出行择日子等习俗逐渐消失，藏族、羌族出行择日、卜卦之俗仍存。出行途中忌鸟屎掉在头上，认为是不吉之兆，尤其认为乌鸦屎掉在头上预兆大凶，遇到这种情况，许多人除连吐三口口水外，往往会终止出行。踩到老鼠亦认为是凶兆，若被老鼠咬，更认为是大凶。彝族人忌骑着马直接进村、进院门，否则视为"摆架子"。忌家人刚出远门就在后面扫地，认为不吉利。

八、语言禁忌

语言禁忌为具有方言特色的语言风俗现象，禁忌缘由多出于吉凶、礼教、功利、荣辱等诸种因素考虑，表现为某些语言在特殊场合下的禁用或代用。语言禁忌事关人际交往和礼貌，民国至今大多沿袭。

（一）称谓禁忌

汉族对祖先、长辈的名字不能直呼，须用尊称代替。同辈人之间也不宜直呼其名，须以专用代称相称，以敬语询问对方名字。部分姓氏发音与不吉利词汇谐音，须用吉利词代称（如：梅姓谐"霉"，须称"老喜"；史姓谐"死"，须称"老活"），直呼则视为不吉，被呼者不悦。藏族与高僧大德、喇嘛、上司、贵客、长辈交谈时，须用敬语以示尊敬、祝福，忌用粗俗语言。

出于地方观念和民族自尊观念，人们普遍忌讳带有地域和民族轻蔑、歧视含义的称谓。如乡村农民忌讳称其为"乡巴佬"，通常须称"老乡"；苗族忌讳称其为"苗子"，喜欢别人称他们为"亲家"；彝族人忌讳他人称其为"老彝胞""蛮子"，认为是侮辱称谓；藏族人忌称其"藏蛮子"，"馒头"须说"馍馍"。

（二）凶祸词语禁忌

汉族民间认为"说凶即凶，说祸即祸"，因而忌讳言说凶祸类字眼，唯恐因此招致凶祸。因而忌说"死"字，常常以"卒""没""下世""谢世""逝世""升天""老了""不在了""丢了""走了"等词语代替。在战场上为国家和民族战死的人，须称"捐躯""牺牲""光荣了"，等等。各行各业为了防止凶祸的事情发生，在语言方面亦忌讳说出与凶祸直接或者间接有关的词语乃至谐音词语，以免引发灾祸。藏族则以"圆寂""涅槃"或"寿终"等代称僧人和贫民的死亡，对死者通常用"星霞"（意为往生净土）表示对高僧大德和其他受尊敬人的敬重、用"策代"（意为寿终）表示对平民百姓的尊敬，用"巴拉依"（天堂之父）、"玛拉依"（天堂之母）称已故长辈。

（三）破财词语禁忌

汉族民间忌讳破财，因而忌说"舌"（谐音"蚀本""蚀财"的"蚀"字），并把"猪舌"称作"猪招财"、"牛舌"称为"牛招财"，或说"利子"。买东西忌说"半斤"（谐"拌筋"），以防买卖双方发生争执。

（四）亵渎词语禁忌

汉族民间认为说涉及性行为及性器官的词语是一种亵渎语，说出来有伤大雅，有教养的人羞于启齿，故忌讳直言。在不得不说到性器官、性行为时，须用代称而不能直言。

汉族忌以"龟"及"龟"的俗称"王八"相称，否则视为极大侮辱。"缩头龟"往往被作为明知老婆有外遇而惧内者、遇事不敢出面抗争者的蔑称；"兔崽子"寓意私生子。将人与畜生相提并论，等同于视人为畜生。直言他人生理缺陷，也是具有蔑视甚至带有侮辱性的言辞，因而忌讳被他人用有关蔑称称自己。

藏族相信念咒语诅咒人会给被咒人带来灾难，故只有对恶人、仇人才使用咒语。因而父母生气骂自己的小孩忌用诅咒语言，日常生活中忌用下流、脏话骂人。遇到重大事情，常喜赌咒发誓。

九、丧葬禁忌

民国时期，民间丧葬过程中有许多禁忌，目的主要为确保逝者顺利升天，同时荫蔽子孙后人，避免沾染晦气。

邻居家死人后停柩在堂，邻居要在自家门楣上贴一张红纸避邪；在亲人或邻居病重时，忌跳舞、唱歌、击乐等活动。部分地方还有"忌人"习俗，即家人病重且久治不愈时，在屋外路上用一竹竿挂一小块红布，提示外人不得来串门，以免带走病人的魂魄而导致病人死亡；家人死于家外，忌将尸体抬回屋内，有"冷尸入房，家散人亡"俗语。藏族忌讳把死者放在床上，或者用其他物品垫尸体，通常将尸体放在屋内一角并用土坯做垫。

汉族在老人死后穿戴物忌用皮毛制品，以防其下辈子变牲畜；忌用缎子做寿衣，因与"断子"谐音；寿衣忌用纯黑色，内衣通常用红色寿衣，因民间认为人死后进入阴间要上剥衣亭，鬼对黑色反应不敏捷，剥衣鬼会把皮肉剥烂；若有红色寿衣，剥衣鬼会认为已剥出血了，便会停止剥衣。制作寿衣时，衣袖宜长并将手全部遮住，忌袖短露手，以免将来儿孙讨饭。棺材无论品级高低，忌对镶底或四合底，认为"死者背脊对棺材底缝，灵魂只能下地狱"。停尸期间，忌猫、鼠从死者身上跑过，认为会使死者颤动或猛地坐起，俗称"惊尸""炸尸"，是对先人的大不敬，也不利子孙。

治丧过程中，除80岁以上老人的喜丧外，丧家和吊丧者忌穿代表喜色的红色衣裤、扎红头绳；包孝帕的孝子到别人家去须将帕尾缠在头上，家庭成员七日内不得到别人家串门，以免把丧星带去。下葬后，忌走回头路。彝族在办丧事期间和办完丧事后三天，主人家不能下地干活，否则对后人不吉利；参加葬礼的人当天不能下地劳动。羌族家有死人，行葬礼五天内忌与外人来往；丈夫刚死的寡妇，须围青苗菩萨转几圈，用木梳梳头后方可与他人见面。藏族家中有人死，一月内忌到别人家里去。

守孝期间，家属不得穿红色或其他鲜艳衣服。清代在整个守孝期间不理发，民国改为前九天内不得理发、包粽子吃（传粽子会粘住亡者手脚，令其在阴间走不动路）。清代守孝期间不得嫁娶，民国改为守孝第一年不嫁娶。妻子在为丈夫守孝期间，不得涂脂抹粉、穿鲜艳衣服、戴金银首饰和红花，只能着黑衣黑裤、戴白花。藏族在自己亲人去世后的三四天内，家人不梳头、不穿新衣服，妇女不戴首饰，以示对死者的悼念；家人不能随便笑、高声说话、唱歌跳舞。在别家办丧事期间，全寨禁办喜事、举行歌舞娱乐。

中华人民共和国成立后，城镇家庭多在医院或殡仪馆为亲人办理后事、采取火化方式，在家中停灵、备丧、办棺木、守孝等方面的禁忌逐渐消失。20世纪80年代中期以来，农村普遍恢复丧礼中的一些旧俗，但串门、下地劳动等禁忌不存，守孝时间大大缩短，一般不再遵循一年内不得嫁娶的旧俗，但非喜丧的丧事期间仍禁止穿鲜艳衣服、办喜事和娱乐活动。

第三节 巫风俗信

民国时期，民间信仰巫术的风俗浓厚，除上文有关信仰与禁忌涉及部分外，还有许多巫风俗信活动亦常见。中华人民共和国成立后，20世纪50～70年代，因国家法令禁止有关巫术活动，有关巫风习俗逐渐消失。80年代以来，有些巫风俗信在农村又日益盛行并影响到城市。

一、辟邪祛秽

辟邪习俗在汉族和藏族、彝族、羌族、土家族等各民族中皆极为流行，多通过在被认为是邪魔出入之地建造具有法力的建筑物加以镇压、放置道教符箓或具有驱邪功能的物品镇压或驱避、佩戴法物辟邪等方式，镇压邪恶使之不能进入人间为祸，使邪恶之物或邪气不能靠近侵袭活人及死者、牲畜，保佑人畜兴旺和五谷丰登。其中，汉族流行建造风水塔和楼阁建筑镇压妖邪，藏族流行建造佛塔镇压邪魔，农区藏族还建造碉楼、嘛呢堆镇邪。汉族民间流行悬挂、张贴刻绘印制的道教符箓竹木牌、红色签纸等辟邪，并用以镇墓；尤其流行佩戴玉质配饰、贴身穿红色绸布衣裤、悬挂红布条等辟邪，还流行在家中放置貔猊、在大门上挂吞口或镜子、在家门外立石狮子或泰山石敢当等镇宅辟邪；汉族和藏族皆流行在身上佩戴香药包（香囊）驱秽。汉族、彝族、羌族、土家族等皆流行端午节在大门外侧挂菖蒲和艾草、洗药草浴、擦抹及饮用雄黄酒等驱秽防病。羌族和土家族民间还流行佩戴银饰，贴身穿红色绸布衣裤，悬挂红布条等辟邪。

二、驱鬼禳灾

民间普遍相信人、畜死后其魂魄多变化为鬼，草木、山石、水土之中亦有精灵鬼怪，其中一部分会祸害人畜，故须敬而远之。人畜生病及意外死亡、房屋失火、家事不顺、庄稼遇虫害等，多被认为是鬼怪作祟所致，故须驱鬼禳灾。汉族多请和尚、道士、端公做法事驱鬼并悬挂、张贴驱鬼法物、符纸，亦有于夜间携祭品、冷水饭到路口或桥头祭鬼或馈鬼（倒水饭于地并扣碗于地）以送鬼的民俗。藏族多请喇嘛、本教巫师"跳神"做法事驱鬼，各寺院在每年藏历除夕日要举行驱鬼祈福的法会。羌族认为有鬼魅为祸，请巫师释比"跳神"捉鬼驱鬼。彝族遇人畜生病、家事不顺、械斗失利、庄稼遭灾、丧事完毕、邻里不睦等及有不祥之兆，皆延请巫师毕摩举行法事驱鬼禳解。

三、烧袱子

汉族民间在祭祖、祭奠亡灵时流行由烧纸钱演变而来的烧袱子习俗。祭奠者先将一叠叠纸钱整理平顺并用白纸封成一个个长方形袱子，上用毛笔书写敬奉字样：中间写"故考某某老大人收用"，左写"天运某年某月某日火化"，右写"今当某日化帛虔具冥钱共多少封奉"。届时焚烧"寄钱"给祖先、亡灵。20世纪80年代以来，纸火店里出现印制的包袱纸专用封面纸，购买封好后填上先人、亡者姓名即可使用；亦有包封好的袱子，买回即可烧寄。90年代末，冥币日益流行，面额从万元至兆亿不等，纸张的尺寸厚薄及图案仿人民币（只是人物头像为阎王爷），亦有仿美元、英镑等国外货币的冥币。近年，冥币的纸张尺寸逐渐变大，除纸钱、冥币外还有纸质"金砖""银锭"、大小仿铜钱等冥钱和衣服、房屋、汽车、电视、钟表、香烟等各类仿生活用品冥厇纸制模型，皆可购买焚烧。

四、下阴

民国时期汉族民间流行请端公、道士、巫婆等术士以通灵术下到阴间与鬼魂沟通的仪式，俗称"下阴"或"走阴"。若久病不愈、诸事不顺等，人们认为须到阴间向鬼魂询问原因及解决方法，便举行此仪式。成都地区主持下阴的多为中、老年妇女，民间称"观花婆"或"观仙婆"，亦称"仙娘""神仙"。民间迷信认为，每个人在阴间的花园里都有一棵花树，其繁茂、凋零关系人的命运，每个人的身体状况和命运可从其花树上观察到、通过改善花树的情况可改善人的身体状况和命运，观花婆即是能到阴间为人观花树并改善花树状况、为人许愿求情、消灾延寿的人。成都妇女崇信观花婆，凡小孩生病多请观花婆下阴。观花婆为人下阴，先点香、在灰盆里烧几张纸钱，坐上神龛旁的高座、头盖一块青布半遮脸面、眼睛似闭非闭做瞌睡状，几分钟后忽然唱起请神曲并装神弄鬼地发出各种腔调，自问自答地仿佛已下到阴间并告诉在花园看到什么花、情况怎么不好、需要多少钱和油，当求神者答应给付后，观花婆即说已请神仙把花树修理好、病人的病马上就好。然后揭掉头巾从阴间转回，并向求神者索要钱物。

五、化符水

民国时期，汉族、彝族、羌族遇家人生病，皆流行请巫师化符水治病习俗，至今彝族、羌族地区部分村寨的村民仍有请巫师化符水治病习俗。巫师化符水，用一碗清水，口中念诵咒语，同时以手指在水中画符，然后给病人喝下以解除疾病。羌族盛传世间有变化为中老年妇女在人的食物中下毒害人的"毒药猫"，人被"毒药猫"下毒后会腹部胀痛难耐，只有巫师释比化的符水能够解除病症。

六、送花盘

民国时期，汉族民间遇家人生病时，多请巫师、端公或由家人举行送瘟病的送花盘仪式。家人备好香烛纸钱后，用碗盛装少许米饭置于大盘中送至病人床前踏板上，再由端公或家人燃香烛纸钱祈祷，然后将盘送至家门外岔路口祝祭，最后将盘中物品抛掉送走瘟神、使病人恢复健康。

七、喊魂

民国时期，汉族民间认为小孩受惊吓或生病，是因魂魄游离开身体所致，则须由家长喊魂将小孩的魂魄唤回。成都地区流行先请观花婆烧蛋，根据鸡蛋烧熟后爆裂的形状讲解病因，再由家长带回鸡蛋，备招魂符和燃香，于夜晚领小孩到空旷之处喊魂。家长喊魂时先点一束香，一手拿招魂符、一手拿鸡蛋，高声呼喊小孩的名字或小名，叫其"快回来啊！"每喊一声插一支香并前行几步，若遇土地庙须给土地上一炷香请土地神转告小孩魂魄回家；亦有在黄昏时带小孩到院坝或墙角处，左手拿三支燃香，右手掌心放一个鸡蛋，口中念词向家神、灶神、土地神等祈祷，然后长声悠悠呼唤小孩小名，问其魂魄"回来没有？"小孩或另找人回答"回来了"表示魂魄已回。然后将蛋用纸包裹放在火中烧熟给孩子吃下，或将蛋交观花婆书符念咒，以将魂魄留在小孩身上。如若不灵，则须请道士、端公做法事安魂收魂。成都客家人喊魂，先由仙婆将一个鸡蛋放于地上，数十粒米放在掌心上代表三魂七魄，然后围着地上的鸡蛋转圈，一边用手拨动掌心米粒，口中念词让"三魂七魄回本身"，念毕猛一跺脚，若地上的鸡蛋滚动表示魂魄已找回。病人回家后将鸡蛋蒸食，然后用红、白布各一小片缝成双面护身符装入十粒米随身携带九十天，或将米用水泡后吃下，以便让魂魄固守在体内。

八、打保符

民国时期，汉族家有病重之人，认为系鬼魅作祟所致，须请端公到家做法事跳神，俗称"打保符"。端公通常设坛作法、化符请神，亦有表演捞油锅（将数枚铜钱丢入滚沸的油锅中，然后由端公伸手入锅捞出）、踩铧头（赤足踩踏烧红的铁铧头）者。客家人遇家人病重认为是病人魂魄迷失所致，多请端公作法招魂魄。端公根据病者病因和症状分为迷魂或失魂，分别施法。对迷魂者，将病人衣物挂于墙上，以师刀画符水，用嘴汲符水喷洒衣物，家人同时开大门到房前屋后呼唤病人名字，端公汲符水喷洒衣物时衣物飘动表示魂已找回，端公立即将衣服取下裹成团掩于病者床内。对失魂者，端公认为其魂魄为鬼取走，夜晚作法请神后，取病者衣物一件、手拿一只"追魂蛋"（将鸡蛋磕一小洞倒出蛋清蛋黄，用来装追到的魂魄）到郊外追魂。端公返回后，将衣物包裹的追魂蛋交给家人，家人于灯前照探可隐约见一只小昆虫。家人将蛋放在病者枕边并饲养小昆虫，若七日后病人病情好转，由病者将昆虫带到野外放生。

羌族患肚痛、腹胀等疾病时，除请释比画符水治病外，亦请释比"踩铧头"治病。释比通常将一只铧头放入火塘中烧红后取出淬一碗水给病人喝，遇病重者则将病人平睡，释比先赤脚踩在烧红的铧头上跳巫舞，然后用脚踩在患者腹部由下至上轻轻擦抚三次治病。

九、神判

在藏族、彝族、羌族等民间，因财产、盗窃、口角等引起纠纷而又难以了解事情真相或不便用习惯法进行调解时，常请神职人员以巫术由神明裁判加以解决。如白马藏人通过"抓铁"判断盗贼，如果寨里有人家丢失东西，白莫祭四方神灵作法后，将一铁锄烧红架在两块石块上，让人轮流端起烧红的铁锄进九步、退九步。手心上垫有一层薄的羊毛，如手烧伤了，即被认定为盗贼。彝族常由毕摩主持，由诉讼双方进行"捞油锅""捧铁铧"等仪式判断，以受伤者为神意认定的有罪者。羌族常用"捞油锅""丢骰子""丢铜钱"等方式判断神意。

十、诅咒

汉族、藏族、彝族、羌族等皆流行诅咒巫术。汉族多由端公、道士念咒语诅咒仇敌，制作布、木偶人代替仇敌进行诅咒，使仇敌厄运缠身、遭受灾难。藏族多由本教师念咒语诅咒鬼怪、仇敌，使被咒者遭受灾难。嘉绒藏族地区本教师亦制作泥、木偶人代替仇敌进行诅咒，白马藏族由巫师白莫做法事进行诅咒。彝族遇家运不顺、疾病、死亡等，认为是恶鬼为祟，延请巫师毕摩念经咒鬼、杀鬼；若与他人结仇或怀疑他人施巫术使鬼怪为祟，则请毕摩扎草人诅咒仇人、对被怀疑者进行反诅咒。羌族遇家道不顺、疾病、灾祸等，认为是鬼怪作祟，请巫师释比施法念经咒鬼、捉鬼、杀鬼；与人结仇，亦请释比诅咒仇敌，将厄运、灾难降给仇敌。

十一、问卜

民国时期，汉族流行扶乩、求签、测字、抽彩头等问卜方式。

扶乩俗称"请簸箕神"，卜者用一根竹筷插入一个木丁字架悬于簸箕（或箩筛）中央，簸箕内装沙粒或放置一张写满字的纸，问卜者用手指扶住簸箕两侧、以手臂抖动乩架，竹筷在沙上写字或停在纸上的某字上，反复多次，将形成的字连成句，作为请到的神仙鬼怪、历史人物、亡故亲友等神灵的"神仙训示"。

求签问卜者到寺庙神龛前向神像叩拜祷告后，从预先设置的签筒中摇出一根写有吉凶内容的竹签占卜吉凶祸福，或摇出写有号码的竹签按号提取写有答案的签票了解吉凶。

测字有专门从业者——民间俗称为"测字先生"，多摆摊测字，亦有开铺或串街游乡为人测字者。问卜者从摊上摆放的写有一个字的众多小纸卷中随意拈一张，测字先生根据纸卷中所写字的字形结构和音义进行分析、解读，预测凶吉。

抽彩头为一种图画问卜方式，卜者裱糊多张分别绘有代表吉凶的图画硬纸折，由问卜者抽出一张展开后交与卜者，卜者按图讲解图画代表的内容，按抽取张数收费，妇女多因不识字而求此种卜卦。亦有用雀鸟抽彩头或测字，卜者手提铜嘴雀笼，卜者待问卜者交钱后开笼放雀，由雀衔一张字画卷，卜者按字画向问卜者解析凶吉。

十二、卜卦

汉族和藏族、彝族、羌族等皆流行卜卦预测吉凶，卜卦形式多种多样。

汉族多用铜钱、竹签为人卜卦，俗称金钱课、文王课，为江湖术士常用占卜方式，多在闹市区街道拐角处或寺庙周边设摊点占卜。金钱课用六枚铜钱置于筒中，卜者祝祷后摇动数次并将铜钱倒出，依次逐一排成一行，视铜钱背、面排列次序推断吉凶。文王课用三枚铜钱置于竹筒或龟壳内，卜者焚香祷祝后摇动数次并将铜钱倒出，视铜钱背、面情况推断吉凶。又有文王64卦占卜，卜者多摆地摊，将64卦分别写在64张小纸片上卷成纸筒堆在一起，卜卦人随意抽取一个纸筒交给卜者，卜者按《周文王六十四卦》卦书占卜预测。

藏族流行羊毛线卜、扯索卦、骨卜、鸟卜等卜卦形式。线卜为僧侣边默诵卦经边用12根细羊毛线在手指上缠绕，默诵完卦经时数缠绕手指的毛绳奇、偶数，对照卦书解释预测吉凶。扯索卦用牛毛搓成绳，绳端留半尺长散毛，在地上用土块、石头等物按一定方位放置，用3根毛绳在手上任意绾结后投掷于地，按毛绳在地上散开的形状和方向挪动土块或石头，再根据卦书卜卦三次预测吉凶。骨卜原为本教占卜方式，在嘉绒藏族中颇为盛行，卜卦方法亦较为复杂，卜卦时由本教师念经祈神灵指点，诵经完毕时表示神灵降临，然后就边念经边用风干的牛或羊肩胛骨在火上反复灼烧至骨裂,然后掰裂开肩胛骨并根据左右两边的纹路来判断吉凶。鸟卜为根据鸟的叫声预测吉兆。遇战争还有棍卜、文字方位卜、掌卜等。

彝族卜卦流行羊骨卜卦,由巫师毕摩以羊肩胛骨用火烧裂,根据裂纹长短、左右预测吉凶。亦流行打木刻、鸡卜、鸡蛋卜、苦胆卜、猪肋骨卜等卜卦方式,皆由毕摩施法并观察这些物品发生的变化推断吉凶。

羌族卜卦流行羊髀骨卜、鸡蛋卜、羊毛线卜、白狗卜等。羊髀骨卜由释比用羊髀骨念咒施法进行卜卦,多用于占卜运气、病因、行人祸福及人死后的吉凶等。羊毛线卜主要用于卜吉凶,鸡蛋卜主要用于卜病因,白狗卜用于卜丰歉。还有羊扇骨卜、鸡嘴卜、手卜、水卜、青稞卜、柏木卜、钱卜、立水柱子等,计20余种。

十三、算命

算命主要流行于汉族,为根据人的出生年、月、日、时分别配以天干地支,形成四对两个天干地支文字一组的字对,依次排列成八个字推算人生命运,俗称"算八字",对从业者称"八字先生"或"算命先生"。民国时期算命有开铺、摆摊和游乡三种。开铺、摆摊者皆用写有"推算祸福吉凶,排解休咎迷津"的布招,设桌凳陈笔墨纸砚写八字单,所写八字单为意思含混、语意双关的韵句,通过套、哄、恐吓、吹捧等手段,揣摩求算命者心理并察言观色、投其所好地言说吉凶祸福骗钱。游乡者多为盲人,以拉胡琴或敲竹板为信号,胸前挂书有"算命"二字的银铜牌或黑漆红字木牌招揽人算命,只推算不书写。算命者通常还为人合八字、择吉日、写对联和家书,亦有兼营测字者。

十四、看相

汉族民间普遍相信人的品行、心术、命运等可通过其面相看出,故流行看相相术,包括相面、相骨、相声、相气、相色等,通过人体面相、声音、骨骼、气色等判断人品心术、预测命运吉凶,头形、痣、颧、腮、下巴、人中、脸色、眉眼、目光、嘴唇等形状皆有相应的吉凶之兆。从业者称"相师",多习《麻衣相法》《柳庄相法》。相骨者多为盲人以手摸骨推测人的命运,相声则根据流水声、器乐声、敲击声、马蹄声等声音推测人的贵贱、吉凶,或依据相法综合推测。

十五、看风水

民国时期汉族和羌族民间皆流行看风水，亦称"相宅""看阴阳"，执业者称"风水先生"或"阴阳先生"，修房看风水称看阳宅风水，丧葬看风水称看阴宅风水。人们普遍认为风水好坏会影响家运和子孙后代的命运，得龙脉宝地可避祸得福、保安宁荫子孙。风水先生为人看风水，手持罗盘查勘山形地势、方位坐向，确定吉凶之地。因民间普遍认为"地灵则人杰"，故富贵之家往往不惜重金聘请风水先生相宅。

同时，一些家庭为打击竞争对手或仇家，还请风水先生按阴阳五行相生相克之理破坏对方风水，使对方蒙受灾祸、家道破落，称"破风水"。为防风水先生不满而破本家风水，民间对请来看风水的先生普遍礼遇。

十六、解梦

汉族民间流行借用阴阳五行及其他占卜术解梦的习俗，但知名解梦者有"五不占"之说：神魂未定而梦者、妄虑而梦者、梦有始终而觉佚其半者（梦醒后忘了一半）、寝而知其凶者（醒后自己已知其梦凶险）、撼寤而梦未终者（被别人摇醒而梦未做完）皆不占。

人们多认为凌晨做的梦最准，有"凌晨梦准"之说；且认为梦境之事与现实往往相反，有"梦死得生，梦祸得福"之说。如梦见火烧房屋、受伤出血兆有红运，梦涨大水兆有财运，梦捉鱼兆收获，梦见蛇兆得子，孕妇梦太阳生男、梦月亮生女。但若梦见与已故之人交往、跌跤、见鸡鸭鹅、吃饮食（俗称"吃鬼食"）则为不祥之兆，预示将蚀财、生病、吵架等。若做噩梦，如梦见自己或亲人被追杀、坠入深渊和被狗咬、被鬼抓住等恐怖事情，会吓掉魂魄，须自己用手揪住一只耳朵口喊"老庚，魂魄吓回来了！"进行破解，亦可用红纸写上"夜梦不祥，书贴东墙，太阳一照，化为吉昌"贴于太阳能照到的地方化解。小儿做噩梦，母亲或祖母要为之喊魂3～7天（应三魂七魄数）。

中华人民共和国成立后，国家禁止相关巫术活动，上述巫风习俗基本消失。

第十二章 行旅习俗

第一节　出行礼俗

一、卜行择吉

民国时期，四川民间认为出行时须避忌云游四方的恶神，故出远门前要择吉日，尤其长途坐船皆要择吉日。通常按《历书》选定"宜外出""宜行船"或"诸事吉"的日子，亦有请八字先生根据出行者的生辰八字选定出行时间。逢单日一般不出行，认为"好事成双"，以双日出行为吉，尤其流行"七不出门，八不回家"的习俗。出远门者多为男子，女子通常不出远门；家中有高龄父母在堂，一般不出远门，有"父母在，不远游"之说。有急事须出远门，事先须父母同意，预约归期并按时返回。出门要占卜方向，谚云："老不上北，少不下南。"出门时遇有不吉之兆，当日不能出行。如俗语称"左眼跳财，右眼跳灾"，若遇右眼跳，当日不能出行。民间认为老鼠可预知凶吉，开船时有老鼠从船上跳下水逃走，当天不能开船出行。1950年后，出行择吉日习俗逐渐消失，妇女出门远行者大增。

川西高原地区的藏、彝、羌等民族因当地自然交通状况险恶，出门普遍要卜卦择吉、忌说不吉利话，并在马匹、牦牛、犏牛等运输牲畜的角、颈部挂吉物，以祈求神灵保佑。

二、行路

（一）陆行

民国时期，四川汉族民间有"穷家富路""在家千日好，出门一日难"民谚，强调出门应备好行装、多带盘缠。出门远行应少走夜路，有"久走夜路必撞鬼"之说。早晚行走时，若听见有人叫喊，不轻易应答，以免鬼魂跟随；若只闻声不见人，须连吐三口唾沫并骂"撞到鬼了"，以避鬼魅。出远门时，若早晨出门不久就遇见送亲或迎亲的队伍，认为喜气被带走，预示行程途中不吉利或不顺利；若出门不久就遇见殡葬、送葬队伍为不吉，须返回改日再出门。

若当天必须出门则将帽子脱下抖动几下，或将外衣脱下抖动几下散去晦气。80年代后，四川人的观念因受广东观念影响有了较大变化，认为出行途中遇见出丧表明晦气被带走了，预示行程途中吉利，若早晨出门见到棺材则预示要"升官发财"。

民国时期四川汉族出行，短途多乘轿子、滑竿、黄包车，女人和老人出行亦乘鸡公车。抬轿、抬滑竿由两人一前一后互相配合，称"脚夫"。前面与后面的人边走边用行话传话，一问一答协调脚步并保证安全，同时减轻旅途中的疲劳与寂寞。远行则多坐轿子。新中国成立后，轿子、滑竿、黄包车迅速消失，鸡公车亦逐渐淘汰，出远门多坐火车、汽车。

汽车驾驶员亦有诸多俗信。20世纪30~40年代，早晨出门遇见结婚办喜事，认为将全天顺利；若遇见出丧，认为晦气易出车祸，有的因此返回改期出门。驾驶员忌运死人，若运死人须在车的前后部位和车子反光镜上"挂红"拴红布条，丧者家属还须在正常运费外另封一笔钱作为除晦"红封"，至今因袭。80~90年代，驾驶员多在驾驶室挂毛主席或周总理像，或挂经某庙宇住持开光的"福"字或佛像避邪，往来涉藏地区的汽车多在反光镜上挂红色或黄色丝、布带祈求吉祥。

（二）行船

船为四川人远行的传统工具。客、货运起航前，先到王爷庙祭"镇江王爷"。届时杀雄鸡一只，将鸡血、鸡毛粘于船头木桩，船工头要磕头作揖、口念吉语并向河中撒盐茶五谷，祈祷行程顺利吉祥。船工头接主人所发"吉单"后开船，不能回头。启航前主人置酒宴送行，喊号船工头吃鸡头，推桡吃鸡翅，接纤吃鸡脚，拖纤吃鸡肠，启程前和到终点皆要全牙祭，中途住站码头半牙祭。若主人克扣，船工不提缆、不解缆。行船途中，船工头以喊号子协调拉纤或推桡缓急，或娱悦心情、激励士气，号子内容多即兴编唱。上船忌跨"王爷桩"，以免触怒镇江王爷。若发现老鼠下船到河里或上岸，认为是出行不吉之兆，须停船靠岸。行船途中，船上用具忌口朝下放，锅盖亦须称"捂气"、帽子摘下也不能扣放、不能翻卷裤腿、忌杀鸡扑腾，以免预兆翻船。

（三）马帮

民国时期，川西北一带运输主要依靠骡马，因而形成了大量骡马帮。骡马帮上路，为求旅途平安，逢庙拜神，并有种种禁忌。骡马帮敬奉马王菩萨，每逢农历六月初六举办马王会，各民族马帮皆会参加祭拜马王菩萨，共同出钱请戏班演戏酬神。冬腊月或正、二月皆买猪、羊、鸡到城隍庙祭拜。马帮每到一地，都有自己熟悉的店家，称为"客主家"，马帮可以放心地将货物和马交给主人家。

中华人民共和国成立后，除民族地区外，汉族出行的礼仪、禁忌大多逐渐消失，远行多因工作需要，不再择时日、卜方向。20世纪80年代后，随着经济、交通的发展，商务、旅游出行大大增加，一些传统出行习俗又有所恢复，部分人自主外出时喜翻阅历书看吉日，遇特殊或异常情况亦中止出行；出行忌说不吉利语言，亲友饯行要祝一路平安、忌谈交通事故等不吉利事情，以求平安。

第二节 行旅方式

一、步行

民国时期，四川盆地内的陆路交通仍主要沿用历史上的驿道、石板或泥石步行小道。人们出门走亲访友、赶场赴会、朝山拜佛、经商办事、游山玩水皆以步行为主，仅少数有钱人使用车、船、轿、滑竿、马匹等代步。行程远称"走长路""出远门"，多为男子，妇女因裹小脚远行不便，除朝山拜佛外极少出远门，部分农村妇女甚至一生未曾到过县城。中华人民共和国成立后，随着公路交通的发展，徒步远行逐渐消失，步行仅为短程出行方式。

川西高原地区海拔高，气候寒冷多变，人烟稀少，路途遥远难行。日常出行，农区人们外出或步行或以马代步，草原地区的藏族出行以骑马为主，藏族朝圣磕长头虽数千里之遥历时逾年亦全程步行。藏族远行多随身携带衣被、干粮、盐茶、炊具等以备食宿，或带帐篷宿营，或以马背毡子铺地身盖毡衣藏袍而卧。彝族远行多只带干粮、火镰，夜间裹披毡察尔瓦和衣而卧。

二、过渡

民国时期，四川盆地内汉族地区各地江河边设置有大量渡口供人们出行过河使用。据《德阳市志》记载，新中国成立之初仅德阳县境内就有渡口110余处。各地渡口可分为义渡和收费渡口两大类。

义渡多为民间慈善置办，或由官府、商会、会社、袍哥组织、寺庙等出钱养渡，或由民间集资购置或捐赠田产以收入养渡，因船工工资、购置与维修渡船和枯水期搭设便桥等养渡费用已经解决，故行人与货物往返概不收费。较大的义渡事务还选举会首主管，每年开渡前皆召开群众大会报告经费收支和当年开渡的准备情况，杀雄鸡祭船、祭拜镇江王爷或江河神祈祷平安。凡属义渡，多在渡口立石碑刻"义渡"二字。多数义渡长期坚持免费，少数义渡只对当地人免费，亦有个别因人免费的义渡。

收费渡口多由当地民众集资制船，再交给有撑船技术、行善有德者适当收费自养。每年收入除维修渡船、添置桥板外，所余经费做船工薪酬，大体与长工相当。亦有少数自营渡口，由船老板自备船、自撑船，唯守"修桥摆渡，积德无数"古训，其收入通常只能维持两三人的最低生活。有行动困难的老人，摆渡者多会背扶着下船上岸。

中华人民共和国成立后，因桥梁大量兴建，渡口大量减少。在人民公社时期，渡口、渡工由当地生产队统一管理，渡工评记工分参加生产队统一分配，多数渡口不收过渡费。20世纪80年代后，各地渡船大多由个人承包，由过渡者交费。90年代后，桥梁遍布各地城乡，渡船基本消失。

三、住店

民国时期，城镇、交通要道口、码头皆有旅店客栈供出行客商住宿，乡村也有小型食宿店幺店子、鸡毛店供人歇息，行人入住称"住店"。

旅店门口皆挂写有店名字号的方灯笼——号灯，行人远远即可望见。部分旅店还书写有"未晚先投宿，鸡鸣早看天""高人下榻，杰士停骖"之类对联。客人住宿费计算，夜间入店次日早饭后起行给一天住宿费，午饭后离开则给两天住宿费。旅店中可搭伙食，供应洗脸、洗脚水，代客保管货物、熬药、交信、采买物品等，有的还兼卖烟酒、土杂货及供应马饲料。因来往旅客以商人、小贩居多，部分旅店还代客送货收货、收取货款，部分行帮商人亦常专宿某店，店老板与商人熟悉后亦代为联系生意甚至兼做生意，称"行栈"。

旅店服务人员称"幺师"，服务热情周到、善察言观色并熟悉本地风俗人情、名胜古迹、娱乐场所、名特产品。幺师的工作主要为：旅客进门，立即上前招呼，帮助搬行李，端洗脸水，办写号手续，安排房间；客人入住后，介绍店门开关时间及厕所位置；早晨提醒赶路的旅客起床，为早起客人送开水；旅客离店时送至门口并祝"一路平安"，甚至帮旅客背东西送至车站码头；晚上临睡前到过道中喊注意事项、介绍本地情况，晚间关门时喊话用顺口溜提醒旅客注意安全、如厕事项，如提醒不要在床上屙屎尿多喊说："楼上的客，楼下的客，听我幺师办交涉。要屙屎，有草纸，不要在床上摆摊子；要屙尿，有夜壶，不要在床上画地图。"

1956年后私人旅店逐步改为国营，旅客住宿凭单位或辖区介绍信。因旅店很少，外地旅客入住床位紧张，下车后须首先找寻旅店住宿。80年代后，旅店多改为宾馆、酒楼等，传统旅栈逐渐消失。

四、乘坐工具

（一）坐轿子

民国时期，轿子为四川最流行的传统出行工具之一，"出门要坐轿"为中上层人士身份标志之一。据不完全统计，民国初年，仅成都就有轿行300多家，各种轿子和滑竿近万乘，全省轿子、滑竿总数在30万乘以上。常见轿子包括官轿、民间大轿、小轿三大类。官轿大小、质地、工艺有别，按抬轿人数分4人抬、8人抬、12人抬和16人抬。民间大轿名"彩舆"，俗称"花轿"，专供娶亲用。小轿为2人抬，主要供有钱人代步。30年代以后，轿子逐渐被黄包车取代而消失。

坐花轿为女人一生中最荣幸的事情，在途中有优先过路过桥权，新娘花轿即使路遇官轿，官轿亦要为其让道。妇女一生中只能坐一次花轿，再婚改嫁只能坐小轿过门，故妻子常以"是用花轿抬来的"表示自己为明媒正娶的妻室身份。娶亲坐花轿习俗一直沿袭，至今在部分农村地区仍有保留。

（二）坐滑竿

滑竿是四川较为普遍的2人抬简易代步工具，用两根长约丈许的竹竿为抬杠、两端各绑一横杠为抬肩、中间用绳编竹片软扎为坐卧具或竹藤座椅即成。冬季在座上垫被褥，夏季加撑篷布遮阳。乘滑竿可坐可卧，视野开阔。不抬时，收拢则一人即可扛走。抬时坐者一人坐躺其上，两名抬夫一前一后抬于肩上行走，若乘坐者搭带小孩和行李须多给脚力钱。坐躺在滑竿上，抬杠负重上下悠悠闪晃，令人昏然欲睡。滑竿大路小道皆可通行，方便价廉，故坐者较多。民国时期，四川各地城乡均有滑竿"站口"，抬短程远程皆有，抬者多在肩上挂布篷卷到街头巷尾招揽生意。新中国成立后，滑竿在城市中逐渐消失，如今多用于山地景区作为游人登山赏景的代步工具或娱乐体验项目工具。

（三）乘船

民国时期，四川汉族货物运输仍主要依靠船运，其中以木船为主，并有竹筏、木筏、皮船等。人们出行亦多乘木船，主要为中、小型船，以载客10余人的小船最常见。坐船较车马平稳，坐顺水而下的下水船速度快、收费较车轿低，乘坐者较多。但行船事故亦较多，翻船、沉船、江盗、土匪等常致许多乘客人财两空，故部分人长途坐船要翻皇历、卜吉凶、择日子并在起程前敬神祈祷。川西高原的藏族渡河使用圆形牛皮船，称"牛皮筏"，用树枝做骨架、牛皮缝制船身，轻巧耐用。船内可坐四五人，一人持桨划行或撑石。船身轻便快捷，坚韧耐撞，虽水流湍急亦可行驶。中华人民共和国成立后，随着陆路交通发展，船、筏逐渐减少乃至消失。

（四）坐鸡公车

民国时期，四川汉族地区仍盛行使用木质独轮"鸡公车"，以川西地区最为流行，大多数农户皆购置有鸡公车载货、代步。鸡公车的车轮以实木制作，外包一圈铁皮及胶皮，可载重100余公斤。车杠中部装有木足，供停歇时与车轮成三足鼎立状，足上部两根杠架间置竹编货箕用于放衣物。坐人时，车杠中部横梁处可插装一根木架竹编背靠。鸡公车除自家和亲邻之间载人运物外，亦用于务工推人、推货挣钱，各县城城门、乡镇场口两边常见排队候雇的鸡公车群。因鸡公车收费少、能在狭窄的乡间小道或田埂上推行，行走不便的妇女、老人及儿童常坐此种车。坐鸡公车亦有禁忌，如忌敲背绊钩以免发生口角、忌坐车头以免不吉利。中华人民共和国成立后，20世纪50年代末农村实行人民公社化，推车挣钱基本消失。至80年代，随着自行车的普及，鸡公车基本消失。

（五）坐黄包车

黄包车即带篷人力车，民国初年始出现于成都，相传成都第一个开租车行的老板姓黄，按天定租将人力车包租给拉车人使用，故俗称人力车为"黄包车"。20世纪30年代中期以后，黄包车开始在成都普及，此后省内许多县城亦开始出现黄包车。至40年代，黄包车成为川西城镇中的主要交通工具之一。黄包车速度较快，但收费较高，故坐车者多系有钱人及其家属、子女，普通平民很少坐。30年代，多数拉黄包车者皆为租车挣钱，自有自拉者极少。仅少数富家为外出方便，自购装饰华丽的人力车并雇专人拉车，俗称"私包车"。中华人民共和国成立后，黄包车不再拉人，多改装成为架架车做运货工具。

（六）骑自行车

四川在20世纪30年代出现自行车，俗称"洋马儿"。60年代后，上海生产的"永久""凤凰"牌自行车及天津生产的"飞鸽"牌自行车大量销入四川，民间自行车逐渐增多，但因市场供不应求，自行车成为当时家庭财产的主要物品之一。成都市等大中城市还有以出租自行车为业的租车行。至70年代后期，自行车逐渐普及。当时的自行车主要分三种型号：一为加重车，可载重200余斤，主要行销于农村、山区，城镇多用于搭运重物；二为男式轻便车26或28型；三为女式轻便车24或22型。男女式轻便车主要为城镇职工上班使用。至80年代后期，深圳等地生产的山地自行车进入四川，受到城市年轻人喜爱。地势平坦的城镇中，成年人基本上皆有自行车，中、小学生亦普遍骑车上学。平原地区农村亦家家皆有自行车，自行车成为民间最常用的代步工具。出现了在自行车右侧加挂一个边座的边车，成都人称其为"耙耳朵车"。还出现了一种只能搭载一人的小型三轮车，因车小、不易翻车、便于老年人使用而被称为"老年车"。边车和老年车最初皆主要用于搭乘家人或老年人，80年代末成为农村青年到城市打工拉乘客的工具，成都人称之为"耙的"（由"打的"引申而来），后因妨碍交通、安全性差、无营运执照而被取缔。90年代后，电动自行车逐渐普及，成为与脚踏自行车并行的城乡新的交通代步工具。

（七）坐人力三轮车

20世纪50年代黄包车淘汰后，城镇脚踏人力三轮车成为城镇短途载客拉货的主要工具。人力三轮车前面由一人骑驾，后面可乘坐两人，有折叠车篷遮阴避雨。车体用链条传动，较为省力。至80年代，随着城市交通的发展，城镇私营人力三轮车大量发展，价格便宜，成为城镇居民重要的交通工具。80年代后期，一些大城市为规范交通、整顿市容市貌，对人力三轮车采取限制发展政策，但在中、小城市仍然为重要短途交通工具。90年代以来，随着出租车大量出现，人力三轮车市场受到一定冲击。电动自行车出现以后，部分三轮车亦采用蓄电池作为动力，提高了行驶速度、节约了人力，长期作为城镇中重要的短程交通工具，在一些旅游景区亦被作为清洁能源观光车辆使用。

（八）骑马

川西高原地区盛产马匹，山区道路崎岖、草原地域辽阔，骑马成为日常交通的主要方式。藏族和彝族大多数家庭也因此养马，出行、征战、婚嫁迎娶、马帮贸易、放牧等皆普遍使用马匹，并有开展赛马比赛马匹奔跑速度、骑马马术、骑马射击和拾取物品等竞技娱乐活动的习俗，马匹也成为家庭财富的重要组成部分。川西北若尔盖草原及其周边红原、阿坝等县是我国古代四大名马中唯一本土名马河曲马的主要产地，马匹体型高大、善于奔跑，中华人民共和国成立后至20世纪80年代一直为重要的军马来源地。甘孜州北部草原地区、甘孜州和阿坝州南部各山区县皆盛产马匹，为当地藏族群众主要骑乘工具。川西南凉山州的彝族普遍饲养本土建昌马，矮小精悍、耐力强、机动灵活、善走山路，为我国优良本土山地马种。因骑马在生活中占有重要地位，藏族和彝族皆积累了养马、相马、驯马、赛马的丰富经验。

（九）乘汽车

1923年，川督杨森率先在成都市区及附近郊县修建公路、大量购回汽车发展公路交通。成都至灌县公路修通后成立了成灌马路局，并从上海购回福特牌汽车、聘请技师专招学生传授驾驶和修理技术，驾驶员因此称为"司机生"。继后，新都、金堂、广汉、彭县、温江、崇庆等县相继通公路，杨森又购回大量汽车，成立了华达、利民、飞越、内外等运输公司。来自上海的郑悦亭和段津两位教练熟悉各国车型，入川后培养了大批学员，逐渐形成了在民国时期颇有影响的四川汽车帮。但总体上，民国时期四川汽车少、通车区域少，尤其是客运汽车及通达区域极少，乘汽车出行尚不普遍。至20世纪80年代，公路交通快速发展，汽车日益普及。90年代后，私家车发展迅猛，城镇家庭开车出行逐渐成为风尚并影响到农村，乘坐汽车出行已经成为人们日常出行最主要的交通工具。进入21世纪以来，四川各地汽车保有量增加迅猛，至2006年底，成都市机动车保有量已突破160万辆，成为汽车拥有量仅次于北京、上海、广州的汽车"第四城"。川西高原民族地区及四川盆地周边山区，随着交通和经济条件的改善，人们出行多乘坐大、中型客运车辆（俗称"大巴""中巴"），政府部门和家庭经济条件较好者，普遍购置适宜山路行驶的越野车辆，在草原牧区还有驾驶越野车放牧的牧民。

第三节　行旅风尚

一、出游风尚

四川人喜游乐，商贸、交友活动往往与旅游交织，故民间盛行郊游及兼具游乐功能的赶会、赶场等出游风尚，尤以历代好游乐的成都为盛。民国时期，成都民间出游延续晚清以来好郊游的民风，也有部分人长途跋涉至青城山、峨眉山朝山求神拜佛。由于交通不便，城里人多在城内景点或近郊游玩。中华人民共和国成立后，朝山拜佛活动因各种庙会停办而基本停止。20世纪50~60年代，学校、单位常组织到郊外春游、过团日等集体活动，出游以步行为主。家庭、亲友在节假日常相聚到市内公园、近郊景点游玩，多坐公共汽车或骑自行车前往。70~80年代盛行骑自行车郊游，春天或天气晴好的周末，同学、亲朋多结伴骑车到城郊或郊县踏青、游玩，一些家庭还按计划骑车遍游所在城市周边几百里内的风景名胜景点。80年代以来，随着经济和交通的发展，人们出行日益方便，春游踏青赏花、清明扫墓祭祖暨举家出游、端午赛龙舟、重阳日赏菊、朝山求神拜佛等出游旧俗得到恢复并日益兴盛。90年代以来，川渝各地城郊农村兴起游"农家乐"休闲风尚，远赴数百公里、上千公里乃至出国旅游者日益增多。尤其是1999年国家实行春节、"五一"、"十一"等黄金周大假以来，很多人利用七天休假时间到全国各地乃至国外旅游，家庭自驾车出游亦逐渐风行。

二、赶早风尚

民国时期至20世纪70年代，川渝地区民间出行沿袭传统上的"赶早"风尚，凡是远行、赴场集、赴庙会、出远门访亲会友等皆须赶在天色微明时出行，路程较近可早去早回、路程较远则可在天黑前住店，因而俗称远行和出远门访亲会友为"赶路"、赴场集为"赶场"、赴庙会为"赶会"。80年代以后，随着交通条件的改善，人们出行无须再赶早，除部分农村仍然盛行在上午进行集市交易须赶早场外，日常出行的赶早习俗逐渐消失。

第十三章 节会习俗

第一节　年节习俗

一、元旦

我国历史上自汉武帝太初元年以正月初一为元旦，一直沿袭至清末。民国改行西历，以西历1月1日为元旦、农历正月初一为春节。因元旦为新倡导西历节日，故民国时期至20世纪80年代在四川民间影响极小。除机关企事业单位，人们多无过元旦节的习俗。近年来，在政府、电视台等参与下，庆祝元旦来临的风俗日益浓厚，过节基本方式与全国各地一致：悬挂庆贺彩旗、横幅，在接近零点时分相聚在电视机前、广场和公共娱乐场所等场合共数倒计时并燃放烟花爆竹迎接、欢庆新年来临，组织迎新年音乐歌舞及焰火晚会等庆祝活动，但农村地区的元旦节日氛围仍不浓厚。

二、过年

（一）春节

川渝地区汉族的春节习俗，民国时期基本沿袭晚清旧俗，中华人民共和国成立后发生明显变化，但总体上皆为节前先备年货、除夕团圆吃年饭、初一至十五过新年，十五元宵节为高潮暨结束日。

1. 备年

民国时期，四川民间普遍在腊月初八（腊八节）后开始准备过年的年货，通常多自制或定制老幼的新衣鞋帽以备过年时换新装，各家多杀年猪、煲汤、做醪糟、推汤圆粉、打米酥、备蔬菜和佐料、制作各种糖食以及蒸馍蒸糕，为祖坟培土修葺。腊月二十三、二十四两日，白天扫扬尘（称"小除"），晚上祀灶神、燃放鞭炮送社神归天，自此开始"过小年"。家境较好的农户宰杀禽畜、制作香肠腊肉等腌腊，一般人家亦买肉、杀鸡腌制，供过年与待客食月。宰杀的年猪以肥大为体面，宰杀洗尽后大多先抬至家中神位前用全猪祭祖；普通家庭多向祖先神位供奉刀头腊肉及蒸馍果品。穷困之家因无力购置年货，俗称过年为"过年关",欠债之家须千方百计付清债账,民俗认为过年时被债主登门讨债会导致来年依然穷困,年关逼债和外出躲债时有发生。南充民间则自农历腊月十六开始过年,雇佣工结算工资、商业场所也停止交易。

中华人民共和国成立后,农村杀年猪风俗时断时续。城市中家庭备办年货多据自家经济情况而定,过年躲债情形基本消失。80年代以后,农村杀年猪者日益增多,但不再以全猪祭祖,买过年肉由喜肥厌瘦变为喜瘦厌肥。备制过年新衣帽多改为到商店选买合身成品服装鞋帽,流行购买毛呢细料或羽绒太空棉服装。儿童过年多选购塑料、机械、电动玩具。随着物资的日益丰富,在新年置办新衣的习俗逐渐淡化。

2. 团年

民国时期,家庭团聚吃团年饭大多仍然依照传统,从腊月二十四至除夕先后不一,以除夕团年为主。改革开放以来,外地打工、就业者增多,为了家人团聚,出现一年一度繁忙的春运。近年,家庭团年多在腊月二十七至初一,城镇机关单位和企业职工则多在腊月初十至二十五之间择日吃团年饭。

民国时期,家庭团年通常先敬祖宗,富家团年时多燃放鞭炮以示庆贺,然后家人围坐吃团年饭。饭菜须丰盛并多做一些,忌吃光,以示一年有余。菜品以炖、煮、煎、烧为主,川西和川北因"蒸"谐"争"而普遍忌做蒸菜,象征"吉庆有余"的鸡、鱼和"长久""勤快"的韭菜、芹菜等吉祥菜品不可缺。忌吃泡汤饭,以免来年谋事落空或出门淋雨;忌外姓人到家"岔年",以免来年不吉。贫困家庭团年,以吃顿饱饭甚至有点酒肉为满足。中华人民共和国成立后至今,团年习俗相沿,但祭祖者较少,饮食和串门禁忌亦不太讲究。20世纪80年代以来,随着生活水平提高,团年饭的酒菜档次逐渐提高,菜肴普遍较丰盛。人们喜食鲜味,食用腌腊及肥腻食品已较少。90年代以来,大中城市的家庭团年饭多到酒楼预订席桌,吃团年饭成为家人团聚的一种标志方式,传统上庆贺年节的意味已然淡薄。

3. 除夕

除夕之日,各家须欢喜热闹地团聚过年。民国时期,民间有"赶火把场"习俗,即在除夕日凌晨天色未明之时举着火把出门赶早场至午前返回,有"赶了火把场,来年才硬邦(健康)"的俗语,故男女老少不论有无买卖皆喜欢到附近场镇匆忙走一趟,当家者须买点东西回家以求来年吉祥(有载而归)。午后,店铺陆续关门,各家张贴春联、门神、福字、窗花,打扫堂屋、清洁地面,将水缸储满水以求来年财源满缸。吃团年饭前,先在堂屋正上方"天地君(国)亲师位"牌位下敬陈肉食、祭酒等供品并燃香烛,由长辈带领全家老幼祭拜家神。除夕夜称"大年夜",家人围坐在堂屋中守岁辞旧迎新,聊天饮酒品美食直至深夜,火炉的火须燃烧旺盛以示来年家道红火。晚辈向长者辞岁,长辈为小孩发压岁钱。20世纪50年代后,上述习俗间断沿袭。80年代以来,阖家守岁渐多,城乡多以看电视吃零食、打麻将玩纸牌等守岁候年,长辈须为未成年者发过年钱(压岁钱),城市中往往还给尚未独立工作的年轻晚辈发过年钱。部分地方受北方习俗影响,不少家庭边守岁边包饺子,至午夜零时放鞭炮迎新年。近年,随着国家实施春节旅游大假制度,一些家庭为保障春节外出旅游有充裕时间,出现提前团年后于除夕即外出旅游的现象。

4. 新年

正月初一至十五为新年年期,初一为一年开始,民间极为重视,有"初一吉利管全年"谚语。

初一风俗在四川汉族各地略有区别。川东地区各家多进椒柏酒、浇鱼脯、干腊、子鸡等,称"头醪"。川北地区各家在鸡鸣三遍后"出天行",堂屋门上贴"天行已过"红纸、放鞭炮,畜圈门、河边、井边燃香蜡,全家穿新衣,小孩给长辈磕头拜年求过年喜钱,人们路遇互说拜年、庆贺吉语。初一迎新年的爆竹声自除夕午夜至黎明不止,儿童或鸣钲击鼓,俗称"闹年"。全天忌扫地、洒水、向外倒扔东西,以免财运被带走。初一早餐通常吃汤圆(象征"元宝")、面条(象征长寿),川南古蔺地区有待汤圆浮起后抢先入碗的"抢元宝"祈招财进宝习俗。川西平原,成年男子早起洗漱后携祭品出门向大吉方敬天地,俗称"出行"。

初一俗称"鸡日",有的人家拂晓时将红纸剪的雄鸡贴在大门门楣上求吉;有的人家用洒金红纸打喜钱贴大门以求吉祥,亦有在大门骑缝处贴上"开门大吉"春帖求吉。各家燃"子时香",须三日不绝,以应"香火延续""子孙不断"。早饭后男女老少相邀进城上街游逛、看热闹、品小吃、购商品,看戏、娱乐,尽情游玩,或走亲串友拜年。各地城乡流行打闹年鼓、舞龙灯、耍狮子、唱川戏、打围鼓、打金钱板、演车灯、讲评书、说圣谕等。一些贫家、乞丐常利用人们新春求吉心理,通过送财神、打锣送宝等方式到各家讨喜封。

成都初一出游盛行游庙。明清以来,人们多游丁公祠、武侯祠、望江楼，小贩多销售果品、面食、凉粉、花炮、响簧、大头和尚、戏脸壳、灯影、糖饼、纸牌、升官图、骰子之类。龙泉驿的石经寺香火兴盛，许愿还愿者众多。新中国成立后，游庙民俗一度中止。20世纪80年代以来，朝庙习俗再度兴起，正月初一清晨到文殊院、石经寺、宝光寺等寺庙烧早香还愿祈福者络绎不绝。有初一按照历书记载的喜神方位游历祈求喜神保佑的习俗，俗称"游喜神方"，1998年成都市恢复此民俗活动，每年由武侯祠博物馆举办，自大年除夕晚11点左右开始至初一深夜结束，吸引了大量民众参与。

初二，各家各户用刀头、香烛敬财神，新婚夫妇回娘家并到女方亲戚家拜新年。初三，各地"开衙"、开井汲水。亲友之间互贺新年，各家备茶水点心招待客人。初五俗称"破五"，各家自初一以来积累的垃圾须此日倾倒，俗称"送五穷"。农村在此日清晨祭祖后，由当家男子用锄头向附近耕地挖三下，表示新年破土万事如意；有水井者须敬井龙王。商家集市于此日恢复营业。过了"破五"，各家开始互相往来拜贺请吃春酒。正月初七为"人日"，成都有"人日游草堂"习俗。初八为"谷日"，农民认为当日的阴晴会预示全年收成丰歉。初九俗称"上九"，传为玉皇生日，各家挂灯笼燃蜡烛、赴寺庙宫观点天灯，直到正月十六收灯。自流井王爷庙新年放灯，庙内竖两根高十余米的灯竿，每竿各挂16盏三角灯及大红顶1盏，共计33盏灯，象征33重天。灯竿拉索横桁之上，悬挂各色纸花、纸人、纸马，灯影摇红映彩，数里外可见。沿河俱为夜市，万头攒动、市声喧阗。川西的成都、德阳，川中的简阳，川北的江油、阆中，川南的宜宾等地皆举办灯会供市民观赏游乐。

过年期间，各地城乡家人老少或朋友之间喜开展娱乐性打牌活动。20世纪50年代后全国禁赌，相关娱乐活动消失。80年代后，打麻将、扑克牌之风再度兴起，年节期间亲友聚会打麻将、扑克牌娱乐。

5. 元宵

正月十五日"过大年"，川西民俗当日早餐吃"元宵"，用糯米磨粉包糖馅搓成汤圆煮食。民国时期，各地城镇乡场沿袭晚清以来民俗，纷纷演灯戏、办灯会"闹元宵"。各地灯会多自正月十三起，亦有自初八、初九起者，至初十达到鼎盛。演灯戏以舞龙灯（各地分别流行火龙、水龙、彩龙、脱节龙、上川龙、布龙、草龙、竹龙、板凳龙等多种龙灯舞）、狮灯最为普遍，牛、马、车、象、鱼、鹬、蚌、虾、蝙蝠、蝴蝶、蜻蜓等各种造型的彩灯亦极常见。届期，四面八方的人齐聚城镇场集观赏灯戏、猜灯谜，熙来攘往、锣鼓喧天，欢闹至深夜始散。深夜,有数人相约到别人家菜园偷蔬菜回家煮食的"偷青"民俗、偷南瓜及偷他人家檐灯送人祝生子的习俗。至十六凌晨,年期过完,将灯竿放倒、收取各种灯集中烧掉,俗称"倒灯",宣告过年结束。因自十六起进入全年正常生产经营活动,各家于十五午后在家门前烧纸,有"十五烧了门前纸,各念各的老门经"俗语。省会成都于十五在城南土地堂开农器、蚕器市交易三日。

巴蜀地区广泛流行简易的板凳龙。图为绵竹流行的板凳龙

中华人民共和国成立后,过年旧俗中的"送灶""接灶""烧袱子""赌博"及节期灯戏长期废止,其余节俗相沿。1950年起,政府规定正月初一至初三为春节,届时统一放假。1958年后,为配合人民公社化运动,提倡过革命化春节,以积肥、改田改土、修水利工程等方式过节,民间娱乐活动基本停止。"文革"期间,除政府、团体组织文娱活动外,民间节俗被视为"四旧",改革开放后,过年节俗才逐渐恢复。80年代中期以后,送财神、请喝春酒等习俗再度出现,民间文艺活动增多,城乡过年欢乐气氛较前更浓,城乡在元日零时皆齐放鞭炮烟花以示辞旧迎新。后因节日烟火过盛,频发火灾、伤人事故,成、渝等大城市于90年代明令禁止燃放烟花爆竹,近年改为限定在一定区域范围内燃放。灯戏逐渐复苏,但因节日娱乐形式的多元化而冲淡。城市在春节前,学校、党政机关及有关单位开展慰问军队、军烈属、荣誉军人、离退休老人及"五保"老人等活动已相沿成习。居民喜探亲访友、欢聚宴饮。中青年喜欢以打麻将、聚会、歌舞方式娱乐,城乡居民大年三十围坐在电视机前看春节联欢晚会成为年夜过节习俗,近年自驾车外出旅游渐成风尚。大中城市元宵灯会一般由政府主办,现代声、光、电技术被广泛应用到灯组制作中,规模渐趋大型化。自贡灯会成为最负盛名的地方灯会,近年发展成为专业化、市场化、公司化运营的品牌,除在本地每年举办外,还先后在北京、武汉、上海等大城市及海外巡展。新中国成立后,成都每年在文化公园(青羊宫)举办灯会,"文革"期间停办,70年代中期恢复,同时举办名小吃美食会。80年代中期以后,各地灯会逐渐转衰。近年来,城市居

民多喜借春节长假举家赴郊县或外地乃至国外旅游。

20世纪80年代中期以后，正月初一至十五赴寺庙烧香之俗渐盛。各地皆有一处以上的寺庙进香地，烧香者以商人及妇女居多，以求财祈福为主要目的。成都文殊院、宝光寺、石经寺等著名寺院，上香者自腊月三十晚便络绎不绝，富有香客为购买初一凌晨烧第一炷香的资格，向寺庙捐赠的费用可高达数十万元乃至上百万元人民币。

（二）藏族年

四川康巴和安多地区藏族流行过藏历年，以藏历正月初一为新年，具体日期以寺院推算为准，通常较汉族农历正月初一晚3~4天左右。年前十二月二十七备办年货。二十九给窗户门楣换上新布帘，门前、房梁和厨房用白色粉灰画上吉祥图案，以示喜庆。晚上，全家老小围坐在一起吃分别包有豌豆、小白石、羊毛、辣椒、盐巴等九种东西的小面团"古突"（面疙瘩），谁吃到了什么东西要立即报告大家，以引起大家的欢呼或嘲笑。传说当日夜间神佛巡视人间，要称人体重量测算寿数，失重会遭短命厄运，故人们要尽量吃饱。大年三十忌劳动。初一凌晨天色未亮前家家起早床，须在看得清人形之前将家中所有盛水工具装满，相传时间年轮在跨越的瞬间，吉祥天母骑骡在山泉或河边为神骡沐浴，其水化成甘露，故新年水可带有福气。早饭前先背干草到圈房让牛羊过年，然后家人就餐，若有亲人未归者，同样置碗盛饭。饭后，男人带柏香供品到山神祭坛与乡亲们聚香敬神、互相拜年。民国时期，村寨、部落间人们唱歌跳舞互致新年吉祥，双方要对歌耍闹，常将对方青年捉回请其唱歌，不从者罚喝几碗酥油茶。1958年以后，多以乡或村为单位组织联欢活动，组织演出歌舞或藏戏、进行球赛、放映电影等。藏历年期间，机关单位、企业、寺院等皆放假3天，至今如此。

嘉绒藏族过嘉绒年，年期各地不一、形式亦有别。小金、丹巴等地多在藏历十一月十三日过年，为纪念降妖伏魔的传说英雄阿尼额尔冬神（墨尔多山神）的节日。年前一天，人们要打扫房屋清洁，在自家锅庄屋墙壁上画日月、北斗星图，用麦面做牛、羊、猪、狗、鸡、猫等动物形馍和带双角的长馍，民国时期的嘉绒土司、头人等还在经堂中供奉高两米左右的麦面塑牛头人面的额尔冬神像。新年第一天，神龛和灶台上点酥油灯，全家围坐在锅庄屋所铺地毯上缅怀墨尔多、宴饮欢庆节日。有的人家还在经堂内挂墨尔多神唐卡，请经师念专门向其祈祷的经文。次日晨早起后，妇女和孩子把祭品搬到屋里，小伙子站上房顶朝天鸣枪告示本家人已早起，以谁家起得早为吉祥。节日期间，各家以香猪腿、猪膘、青稞酒等招待客人。阿坝州理县、马尔康地区，每年十月十三和十一月十三过糌粑年，第一天早晨吃糌粑茶、肉，第二天用荞面包糌粑肉馅包子，第三天亦吃糌粑（平时不吃）及冷麦面烧馍，熬马茶饮用。第四、第五天，送羊、熏烟祭坟。马尔康党坝地区也在十一月十三过年，但敬男、女阿美日各神。新年前一日晚按家中男子人数做双角长饽饽，十三日早晨用连麸面在灶房墙上画阿美日各神像、用长角馍盛于盘内敬神，又设酒、面，生一盆火架柏枝并上置面馍、撒少许面及猪膘并由当家人跪于神像前祈福，然后全家连续4天喝咂酒、吃猪膘和馍馍，互不请客。马尔康、金川、壤塘的许多嘉绒藏族村寨流行在农历正月初一过年，新年前一天打扫房屋清洁、用白灰粉刷外墙及画吉祥图案，自新年第一天起连续3～5天喝咂酒、吃猪膘和馍馍庆贺。

白马藏族过年过农历春节，除夕日家家蒸馍、煮肉、备酒，背回薪柴，在家门外架祭神、祭祖柴堆，通宵欢闹不睡觉（认为若睡觉会导致来年庄稼倒伏）。初一凌晨第一声鸡鸣，男人们朝天鸣枪、敲锣打鼓、点燃门前祭神的柴火堆。各家由一位女人出门背新水，第一个舀到水的为抢到了头水，预示来年会交好运。然后，举行贡水仪式，由巫师或家族长者主持仪式，呼唤神名、祖先名，将水洒向四方祈求神灵和祖先保佑。早饭前，人们先用肉饭或馍喂狗，感谢远古洪水时狗为人带回粮种的大恩。早饭后各寨按家族聚会，初二以后各家轮流宴请。初二为春节祭祀活动高潮日，全寨白天跳曹盖（一种木雕鬼面具）驱邪，晚上跳火火（围着火堆跳圆圈舞）。初三或初四祭架杆，求年内不倒。初七，南坪白马人跳咒乌舞（俗称"十二相"，因舞者头戴12种面相木雕动物面具而得名）驱邪求平安。正月十五，祭祀、娱乐活动进入高潮，请巫师白该跳神、卜大卦，占卜全寨每一个人全年的吉凶祸福，向神灵问庄稼、牲畜、风雨吉凶，然后跳圆圈舞、对歌赛歌，夜晚举火把沿选定路线烧毛坡、地盖，一路上敲锣打鼓、鸣枪放炮，狂欢至深夜，春节活动方告结束。

（三）羌历年

羌历年又称羌年节，羌语称"日美吉"，意为吉祥欢乐的节日。传统上羌族无统一的民族年节。民国时期，汶川西北部、理县东部的杂谷河下游及比邻的茂县南部地区部分羌寨流行在农历十月初一过年，当地羌族民间俗称"过小年"或"过蛮年"。明代文献记载羌人在羌历十月初一过年，清代、民国的记载为在农历十月初一过年，大部分羌寨（包括杂谷河下游的许多羌寨）称此日为牛王会，过节习俗亦同于四川内地汉族的牛王会。茂县中部有部分羌寨在农历九月下旬至十月中旬当地粮食收获后吃收成酒庆贺丰收，近年有关羌族过羌历年的习俗介绍多将此三种过节习俗混为一谈。

在少数过羌历年的村寨中，羌历年为与春节同样隆重喜庆的节日，各家各户要杀猪宰羊、蒸面馍，用麦面做成牛、羊、鸡、马、狗等各种形状的祭品祭祀祖先和天神，庆祝人畜兴旺、庄稼丰收。全寨男女老少要穿上节日盛装，带上祭品、咂酒和食品，在老年男性带领下集体向神山进发。男子先集体到神山祭神，由寨中德高望重的老人主持宰杀牛或羊祭天地众神还愿祈福，然后下山与等候在半山的妇女会合。各家族按姓氏祭祖，然后男女老少按家族、家庭在草坪上围坐成圆圈，架火支锅将敬神的牛羊煮熟分给全寨人分食以获得神灵保佑。各家各户食用随带的面馍、咂酒以及猪膘肉（民国时期因经济贫困，各户猪膘肉极少），并相互祝贺、互请饮酒。在这此过程中，全寨人欢聚歌舞，娱乐狂欢，俗称跳"喜事沙朗"，至傍晚回归寨内。各家继续饮食、聊天，年轻人相聚歌舞娱乐，至深夜尽兴而散。年期3～5天不等。中华人民共和国成立后，过羌年活动一度中断。1987年农历十月初一，四川省民委在成都举行羌历年庆祝大会，并倡议以该日为羌历年开展庆祝活动。至90年代渐成为羌族聚居县地方性法定节日。

民国时期至今，羌族地区普遍过农历春节，俗称"过大年"，过年习俗与汉族近似，只是多了羌族自身的大年三十上神山杀牛或羊祭祀天地神灵的仪式。从农历十二月下旬起，各家杀年猪、祭祀白石神和祖先、吃团圆饭。除夕晚上要守岁，正月初一忌出门。初二开始拜年，先拜祖先，再拜老人，然后外出拜亲朋好友。初五到初八，全寨人聚会喝咂酒、歌舞欢庆。初九为玉皇大帝上灯，十五上香敬神、舞狮子龙灯、吃元宵过大年。十六凌晨"倒灯"、焚烧灯笼，过年结束。

（四）彝族年

凉山彝族过年称"枯史"，意为"新年"。凉山彝族大部分地区以农历十月三十为除夕，冬月初一为新年开始，过年时间为3天。彝族各地年期不尽相同，部分地区以粮食收获日期为过年期，有的由当地具有天文地理知识的长者推算黄道吉日，一般在农历十至十一月。彝族过年通常提前一个月准备，须用精饲料催喂过年猪，用上等粮食酿造过年食用的泡水酒，上山砍优质过年柴，择吉日打扫扬尘、清洗餐具酒具，添置新衣等。新年日，家家户户堆放柴垛、铺垫芳草，小孩欢唱"过年歌"，姑娘背水煮饭，小伙们从辈分最高的长者家依次宰杀年猪。年猪用蕨草烧毛，砍成块状后，先将猪头和酒放到堂屋上方敬献祖灵，然后家人围坐于地宴饮。自新年第三天开始，人们带上块肉、冻肉、炒面、酒等走亲访友，相互拜年、馈赠礼物。"过年三天不吵架，过年三天不熄火，过年三天任意吃"，为彝族过年的传统习俗。

（五）苗族春节

川南苗族过春节与汉族相似。除夕前，家家户户打扬尘。有的人家在阶檐下用石灰画一条白线以求隔除虫蛇，在正门和侧门贴门神画像避邪，在房屋落地柱上贴春联，在猪圈牛栏上贴"六畜兴旺"字条。富裕人家在门前悬挂宫灯、走马灯或其他五彩灯笼。除夕夜备最好的酒肴，全家围桌而坐团年，饮年酒、吃年饭。有"三十夜的火，十五的灯"俗语，除夕夜将火炕、火盆的火烧旺以求生活红火兴旺，全家围坐烤火话家常、给小孩发压岁钱，老年人往往彻夜不眠守岁。正月初一，男女老少全天游玩娱乐。初二起拜年、走亲访友或上坟祭祖。初五以后，玩龙灯、跳花灯，至十六凌晨收灯结束过年。元宵夜家家点灯烛祈求光明。

（六）纳人过年

盐源纳人过年日期与汉族春节相同，节日期间要祭神、祭祖、祭天、念经、拜年。过年时，家家在大门口两侧和庭院上方位（经堂外）插两株挺拔的松柏树枝，地下铺青松叶，屋外四周墙壁、隔板以及门和柱子皆刷白灰浆、涂绘各种吉祥花纹图案。腊月初煮黄酒、杀猪为过年准备食物。过年自腊月底开始，连续过15天。初一不串门，初二起各家择日敬菩萨、请喇嘛念经祈福、开始亲友串门拜年，自初三起各村寨择日转山、烧香、连续3天举行夜间舞狮、跳甲搓舞等，初四白天舞狮后将狮子送到本村神山烧掉，然后回到村内举行全村宴饮庆贺，所食酒肉由各户人家凑集，每年集中由1~2户人家操办。宴饮时，大家围坐一起，由1~2人来回斟酒，肉和粑粑按人头均分、吃不完可带回家中。初五各村"晒佛"并请喇嘛念经祈福。在连续几天娱乐期间，人们汇聚在平坦地举行歌舞、摔跤、跳高、投壶等集体娱乐活动。

（七）土家族春节

土家族过春节与汉族基本相同，但传统上注重过赶年，即赶在汉族人过年的前一天团年。其来历说法不一，一种说法是他们的先辈随明朝抗倭名将胡宗宪征倭，于腊月二十九大犒将士出征，倭贼不备，于是大获全胜，后人遂沿袭在腊月二十九团年。一说他们的祖先在一次年底的大战中战败，于是提前一天过年，便于迁徙逃难，土家人过年在杀猪之后用蓑衣遮盖、酒席上的肉均做成大块肉即是为了便于逃难。如今，过赶年的风俗已逐渐淡化，春节习俗与汉族无异。

三、端午

民国时期四川人过端午节通常分两次。农历五月初五过小端阳，为正节日期，五月十五过大端阳。过节习俗与清代晚期民俗大体相同，各地习俗大同小异，为吃粽子、赛龙舟、悬菖蒲、熏陈艾、用菖蒲和陈艾煎水洗药草浴、挂香荷包、饮雄黄酒并涂抹小儿脸额驱邪及避蚊虫叮咬等。各地人们皆喜用蕉叶包糯米和饭米并加入腊肉、花椒做成三角形或圆锥形的咸味肉粽，也有视个人喜好制作的白味素粽子、甜味肉粽或素粽子。盐蛋、皮蛋亦为必备之物，喜食薤菜。绵阳市和遂宁市的部分地区，有端午吃包面（类似饺子的包馅面食）传统。川西地区流行送伞、赛龙舟抢鸭子习俗，凉山州汉族在五月初五晚饭后游百病习俗等仍然沿袭。

中华人民共和国成立后，端午习俗一直沿袭。龙舟竞渡"文革"期间一度中断，20世纪80年代后各地陆续恢复，部分县、市还增加水上运动、军事体育、龙舟夜游、燃放水上彩灯、焰火等活动，部分地方同时举办大型商品交易会。90年代以来，成都市每年端午节在锦江合江亭段举行龙舟竞渡和抢鸭子活动，吸引了众多市民观看参与。乐山五通桥地区被誉为"龙舟之乡"，其龙舟会规模最为盛大。每年龙舟会，百舸争流，抢鸭子和各种造型的龙舟游江引得观者如潮。自1982年起有夜龙舟，舟上装电灯、配焰火，漂浮河灯、开展水上演出。

如今，过端午节的节日氛围日益浓厚，但过节日期通常只过五月初五，过大端阳民俗基本消失。

四、中秋

民国至今，中秋节作为象征团圆的节日一直兴盛，总体上沿袭传统的入夜赏月、吃月饼习俗，具体习俗各地略有差异。所吃月饼，民国时期流行吃麻饼，20世纪80年代后月饼样式、品种、花色日益繁多。

民国旧俗，成都称中秋节为"月光会"，阖家团圆赏月、听老人讲月亮的传说故事，吃月饼、水果等。相传八月十五为月神生日，月亮属阴，故旧俗"男不拜月"，即男子只赏月不拜月，由妇女祭拜月亮，妇女须回夫家团圆、不能在娘家赏月。普通人家多在家中团聚，亲友间亦不串门、不待客。大户人家则常在家中举行中秋赏月宴，请戏班唱堂会、设宴待客。有的地方入夜点橘子灯悬吊于家门前，以示喜庆。孩子们入夜将柚子插满香系以绳，沿街舞动若流星，称舞流星香球。部分地区中秋夜"偷瓜""送瓜"祝无子嗣家庭"破瓜得子"的习俗依然。郫县民间中秋节日午餐喜食炖牛肉，故中秋节又称"牛肉节"。金堂县每年中秋举行"月光会"，人们对月祭拜称"祭月神"、凑钱请戏班在城隍庙演戏酬神。时值粮、烟上市，客商云集、赶会游人络绎不绝，形成年度盛会，直至八月底方止。川北地区，中秋夜先设月饼于供桌上敬月，然后全家团聚赏月，坐等月华出现。川西北藏族受汉文化影响，亦有过中秋节习俗，但不吃月饼，只以黄酒、水果和糖供月。

中华人民共和国成立后，过中秋习俗得到承袭。当节日临近时，人们购月饼、瓜果，以备中秋赏月。机关单位多组织联欢会，或组织慰问离退休老同志、烈军属等。入夜，各家吃团圆饭。饭后，家人团聚赏月或谈心、玩扑克打麻将，分食月饼。20世纪90年代以来，出现邀亲朋到农家乐、度假村游玩赏月现象。近年，人们中秋团聚、吃月饼的习俗虽仍在，但赏月风俗已渐渐淡薄。

五、重阳

民国时期，农历九月初九的重阳日，四川各地传统的敬老、饮重阳酒民俗基本沿袭晚清民俗。省会成都的重阳节最为热闹，工商界于此日举办菊花会，从北门南下至总府街、商业场、春熙路，沿线悬灯张彩、摆放盆菊。各家门前悬挂各式工艺彩灯，沿街表演采莲船、耍龙灯，孩子们手提金鱼灯、兔儿灯满街跑，各大寺院、祠堂打开大门各献奇灯，热闹非凡。重阳节前后，各家用糯米蒸制醪糟酒，备重阳节自家食用及待客，此俗至今在山区农村仍然流行。是日，妇女、儿童喜摘菊花插戴头上以避瘟病，种有菊花、茱萸的人家于此日采摘晾晒。

中华人民共和国成立后，重阳习俗继续保留，各地公园多于重阳前后举行大型菊展供人们赏菊。1987年，国家于重阳日设立敬老节，提倡尊敬老人，因而重阳节又称"老人节"。是日，各单位、团体组织慰问离退休老同志，为老同志举行茶话会、举办游园活动或郊游活动等。近年，城镇中饮重阳酒的习俗逐渐淡化，敬老风气则日益浓厚。

第二节 节令习俗

一、迎春

民国初年，国民政府明令废止立春日由官府举办迎春大典，但部分迎春习俗在汉族民间仍在延续下来。打春用的以泥土制作的春牛，多改为纸扎春牛，置于场院之中供众人鞭打，然后人们将打烂的春牛纸屑抢回家供奉以求吉祥。春节期间，民间舞龙灯狮子的队伍中有扮春官者为人送春联、说春祝福讨喜钱。每年十月小阳春之后到次年立春之前，有扮春官者手执木雕小春牛、持孝春棒（十三把）、肩搭"二九"口袋，至各家堂屋门口，根据主人职业吟诵与之相关的吉令。中华人民共和国成立后，打春习俗逐渐消失，说春民俗至20世纪80年代亦基本消失，人们普遍以张贴春联表示迎春。

民国至今，汉族民间在立春时有吃春卷习俗，俗称"咬春"。春卷以和面成浆入平底锅制成薄面皮（称"春卷皮"），然后包熟肉菜馅卷成约两寸长的长筒状食用；或以春卷皮包馅成长筒、以面糊粘住两端入油锅炸至外焦里嫩后食用。

民国时期，立春后第五个戊日为春社日，乡村停耒耜悬梁、妇女停女红之俗仍旧。农村有捣糯米成团（有的加入艾蒿）并燃香敬雀王习俗，祀雀鸟不食稼穑，俗称"敬春分馍馍"。新中国成立后，此俗逐渐消失。

民国时期，安县睢水场一年一度的春社踩桥习俗继续流行。届期，德阳、绵阳、什邡、北川、江油、茂县等地众多民众汇聚睢水场，到太平桥踩桥求一年平安，有小孩的父母则带着孩子到桥上拜认干亲。此俗至今犹存。

春节期间走乡串户送春的队伍

二、清明

民国时期，四川汉族地区各地清明节仍沿袭出郊扫墓、踏青旧俗。届期，人们举家合族携带酒肉、锅盔、果品、香蜡纸钱到亲人墓地焚香祭拜、添土、修墓，祭拜时按长幼辈分依次祭拜，俗称"扫墓"。然后将纸钱挂在墓上，俗称"坟钱"或"坟标"，表示有人扫墓，非无主孤坟。祭扫毕，踏青郊游、聚餐宴饮。一般家庭多在墓前席地野餐，有的直接品尝祭奠祖先的食品，认为为此可得祖先福佑。一些大家族则举行清明会，合族到祖茔、祠堂祭拜并宴饮。清明前后选择祭扫日期，多择节前单日，尤其家中有丧偶老人更会选单日前往祭扫，认为在双日前往祭扫会令健在老人随其已故老伴而去。清明祭扫、郊游民俗，至今保持。

清明前一日寒食节，禁烟火、吃冷食一天。清明日流行折柳枝绾成圈戴在头上避邪驱鬼，有"清明不戴柳，死去变黄狗""清明不戴柳，红颜成皓首"民谚。民间多在城隍庙举办清明会迎神、打清醮，祈神为人畜消灾祛病、保佑庄稼丰收，人们纷纷前往观看以期得神护佑。同时，民间放风筝、荡秋千、踢毽、蹴球等体育活动兴盛，为成人、小孩皆喜欢的娱乐健身方式。中华人民共和国成立后，清明会活动停止，其他民俗依旧。20世纪80年代以来，除清明放风筝民俗仍保持外，其他习俗基本消失。

民国时期，都江堰每年清明节继续举行盛大的祀水、放水仪式，称"开水大典"，俗称"放水节"。四川省政府专门颁布了开水礼仪，由省政府和水利厅主要官员任主祭官，行三鞠躬礼、诵《迎神辞》、唱《纪念歌》，歌毕行献花、献帛、献爵、献食礼，最后唱《民工歌》送神。祭神毕，由主祭官在江边花棚内下令开水。礼炮三响后，堰工挥动利斧砍断拦河杩槎绑索、岸上十余人用扯杩索拉倒三栋杩槎，让江水从决口涌入内江，同时擂金鼓鸣鞭炮、围观人群欢呼。开水后，主祭官及随从官员到杨泗庙、堰功祠祭祀历代修建都江堰有功人员，老百姓则赴灌县城隍庙赶清明会祈福。新中国成立之初，人民政府保留了在清明节开堰放水庆典，由行署主任或省长主持，开大会表彰治水先进单位和岁修劳模、宣布放水。1957年以后，都江堰渠道修建了外江节制闸，不再用杩槎断水，砍杩槎放水仪式不再举行。1990年，都江堰市为发展旅游业恢复清明放水节，举行模拟砍杩槎放水仪式和传统祭祀活动，并举办灯会、大型街头文艺表演、花卉和物资交流会活动，近年已成为四川著名文化旅游节庆活动之一。

三、立夏与夏至

农历立夏日为夏季之始、农忙季节，有"立夏三朝遍地锄""雨打立夏，有水洗耙""多插立夏秧，谷子收满仓"等农谚。是日，民间俗称"立夏节"。流行吃笋、槐豆，认为吃后脚骨硬、能爬山；吃青梅、烧青茶，认为可防蛀夏；吃豆腐，认为不怕雨淋、赤蜂蜇。一些山区人家此日忌坐门槛，认为坐门槛会致双脚时常酸痛。

农历夏至日为暑热开始之日、全年白昼最长日（四川各地日出日没大多为14小时左右），民间传统上认为此日阳气盛须休息一天养阴避暑、多煎药汤防暑热，部分地方有夏至祀祖祈福民俗。民间认为夏至宜雨、天晴主旱，有"夏至见青天，有雨到秋边""夏至无云三伏热"民谚。夏至后第三个庚日为三伏开始的伏日，四川汉族民间有制作食用汤饼辟恶民俗，民间还普遍自此日起汲水存贮制作醯酱、六曲，洗浴猫犬辟恶。

上述农忙、防暑民俗在20世纪50～80年代仍继续保持，90年代后逐渐淡化。

四、立秋

立秋日为秋季开始之日，四川地区流行全家老少在立秋正刻喝一杯立秋水或在当日饮清解药饵消除暑气、防秋天腹泻的民俗。民国20年（1931）《三台县志》记载："七月，俗谓'立秋'，正刻饮水一杯，则积暑消除，秋无腹泻之病。岐黄家又云：服清暑方一剂更妙。"川东民间多在立秋日吃凉宵（用优质糯米制作的凉粥）辞夏日迎秋。川东秀山苗族有立秋日赶秋之俗，人们届期会聚到集会地点参加、观看打秋千、舞狮子、耍龙灯、上刀梯等表演活动。新中国成立后，饮立秋水或消暑药汤习俗仍沿袭，90年代后逐渐消失。

对立秋日的气候，各地民间有不同期望。川西地区多认为立秋日打雷不吉，川北地区多认为立秋日宜晴，川东、川南多认为立秋日宜小雨。

立秋后第五戊秋社日，乡村多演傩戏庆坛、陈供品祭祀土地神，为土地神过生日。新中国成立后，秋社祭土地神活动停止。

五、冬至

民国至今，四川民间多重视过冬至节。民间传统上多在此日杀年猪，腌腊肉、装香肠以备过年食用及来年宴客，民俗认为此日以后腌制的腊肉、香肠不会流油、腐坏。各地乡村多舂糯米或洋芋糍粑为过节美食。

民国时期，大户人家往往在宗祠合族祭祖或在家中祭祖。各地民间过节习俗多样：新繁一带于是日扫墓上冬坟，绵阳地区多在家中置酒食过小年，简阳、西昌民间多采桑叶阴干为冬桑叶入药祛风，隆昌、南溪于家祀祖先并拜尊长贺长者，乐山、宜宾等地民间不过节，简阳、双流、新津等地多煮食羊肉壮阳御寒，资阳民间喜食狗肉御寒，会理喜吃黑山羊肉御寒。

中华人民共和国成立后，冬至祭拜、拜贺之俗中止。20世纪90年代以来，冬至喝羊肉汤的习俗逐渐风靡成都地区，人们纷纷以此物壮体御寒。其中，以简阳及双流的羊肉汤最受欢迎。近年，成都羊肉汤馆遍布城乡，市区内小关庙、三官堂等街区，每年冬至皆引得数万食客汇聚，街道为之阻塞，形成颇为壮观的喝羊肉汤景象。

六、腊八

民国时期，四川仍沿袭民俗盛行的腊八节。十二月初八，喜煮腊八粥供全家食用，祭祀神佛、祖先。各地腊八粥取料不尽相同，富家或用黄米、白米、江米、小米、菱角米、栗子、红豇豆、去皮枣泥等和水熬成，或以粳米、杂豆、栗子、白果、莲子、苡仁、芡实等配料和畜禽肉熬制；普遍家庭多以莲子、苡仁、芡实、核桃、花生、大枣、腊肉丁等合煮为腊八饭，或以白菜、萝卜、挂面、腊肉丁等合煮为腊八饭。各地食腊八粥的来源传说有别，或称源于古时的冬祀与腊祭，或因此日为释迦牟尼成佛日。三台等地相传此粥为地藏菩萨入地狱救母时特制的粥食，食之可避鬼魅。

同时，腊八也是过年准备工作的开始，各地在吃过腊八饭后就开始准备年货。雅安、名山等地在该日要砍连枝竹竿制作扫帚打扫屋舍（打杨尘），绵竹一带要将剩粥饲果树祈来年果实茂盛，合江、洪雅、乐山、丹棱等地认为此日造酒、醋、豆豉及贮水不易败坏。民间还认为此日婚配子女无须诹吉避凶，合江民俗于是日为女子穿耳，洪雅乡村多请巫觋攒坛祀罗公神。

中华人民共和国成立后，吃腊八粥（饭）习俗继续保持，20世纪90年代后，逐渐淡化。

七、藏族迎夏、送夏节令

藏历六月十五前后的亚索（迎夏）和八月十五前后的亚勒（送夏），巴塘地区的藏族要在龙王塘举行节庆活动。佛经称夏季六～八月为雨期，虫类活动频繁，为遵守佛教不杀生戒律，比丘、沙弥僧众须立誓于夏季雨期3个月内不越出界外而在寺庙勤修，各寺庙要相继举行诵经祈祷会。亚索和亚勒也就成为宗教节日。

亚索节因处于夏收前夕的农忙季节，且气候炎热，人们对其渐渐淡化。亚勒节因时值秋高气爽、夏粮收获之后的农闲时节，成为巴塘继藏历新年、春节后的又一隆重的民间传统节日。因观演藏戏为其主要活动内容，亚勒也就成为约定俗成的巴塘藏戏代名词，巴塘人将藏戏演出称为"亚勒羌"。除演藏戏、跳弦子外，还有唱酒歌山歌、民间说唱、打簌簌卦等表演。中华人民共和国成立后，巴塘县将亚勒节定为传统文化节日，每年举办以藏戏为主的群众文化活动。

第三节 游乐节日

一、花朝节

民国时期，四川部分地方仍沿袭农历二月十五百花生日过花朝节习俗，尤其以成都地区为盛，自清末以来每年花朝节前后皆在青羊宫举办花市，为成都民间的春游盛会，俗称"花会"。届期，四方花农群集青羊宫外旷野卖花、赛花、交换良种、交流技术，城中居民扶老携幼从老西门、老南门出城前往青羊宫赶花会，周边乡镇居民亦纷纷前往赶会，走路、坐轿、坐叽咕（鸡公车）、坐马车、坐黄包车、坐船者络绎不绝，小商贩们将各种小吃和地方土产沿街摆放，民间艺人亦设点演出，人群熙来攘往盛况空前。因该日为道教始祖老子的生日，城乡居民既逛花市又到青羊宫上香祈福，买农具和实用竹木器，品尝上百种风味小吃，欣赏精彩的民间艺术表演。成都花会、庙会与物资交易会三合一，成为一大特色。成都周边的客家人，以花朝日为百花仙子、十二月花神的生日，此日男女成婚会得到花神、花仙的保佑，可白头偕老、子孙兴旺，为花好月圆的吉日，故许多家庭皆择此日婚嫁。省内一些地方的客家人还建庙供奉花神，每年百花生日时人们聚集于庙内设供敬神，有的地方还选12伶优扮演

12花神演戏娱神,入夜则提举各种形状的"花神灯"在花神庙附近巡游娱神祈福。20世纪50年代花朝节纪念活动一度中断,80年代后又有所恢复,成都、眉山等地于花朝节开展赏花、吟诗等纪念活动。

在嘉绒藏族地区,流行于春暖花开时或山花烂漫的夏季农闲时到旷野露营玩耍的观花节,嘉绒语称"若木纽",意为"观花"。各地举行时间,根据当地气候及农闲时间安排,从藏历五至七月,无统一日期。民国时期,土司、头人往往指派一些家庭轮流筹办节日活动,1958年后改为各村寨自行组织。届时,人们集体到村寨附近风景美丽的开阔地搭设帐篷游玩,持续时间从3～4天到7～10天不等。过节期间,人们尽情游山玩水、竞技娱乐、嬉戏调笑、跳锅庄、饮咂酒、品美食,为一年中最欢乐的节日。

白马藏人每年农历五月初五举行为期两天的采花节。第一天清晨,人们先到附近的山上抢泉水痛饮、洗发、净身。然后,各家父母将子女着意打扮,姑娘们在自家兄弟陪同下到采花坪聚集,用新的木刀、木箭、木斧等插在采花坪周围以示保护花神、祈花神保佑。采花开始后,姑娘、小伙们结伴而行,边唱山歌边采花编成花环戴到头上,直至鲜花满头。傍晚,大家围坐在一起唱歌、跳舞,通宵达旦。第二天黎明,采花姑娘和小伙们头戴花环、唱着《离别歌》回村。早已守候村口桥头的村民们鸣竹欢迎,由寨里推选出的三名中年妇女边唱边向回寨的采花人敬酒。三位敬酒妇女与采花姑娘在桥头用对歌形式问答一些关于上山采花的问题,采花姑娘一一答上后才能过桥回寨。此后,大家聚集到村中空地手牵手边唱边跳圆圈舞祈祷吉祥。

二、赛马节

民国时期至今,藏族和彝族皆流行赛马,尤以牧区藏族的赛马活动规模盛大。

赛马为牧区藏族群众传统的体育竞技活动,每年夏季水草丰美、马匹肥壮之时,各地在民国时期多以部落为单位举行赛马活动,20世纪60年代后多以乡村为单位进行赛马娱乐,并逐渐发展成县级赛马节会暨商贸交易会,如康定赛马节、理塘八一赛马节、甘孜赛马节、阿坝州各牧区县的赛马节,等等。赛马节的举办时间,通常在每年公历7月上旬至8月中旬,赛期根据规模大小从1天至10天不等。届期,四方牧民盛装前往,穿着边饰水獭皮、豹皮、虎皮等的华贵藏袍,头戴玛瑙、珊瑚、蜜蜡珠,项挂玛瑙、珊瑚、绿松石珠串,手戴玉石圈、象牙佛珠，身佩镶宝石金银胸花、"嘎乌"佛盒，腰系镶宝石金银花腰带、藏刀或奶钩，坐骑配金银雕鞍马具，以展示家庭财富，富有者一身装束价值可达数百万元人民币（多为数代人所积累的财富），普通者亦往往价值数十万元。赛马节以理塘的八一国际赛马节（原在藏历六月初三举行，1964年县政府改为8月1日举行）规模最为盛大，节会期间万顶帐篷连成一片若帐篷城。赛马分比赛速度和竞技两类，速度比赛紧张刺激、竞技比赛精彩热烈。赛马会期间，各种商品云集交易，同时还表演藏戏、弦子、锅庄、山歌等文艺节目，并有背水、捏糌粑、打酥油茶、格腾比赛等传统生活民俗表演。近年，理塘八一国际赛马节已经成为具有较高知名度的文化旅游盛会，每年吸引着众多海内外游人前往观看，感受浓郁的藏族风情。

川西高原牧区的草原赛马会

凉山彝族赛马历史悠久，赛马目的以娱乐为主，比赛时间、场合主要有五种：一为平时邀约赛马，二为利用家支、村落、妇女集会及火把节期间举行赛马，三为过年赛马，四为老人去世时在举办丧事期间赛马，五为超度祖灵时赛马，称为伙觉（转跑马道），事主在伙觉时，亲戚和家门都要牵上骏马盛装参加，闻讯者亦可以参加赛马。伙觉赛马为大型赛马活动，1945年甘洛县波波乡勿雷吉日威基家举行超度祖灵的伙觉时，有五万多人前往参观和比赛。伙觉赛马通常比赛两天，即第一天下午和第二天上午或全天，有时第一天和第二天分别记名次，有时以第二天的名次为准。赛马场上你追我赶，场内骑手们高声报骏马名、主人名的声音与马蹄声、场外的助威声及欢呼声此起彼落，十分热闹。因参加赛马以娱乐、快活为目的，故凉山彝族赛马一般无评奖和发奖习惯。

三、锅庄节

藏族民间传统流行自娱自乐的锅庄歌舞集体娱乐活动，甘孜州新龙藏语称"卓"，意为"圆圈舞"。锅庄舞内容、形式丰富多样，不同地方有不同的风格传统，人们常用"天上有多少颗星，锅庄就有多少调；山上有多少棵树，锅庄就有多少词；牦牛身上有多少毛，锅庄就有多少舞姿"来比喻。

藏族传统跳锅庄无专门节庆，凡喜庆、佳节时皆会跳锅庄。跳锅庄时，置青稞酒坛于场地中央，插多根吸管于酒坛中，由德高望重老者开坛吸引后，男女众人随饮随跳。众人手牵手围成圆圈跳锅庄，由德高望重的老者执串铃领舞，领舞者起调，随者应和并随领舞者跳动。至高兴时，领舞者将圆圈缩小，越跳越快，至歌舞达到热烈高潮为止。若未尽兴，可重复再跳，至尽兴才散。

在藏族锅庄中，嘉绒锅庄的内容和形式为最丰富多样、精彩纷呈、特色浓郁。清同治十三年（1874）《章谷屯志略》记载今丹巴地区嘉绒人："每逢喜庆辄跳锅庄，自七、八人至一、二百人，无分男女，附肩联臂绕径而歌，所歌者数十百种，首尾有定局，其中所歌在人变换之巧拙，其语有颂扬者，有言日月星辰者，有论阴晴风雨者，有念稼穑之艰难者，有谓织衽之辛勤者……，有男女相爱悦者，有互相赠答者，有互相讥讪者……"现代所见嘉绒锅庄分大、小锅庄两大类。小锅庄达尔尕忍为古老的群众广泛参与的自娱自乐性锅庄，活泼欢快、形式多样、舞姿优美。大锅庄达尔尕底为在小锅庄基础上编排而成的礼仪性锅庄，通常规模较大，有规范的歌词曲调、舞姿动作和程式。2004年7月，马尔康县举办了第一届嘉绒锅庄节，上万名身着节日盛装的人在阿坝州体育场同舞，创造了"规模最大的圈舞展演活动"吉尼斯纪录。

在甘孜州，新龙锅庄、石渠真达锅庄、德格麦宿锅庄等皆为享有盛誉的特色锅庄歌舞，其中刚柔相济的新龙锅庄与巴塘弦子、甘孜踢踏舞齐名。2005年11月，新龙县为发展文化旅游举办了首届民间锅庄节。自2006年起，锅庄节改在每年8月中旬举行，为期一周，成为甘孜州文化旅游品牌节会。届期，人们纷纷盛装至城外圣山祀天祭神，到草原上搭设帐篷、饮酒纵歌、跳锅庄、赛马、竞技。

四、火把节

民国时期至今，彝族火把节仍沿袭清代传统，通常在农历六月二十四举行，历时三天三夜。届时，四方民众汇聚一地，进行盛大的迎火、玩火、送火祈福娱乐活动。节日第一天彝语称"都载"，意为迎火。各户打牛、宰羊、杀猪，献酒肉迎接火神、祀天祭祖、感谢天神和祖灵保佑赐福。入夜，邻近村寨的人们在毕摩或老人选定的地点搭建祭台，以传统击石取火或钻木取火方式点燃火种，由毕摩诵经祭火，再由各家老人从火塘里接点火把并传给儿孙到房前屋后、田边地角游走驱邪禳灾，最后举着火把上山沿山追星逐月，歌舞嬉戏，尽兴游玩。节日第二天彝语称"都格"，意为玩火。天刚亮时，男女老少着节日盛装，带上坨坨肉、荞粑赴火把节活动场参加竞技娱乐，通常有赛马、摔跤、对歌、选美、斗牛、斗羊、斗鸡等多种活动。选美由年长的老人们评选，男子以勤劳、勇敢、英俊为美，女子以善良、聪慧、美丽为美。入夜，成千上万的火把形成一条条火龙，从四面八方涌向一地，然后人们点燃篝火、围成圆圈尽情歌舞娱乐。当篝火快熄灭时，青年情侣们成对悄然上山、走进树林，拨月琴、弹口弦互诉衷情。节日第三天彝语称"都煞"，意为送火。当夜幕降临时，人们手持火把聚集到约定地，搭设祭火台举行送火仪式，由毕摩念经祈祷火神、天神、祖灵等神灵福佑子孙、人畜兴旺、五谷丰登，然后大家继续歌舞娱乐至深夜。

1994年，凉山州政府开始举办"凉山彝族火把节"。2006年，西昌市中心专门修建了规模宏大的火把广场作为承办当年四川省冬季旅游大会暨举办中国凉山彝族国际火把节的主会场。如今，凉山彝族火把节已发展成为集商贸、文化、旅游和群众娱乐为一体的彝族重大节庆活动，誉为"东方狂欢节"。

第四节　民俗信仰节会

民国时期，四川汉族地区的民俗信仰节会基本沿袭清代，各种节会多以庙会形式出现，于祀神日在寺庙或寺庙附近举行，既有各地广泛流行的节会，也有地方性节会，名目繁多，节会习俗与清代晚期大同小异。在各种庙会中，以观音庙会最为流行。庙会期间，祀神、娱乐、社交、交易集为一体，吸引着众多民众参与。各行帮亦有自己的神会，届期祭祀行业始祖、聚会宴饮、处理行帮事务。新中国成立后，各种庙会、行帮神会停办。20世纪80年代以后，部分庙会又逐渐恢复。近年，一些规模较大的庙会被作为民俗旅游节会活动，但普遍以上香、观光为主。

川西高原的藏族、羌族、纳人等的民俗信仰节会，主要为崇拜天地、神山的节会，集祀神、娱乐、社交于一体，极富民族特色。

一、庙会

民国时期汉族地区的庙会，以上九会、观音会、文昌会、城隍会、王爷会、中元节、盂兰会等庙会流行最广并有一些影响较大的代表性庙会。

（一）上九会

正月初九为玉皇大帝生日，各地道教庙宇皆办会庆贺，民间俗称"上九会"。四川汉族民间各地举行的上九会规模大小、会期长短不一，羌族民间受道教影响亦办上九会。在汉族地区，德阳孝泉镇的上九会以规模大、会期长而闻名，每年铁器帮、木竹帮、五金帮、药材帮、铜器帮、饮食帮、字画帮、花草帮八大帮的商贩皆按传统的指定范围搭棚摆摊设点。届期，德阳、成都、内江等地的客商带着各种特色商品赴会交易，并请著名川剧、杂剧班子到会表演精彩节目。有竹枝词描写该会盛况："会场百业斗奇珍，接踵摩肩十万人；才说劝农农事好，连宵夜雨麦苗新。"中华人民共和国成立后，其他地区上九会停办，孝泉上九会因已演变为物资交流会，沿袭至1958年始停。近年，德阳结合发展文化旅游，重新恢复了孝泉上九会。

（二）观音会

农历二月十九的观音诞辰日、六月十九的观音出家日、九月十九的观音得道日，民间皆举办庙会祈福。届期，由会首或寺庙僧尼发起募捐办会，延请戏班唱戏酬神，鼓乐吹打热闹非凡，会期数日至十余日不等。善男信女们敬香蜡供品、天花彩幛，各地商贩云集庙前搭棚设摊贸易商品，祈福、娱乐、社交、商贸集于一体，成为一方盛会。

遂宁灵泉寺传为观音出家地、广德寺为观音道场，为民间进香圣地，每年三次朝山进香会，川内数十州县及四川周边各省的善男信女组成的朝山进香队伍往往绵延数里，达十余万人。人们先游城内，再乘船过河至灵泉寺朝拜，继到广德寺朝拜，最后到城隍庙烧圣驾、灵宫。六月香会烧子夜香祈福、九月香会酬神还愿，皆盛况空前。每年三次香会期间，四方商贩云集，地方同时举办劝业会、比武擂台赛等活动，规模盛大。

广安观音会俗称华蓥山香会，每年会期自六月初一持续到六月十九，以六月十九最为隆重。届时，重庆、涪陵、南充、广安等地信众汇聚到宝鼎峰光明寺，静候子时钟声，然后焚香朝拜祈福许愿。广安一带民间流传的《华蓥山香会歌》称："不拜天尊拜世尊，焚香犹觉子时温。心事无他祝，但愿慈悲福我们。"即是华蓥山香会时信众心理的写照。

中华人民共和国成立后，观音会曾一度消失。20世纪80年代后，一些地方又恢复办会，但会众多为老年妇女。近年，遂宁灵泉寺和广德寺、广安华蓥山等地观音会在传统香会基础上,又发展成为祈福旅游节会,祈福旅游者逐年增多。

(三)文昌会

农历二月初三的文昌帝君神诞日,各地普遍举行文昌会,庙会民俗基本沿袭清代,与会者主要为官员、塾师、学子等。虽然由官府祭祀文昌帝君的春、秋祭奠在民国初年废止,但民间祭祀活动并未中断。梓潼县七曲山大庙作为文昌帝君的主庙,每年农历二月、八月仍然举办历时15天的春、秋两次庙会,届期与会者数万,为川北地区规模最盛大的综合性民俗节会。一些地方举办文昌会,有大办宴饮的风俗,剑阁县剑门文昌会因之又称"大肉会",以文昌神像出巡至神像回归庙堂期间为会期,出16大碗桌席50桌,每桌4块重约4公斤的大肉,赴宴者自带刀子和调料切肉蘸调料吃,以能吃半块肉者为强手。

七曲山大庙在每年春节期间举行"文昌出巡"活动。正月十二,民间举行规模盛大的"迎神会"。迎神仪仗队和护卫神灵的信众队伍从大庙迎接文昌及圣父、瘟祖像,抬到梓潼县城巡游主要街道,最后落座城内文昌宫,连唱6天大戏(俗称"文昌戏")娱神。正月十五通宵唱完大本团圆戏后,文昌出巡的"迎神会"方告结束。第七天,送神仪仗队和护卫神灵的信众队伍再以同于迎神礼仪的送神礼仪将神像送回庙中。通过举行文昌出巡活动,祈祷文昌帝君保佑风调雨顺、国泰民安。新中国成立后,此俗废止。

2000年,梓潼县重新恢复文昌庙会,会期持续15天。近年,每年春、秋两届七曲山文昌庙会皆吸引着数万当地民众及省内外旅游者前往。庙会期间,举办文昌出巡、文昌洞经古乐和大新花灯等表演及地方美食等活动。

(四)城隍会

民国时期,四川各地普遍举办隆重的城隍会,会期为当地城隍生日,故各地会期不一,但仪式大同小异。届期,各地皆有城隍出巡、连续数日的演戏杂耍和商贸交易活动,四方民众、商贾、艺人汇聚,十分热闹。城隍出巡为庙会期间最隆重的活动,当天清晨须先清扫街道,早饭后迎神队伍到城隍庙用四人抬肩舆迎城隍夫妇神像到城中主要街道巡游,一人化装为护法韦驮在前开道,化装为判官、黑白无常、五猖、鸡脚神、小鬼的鬼神队和打彩旗、打包包锣、放鞭炮的仪仗队跟随在城隍夫妇神像后,吹打乐队殿后,充满恐怖与神秘氛围,四方民众则汇聚在街道两旁围观。雅安的城隍会俗称"五月会",届时由县民捐资筹办。城隍出巡沿街游行,由32人抬着一对600公斤重油蜡巨烛为前导,以城隍爷乘驾为首台、和尚队敲法器紧随其后,次为信女簇拥的城隍娘娘乘驾,再后跟随数十台古装戏剧造型的台架,众多化装为城隍麾下各种神鬼面相的装生尾随于后,四乡进城赶会者列于街道两旁观看。新中国成立后,各地城隍会停办。近年,个别地方开始将城隍会作为民俗庙会暨文化旅游活动予以恢复。

(五)王爷会

民国时期,四川各地的王爷会仍沿袭清代旧俗,以农历六月初六为庙会日祭祀镇江王爷,各地或祭大禹或祭李冰或祭杨泗将军,与会者以沿河地区的商帮、船帮及地方商会、袍哥组织为主。会期各地长短不一,主要活动包括祭祀祈福、演戏娱神、聚会宴饮、商贸交易。

射洪县城所在的太和镇因位于四川中部凯江、梓江与涪江汇合的南端,为涪江中游经济中心之一,商贸水运发达、江中常年行船达8000余只,抗日战争时期曾有"中央""中农""美丰""川康"等14家银行在镇上设立分行。镇内有三座镇江王爷庙,其中以黄磉灏王爷庙会规模最为盛大。民国时期,每年农历六月初六,由三江水上船帮等集资在黄磉灏水上王爷庙举办王爷会,由镇上哥老会挑选精干人员筹办会务。自六月初三起,庙内张灯结彩,三尊王爷神像前陈鲜花、寿桃、糕点、猪牛羊肉、名酒,香炉内燃檀香、8尺高40斤重的巨烛。届时川中、川北、川东地区的众多商人纷纷前往进行商贸。会期,会首在戏园观楼设酒宴,邀请三江上下32个县、镇的商会会长,124个哥老会码头的龙头大爷共度王爷会,本地官员、哥老会龙头大爷、商会会长、各帮会首领皆出席作陪。聘请著名川戏班轮流到会演出川剧、来宾玩彩场戏(点折子戏),宾主边宴饮边赏戏,省内川剧名角皆先后赴会献艺。新中国成立后,王爷庙改作他用,庙会停办。

六月初六传为大禹生日,民国时期在四川部分地方有举行禹王会纪念大禹的民俗,其中包括传为大禹故里的汶川县城绵虒(汉族举行禹王会、羌族举行祭山会祭大禹)、北川县境部分乡镇、什邡、灌县等地。1994年,北川县政府在禹穴沟口重修禹王宫,每年农历六月初六举办祭祀大禹活动。2002年,禹里乡在石纽山左侧原东岳宫旧址修建禹王庙并塑高十余米的大禹像,每年六月初六大禹诞辰日举行祭祀大禹的庙会活动。

(六)中元节/盂兰会

农历七月十五为道教中元节、佛教盂兰会,民间俗称"鬼节",民国时期四川各地佛、道寺庙多于此日前后办庙会，各地会期长短不一，7天者较多。民间认为亡魂于此日出阴间，俗语有"七月半鬼乱窜"之说。入夜，民间无论贫富，均焚纸钱祭奠亲人亡魂，亦祭孤魂野鬼以免其祸害人畜。道教寺庙于此日做中元法会，祈福宥罪、超度孤魂。佛教寺庙于此日举行"解救倒悬"的"盂兰会"，僧尼斋戒沐浴做拜忏、赏孤、放河灯等法事，超度十方孤魂饿鬼。

农历七月十二或二十四要办会献食祭祖。届期，设酒食供祖先牌位，合家祭祀、聚饮。入夜烧内封纸钱的包封（褚钱），封面书写享供人名号，享供人为凶死则以石灰围包封、冥器后再焚烧。烧包封后，携香蜡钱纸、酒水饭食到户外赏孤，祭拜后将酒饭泼洒于地，用碗盖酒饭而返。

中华人民共和国成立后，中元节/盂兰会庙会停止，但民间为祖先烧包封、供祭的习俗一直沿袭。20世纪80年代以来，中元节/盂兰会庙会再度兴起，七月十五为亡魂烧纸钱、供香蜡习俗日益风行。

民国时期四川各地的其他庙会，多以神、佛农历生日为供奉正期，每年定期举行庙会。如农历二月十五为老君生日，成都青羊宫办老君会朝拜太上老君；三月初三为王母娘娘生日，各地办娘娘会演戏酬神，川西、川南有于是日"抢童子"送与亲友中无子女者祈子民俗；四月二十八为药王生日，民间办药王会祈祷祛病延年；五月十三为关帝生日，哥老会举办关爷会（又称"关刀会"）祭拜；六月十四为川主生日，民间办川主会祀李冰或刘备；七月二十二为财神生日，各家、商户敬财神；九月初一至初九为九皇会，禁屠，民家多斋戒酒肉；十月初一为牛王生日，民间办牛王会祭拜，饷牛、停耕。逢当地土地神生日，民间办土地会祭拜，求一方平安。凡办庙会，会期多贸易、娱乐。20世纪50年代后，少数庙会转为以物资交流为主的农村集市，其他民俗活动逐渐消失。

二、转山会

民国时期至今，藏族、羌族、纳人皆流行转山会（祭山会）民俗。

（一）藏族转山会

四川藏族转山会分为祭山神和沐佛节两类。祭山神的转山会，各地在当地神山的山神纪念日举行，届期人们带着酥油、糌粑、馍馍、咂酒等祭品、食物到神山转山，献祭品、磕头、撒龙达、念经祭拜山神祈福。沐佛节转山会在农历四月初八释迦牟尼诞辰日举行，如康定跑马山转山会。届期，人们先到寺庙燃香祈祷佛祖保佑，然后转山祈求神灵保佑。转山后，人们往往聚集在开阔平坦地上支起帐篷野餐饮酒，看藏戏、听说唱、跳锅庄、唱民歌，有的地方还开展赛马、射箭、摔跤、击石等竞技娱乐，部分地方还举行物资交易活动。

（二）羌族转山会

羌族转山会又称"祭山会""塔子会""苏布士"（羌语南部方言），不同区域的羌族村寨每年举行1～3次不等，举行时间各村寨皆不相同，在正月、二月、四月、五月、六月举行者皆有，祭神内容多为祈祷天神、山神和其他各种神灵保佑赐福、消灾祛祸。祭山会一般在村寨附近神山的山神石塔（俗称"山王塔"）或山王庙（小型庙宇或崖穴）、神树林前举行，当天早饭后，全村寨男女老少身着盛装，带着日月馍馍、刀头腊肉、咂酒和香蜡纸钱等祭品和午餐酒食，在老年男性带领下集体上山，男性到祭祀山神的塔子、庙宇、神林前参加祭祀仪式，女性在祭神地下方的半山处等候（只有极个别村寨女性可以参加祭神）。祭神前，先请巫师上神山念经祈神1～3日，祭神时由年长威重的老人主持，部分地方由羌族巫师主持（汉人称"端公"）。每年一次"小祭"、三年一次"大祭"，小祭杀雄鸡，大祭杀牛、羊。因部落来源差异，大祭分别用"神羊""神牛"或"吊狗"方式献祭，祭祀的牺牲须割下头颅供奉于塔子顶部或神位前敬献给神灵。汶川县龙溪乡、雁门乡各村寨祭山由巫师领祭，巫师头戴猴皮帽，一手执神杖，一手抱用经书包裹的猴头祖师，脚踏禹步、口中念经祝颂神恩和娱神。念经毕，杀牲、燃柏枝祭神，然后再念经祈福、众人叩拜，先集体还愿许愿，再各自还愿许愿。最后盟誓村规民约、祖宗规矩，在集体呼号、鸣枪欢呼声中结束仪式。男人祭神毕，下山与等候的妇女们会合，按姓氏分家族祭祖，再分家族或家庭围坐聚宴，将煮熟的献祭牺牲按人头分割肉食给大家分享，最后歌舞娱乐至尽兴而归，剩余食物按各家人头平均分配，带回家中继续享用，以得神佑。部分村寨祭山前后要禁山3天，严禁人们上山砍柴、割草、挖药、狩猎等。

茂县河西村西湖寨的羌族妇女过"瓦尔俄足"节，在神山上祭完天地众神后，滞留在半山接歌坪承接莎朗女神传授的歌舞

农历五月初五，羌语称"俄尔俄足"（今译为"瓦尔俄足"）、"维络俄甲"，汉语称"端午""端阳"，为羌族地区全民性的祭神祈福娱乐节，也是部分羌寨的转山会，过节时间自五月初三至初五，过节习俗或同于转山会，或同于汉族端午节，或兼具两者习俗。在茂县曲谷乡河西村西湖寨、河曲寨，当地羌族过节除了在五月初五身着盛装、带上祭品美食、在老年男性带领下到神山上的山王塔前祭神外，因传说此日为主管妇女事务和歌舞的莎朗女神生日，人们在上、下山途中要载歌载舞。祭神时，由会首组织的数名净身妇女要向莎朗女神敬献重阳咂酒、刀头腊肉、日月馍馍等供品并燃香蜡、柏香枝祭神，请女神赐以歌舞，称"引歌"。祭神完毕下山到达半山的接歌坪，现行下山等候的妇女们要举行"接歌"仪式（接莎朗女神传授的歌舞），然后在领歌者领唱下一路歌舞回村寨，研究者因称之"歌仙节""领歌节"。因该日歌舞活动以女性为主，由老年妇女领跳、向年轻妇女传授歌舞，活动间隙已婚妇女要向青年女性传授性知识、持家之道等知识，男子在3天节日期间要负责农事和家务并以咂酒、腊肉、馍馍等食品伺候女性，只围观助兴或仅以歌舞附和而不直接加入妇女歌舞活动中，故今人又将该村寨的此节称为"羌族妇女节"。

（三）纳人转山会

泸沽湖的纳人每年农历七月二十五举行转山会，祭拜格姆山神，祈祷格姆女神保佑赐福。届期，纳人身着艳丽的民族服装、佩戴金银首饰，携带各种祭品和酒肉食品，从四面八方汇集成朝拜队伍，或骑马或步行，前往格姆神山焚香祭拜格姆女神，同时延请众喇嘛集体诵经祈祷，祈求山神保佑人畜兴旺、五谷丰登。祭拜仪式结束后，以家庭及亲友为单位自由组合，围坐在格姆山下宽阔的草坪上野炊。然后家人、亲友一起徒步、骑马，按逆时针方向（云南各村寨按顺时针方向）绕泸沽湖岸行走转湖。

此外，纳人在正月初五还举行规模盛大的太阳神节祭祀太阳神。届期，几个相邻村落的人们集中在事先选定的地点举行祭祀。祭祀前一日下午，先延请喇嘛用炒面捏出众神像，念经作法至初五早晨太阳升起时。祭太阳神仪式开始，男女老幼在隆隆的炮声、锣鼓声、海螺声、诵经声中面向东方升起的太阳及悬挂的太阳神画像磕头祭拜，然后争相抚摸太阳神像祈福。喇嘛们边念经祷告边为人们依次提供圣水洁净头脸。祭毕，置酒食宴饮。入夜，歌舞娱乐，尽兴而归。

第十四章 游娱习俗

第一节 歌舞娱乐

四川地域广阔，民族众多，各民族皆能歌善舞。民国时期至今，四川民间歌舞娱乐形式多样、内容丰富，极具地域和民族特色。各地、各民族民间的歌舞活动，不仅是艺术表演形式，更是日常生活中重要的文化娱乐方式。较为流行的歌舞娱乐方式主要有唱山歌、劳动号子、酒歌和舞灯、跳圈舞等。

一、唱山歌

四川汉、藏、羌、彝等民族皆流行唱山歌，多在生产劳动、聚会时自唱或对唱、群唱，以娱乐助兴、解乏鼓劲、明事说理、表达爱情，亦在庙会、聚会时竞赛、对歌，表现内容广泛。各地山歌地域文化特色浓郁，流传广泛，为民歌精华。

汉族地区主要流行"晨歌""放牛歌""放羊歌""背二歌""薅秧歌""薅草歌""啰儿歌"等劳动山歌。民国时，四川部分地区流行在庙会期间"吼山歌"，其中彭县每年大小40多个庙会皆要吼山歌。始于清代的郫县望丛歌会如今已成为川西著名旅游节会。

藏族地区因地理环境、生产方式、生活习俗和方言语音差异，各地呈现出不同特点。其中，劳动山歌在牧区流行牧歌、割草歌、挤奶歌、赶毡歌，农区流行耕地歌、割麦歌、背柴歌、锄草歌、打墙歌等；情歌则以农区较为流行。阿坝州牧区山歌主要为放牧时自唱自娱，具有较强的部落、村寨特色。康巴山歌被称为"康巴昂任"（康巴长调），地方风格浓郁。嘉绒藏族除唱山歌外，主要流行在跳锅庄及敬酒时唱的锅庄曲、酒歌，歌词内容主要反映民族历史、气候变化、农耕收获、男女感情、贺喜生育、建房喜庆等，曲调丰富。白马藏族山歌主要流行对歌、火圈歌、敬酒歌、欢庆歌、助兴歌、赞歌等，其中敬酒歌曲词达数十种。中华人民共和国成立后，藏族山歌内容以颂歌为主，热情歌颂感恩共产党、毛主席和人民解放军，歌颂新社会的幸福生活与社会主义建设成就。

羌族山歌以反映男女爱情的情歌和劳动山歌为主，亦有吟唱民族历史、生活现实、风俗民情的山歌。羌族传统民俗，青年男女不能在家中谈情说爱，只能在户外山野以对歌形式表达感情，因而山歌中尤以情歌十分流行。羌族称情歌为"苕西"，多以生动的比喻、坚定的誓言表达真挚的爱情和对美好生活的向往热爱。民国时期，羌族生活穷苦，因而有诉说悲苦生活的苦歌。

彝族山歌以反映现实生产生活、男女爱情为主，使用假声和小嗓的高腔演唱，以凉山普格、布拖等地彝族阿都人的阿都高腔为代表。情歌歌词多缠绵含蓄，苦歌歌词则直接诉说生活中的悲苦。民国时期，因彝族生活多艰苦，苦歌流行。

二、劳动号子

四川盆地汉族地区流行的劳动号子，是流传于重体力劳动人群中为协调劳动步调、鼓劲解乏而进行的民歌形式。集体唱和的劳动号子通常由一人领唱（喊）、众人相和，如船工号子、抬工号子、石工号子、竹麻号子、打夯号子、板车号子、榨油号子、伐木号子等。单人独唱的劳动号子，既有个人劳作时所唱号子，也有集体劳动时个人独唱的号子，如石工开山号子、榨油号子等。唱词内容涉及广泛，论古叙今、诙谐幽默，既有传统唱段也有即兴编唱。随着生产方式的改变和生产技术的进步，绝大部分传统的劳动号子失去了存在的环境条件，自20世纪80年代以来逐渐消失，现多已列入各级非物质文化遗产名录加以保护传承。

船工号子为四川最具特色的劳动号子。流行于金沙江、长江、岷江、沱江、嘉陵江、乌江和大宁河等流域的"川江号子"，高亢、雄壮、深沉，为船工号子的代表，分上水号子和下水号子两大类，数十种类别、上千种曲目。凡川江大船皆配有号子工负责航行中领唱号子。

抬工号子广泛流行于丘陵地区，尤以川中、川南丘陵地区为盛，为抬大石料及木料时所唱劳动号子。抬工们抬石前行时，由一名体力好、有急智、会唱号子的人在前面领路并边走边喊号子协调众人步伐节拍及力量，领唱者领唱一句，其余众人齐声相和。抬工号子通常为领唱者见景生情、见啥唱啥地现编现唱，有一定调式，无固定唱词。

石工号子又称"岩工号子""送石号子"，流传于川东山区的采石、石料加工工地的石匠群体中，为石工协调劳动步调、鼓劲解乏的劳动号子。歌词分无特定内容的劳动呼号、触景生情的即兴编唱、传统叙事歌三种。石工号子多借鉴当地山歌等民歌，根据劳动程序、节奏需要而作，如开场号子、大锤号子、撬石号子、拉石号子、抬石号子等。因不同工作程序的劳动强度、对动作协调的要求不同，所唱号子的风格亦各异，或粗犷豪放或轻柔流畅，有的节奏明快、有的沉稳有力，极具地域特色和劳动特色。

竹麻号子为流行于川西传统手工造纸作坊造纸工人中的打竹麻劳动号子，以成都夹江、邛崃等地为代表。竹麻号子唱腔包括高腔、平腔、连环扣、银丝调和扯麻花等，富于节奏和变化，粗放、高亢而质朴。打竹麻过程通常须由20人左右配合劳作，劳动强度大、生产过程单调，为了协调节奏、鼓劲解乏、调节情绪，工人们由一人领唱、众人相和形式唱劳动号子，节奏由慢到快，至竹麻快打完时达到高潮，感染力强，具有浓郁的地域特色。

三、酒歌

酒歌流行于川渝各民族中，民国时期至今基本形式大体相同，主要在传统节庆、婚丧、祭祀、待客等礼仪活动中宴饮时演唱，又称"酒礼歌""酒曲"。

汉族酒歌具有较强的娱乐性和实用性，民间多以互唱酒歌方式敬酒劝酒、交流感情，以此增进友谊。歌词内容主要包括四个方面：猜拳行令、见物唱物；表示祝贺、颂赞、欢迎、感谢；歌颂祖先功德、民族历史；介绍生活习惯、生产生活知识。酒歌的演唱形式包括独唱、对唱、二人齐唱、众人齐唱、一领众和等。

藏族酒歌在喝酒、敬酒时演唱，常伴随简单的舞蹈动作。传统节日、亲友聚会或举行婚礼、招待客人时，斟酒的女主人及主人家的青年男女往往载歌载舞地向客人敬酒。若客人不饮酒，主人会在客人面前一直唱歌、跳舞，直至客人将酒饮下。巴塘酒歌为四川藏族地区具有代表性的酒歌，藏语称"羌谐"，情感真挚、曲调优美、音韵悠长，在当地民间颇为流行。

羌族酒歌主要在年节喜庆、举行人生礼仪喝咂酒时演唱，有"哪里有酒哪里就有歌"的民谚。酒歌节奏舒缓、旋律优美、声音高亢、拖腔婉转、典雅质朴。歌词较长，内容多为祝福吉祥、祝贺、酬谢以及叙述家史、祖先功绩等。

彝族酒歌主要在待客酬宾时演唱，多为即兴创作、歌酒并呈，以增添饮酒情趣为目的，曲调、歌词内容不拘一格，展现出彝族热情好客、真诚豪放的性格。

四、舞灯

川渝地区的汉族、羌族、彝族、土家族民间流行众多的歌舞娱乐形式，因主要集中在每年春节期间表演，尤以元宵灯会为盛，民间多俗称为"××灯"。民国时期，四川流行的大多数民间灯舞多沿袭清代，种类繁多。成、渝地区流传的民间灯舞多为带有趋吉祛灾内容的道具舞，具有较强娱乐性。中华人民共和国成立后，民间灯舞表演曾一度衰落。近年，许多地方为发展民俗文化旅游、保护非物质文化遗产，当地部分民间灯舞得到挖掘和恢复。

（一）舞花灯

川渝地区的传统舞花灯，以秀山花灯、古蔺花灯、芦山花灯、丹棱花灯久享盛誉，历史悠久，颇具特色。北川县的许家湾花灯，亦为享誉一方的著名花灯。

秀山花灯流行于川东秀山、酉阳一带（今属重庆市），为集宗教、民俗、歌舞、杂技、纸扎艺术于一体的民间艺术，每年正月初二至十五出灯。包括由一名女旦（幺妹）、一名丑角（花子）共同演唱民间小调"耍灯"和由生、旦、丑等人物角色演出花灯小戏"单边灯"（单边戏）两种表演形式，深受土家、苗族和汉族等各族群众喜爱。

春节期间川西乡村走街串巷的牛儿灯表演

古蔺花灯流行于川南古蔺县一带，民间俗称"扭扭灯"，每年正月初二至十五出灯，具有"要逗要笑、要拽要闹、要唱要跳"的表演风格。表演者包括一男（唐二）、一女（幺妹）、一个丑角、多名灯师和乐师。幺妹由男子扮演，俗称"童子扮幺妹"；丑角言行诙谐逗趣，俗称"打岔老者"。演出通常在农家堂屋或院坝进行，节目内容多表现男女爱情、贺年祝福、赞勤斥懒、传播公德等。

芦山花灯流行于川西芦山县一带，主要在春节和民间婚丧、祝寿、祭祖、祛灾禳病和庆坛活动时进行表演。表演者为一旦（男性反串幺妹）、一丑（花脸）、帮腔、灯师、乐师。表演形式除学、说、逗、唱外，还要扭"鸭子步"——俗称"跩",因而芦山民间称花灯表演为"跩花灯"。芦山花灯与芦山庆坛戏表演形式基本相同,有反映生殖崇拜的内容。

丹棱花灯流行于川西丹棱县部分乡镇,亦称"幺妹灯",每年正月初一至十五出灯,到各村各户院坝、门前表演拜贺新年。表演者多为一至两名花旦(幺妹)、一名丑角(花鼻子)、一名领队灯头、四五名乐师。表演形式多样,其中丑角表演的顺口溜、歇后语、展言子风趣幽默。丹棱花灯服装、唱腔、舞蹈、器乐具美,有"小戏曲"美誉,为群众所喜闻乐见。

北川县许家湾花灯流行于北川墩上乡岭岗村一带,本为娱乐性舞蹈,后演变为祭祀舞,每年农历正月初二至二月初和农历六月二十五岭岗村吉祥庵庙会期间演出。表演者由十二名男性担任,其中五名男扮女装穿红裤(细裙子),皆手持彩灯,俗称"十二花灯戏"。表演动作以碎步为主,显得飘逸秀美。表演者边跳边唱小调或山歌,有独唱、对唱、领唱、帮腔等形式,曲调较为丰富、旋律抒情轻快,并有乐器伴奏。

(二)舞龙灯

舞龙灯为川渝各地汉族民间广泛流行的舞蹈形式之一,又称"舞龙""耍龙""耍龙灯""舞龙灯",形式种类繁多,为民间节令喜庆场合的常见舞蹈。制作龙的材料传统上多用布、纸、草、竹、笋壳、树枝及木板凳、竹木扁担等,现代亦用铁丝、果树、水果、蔬菜、瓷器等扎制。传统上,四川人舞龙强调"耍"字,不仅表现龙的气势,更注重表现舞龙人的机敏和灵巧身手,讲究变化出令人眼花缭乱的复杂舞龙套路、烘托喜庆欢乐气氛。川渝各地舞龙灯,以泸县雨坛彩龙、铜梁大龙最负盛名,以小金龙、水龙及火龙流行最为广泛,还有一些地方性舞龙。

泸县雨坛彩龙原为草龙,1919年在雨坛乡产生彩绘,故名"雨坛彩龙"。在雨坛乡,每逢年节、婚丧,民间皆要舞彩龙。雨坛彩龙龙身分13节、长度可达30米,龙头彩绘精美,双目纵突能动,下颌开合自如,龙体浑圆灵活,龙尾作鲢鱼状。表演注重灵活,人与龙的身体情感交融一体,将舞龙变成"龙舞",展现龙的鲜活灵动与不屈精神。表演套路按太极图形连贯变化着舞动,动作造型包括人们对龙的数十个想象动作,场面气势恢宏,以锣鼓吹打乐伴奏。

铜梁大龙因产生于铜梁县、龙身巨大而得名,亦称"蠕龙",主要在每年正月初一至十五的春节期间和五月初五端午节期间演出。铜梁大龙体型巨大(龙身通常为二十四节左右,长度可达五十米)、造型夸张、制作精美、神态威严、气势磅礴。虽然龙体沉重庞大,但舞动灵活,尤其是近年又将现代机械传动融入舞龙操作中,上下翻腾更加灵动。铜梁还有正龙、火龙、稻草龙、荷花龙、竹梆龙、彩龙、扁担龙、板凳龙、滚地龙等多种龙灯舞。近年,铜梁已发展起五月中华龙温泉旅游节和十月中国铜梁龙灯艺术节两大文化旅游节会。

小金龙为川渝地区流行极广、影响巨大的龙舞,不仅盛行于汉族地区,还流传于藏、羌、彝、苗、土家等民族地区,因道具小巧玲珑、布质龙衣彩绘描金而得名。在汉族地区,每年农历二月观音会庙会多有小金龙演出。小金龙常见造型为三、五、七节,通常由一、三、四、五、七人玩耍。耍龙套路包括在地面、桌子、板凳上耍的数十种,耍法和"花头"变化主要由"绕""缠""砍""钻""跳""滚""翻"七个基本动作灵活运用组成。

水龙广泛流行于四川农村,多在久旱不雨进行祈雨活动时表演,在一些缺水少雨的地方亦在每年插秧前后表演求雨。因耍水龙为祈雨,故民国时期每当大旱耍水龙,同时请道士或端公做祈雨道场,求雨者先要吃斋、沐浴、熏柏丫和柳枝祭天后,戴斗笠、披蓑衣、抬"雨王菩萨"走街串村、耍水龙表演,沿途群众要向龙泼水,认为水泼得越多雨会下得越大。成都洛带客家人有舞水龙感谢风调雨顺民俗,龙身多用耐旱的黄荆枝条、柏树枝、稻草编扎而成,故有"黄荆龙""柏丫龙""草龙"等名。

春节期间川西乡村的女子龙灯队表演

舞火龙广泛流行于川渝各地，尤以四川盆地内丘陵地区沿江、河的城镇为盛。舞火龙多在春节期间，以正月十五元宵节为高潮。舞火龙时，必放鞭炮、向舞龙者喷火花乃至打铁水火花，龙身各节内部燃"龙灯捻子"（浸油竹条纸捻）将龙体照得透亮，因此得名"火龙"，川东地区又称"老火龙""正火龙"和"烧龙"。火龙通常为九至十三节，长者可达二十一节以上，皆为单数。每个火龙灯队两条龙，表演人数视龙的节数而定，每条龙配备两班舞龙者轮流上阵。舞龙者戴"甑篦子"或笋壳小斗笠，赤膊短裤，腰围青菜叶或扎红绸带，脚穿趿板鞋或赤脚，裸露的皮肤上涂擦保护液，以防被火花灼伤。舞龙的主要动作和队形在巧妙抵御火花的喷烧中形成，当火龙被火花喷烧围困时击锣鼓铜钹等乐器助威、烘托紧张热烈的气氛。20世纪80年代后，舞火龙喷火花多采用放烟花和礼花以增强观赏性、防止灼伤舞龙人，在动作和套路上吸收了许多耍彩龙的花头，龙的制作、装饰亦有变化，观赏性进一步提高。

此外，川渝各地还曾有许多区域性特色龙舞，如川北遂宁一带流行的桃子龙（用竹编彩扎的桃子和桃叶组成）、汉族农村流行的板凳龙（用长板凳当龙）、重庆流行的肉龙（舞龙者赤裸上身用人体连成龙形）、扁担龙（用扁担、箩筐、棕绳连接成龙形）、柑子龙（用柑子插香做成龙形）、虾子龙（虾头龙身），等等。

受汉族地区的影响，羌族和彝族地区春节期间亦流行多种形式的龙灯舞。

（三）舞狮灯

狮灯舞亦为川渝各地民间广泛流行的舞蹈形式之一，又称"狮灯""狮子舞""舞狮""舞狮子"，种类多样，为民间节令、庙会、喜庆场合的常见舞蹈，尤以春节期间极为盛行。狮子的制作材料多用绸布、纸扎，造型活泼可爱。表演时主要以滑稽可亲的形象与满面喜气的引狮人笑头和尚亲昵戏耍，显示狮子的驯良可爱。因舞狮对场地和道具要求不高，因而在民间广为流传。常见舞狮灯主要为舞高台狮子、地狮子、高跷狮子、高竿狮子、搬打狮子等几种类型。

高台狮子在民国时期主要流行于成都金堂、重庆彭水等地，现以内江、资阳最具代表性，因舞狮表演通常在几张乃至十几张方桌搭成的高台上进行而得名。传统上，表演者先将多张八仙桌重叠在一起，第一张八仙桌四脚朝下、桌面向上平放，第二张八仙桌桌面向下倒放与第一张八仙桌重合，第三张以上的八仙桌均桌面朝下重于下方八仙桌的四脚上，技艺高超者可重叠至十一张八仙桌，形成高约五至十米的垂直重叠高台，然后由表演者登高进行高空表演。上台表演者共三人，一人扮胖和尚、一人扮灵巧瘦猴、一人扮狮子。三者先后登上台顶，最后形成同居不足一平方米台顶表演各种惊险杂技动作，引得台下观众连连鼓掌叫好。为保证杂技艺人安全，增加演出的观赏性，通常有两人"吊桌子"保持八仙桌的垂直和平稳，另有三四名乐师在台下敲锣、钹等乐器营造气氛和控制节奏。

地狮子又称"地盘狮子"，因狮子主要在地面表演而得名，为狮舞的主要表演形式，流行于川渝汉族地区及部分少数民族地区。表演者多为四人，由二人舞狮子、一人扮笑头和尚、一人扮喜猴。笑头和尚为狮舞指挥者，通常以特有的"鸭子步""耸肩步""细米步"等夸张诙谐动作塑造憨态可掬的和尚形象，并指挥狮子的舞蹈。喜猴负责打场子、破阵登高，常以灵巧的滚爬动作与狮子、笑头和尚相互嬉戏活跃表演氛围。狮子、笑头和尚、喜猴关系融洽，表演风趣活泼。

高跷狮子又名"高桩狮子""高脚狮子"，因表演者脚踩高跷（桩）舞狮而得名。多在节日庙会时，于街头或较平坦的场院表演，流行于四川部分汉族地区。通常由二人耍狮，一人扮笑头和尚或小花脸逗耍狮子，相互嬉戏，两者紧密配合，以带杂技性的动作和滑稽、诙谐、逗趣的表演来娱乐观众。

高竿狮子又称"竿竿狮子"，主要流行在川东、川南地区，因表演者在长约六至八米的竹竿上表演狮舞而得名，通常由"狮子"与"天猴"共同表演，以狮舞为主且杂技性很强，常与"地狮子"和"高台狮子"组合表演。表演形式有横竿和竖竿两种，横竿又分单竿和双竿。单竿由二人、双竿由四人肩扛竹竿，"天猴"在竿上表演"走竿"、倒持金钩等动作。竖竿用六至八米长楠竹竿固定于场地中央的方桌或长凳上，竿上端用三根粗绳捆扎斜拉向地面固定竹竿，竿顶或上部绑长凳、扁担、布带、竹圈等道具，狮子和天猴爬上竿顶表演各种惊险的武术、杂技动作。

搬打狮子起源于清光绪年间，流行于川南民间，因融武术、杂技、歌舞于一体而得名，为兼具文狮、武狮表演艺术的民间高空艺术。舞狮队包括"大脸子""小脸子""耍狮子"三个基本角色，表演者须具有身轻如燕、臂力和腰力过人、下盘稳健等扎实的基本功，在无任何安全防护设施的情况下，进行武术、地游舞狮、高台舞狮、猴子爬竿、钻刀圈、钻火圈等数十种险象环生的惊险表演。演员多为农民，平时务农，演出时献艺，是四川狮舞的优秀流派之一。

受汉族地区影响，羌族和彝族春节期间亦流行地狮子、高跷狮子等狮灯舞。

（四）其他舞灯

四川各地春节期间除舞龙灯、狮灯外，还往往以其他一些灯舞辅助，如舞车灯（幺妹灯、车幺妹、逗幺妹）、牛灯、兔灯、蛾灯、蚌壳灯、鲤鱼灯、二仙灯等，形式多样、内容丰富。重庆土家族在春节期间还舞鹿子灯，为一种仿生灯舞。

第二节 游乐与竞技

四川人俗喜游乐，灯会、郊游、棋牌兴盛，至今如此。传统儿童游戏种类众多，趣味盎然。少数民族游乐与竞技项目丰富多样，至今盛行不衰。

一、灯会兴盛甲四方

四川灯会历史悠久、水平高，尤以20世纪80年代以来日益兴盛的自贡灯会和成都灯会为代表。此两大灯会气势磅礴、构思奇巧、工艺精湛、地方风情浓郁，为我国当代久负盛名的地方灯会。

民国时期，四川灯会主要在春节期间举行，各地城乡皆悬挂上百种造型各异的纸糊彩灯、表演各种造型的灯戏，出现了一些新的大型灯会活动，民间春节观灯、制灯习俗十分兴盛。中华人民共和国成立后，民间彩灯艺术得到继承和发展。20世纪80年代以来，以自贡、成都灯会为代表，彩灯艺术逐渐与电子、建筑、机械、遥控、声学、光导纤维等现代科技新技术、新工艺结合，使彩灯艺术成为集形、色、光、声、动于一体，思想性、知识性、趣味性、艺术性相统一的现代化工艺表演艺术，不仅在全国形成了巨大影响，而且在近年走出了国门，大放异彩。

自贡灯会在清代晚期已享有盛名，民国时期仍十分兴盛，以春节期间最为热闹，有天灯会、五皇灯会、提灯会等活动，各帮会还精心制作亭子灯展出。新中国成立后，自贡灯会一度停办。1964年自贡市政府恢复举办灯会以来，灯会规模由小变大、工艺由粗渐精、灯具由单灯发展为组灯、展示由静态发展为动态、布局由平面发展为立体，被誉为"天下第一灯"。2002年以来，灯会每年举办一届，并形成产业，蜚声海内外。

成都灯会历来为地方大型民众娱乐活动，民国时期有正月元宵灯会、六月荷花灯会、九月菊花灯会等，以元宵灯会最为热闹，灯会地点多在青羊宫，俗称"青羊宫灯会"。灯会规模盛大，每年四方民众前往观灯者甚众，享誉全国。中华人民共和国成立后，成都灯会一度停办。1962年春节恢复举办后，一直延续至今。自2004年起，成都灯会移至塔子山公园举办。如今，成都灯会题材日益广泛，包括取自中国古典文学、西方名著、民间传说、宇宙奥秘、飞禽走兽、奇花异草的各种素材，加上现代形、色、声、光、电等技术表现手段的支撑，使灯组制作在高、大、新、奇、精方面更加成熟，成为春节期间民众喜闻乐见的重要活动之一。

二、郊游游园娱乐忙

20世纪80年代以前，四川民间一直保持自古以来的郊游娱乐习俗，90年代以来逐渐发展为现代乡村旅游。传统郊游以春游为盛，俗称"踏青""探春""寻春"，为在春暖花开时节到郊野游娱的民俗，主要内容为观赏大自然

春暖花开时节，成都地区盛行农家乐休闲

生机勃勃的景象，开展健身、放风筝等运动，调节心情和聚友娱乐。因清明前后适逢春回大地的阳春三月，百花盛开，因而郊游活动多与清明节祭祖扫墓结合。90年代以来，随着农家乐旅游的蓬勃发展，清明节祭祖扫墓不仅与传统的踏青郊游结合，同时亦把到农家乐休闲娱乐（赏花、棋牌、唱歌、聚友、品尝乡村美食等）作为重要内容。

民国时期，四川部分城镇出现公园，重要节庆时往往举办一些文化娱乐活动，吸引城乡居民参与游玩。中华人民共和国成立后，尤其是80年代以来，随着城乡建设的发展、人们对文化生活诉求的增强，每年元旦、春节、五一、六一、国庆等重要节假日期间，皆举行内容丰富、形式多样的群众性文化体育游园活动，以丰富人们的文化生活。游园多选择在公园、广场、校园等相对空旷的场地，开展丰富多样的传统成人游戏和儿童游戏，大家常携家人边走边游边玩，成为群众喜闻乐见的游娱活动。同时，许多在民间较为盛行的现代体育竞技娱乐活动，往往亦被作为游园项目。20世纪90年代以来，随着现代主题公园、卡拉OK、室内体育娱乐和农家乐的兴盛，人们的娱乐爱好发生变化，传统游园活动逐渐少见。

三、棋牌麻将遍城乡

四川人好休闲娱乐，棋牌活动盛行，成都在清代至民国还因棋艺兴盛而被誉为"棋城"，至今弈棋之风依然兴盛。民间传统的棋类包括象棋、围棋、六子棋、裤裆棋、五马棋、和尚棋、跳棋、军棋等多种。象棋、围棋为传统棋类，好下棋者众多。象棋为民间最普及的棋类，大街小

兴盛的川西乡镇茶馆

巷、田边地角、茶馆小店随处可见对弈者。围棋学艺较难，置棋具费用较高，主要流行于部分机关单位的干部职工和文化人、喜好文化的企业界人士中。六子棋、裤裆棋、五马棋、和尚棋简单易学，无须专门场所、棋具，闲暇之时就地画出棋格、捡石子当棋子即可对弈。跳棋、军棋在中华人民共和国成立后至80年代盛行，90年代以来，军旗基本消失，跳棋仍较流行。而在藏族民间则流

行类似围棋的"密芒"棋，汉语称"藏棋"，亦称"多眼棋""多目戏"，系由古代17道围棋逐步演变而成，下棋方法与围棋既有许多相同之处，亦有自身特点。下棋时，二、四、六人皆可对下。

四川人传统上喜玩四川纸牌，因呈长条形而俗称"长牌"，有的牌因在牌面中间印有图案而称"花牌"。此外，民间还流行一种"大贰"纸牌，又称"四川大贰""正宗大贰"。民国至20世纪70年代，四川纸牌在民间很流行，80年代以来逐渐为扑克牌取代，有百分升级、双扣、斗地主、干瞪眼、拖拉机、炸金花、梭哈、扯旋等全国通行的玩法。

民国时期，四川人打麻将多在家中和茶馆进行。20世纪80年代以来，打麻将从城镇退休老年人逐渐扩大到中青年群体，成为四川民间极为流行的休闲娱乐方式。无论城乡、街巷、宾馆、茶楼、饭店、商铺、公园、农家乐，可谓无处不在；喜事丧事，到处都可见男女老少围桌论技。普通市民及退休老人多集中在房前屋后的廉价茶铺中、自家院落或客厅阳台打麻将。乡镇茶铺、城郊农家乐同样成为农民和城市休闲者打麻将集中之地。近年明令禁止公职人员在工作时间、公共场合打麻将，全民麻将的风气有所遏制。伴随着手机、电脑及网络技术的发展，游戏供应商开发出"棋牌乐"游戏软件，手机、电脑亦成为打麻将、玩扑克牌的便利工具。不过，因工作节奏的加快，城镇中青年人打麻将的风气正在逐渐减弱。

四、传统游戏乐趣多

民国时期至20世纪70年代，四川民间游艺活动多沿袭清代以来的各种游戏，尤以儿童游戏形式多样、趣味良多，因而流传甚广。成人游戏主要流行放风筝、钓鱼、划拳、掰手劲等，儿童游戏主要流行抽陀螺、扯响簧、滚铁环、玩跷跷板、骑马马、踢毽子、踢小皮球、踢沙包、刨沙坑、玩香香棍、抓帕子、抓子、碰铜钱、丢窝、弹弹子、斗官司草、老鹰抓小鸡、叠罗汉、斗鸡、荡秋千、跳房、跳沙坑、跳绳、跳拱、抱蛋、藏猫儿（捉迷藏）、戴纸面具、翻马架（翻绞绞）、逮中指等数十种。这些儿童游戏基本上属于群体活动，既有竞技性又极富乐趣，深受儿童喜爱。80年代后，随着各种电动玩具和游戏机的大量出现、娱乐方式的多样化，这些游戏大多逐渐消失，而国外传入的魔方游戏曾风靡一时。90年代，呼啦圈曾一度在成人和青少年中形成运动热潮，跳皮筋、转脚环球在中小学生中也较流行。近年来，电脑、手机、互联网游戏层出不穷，成人、青少年多广泛参与，出现了许多电脑游戏迷、手机游戏迷和网络游戏迷。

五、少数民族游戏与竞技项目丰富多样

川渝地区少数民族众多，各民族皆有众多各具民族特色和地域特色的民间游戏与竞技活动项目，展现出力量、技巧、智慧与勇敢。随着民族地区民俗文化旅游的日益兴旺，许多项目逐渐进入旅游活动，成为游人观光、体验的游娱项目。

川西高原的藏、羌、彝等民族青年男性普遍喜欢角力竞技娱乐活动，尤以藏族地区盛行。如各地普遍流行摔跤竞技活动，每逢年节和喜庆场合，不少村寨的年轻人都喜欢聚集在一起进行摔跤比赛。拔河类竞技项目亦颇为流行，但各民族、各地方的竞技方式略有不同。藏族地区普遍流行称为"格吞"的拔河角力竞赛。比赛时先在场地上画两条平行线为河界，将角力用的布带两端打结套在双方颈部或肩部，在布带中间系一红布标志悬于河界上方。比赛开始后，双方用颈部或肩膀力量向反方向猛曳，以将红布标志拉过河界的一方为胜。比赛方式包括面对面、背对背的站式和跪式等多种。白马藏人亦有两种双人拔河竞技游戏，一种为"舍路特得"，以木棍代绳，双方面对面握住木棍，以将对方拉到己方为胜；另一种为"仇波特得"，双方先背向站立，将拉绳套住脖子由胯下通过，然后四肢着地做爬行状，开始后以将对方拉到己方为胜。羌族的"推杆"也是一种角力类的竞技游戏，多在每年秋收后或节假日举行，男女皆可参加。竞技时二人为一组，选一根约三米长、手臂粗的木杆，一人紧握一端、双腿夹骑木杆上作为防守方，另一人紧握另一端用力猛推作为进攻方，攻

羌族男子围聚在一起下十二子棋竞技

近年兴起的藏族牧家乐

守双方须面对木杆保持平衡，严禁抬高或偏摆。比赛时，进攻方须在裁判人拍五下巴掌的时间内将木杆向前推过规定界线，否则为失败。

技巧性的娱乐则以彝族的传统游艺项目"磨秋"和"跳火绳"、苗族的"跳咂酒坛"和"上刀山"为代表。彝族"磨秋"又称"磨礅秋"等，娱乐时取一根长一至二米的硬木竖于场地中央，以顶端稍尖作为轴心；再用一根长约六米的木杆于中部凿一圆洞横向套置于立柱顶上形成丁字形。横杆转动时，状似推磨、亦若秋千上下升降，因名"磨秋"。娱乐时，横杆两端人数相等，双方推动横杆助跑几步后，迅速骑上或匍匐在杆头，随杆旋转起伏，落地一方用脚蹬地使杆弹起，并借助蹬力使横杆两端交替上下、不停旋转。"跳火绳"多在火把节等节日期间举行，以长约三米的藤条拧成藤索并涂以油脂等易燃物，比赛时点燃藤索两端形成火绳并摇荡火绳，竞赛者直线跳跃前进，以先达终点者为胜。苗族的"跳咂酒坛"以大咂酒坛口沿向上平置立于地，由一位男青年手持芦笙赤脚跳上坛口边吹芦笙边跳舞，以身形轻巧、潇洒飘逸、双脚跳跃于坛沿而不滑落进行竞技表演。"上刀山"为在空旷的场地上竖立一根长数丈的木柱，柱顶置一件彩礼，以三根粗硬的长木棒由三个不同方位斜靠在木柱上捆好，每根木棒上绑扎若干把刀刃向上的锋利长刀充当阶梯，三名参赛者分别由一根刀梯赤脚踏刀快速上爬，以最先取得彩礼者为胜。此种技巧性的竞技项目，多带有杂技性质，既风趣又惊险。

此外，在各民族中还流行许多其他竞技娱乐项目，如骑马拾物、骑马射击、射箭、击石（抛石击物）、抱石举重、抢蛋、丢窝等。还有一些嬉戏娱乐项目，如藏族的"抢头帕"（未婚男青年抢未婚女青年头帕以表示求爱的追逐嬉戏）、"按跤子"（未婚男女青年单独或群体摔跤嬉戏娱乐）、藏族和羌族的"筛糠"（多人联合抬一人抛向空中、水中嬉戏娱乐）、土家族的"踢鸡"（中青年男女争抢踢出的稻草鸡，抢到者以之追打意中人等嬉戏娱乐）等。

结　语

　　综观巴蜀民俗文化的发展历程，民俗文化既具有相对稳定性，包含的基因会代代相传，甚至被视为文化的活化石；同时，又会伴随着经济社会发展的前行步伐而处于不断变迁之中，尤其是随着现代化、全球化背景下经济社会变迁和文化交流融合的加速而呈现加快变迁的趋势。每一种民俗文化因素的存续与否，皆取决于其能否适应经济社会的发展变化，通过自我调适增强适应能力，这是民俗文化传承延续的不二法门。从宏观层面讲，民俗文化是动态变迁的文化，所谓文化"原生态"和"原真性"只能是相对的、受到时间和空间限制的特定文化现象。因此，传承与弘扬巴蜀民俗文化，必须将民俗文化置于时代发展的背景下，考虑其对经济社会发展的适应性，有选择性地对优秀的民俗文化传统加以继承和创新发展，调适、完善其现实的文化功能服务于社会，使之获得新的生命活力，得到弘扬发展。要在现代文化发展中认真保护和传承，延续文脉，实现优秀文化传统的发展性保护和文化创新，构建具有广泛文化认同、能够有效促进经济社会发展、与时俱进、充满活力的新时代民俗文化传统。有些不适应现代社会需要的民俗事象逐渐边缘化，个别有悖于社会主义核心价值观和法律规定的陋俗受到抵制和淘汰，都是社会发展的必然现象，要正风励俗，移风易俗，雅俗并存，美善相乐，不断提供社会前进的正能量。

　　巴蜀民俗文化极为丰富、绚丽多姿，其中许多优秀的民俗文化传统不仅值得很好地传承，也有待进一步挖掘和利用。当代民俗文化正处于急剧的变迁之中，其变迁既受经济、社会、文化变迁及政治的影响，同时也反过来对经济、社会、文化和政治产生重要作用。良好民俗文化风尚的形成需要进行积极的引导，民风正则社会正，健康向上的民风既是社会文化建设的重要内容，也是一个社会健康状况的重要标志。在当代社会急剧变革、各种价值观念并存的背景下，弘扬社会主义核心价值观、传承中华民族优秀民俗文化传统、建设良好的社会主义现代民风，还有大量的工作要做，需要政府的积极引导、有识之士的积极参与、全社会的共同努力。

中共十八大报告要求大力推进社会主义文化大发展大繁荣，强调构建中华优秀民族文化传承体系，增强文化对人民的精神凝聚力，发挥文化引领风尚、教育人民、服务社会、推动发展的作用，为我国民俗文化的传承、发展指明了方向。展望未来，伴随着巴蜀大地经济社会的现代化发展步伐，绚丽多姿的巴蜀优秀民俗文化传统必将在适应现代发展中获得有效传承、不断创新发展，在中华优秀民族文化传承体系中焕发出璀璨光芒，为巴蜀文化的发展繁荣和经济社会发展、为建设文明和谐的"美丽中国"做出重要贡献。

附 录

第一批国家级非物质文化遗产名录（2006年）四川、重庆民俗文化部分一览表

序号	名称	类别
027	格萨（斯）尔	民间文学
047	巴山背二歌	民间音乐
055	川江号子	民间音乐
058	川北薅草锣鼓	民间音乐
059	羌笛演奏及制作技艺	民间音乐
107	龙舞（泸州雨坛彩龙）	民间舞蹈
122	弦子舞（巴塘弦子舞）	民间舞蹈
136	卡斯达温舞	民间舞蹈
137	傩舞	民间舞蹈
310	绵竹木版年画	民间美术
313	藏族唐卡（噶玛嘎孜画派）	民间美术
320	蜀绣	民间美术
338	藏族格萨尔彩绘石刻	民间美术
366	蜀锦织造技艺	传统手工技艺
406	成都漆艺	传统手工技艺
408	泸州老窖酒酿造技艺	传统手工技艺
414	自贡井盐深钻汲制技艺	传统手工技艺
046	石柱土家啰儿调	民间音乐
056	南溪号子	民间音乐
057	木洞山歌	民间音乐
083	吹打（接龙吹打、金桥吹打）	民间音乐
084	梁平癞子锣鼓	民间音乐
107	龙舞（铜梁龙舞）	民间舞蹈
221	灯戏（凉山灯戏）	传统戏剧
309	梁平木版年画	民间美术
499	秀山花灯	民俗

第二批国家级非物质文化遗产名录（2008年）四川、重庆民俗文化部分一览表

序号	名称	类别
562	彝族克智	民间文学
587	南坪曲子	传统音乐
601	制作号子（竹麻号子）	传统音乐
614	藏族民歌（川西藏族山歌、玛达咪山歌）	传统音乐
635	口弦音乐	传统音乐
28	翻山铰子	传统舞蹈
29	羌族羊皮鼓舞	传统舞蹈
30	得荣学羌	传统舞蹈
31	甲搓	传统舞蹈
32	博巴森根	传统舞蹈
830	草编·沐川草龙	传统美术
832	石雕（白花石刻、安岳石刻）	传统美术
841	木版年画·夹江年画	传统美术
852	羌族刺绣	传统美术
853	民间绣活·麻柳刺绣	传统美术
864	糖塑·成都糖画	传统美术
881	陶器烧制技艺·荥经砂器烧制技艺	传统技艺
884	毛纺织及擀制技艺（彝族毛纺织及擀制技艺、藏族牛羊毛编织技艺）	传统技艺
903	藏族金属锻造技艺·藏族锻铜技艺	传统技艺
904	成都银花丝制作技艺	传统技艺
911	彝族漆器髹饰技艺	传统技艺
923	伞制作技艺·油纸伞制作技艺	传统技艺

续表

序号	名称	类别
927	蒸馏酒传统酿造技艺（五粮液酒传统酿造技艺、水井坊酒传统酿造技艺、剑南春酒传统酿造技艺、古蔺郎酒传统酿造技艺、沱牌曲酒传统酿造技艺）	传统技艺
935	黑茶制作技艺·南路边茶制作技艺	传统技艺
938	豆瓣传统制作技艺·郫县豆瓣传统制作技艺	传统技艺
939	豆豉酿制技艺（潼川豆豉酿制技艺）	传统技艺
969	藏族碉楼营造技艺	传统技艺
988	灯会·自贡灯会	民俗
989	羌年	民俗
994	抬阁（芯子、铁枝、飘色）（大坝高装、青林口高抬戏）	民俗
1011	三汇彩亭会	民俗
583	秀山民歌	传统音乐
584	酉阳民歌	传统音乐
600	搬运号子（梁平抬儿调、龙骨坡抬工号子）	传统音乐
781	车灯	曲艺
885	夏布织造技艺	传统技艺
910	漆器髹饰技艺·重庆漆器髹饰技艺	传统技艺
939	豆豉酿制技艺（永川豆豉酿制技艺）	传统技艺
942	榨菜传统制作技艺（涪陵榨菜传统制作技艺）	传统技艺

第三批国家级非物质文化遗产名录（2011年）四川、重庆民俗文化部分一览表

	序号	名称	类别
四川部分	1035	禹的传说	民间文学
	1066	羌戈大战	民间文学
	1091	跳曹盖	传统舞蹈
	1154	棕编（新繁棕编）	传统美术
	1163	藏族编织、挑花刺绣工艺	传统美术
	1204	彝族年	民俗
	614	藏族民歌（藏族赶马调）	传统音乐（扩展项）
	635	口弦音乐	传统音乐（扩展项）
	637	佛教音乐（觉囊梵音）	传统音乐（扩展项）
	870	盆景技艺（川派盆景技艺）	传统美术（扩展项）
	375	蜡染技艺（苗族蜡染技艺）	传统技艺（扩展项）
	969	碉楼营造技艺（羌族碉楼营造技艺）	传统技艺（扩展项）
重庆部分	1068	酉阳古歌	民间文学
	1134	四川评书	曲艺
	108	舞狮（高台舞狮）	传统舞蹈（扩展项）
	768	四川扬琴	曲艺（扩展项）
	770	四川清音	曲艺（扩展项）
	784	金钱板	曲艺（扩展项）

第四批国家级非物质文化遗产名录（2014年）四川、重庆民俗文化部分一览表

	序号	名称	类别
四川部分	1235	毕阿史拉则传说	民间文学
	1246	玛牧	民间文学
	1252	西岭山歌	传统音乐
	1257	毕摩音乐	传统音乐
	1276	登嘎甘伫（熊猫舞）	传统舞蹈
	1318	毕摩绘画	传统美术
	1369	彝族服饰	民俗
	61	多声部民歌（阿尔麦多声部民歌）	传统音乐（扩展项）
	627	洞经音乐（邛都洞经音乐）	传统音乐（扩展项）
	679	堆谐（甘孜踢踏）	传统舞蹈（扩展项）
	236	木偶戏（中型杖头木偶戏）	传统戏剧（扩展项）
	1119	阳戏（射箭提阳戏）	传统戏剧（扩展项）
	883	传统棉纺织技艺（傈僳族火草织布技艺）	传统技艺（扩展项）
	893	地毯织造技艺（阆中丝毯织造技艺）	传统技艺（扩展项）
	937	酱油酿造技艺（先市酱油酿造技艺）	传统技艺（扩展项）
	992	民间信仰（康定转山会）	民俗（扩展项）
	997	祭祖习俗（凉山彝族尼木措毕祭祀）	民俗（扩展项）
重庆部分	1274	玩牛	传统舞蹈
	991	庙会（宝顶架香庙会、丰都庙会）	民俗（扩展项）

主要参考文献

丁世良、赵放：《中国地方志民俗资料汇编·西南卷》，北京图书馆出版社1991年版。

四川省地方志编纂委员会：《四川省志·民俗志》，四川人民出版社2000年版。

重庆市地方志办公室：《重庆市志·民俗志》，四川大学出版社2000年版。

成都市地方志编纂委员会：《成都市志·总志》，成都时代出版社2006年版。

马开钦：《成都市志·民俗方言志》，方志出版社2006年版。

绵阳市地方志编纂委员会：《绵阳市志》，四川人民出版社2007年版。

德阳市地方志编纂委员会：《德阳市志》，四川人民出版社2003年版。

内江市地方志编纂委员会：《内江市志》，巴蜀书社1987年版。

自贡市地方志编纂委员会：《自贡市志》，方志出版社1997年版。

遂宁市地方志编纂委员会：《遂宁市志》，巴蜀书社1993年版。

乐山市地方志编纂委员会：《乐山市志》，巴蜀书社2001年版。

泸州市地方志编纂委员会：《泸州市志》，方志出版社1998年版。

宜宾市地方志编纂委员会：《宜宾市志》，新华出版社1992版。

四川省南充市志编纂委员会：《南充市志》，四川科学技术出版社1994年版。

雅安市地方志编纂委员会：《雅安市志》，四川人民出版社1996年版。

达州市地方志编纂委员会：《达州市志》，方志出版社2009年版。

四川省攀枝花市志编纂委员会：《攀枝花市志》，四川科学技术出版社1995

年版。

凉山彝族自治州地方志编纂委员会：《凉山州志》，方志出版社2002年版。

甘孜州藏族自治州州志编纂委员会：《甘孜州志》，四川人民出版社1997年版。

阿坝藏族羌族自治州地方志编纂委员会：《阿坝州志》，巴蜀书社1987年版。

重庆市地方志编纂委员会：《重庆市志》，四川大学出版社1992年版。

涪陵市地方志编纂委员会：《涪陵市志》，四川人民出版社1995年版。

万县市地方志编纂委员会：《万县市志》，重庆出版社2001年版。

青羊区地方志编纂委员会：《成都市西城区志》，成都出版社1995年版。

锦江区地方志编纂委员会：《成都市东城区志》，成都出版社1995年版。

成都市龙泉区志编纂委员会：《龙泉驿区志》，成都出版社1996年版。

青白江区地方志编纂委员会：《青白江区志》，成都出版社1995年版。

四川省温江县志编纂委员会：《温江县志》，四川人民出版社1990年版。

四川省双流县志编纂委员会：《双流县志》，四川人民出版社1992年版。

四川省郫县志编纂委员会：《郫县志》，四川人民出版社1989年版。

四川省新都县志编纂委员会：《新都县志》，四川人民出版社1994年版。

四川省金堂县志编纂委员会：《金堂县志》，四川人民出版社1994年版。

四川省新津县志编纂委员会：《新津县志》，四川人民出版社1989年版。

四川省崇庆县志编纂委员会：《崇庆县志》，四川人民出版社1991年版。

四川省彭县志编纂委员会：《彭县志》，四川人民出版社1989年版。

四川省灌县志编纂委员会：《灌县志》，四川人民出版社1991年版。

四川省邛崃县志编纂委员会：《邛崃县志》，四川人民出版社1993年版。

四川省大邑县志编纂委员会：《大邑县志》，四川人民出版社1992年版。

四川省蒲江县志编纂委员会：《蒲江县志》，四川人民出版社1992年版。

什邡县县志编纂委员会：《什邡县志》，四川大学出版社1988年版。

四川省广汉市广汉县志编纂委员会：《广汉县志》，四川人民出版社1992年版。

四川绵竹县志编纂委员会：《绵竹县志》，四川科学技术出版社1992年版。

四川省安县志编纂委员会：《安县志》，巴蜀书社1991年版。

四川省三台县志编纂委员会：《三台县志》，四川人民出版社1992年版。

四川省中江县志编纂委员会：《中江县志》，四川人民出版社1994年版。

四川省盐亭县志编纂委员会：《盐亭县志》，四川文艺出版社1991年版。
梓潼县志编纂委员会：《梓潼县志》，方志出版社1999年版。
北川县志编纂委员会：《北川县志》，方志出版社1996年版。
四川省江油市地方志编纂委员会：《江油县志》，四川人民出版社2000年版。
四川省自贡市自流井区志编纂委员会：《自贡市自流井区志》，巴蜀书社1993年版。
自贡市大安区地方志编纂委员会：《大安区志》，四川辞书出版社1991年版。
四川省荣县志编纂委员会：《荣县志》，四川大学出版社1993年版。
四川省资阳县志编纂委员会：《资阳县志》，巴蜀书社1993年版。
四川省简阳县志编纂委员会：《简阳县志》，巴蜀书社1996年版。
四川省安岳县志编纂委员会：《安岳县志》，四川人民出版社1993年版。
四川省乐至县志编纂委员会：《乐至县志》，四川人民出版社1995年版。
四川省内江市东兴区志编纂委员会：《内江县志》，巴蜀书社1994年版。
四川省资中县志编纂委员会：《资中县志》，巴蜀书社1997年版。
四川省威远县志编纂委员会：《威远县志》，巴蜀书社1994年版。
沙湾区志编纂委员会：《沙湾区志》，四川人民出版社2001年版。
四川省五通桥区志编纂委员会：《五通桥区志》，巴蜀书社1992年版。
四川省夹江县编史修志委员会：《夹江县志》，四川人民出版社1989年版。
峨边彝族自治县志编纂委员会：《峨边彝族自治县志》，四川辞书出版社1994年版。
四川省犍为县志编纂委员会：《犍为县志》，四川人民出版社1991年版。
四川省峨眉县志编纂委员会：《峨眉县志》，四川人民出版社1991年版。
四川省眉山县志编纂委员会：《眉山县志》，四川人民出版社1992年版。
四川省彭山县志编纂委员会：《彭山县志》，巴蜀书社1991年版。
四川省仁寿县志编纂委员会：《仁寿县志》，四川人民出版社1990年版。
四川省遂宁市地方志编纂委员会：《遂宁县志》，巴蜀书社1993年版。
射洪县县志编纂委员会：《射洪县志》，四川大学出版社1990年版。
蓬溪县志编纂委员会：《蓬溪县志》，四川辞书出版社1995年版。
广元市地方志编纂委员会：《广元县志》，四川辞书出版社1994年版。
四川省剑阁县志编纂委员会：《剑阁县志》，巴蜀书社1992年版。
四川省苍溪县志编纂委员会：《苍溪县志》，四川人民出版社1993年版。

四川省旺苍县志编纂委员会：《旺苍县志》，四川人民出版社1996年版。
四川省南充县志编纂委员会：《南充县志》，四川人民出版社1993年版。
四川省阆中市地方志编纂委员会：《阆中县志》，四川人民出版社1993年版。
四川省广安县志编纂委员会：《广安县志》，四川人民出版社1994年版。
营山县县志编纂委员会：《营山县志》，四川辞书出版社1989年版。
四川省仪陇县志编纂委员会：《仪陇县志》，四川科学技术出版社1994年版。
四川省泸县县志办公室：《泸县志》，四川科学技术出版社1993年版。
纳溪县志编纂委员会：《纳溪县志》，四川科学技术出版社1992年版。
合江县志编纂委员会：《合江县志》，四川科学技术出版社1993年版。
四川省宜宾县志编纂委员会：《宜宾县志》，巴蜀书社1991年版。
四川省叙永县志编纂委员会：《叙永县志》，方志出版社1998年版。
高县志编纂委员会：《高县志》，方志出版社1998年版。
四川省珙县志编纂委员会：《珙县志》，四川人民出版社1995年版。
筠连县志编纂委员会：《筠连县志》，四川科学技术出版社1998年版。
兴文县志编纂委员会：《兴文县志》，四川辞书出版社1994年版。
四川省长宁县志编纂委员会：《长宁县志》，巴蜀书社1994年版。
四川省南溪县志编纂委员会：《南溪县志》，四川人民出版社1992年版。
四川省达县志编纂委员会：《达县志》，四川辞书出版社1994年版。
四川省开江县志编纂委员会：《开江县志》，四川人民出版社1989年版。
四川省巴中县志编纂委员会：《巴中县志》，巴蜀书社1994年版。
南江县志编纂委员会：《南江县志》，成都出版社1992年版。
四川省通江县志编纂委员会：《通江县志》，四川人民出版社1998年版。
四川省芦山县志编纂委员会：《芦山县志》，方志出版社2000年版。
汉源县志编纂委员会：《汉源县志》，四川科学技术出版社1994年版。
四川省荥经县地方志编纂委员会：《荥经县志》，西南师范大学出版社1998年版。
四川省宝兴县地方志编纂委员会：《宝兴县志》，方志出版社2000年版。
四川省马尔康县地方志编纂委员会：《马尔康县志》，四川人民出版社1995年版。
四川省阿坝藏族羌族自治州汶川县地方志编纂委员会：《汶川县志》，民族出版社1992年版。

理县志编纂委员会：《理县志》，四川民族出版社1997年版。

四川省阿坝藏族羌族自治州茂汶羌族自治县地方志编纂委员会：《茂汶羌族自治县志》，四川辞书出版社1997年版。

四川省阿坝藏族羌族自治州松潘县志编纂委员会：《松潘县志》，民族出版社1999年版。

若尔盖县地方志编纂委员会：《若尔盖县志》，民族出版社1996年版。

四川省阿坝藏族羌族自治州黑水县地方志编纂委员会：《黑水县志》，民族出版社1993年版。

金川县地方志编纂委员会：《金川县志》，民族出版社1994年版。

四川省阿坝藏族羌族自治州小金县地方志编纂委员会：《小金县志》，四川辞书出版社1995年版。

四川省西昌市志编纂委员会：《西昌市志》，四川人民出版社1996年版。

四川省冕宁县地方志编纂委员会：《冕宁县志》，四川人民出版社1994年版。

德昌县地方志编纂委员会：《德昌县志》，四川人民出版社1998年版。

四川省昭觉县志编纂委员会：《昭觉县志》，四川辞书出版社1999年版。

四川省美姑县志编纂委员会：《美姑县志》，四川人民出版社1997年版。

四川省喜德县志编纂委员会：《喜德县志》，电子科技大学出版社1992年版。

金阳县地方志编纂委员会：《金阳县志》，北京方志出版社2000年版。

盐源县志编纂委员会：《盐源县志》，四川民族出版社, 2000年版。

木里藏族自治县志编纂委员会：《木里藏族自治县志》，四川人民出版社1995年版。

盐边县志编纂委员会：《盐边县志》，四川科学技术出版社1999年版。

康定县地方志编纂委员会：《康定县志》，巴蜀书社2000年版。

四川省甘孜藏族自治州雅江县志编纂委员会：《雅江县志》，巴蜀书社2000年版。

四川省巴塘县地方志编纂委员会：《巴塘县志》，方志出版社2001年版。

四川省理塘县志编纂委员会：《理塘县志》，四川人民出版社1996年版。

四川省道孚县志编纂委员会：《道孚县志》，四川人民出版社1997年版。

炉霍县志编纂委员会：《炉霍县志》，四川人民出版社2000年版。

四川省甘孜藏族自治州雅江县志编纂委员会：《雅江县志》，巴蜀书社2000年版。

四川省稻城县志编纂委员会：《稻城县志》，四川人民出版社1997年版。

四川省甘孜藏族自治州新龙县志编纂委员会：《新龙县志》，四川人民出版社1992年版。

四川省甘孜藏族自治州丹巴县志编纂委员会：《丹巴县志》，民族出版社1996年版。

四川省色达县志编纂委员会：《色达县志》，四川人民出版社1997年版。

甘孜县志编纂委员会：《甘孜县志》，四川科学技术出版社1999年版。

四川省德格县志编纂委员会：《德格县志》，四川人民出版社1995年版。

重庆市渝中区人民政府地方志编纂委员：《重庆市市中区志》，重庆出版社1997年版。

江津县志编纂委员会：《江津县志》，四川科学技术出版社1995年版。

四川省永川县志编纂委员会：《永川县志》，四川人民出版社1997年版。

四川省巴县志编纂委员会：《巴县志》，重庆出版社1994年版。

四川省隆昌县志编纂委员会：《隆昌县志》，巴蜀书社1995年版。

重庆市荣昌县志编修纂委员会：《荣昌县志》，四川人民出版社2000年版。

铜梁县志编纂委员会：《铜梁县志》，重庆大学出版社1991年版。

万县志编纂委员会：《万县志》，四川辞书出版社1995年版。

四川省万源县志编纂委员会：《万源县志》，四川人民出版社1996年版。

四川省开县志编纂委员会：《开县志》，四川大学出版社1990年版。

四川省南川县志编纂委员会：《南川县志》，四川人民出版社1991年版。

四川省垫江县志编纂委员会：《垫江县志》，四川人民出版社1993年版。

四川省开江县志编纂委员会：《开江县志》，四川人民出版社1989年版。

四川省宣汉县志编纂委员会：《宣汉县志》，西南财经大学出版社1994年版。

酉阳县志编纂委员会：《酉阳县志》，重庆出版社2002年版。

秀山土家族苗族自治县县志编纂委员会：《秀山县志》，中华书局2001年版。

四川省武隆县志编纂委员会：《武隆县志》，四川人民出版社1994年版。

彭水县志编纂委员会：《彭水县志》，四川人民出版社1998年版。

四川省巫山县志编纂委员会：《巫山县志》，四川人民出版社1991年版。

云阳县志编纂委员会：《云阳县志》，四川人民出版社1999年版。

四川省奉节县志编纂委员会：《奉节县志》，方志出版社1995年版。

四川省丰都县地方志编纂委员会：《丰都县志》，四川科学技术出版社1991

年版。

忠县志编纂委员会：《忠县志》，四川辞书出版社1994年版。

巫溪县志编纂委员会：《巫溪县志》，四川辞书出版社1993年版。

四川省、重庆市各市州、部分区市县政府门户网站有关民俗风情介绍资料。

课题组实地访谈调查民俗资料。

中华舞蹈志编纂委员会：《中国民族民间舞蹈集成·四川卷》，学林出版社2007年版。

后 记

《巴蜀文化通史·民俗文化卷》于2007年9月接受编写任务，前后历时四年零九个月。课题组成员收集、参考了大量文献资料，又赴川渝地区许多地方对现代民俗进行实地调研，尤其对以往记载较少的川西高原少数民族地区的民俗进行了大量实地调查。由于各地各种民俗皆在不断变化之中，尤其是近百年来民俗变化迅速，使课题组为之付出的工作量远远超出原来的预计。由于民俗事象涉及社会生活方方面面，各地民俗种类多、地域性强（尤其民族地区往往呈现以村寨为单元的区域民俗特征），内容极为丰富和繁杂，加之受篇幅限制，因而本卷仅能反映巴蜀民俗文化演变轨迹的基本情况。

本卷编写工作，由四川省社会科学院徐学书负责拟写大纲、编写导言和上编、全书统稿审定，四川省社会科学院喇明英负责拟写下编藏羌彝和纳人等少数民族民俗、参加全书统稿、审改工作，四川旅游学院况红玲负责拟写下编汉族民俗、下编初稿统稿修改工作，四川旅游学院许霞负责拟写下编苗族和土家族及四川少数民族地区的汉族民俗初稿，四川旅游学院刘婧负责拟写现重庆辖区的汉族民俗、参与拟写川渝地区部分少数民族民俗，四川旅游学院梁音参与上编第四章初稿拟写工作和部分资料收集工作。

本书使用图片，除注明拍摄者的图片外，皆由徐学书拍摄。

徐学书

2018年1月6日

图书在版编目（CIP）数据

巴蜀文化通史. 民俗文化卷 / 章玉钧, 谭继和主编；徐学书等著. -- 成都：四川人民出版社, 2021.12
ISBN 978-7-220-10572-2

Ⅰ.①巴… Ⅱ.①章…②谭…③徐… Ⅲ.①文化史—四川②俗文化—文化史—四川 Ⅳ.①K297.1

中国版本图书馆CIP数据核字（2017）第280104号

BASHU WENHUA TONGSHI
MINSU WENHUA JUAN
巴蜀文化通史 **民俗文化卷**

徐学书　喇明英　况红玲等　著

出 品 人	黄立新
项目统筹	谢　雪　董　玲　谢　寒
责任编辑	蒋东雪　袁　沙　刘姣娇
特约编辑	刘　静
封面设计	张　科
装帧设计	经典记忆　戴雨虹
责任校对	袁晓红
责任印制	祝　健
出版发行	四川人民出版社（成都三色路238号）
网　　址	http://www.scpph.com
E-mail	scrmcbs@sina.com
新浪微博	@四川人民出版社
微信公众号	四川人民出版社
发行部业务电话	（028）86361653　86361656
防盗版举报电话	（028）86361653
制　　版	四川省经典记忆文化传播有限公司
印　　刷	成都东江印务有限公司
成品尺寸	180mm×260mm
插　　页	14
印　　张	29.5
字　　数	527千
版　　次	2021年12月第1版
印　　次	2021年12月第1次印刷
书　　号	ISBN 978-7-220-10572-2
定　　价	135.00元

■ 版权所有·侵权必究
本书若出现印装质量问题，请与我社发行部联系调换
电话：（028）86361656